Allitera Verlag

I0349580

Auf 120.000 Kilometer hat man die gesamte Reisestrecke geschätzt, die Ibn Battuta im 14. Jahrhundert zu Pferd und Kamel, zu Schiff, im Ochsenwagen und in der Sänfte zurücklegte. Siebenundzwanzig Jahre lang reiste der Marokkaner bis an die Grenzen der damals bekannten Welt. Er lernte Heilige und Wandermönche, Könige, Sultane und Despoten in den entlegensten Teilen der muslimischen Reiche kennen, während er die heiligen Stätten des Islam besuchte: Bagdad, Mekka, Kairo und Damaskus, aber auch Indien, die Malediven und China sind seine Stationen. Nach einem kurzen Besuch Spaniens und einer zweijährigen Reise nach Mali und Niger legte der rastlose Reisende den Wanderstab endgültig zur Seite. Der Bericht, den er nach seiner Rückkehr diktierte, trug ihm nicht nur in der arabischen Welt den Beinamen des *größten Reisenden des Islam* ein.

Der erste Band führt den Leser über Ägypten, Syrien und Persien weiter bis Südrußland, nach Konstantinopel und schließlich von der Wolga an den Indus.

Horst Jürgen Grün begann nach seiner Pensionierung im Jahre 1998 ein Studium mit dem Schwerpunkt Geschichte und Germanistik an der TU Darmstadt. Dabei gerieten schon bald die arabischen Reisenden des Mittelalters, insbesondere der Marokkaner Ibn Battuta in den Mittelpunkt seines Interesses. Dessen Reisebericht lag bislang nur in verschiedenen Fremdsprachen vor – Grund genug, den opulenten Text endlich ins Deutsche zu übertragen.

Die Reisen des Ibn Battuta

Herausgegeben
und aus dem Arabischen übersetzt
von Horst Jürgen Grün

Band 1

Allitera Verlag

Weitere Informationen über den Verlag und sein Programm unter:
www.allitera.de

Bibliographische Information der Deutschen Bibliothek

Die Deutsche Bibliothek verzeichnet diese Publikation
in der Deutschen Nationalbibliographie;
detaillierte bibliographische Daten sind im Internet
über <http://dnb.ddb.de> abrufbar.

Januar 2007
Allitera Verlag
Ein Verlag der Buch&media GmbH, München

Umschlaggestaltung: Kay Fretwurst, Freienbrink
Herstellung: Books on Demand GmbH, Norderstedt
Printed in Germany
ISBN 978-3-86520-229-1

Inhalt

Band 1

Vorbemerkung 7

Aufbruch nach Ägypten 15
Syrien 58
Nach Mekka 111
Persien und der Iraq 168
Von der Ostküste Afrikas in den Persischen Golf 237
Durch Kleinasien 276
Südrußland 316
Die Reise nach Konstantinopel 338
Von der Wolga an den Indus 351

Band 2

Der Weg nach Delhi 7
Das Sultanat von Delhi 32
Sultan Muḥammad bin Tuġluq 54
Die Herrschaft des Muḥammad bin Tuġuq 88
Im Dienste des Sultans 110
Durch Südindien 136
Auf den Malediven 175
Ceylon, Indiens Küsten und Bengalen 194
Die Reise nach China 217
Die Rückkehr 245
Spanien 262
In den Süden der Sahara 269

Nachwort Ibn Ǧuzayy 296

Anhang 297
Zur Aussprache des Arabischen 298
Die Monate des islamischen Mondjahres 299
Glossar häufig verwendeter Begriffe 299
Literatur 300
Karten 301

Vorbemerkung

Mit keinem anderen Ziel als einer Pilgerreise nach Mekka beginnt der 21jährige ʿAbdallāh Muḥammad bin ʿAbdallāh bin Muḥammad bin Ibrāhīm al-Lawātīy aṭ-Ṭanǧī, bekannt unter dem Namen Ibn Baṭṭūṭa, im Juni 1325 seinen langen Marsch bis an die Grenzen der damals bekannten Welt. In Damaskus und Mekka läßt er sich zum Gelehrten des islamischen Rechts ausbilden und faßt den Entschluß, alle islamischen Länder kennenzulernen, um zu erleben, wie einheitlich die religiöse Welt der Moslems noch ist. Vorrangig war deshalb zunächst sein Interesse an altehrwürdigen religiösen Einrichtungen, den Klöstern und Orden, unter denen besonders der Ṣūfī-Orden seine Zuneigung gewann, ferner an den Mausoleen islamischer Heiliger und an lebenden muslimischen Männern, die im Geruch der Heiligkeit standen und von denen insbesondere in den ersten Kapiteln häufig die Rede geht. Es war Ibn Baṭṭūṭas Daseinszweck zu erleben, daß trotz der fortgeschrittenen Zersplitterung des Islam in Sekten und trotz der Vielzahl politischer Herrschaften in den islamischen Ländern es eine Einheit des Islam gab, und daß diese Einheit sich über sein gesamtes Reisegebiet erstreckte. Recht früh schon, und zwar während seines Aufenthaltes im heutigen Arabien gegen Ende der zwanziger Jahre des 14. Jahrhunderts, könnte er vom sagenhaften Reichtum Indiens gehört haben, so daß er beschloß, dieses gelobte Land aufzusuchen und den dortigen Fürsten seine theologischen Kenntnisse anzubieten. Die Reise nach China unternahm er zunächst im Auftrage des mongolischen Herrschers von Delhi. Als die Delegation indessen bereits an der indischen Küste völlig zusammenbrach und verschollen blieb, begab er sich fünf Jahre später auf eigene Faust nach Hangzhou und trat 1347 die Heimreise an.

Die gewaltige Strecke von etwa 120.000 Kilometern, die lange Dauer seiner Wanderschaft und der Umfang seines Berichts stellen ihn an die Spitze der Reisenden des arabischen Mittelalters und trugen ihm noch vor Ibn Ḥauqal, Al-Iṣṭaḫrī und Ibn Ǧubair den Titel des »Reisenden des Islam« ein.

Von Tanger aus reist Ibn Baṭṭūṭa auf den alten Karawanenwegen an der nordafrikanischen Küste entlang nach Kairo, dann nilaufwärts bis Edfu und Assuan, um von dort über das Rote Meer nach Ǧidda an die Küste der Ḥiǧāz, des heiligen Landes um Mekka, überzusetzen. Er kehrt aber, da in ʿAiḏāb an der Küste des Roten Meeres kein Schiff zur Verfügung steht, nach Kairo zurück, bereist zunächst ganz Syrien bis an die Grenze Kleinasiens und schließt sich danach in Damaskus einer Pilgerkarawane nach Mekka an. Er verläßt nach gründlichem Vollzug aller Riten Mekka wieder und reist über den langen

Wüstenweg bis in den Iraq, dreht kurz vor Bagdad nach Osten ab, um sich nach Širāz und Iṣfaḥān zu begeben, da vor der nächsten bereits beschlossenen Pilgerfahrt nach Mekka noch reichlich Zeit bleibt, denn für die Pilgerfahrten ist allein der zwölfte Monat des islamischen Kalenders vorgesehen. Nun erst kehrt er in Bagdad ein, unternimmt sofort zwei Abstecher nach Sultaniye und Täbris und schließt sich danach der Wüstenkarawane nach Mekka an.

Nicht weniger als drei Jahre verweilt er in Andacht, Demut, erneuten Pilgerdiensten und zum Studium in Mekka, wo bedeutende islamische Gelehrte ihren Sitz hatten, und er hört, daß der reiche indische Hof zahlreiche islamische Gelehrte an sich zieht. Zur Vervollständigung seiner Studien macht er sich mit einer Schar Gleichgesinnter auf, sozusagen als Gesellenstück, zwischen 1330 und 1332 die arabischen Handelsstationen an der Ostküste Afrikas zu besuchen. Die Gründe und der Anlaß für diese Unternehmung sind unklar. Wenn er seine Stellung als islamischer Gelehrter zur Grundlage eines Lebensunterhaltes machen wollte, so waren Ostafrika und Südarabien dafür denkbar ungeeignet. Er konnte dort weder Heilige besuchen noch mit den dortigen Herrschern Nachrichten austauschen, denn die Küste war für die Außenwelt nur wirtschaftlich interessant wegen der Ausfuhr von Sklaven, Elfenbein und Gold. Er aber, Ibn Baṭṭūṭa, übte keinerlei wirtschaftliche Tätigkeit aus und hatte außerdem stets Angst vor Schiffsreisen. Es muß schiere Reiselust und Wißbegier gewesen sein, die ihn auf dieser zweijährigen Reise antrieben. Sie führte ihn bis nach Mombasa in Kenya und Kilwa in Tansania, schließlich zurück an die Südküste Arabiens in den Jemen, nach Hadramaut und Oman bis in den Persischen Golf, von wo aus er schließlich die gesamte arabische Halbinsel von Osten nach Westen in Richtung auf Mekka und zum Zwecke einer erneuten Pilgerreise in die heilige Stadt durchquert. Hier fällt der Entschluß, nach Indien zu reisen.

Diese Reise wurde aber viel langwieriger und abenteuerlicher, als er es sich vorgestellt haben mochte. Er bricht auch zunächst noch nicht nach Indien auf, sondern entschließt sich, als in Ǧidda kein Schiff zur Verfügung steht, aufgrund eines plötzlichen Impulses den Weg nach Norden einzuschlagen. Noch im Dezember 1332 betritt er in Alanya an der türkischen Südküste kleinasiatischen Boden, wo die islamischen Bruderschaften ihm begeisterte Empfänge bereiten. Für ihn ist Kleinasien ein irdisches Paradies, ein Land, das alle Wünsche erfüllt, das freundliche Herbergen, freigebige Sultane und junge Sklavinnen für ihn bereithält. So läßt sich zusammenfassen, was er von einem Lande erwartet, dem er die Ehre seiner Aufwartung angedeihen läßt. Die Reiseroute durch Kleinasien ist ein regelloses Hin und Her: An der ägäischen Küste folgt er einer plötzlichen Eingebung und unternimmt im Winter 1332/33 einen Ausflug über hin und zurück 2.800 Kilometer nach Erzerum in der Nordosttürkei. Dieser Abstecher hätte ihn gezwungen, 2.000 Meter hohe schneebedeckte Berge zu überqueren, über die er aber kein Wort verliert; vielmehr schwärmt er von Weinbergen und mehreren lieblichen Flüssen, die es dort gar nicht gibt. Dieser Ausflug gehört zu den gelegentlichen Ungereimtheiten seines Berichts. Anschließend kehrt er rasch an die ägäische Küste zurück, um seine unterbrochene Reise am gleichen Punkte, an dem er sie unterbrach, wieder aufzunehmen.

Kurz vor Konstantinopel stehend, wendet er sich aber plötzlich nach Osten an die Küste des Schwarzen Meeres, überquert es, durchstreift die südrussischen Steppen, unternimmt in 28 Tagen einen höchst zweifelhaften Ausflug in das etwa 1.000 Kilometer weiter nördlich gelegene Bulgar bei Kazan an der Wolga, um das Land der langen Nächte und kurzen Tage kennenzulernen, und kehrt noch im gleichen Monat nach Saray und Astrachan zu den dort ansässigen Erben der Goldenen Horde zurück. Nun umrundet er von Astrachan aus das gesamte Schwarze Meer auf dem nordwestlichen Landwege und besucht das 2.400 Kilometer entfernte Konstantinopel, wo ihm Kaiser Andronicos III. sowie dessen Vorgänger Andronicos II., der seinen Lebensabend als Mönch fristet, eine Audienz gewährt haben sollen. Der Besuch in Konstantinopel ist völlig geheimnisumwittert und verworren.

Nach Astrachan zurückgekehrt, bricht er nun – wir befinden uns im November 1334 – in Richtung Transoxanien auf, also ins heutige Turkmenistan und Usbekistan. Mit seinen unterdessen dreißig Jahren ist er eine angesehene Persönlichkeit geworden, die mit einem zunehmend größer werdenden Gefolge von Anhängern und Dienern reist und der die freigebigen Hände der Herrscher der Goldenen Horde offenstehen. Er ist nun so vermögend, daß er, wie er schreibt, es nicht wagen will, die Zahl seiner Pferde zu nennen, damit kein Zweifler ihn der Lüge zeihen möge. Nicht ohne manchen Zickzackkurs und manche Fährnisse, die man von diesem Landstrich erwarten darf, zieht er von Nordwesten bis Südosten durch das gesamte Afghanistan, unternimmt einen Abstecher nach Herat und Ostpersien und erreicht schließlich bei Lahari die Gegend um Karachi, von wo aus er dem Lauf des Indus nordwärts folgt.

Im Herbst 1335 zieht er in Delhi ein und wird vom Fürsten Muḥammad Tuġluq ehrenvoll empfangen, fürstlich entlohnt und mit den reichlichen Steuereinnahmen einer ganzen Stadt ausgestattet. Er verweilt nun vier Jahre am Hofe dieses Herrschers, wo er in die Sinekure eines malikitischen Richters berufen wird. Er erlebt die unablässigen Bürgerkriege, Rebellionen und Hungersnöte, wird Zeuge der absurden Grausamkeiten des mongolischen Hofes von Delhi und der aberwitzigen Maßnahme, den Regierungssitz und damit auch die gesamte Bevölkerung von Delhi nach Daulatabad zu verpflanzen. Er wird in Delhi seßhaft und reist nun offensichtlich nur wenig, begleitet aber bisweilen seinen Sultan auf dessen Feldzügen gegen die Rebellen im eigenen Land. Nach kurzzeitiger Ungnade, in die Ibn Baṭṭūṭa wegen aufwendiger Lebensführung und vermeintlicher Verschwörung mit übel beleumundeten Geistlichen verfällt, schwört er allem Weltlichen ab, gibt alle seine Ämter auf, sein Hab und Gut weg und sich selbst der Askese und langen Fasten hin, wird aber dennoch wieder in Gnade aufgenommen und schließlich mit einer Gesandtschaft nach China beauftragt. Mit Gefolge, Dokumenten und Geschenken verläßt er Delhi im Sommer 1340, um an der Malabarküste seine Schiffe zu besteigen.

Diese Mission aber scheitert völlig, und nun beginnen die Abenteuer. Seine Schiffe sinken oder werden von einem Sturm verschlagen, während er selbst noch in Calicut an Indiens Gewürzküste an Land weilt. Die Rückkehr nach Delhi wagt er nicht, und so läßt er sich auf die Malediven übersetzen, wo er neun Monate lang in das Amt eines Qāḍī einrückt und binnen weniger Monate mehrere Frauen heiratet. Aber sein Reformeifer und vielleicht sein Bemühen, sich zum Herrscher über die maledivische Inselwelt aufzuwerfen, machen ihn zum Objekt der Abneigung, und er wird schließlich von den Inseln verwiesen. Allein bereitet er sich darauf vor, die Botschaft nach China noch auszuführen. Zunächst schifft er sich nach Ceylon und wieder an die indische Küste ein. Über Chittagong in Bengalen reist er schließlich doch noch als Botschafter nach China, legt in Sumatra an, das ebenfalls islamisch war, erscheint an der vietnamesischen Küste und muß etwa im Mai 1346 Hangzhou nahe Schanghai erreicht haben. Dort aber hält er sich nur wenige Wochen, höchstens vier Monate auf, macht angeblich noch einige Abstecher, davon einen nach Peking, und entschließt sich im August zur Rückkehr in die Heimat.

Im Januar 1347 erscheint er wieder in Südindien, setzt über in den Persischen Golf, reist noch einmal fast ein ganzes Jahr lang durch Persien und trifft im Januar 1348 in Bagdad ein. In Damaskus, Aleppo und Syrien erlebt er die Pest. Noch einmal pilgert er – es ist sein siebentes Mal – nach Mekka und kehrt nun entschlossen heim. Im November 1349 nach mehr als 24jähriger Abwesenheit erreicht er sein Heimatland Marokko wieder. Aber es hält ihn nicht lange. Noch hat er Spanien nicht gesehen: Im Sommer 1350 besucht er Ronda, Granada und Marbella, kehrt aber noch im gleichen Jahr nach Marokko zurück. Erst im Jahre 1352 bricht er – möglicherweise im Auftrag seines Sultans Abū ʿInān – in die Südsahara auf, um die Verhältnisse in Mali zu erkunden. Es ist seine Reise »in den Sudan«, wie er sie nennt. Sie führt ihn durch Mali, Niger und Algerien, dauert genau zwei Jahre und bringt ihn im Januar 1354 wieder, und nun für immer, nach Fes zurück. Hier diktiert er seinen Bericht und läßt sich als Richter nieder. Er stirbt 1369.

Erstaunen muß die Tatsache, daß er sich auch noch nach Jahrzehnten an alle Namen und Orte erinnert, denen er im Laufe der Jahre begegnete oder von denen er hörte und die nach Hunderten zählen. Daß diese Namen nicht einfach einen einzigen Bestandteil, also zum Beispiel Ali, sondern, wie in arabischen Ländern üblich, auch noch einen Titel, den Vatersnamen und die Herkunft, mitunter den Beruf zum Inhalt hatten, kann man für wunderbar halten, zumal sehr viele dieser Namen durch die Chroniken belegt sind. Das Studium der islamischen Theologie freilich ist zu einem sehr großen Teil Gedächtnisschulung: Den Koran kann man auswendig und die gelehrten Schriften ebenfalls. Nur in ganz wenigen Fällen nennt er Namen von Persönlichkeiten, die durch die Geschichte nicht belegt sind; häufiger sind Namen historisch dann nicht zu identifizieren, wenn Ibn Baṭṭūṭa von einer Reisestrecke spricht, die aufgrund anderer Umstände in Zweifel gezogen werden muß. In verschwindend seltenen Fällen räumt er offen ein, daß er den Namen seines Gesprächspartners oder einer Ortschaft vergessen hat. Es ist ferner anzunehmen, daß er seine Erlebnisse auf vielen seiner Stationen immer wieder erzählte und dadurch immer wieder Gelegenheit hatte, sie sich einzuprägen. Der letzte dieser Anlässe hatte sich ihm in Granada geboten, wo er zwei Tage und eine Nacht in der Gesellschaft von Gelehrten verbrachte und von seinen Erlebnissen erzählte. Freilich verließ ihn diese Gedächtnisschärfe, wenn er die Chronologie seiner Reise ansprach. Mitunter nannte er jahrelang kein Datum, erwähnte aber nahezu immer den Fastenmonat Ramaḍān, bisweilen auch die hohen islamischen Festtage, doch nachdem er die arabischen Länder verlassen hat, verwirrt sich die Chronologie unauflösbar.

Das größte chronologische Problem, das Ibn Baṭṭūṭa uns vorsetzt, beginnt mit seiner dritten Abreise aus Mekka, die er auf September 1332 datiert, während er für seine Ankunft in Indien den Monat September 1333 angibt. Es erscheint ausgeschlossen, daß er in dieser knappen Zeitspanne kreuz und quer durch Kleinasien, nach Südrußland, über insgesamt 4.500 Kilometer nach Konstantinopel und zurück nach Astrachan reisen, die weite Reise nach Usbekistan und Afghanistan unternehmen, noch Abstecher nach Bulgar an der Wolga und nach Herat und Ostpersien einlegen und binnen eines Jahres an den Ufern des Indus stehen konnte. Die Festtage und Jahreszeiten, die er innerhalb dieses einen Jahres erlebt, machen diese Reiseleistung noch unwahrscheinlicher, denn für die Reise über die zugefrorene südliche Wolga hätte ihm dann nur der Winter 1332/33 zur Verfügung gestanden, so daß ihm für die Reise durch Kleinasien und die Reise von Astrachan nach Konstantinopel und zurück nur wenige Monate verblieben wären. Um diese Unstimmigkeit aufzuheben, müßte entweder seine Ankunft in Indien um zwei Jahre auf 1335 hinausgeschoben oder seine Abreise aus Mekka um zwei Jahre auf 1330 zurückgezogen werden. Im ersteren Falle aber hätte er, während alle seine anderen Ereignisse bedenkenlos in den neuen Zeitraum übernommen werden könnten, niemals dem mongolischen Herrscher Transoxaniens, Ṭarmašīrīn, in Usbekistan begegnen können, der im Jahre 1334 abgesetzt wurde und aus der Geschichte dieser Weltgegend verschwand. Setzte man dagegen Ibn Baṭṭūṭas dritte Abreise aus Mekka auf das Jahr 1330, so hätte er zwei seiner Pilgeraufenthalte erfinden und seine Reise an die ostafrikanische Küste und in den Persischen Golf bereits 1328 antreten müssen.

Eine weitere chronologische Unsicherheit entsteht mit seiner endgültigen Abreise aus Delhi. Ibn Baṭṭūṭas Bericht selbst legt es nahe, seine Rückkehr vom Ganges nach Delhi in den Frühsommer 1337 zu legen. Wenig später fällt er in Ungnade, die er sich durch seine enge Verbindung zu einem dissidenten Scheich zuzieht, der wiederum kurze Zeit nach der Rückkehr von Sultan Muḥammad bin Tuġluq in die Hauptstadt Delhi hingerichtet wird. Kurz danach bindet sich unser Reisender erneut im Sind an einen Scheich, mit dem er fünf Monate zubringt, bevor der Sultan ihn wieder zu sich ruft und in Gnaden aufnimmt. Dieser Ruf des Sultans fällt, so der Text, in den Dezember 1341. Acht Monate später verläßt er Delhi mit der Gesandtschaft nach Peking. Es ist schwer, die vier Jahre zwischen seiner Ungnade und seiner Abreise aus Delhi zu füllen, naheliegend ist es aber, diese Zeitspanne drastisch zu verkürzen, das Jahr der Rückkehr auf 1339 und das Jahr seiner Abreise nach Peking auf 1340 zu verlegen. Damit wird auch ein zusätzliches Jahr voller Ereignisse und Reisen gewonnen, so daß die nachfolgenden Bewegungen Ibn Baṭṭūṭas plausibler werden.

Auf eine Reihe weiterer chronologischer Ungenauigkeiten wird in den Anmerkungen zum Text hingewiesen. Sie werden vermutlich nie mehr vollends aufgeklärt werden können, da in dieser an schriftlichen historischen Dokumenten so armen Zeit Ibn Baṭṭūṭas Person selbst nirgends erwähnt wird außer in einer später in Spanien gefundenen Handnotiz. Er selbst hat diese chronologischen Unstimmigkeiten entweder hingenommen oder vielleicht sogar selbst geschaffen, indem er den wichtigsten Stationen seiner Reise und seiner Ausbildung zum theologischen Gelehrten mehr Raum, Dauer und damit mehr Bedeutung geben wollte. Diese Vermutung liegt auch nahe für den ihm so wichtigen Aufenthalt auf den Malediven, den er selbst mit achtzehn Monaten angibt, der aber nicht länger als neun Monate gedauert haben kann, wie den Anmerkungen zum Text zu entnehmen ist.

Unter den Reisenden des arabischen Mittelalters ist dem nichtislamischen Leser keine Figur so vertraut geworden wie dieser gläubige Moslem und besessene Reisende. Was wir über ihn wissen, wissen wir nur von ihm selbst, der zwar seine Vorzüge hervorkehrt, aber auch treuherzig über seine Schwächen spricht. Er gibt ein zuverlässiges Selbstportrait von sich und belebt für uns ein ganzes und ein ganz unbekanntes Zeitalter. Es ist ein sehr menschliches Tagebuch, das allerdings selten so gewürdigt worden ist, weil Historiker und Geographen den Text nach nüchternen Tatsachen durchsucht haben. Freigebig, menschlich und kühn hat man Ibn Baṭṭūṭa genannt, man könnte hinzufügen: wißbegierig und sprunghaft, ehrsüchtig und heiratslustig, undiplomatisch und hochfahrend, mitfühlend und verständnisvoll, verschwenderisch und vorteilssüchtig, aber er war auch ein frommer und demütiger Anhänger seines Glaubens, an dem er nie irre geworden ist. Es ist zweifelhaft, ob man ihn, wie es der schwedische Historiker Bengtsson getan hat, einen Geographen nennen kann, da seine Beiträge zur Geographie schütter sind und für die weitere Entwicklung dieser Wissenschaft bedeutungslos blieben; auch einen Naturforscher, wie der Große Meyer behauptet, kann man ihn wohl nur mit Einschränkungen nennen, denn die Natur interessierte ihn nur in Form von Menschen, Bodenschätzen und eßbaren Pflanzen, die er allenthalben aufsuchte und beschrieb. Es gibt in unserer heutigen Begriffswelt keinen Beruf, den man ihm zuordnen könnte, und deshalb sollte man es bei dem ebenfalls von Bengtsson stammenden »frommen Weltwanderer« belassen.

Die Übertragung beruht auf drei modernen arabischen Nachdrucken des Textes von Ibn Baṭṭūṭa, von denen zwei bis auf einige Druckfehler und einen oder zwei Halbsätze völlig identisch sind; die dritte Ausgabe ist leicht gekürzt, im restlichen Textkörper aber ebenfalls mit den anderen Nachdrucken identisch. Die vorliegende Übersetzung ist ungekürzt, soweit es den von Ibn Baṭṭūṭa diktierten Text betrifft. Unterdrückt wurde lediglich eine Reihe von Kommentaren und Stücken arabischer Lyrik, die sein Schreiber Ibn Ǧuzayy mit oder ohne Wissen unseres Reisenden im Laufe der endgültigen Redaktion gelegentlich in den Text einstreute, die aber zum Textverständnis nichts beitragen und im übrigen auch in einer der erwähnten arabischen Neudrucke in die Fußnoten zurückgedrängt wurden. Nur an einigen Stellen, und zwar gleich zu Anfang und im Kapitel ›Spanien‹ sind sie beibehalten worden. Auch das von Ibn Ǧuzayy verfaßte Vorwort ist in diese Übersetzung nicht aufgenommen worden. Es ist ein Loblied auf den marokkanischen Herrscher Abū ʿInān, der, so die marokkanische Tradition, Ibn Baṭṭūṭa zu diesem Bericht veranlaßt haben und mit der Stellung eines Qāḍī in Fes belohnt haben soll. Zum Textverständnis trägt dieses wenige Seiten umfassende Vorwort ebenfalls nichts bei.

Horst Jürgen Grün

Aufbruch nach Ägypten

Scheich Abū ʿAbdallāh spricht:

Ich verließ Tanger, den Ort meiner Geburt, am zweiten Tage des göttlichen und einzigartigen Monats Rağab des Jahres 725[1], einem Donnerstag, in der Absicht, zum heiligen Hause zu pilgern und das Grab des Propheten zu besuchen – ihm mögen Heil und das höchste Gebet zuteil werden! Ich war allein, ohne Gefährten, mit denen ich vertraut hätte zusammenleben, und ohne Karawane, mit der ich hätte reisen können. Doch ein fester Wille trieb mich zu meiner Entscheidung, und in meiner Brust war der Wunsch verborgen, die heiligen Stätten aufzusuchen. Ich hatte mich deshalb entschlossen, nicht länger in bequemer Ruhe zu leben, und verließ meine Heimat wie der Vogel sein Nest. Meine Eltern lebten noch. Ich trennte mich von ihnen unter Schmerzen, denn für sie wie für mich war es ein Anlaß zur Trauer. Ich war zweiundzwanzig Jahre alt.

Ibn Ğuzayy: Abū ʿAbdallāh hat mir in Granada gesagt, daß er am Montag, dem 17. Tage des herrlichen Monats Rağab des Jahres 703 in Tanger geboren wurde.[2]

Mein Aufbruch fiel in die Herrschaft des Fürsten der Gläubigen, des Wahrers der Religion, der auf Gottes Wegen kämpfte und von dessen Großmut in ununterbrochener Tradition erzählt wird. Berühmt sind die Denkmäler seiner Wohltaten, die in wahrhaftigen Zeugnissen sichtbar wurden. Seine Tage schmücken sich mit der Zierde seiner Verdienste und im Schatten seiner Güte und Gerechtigkeit leben die Menschen im Überfluß. Ich spreche vom heiligen Imām Abū Saʿīd[3], dem Sohn unseres Herrn, des Fürsten der Gläubigen und Wahrers der Religion, der mit seinen kraftvollen Entschlüssen die Schwertschneiden der Ungläubigen schartig werden ließ, der in scharfem Kampfe das Feuer der Ungläubigen löschte, dessen Schwadronen die Verehrer des Kreuzes vernichteten und der sich in der Führung des heiligen Krieges auszeichnete: Ich spreche vom heiligen Imām Abū Yūsuf bin ʿAbd al-Ḥaqq[4]. Gott erneuere

[1] 14. Juni 1325.

[2] 24. Februar 1304; Ibn Baṭṭūṭa war demzufolge erst 21 Jahre alt, als er im Juni 1325 aufbrach. An der Vollendung des 22. Lebensjahres fehlten ihm, nach Mondjahren gerechnet, noch zwei Wochen; nach Sonnenjahren gerechnet, fehlten ihm an vollen 22 Jahren noch acht Monate und zehn Tage.

[3] Abū Saʿīd ʿUṯmān (reg. 1310–1331), marinidischer Herrscher Marokkos.

[4] Abū Yūsuf Yaʿqūb bin ʿAbd al-Ḥaqq (reg. 1258–1286) führte die Dynastie der Mariniden (Banū Marīn) auf den Sultansthron von Marokko, ein Werk, das sein Vater ʿAbd al-Ḥaqq und seine Brüder begonnen hatten. Im Jahre 1269 eroberte er Marrakesch

für sie sein Wohlwollen und begieße die heiligen Stätten mit dem Regen seiner Gaben, er schenke ihnen den schönsten Lohn zugunsten des Islam und der Muslime und bewahre ihr Königreich für ihre Nachfolger bis zum Tage des letzten Gerichts!

Ich kam in die Stadt Tilimsān, die damals Abū Tāšifīn ʿAbd ar-Raḥmān bin Mūsā bin ʿUṯmān Ibn Yaġmurāsin Ibn Ziyān zum Sultan hatte.[5] Ich begegnete den beiden Botschaftern des Königs von Ifrīqiya, des Sultans Abū Yaḥyā[6], und zwar dem Qāḍī der Eheschließungen aus Tunis, Abū ʿAbdallāh Muḥammad bin Abī Bakr bin ʿAlī bin Ibrāhīm an-Nafzāwī, und dem frommen Scheich Abū ʿAbdallāh Muḥammad bin al-Ḥusain bin ʿAbdallāh al-Qurašīy az-Zubaidī, der aus einem Dorf an der Küste von Mahdiyya stammte. Er war ein vornehmer Mann; er starb im Jahre 740.

Als ich in Tilimsān ankam, verließen es die beiden erwähnten Botschafter soeben. Einer meiner Freunde riet mir, sie zu begleiten. Ich fragte Gott um Rat und verbrachte drei Tage in Tilimsān, um mir zu beschaffen, was ich brauchte. Dann verließ ich die Stadt, ritt in aller Eile hinter ihnen her und kam nach Milyāna[7], wo ich sie einholte. Es war in der Zeit der Sommerhitze. Die beiden Rechtsgelehrten aber erkrankten, wodurch wir zehn Tage aufgehalten wurden, und erst dann brachen wir auf. Da sich die Krankheit des Qāḍī verschlimmert hatte, machten wir an einer Wasserstelle vier Meilen hinter Milyāna drei Tage Rast. Am Vormittag des vierten Tages tat der Oberqāḍī seinen letzten Atemzug. Sein Sohn Abu-ṭ-Ṭayyib und sein Freund Abū ʿAbdallāh az-Zubaidī kehrten nach Milyāna zurück, um ihn dort zu bestatten. Ich ließ sie an diesem Ort zurück und setzte meinen Weg in der Begleitung tunesischer Kaufleute fort, unter denen sich die Pilger Masʿūd bin al-Muntaṣir, Al-ʿUdūlī und Muḥammad bin al-Ḥaǧar befanden.

Wir erreichten Algier und hielten uns einige Tage außerhalb der Stadt auf,

und beseitigte die Herrschaft der Almoḥaden in Marokko, gründete 1275 Fes und besiegte im gleichen Jahre bei Ecija in Spanien Alfons X., den König von Kastilien.

[5] Tlemcen, Hauptstadt des Berberreiches der ʿAbd-al-Wāditen (Banū ʿAbd al-Wād oder ʿAbd al-Wāḥid), eines Bruderstammes der Mariniden. Ihr Oberhaupt war der Emporkömmling Abū Tāšifīn, der seinen Vater umgebracht und sich 1318/19 an seine Stelle gesetzt hatte.

[6] Abū Yaḥyā Abū Bakr bin Abū Zakarīyāʾ Yaḥyā bin Abī ʾIsḥāq Ibrāhīm bin Zakarīyāʾ (reg. 1318–1346), Oberhaupt der Ḥafṣiden von Tunis, der letzten Dynastie der Almoḥaden in Nordafrika. Ifrīqiya ist die alte römische Provinz Africa um das heutige Tunesien. In der Schreibweise ›Ifrīqiyā‹ bezeichnet das Wort heute den Kontinent Afrika. Zur Zeit der Durchreise von Ibn Baṭṭūṭa befand sich Abū Yaḥyā im Krieg gegen Abū Tāšifīn, der eine Anzahl von Thronrivalen gegen Abū Yaḥyā unterstützte und im Juni/Juli 1325 in Tunis die Oberhand gewann, während Abū Yaḥyā gerade mit den Truppen der Banū ʿAbd al-Wād die Stadt Constantine belagerte.

[7] Malyāna im Wādī Šilf östlich von Tlemcen und etwa 65 Kilometer von der Küste entfernt.

bis Scheich Abū ʿAbdallāh und der Sohn des Qāḍī eintrafen. Sodann wandten wir uns gemeinsam der Mittīǧa und dem Az-Zāna-Gebirge zu und kamen in die Stadt Biǧāya[8]. Scheich Abū ʿAbdallāh nahm Wohnung im Hause des Qāḍī Abū ʿAbdallāh az-Zawāwī. Abu-ṭ-Ṭayyib, der Sohn des Qāḍī, wohnte im Hause des Juristen Abū ʿAbdallāh al-Mufassir. In Biǧāya hatte zu jener Zeit der Emir Abū ʿAbdallāh Muḥammad bin Sayyid an-Nās, der Kammerherr, die Herrschaft inne.[9] Muḥammad bin al-Ḥaǧar, den ich als einen der tunesischen Kaufleute erwähnt habe, mit denen ich die Reise von Milyāna her gemacht hatte, war gestorben, hatte eine Summe von 3.000 Golddinaren[10] hinterlassen und sie einem Manne namens Ibn Ḥadīda aus Algier anvertraut, damit dieser sie seinen Erben in Tunis aushändige. Ibn Sayyid an-Nās aber erfuhr davon und nahm ihm das Geld fort. Dies war die erste Ungerechtigkeit der Almoḥaden und ihrer Stellvertreter, deren Zeuge ich wurde.

Kaum waren wir, wie ich erzählt habe, in Biǧāya angekommen, als mich das Fieber ergriff. Abū ʿAbdallāh az-Zubaidī riet mir, in der Stadt zu bleiben, bis die Hitze von mir wiche, aber ich weigerte mich und antwortete: »Wenn Gott meinen Tod beschlossen hat, dann soll er mich unterwegs ereilen, wenn ich zur Erde der Ḥiǧāz[11] strebe.« – »Wenn das dein Entschluß ist«, sagte er mir daraufhin, »nun gut, dann verkaufe dein Tier und das schwerste Gepäck! Ich leihe dir ein Reittier und ein Zelt und du kannst uns mit geringer Last begleiten. Wir reiten nämlich jetzt sehr schnell, denn wir fürchten, daß Araber am Wege im Hinterhalt liegen.« Ich befolgte seinen Rat und er lieh mir, was er versprochen hatte. Gott möge es ihm vergelten! Dies war der Anfang der göttlichen Gunst, die mir auf dieser Reise in die Ḥiǧāz zuteil wurde.

Also reisten wir weiter, bis wir nach Qusanṭīna[12] kamen, wo wir außerhalb der Stadt lagerten. Doch wir wurden durch starke Regenfälle überrascht, die

8 Mittīǧa liegt im hügeligen Süden von Algier, das Az-Zāna-Gebirge, auch al-Ballūṭ-Gebirge (›Berg der Eichen‹) genannt, im östlichen Teil der Bergkette der Kabylei in Algerien. Biǧāya ist das heutige Bougie; es war damals ein Sonderfürstentum der Ḥafṣiden.

9 Sobald sich die Herrschaft von Abū Yaḥyā Abī Bakr in Tunis gefestigt hatte, setzte er seinen Sohn Abū Zakarīyāʾ als Gouverneur von Biǧāya ein. Dessen jugendliches Alter machte es erforderlich, ihm einen Regenten an die Seite zu stellen, eben jenen Sayyid an-Nās, der aus einer arabischen Familie stammte und für seinen Heldenmut berühmt gewesen sein soll. Sayyid an-Nās war Kammerherr des Königs von 1327 bis zu seinem gewaltsamen Ende im Jahre 1332.

10 Ein Golddinar (1 Miṯqal) entspricht einem Goldgehalt von 4,5 Gramm.

11 Landschaft und Provinz des heutigen Saudi-Arabien mit der Hauptstadt Mekka.

12 Die Provinz Constantine unterstand Abū ʿAbdallāh Muḥammad, einem weiteren Sohne des Ḥafṣiden Abū Yaḥyā Abī Bakr, dem in seinen jungen Jahren erfahrene Regenten zur Seite standen; einer von diesen Führern war möglicherweise der im Text erwähnte Abu-l-Ḥasan. Ibn Baṭṭūṭa traf allem Anschein nach erst in Constantine ein, als die zweiwöchige Belagerung aufgehoben war.

uns zwangen, in der Nacht unsere Zelte zu verlassen und in den umliegenden Häusern Zuflucht zu suchen. Am Morgen kam der Gouverneur der Stadt zu uns heraus. Er war ein vornehmer Šarīf, den man mit Abu-l-Ḥasan ansprach. Er untersuchte meine Kleider, die vom Regen beschmutzt worden waren, und befahl, daß sie in seinem Hause gewaschen werden sollten. Mein Kopftuch war völlig verdorben. Er schickte mir als Ersatz einen ›iḥrām‹ aus Baʿlabakker Stoff[13], in dessen eines Ende er zwei Golddinare eingebunden hatte. Es war die erste Gottesgabe, die ich auf meiner Reise empfing.

Wir reisten weiter bis zur Stadt Būna[14], in der wir uns einige Tage aufhielten. Wegen der Gefahren, die der Weg bereithielt, nahmen wir hier Abschied von den Kaufleuten, die zu unserer Gesellschaft gehört hatten, und ritten rasch weiter. Das Fieber schüttelte mich erneut, und in meiner Furcht, aus Schwäche zu Boden zu fallen, band ich mich mit einem Turban an den Sattel. Es war mir wegen der Angst, die ich verspürte, aber auch nicht möglich abzusteigen, bevor wir in Tunis angekommen waren. Die Einwohner der Stadt kamen dem Scheich Abū ʿAbdallāh az-Zubaidī und Abu-ṭ-Ṭayyib, dem Sohn des Qāḍī Abū ʿAbdallāh an-Nafzāwī, entgegen. Beide Gruppen gingen aufeinander zu, grüßten und befragten sich. Mich grüßte niemand, denn mich kannte niemand von diesen Leuten. Über mich kam eine solche Trauer, daß ich meine Seufzer nicht zurückhalten konnte und meine Tränen reichlich flossen. Einer der Pilger bemerkte mich in diesem Zustand, kam zu mir, entbot mir den Gruß und tröstete mich. Er wurde nicht müde, mich mit seinem Gespräch aufzuheitern, bis ich die Stadt betrat, wo ich in der Koranschule der Buchhändler Unterkunft fand.[15]

Als ich Tunis betrat, war Abū Yaḥyā Sultan der Stadt, der Sohn des Sultans Abū Zakarīyāʾ Yaḥyā bin Sulṭān Abī ʾIsḥāq Ibrāhīm bin Sulṭān Abū Zakarīyāʾ Yaḥyā bin ʿAbd al-Wāḥid bin Abī Ḥafṣ.[16] Es gab in Tunis eine Anzahl hochgebildeter Gelehrter, darunter den Großqāḍī Abū ʿAbdallāh Muḥammad[17], Sohn des Qāḍīs der Gemeinde Abu-l-ʿAbbās Aḥmad bin Muḥammad bin Ḥasan bin Muḥammad al-Anṣārīy al-Ḫazraǧī, der aus Valencia stammte, sich dann aber

13 Dieser ›iḥrām‹ ist hier nicht das Kleidungsstück, das die Mekkapilger anlegen, sondern ein Kopf- und Schulterschal, der insbesondere im islamischen Westen getragen wurde und heute als ›ṭaylasān‹ bezeichnet wird. ›Baʿlabakk‹ ist Baalbek im Libanon.

14 Būna, das heutige An-Nāba, stand damals unter dem Befehl eines weiteren Sohnes des Abū Yaḥyā Abī Bakr, wie auch Qafṣa seinem Sohne Abū ʿAbbās, Mahdiyya seinem Sohne Ḫālid und Sūsa (Sousse) seinem Sohne Abū Fāris unterstanden.

15 Die Koranschulen (Madrasas) entstanden meist zusammen mit dem Neubau einer Moschee und dienten dem Studium des islamischen Rechts. Ihnen entnahm der Staat seinen Nachwuchs für die Verwaltung. Die Koranschule der Buchhändler ist nicht mehr zu identifizieren.

16 Abū Yaḥyās Vater war der Sultan von Bougie, sein Urgroßvater gleichen Namens war der Gründer der ḥafṣidischen Dynastie von Tunis und regierte von 1228 bis 1249.

17 Großqāḍī von Tunis seit 1318, als Abū Yaḥyā seine Herrschaft angetreten hatte.

in Tunis niedergelassen hatte und unter dem Namen ›Sohn des Spötters‹ bekannt war[18]; darunter auch den Prediger Abū ʾIsḥāq Ibrāhīm bin Ḥusain bin ʿAlī bin ʿAbd ar-Rafīʿ ar-Rabaʿī, der unter fünf Herrschaften mit der Würde des Großqāḍīs bekleidet war.[19] Ich nenne ferner den Rechtsgelehrten Abū ʿAlī ʿUmar bin ʿAlī bin Qaddāḥ al-Hawārī, der ebenfalls Qāḍī von Tunis gewesen und unter die bedeutendsten Gelehrten zu rechnen war. Er hatte die Angewohnheit, sich jeden Freitag nach dem Gebet gegen eine Säule der Hauptmoschee zu lehnen, die als die Olivenbaum-Moschee[20] bekannt ist. Die Menschen legten ihm ihre Streitfälle vor und baten ihn um ein Urteil. Sobald er zu vierzig Fällen seinen Spruch gefällt hatte, hob er die Sitzung auf und ging davon.

In die Zeit meines Aufenthaltes in Tunis fiel das Fest des Fastenbrechens.[21] Ich begab mich, um ihrem Fest beizuwohnen, auf den Betplatz, auf dem sich die Einwohner versammelt hatten. Sie waren in ihrer schönsten Kleidung und in vollkommenster Aufmachung erschienen. Sultan Abū Yaḥyā erschien zu Pferde, die Vornehmen und Diener seines Reiches schritten in wunderbarer Ordnung zu Fuß. Die Gebete wurden gesprochen, und als die Predigt beendet war, kehrten die Teilnehmer in ihre Häuser zurück.

Nach einiger Zeit wählte die Karawane, die zur heiligen Ḥiǧāz unterwegs war, einen Führer. Es war Scheich Abū Yaʿqūb as-Sūsī vom Stamme der Aqlī aus Ifrīqiya.[22] Die meisten Männer der Karawane waren Maṣmūdā.[23] Sie wählten mich zu ihrem Qādī. Wir verließen Tunis gegen Ende des Monats Ḏu-l-Qaʿda[24], folgten der Küstenstraße und erreichten Sūsa, einen kleinen hübschen Ort, vierzig Meilen hinter Tunis an der Küste gelegen. Danach zogen wir weiter nach Ṣafāqus[25]. In der Nähe dieser Stadt befindet sich das Grabmal des Imām Abu-l-Ḥasan al-Laḥmī, des Malikiten und Verfassers einer Schrift mit dem Titel ›Belehrung über das Recht‹.[26]

18 Vater des Vorstehenden und Großqāḍī von Bougie seit 1261 und von Tunis seit 1279, wo er dieses Amt bis zu seinem Tode im Jahre 1291 sieben Mal innehatte und gelegentlich als Vermittler zwischen den Ḥafṣiden und anderen Herrschern des Maġrib auftrat.

19 Seine fünf Herrschaften folgten bis 1309 unmittelbar aufeinander. Er starb im Jahre 1334.

20 Die Az-Zaitūna-Moschee, deren Grundstein im Jahre 734 gelegt wurde, entwickelte sich im Laufe der Jahrhunderte zu einem Mittelpunkt islamischer Bildung im Maġrib und ist noch heute das religiöse Zentrum der Stadt Tunis.

21 Das ›ʿid al-fiṭr‹ folgt unmittelbar auf den letzten Tag des Monats Ramaḍān und fiel im Jahre 1325 auf den 10. September.

22 As-Sūsī bezieht sich auf die Stadt Sūsa, die alte, von den Römern gegründete Stadt Hadrumetum. Aqlī scheint eine Verstümmelung von Iqlībīya, dem antiken Clypaea und heutigen Qalībīya, zu sein.

23 Die Maṣmūdā waren ein Berberstamm am Westhang des Atlas-Gebirges.

24 Anfang November 1325.

25 Sfax.

26 ʿAlī bin Muḥammad ar-Rubāʿī ʾAbu-l-Ḥasan mit dem Beinamen Al-Laḥmī, malikiti-

Danach reisten wir nach Qābis[27], stiegen im Ort ab und hielten uns wegen anhaltender starker Regenfälle zehn Tage dort auf.

Wir verließen Qābis mit dem Ziel Tripolis und mit etwa hundert oder mehr Berittenen, die uns einige Tagesreisen weit begleiteten. Auch stand die Karawane unter der Bedeckung eines Aufgebotes von Bogenschützen, die von den Arabern gefürchtet werden und denen sie auswichen, und Gott schützte uns vor ihnen. Auf einer dieser Etappen begingen wir das Opferfest[28], und vier Tage später trafen wir in Tripolis ein, wo wir einige Tage Halt machten. In Ṣafāqus hatte ich die Tochter eines Sekretärs aus Tunis geheiratet und in Tripolis vollzog ich die Ehe. Gegen Ende des Monats Muḥarram[29] des Jahres 726 ließ ich Tripolis in Begleitung meiner Frau und einer Gruppe Maṣmūdā wieder hinter mir. Ich trug die Standarte und führte die Gruppe an. Die Karawane blieb aus Furcht vor Kälte und Regen in Tripolis zurück.

Wir kamen an Mislāta, Misrāta und Quṣūr Surt vorüber.[30] An diesem Ort versuchten einige Scharen von Ǧammāza-Arabern[31], uns anzugreifen. Aber Gottes Allmacht zerstreute sie und hinderte sie daran, uns etwas anzutun. Schließlich zogen wir uns in ein Wäldchen zurück und kamen, als wir es durchquert hatten, zum Kastell des Gottesverehrers Barsīs und dann nach Qubbat Sallām, wo uns die Karawane, die in Tripolis geblieben war, wieder einholte.[32] Hier entstand zwischen meinem Schwiegervater und mir ein Streit, der mich zwang, mich von seiner Tochter scheiden zu lassen. Ich heiratete daraufhin die Tochter eines Koranschülers aus Fes, vollzog diese Ehe in Qaṣr az-Zaʿāfīya und feierte sie mit einem Festessen, für das ich die Karawane einen Tag zurückhielt.

scher Faqīh aus Qayrawān (Qairouan), kam nach Sfax und starb dort im Jahre 1085. Die sunnitische Schule der Malikiten war in Nordafrika die führende der vier sunnitischen Glaubensrichtungen.

27 Gabes, nach Ḥasan Ibn al-Wazān (Leon Africanus) eine römische Gründung an der Mittelmeerküste am Eingang des Golfes.

28 Das Opferfest fällt auf den 10. Tag des Monats Ḏu-l-Ḥiǧǧa, des letzten Monats des islamischen Mondjahres; im Jahre 1325 entsprach der Tag dem 17. November.

29 Anfang Januar 1326.

30 Misrāta oder Masrāta sind nach Ibn al-Wazān Orte an der Mittelmeerküste. Quṣūr Surt war eine schon im 11. Jahrhundert völlig verfallene Ansiedlung.

31 Der Stammesname ist vermutlich abgeleitet von der Bezeichnung ›al-ǧammāza‹ (Kamelstute).

32 Nach Ṭāhir az-Zāwī befindet sich heute 45 Kilometer östlich der Stadt Bengazi ein kleines Dorf, das Barsīs oder Barsīsa heißt, und es ist nicht unwahrscheinlich, daß in diesem Dorf die von Ibn Baṭṭūṭa erwähnte Siedlung stand; heute dehnt sich Wüste von der Syrte bis an dieses Dorf und darüber hinaus in den Osten. Barsīs war ein Sklave des Volkes Israel, einer seiner Asketen und lebte hier als Einsiedler.

Am ersten Tage des Monats Ǧumāda I.[33] kamen wir in Alexandria an, das Gott bewahren möge. Es hat einen geschützten Hafen in einer freundlichen Landschaft, gehört zu den Wundern der Welt und ist aufs beste erbaut. Dort findet sich alles, was man sich wünscht, Schönheit wie Stärke, Denkmäler sowohl der weltlichen als auch der religiösen Dinge, gefällige Paläste und erhabenste Gedanken. In seinen Gebäuden vereinigen sich Größe und Vollendung. Die Stadt ist ein Juwel von augenfälliger Pracht, eine Jungfrau im Glanz ihres Schmucks. Sie erleuchtet mit ihrer Schönheit den Westen und vereint in sich wegen ihrer Lage inmitten zwischen Ost und West die verschiedenartigsten Reize. Alle Wunder sind dort zu betrachten, und eine Auslese aller Meisterwerke gelangt dorthin. Man hat Alexandria schon wortreich beschrieben, Werke über die Wunder verfaßt, aber auch übertrieben. Doch wer alles zusammen erleben will, dem genügt ein Blick auf das, was Abū ʿUbaid in seinem Werk ›Al-Masālik‹ niedergeschrieben hat.[34]

Alexandria besitzt vier Tore: das Tor des Lotusbaumes, zu dem der Weg aus dem Westen führt, das Tor von Rašīd, das Meerestor und das Grüne Tor[35], das nur freitags geöffnet wird, wenn die Menschen hindurchströmen, um die Gräber zu besuchen. Wahrhaft großartig aber ist der Hafen. In der ganzen übrigen Welt habe ich keinen wie diesen gesehen, wenn man die Häfen von Kaulam und Qāliqūṭ in Indien, den Hafen der Ungläubigen von Surdāq im Lande der Türken und den von Zaitūn in China ausnimmt[36], auf die ich später eingehen werde.

Auf dieser Reise suchte ich den Leuchtturm auf und fand eine seiner Mauern verfallen. Er wird als viereckiger Bau beschrieben, der sich in der Luft verliert. Das Eingangstor ist oberhalb des Bodens eingelassen und gegenüber steht ein Bau gleicher Höhe. Zwischen beide Bauten sind Holzbretter gelegt, die zum Eingangstor führen. Werden sie entfernt, führt kein Weg mehr zum Tor, hinter dem sich der Sitz des Leuchtturmwärters befindet. In seinem Inneren hat der Turm viele Kammern. Der Durchgang ins Innere ist neun Spannen breit[37], die Mauern sind zehn Spannen dick, und die Breite jeder der vier Seitenwände des Turms beträgt 140 Spannen. Er steht auf einer Anhöhe, etwa einen Farsaḫ von der Stadt entfernt[38], und auf einer langgestreckten Landzunge, die auf drei Seiten vom Meer umgeben ist, so daß das Meer auch die Stadtmauern

33 5. April 1326.

34 Das Werk des berühmten arabischen, aber aus Spanien stammenden Geographen Abū ʿUbaid ʿAbdallāh bin ʿAbd al ʿAzīz al-Bakrī (1028–1094) trägt den Titel: ›Al-Masālik wa-l-Mamālik‹ (›Wege und Länder‹).

35 Rašīd ist Rosette; alle vier Tore wurden im 19. Jahrhundert zerstört.

36 Quilon und Calicut in Indien; Surdāq war ein genuesisches Handelskontor auf der Krim, Zaitūn ist das heutige Quanzhou in China.

37 Handspanne (›šibr‹), Fuß, Längenmaß, entspricht 22,5 Zentimeter.

38 Farsaḫ, Längenmaß, entspricht 5.250 Meter.

umspült und man den Leuchtturm auf dem Landwege nur von der Stadt her erreichen kann. Auf dieser Landzunge, die zum Leuchtturm führt, befindet sich der Friedhof von Alexandria. Ich begab mich auch auf meiner Rückreise in den Maġrib im Jahre 750[39] zum Turm und sah, daß er nun völlig verfallen war, so daß man weder eintreten noch bis zum Tor hochsteigen konnte. König An-Nāṣir[40] hatte zwar angeordnet, an der gleichen Stelle einen ganz ähnlichen Turm zu errichten, aber sein Tod verhinderte, daß er vollendet wurde.

Zu den Wundern dieser Stadt gehört auch die gewaltige Marmorsäule, die man außerhalb der Stadt sieht und die den Namen der Pfeilersäule trägt.[41] Sie steht inmitten eines Palmenwäldchens und hebt sich schon mit ihrer auffälligen Höhe von den Bäumen ab. Sie ist mit großer Künstlerschaft aus einem Stück gehauen und ruht auf Fundamenten aus viereckigen Steinen, die mächtigen Sockeln gleichen. Man kennt weder die Art und Weise, wie sie dort aufgerichtet wurde, noch weiß man, wer sie aufstellte.

Als ich in Alexandria ankam, war der Emir der Stadt ein Mann namens Ṣalāḥ ad-Dīn.[42] Zur gleichen Zeit hielt sich in Alexandria der abgesetzte Sultan von Ifrīqiya, Zakarīyā᾽ Abū Yaḥyā bin Aḥmad bin Abī Ḥafṣ, bekannt unter dem Namen Al-Laḥyānī, auf.[43] König An-Nāṣir hatte angeordnet, ihn im Königspalast von Alexandria wohnen zu lassen, und ihm eine Pension von täglich hundert Dirham ausgesetzt. Er hatte seine Kinder ʿAbd al-Wāḥid, Miṣrī und Iskandarī bei sich sowie seinen Kammerherrn Abū Zakarīyā᾽ bin Yaʿqūb und seinen Wesir Abū ʿAbdallāh bin Yāsīn. Al-Laḥyānī starb in Alexandria ebenso wie sein Sohn Iskandarī, Miṣrī lebt noch heute dort. ʿAbd al-Wāḥid aber zog nach Spanien, in den Maġrib und nach Ifrīqiya, wo er auf der Insel Ǧarba starb.

Unter den Gelehrten Alexandrias ist der Qāḍī der Stadt, ʿImād ad-Dīn al-Kindī, zu nennen, ein Meister in der Kunst der Rede. Er bedeckte sein Haupt mit einem Turban, der den gewohnten Umfang von Turbanen übertraf. Nie habe ich auf der ganzen Welt einen gewaltigeren Turban gesehen. Ich sah ihn vor einer Gebetsnische sitzen, die sein Turban fast vollkommen ausfüllte. Auch

39 1349.

40 Erstmalige Erwähnung des zeitgenössischen Mamlukensultans Malik An-Nāṣir Muḥammad bin Qalāwūn, der dreimal Sultan Ägyptens war. Sein Vater und Vorgänger Qalāwūn (reg. 1279–1290) war Sklave des vorletzten ayyubidischen Sultans Aṣ-Ṣāliḥ (reg. 1240–1249) gewesen. Malik An-Nāṣir folgte seinem Vater im Jahre 1293 auf den Thron, den er zweimal abgab und zweimal, zuletzt 1310, zurückeroberte, woran sich eine ununterbrochene Herrschaft bis 1340 anschloß.

41 Die sogenannte Säule des Pompeius, wie die Kreuzfahrer sie nannten.

42 Ṣalāḥ ad-Dīn ad-Dawādār (›der Sekretär‹), Gouverneur Alexandrias von 1324-1329.

43 Al-Laḥyānī herrschte in Tunis von 1311–1318, wurde aber von Abū Yaḥyā, dem damaligen Sultan von Bougie, vertrieben, fand in Alexandria Asyl und starb dort im Jahre 1327.

Faḫr ad-Dīn bin ar-Riġī[44], ein überragender Gelehrter, gehörte zu den Qāḍīs Alexandrias.

Es wird erzählt, daß der Großvater von Faḫr ad-Dīn bin ar-Riġī zum Volke der Riġa gehörte und sich mit dem Studium der Wissenschaft beschäftigte. Er brach zur Ḥiǧāz auf und traf eines Abends in Alexandria ein. Da er nur geringe Mittel besaß, hatte er den Wunsch, die Stadt nicht zu betreten, bevor er ein Wort guter Vorbedeutung vernommen hätte. Er setzte sich nahe ans Tor, bis alle Leute hineingegangen waren. Die Stunde, zu der die Tore geschlossen werden, war gekommen, und er war als Einziger zurückgeblieben. Das mißfiel dem Torwächter, der über seine Langsamkeit verärgert war und spöttisch zu ihm sagte: »Tritt ein, o Qāḍī!« – »Qāḍī also, wenn's Gott gefällt«, sagte der Fremde. Er ging in eine Koranschule, widmete sich dem unablässigen Studium des Buches und folgte dem Vorbild der Vortrefflichsten. Sein Ansehen wuchs gewaltig an, sein Name wurde berühmt, er wurde bekannt für seine Gottesfurcht und Genügsamkeit, und die Kunde von ihm drang auch zum ägyptischen König. Da starb der Richter von Alexandria. Es gab in der Stadt zahlreiche Juristen und Gelehrte, die sämtlich das Amt gern besetzen wollten. Nur Ar-Riġī strebte es nicht an. Der Sultan aber schickte ihm die traditionelle Urkunde und berief ihn zum Qāḍī. Als der Bote ihm diese Nachricht gebracht hatte, hieß Ar-Riġī seinen Diener, den Leuten zu verkünden, daß jeder, der einen Prozeß führen wolle, erscheinen und ihm den Vorgang darlegen solle, und bald begann er, Urteilssprüche zu fällen. Dies ärgerte aber die Faqīhs, und sie versammelten sich bei dem Manne, den sie für den sichersten Bewerber um die Würde des Richters angesehen hatten, und sprachen darüber, eine Eingabe an den Sultan zu richten und ihm mitzuteilen, daß das Volk mit seiner Wahl unzufrieden sei. Ein Sterndeuter aber, ein kluger Mann, war zugegen und sprach zu ihnen: »Hütet euch davor! Ich habe den wahren Sinn seines Amtsantrittes studiert. Da ist offenbar geworden, daß er das Amt vierzig Jahre lang ausüben wird.« Da gaben sie ihr Vorhaben auf, gegen seine Berufung, die ihnen Sorgen bereitet hatte, vorzugehen. Was aber dann geschah, stimmte mit der Vorhersage des Sterndeuters überein, und Ar-Riġī wurde im Laufe seiner Amtszeit bekannt für seine Gerechtigkeit und Lauterkeit.

Zu nennen ist von den Richtern auch Waǧīh ad-Dīn aṣ-Ṣanhāǧī, ebenfalls ein berühmter und vortrefflicher Gelehrter, ferner Šams ad-Dīn, der Sohn der Tochter von At-Tannīsī, ein Mann von Güte und weitem Ruhm. Von den frommen Männern der Stadt zählt Scheich Abū ʿAbdallāh aus Fes zu den größten Heiligen; über ihn erzählt man, daß er, wenn er in seinen Gebeten die Grußformel sprach, eine Stimme hörte, die ihm den Gruß zurückgab.

Ferner ist der gelehrte, rechtschaffene, demütige und gottesfürchtige Imām

[44] Aḥmad bin Muḥammad bin ʿAbd ar-Raḥmān bin ʿAbdallāh al-Iskandarī Faḫr ad-Dīn, genannt Ar-Riġī. ›Riġa‹ soll ein Berberwort sein, das ›Salzsee‹ oder ›Salzsumpf‹ bedeutet.

Ḫalīfa zu nennen, der Anhänger der Offenbarer.[45] Von einem Wunder dieses Scheichs berichtete mir ein glaubwürdiger Mann aus seiner Gemeinschaft. Er sagte: »Scheich Ḫalīfa sah im Schlaf den Propheten Gottes, der zu ihm sagte: ›Besuche uns, o Ḫalīfa!‹ Der Scheich brach alsbald ins heilige Al-Madīna auf, ging in die erhabene Moschee, trat durch das Tor des Friedens ein, grüßte die Moschee und wünschte dem Propheten Heil. Er setzte sich, lehnte sich an eine Säule und stützte den Kopf auf die Knie, eine Haltung, die von den Ṣūfīs ›tazyīq‹ genannt wird. Als er den Kopf wieder hob, fand er vier Fladenbrote, Gefäße mit Milch und eine Schale mit Datteln. Er und seine Gefährten aßen davon, dann kehrte er nach Alexandria zurück, ohne in diesem Jahre die Pilgerreise zu unternehmen.«

Auch sei des gelehrten, lauteren, demütigen und ehrwürdigen Imāms Burhān ad-Dīn, des Hinkers, gedacht, der zu den gottesfürchtigsten und unvergleichlichen Dienern Gottes zählte. Ich habe ihn während meines Aufenthaltes in Alexandria aufgesucht und drei Tage lang seine Gastfreundschaft genossen. Eines Tages trat ich bei ihm ein, da sagte er zu mir: »Ich sehe, daß du es liebst, zu reisen und die Länder zu durchwandern.« – Ich antwortete: »Ja, das liebe ich.« Aber es war mir damals noch nicht in den Sinn gekommen, zu solch entfernten Ländern wie Indien oder China vorzudringen. Er aber sagte: »Du mußt unbedingt, wenn Gott es will, meinen Bruder Farīd ad-Dīn in Indien, meinen Bruder Rukn ad-Dīn Zakarīyāʾ im Sind und meinen Bruder Burhān ad-Dīn in China besuchen. Sobald du zu ihnen gelangst, überbringe ihnen einen Gruß von mir!« Ich war über seine Worte erstaunt, aber in meiner Seele regte sich der Wunsch, meine Schritte in diese Länder zu lenken, und ich ruhte nicht, bevor ich den drei Genannten begegnet war und ihnen seinen Gruß ausgerichtet hatte. Als ich mich von ihm verabschiedete, übergab er mir für meine weitere Reise eine Geldsumme, die ich sorgfältig aufbewahrte. Ich benötigte sie zunächst nicht, später aber wurde sie mir auf See mit anderen Dingen von ungläubigen Indern geraubt.

Endlich erwähne ich auch noch Scheich Yāqūt, den Abessinier[46], einen ganz vortrefflichen Mann und Schüler von Abu-l-ʿAbbās al-Mursī[47], der seinerseits selbst Schüler des Gottesfreundes Abu-l-Ḥasan aš-Šāḏilī[48] gewesen war, des

[45] Ḫalīfa bin ʿAṭīya bin Ḫalīfat al-Qarīṭīy al-Manyālīy Abū Saʿīd al-Iskandarānī, Vertreter der malikitischen Glaubensrichtung, die er in Alexandria lehrte, bis er dort im Jahre 1334 starb.

[46] Yāqūt al-Ḥabašī war ein Ṣūfī-Mystiker, der berühmt wurde wegen der Wunder, die er wirkte. Er starb im Jahre 1332 in Alexandria, wo sich noch heute sein Grab befindet.

[47] Aḥmad bin ʿUmar Abu-l-ʿAbbās al-Mursī, ebenfalls ein Mystiker aus Alexandria (gest. 1287), dessen Beiname auf seine Herkunft aus Murcia in Spanien hinweist.

[48] Abu-l-Ḥasan ʿAlī bin ʿAbdallāh aš-Šāḏilī, marokkanischer Herkunft und einer der größten islamischen Mystiker, der selbst einen eigenen Orden, die Šāḏilīya, gründete. Sein Name wird auf seinen Heimatstamm der Šāḏila zurückgeführt. Nach einer Reise in den Iraq ließ er sich in Alexandria nieder und starb im Jahre 1258 in der Wüste von ʿAiḏāb auf

berühmten Mannes, der großartige Wunder wirkte und ein vorbildliches Leben höchsten Ranges führte. Scheich Yāqūt erzählte mir eine Geschichte, die er von seinem Meister Abu-l-ʿAbbās al-Mursī gehört hatte: »Abu-l-Ḥasan unternahm jedes Jahr die Pilgerfahrt. Er wählte den Weg in den Ṣaʿīd[49] und verbrachte den Monat Raǧab und die Zeit bis zur Vollendung der Wallfahrtsriten in der Nachbarschaft von Mekka. Sodann besuchte er das heilige Grabmal und kehrte schließlich über den Großen Paß in seine Heimat zurück. Eines Jahres aber, als er sich zum letzten Male auf den Weg machte, sagte er zu seinem Diener: ›Nimm eine Hacke, einen Korb und Balsam und halte auch sonst alles bereit, was ein Verstorbener benötigt!‹ – ›Warum das, mein Herr?‹, fragte ihn sein Diener. – ›Das wirst du in Ḥumaiṯarā sehen‹, erwiderte er.« Ḥumaiṯarā ist ein Ort im Ṣaʿīd, in der Wüste von ʿAiḏāb. Dort liegt eine Quelle mit brakkigem Wasser, und man trifft sehr viele Hyänen. »Als sie in Ḥumaiṯarā angekommen waren, vollzog Scheich Abu-l-Ḥasan seine Waschungen und sprach zwei Rakʿa-Gebete.[50] Kaum hatte er sich ein letztes Mal im Gebet zu Boden geworfen, als Gott, der Große und Gewaltige, ihn zu sich rief. Er wurde an diesem Ort bestattet.« Ich habe sein Grab besucht, auf dem eine Metallplatte steht, auf der man seinen Namen und die Namen seiner Familie liest, die bis auf ʿAlīs Sohn Ḥasan zurückgeht.

Wie ich erzählt habe, reiste Aš-Šāḏilī jedes Jahr in den Ṣaʿīd und über das Rote Meer. Wenn er sich an Bord eines Schiffes befand, sagte er alle Tage das Gebet des Meeres auf. Seine Schüler folgen diesem Brauch noch heute jeden Tag.[51] Es lautet so:

»O Gott, du hohes und großartiges Wesen, mild und weise, du bist mein Gebieter! Ich bin zufrieden, daß ich dich kenne. Welch vortrefflicher Gebieter ist mein Herr, welch glückliches Schicksal ist meins! Du hilfst, wem du willst, du bist mächtig und mildherzig. Wir flehen dich an, uns auf unseren Reisen, in unseren Häusern, in unseren Worten, in unseren Wünschen und Gefahren vor den Zweifeln, dem Argwohn und dem Wahn zu schützen, die unsere Herzen daran hindern, die Geheimnisse zu erkennen. Die Muslime haben schwerste Erschütterungen erlitten. Wenn die Heuchler und Krankherzigen behaupten, Gott und sein Gesandter hätten uns nur Trug und Täuschungen versprochen, so stärke

der Reise in die Ḥiǧāz. Der Schweizer Forschungsreisende J. L. Burckardt (1784–1817) soll auf seiner Reise durch Nubien (Travels in Nubia, 1817) in einer Ebene, die den Namen des Scheichs Aš-Šāḏilī führt, Süßwasserbrunnen gefunden haben; dort soll sich auch das Grab eines Heiligen befinden, das von der ansässigen Bevölkerung verehrt wird.

49 Oberägypten.

50 Rakʿa ist die Gesamtheit eines muslimischen Gebets, das aus zwei Verneigungen, zwei Kniefällen, zwei Prosternationen (Bodenwurf mit ausgestreckten Armen) und den zugehörigen Gebetsformeln besteht.

51 Das Gebet des Meeres (›ḥizb al-baḥr‹) ist eines der berühmtesten und verbreitetsten Gebete der Muslime.

und hilf uns und unterwirf uns das Meer, wie du es für Moses unterwarfst – Friede sei mit ihm –, wie du für Abraham die Flammen unterdrücktest – Friede sei mit ihm –, wie du David die Berge und das Eisen – Friede sei mit ihm –, und Salomon die Winde, die Geister und die Dämonen untertan machtest – Friede sei mit ihm! Unterwirf alle Meere für uns, die dir auf der Erde wie im Himmel, im Reich der Könige wie im Reich Gottes gehören, das Meer in dieser und das Meer in der anderen Welt. Mache uns alle Dinge untertan, der du alle Dinge besitzest! Kāf hā' yā' ʿain ṣād[52] hā' mīm ʿain sīn qāf. Steh uns bei, du Bester aller Verteidiger; gib uns den Sieg, du Bester aller Eroberer; vergib uns, du Bester all derer, die vergeben können; erbarme dich unser, du Bester aller Erbarmer, gib uns unser tägliches Brot, du Bester aller Ernährer! Führe uns auf den rechten Weg und befreie uns von der Schar der Ungerechten! Lasse für uns günstige Winde wehen, wie es deine Allwissenheit vermag! Lasse sie aufziehen aus den Schatzkammern deiner Milde und steh uns mit ihrer segensreichen Hilfe bei, damit wir in dieser und in der anderen Welt gesund und sicher in unserem Glauben bleiben, denn du vermagst alles! O Gott, laß unsere Geschäfte gelingen und schenke uns für unsere Herzen und Leiber die Ruhe und Gesundheit, derer wir für unsere religiösen wie weltlichen Dinge bedürfen! Begleite uns auf der Reise und nimm in unseren Familien unseren Platz ein! Entstelle die Gesichter unserer Feinde und verderbe ihre Lage, damit sie weder entkommen noch gegen uns vorgehen können! Wenn wir wollten, so könnten wir ihnen das Augenlicht nehmen, dann blieben sie auf dem rechten Weg. Aber wie erkennen sie ihn? Wenn wir wollten, würden sie ihre Gestalt ändern, so könnten sie weder vorwärts noch zurück.[53] Yā' Sīn. Sie verstehen nicht und sehen nicht. Häßlich sind ihre Gesichter. Und ihre Gesichter werden für die Beschimpfung des Ewigen gedemütigt. Wer mit Unrecht beladen ist, wird scheitern.[54] Ṭā' sīn, ṭā sīn mīm, ḥā' mīm, ʿain sīn qāf. Er ließ die zwei Meere, die sich begegnen, durch eine Meerenge trennen, so daß sie sich nichts zufügen können.[55] Ḥā' mīm, ḥā' mīm, ḥā' mīm, ḥā' mīm, ḥā' mīm, ḥā' mīm, ḥā' mīm. Die Sache ist beschlossen und die Hilfe ist eingetroffen. Sie werden uns nicht besiegen. Die Enthüllung des Buches ist beschlossen durch den allmächtigen Gott, den Allwissenden, der die Sünden vergibt, der die Reue annimmt, der hart straft und der die Macht

[52] Mit diesen fünf Buchstaben des arabischen Alphabets beginnt die 19. Sure des Korans; insgesamt sind 26 Suren eine Reihe von Buchstaben unbekannter Bedeutung vorangestellt.

[53] Die beiden vorstehenden Sätze entstammen den Abschnitten 66 und 67 der 36. Sure (Yā' Sīn-Sure).

[54] Abschnitt 111 der Sure 20, der sogenannten Ṭā' Hā'-Sure. Die folgenden zwei Buchstaben leiten die Sure 27 (Sure der Ameisen) und die nachfolgenden fünf die Sure 42 (Sure der Beratung) ein.

[55] Abschnitte 19 und 20 der Sure 55 (Sure des Erbarmens). Die nachfolgende siebenfache Ḥā' mīm-Folge weist auf die einleitenden Buchstaben der sieben Suren 40–46 hin.

besitzt. Es gibt keinen Gott außer ihm. Er ist die Zuflucht.[56] Im Namen Gottes, gesegnet seien unser Tor wie auch unsere Mauern. Yā' sīn, unser Dach, kāf ḥā' yā' ʿain ṣād, unser Auskommen, ḥā' mīm, ʿain sīn qāf, und unser Schutz. Gewiß wird Gott dir Genüge tun gegen sie. Er hört und weiß alles.[57] Der Schleier des Himmels ist über uns ausgespannt und das Auge Gottes schaut auf uns herab. Dank der Macht Gottes vermag niemand etwas gegen uns. Gott steht hinter denen, die er umgibt. Der erhabene Koran ist auf eine Tafel geschrieben, die sorgfältig gehütet wird[58], und Gott ist der beste Wächter, der Barmherzigste unter den Barmherzigen. Mein Herr ist Gott, der das Buch enthüllte, er wählt die Rechtschaffenen. Gott genügt mir. Gott genügt mir, denn es gibt keinen Gott außer ihm. In ihn setze ich mein Vertrauen. Er ist der Herr auf dem erhabenen Thron. Im Namen Gottes, unter dessen Namen nichts auf der Erde und nichts im Himmel Schaden leiden kann. Er ist es, der alles versteht und alles weiß. Der Mensch hat Engel, die ihm stets folgen, die vor ihm und hinter ihm gehen und ihn auf Gottes Befehl beschützen.[59] Kraft und Macht gibt es nur in Gott, dem großen und erhabenen Wesen.«

In Alexandria trug sich im Jahre 727 das folgende Ereignis zu, von dem wir in Mekka, das Gotte adeln möge, Kunde erhielten: Zwischen den Muslimen und den christlichen Kaufleuten war ein Streit ausgebrochen. Der Statthalter von Alexandria war ein Mann namens Al-Kurkī[60]. Er bemühte sich, die Christen zu schützen, und befahl den Muslimen, sich zwischen die beiden Außenmauern des Stadttores zu begeben. Dann ließ er, um sie zu strafen, die Tore hinter ihnen schließen. Das Volk aber war aufgebracht über diese Ungeheuerlichkeit, brach das Tor auf und strömte im Tumult zur Residenz des Statthalters, der sich gegen sie verschanzte und sie von seinem Dach aus bekämpfte. Schließlich schickte er Tauben an König An-Nāṣir, um ihn zu unterrichten.[61] Dieser entsandte daraufhin einen Emir namens Al-Ǧamālī[62], dem er bald einen weiteren Emir namens Ṭūġān nachschickte. Dieser Ṭūġān war als grausamer Tyrann und als Mann von verdächtiger Frömmigkeit bekannt; ja, es wurde sogar behauptet, daß er die Sonne anbetete. Die beiden Emire betraten Alexandria, ergriffen die namhaftesten Bürger und die wichtigsten Kaufleute,

56 Abschnitte 2 und 3 der Sure 40 (Sure der Verzeihung).

57 Sure 2, Abschnitt 137.

58 Sure 85, Abschnitte 20 und 21.

59 Sure 13, Abschnitt 11.

60 Rukn ad-Dīn al-Kurkī (›der Georgier‹). Das hier erzählte Ereignis geht auch aus den Chroniken des Jahres 1327 hervor.

61 Die Verwendung von Brieftauben für die schnelle und sichere Beförderung von Nachrichten wird von anderen zeitgenössischen Autoren bestätigt.

62 Muġultay al-Ġamālī, genannt Al-Ḫuruz (türk. ›horoz‹, der Hahn), Wesir von 1324–1329, dann von König An-Nāṣir abgesetzt; er starb im Jahre 1330.

wie die Nachkommen von Al-Kūbak und andere, und preßten ihnen beträchtliche Summen ab. Den Hals des Qāḍīs der Gemeinde, ʿImād ad-Dīn al-Kindī, legten sie in Eisen. Einige Zeit darauf ließen die beiden Fürsten 36 Bürger der Stadt zu Tode bringen, indem sie jeden dieser Männer in zwei Teile zerhauen und sodann in zwei Reihen ans Kreuz schlagen ließen. Dies geschah an einem Freitag, und das Volk, das wie üblich nach dem Gebet die Stadt verlassen hatte, um die Gräber zu besuchen, wurde Zeuge dieses Massakers an seinen Mitbürgern. Sein Jammer war gewaltig und seine Trauer vervielfachte sich.

Unter den Gekreuzigten befand sich ein angesehener Kaufmann, den man Ibn Rawāḥa nannte. Er hatte einen Saal voller Waffen, und immer, wenn Gefahr drohte oder ein Kampf entbrannte, rüstete er hundert oder zweihundert Mann mit allem aus, was sie an Bewaffnung benötigten; viele Bewohner der Stadt hatten solche Waffensäle. Er verriet sich durch seine Zunge, denn er sagte zu den beiden Emiren: »Ich bin verantwortlich für diese Stadt und wann immer in dieser Stadt etwas geschieht, wendet man sich an mich. Ich erspare dem Sultan den Sold, den er für sein Heer und seine Truppen auswerfen muß.« Die beiden Emire aber waren erzürnt über seine Worte und gaben ihm zurück: »Du willst nichts anderes als Aufruhr gegen den Sultan.« Dann ließen sie ihn umbringen. Und doch hatte er, dessen sich Gott erbarmen möge, kein anderes Ziel, als dem Sultan seinen guten Willen und seine Ergebenheit zu zeigen. Aber das war sein Verderben.

Während meines Aufenthaltes in Alexandria hatte ich von Scheich Abū ʿAbdallāh al-Muršidī gehört, einem frommen Manne, der sich der Andacht hingab und, der Welt entrückt, ein zurückgezogenes Leben führte.[63] Er gehörte zu den großen die Offenbarung Gottes suchenden Heiligen und lebte wie ein Einsiedler in einer Zāwiya in Munyat Ibn Muršid, völlig allein und ohne Diener und ohne Gefährten. Emire und Wesire suchten ihn auf, und täglich kamen Scharen von Besuchern aus allen Schichten des Volkes. Er bewirtete sie mit Speisen. Jeder von ihnen wünschte ein schmackhaftes Essen oder Obst oder Süßigkeiten. Er setzte jedem vor, was er wünschte, mitunter sogar Speisen, deren Jahreszeit noch nicht gekommen war. Die Faqīhs kamen zu ihm, um von ihm beschäftigt zu werden. Er gab den einen eine Anstellung und setzte andere wieder ab. Alle seine Handlungen verbreiteten sich unaufhörlich und wurden weithin bekannt. Auch König An-Nāṣir hatte ihn an seinem Wohnsitz mehrere Male aufgesucht.

Ich verließ Alexandria in der Absicht, diesen Scheich – durch den Gott uns seine Gunst erweisen möge – zu finden, und kam in das Städtchen Tarauǧa[64], das eine halbe Tagesreise von Alexandria entfernt ist. Es ist eine große Ansiedlung, in der auch ein Qāḍī, ein Statthalter und ein Aufseher lebten; die

[63] Abū ʿAbdallāh Muḥammad bin ʿAbdallāh bin Abi-l-Maǧd Ibrāhīm al-Muršidī, gest. 1337.

[64] Das heutige Tūrūǧā.

Einwohner sind von angenehmem Wesen. Ich freundete mich mit dem Qāḍī Ṣafīy ad-Dīn, seinem Prediger Faḫr ad-Dīn und mit einem vornehmen Bürger an, der Mubārak hieß und dem man den Beinamen ›Zain ad-Dīn‹ gegeben hatte. Ich wohnte in Tarauǧa bei einem frommen und ehrwürdigen Manne, der großes Ansehen genoß und den man ʿAbd al-Wahhāb nannte. Der Aufseher Zain ad-Dīn bin al-Wāʿiẓ gab mir ein Gastmahl und fragte mich nach meiner Heimatstadt und ihren Steuereinnahmen. Ich teilte ihm mit, daß sie sich auf jährlich ungefähr 12.000 Golddinar beliefen. Er war sehr überrascht und fragte mich: »Hast du dieses Städtchen gesehen? Nun gut, seine Steuern betragen 72.000 Golddinar.« In der Tat aber sind die Einnahmen Ägyptens deshalb so hoch, weil alle Landgüter zum Staatsschatz gehören.[65]

Ich verließ das Städtchen wieder und kam nach Damanhūr.[66] Es ist ein größerer Ort mit bedeutenden Steuereinnahmen und von erlesener Schönheit, Hauptstadt und Sitz der Verwaltung der gesamten Provinz von Buḥaira.[67] Ihr Qāḍī war zu jener Zeit Faḫr ad-Dīn bin Miskīn, ein šafiʿitischer Faqīh, der mit der Amtswürde eines Richters von Alexandria bekleidet wurde, als ʿImād ad-Dīn al-Kindī wegen der Geschehnisse, von denen ich erzählt habe, dieses Amtes enthoben worden war. Ein glaubwürdiger Zeuge hat mir berichtet, daß Ibn Miskīn 25.000 Dirham, den Gegenwert von tausend Golddinaren, aufwendete, um Richter von Alexandria zu werden.[68]

Sodann reisten wir weiter nach Fawwā[69], einer Stadt, die nicht nur einen hübschen äußeren Anblick bietet, sondern auch im Inneren reizvoll ist. Sie besitzt zahlreiche Obstgärten und viele bemerkenswerte und berühmte Vorzüge. Hier befindet sich das Grabmal des Scheichs und Heiligen mit dem gefeierten Namen Abu-n-Naǧāh, welcher der Wahrsager dieses Landes gewesen war.

Die Zāwiya des Scheichs Abū ʿAbdallāh al-Muršidī, die ich besuchen wollte, steht in der Nähe der Stadt jenseits eines Bachlaufs. Als ich in die Stadt kam, überschritt ich ihn und gelangte noch vor dem Nachmittagsgebet zur Zāwiya des Scheichs. Ich grüßte ihn und traf ihn in der Gesellschaft des Emirs Saif ad-Dīn Yalmalak[70], eines persönlichen Vertrauten des Sultans, an. Das Volk

65 Die Einnahmen von Tūrūǧā und seinem Umland flossen allein in die Privatschatulle des ägyptischen Königs und wurden nicht als Lehen an die großen Würdenträger des Landes vergeben. Eine Steuerliste aus dem Jahre 1375 bestätigt die von Ibn Baṭṭūṭa genannte Zahl.

66 Damanhūr liegt eine Tagesreise von Alexandria entfernt.

67 Buḥaira (›See‹) bildet den nordwestlichen Teil des Nildeltas und bezieht seinen Namen vom See Māriūt.

68 Miskīn wurde im Jahre 1330 zum Qāḍī von Alexandria ernannt. Ein Dinar entsprach zu jener Zeit 20 Dirham, so daß es 1.250 Dinar heißen müßte.

69 Am Rašīd-Arm (Rosette) des Nil und etwa 20 Kilometer von Rasīd entfernt.

70 Saif ad-Dīn Al Malak war von Sultan Baibars auf dessen Feldzug nach Kleinasien gefangengenommen und Manṣūr Qalāwūn zum Geschenk gemacht worden. Seinen

nennt diesen Emir Al-Malik, worin es sich aber irrt. Der Emir lagerte mit seiner Truppe außerhalb des Klosters. Als ich eintrat, erhob sich der Scheich, umarmte mich, ließ Speisen bringen und aß mit mir. Er trug ein Obergewand aus grüner Wolle und einen schwarzen Turban. Als die Stunde des Nachmittagsgebets gekommen war, forderte er mich auf, es wie ein Imām zu leiten. So hielt er es auch während meines gesamten Aufenthaltes bei ihm für alle weiteren Gebete. Als ich mich schlafen legen wollte, sagte er: »Steige aufs Dach der Zāwiya und schlafe dort!« Es war zur Zeit der Sommerhitze. Ich sagte zum Emir: »Im Namen Gottes«, und er antwortete: »Jeder von uns hat seinen vorbestimmten Platz.«[71] Ich stieg ich aufs Dach, fand dort eine Matte, einen Lederteppich, Gefäße für die Waschungen, einen Wasserkrug und einen Trinkbecher. Dort schlief ich.

In jener Nacht, während ich auf dem Dach des Klosters schlief, sah ich mich im Traum auf dem Flügel eines riesigen Vogels, der mit mir zunächst in Gebetsrichtung und dann nach Süden flog. Danach flog er dem Sonnenaufgang entgegen, wieder in südliche Richtung, und dann führte uns der Flug weit in den Osten. Schließlich ging er in einer finsteren grünen Landschaft nieder und ließ mich dort zurück. Ich war über diesen Traum verwirrt und sagte mir, daß, wenn der Scheich diesen Traum deuten könne, er wahrlich der sei, für den er galt. Als ich mich zum Frühgebet einfand, bat der Scheich mich, es als Vorbeter zu leiten. Emir Yalmalak kam anschließend herein, verabschiedete sich und ritt davon. Auch alle anderen Besucher nahmen ihren Abschied und verließen uns, nachdem sie als Wegzehrung vom Scheich kleine Stücke Gebäck bekommen hatten. Danach sprachen wir das zweite Morgengebet. Der Scheich rief mich zu sich und erklärte mir meinen Traum, nachdem ich ihm davon erzählt hatte. Er sagte: »Du wirst nach Mekka pilgern und den Propheten besuchen – Gottes Heil und Frieden seien mit ihm –; du wirst den Jemen, den Iraq, das Land der Türken und Indien durchwandern. Dort wirst du dich sehr lange aufhalten und auch meinem Bruder Dilšād, dem Inder, begegnen, der dich aus einer Notlage befreien wird, in die du geraten wirst.« Dann versah er mich für meine Weiterfahrt mit Gebäck und Geld. Ich nahm Abschied von ihm und brach auf. Seitdem ich ihn verlassen hatte, habe ich es auf meinen Reisen immer zum Besten angetroffen und seine guten Segenswünsche gereichten mir stets zum Wohle. Unter allen, denen ich später begegnet bin, habe ich seinesgleichen nicht mehr angetroffen, wenn man den Heiligen Sayyidī Muḥammad, den Verwirrten, ausnimmt, der in Indien lebt.

Wir begaben uns nach An-Naḥrārīya, einer Stadt mit weiten Plätzen und erst jüngst erbauten Häusern. Ihre Märkte sind eine Augenweide. Ihr Statthal-

Aufstieg nahm er unter König An-Nāṣir, nach dessen Tode er sogar im Jahre 1343 Vizekönig von Ägypten wurde. Er starb 1346.

[71] Abschnitt 164 des 37. Sure.

ter, der sich Sa'adī nannte, erfreute sich großen Ansehens. Sein Sohn steht im Dienste des indischen Königs, und ich werde noch von ihm sprechen. Der Qāḍī heißt Ṣadr ad-Dīn Sulaimān al-Mālikī, einer der Großen der malikitischen Lehre. Er war im Auftrage des Königs An-Nāṣir in den Iraq gegangen und anschließend mit der Würde des Richters der Provinz Ġarbīya betraut worden.[72] Er war von stattlicher Gestalt und vorteilhaftem Äußeren. Der Prediger heißt Šarf ad-Dīn as-Saḫāwī, der zu den frommen Männern gezählt wird.

Dann reiste ich nach Abyār, einer alten Ansiedlung, in deren Mauern stets Wohlgerüche herrschen. Sie besitzt sehr viele Moscheen, und ihre Schönheit nimmt ständig zu. Sie liegt in der Nähe von An-Naḥrārīya und ist von dieser Stadt nur durch den Nil getrennt. In Abyār werden schöne Stoffe hergestellt, die in Syrien, im Iraq, in Kairo und anderswo hohe Preise erzielen. Erstaunlich ist freilich, daß trotz der Nachbarschaft von An-Naḥrārīya die Tuchwaren aus Abyār dort überhaupt nicht geschätzt oder für wertvoll gehalten werden.

Ich begegnete in Abyār dem Qāḍī der Stadt, dem Šafi'iten 'Izz ad-Dīn, dem Schlagfertigen, einem Manne vornehmsten Charakters und höchsten Ansehens. Ich war bei ihm am Tage des Reiterzuges. So nennen die Bürger der Stadt den Tag, an dem der Neumond des Monats Ramaḍān erwartet wird. Am 29. Tage des Monats Ša'bān nach dem Nachmittagsgebet versammeln sich einem alten Brauch zufolge die Rechtsgelehrten und die angesehensten Personen der Stadt im Hause des Qāḍīs.[73] Das Oberhaupt dieser ›Turbanträger‹[74] nimmt in prachtvoller Erscheinung und Aufmachung an der Türe Aufstellung. Wenn einer der Faqīhs oder ein anderer Würdenträger erscheint, empfängt ihn dieses Oberhaupt, indem es vor ihn tritt und sagt: »Im Namen Gottes, unser Herr Soundso ad-Dīn.« Sobald der Qāḍī und seine Besucher diesen Ruf hören, erheben sie sich vor dem Neuankömmling und der ›naqīb‹ weist ihm einen geeigneten Platz an. Wenn sie alle versammelt sind, besteigen der Qāḍī und alle seine Gäste ihre Pferde. Das ganze Volk läuft hinter ihnen her, Männer und Frauen, Sklaven und Knaben. Schließlich gelangen sie an einen erhöhten Platz

[72] Ṣadr ad-Dīn Sulaimān bin Ibrāhīm bin Sulaimān bin Dāwūd bin 'Atīq bin 'Abd al-Ġubār al-Mālikīy al-Murabbaqī (gest. 1334) war nacheinander Qādī der ägyptischen Provinzen Šarqīya und Ġarbīya (›Osten und Westen‹) und im Jahre 1304 von Sultan An-Nāṣir als Botschafter zu Sultan Muḥammad Ḫudabandah Ulǧaitū, dem Ilchan von Persien und dem Iraq, nach Bagdad entsandt worden, nachdem dieser anläßlich seiner Thronbesteigung eine Gesandtschaft nach Kairo geschickt hatte.

[73] Dieser Tag, an dem der Neumond des Ramaḍān erwartet und festlich begangen wird, fiel im Jahre 1326 auf den 31. Juli. Zu diesem Zeitpunkt aber befand sich Ibn Baṭṭūṭa bereits in Syrien. Er kann den Reiterzug von Abyār also erst auf seiner Rückreise 1348/49 gesehen haben.

[74] Der im Text als ›Oberhaupt‹ angesprochene ›naqīb‹ bezeichnete den Vorsitzenden einer berufsständischen Korporation oder Innung; auch die ›Turbanträger‹ (Rechts- und andere islamische Gelehrte) waren in Korporationen organisiert.

außerhalb der Stadt, der mit Matten und Teppichen ausgelegt ist und den sie die ›Erwartung des Neumondes‹ nennen. Der Richter und sein Gefolge steigen nun von den Pferden und erwarten den Aufgang des Monds. Nach dem Gebet zum Sonnenuntergang kehren sie, begleitet von Kerzen, Fackeln und Laternen, in die Stadt zurück. Die Ladenbesitzer zünden in ihren Geschäften Kerzen an; die Menschen folgen dem Qāḍī bis an sein Haus und gehen dann heim. So wird dieser Tag Jahr für Jahr begangen.

Von Abyār zog ich weiter nach Al-Maḥallat-al-Kabīra[75], einer Stadt von großer Ausdehnung, vielen Denkmälern und einer zahlreichen Bevölkerung, die freundlichstes Wesen und beste Eigenschaften in sich vereinigt, so daß sie ihren Namen rechtfertigt. Sie ist der Sitz eines Oberrichters und eines obersten Provinzstatthalters. Am Tage meiner Ankunft lag der Oberrichter auf dem Krankenbett und hielt sich zwei Farsaḫ außerhalb der Stadt in seinem Garten auf. Er hieß ʿIzz ad-Dīn bin Ḫaṭīb al-Ašmunīn.[76] Ich besuchte ihn gemeinsam mit seinem Vertreter, dem Faqīh Abu-l-Qāsim Ibn Banūn al-Mālikī aus Tunis, und mit dem Qāḍī aus Al-Maḥalla Manūf[77], Šarf ad-Dīn ad-Damīrī. Wir verbrachten einen Tag bei ihm, und als wir der frommen Männer gedachten, erfuhr ich von ihm, daß sich in der Entfernung von einer Tagesreise von Al-Maḥallat al-Kabīra der Bezirk von Burullus[78] und Nastarau[79] befand, wo fromme Männer gelebt hatten und wo man das Grabmal von Scheich Mirzūq aus der Gemeinschaft der Offenbarer sehen kann. Ich wandte mich also diesem Bezirk zu und stieg in der Zāwiya dieses Scheichs ab. Die ganze Gegend ist reich an Palmen und Früchten, Meeresvögeln und an einem Fisch, den man ›būrī‹[80] nennt. Die Bezirkshauptstadt Malṭīn[81] liegt am Ufer eines Sees, der vom Nil und vom Meer gespeist wird und den man den Tinnīs-See[82] nennt. In der Nähe dieses Sees liegt Nastarau. Ich wohnte dort in der Zāwiya des

75 Die ›Große Vorstadt‹, heute: Al-Maḥallat-al-Kubrā, damals einer der wichtigsten Plätze des Tuchhandels im Nildelta und Hauptstadt der Provinz Ġarbīya.

76 Mit vollem Namen ʿAbd al-ʿAzīz bin Aḥmad bin ʿUṯmān al-Hakkārīy al-Miṣrīy aš-Šāfiʿīy ʿImād ad-Dīn Abu-l-ʿIzz bin Taqīy ad-Dīn, genannt Ibn Ḫaṭīb al-Ašmunīn, ägyptischer Šafiʿit und Verfasser einer Schrift über die in gebundener Form vorliegenden Traditionen; gestorben im Jahre 1327.

77 Heute Manūf im Nildelta, etwa 20 Kilometer nördlich von Ṭanṭā.

78 Der See von Burlus inmitten des Deltas und in Küstennähe.

79 Nach Ibn Hauqal ›An-Nastarawah‹, am Westufer dieses Sees gelegen, mit reichem Fischfang, den der Sultan vertraglich für sich beanspruchte.

80 Meeräsche (Mugil cephalus), Meeresfisch, dessen Name sich von der Ortschaft Būrā im Delta zwischen Tinnīs und Damiette herleitet.

81 Noch heute Hauptstadt der Provinz Burlus.

82 Hier irrt Ibn Baṭṭūṭa: In Wirklichkeit handelt es sich um den Burlus-See, denn der Tinnīs- oder Manzīla-See befindet sich im Osten des Deltas und ist nicht mit dem Burlus-See verbunden.

frommen Scheichs Šams ad-Dīn al-Falwī. Tinnīs war einst eine mächtige und ruhmreiche Stadt; heute liegt sie in Trümmern.[83]

Ich wandte mich nun über eine sandreiche Gegend nach Dimyāṭ[84], einer Stadt von großer Ausdehnung, gesegnet mit Früchten aller Art, großzügig angelegt und mit mancherlei Vorzügen ausgestattet. Manche Leute schreiben den ersten Buchstaben ihrer Stadt fehlerhaft mit einem ›ḏal‹; so schrieb es auch der Imām Abū Muḥammad ʿAbdallāh bin ʿAlīy-ar-Rušāṭī. Aber es war Šarf ad-Dīn, der hochgelehrte Imām der Traditionalisten Abū Muḥammad ʿAbd al-Muʾmin Ibn Ḫalaf aus Dimyāṭ[85], der den Namen mit dem einfachen ›dal‹ begann und obendrein ganz ausdrücklich Ar-Rušāṭī und anderen widersprach, und er dürfte ja die richtige Schreibweise besser als jeder andere kennen.

Dimyāṭ liegt am Nilufer. Die Bewohner der dem Ufer zugewandten Häuser schöpfen ihr Wasser mit Eimern aus dem Fluß. Viele Häuser haben Treppen, über die man zum Nil hinuntersteigen kann. Die Bananenstaude gedeiht üppig und ihre Früchte werden mit Booten bis nach Kairo gebracht. Die Schafe lassen sie bei Tag und bei Nacht völlig frei weiden. Man hat deshalb von Dimyāṭ gesagt: »Seine Mauern bestehen aus Zuckerwerk und ihre Hunde sind die Schafe.« Wer einmal Dimyāṭ betreten hat, kann es ohne den Stempel des Gouverneurs nicht mehr verlassen. Personen, die ein gewisses Ansehen genießen, erhalten diesen Stempel auf einem Stück Papier, das sie den Torwachen zeigen. Den anderen stempelt man das Siegel auf den Arm, auf dem sie es dann vorweisen.

Es gibt in Dimyāṭ zahlreiche Meeresvögel, die außerordentlich fett werden. Man findet auch Büffelmilch, die aufgrund ihrer Güte und ihres süßen Wohlgeschmacks nicht ihresgleichen hat. Schließlich fängt man hier auch die Meeräsche und exportiert sie nach Syrien, Kleinasien und Kairo. Gleich bei Dimyāṭ liegt zwischen Meer und Nil die Insel, die man die ›Meerenge‹ nennt und die eine Moschee und eine Zāwiya besitzt, deren Scheich Ibn Qufl ich sah und bei dem ich eine Nacht auf Freitag verbrachte. Er hatte eine Gemeinschaft verdienstvoller Faqīre um sich, frommer Männer, die sich nachts dem Gebete, der Lektüre des Korans und der Anrufung des göttlichen Namens hingaben.

Die Stadt Dimyāṭ ist in jüngerer Zeit neu errichtet worden, denn die alte Stadt war zur Zeit von König Aṣ-Ṣāliḥ von den Franken zerstört worden.

[83] Tinnīs war ein Hauptort der ägyptischen Tuchproduktion, der bereits in zwei Kreuzzügen und vollends im Jahre 1227 vom ayyubidischen Sultan Al-Kāmil aus Furcht vor der Begehrlichkeit Friedrichs II. von Hohenstaufen zerstört worden war.

[84] Die alte Stadt Damiette war 1249/50 dem Angriff des französischen Königs Ludwigs IX., des Heiligen, ausgesetzt, wurde aber später von den Mamluken zurückerobert.

[85] ʿAbd al-Muʾmin bin Ḫalaf bin Abu-l-Ḥasan bin Šarf ad-Dimyāṭī ʾAbū Muḥammad, bekannt unter dem Namen Ibn al-Ǧāmid (1217–1306), berühmter Gelehrter, der nicht weniger als 1.250 Gelehrte gehört und ihre Traditionen der Nachwelt übermittelt haben soll.

Dort findet man auch die Zāwiya des Scheichs Ǧamāl ad-Dīn as-Sāwī[86], des Vorbildes der unter dem Namen ›Qarandarīya‹ bekannten Bruderschaft.[87] So nennt man die Männer, die sich ihre Bärte scheren und die Augenbrauen rasieren. Als ich Dimyāṭ besuchte, war die Zāwiya im Besitz des Scheichs Fatḥ at-Takrūrī.

Als Grund dafür, daß Scheich Ǧamāl ad-Dīn as-Sāwī sich veranlaßt sah, Bart und Augenbrauen zu entfernen, erzählt man folgende Geschichte: Der Scheich war von vorteilhaftem Äußeren und schöner Gestalt. Eine Frau aus Sawa verliebte sich in ihn, sandte ihm Botschaften, stellte sich ihm auf der Straße in den Weg und lud ihn zu sich ein. Er aber lehnte ab und behandelte sie mit Verachtung. Da er weiter all ihren Bemühungen trotzte, bot sie heimlich eine alte Frau auf, die auf seinem Weg zur Moschee neben einem Hause auf ihn zutrat und einen versiegelten Brief in der Hand hielt. Als Ǧamāl ad-Dīn an ihr vorübergehen wollte, sagte sie zu ihm: »O mein Gebieter, kannst du lesen?« – Er erwiderte: »Ja, gewiß.« – »Hier«, fuhr sie fort, »ist ein Brief, den mein Sohn mir geschickt hat. Ich möchte, daß du ihn mir vorliest.« – »Gut«, antwortete er. Als er den Brief öffnete, sagte die Alte zu ihm: »Mein Herr, mein Sohn ist verheiratet, seine Frau steht hinter dem Torpfosten dieses Hauses. Wenn du doch die Güte hättest, den Brief zwischen den beiden Türen des Hauses zu lesen, damit sie es hören kann!« Er kam ihrer Bitte nach, aber als er in die Diele trat, verschloß die Alte die Außentür und die Frau kam in Begleitung ihrer Dienerinnen herein. Sie hängten sich an ihn und zogen ihn ins Innere des Hauses. Nun versuchte die Frau, ihn zu verführen. Als er sah, daß es keinen Weg gab, ihr zu entgehen, sagte er zu ihr: »Gewiß, ich werde tun, was du willst, aber vorher zeige mir bitte den Abtritt.« Sie wies ihm den Weg. Er trug Wasser herbei, und mit einem ganz scharfen Rasiermesser, das er bei sich trug, schnitt er sich den Bart und die Augenbrauen ab. Danach kehrte er zu der Frau zurück. Da fand sie ihn sehr häßlich, beschimpfte ihn für das, was er getan hatte, und befahl, ihn davonzujagen. So schützte ihn Gott vor dieser Versuchung. Er behielt dieses Aussehen für alle Zeiten bei und jeder, der seiner Gemeinschaft beitritt, rasiert sich Kopf, Bart und Augenbrauen.

Man erzählt sich auch, er habe sich, als er nach Dimyāṭ gekommen war, ständig auf dem Friedhof aufgehalten. Qāḍī der Stadt war zu jener Zeit ein gewisser Ibn al-ʿAmīd, der eines Tages den Trauerzug für einen Würdenträger aus der Stadt hinaus begleitete, als er Scheich Ǧamāl ad-Dīn auf dem Friedhof bemerkte. Er sagte zu ihm: »Du bist der fehlgläubige Scheich.« – Da erwiderte dieser: »Und du bist der unwissende Qāḍī. Du reitest auf deinem Maultier zwi-

86 Ǧamāl ad-Dīn as-Sāwī, so genannt nach der persischen Stadt Saweh, studierte von 1210–1225 in Damaskus und ließ sich dann in Damiette nieder.

87 Arabisierte Form der persischen Bezeichnung ›Qalandariya‹ für eine Bruderschaft wandernder Derwische, die von der orthodoxen Lehre extrem abwichen.

schen den Gräbern umher, aber du weißt doch, daß die Achtung, die man den Menschen nach ihrem Tode schuldet, die gleiche ist, die man ihnen zu Lebzeiten erweisen muß.« – Darauf versetzte der Qāḍī: »Viel wichtiger ist doch, daß du dir den Bart scherst.« – »Was kümmere ich dich?«, gab der Scheich da zurück und stieß einen Schrei aus. Bald hob er den Kopf und, siehe da, er trug einen prächtigen schwarzen Bart. Der Qāḍī und sein ganzes Gefolge waren verblüfft. Er stieg vor dem Scheich vom Maultier. Da schrie dieser ein zweites Mal auf und hatte plötzlich einen schönen weißen Bart. Endlich stieß er einen dritten Schrei aus, hob den Kopf und man erkannte, daß er wieder bartlos war wie vorher. Da küßte der Qāḍī ihm die Hand, erklärte sich zu seinem Schüler, baute ihm eine schöne Zāwiya und blieb zeit seines Lebens sein Freund, bis der Scheich starb und in seinem Kloster beigesetzt wurde. Der Qāḍī, der bei seinem Tode anwesend war, ordnete an, ihn unter der Eingangstür seiner Zāwiya zu bestatten, so daß jedermann, der sie beträte, um sie zu besuchen, auf sein Grab treten müsse.

Außerhalb von Dimyāṭ befindet sich eine Wallfahrtsstätte von unbestrittener Heiligkeit, die unter dem Namen ›Šaṭā‹[88] bekannt ist und die an bestimmten Tagen des Jahres von Menschen aus ganz Ägypten aufgesucht wird. Ebenfalls in der Nähe von Dimyāṭ und inmitten von Obstgärten liegt ein Ort namens Al-Munya[89], wo ein frommer Scheich namens Ibn an-Nuʿmān lebt. Ich begab mich in seine Zāwiya und verbrachte die Nacht bei ihm.

Als ich mich in Dimyāṭ aufhielt, war ihr Gouverneur ein Mann namens Al-Muḥsinī[90], ein wohltätiger und gottesfürchtiger Mann. Am Ufer des Nils hatte er eine Madrasa erbaut, in der ich damals wohnte. Mich verband eine feste Freundschaft mit ihm. Sodann reiste ich weiter, um mich nach Fāriskūr[91] zu begeben, einer Stadt am Nil, nahm aber außerhalb der Stadt Wohnung. Dort erreichte mich ein reitender Bote von Emir Al-Muḥsinī. »Der Emir«, sagte er, »hat sich nach dir erkundigt und erfahren, daß du abgereist bist. Er schickt dir diese Summe.« Er übergab mir eine Anzahl Dirham – Gott möge es ihm vergelten! Danach reiste ich nach Ašmūn ar-Rummān[92], einem Ort, der seinen Namen der großen Menge von Granatäpfeln verdankt, die dort wachsen und die bis nach Kairo gebracht werden. Ašmūn ist eine alte und große Stadt, die

88 Nach einer lokalen Legende, die von Ibn Duqmāq verbreitet wurde, soll Šaṭā ein Teil des Paradieses auf Erden sein.

89 ›Der Wunsch‹, Name dreier Orte in der Umgebung von Damiette.

90 Balban al-Muḥsinī (gest. 1337), hoher mamlukischer Würdenträger, der zunächst Gouverneur von Kairo und später von Damiette war.

91 Südlich von Damiette am Ostufer des Nils gelegen.

92 Nach Ibn Duqmāq genauer: Ašmūm ar-Rummān (›rummān‹ ist ›Granatapfel‹) am Kanal ›Baḥr as-saġīr‹ (›der kleine See‹), der den Ostarm des Nil mit dem Tinnīs- (oder Manzīla-)See verbindet; diese Stadt war seinerzeit Hauptstadt der Provinz Ad-Daqahlīya, heutiger Hauptort ist Al-Manṣūra.

an einem Nilkanal liegt. Sie besitzt eine Holzbrücke, in deren Nähe die Schiffe vor Anker gehen. Zur Stunde des Nachmittagsgebets wird die Brücke hochgezogen und die Schiffe fahren stromauf und stromab vorüber. Die Stadt hat einen Oberrichter und einen Provinzgouverneur.[93]

Von dort aus ging ich nach Samannūd, das ebenfalls am Nilufer liegt.[94] Es besitzt zahlreiche Schiffe sowie hübsche Märkte und liegt drei Farsaḫ von Al-Maḥallat-al-Kabīra entfernt. Dort bestieg ich ein Schiff, das stromauf nach Kairo segelte, vorbei an Städten und Dörfern, die unaufhörlich einander folgen. Wer auf dem Nil reist, braucht sich nicht mit Reiseproviant zu versehen, denn er kann, wann immer er will, ans Ufer gehen, um seine Waschungen vorzunehmen, seine Gebete zu verrichten und sich Lebensmittel und andere Dinge zu kaufen, denn von Alexandria bis Kairo folgt ein Markt auf den anderen, und so geht es weiter von Kairo bis Aswān im Ṣaʿīd.[95]

Endlich gelangte ich nach Kairo, der Mutter der Städte und Sitz des Pharao mit den Spießen.[96] Kairo beherrscht große Territorien und reiche Landschaften, besitzt unzählig viele Bauten und ist stolz auf seine Schönheit und Anmut. Es ist der Treffpunkt aller Reisenden, das Ziel von Schwachen und Mächtigen. Jeder findet dort, was er sich wünscht, Weise und Unwissende, Fleißige und Faule, Sanftmütige und Unverschämte, hoch und niedrig, Adlige und niederes Volk, Unbekannte und Berühmte. Die Massen der Einwohner gleichen den Wellen des Meeres, und es fehlt nicht viel, daß ihnen die Stadt trotz ihrer Ausdehnung und ihres Umfangs zu eng wird. Stets erneuert sie trotz ihres hohen Alters ihre Jugend, und ihr Gestirn verläßt nie das Haus des Glücks. Ihre Eroberer bezwangen die Völker, ihre Könige unterwarfen die Anführer der Araber und der Barbaren. Dem Lande aber gehört das Besondere, und zwar der Nil, ein Fluß von gewaltiger Bedeutung, der es entbehrlich macht, daß sein Boden um Regen fleht. Einen Monat benötigt ein rascher Reisender für das gesamte Land mit seinem gesegneten Boden, der selbst den tröstet, der seine Heimat verlassen hat.

Man sagt, daß es in Kairo 12.000 Wasserverkäufer gibt, die mit Kamelen umherziehen, und 30.000 Eseltreiber, daß auf dem Nil 36.000 Schiffe segeln, die dem Sultan und seinen Untertanen gehören und mit Feldfrüchten aller Art und in vorteilhaften Geschäften ständig stromauf nach Oberägypten und stromab nach Alexandria und Dimyāṭ segeln. Kairo und dem Nilufer ge-

93 Nur Kairo besaß einen Oberqāḍī für jede der vier Glaubensschulen; einen Provinzgouverneur mit dem hier verwendeten Titel ›Wāli-l-wulāt‹ gab es nur für das gesamte Unterägypten mit Sitz in Damanhūr.

94 Im Süden von Al-Manṣūra, unweit von Al-Maḥallat-al-Kabīra, das er bereits früher besuchte.

95 Assuan in Oberägypten.

96 Der ›Pharao mit den Spießen‹ entstammt der 38. Sure des Korans.

genüber liegt der als Ar-Rauḍa bekannte Park, mit seinen zahlreichen schönen Gärten ein Ort des Vergnügens und des Müßiggangs; denn die Bürger von Kairo lieben das Vergnügen, die Freude und die Zerstreuung. Ich nahm eines Tages in dieser Stadt an einem Fest teil, das aus Anlaß der Heilung König An-Nāṣirs gegeben wurde, der sich den Arm gebrochen hatte. Alle Händler schmückten ihre Marktstände, hängten Gewänder, Schmuck und Seidentücher vor ihre Läden und feierten dieses Fest mehrere Tage lang.[97]

Die Moschee von ʿAmrū bin al-ʿĀṣ ist ein vornehmes, hoch angesehenes und berühmtes Gotteshaus, in dem sich die Gemeinde zum Gebet versammelt.[98] Der Weg durchquert es von Ost nach West. Im Osten befindet sich das Konvent, in dem der Imām ʿAbdallāh, der Šafiʿit[99] zu lehren pflegte. Die Koranschulen Kairos weiß niemand genau aufzuzählen, weil sie so zahlreich sind. Vor der Schönheit des Krankenhauses, das zwischen den beiden Kastellen und in der Nähe des Grabmals des Königs Al-Manṣūr Qalāwūn steht, versagt jede Beschreibung.[100] Man hat ihm schon zahllose Wohltaten erwiesen und Arzneien gebracht; seine Einnahmen sollen sich auf 1.000 Dinare täglich belaufen. Auch die Zāwiyas sind zahlreich in Kairo; man nennt sie dort ›ḫawāniq‹, ein Wort, das im Singular ›ḫāniqa‹ lautet.[101] Die Fürsten von Kairo wetteifern miteinander im Bau solcher Hospize. Jede Zāwiya wird einer Gruppe von Faqīren zugewiesen, die zumeist aus Persien stammen. Es sind gelehrte, in der Ṣūfī-Lehre bewanderte Männer.

Jedes dieser Konvente hat einen eigenen Scheich und einen Aufseher. Ihre herrschende Regel ist erstaunlich. Unter den Bräuchen, die sie zu den Mahlzeiten pflegen, ist auch diese: Morgens kommt der Klosterdiener zu den Faqīren, die ihm sagen, welches Essen sie wünschen. Wenn sie sich zur Mahlzeit versammeln, setzt man jedem Mann sein Brot und seine Brühe in einer Schale vor, die kein anderer je mit ihm teilt. Sie nehmen zweimal am Tage ihre Mahlzeiten

97 Diese Angabe Ibn Baṭṭūṭas führt zu einem chronologischen Problem: Das durch die Chroniken verbürgte Fest fand am 25. März 1330 statt, so daß er es bestenfalls auf seiner Reise von Mekka nach Kleinasien beobachtet haben kann (vgl. Abschnitt ›Durch Kleinasien‹).

98 Diese erste überhaupt in Kairo erbaute Moschee verdankt ihre Entstehung im Jahre 641 dem Eroberer ʿAmrū bin al-ʿĀṣ. Als Ibn Baṭṭūṭa sie besuchte, befand sie sich bereits in Verfall; erst im Jahre 1798 entstand sie neu in ihrer heutigen Gestalt.

99 Der namensgebende Gründer der šafiʿitischen Glaubensrichtung der Sunna (768–820).

100 Die noch vorhandenen Überreste des Krankenhauses und der Grabkuppel des Sultans Al-Manṣūr Qalāwūn sind die bedeutendsten Zeugnisse arabischer Kunst im Ägypten jener Zeit. Beide Gebäude stehen an der Straße ›zwischen den beiden Kastellen‹, deren Benennung (›Baina-l-qaṣrain‹) auf zwei fatimidische Schlösser aus dem 10. und 11. Jahrhundert zurückgeht und bis heute Bestand hat.

101 Dieses Wort persischer Herkunft bezeichnet eine ähnliche Einrichtung wie ›zāwiya‹, also ein klosterähnliches Hospiz für Faqīre und durchreisende Pilger.

ein, besitzen ein Kleidungsstück für den Winter und eines für den Sommer und erhalten jeder einen Lohn zwischen zwanzig und dreißig Dirham im Monat. Süßigkeiten bekommen sie in der Nacht auf Freitag. Sie erhalten Seife, damit sie ihre Kleidung waschen können, Geld für den Besuch des Bades und Öl für ihre Lampen.[102] So leben hier die unverheirateten Mönche. Die Verheirateten haben ihre eigenen Konvente. Zu den Pflichten, die ihnen auferlegt sind, gehören die Teilnahme an den fünf vorgeschriebenen Gebeten, die Übernachtung in der Zāwiya und die Versammlung unter der Kuppel des Konvents.

Ein weiterer Brauch besteht darin, daß sie das Gebet auf einem Teppich sitzend verrichten, der ihnen selbst gehört. Während des Morgengebets lesen sie die Siegessure, die Königssure und die Sure ›ʿAin Mīm‹. Danach werden mehrere Exemplare des erhabenen Korans herbeigebracht, der in Abschnitte aufgeteilt ist. Jeder Faqīr übernimmt einen Abschnitt, und so lesen sie den Koran einmal vollständig durch; danach rufen sie den Namen Gottes an.[103] Sodann wird der Koran nach Art des Ostens gelesen. In gleicher Weise verfahren sie nach dem Nachmittagsgebet. Gegenüber Bewerbern pflegen sie den folgenden Brauch: Der Bewerber findet sich am Tor des Klosters ein und bleibt, gegürtet und mit seinem Gebetsteppich um die Schultern, stehen. In seiner Rechten hält er einen Stock, in der Linken einen Wasserkrug.[104] Der Torwächter meldet den Neuankömmling dem Diener, der nun herbeikommt und ihn fragt, aus welchem Lande er komme, in welchen Konvent er unterwegs eingekehrt und wer sein geistiger Führer sei. Sobald er die Wahrhaftigkeit der Antworten festgestellt hat, läßt er ihn ins Kloster eintreten, breitet ihm an einem geeigneten Platz einen Teppich aus und zeigt ihm, wo er die Reinigungen vornehmen kann. Der Bewerber erneuert seine Waschungen, kehrt zum Gebetsteppich zurück, löst seinen Gürtel, verrichtet ein doppeltes Rakʿa-Gebet, begrüßt den Scheich und die anderen Teilnehmer mit der Hand und setzt sich zu ihnen. Es ist unter ihnen ferner Sitte, daß, sobald es Freitag ist, der Diener alle Gebetsteppiche aufnimmt, sie in die Moschee trägt und dort ausbreitet. Die Faqīre treten gemeinsam mit ihrem Scheich heraus und begeben sich in die Moschee. Jeder betet auf seinem eigenen Teppich, und nach Abschluß der Gebete lesen sie den Koran nach eigener Gewohnheit. Gemeinsam und in Begleitung ihres Scheichs kehren sie wieder in die Zāwiya zurück.

In Kairo befindet sich der prächtige Friedhof, auf dem der Segen Gottes

[102] Diese Einrichtungen bezogen ihre Einkünfte meist aus Pfründen, die ihnen reiche mamlukische Würdenträger ausgelobt hatten.

[103] Ḏikr-Gebete (wörtlich: Erinnerungs- oder Gedenkgebete) sind Lob- und Preisgebete, wie sie der Sekte der Ṣūfīs eigen sind, die insbesondere durch die Mevlevi- oder tanzenden Derwische bekannt wurden.

[104] Die Kennzeichen der wandernden Faqīre.

liegt. Seine Würde ist Inhalt der Überlieferung, wie sie Al-Qurṭubī[105] und viele andere niedergeschrieben haben. Er liegt am Muqaṭṭam-Berg[106], der nach dem Willen Gottes einer der Gärten des Paradieses werden sollte. Auf dem Friedhof wurden schöne Kuppelkapellen erbaut und von Mauern umfaßt, so daß sie wie Häuser aussehen. Auch Wohnungen wurden dort errichtet, in denen Vorleser unterhalten werden, die Tag und Nacht mit ergreifenden Stimmen aus dem Koran vortragen. Es gibt sogar Bürger, die neben dem Grabmal eine Zāwiya und eine Schule eingerichtet haben. Dort bringen sie mit ihren Frauen und Kindern jede Nacht von Donnerstag auf Freitag zu und ziehen in Prozessionen um die Gräber berühmter Männer. Auch in der Nacht zur Monatsmitte des Šaʿbān wandern sie hinaus zu den Gräbern.[107] An diesem Tage gehen die Markthändler zum Friedhof und führen alle Arten von Speisen mit sich.

Zu den berühmtesten Stätten gehört das heilige und prachtvolle Grabmal, in dem der Kopf Ḥusains, des Sohnes ʿAlīs, ruht.[108] Neben dem Mausoleum steht ein großes Hospiz von bewundernswertem Bau.[109] Silberne Ringe und Beschläge aus dem gleichem Metall schmücken seine Tore. Das Gebäude genießt in höchstem Maße Ansehen und Verehrung. Auf dem Friedhof steht ferner das Grabmal der Dame Nafīsa, der Tochter von Zaid bin ʿAlī bin al-Ḥusain bin ʿAlī.[110] Sie war eine Frau, deren Gebete erhört wurden und die großen Eifer in ihrer Andacht zeigte. Das Grabmal ist von feinem Bau und strahlendem Glanz. Daneben steht ein vielbesuchtes Hospiz. Hier befindet sich auch die Grabstätte des Imām Abū ʿAbdallāh Muḥammad bin Idrīs, des Šafiʿiten, neben diesem wieder ein großes Konvent, dem reiche Einnahmen zufließen. Es besitzt eine berühmte Kuppelkapelle von einzigartiger Form und großartiger

[105] Abu-l-ʿAbbās Aḥmad bin ʿUmar bin Ibrāhīm al-Anṣārīy al-Qurṭubī, malikitischer Rechtsgelehrter und Lehrer in Alexandria (gest. 1258).

[106] Heute Tall al-Muqaṭṭam im Südosten Kairos und nördlich des Friedhofs.

[107] Der 15. Tag des Monats Šaʿbān gewann in der Entwicklung des Islam eine besondere Bedeutung und wurde dem Gedenken an die Toten gewidmet.

[108] Ḥusain, Sohn ʿAlīs und Enkel Muḥammads, fand mit dem größten Teil seiner Familie am 10. Oktober 680 in Kerbela im Iraq den Tod. Im Gedenken an seinen Opfertod begehen die Schiʿiten jährlich am 10. Muḥarram das ʿĀšūrā-Fest. Sein Kopf sowie die Gebeine seiner Frauen und Kinder wurden in die Hauptstadt der Umayyaden nach Damaskus geschickt. Während der zweiten Belagerung Askalons durch die Kreuzfahrer im Jahre 1153 ließen die Fatimiden, die sich auf Ḥusain zurückführten, seinen Kopf nach Kairo überführen, wo sie ihm ein prachtvolles Grabmal errichteten.

[109] Von Sultan Ṣalāḥ ad-Dīn, dem ›Saladdin‹ des 3. Kreuzzuges, im Jahre 1183 als Madrasa erbaut. Eine Elle (›ḏirāʿ‹) mißt in Ägypten 0,58 m, in Syrien 0,68 m.

[110] Nafīsa wurde lange Zeit wie eine Schutzheilige Kairos verehrt. Sie stammte aus Mekka und starb in Kairo im Jahre 824. Die Fatimiden errichteten ihr außerhalb der Stadt und am Eingang zum Friedhof ein Grabmal, das noch heute besucht wird.

Künstlerschaft; sie ist sehr elegant aufgeführt, von vollendeter Ausführung und grenzenloser Höhe. Ihre Länge überschreitet dreißig Ellen.[111]

Der Friedhof von Kairo hat auch Gräber gelehrter und heiliger Männer aufgenommen, deren Zahl nicht erfaßt werden kann. Gefährten Muḥammads und andere vortreffliche Männer aus seiner Ahnenreihe und seiner Nachkommenschaft findet man ebenfalls in großer Anzahl dort bestattet, wie ʿAbd ar-Raḥmān bin al-Qāsim[112]; Ašhab bin ʿAbd al-ʿAzīz[113]; Aṣbaġ bin al-Farağ[114], den Sohn ʿAbd al-Ḥakams[115]; dann Abu-l-Qāsim bin Šaʿbān und Abū Muḥammad ʿAbd al-Wahhāb.[116] Ihre Gräber indessen genießen keine Berühmtheit, denn sie sind nur denen bekannt, die sich um sie kümmern. Der Šafiʿit selbst hat mit günstiger Fügung, mit seiner Persönlichkeit, durch seine Schüler und seine Gemeinschaft gewirkt, und zwar zu seinen Lebzeiten ebenso wie nach seinem Tode. Mit seinem Beispiel bezeugte er die Wahrheit dieser Verse aus seiner Feder – Gottes Milde sei mit ihm: »Fleiß bringt jede ferne Sache herbei und Glück öffnet jedes verschlossene Tor.«

Der ägyptische Nil übertrifft alle Flüsse der Erde durch die Süße seines Wassers, seine gewaltige Länge und seinen großen Nutzen. Städte und Dörfer reihen sich entlang seiner Ufer in einer Fülle aneinander, wie sie sich auf der ganzen bewohnten Welt nicht wiederholt. Man kennt keinen Strom, dessen Ufer so kultiviert werden wie die des Nils. Keinen anderen Fluß der Erde nennt man wie diesen ein Meer. Gott der Erhabene hat gesagt: »Wenn du Angst um ihn hast, laß ihn sich ins Meer stürzen!«[117], und er nannte ihn ›yamm‹, was das gleiche bedeutet wie ›Meer‹.

In der wahrhaftigen Überlieferung steht, daß der Prophet Gottes auf seiner nächtlichen Reise am äußersten Ende des Paradieses zum Lotusbaum kam, aus dessen Wurzeln vier Flüsse entsprangen, zwei Flüsse außen und zwei Flüsse innen.[118] Er befragte dazu den Engel Gabriel, der ihm antwortete: »Die zwei

[111] Das Grab des Imāms der Šafiʿiten (vgl. Anm. 99) ist das größte Kairos. Es läßt sich bis aufs Jahr 1210 zurückverfolgen.

[112] ʿAbd ar-Raḥmān bin al-Qāsim bin Ḫālid bin Ğanādat al-ʿAtīqīy al-Miṣrī ʾAbū ʿAbdallāh, Schüler des berühmten Imām Mālik, des Gründers der malikitischen Schule, gestorben in Kairo im Jahre 806.

[113] Rivale und Nachfolger des vorerwähnten Ibn al-Qāsim, gestorben 820. Beider Gräber sind heute spurlos verschwunden.

[114] Einer der größten ägyptischen Rechtsgelehrten der malikitischen Schule; auch dieses Grab ist heute nicht mehr vorhanden.

[115] Einer der bedeutendsten Schüler Māliks und Nachfolger Ašhabs, gestorben im Jahre 829.

[116] Abū Muḥammad ʿAbd al-Wahhāb bin ʿAlī bin Naṣr aṯ-Ṯaʿalabī aus Bagdad, malikitischer Rechtsgelehrter und Qāḍī von Kairo, gestorben 1031.

[117] Sure der Erzählung 28, Abschnitt 6 (›Gott spricht zur Mutter Moses'‹).

[118] Sure 53, Abschnitt 14 (›Die nächtliche Reise‹). Diese Reise Muḥammads von Mekka

inneren strömen durch das Paradies, aber die zwei äußeren Flüsse sind der Nil und der Euphrat.« Ferner sagt die Überlieferung, daß der Nil, der Euphrat, der Saiḥān und der Ǧaiḥān zu den Flüssen des Paradieses zählen.[119] Der Nil strömt, anders als alle anderen Flüsse, von Süden nach Norden. Zu seinen Wundern aber gehört es, daß der Beginn seiner Flut in die Zeit größter Hitze fällt, wenn andere Flüsse fallen und austrocknen. Dagegen beginnt der Nil zu fallen, wenn andere Flüsse steigen und über die Ufer treten. Darin gleicht ihm der Strom im Sind, wie ich später noch erzählen werde. Die erste Nilflut fällt in den Monat ›ḥazīrān‹, der dem Monat Juni entspricht.[120] Sobald sie sechzehn Ellen hoch steht, wird die Landsteuer des Sultans in einem Betrag erhoben. Übersteigt sie diese Zahl um nur eine Elle, dann wird Fruchtbarkeit herrschen und das öffentliche Wohl vollkommen sein. Steigt sie aber auf achtzehn Ellen, verursacht sie auf den Landgütern Schäden und führt zu Seuchen. Wenn sie dagegen auch nur um eine Elle unterhalb der sechzehn Ellen stehen bleibt, wird die Landsteuer des Sultans gesenkt. Bleibt sie aber sogar zwei Ellen unter der genannten Zahl, so fleht das Volk um Regen und die Schäden sind hoch. Der Nil ist einer der fünf größten Flüsse der Welt, als da sind: der Nil, der Euphrat, der Tigris, der Saiḥūn und der Ǧaiḥūn. Fünf weitere Flüsse sind ihm ähnlich: der Strom des Sind, den man den Banǧ-Ab nennt[121]; der Strom Indiens, den man Al-Kank nennt, zu dem die Inder Pilgerfahrten unternehmen und in den sie die Asche ihrer Toten streuen, weil sie sagen, er entspringe im Paradies; der Fluß Ǧūn, der sich ebenfalls in Indien befindet; der Fluß Itil in den Steppen von Qifǧaq, an dem die Stadt Sarā liegt; und der Fluß Sarū im Gebiet von Ḫiṭā, an dessen Ufern die Stadt Ḫān Bāliq liegt, von wo aus er zur Stadt Ḫinsā und dann weiter bis nach Zaitūn in China fließt.[122] Alle diese Dinge werden noch, wenn es Gott gefällt, erwähnt werden, sobald die Reihe an sie kommt. In einigem Abstand von Kairo teilt sich der Nil in drei Arme[123], die aber alle im Sommer wie im

nach Jerusalem und von dort in den Himmel versinnbildlicht die Ausbreitung des Islam.

119 Saiḥān und Ǧaiḥān sind zwei Flüsse des kleinasiatischen Kilikien und entsprechen den antiken Sarrus und Pyramus. Möglicherweise verwechselt aber Ibn Baṭṭūṭa hier, und zwar nicht als erster, diese Flüsse mit dem Saiḥūn und dem Ǧaiḥūn, den antiken Jaxartes (Syr Darya) und Oxus (Amur Darya) in Mittelasien, die nach islamischer Tradition zwei der vier Flüsse des Paradieses sind.

120 So bis zum Jahre 1966, dem Bau des Staudamms von Assuan.

121 Der Indus und seine Zuflüsse (Banǧ-Ab: Fünf Flüsse). Der Sind umfaßt einen Teil des südlichen Pakistan um den Hauptort Karachi.

122 Ganges (Al-Kank), Jamuna (Ǧūn), Wolga (Itil), Südrußland mit Saray, der Hauptstadt der goldenen Horde (Qifǧaq und Sarā), der Gelbe Fluß in Nordchina (Sarū in Ḫiṭā), Peking (Ḫān Bāliq), Hangzhou (Ḫinsā), Quanzhou (Zaitūn). Allerdings liegen diese drei Städte nicht am Gelben Fluß (vgl. Kapitel ›Die Reise nach China‹).

123 Traditionell werden ab dort sieben Nilarme gezählt.

Winter nur im Boot überquert werden können. Die Bewohner jeder Stadt besitzen Kanäle, die vom Nil abgeleitet werden. Wenn der Fluß steigt, füllt er diese Gräben und schwemmt sein Wasser über die bestellten Felder.

Die Pyramiden und die Tempel zählen seit alters her zu den berühmtesten Wundern. Die Menschen sprechen sehr viel über sie und streiten darüber, zu welchem Zweck sie errichtet wurden. Sie behaupten, daß alle vor der Sintflut bekannten Wissenschaften vom antiken Hermes gesammelt worden waren, der im Ṣaʿīd in Oberägypten gelebt und den Namen Ḫunūḫ getragen hatte.[124] Er war Idrīs und soll der erste gewesen sein, der über die Himmelsbahnen der Gestirne und das Wesen der Materie sprach, der erste auch, der Tempel baute und die Gottheit verehrte. Er kündigte den Menschen die Sintflut an und errichtete, da er den Verlust aller Wissenschaften und die Zerstörung aller Künste fürchtete, die Pyramiden und die Tempel[125], in denen er alle Künste und alle Werkzeuge darstellte und alle Wissenschaften schilderte, damit sie unauslöschlich bestehen blieben. Man erzählt sich, daß der Sitz der Kenntnisse und der königlichen Gewalt in Ägypten die Stadt Manūf gewesen sei, die eine Poststrecke weit von Al-Fusṭāṭ entfernt liegt.[126] Als Alexandria erbaut wurde, wanderten die Menschen dorthin aus, so daß es bis zur Epoche des Islam Sitz des Königtums und der Wissenschaften wurde. Damals legte ʿAmrū bin al-ʿĀṣ den Grundstein für die Stadt Al-Fusṭāṭ, die bis auf den heutigen Tag die Hauptstadt Ägyptens ist.

Die Pyramiden sind aus harten, vollendet gemeißelten Steinen erbaut, sehr hoch, von kreisrunder Gestalt, sehr weiter Grundfläche, schmaler Spitze und von der Form eines Kegels.[127] Es fehlen Tore und man weiß nicht, auf welche Weise sie errichtet wurden. Es wird vielmehr erzählt, daß vor der Sintflut ein ägyptischer König einen Traum hatte, der ihn mit Entsetzen erfüllte und zwang, am Westufer des Nils die Pyramiden zu erbauen, in die alles Wissen einfließen und denen auch die königlichen Leichname anvertraut werden sollten. Er soll die Sterndeuter befragt haben, ob irgendeine Stelle der Bauten jemals geöffnet werden würde. Daraufhin belehrten sie ihn, daß an der Nordseite eine Öffnung entstehen würde, bezeichneten ihm die Stelle, an der sie geöffnet werden würde, und nannten ihm auch den Betrag, der für diese Öffnung ausgeworfen

[124] Der altägyptische Gott Thoth, den die Griechen bereits mit Hermes gleichsetzten, wurde in islamischer Zeit mit Enoch (›Ḫunūḫ‹) des Alten Testaments und mit Idrīs, einem der im Koran genannten Propheten, identifiziert.

[125] Mit dem im Text gewählten Wort ›birba‹ (Pl. barābī), das auch ›Labyrinth‹ bedeutet, bezeichnet die arabische Sprache sonst ausschließlich die altägyptischen Tempel. Es ist koptischen Ursprungs und bedeutet in Oberägypten auch ›kinderlose Frau‹.

[126] Manūf ist Memphis; Al-Fusṭāṭ war die erste arabische Stadt auf dem Boden des heutigen Kairo, die im Jahre 1169 aus Furcht vor den Kreuzrittern in Brand gesetzt wurde. Eine Poststrecke entspricht genau vier Farsaḫ, also 21 Kilometern.

[127] Nach dieser Beschreibung zu urteilen, kann Ibn Baṭṭūṭa die Pyramiden nicht gesehen haben.

werden müßte. Da befahl der König, an genau dieser Stelle eine Summe zu hinterlegen, die ebenso hoch war wie der Betrag, der ihm für die Öffnung der Bresche genannt worden war. Nun verwandte er seine ganze Kraft auf diesen Bau und vollendete ihn nach sechzig Jahren. Er ließ die folgende Inschrift anbringen: ›Wir haben diese Pyramiden in sechzig Jahren errichtet. Zerstöre sie, wer will, in sechshundert Jahren; denn wahrlich: Es ist leichter zu zerstören als zu erbauen.‹ Als aber die Regierungsgewalt auf den Fürsten der Gläubigen Al-Maʾmūn[128] überging, wollte er sie zerstören. Da riet ihm ein Gelehrter aus Ägypten davon ab, aber Al-Maʾmūn bestand darauf und befahl, die Pyramide auf ihrer Nordseite zu öffnen. Man entzündete vor dieser Stelle ein Feuer, besprengte sie mit Essig und bewarf sie so lange aus einer Steinschleuder mit Steinen, bis sich eine Bresche öffnete, die es noch heute gibt. In der Öffnung fand sich eine Summe, die der Fürst der Gläubigen zu wiegen befahl. Dann rechnete man aus, wieviel es gekostet haben könnte, diese Bresche anzubringen. Als er fand, daß die beiden Summen gleich waren, war sein Erstaunen groß. Er entdeckte, daß die Stärke der Mauern zwanzig Ellen betrug.

Als ich die Stadt betrat, war der Sultan von Kairo König An-Nāṣir Abu-l-Fatḥ Muḥammad bin al-Malik al-Manṣūr Saif ad-Dīn Qalāwūn aṣ-Ṣāliḥī. Qalāwūn war bekannt unter dem Namen Al-Alfī, weil ihn König Aṣ-Ṣāliḥ für tausend Golddinare gekauft hatte.[129] Er stammte aus Qifǧaq. König An-Nāṣir war ein Mann von hochherzigem Wesen und großen Verdiensten. Es gereichte ihm zur Ehre, sich zum Dienste an den beiden heiligen Städten zu bekennen und alljährlich den Pilgern Wohltaten zu erweisen, indem er den Mittellosen und Schwachen die Kamele lieferte, damit sie ihnen die Lebensmittel und das Wasser trugen oder den Verspäteten und denen, die zum Gehen zu schwach waren, auf den Wegen Ägyptens und Syriens als Reittiere dienten. In Siryāqus außerhalb von Kairo gründete er eine große Zāwiya.[130] Aber das Hospiz, das unser Herr, der Fürst der Gläubigen und Wahrer der Religion, die Zuflucht der Armen und Bedürftigen, der Stellvertreter Gottes auf Erden, der zum heiligen Kriege aufbrach und Pflichten erfüllte und übererfüllte, Abū ʿInān – Gott stärke ihn und lasse ihn triumphieren, gebe ihm einen glänzenden Sieg und befreie ihn von Sorgen – außerhalb seines erhabenen Wohnsitzes in der weißen Stadt errichtet hat[131] – Gott möge sie schützen –, dieses Hospiz, sage ich, hat in der ganzen bewohnten

[128] ʿAbdallāh bin Hārūn ar-Rašīd, zweiter Sohn Hārūn ar-Rašīds, von 813–833 siebter abbasidischer Kalif und der einzige Abbaside, der je Kairo besuchte.

[129] ›Al-Alfī‹: etwa ›Der Tausender‹. Zu diesen beiden Mamlukensultanen Ägyptens vgl. Anm. 40.

[130] Siryāqus, 18 Kilometer nördlich von Kairo, war zu jener Zeit die beliebteste Sommerresidenz des mamlukischen Hofes.

[131] Die weiße Stadt in Marokko ist hier nicht etwa Casablanca, sondern Fes; eines der gerühmten Gebäude, nämlich die Madrasa Abū ʿInānīya, steht noch heute.

Welt wegen seiner angenehmen Lage, der Schönheit seines Baus und seiner Stuckverzierungen nicht seinesgleichen, denn die Menschen aus dem Osten vermögen Ähnliches nicht zu schaffen. Einige seiner Werke, die er als Koranschulen, Krankenhäuser und Hospize in seinen Ländern schuf, werde ich noch erwähnen – Gott schütze und bewahre sie für die Dauer seiner Herrschaft!

Unter den Fürsten Ägyptens ist zu nennen der Mundschenk des Königs An-Nāṣir, Emir Buktumūr, den König An-Nāṣir durch Gift umbrachte, wie noch zu erzählen sein wird[132], ferner Arġūn ad-Dawādār[133], Vizekönig An-Nāsirs, der den Rang unmittelbar nach Buktumūr einnahm. Es folgt Ṭušṭu[134], der den Beinamen ›Grüne Kichererbse‹ trug. Er gehörte zu den höchsten Fürsten, verteilte viele Almosen an die Waisen, verschaffte ihnen Kleidung und Unterhalt sowie besoldete Lehrer, die sie in der Lektüre des Korans unterwiesen. Er tat sogar sehr viel Gutes für die Bettler, eine umfangreiche Gruppe von Menschen mit harten Gesichtern und sittenlosem Lebenswandel. Als König An-Nāṣir ihn einmal ins Gefängnis warf, da versammelten sich Tausende dieser ›ḥarāfīš‹[135], stellten sich unterhalb der Zitadelle auf und riefen wie mit einer Zunge: »O du hinkendes Unglück«, – denn so sprachen sie König An-Nāṣir an –, »setz ihn in Freiheit!«, und er entließ ihn aus dem Kerker. Später jedoch sperrte er ihn ein weiteres Mal ein. Nun ahmten alle Waisen die Bettler nach und der König entließ ihn erneut.

Unter den Emiren sind noch zu erwähnen An-Nāṣirs Wesir Al-Ǧamālī[136]; Badr ad-Dīn bin al-Bābah[137]; Ǧamāl ad-Dīn, der Vizekönig von Karak[138]; ferner Tuquzdamūr, das Wort ›dumūr‹ bedeutet in Land der Türken ›Eisen‹[139];

[132] Einer der engsten Vertrauten des Königs An-Nāṣir, von großer Klugheit und legendärem Reichtum. Er starb im Jahre 1335. Zu seinem Ableben vgl. Kapitel ›Persien und der Iraq‹.

[133] Arġūn, der Sekretär, wurde im Jahre 1312 zum Stellvertreter des Königs und im Jahre 1326 zum Statthalter von Aleppo ernannt, wo er 1330 starb.

[134] Ṭašṭamūr al-Badrī, der seinen Beinamen ›Ḥimmiṣ Aḫḍar‹ (›Grüne Kichererbse‹) seiner Vorliebe für diese Hülsenfrucht verdankte, war als Sklave in den Dienst des Königs gekommen, aber schon bald zum Gouverneur von Safad und Aleppo ernannt worden. An-Nāṣirs Sohn und Nachfolger An-Nāṣir Aḥmad ließ ihn 1342 in der Festung Karak gefangensetzen, aus der er nach Kleinasien entwich, wo er noch im gleichen Jahre starb.

[135] Organisierte Bettlerkaste Ägyptens (Sing. ḥarfūš) mit eigenem Oberhaupt, die bereits in ›Tausend und einer Nacht‹ Erwähnung findet.

[136] Vgl. Anm. 62.

[137] Ǧankalī bin Muḥammad bin al-Bābā bin Ǧankalī bin Ḫalīl bin ʿAbdallāh al-ʿAǧlī Badr ad-Dīn war mongolischer Herkunft, er starb 1346.

[138] Aquš al-Ašrafī Ǧamāl ad-Dīn al-Barnāq war etwa 20 Jahre lang Gouverneur von Karak und wurde danach im Jahre 1311 zum Statthalter von Damaskus und später zum Aufseher der Krankenhäuser bestellt. Er starb in Alexandria im Jahre 1335.

[139] Tuquzdamūr, Vizekönig von Ägypten und später Gouverneur von Ḥamāh, Aleppo und Damaskus, gestorben 1345; türk. ›Eisen‹ ist ›demir‹.

dann Bahādūr al-Ḥiǧāzī[140], Qauṣūn[141] und schließlich Baštāk[142]. Sie alle wetteifern darin, gute Werke zu tun sowie Moscheen und Hospize zu bauen. Neben ihnen nenne ich noch den Oberbefehlshaber des Heeres und Sekretär des Königs An-Nāṣir, den Qāḍī Faḫr ad-Dīn al-Qubṭī.[143] Er war koptischer Christ gewesen, hatte aber dann den Islam angenommen und sich in ihm ausgezeichnet. Er besaß einen edlen Charakter sowie vollkommene Bildung und bekleidete unter König An-Nāṣir einen der höchsten Ränge. Er verteilte zahllose Almosen und übte beträchtliche Wohltaten. Am frühen Abend pflegte er in einem Saal seines Hauses zu sitzen, das am Nil in unmittelbarer Nachbarschaft der Moschee steht. Sobald die Stunde des Abendgebetes nahte, verrichtete er es in dieser Moschee und zog sich anschließend wieder in seinen Saal zurück. Dort ließ er Speisen auftragen und niemand, der eintreten wollte, wurde daran gehindert, wer es auch sein mochte. Wer einen Wunsch hatte, sprach mit ihm darüber, und er entschied die Sache für ihn. Bat jemand um ein Almosen, so befahl er einem seiner Mamluken, der Badr ad-Dīn gerufen wurde, aber ›Lu'lu'‹[144] hieß, mit dieser Person vor sein Haus zu treten, wo sich sein Schatzkämmerer mit seinen dirhamgefüllten Börsen aufhielt und ihm die zugesprochene Summe auszahlte. Zu dieser Stunde kamen auch die Faqīhs zu ihm, um in seiner Anwesenheit das Werk von Al-Buḫārī[145] zu lesen. Sobald er das letzte Abendgebet verrichtet hatte, verließen ihn seine Besucher.

Zu den Richtern der Stadt zählte, als ich Kairo betrat, der Oberrichter der Šafi'iten: Er ist derjenige, der die höchste Würde verkörpert und das höchste Ansehen genießt. Er hat das Recht, die ägyptischen Qāḍīs ein- und wieder abzusetzen. Es war der Qāḍī, Imām und Gelehrte Badr ad-Dīn bin Ǧamā'a.[146]

140 Gemeint ist vermutlich Bahādūr at-Tamūrtāš (oder Tāštumūr), ein Vertrauter An-Nāṣirs, den er in den ›Rat der Hundert‹ aufnahm; gest. 1343.

141 Qauṣūn as-Sāqīy an-Nāṣirī, Vertrauter und Schwiegersohn An-Nāṣirs, der die große Qauṣūn-Moschee aus dem Jahre 1330 in Kairo stiftete. Nach dem Tode An-Nāṣirs hielt er treu zu dessen Nachfolger Abū Bakr al-Manṣūr, wurde aber 1342 in Alexandria hingerichtet.

142 Baštāk an-Nāṣirī stammte aus dem Reich der Goldenen Horde von Uzbek Chan und wurde, als Sklave gekauft, mit der Mutter Aḥmads, des Sohnes An-Nāṣirs, verheiratet. Nach dem Tode An-Nāṣirs verbündete er sich mit Qauṣūn, zerfiel aber wieder mit ihm und wurde bereits im Oktober 1341 hingerichtet.

143 Seit 1310 und bis zu seinem Tode im Jahre 1332 Aufseher der Finanzen des Heeres; Stifter einiger Moscheen in Kairo.

144 ›Perle‹.

145 Al-Buḫārī (gest. 870) war einer der bedeutendsten Sammler von 7.200 Traditionen, die Muḥammad zugeschrieben werden.

146 Badr ad-Dīn Muḥammad bin Ibrāhīm bin Ǧamā'a aus Ḥamāh in Syrien (im Amte von 1291 bis 1333), einer der berühmtesten Qāḍīs seiner Zeit, der dieses Amt dreimal in Ägypten und zusätzlich in Jerusalem und in Damaskus ausübte. Sein Sohn 'Izz ad-Dīn 'Abd al-'Azīz (1294–1366) folgte ihm im Amte nach.

Heute ist sein Sohn ʿIzz ad-Dīn mit diesem Amt bekleidet. Ferner ist zu nennen der Oberqāḍī der Malikiten, der fromme Imām Taqīy ad-Dīn al-Iḫnāʾī[147] sowie der Oberqāḍī der Ḥanafiten, der gelehrte Imām Šams ad-Dīn der Seidene[148]. Er war ein Mann von schroffem Stolz, aber niemand konnte ihm je eine Verfehlung gegen Gott vorwerfen. Die Emire fürchteten ihn, und man hat mir erzählt, daß König An-Nāṣir eines Tages zu seinen Tischgefährten sagte: »Ich fürchte niemanden außer Šams ad-Dīn den Seidenen.« Und schließlich zählte dazu noch der Oberqāḍi der Ḥanbaliten, aber über ihn weiß ich nichts weiter als daß er ʿIzz ad-Dīn genannt wurde[149].

König An-Nāṣir pflegte an allen Montagen und Donnerstagen Sitzungen zu halten, in denen er Unrecht untersuchte und Bittschriften von Klägern entgegennahm. Wenn die Eingaben vor ihm verlesen wurden, saßen die vier Qāḍīs zu seiner Linken. Er beauftragte jemanden, den Bittsteller zum Inhalt seines Schreibens zu befragen. Unser Herr, der Fürst der Gläubigen und Wahrer der Religion, hat den gleichen Weg beschritten, für den es kein Vorbild gab und der an Gerechtigkeit und Demut nicht zu übertreffen ist. Er besteht nämlich darin, jeden Kläger in eigener Person zu befragen und ihm in seiner Gegenwart Recht zu verschaffen – Gott verhindere, daß ein anderer es für ihn tut, und gebe seinen Tagen Dauer!

Die genannten Richter pflegten in diesen Sitzungen dem Qāḍī der Šafiʿiten den Vorsitz zu überlassen, danach kam der Qāḍī der Ḥanafiten, dann der Qāḍī der Malikiten und zum Schluß der Qāḍī der Ḥanbaliten. Als aber Šams ad-Dīn al-Ḥarīrī starb, trat Burhān ad-Dīn bin ʿAbd al-Ḥaqq, der Ḥanafit[150], an seine Stelle. Doch da wiesen die Emire König An-Nāṣir darauf hin, daß der Qāḍī der Malikiten den höheren Rang einnähme, und erinnerten ihn daran, daß dies seit alters her Brauch gewesen wäre, da ja der Qāḍī der Malikiten Zain ad-Dīn bin Maḫlūf unmittelbar auf den Qāḍī der Šafiʿiten, Taqīy ad-Dīn bin Daqīq al-ʿĪd gefolgt war. In diesem Sinne befahl König An-Nāṣir es denn auch. Als aber der

147 Taqīy ad-Dīn Muḥammad bin Abī Bakr al-Iḫnāʾī, ebenfalls Qāḍī Ägyptens und Vertreter der malikitischen Glaubensrichtung. Er starb 1349 während der Großen Pest.

148 Muḥammad bin ʿUṯmān bin Abi-l-Ḥasan bin ʿAbd al-Wahhāb al-Anṣārī Šams ad-Dīn Ṣafīy ad-Dīn (1255–1328), der seinen Beinamen Al-Ḥarīrī (›der Seidene‹) seinem Vater verdankte, der Seidenhändler gewesen war; zunächst Qāḍī in Damaskus, später ḥanafitischer Oberrichter von Ägypten.

149 Aḥmad bin ʿUmar bin ʿAbdallāh bin ʿUmar bin ʿŪd Taqīy ad-Dīn war zur Zeit von Ibn Baṭṭūṭas Durchreise ḥanbalitischer Qāḍī Ägyptens. ʿIzz ad-Dīn al-Muqaddisī war sein Vater, der dieses Amtes von 1300 bis 1312 waltete und es an seinen Sohn weitergab, der es bis 1337 innehatte, aber aus dem Amt entfernt wurde, weil sein Sohn sich hatte bestechen lassen.

150 Ibrāhīm bin ʿAlī bin Muḥammad bin Aḥmad bin ʿAlī bin Yūsuf bin Ibrāhīm Burhān ad-Dīn bin Kamāl ad-Dīn bin ʿAbd al-Ḥaqq wurde nach dem Tode Al-Ḥarīrīs für zehn Jahre ḥanafitischer Qāḍī von Kairo und im Jahre 1337/38 nach Damaskus versetzt; dort starb er 1344.

Qāḍī der Ḥanafiten davon erfuhr, war er so verärgert, daß er aus Stolz an den Audienzen nicht mehr teilnahm. König An-Nāṣir aber erboste sein Fernbleiben und er befahl, nachdem er seine Absicht durchschaut hatte, ihn herbeizuholen. Als der Qāḍī zu ihm kam, nahm ihn ein Kammerherr an der Hand und wies ihm einen Platz zu, den der Sultan selbst ausgewählt hatte, und zwar unmittelbar hinter dem Qāḍī der Malikiten, so daß sein Rang der gleiche blieb.

Zu den Gelehrten und anderen Würdenträgern Kairos zählen: Šams ad-Dīn al-Isbahānī[151], der Führer der Welt unter den Rationalisten; Šarf ad-Dīn az-Zuwāwī[152], der Malikit; Burhān ad-Dīn, durch seine Mutter Enkel von Aš-Šāḏilī und Stellvertreter des Oberrichters der Moschee von Ṣāliḥ[153]; Ruqn ad-Dīn Ibn al-Qauba' aus Tunis, einer der Imāme der Rationalisten[154]; Šams ad-Dīn Ibn 'Adlān, Hauptvertreter der Schule der Šafi'iten[155]; der große Rechtsgelehrte Bahā' ad-Dīn Ibn 'Aqīl[156]; Aṯīr ad-Dīn Abū Ḥayān Muḥammad bin Yūsuf bin Ḥayān aus Granada, einer der größten Grammatiker[157]; der fromme Scheich Badr ad-Dīn 'Abdallāh al-Manūfī; Burhān ad-Dīn aus Sfax[158] und Qiwām ad-Dīn al-Karmānī[159], der hoch oben auf dem Dach der Al-Azhar-Moschee lebte und ständig eine Anzahl von Faqīhs und Koranlesern um sich hatte. Er lehrte verschiedene Zweige der Wissenschaften und fällte Urteile in dogmatischen Fragen. Seine Kleidung bestand aus nichts anderem als einem Überwurf aus grober und einem Turban aus schwarzer Wolle. Zu seinen Gewohnheiten gehörte es, sich nach dem Nachmittagsgebet ganz allein und ohne seine Schüler

151 Maḥmūd bin 'Abd ar-Raḥmān bin Aḥmad bin Muḥammad bin Abī Bakr bin 'Alī Šams ad-Dīn stammte aus Isfahan, lehrte zunächst in Damaskus und kam später in Kairo zu hohen Würden; dort starb er im Jahre 1349 während der Großen Pest.

152 Šarf ad-Dīn 'Īsā bin Mas'ūd az-Zuwāwī (1265–1342), der führende malikitische Rechtsgelehrte seiner Zeit, studierte islamisches Recht in Bougie und Alexandria und lehrte an der Azhar-Moschee in Kairo.

153 Dieser Enkel Aš-Šāḏilīs ist unbekannt.

154 Muḥammad 'Abd ar-Raḥmān bin Yūsuf Ibn al-Qauba' (1266–1338), Arzt und Dichter aus Tunis.

155 Muḥammad bin Aḥmad bin 'Uṯmān bin Ibrāhīm bin 'Adlān (1262–1349), Heeresrichter in Ägypten.

156 'Abdallāh bin 'Abd ar-Raḥmān bin 'Aqīl bin 'Abdallāh aus der Nachkommenschaft des 'Alī bin Abī Ṭālib, berühmter Grammatiker, gestorben 1367.

157 Muḥammad bin Yūsuf bin 'Alī bin Yūsuf bin Ḥayān al-Ġarnāṭī (›aus Granada‹), einer der größten Grammatiker und Interpreten der Traditionen, gestorben 1344 in Kairo. Die nachfolgend genannte Persönlichkeit ist nicht bekannt.

158 Ibrāhīm bin Muḥammad bin Ibrāhīm bin Abi-l-Qāsim al-Qaīsīy as-Ṣafāqusī (›aus Sfax‹), genannt Burhān ad-Dīn, malikitischer Rechtsgelehrter, gestorben 1342.

159 Mas'ūd bin Muḥammad bin Muḥammad bin Sahl al-Karmānī, genannt Qiwām ad-Dīn, ḥanafitischer Faqīh, lehrte zunächst in Damaskus, dann in Kairo, wo er in der Tat eine Zeitlang auf dem Dach der Leuchtenden (Al-Azhar) Moschee lebte; gestorben 1348.

an Orte lauterer und unlauterer Vergnügungen zu begeben. Weiter seien erwähnt der vornehme Sayyid Šams ad-Dīn, Sohn der Tochter des Wesirs Tāğ ad-Dīn bin Ḥinnāʾ[160]; ferner der Vorsteher der Faqīre Ägyptens Mağd ad-Dīn al-Aqṣarāʾī, der aus Aqṣarā in Kleinasien stammte und in Siryāqus lebte[161]; der Scheich Ğamāl ad-Dīn al-Ḥawīzāʾī aus Ḥawīzāʾ, das drei Tagesreisen von Baṣra entfernt liegt[162]; außerdem das Oberhaupt der Šarīfe von Ägypten, der verehrte Sayyid Badr ad-Dīn al-Ḥusainī, der zu den rechtschaffensten Männern gehörte[163]; ferner Mağd ad-Dīn bin Haramī, der oberste Schatzkämmerer und Lehrer der Grabkapelle des Imām Aš-Šāfiʿī[164]; und endlich der Polizeikommandant von Kairo, Nağm ad-Dīn as-Saharṭī, einer der größten Faqīhs, der in Kairo große Macht besitzt und einen hohen Rang bekleidet[165].

Ein öffentlich begangener Festtag ist der ›Umzug der Sänfte‹, der den folgenden Verlauf nimmt: Die vier obersten Qāḍīs, der oberste Schatzkämmerer und der Polizeikommandant, die ich soeben erwähnte, steigen in Begleitung der würdigsten Juristen und der Vertreter der Vereinigungen hoher Würdenträger des Landes zu Pferde und begeben sich gemeinsam zum Tor des Schlosses, in dem König An-Nāṣir seinen Sitz hat. Nun trägt man ihnen auf einem Kamel die Kamelsänfte entgegen. Ihr voran schreitet der Fürst, der bestimmt worden ist, in diesem Jahre die Reise in die Ḥiğāz zu unternehmen, begleitet von seinen Truppen und von Wasserträgern auf ihren Kamelen.[166] Alle Schichten der Bevölkerung, Männer wie Frauen, versammeln sich und gehen zusammen mit all diesen Persönlichkeiten und mit der Sänfte im Umzug durch die beiden Städte Kairos. Die Kameltreiber bilden die Spitze des Zuges und treiben ihre Tiere mit lauten Rufen an. Dieser Tag

---

[160] Tāğ ad-Dīn bin Ḥinnāʾ, mit vollem Namen Muḥammad bin Muḥammad bin ʿAlī bin Muḥammad bin Salīm, der Ṣāḥib (1243–1307), einer der berühmtesten Wesire An-Nāṣirs; auch sein Vater Faḫr ad-Dīn und sein Großvater Bahāʾ ad-Dīn hatten dieses Amt bekleidet.

[161] Mağd ad-Dīn ʿĪsa-l-Aqṣarāʾī war Vorsteher des von An-Nāṣir erbauten Konvents An-Nāṣirīya, er starb im Jahre 1339. Aqṣarā ist das heutige Aksaray in der Türkei.

[162] Ğamāl ad-Dīn al-Ḥawīzāʾī war Vorsteher der Zāwiya Saʿīd as-Suʿadāʾ.

[163] Ḥasan bin Aḥmad bin Muḥammad bin ʿAbd ar-Raḥmān al-Ḥusainī, genannt Sayyid Badr ad-Dīn (gest. 1342), der wie schon sein Vater und Großvater Vorsteher der Šarīfe Ägyptens war, also der Nachfolger des Propheten; der Titel Sayyid (›Herr‹) scheint aber darauf hinzuweisen, daß er nicht in direkter, also männlicher, sondern in weiblicher Linie vom Propheten abstammte.

[164] Haramī bin Hāšim bin Yūsuf al-Falāqūsīy al-ʿĀmarī, genannt Mağd ad-Dīn der Šafiʿit, Aufseher der Finanzen, gestorben 1334.

[165] Muḥammad bin al-Ḥusain bin ʿAlīy-as-Saharṭī, türkischer Abstammung aus dem heutigen Siirt in der Türkei, wurde 1320 zum Polizeipräfekten Kairos ernannt; er starb 1336 im Amt.

[166] Die Führung der Pilgerkarawane war eines der ehrenwertesten Ämter, so daß meist nur sehr hochrangige Emire mit ihr beauftragt wurden; in erster Linie hatten sie für die Sicherheit der Karawane Sorge zu tragen.

fällt in den Monat Rağab. Nun werden Pläne geschmiedet, Wünsche entfacht und die Gefühle geraten in Wallung, denn Gott der Erhabene pflanzt den Entschluß zur Pilgerfahrt in das Herz dessen unter seinen Dienern, den er sich wünscht, und dieser entdeckt seine Bereitschaft und trifft seine Vorbereitungen.[167]

Ich verließ endlich Kairo auf dem Wege nach Oberägypten, um mich in die edle Ḥiğāz zu begeben. Die Nacht nach meiner Abreise verbrachte ich in der Herberge des Bezirks Aṭ-Ṭīn[168], die der Wesir Tāğ ad-Dīn bin Ḥinnā' gegründet hatte. Es ist eine sehr große Karawansaray, mit deren Bau er eine Ruhmestat vollbrachte, denn in ihr wollte er ehrwürdige Reliquien aufbewahren, und zwar ein Bruchstück des Schöpfbechers des Propheten Gottes – Friede und Heil seien mit ihm –, die Pinzette, mit der er sich die Lider schwärzte, die ›darafš‹, das ist jene Ahle, mit der er sich seine Sandalen flicken konnte, und die Koranhandschrift, die ʿAlī bin Abī Ṭālib, der Fürst der Gläubigen, mit eigener Hand niederschrieb. Man erzählt sich, daß der Wesir alle diese ehrwürdigen Gegenstände des Propheten, die ich genannt habe, für die Summe von 100.000 Dirham erworben hat. Er baute die Herberge und wies ihr eine bestimmte Summe zu, damit jedem Ankömmling Essen gereicht und dem Aufseher der heiligen Reliquien ein Lohn gezahlt wird. Verhelfe Gott ihm zu dem frommen Ziele, das er sich gesetzt hat!

Ich verließ die Herberge wieder und kam nach Munyat al-Qā'id, einer kleinen Ortschaft am Nilufer.[169] Von dort aus reiste ich weiter in die Stadt Būš[170], in der die meisten Leinenstoffe Ägyptens hergestellt und ins ganze übrige Ägypten und nach Ifrīqiya ausgeführt werden. Von dort reiste ich weiter und gelangte in die Stadt Dalāṣ, die ebenso wie die Stadt, die ich soeben erwähnt habe, viel Leinen produziert, das ebenfalls in verschiedene Teile Ägyptens und nach Ifrīqiya gebracht wird. Von dort aus erreichte ich die Stadt Bibā[171] und dann Al-Bahnasa[172], eine große Stadt mit sehr vielen Gärten, in der vorzügliche Wollstoffe hergestellt werden. Ich begegnete dort dem Qāḍī der Stadt, dem gelehrten Šarf ad-Dīn, einem freundlichen Mann von gütigem Wesen. Ebenfalls dort traf ich den frommen Scheich Abū Bakr al-ʿAğamī, bei dem ich wohnte und der mich großzügig aufnahm.

[167] Es ist nicht wahrscheinlich, daß Ibn Baṭṭūṭa selbst je Zeuge dieses Umzugs war, denn im Monat Rağab 726, der etwa in den Juni des Jahres 1326 fiel, befand er sich bereits in Oberägypten. Auf seiner Rückreise 1348 war die Rağab-Karawane, wie er selbst angibt, bereits aufgebrochen (vgl. Kapitel ›Die Rückkehr‹).

[168] Dieses Dorf, fünf Kilometer südlich von Kairo auf dem rechten Nilufer gelegen, besteht noch heute.

[169] Bei Gizeh auf dem nördlichen Nilufer, möglicherweise identisch mit dem heutigen Ort Muna-l-Amīr.

[170] Zwischen Al-Wāsiṭa und Banī Suwaif im Fayūm, sehr nahe dem folgenden Ort Dalāṣ.

[171] Etwa 20 Kilometer südlich von Banī Suwaif, auch unter dem Namen Biba-l-Kubrā bekannt.

[172] Al-Bahnasa im Fayūm.

Schließlich reiste ich ab, um nach Munyat Ibn Ḫaṣīb zu gelangen.[173] Es ist eine Stadt von beträchtlicher Ausdehnung, die auf beiden Ufern des Nils liegt. Sie hat zu Recht Anspruch auf Vorrang vor allen anderen Städten Oberägyptens, besitzt Koranschulen, Grabmäler, Klöster und Moscheen. Munya gehörte einst Ḫaṣīb, dem Statthalter von Ägypten.[174]

Es wird erzählt, daß ein ʿabbasidischer Kalif in Zorn gegen die Ägypter entbrannt war. Um sie zu demütigen und exemplarisch zu strafen, schwor er, ihnen den verächtlichsten und gemeinsten seiner Sklaven als Gouverneur zu schicken. Der verächtlichste von ihnen war nun Ḫaṣīb, dessen Aufgabe darin bestand, das Bad zu heizen.[175] Der Kalif kleidete ihn in ein Ehrengewand und übertrug ihm die Statthalterschaft über Ägypten. Er dachte sich, daß Ḫaṣīb die Ägypter schlecht behandeln und sie drangsalieren werde, wie es ja bekannt ist von Menschen, die aus niedrigem Stande an die Macht kommen. Als aber Ḫaṣīb sich erst einmal in Ägypten niedergelassen hatte, behandelte er das Volk mit lobenswerter Rücksicht, so daß man ihn für seine Milde und Großmut rühmte. Die Verwandten des Kalifen und andere besuchten ihn. Er machte ihnen prächtige Geschenke, und voller Anerkennung für seine Wohltaten kehrten sie nach Bagdad zurück. Da suchte der Kalif nach einem bestimmten ʿAbbasiden, der eine Weile fortgeblieben war. Als er wieder erschien, fragte ihn der Kalif, was seine Abwesenheit zu bedeuten hätte. Da antwortete er, daß er Ḫaṣīb aufgesucht, und gestand auch, welches Geschenk er erhalten hatte, denn es war ein bedeutendes Geschenk gewesen. Da geriet der Kalif in Zorn und befahl, Ḫaṣīb die Augen auszustechen, ihn aus Ägypten zu vertreiben, nach Bagdad zu bringen und über die Marktplätze der Stadt zu schleifen. Als der Befehl, ihn zu ergreifen, eintraf, wurde er daran gehindert, sein Haus zu betreten. Er trug einen wertvollen Edelstein an der Hand, den er versteckte und in der Nacht in sein Gewand einnähte. Aber man nahm ihm das Augenlicht und trieb ihn über die Plätze Bagdads. Da kam ein Dichter an ihm vorbei und sprach: »O Ḫaṣīb, ich hatte mich von Bagdad nach Ägypten auf den Weg gemacht, um dich aufzusuchen und in einer Qaṣīda[176] zu besingen, aber ich stellte fest, daß du das Land verlassen hattest. Jetzt wünsche ich, daß du meine Verse hörst.« – »Wie kann ich dir zuhören?«, erwiderte Ḫaṣīb, »in dem Zustand, in dem du mich siehst?« – »Mein einziges Ziel«, versetzte der Dichter, »ist, daß du es hörst. Was mein Geschenk angeht, so hast du das Volk schon

[173] Das heutige Minyā zwischen Banī Suwaif und Asyūṭ.

[174] Der Legende nach war Ḫaṣīb ein Perser, der im Jahre 803 zur Zeit Hārūn ar-Rašīds nach Ägypten kam und Aufseher der Finanzen wurde. Zur Legende seines Wirkens gehört auch die folgende Geschichte.

[175] Die Heizung der Bäder war in der Tat einer der niedrigsten Dienste, da wegen der Holzknappheit meist Rindermist verheizt wurde.

[176] Arabische Gedichtform.

reichlich beschenkt. Möge Gott es dir vergelten!« – »Laß hören!«, antwortete Ḫaṣīb. Da sprach der Dichter:

»Du bist Ḫaṣīb und dies ist Kairo. Nun breitet euch aus, ihr seid beide ein Meer.«

Als der Dichter zum letzten Vers gekommen war, sagte Ḫaṣīb: »Trenne dieses Kleid auf!« Als dies getan war, fuhr Ḫaṣīb fort: »Nimm den Edelstein!« Der Dichter aber weigerte sich, doch da beschwor Ḫaṣīb ihn, den Stein an sich zu nehmen, so daß er ihn schließlich annahm und auf den Markt der Juweliere trug. Als er diesen den Juwel zeigte, sagten sie: »Dieser Stein steht allein dem Kalifen zu«, und hinterbrachten die Angelegenheit dem Kalifen. Dieser befahl, den Dichter herbeizuholen, und erkundigte sich bei ihm nach dem Juwel. Der Dichter erzählte ihm alles. Da befahl der Kalif, der es unterdessen bereute, wie er Ḫaṣīb behandelt hatte, diesen vor ihn zu führen, beschenkte ihn reich und erlaubte ihm, sich etwas zu wünschen. Da wünschte sich Ḫaṣīb, daß ihm eben dieses Al-Munya gegeben werde, und der Kalif willigte ein. Dort lebte Ḫaṣīb bis zu seinem Tode und vererbte es seiner Nachkommenschaft, die es besaß, bis sie erlosch.

Der Qāḍī von Al-Munya hieß, als ich in die Stadt kam, Faḫr ad-Dīn an-Nuwairī, der Malikit. Der Statthalter war Šams ad-Dīn, ein guter und großzügiger Emir. Eines Tages betrat ich das Bad der Stadt und bemerkte, daß die Männer sich nicht bedeckten. Ich war darüber entsetzt, ging zum Statthalter und berichtete es ihm. Er hieß mich, nicht fortzugehen, und ließ die Vermieter der Bäder zu sich kommen. Sie mußten ihm eine Urkunde unterschreiben, die besagte, daß, wann immer ein Mann ohne Schurz das Bad beträte, er bestraft werden solle. Er behandelte sie mit größter Strenge. Danach verließ ich ihn.

Von Munyat Ibn Ḫaṣīb aus begab ich mich nach Manlawī, einem kleineren Städtchen, das zwei Meilen vom Nil entfernt liegt.[177] Ihr Qāḍī ist der Rechtsgelehrte Šarf ad-Dīn ad-Damīrī, ein Šafiʿit, und die Mehrheit der Bewohner gehören dem Stamm der Banū Fuḍail an. Einer von ihnen hat eine Moschee bauen lassen, für die er den größten Teil seines Vermögens hergab. Es gibt in diesem Städtchen elf Zuckerpressen, und die Bürger hindern keinen Armen daran, sie zu betreten. Der Arme bringt ein Stück warmes Brot mit und wirft es in den Kessel mit dem kochenden Zucker. Dann zieht er das Brot, das nun ganz mit Zucker getränkt ist, wieder heraus und geht davon.

Von Manlawī aus ging ich nach Manfalūṭ, einem schön anzusehenden Städtchen mit gefälligen Häusern am Ufer des Nils und berühmt für die Segnungen, derer es teilhaftig geworden ist.[178] Von den Bewohnern dieser Stadt erfuhr ich, daß König An-Nāṣir befohlen hatte, für die heilige Moschee – deren Würde und Glanz Gott vermehren möge – eine große Kanzel von vollendeter Kunstfertigkeit und unvergleichlicher Ausführung anzufertigen. Als

177 Das heutige Mallāwī.

178 Der Ort, etwa 20 Kilometer nördlich von Asyūṭ, heißt unverändert Manfalūṭ.

die Arbeit vollendet war, ordnete er an, sie den Nil hinaufzuschaffen, damit sie danach ans Rote Meer und nach Mekka gebracht werde, das Allah adeln möge! Als aber das Schiff, das die Kanzel trug, in Manfalūṭ und im Anblick der Hauptmoschee angekommen war, hielt es an und weigerte sich, die Fahrt fortzusetzen, obwohl der Wind günstig war. Die Besatzung war darüber aufs äußerste verwundert und hielt sich mehrere Tage auf, während welcher sich das Schiff nicht mehr in Bewegung setzte. Man schrieb eine Nachricht an König An-Nāṣir, der daraufhin befahl, die Kanzel nun in der Hauptmoschee von Manfalūṭ aufzustellen. So ist es schließlich auch geschehen, und ich sah sie mit eigenen Augen. In dieser Stadt wird eine Speise hergestellt, die dem Honig ähnlich ist: Man gewinnt sie aus Weizen, nennt sie ›naidā‹[179] und verkauft sie auf den Märkten Kairos.

Von dort aus reiste ich weiter nach Asyūṭ, einer Stadt von hohem Ansehen und mit einzigartigen Märkten.[180] Sie hat Šarf ad-Dīn bin ʿAbd ar-Raḥmān zum Qāḍī, der den Beinamen ›Es gibt keine Einnahmen mehr‹ trägt. Er ist sehr bekannt unter diesem Namen, zu dem er auf die folgende Art gekommen ist: In Ägypten und in Syrien liegen die frommen Stiftungen und die Almosen für die Reisenden in den Händen der Qāḍīs. Kommt nun ein Armer in irgendeine Stadt, so sucht er den Qāḍī auf, der ihm gibt, was er kann. Als nun eines Tages ein Armer zu diesem Qāḍī kam, sagte dieser zu ihm: »Es gibt keine Einnahmen mehr, denn vom eingenommenen Gelde ist nichts mehr übrig.« Daher gab man ihm diesen Namen, der an ihm hängengeblieben ist. Unter den ersten Scheichs von Asyūṭ ist der fromme Šihāb ad-Dīn, der Sohn des Färbers, hervorzuheben, der mich in seiner Zāwiya bewirtete.

Ich reiste von dort weiter nach Iḫmīm, einer großartigen Stadt mit prachtvollen Gebäuden, deren wunderbarstes der Tempel ist, der den Namen der Stadt trägt.[181] Er ist aus Stein gebaut und enthält Malereien und Inschriften der Vorfahren, die man heute nicht mehr versteht. Einige Bilder stellen den Himmel und die Sterne dar. Man behauptet, daß dieser Tempel erbaut worden sei, als der Fliegende Adler[182] im Zeichen des Skorpions stand. Man kann auch Darstellungen von Tieren und mehr sehen. Die Menschen der Stadt erzählen sich über diese Bilder allerlei Lügengeschichten, mit denen ich mich nicht aufhalte. In Iḫmīm lebte ein Mann, den man den Prediger nannte. Er hatte befohlen, einen dieser Tempel zu zerstören, und hatte aus den Steinen eine Schule

179 Der Weizen wird einige Tage in Wasser eingeweicht, danach getrocknet, gemahlen und gekocht.

180 Asyūṭ war der Sitz des Provinzstatthalters von Oberägypten und soll um 1200 noch 75 Kirchen besessen haben.

181 Das heutige Aḫmīm am Nil in Mittelägypten, das alte Panopolis oder Ḫammis.

182 Mit ›an-nasr aṭ-ṭāʾirʿ (›der fliegende Adler‹) werden mehrere Sterne im Sternbild des Adlers bezeichnet; vgl. Atair im Adler.

gebaut. Er ist ein wohlhabender Mann und für seine Wohltätigkeit bekannt. Seine Neider aber behaupten, er habe seinen Reichtum erworben, weil er sich ständig mit diesem Tempel beschäftigte. Ich kehrte in Iḫmīm in der Zāwiya des Scheichs Abu-l-ʿAbbās bin ʿAbd aẓ-Ẓāhir ein[183], in dem das Grabmal seines Großvaters ʿAbd aẓ-Ẓāhir steht. Abu-l-ʿAbbās hat drei Brüder, und zwar Nāṣir ad-Dīn, Maǧd ad-Dīn und Wāḥid ad-Dīn. Nach dem Freitagsgebet versammeln sie sich gemeinsam mit dem erwähnten Prediger Nūr ad-Dīn und dessen Kindern, mit dem Qāḍī der Stadt, dem Faqīh Muḫliṣ und anderen Bürgern von Rang. Dann lesen sie vollständig den Koran und preisen bis zum Nachmittagsgebet Gott. Danach lesen sie die Sure von der Höhle und gehen heim.

Von Iḫmīm aus ging ich nach Huw, einer großen Stadt am Nilufer.[184] Ich wohnte dort in der Schule von Taqīy ad-Dīn, dem Sohn des Sattlers. Dort tragen sie jeden Tag nach dem Frühgebet den sechzigsten Teil des Korans vor; danach lesen sie das tägliche Gebet des Scheichs Abu-l-Ḥasan aš-Šāḏilī und sein Gebet des Meeres. In Huw lebt der vornehme Sayyid Abū Muḥammad ʿAbdallāh al-Ḥasanī, der zu den frömmsten Männern zählt.

Ich trat bei diesem Šarīf ein und empfand es als Segen, als ich ihn erblickte und grüßte. Er fragte mich nach meinen Zielen, und ich teilte ihm mit, daß ich über Ǧudda zur heiligen Moschee pilgern wollte. Er sagte: »Das wird jetzt nicht geschehen. Kehre um, denn deine erste Pilgerfahrt wirst du auf dem Wege über Syrien beginnen!« Ich verließ den Šarīf wieder, handelte aber nicht nach seinen Worten, sondern setzte meine Reise auf dem eingeschlagenen Weg fort, bis ich nach ʿAiḏāb kam. Dort aber wurde die Weiterreise unmöglich, so daß ich nach Kairo zurückkehrte und von dort nach Syrien ging. So führte mich der Weg zu meiner ersten Wallfahrt durch Syrien, so wie es mir der Šarīf angekündigt hatte – Gott helfe uns durch ihn!

Ich reiste weiter nach Qinā, einer kleinen Stadt mit hübschen Märkten. Man kann dort das Grabmal von ʿAbd ar-Raḥīm al-Qināwī sehen, dem frommen und heiligen Šarīf, dem Urheber staunenswerter Gottesbeweise und berühmter Wunder – Gott erbarme sich seiner![185] Im Kollegium Saifīya in Qinā traf ich seinen Nachfahren Šihāb ad-Dīn Aḥmad an.

Qinā verließ ich dann, um nach Qūṣ zu gehen, einer großen Stadt mit vielen Vorzügen, grünenden Gärten und gefälligen Märkten.[186] Sie hat zahlreiche

[183] Abu-l-ʿAbbās bin ʿAbd aẓ-Ẓāhir bin ʿAbd al-Wālī, Nachkomme Ǧaʿfars, des Bruders ʿAlīs, des Schwiegersohns des Propheten.

[184] Huw ist das alte Diospolis Parva in der Mitte zwischen Ǧīrkā und Qinā.

[185] ʿAbd ar-Raḥīm bin Aḥmad bin Haǧǧūn bin Muḥammad al-Qināʾī, berühmter muslimischer Eremit aus Ceutá in Spanien, lebte sieben Jahre in Mekka und ließ sich dann in Qinā nieder, wo er 1196 starb.

[186] Qūṣ war (nach Ibn Duqmāq) Sitz des Militäroberbefehlshabers von Oberägypten, und laut Ibn Ǧubair brachen von hier aus die Pilgerkarawanen nach ʿAiḏāb am Roten Meer auf.

Moscheen, stattliche Madrasas und ist Sitz der Statthalter von Oberägypten. Vor der Stadt befinden sich die Zāwiya des Scheichs Šihāb ad-Dīn Ibn ʿAbd al-Ġaffār und das Konvent Al-Afram. Hier findet alljährlich im Monat Ramaḍān die Versammlung der Faqīre statt, die sich zu den Unbestechlichen rechnen. Unter den Gelehrten von Qūṣ sind zu nennen: Qāḍī Ǧamāl ad-Dīn bin as-Sadīd[187] und der Prediger Fatḥ ad-Dīn bin Daqīq al-ʿĪd[188], einer jener äußerst redegewandten Männer, die Meisterschaft im Predigen erworben haben. Ich habe niemanden gesehen, der ihm gleichgekommen wäre, ausgenommen den Prediger der heiligen Moschee Bahāʾ ad-Dīn aṭ-Ṭabarī und den Prediger aus dem Ḫwārizm, Ḥusām ad-Dīn al-Mašāṭī, von denen ich später noch sprechen werde; ferner sind zu nennen von den Rechtsgelehrten Bahāʾ ad-Dīn bin ʿAbd al-ʿAzīz, Lehrer an der Schule der Malikiten, und Burhān ad-Dīn Ibrāhīm, der Spanier, der ebenfalls ein schönes Konvent besitzt.

Von Qūṣ aus ging ich ins kleine, aber hübsche Al-Uqṣur[189]. Man sieht dort das Grabmal des frommen Verehrers Gottes Abu-l-Ḥiǧāǧ al-Uqṣurī[190], in dessen Nähe eine Zāwiya steht. Ich reiste weiter nach Armant, einer kleinen Stadt mit Gärten und am Nilufer angelegt.[191] Dort bewirtete mich der Qāḍī, dessen Namen ich vergessen habe.

Mein nächstes Ziel war Asnā.[192] Es ist eine große Stadt mit breiten Straßen und reichlichen Einnahmen. In ihr gibt es viele Hospize, Koranschulen und Hauptmoscheen; sie besitzt schöne Märkte und Gärten mit mannigfaltigen Baumarten. Ihr Oberrichter ist Qāḍī Šihāb ad-Dīn, der Sohn des Bettlers. Er erwies mir Gastfreundschaft und Achtung, denn er schrieb an seine Untergebenen, mich gut aufzunehmen. Unter den hervorragenden Männern von Asnā will ich noch der frommen Scheichs Nūr ad-Dīn ʿAlī und ʿAbd al-Wāḥid al-Miknāsī gedenken, der bis auf den heutigen Tag in Qūṣ eine Zāwiya besitzt.

Ich reiste weiter nach Adfū[193], das einen Tag und eine Nacht von Asnā entfernt ist, während derer man durch Wüste reitet. Bei Adfū überquerten wir

187 Muḥammad bin ʿAbd al-Wahhāb bin ʿAlīy-al-Isnāʾī (aus Esna), genannt Ǧamāl ad-Dīn as-Sadīd, der Treffsichere, Schüler von Bahāʾ ad-Dīn al-Qifṭī, Qāḍī und Prediger in Qūṣ, gestorben 1339.

188 Vermutlich eine Verwechslung Ibn Baṭṭūṭas; der Rechtslehrer Muḥammad bin ʿUṯmān bin ʿAlī bin Wahhāb bin Daqīq al-ʿĪd aus Qūṣ trug den Beinamen Ǧalāl ad-Dīn, nicht aber Fatḥ ad-Dīn, er starb im Jahre 1326/27.

189 Al-Uqṣur ist Luxor; weder hier noch in Huw erwähnt Ibn Baṭṭūṭa die alten Tempel.

190 Yūsuf bin ʿAbd ar-Raḥīm bin ʿArabīy al-Qurašīy al-Mahduwī, Schüler von Al-Ǧuzūlī und einer der größten Ṣūfīs seines Jahrhunderts; er starb 1244. Sein Grab steht im Palast des Amenophis III.

191 Armant, Luxor gegenüber auf dem anderen Nilufer.

192 Das heutige Isna.

193 Das heutige Edfu.

den Nil, um nach Al-ʿAṭwānī[194] zu gelangen. Hier mieteten wir uns Kamele und ritten mit einer Gruppe von Arabern, die sich Daǧīm nennen, durch eine völlig unbewohnte Wüste, deren Wege freilich sehr sicher sind.[195] Einmal machten wir Halt, um uns nach Ḥumaiṯarā zu begeben, wo sich das Grab des Gottesfreundes Abu-l-Ḥasan aš-Šāḏilī befindet, von dessen Wunder ich schon erzählt habe, als er weissagte, daß er an diesem Ort sterben werde. In dieser Gegend wimmelt es von Hyänen. Wir waren in der Nacht, die wir dort verbrachten, immerfort damit beschäftigt, diese Tiere abzuwehren. Eine Hyäne ging auf mein Gepäck los, zerriß einen Sack, der sich darunter befand, zerrte einen Beutel mit Datteln heraus und schleppte ihn davon. Am nächsten Morgen fanden wir ihn in Fetzen wieder und sahen, daß der größte Teil seines Inhalts gefressen worden war.

Nach einem Ritt von fünfzehn Tagen kamen wir in ʿAiḏāb an.[196] Es ist eine Stadt von beträchtlicher Größe, in der es Fisch und Milch in Fülle gibt, während Korn und Datteln aus Oberägypten eingeführt werden. Ihre Bewohner gehören zu den Buǧāh, die von schwarzer Hautfarbe sind, um ihre Leiber gelbe Decken wickeln und sich Tücher um den Kopf binden, die eine Fingerlänge breit sind. Ihre Töchter dürfen keine Erbschaften antreten. Ihre Nahrung besteht aus Kamelmilch. Sie reiten das Mahārī-Kamel, das sie ›aṣhab‹ nennen.[197] Ein Drittel der Stadt gehört König An-Nāṣir, die beiden anderen Drittel dem König der Buǧāh, der den Namen Al-Ḥadrabī trägt.[198] Es gibt in ʿAiḏāb eine Moschee, deren Bau Al-Qasṭalānī[199] zugeschrieben wird, der im Ruch der Heiligkeit steht. Ich habe sie besucht und ihren wohltuenden Segen wahrgenommen. In ʿAiḏāb leben der fromme Scheich Mūsā und der bejahrte Scheich Muḥammad al-Marākušī, der von sich sagte, er sei der Sohn Al-Murtaḍās, des Königs von Marokko[200], und bereits 95 Jahre alt.

[194] Dörfchen bei Edfu, das noch heute diesen Namen trägt und nicht zu verwechseln ist mit Assuan, das sich viel weiter südlich befindet und von wo aus ebenfalls die Pilgerkarawanen ans Rote Meer aufbrachen.

[195] Die Daǧīm beherrschten die Wüste und bewachten die wichtigen Handelswege zwischen Qūṣ und der Hafenstadt ʿAiḏāb.

[196] Vom 11. bis zum 14. Jahrhundert war ʿAiḏāb, etwa 40 Kilometer nördlich der heutigen Grenze mit dem Sudan gelegen, der wichtigste Hafen Ägyptens für die Überfahrt der Pilger, aber auch für den Handel mit Südarabien und Indien. Im Jahre 1426 wurde es vom ägyptischen Sultan zerstört, seine Rolle als Hafenplatz übernahm Sawākin. ʿAiḏāb ist heute verschwunden.

[197] Kamelrasse aus Mahra im Jemen, die für ihre Schnelligkeit berühmt ist; die im Text erwähnte rötlich-weiße Rasse (›aṣhab‹) freilich heißt ›Bišārī‹.

[198] Vom arabischen Stamm der Ḥadrab, die in der Umgebung von ʿAiḏāb lebten.

[199] Quṭb ad-Dīn al-Qasṭalānī, Ṣūfī und Gefährte von Abu-l-Ḥasan aš-Šāḏilī, gestorben 1287.

[200] Al-Murtaḍā war der vorletzte almoḥadische Herrscher und Kalif Marokkos gewesen,

Als wir in ʿAiḏāb angekommen waren, stellten wir fest, daß Al-Ḥadrabī, der Sultan der Buǧāh, Krieg gegen die Türken führte, bereits ihre Schiffe durchbohrt und die Türken in die Flucht geschlagen hatte.[201] So war unsere Reise über See unmöglich geworden. Wir verkauften deshalb alle Vorräte, die wir uns beschafft hatten, kehrten in Begleitung der Araber, die uns ihre Kamele vermietet hatten, nach Oberägypten zurück und erreichten Qūṣ, das ich schon erwähnt habe. Von dort aus fuhren wir den Nil hinab – es war gerade die Zeit der Nilschwemme – und gingen nach einer Reise von acht Tagen ab Qūṣ in Kairo an Land. Ich blieb nur eine Nacht in der Stadt und wandte mich dann nach Syrien. Es war in der Mitte des Monats Šaʿbān des Jahres 726.[202]

Ich kam in die große und gartenreiche Stadt Balbais[203], habe aber dort niemanden angetroffen, den ich erwähnen möchte. Danach erreichte ich Aṣ-Ṣāliḥīya[204], von dort ging es in die Sandwüste und wir machten nacheinander an den Stationen As-Sawāda, Al-Warrāda, Al-Muṭailib, Al-ʿArīš und Al-Ḫarrūba Halt.[205] An jeder Etappe steht eine Herberge, die man dort Ḫan nennt und in der die Reisenden mit ihren Reittieren absteigen können. Vor jedem Ḫan stehen ein Brunnen mit einem Schöpfrad für die Reisenden und ein Laden, in dem sie einkaufen können, was sie für sich und für ihre Tiere brauchen. Eine der Stationen heißt Qaṭyā.[206] Sie ist wohlbekannt, denn dort werden von den Kaufleuten die Abgaben erhoben und dort müssen sie die Waren vorzeigen, die sie bei sich haben und die genauestens untersucht werden. Dort befinden sich die Zöllner, die Steuereinnehmer sowie die Schreiber und Zeugen. Die täglichen Einnahmen betragen 1.000 Golddinare.[207] Aus Sorge um den Besitz der Einheimischen, aber auch aus Furcht vor Spionen aus dem

dem seine Söhne 1266 ein gewaltsames Ende bereitet hatten. Sie flohen daraufhin zunächst an den Hof Alfons' X. von Kastilien, bevor sie andere Länder aufsuchten.

201 Mit den Türken bezeichnet Ibn Baṭṭūṭa mamlukische Truppen, in denen zumeist türkische Söldner Dienst taten.

202 Mitte Juli 1326. Rechnet man für die Hin- und Rückreise nach und von Oberägypten zwei Monate, so muß Ibn Baṭṭūṭa Kairo etwa um den 15. Mai 1326 verlassen haben (vgl. Anm. 167).

203 Balbais (oder Bilbais) war die zweite Etappe der mamlukischen Pferdepost und liegt etwa 50 Kilometer nordöstlich von Kairo.

204 Aṣ-Ṣāliḥīya war als Grenzfestung vom ayyubidischen Sultan Ṣāliḥ (gest. 1249) gegründet worden.

205 Die richtige Reihenfolge dieser Stationen, die an die ägyptisch-syrische Grenze führen, war: Qaṭyā, Al-Muṭailib, As-Sawāda, Al-Warrāda, Al-ʿArīš, Al-Ḫarrūba, danach folgte als Grenzstation Ġazza.

206 Qaṭyā besteht unter dem gleichen Namen noch heute und liegt etwa 45 Kilometer östlich des Suezkanals.

207 Das islamische Recht verlangte eine Abgabe auf Importe von fünf Prozent auf Gold und Silber. Darüber hinaus aber wurden weitere Zölle erhoben.

Iraq[208] darf niemand nach Syrien gehen, wenn er nicht einen Passierschein aus Kairo besitzt, und niemand darf nach Ägypten, der nicht einen Passierschein aus Damaskus hat. Der Weg ist Arabern anvertraut, die mit seiner Bewachung beauftragt wurden. Wenn die Nacht kommt, ziehen sie ihre Hände über den Sand, so daß keinerlei Spur zurückbleibt. Am nächsten Morgen kommt ihr Anführer und untersucht den Sand. Findet er eine Spur, fordert er die Araber auf, ihm die Person herbeizuschaffen, die sie hinterlassen hat. Sie machen sich sofort auf die Suche und der Mann entkommt ihnen nicht. Dann bringen sie ihn zum Emir, der ihn nach Gutdünken bestraft.

Zur Zeit meiner Ankunft in Qaṭyā hielt sich dort auch der Haushofmeister ʿIzz ad-Dīn Aqmarī, einer der höchsten Fürsten, auf. Er erwies mir Gastfreundschaft, behandelte mich ehrenvoll und gestattete auch meinen Begleitern die Weiterreise. Er hatte den Aufseher ʿAbd al-Ǧalīl aus dem Maġrib bei sich, der die Maġribiner und und ihre Länder kannte und jeden, der von dort herkam, fragte, aus welchem Ort er stamme, damit sie nicht mit anderen Reisenden verwechselt werden konnten. Denn den Maġribinern legt man in Qaṭyā keinerlei Hindernisse in den Weg.

[208] Diese historische Momentaufnahme weist auf die politische Spannung hin, die zwischen dem Reich der Mamluken und der Mongolenherrschaft der Ilchane aus dem Iraq und aus Persien bestand.

Syrien

Wir reisten schließlich ab und kamen nach Ġazza, der ersten Stadt Syriens, die man von Ägypten aus erreicht.[209] Sie ist ausgedehnt, hat viele Gebäude, schöne Märkte und zahlreiche Moscheen, aber keine Stadtmauern. Einst besaß sie eine schöne Hauptmoschee, die Moschee indessen, in der heute das Freitagsgebet gehalten wird, hat der verehrte Fürst Al-Ǧāwalī erbaut[210]. Es ist ein sehr feiner Bau von vollendeter Kunst und mit einer Kanzel aus weißem Marmor. Qāḍī von Ġazza ist Badr ad-Dīn as-Salḫatīy al-Ḫurānī, der Koranlehrer ist ʿAlam ad-Dīn bin Sālim. Die Banū Sālim sind die Hauptbewohner der Stadt, einer von ihnen heißt Šams ad-Dīn und ist heute Qāḍī von Jerusalem.

Von Ġazza aus wandte ich mich nach Al-Ḫalīl[211]. Es ist ein Ort von geringer Ausdehnung, aber hervorragender Bedeutung. Die Stadt strahlt im Licht, bietet von außen einen schönen Anblick und im Inneren ihr angenehmes Wesen dar. Sie liegt in einer Talsenke und besitzt auf erhöhtem Grund eine gefällige und mit vollendeter Künstlerschaft errichtete Moschee von einzigartiger Schönheit.[212] Sie ist aus gemeißelten Steinen erbaut, und an einer ihrer Seiten liegt ein einzelner Stein, der allein 37 Spannen lang ist. Es geht die Legende, daß Salomon den Geistern befohlen hat, dieses Gebäude zu errichten.[213] Im Inneren der Moschee befindet sich die heilige Grotte mit den Gräbern Abrahams, Isaaks und Jakobs, ihnen gerade gegenüber liegen die drei Gräber ihrer Gemahlinnen. Rechter Hand der Kanzel und gleich neben der Wand, die in Gebetsrichtung steht, gibt es eine Stelle, von der aus man über makellos gearbeitete Marmorstufen in einen engen Gang hinabsteigen kann, der zu einem größeren, mit Marmor ausgelegten Raum führt, in dem sich Abbildungen der drei Grabmäler finden. Es wird erzählt, sie stünden einander genau gegenüber.

209 Gaza war ein unscheinbarer Ort des Bezirks Ar-Ramla und wurde erst unter der Herrschaft An-Nāṣirs in den Rang eines Hauptverwaltungsortes erhoben.

210 Sanǧar bin ʿAbdallāh al-Ǧāwalī, mamlukischer Emir unter Sultan Baibars und Gouverneur von Gaza, wo er eine Reihe von Moscheen errichten ließ, darunter die im Text angeführte aus dem Jahre 1314/15; er starb in Kairo im Jahre 1345.

211 Al-Ḫalīl (›der Gottesfreund‹), in der islamischen Tradition der Beiname Abrahams; auch Bezeichnung Hebrons, der Stadt Abrahams.

212 Diese Moschee war zunächst eine Kirche, die auf altrömischen Fundamenten errichtet worden sein soll.

213 ›... und die Geister wirkten für ihn und auf sein Geheiß ... und bauten für ihn, was er wollte: Gebetsnischen, Ebenbilder, Schüsseln, wie Wasserbecken so groß, und feste Kessel‹ (Koran, Sure 34, Abschnitt 13).

Hier befand sich einst der Gang in die heilige Grotte, aber er ist jetzt verschlossen. Ich bin selbst mehrere Male in den Raum hinabgestiegen.

Von allen Beweisen, die von den Gelehrten für die wahre Anwesenheit der drei heiligen Gräber angeführt werden, sei der aus dem Buche von ʿAlī bin Ǧaʿfar ar-Rāzī zitiert, dem er den Titel gab[214]: ›Die Enthüllung der Herzen, über die Echtheit der Gräber Abrahams, Isaaks und Jakobs‹. Er stützt sich in diesem Werk auf das Zeugnis von Abū Huraira, der sagte: »Der Bote Gottes sprach: ›Als der Engel Gabriel mit mir zur nächtlichen Reise nach Jerusalem aufbrach, kamen wir über das Grab Abrahams und er sagte: ›Steige hinab und bete zwei Rakʿa, denn hier befindet sich das Grab Abrahams!‹ Dann überquerten wir Bait Laḥm, und wieder sagte er: ›Steige hinab und bete zwei Rakʿa, denn hier wurde dein Bruder Jesus geboren – Friede sei mit ihm!‹ Dann führte er mich auf den Felsen.« Und es folgt der Rest dieser Überlieferung.[215]

Als ich in dieser Stadt dem frommen Lehrer, dem bejahrten Vorbeter und Prediger Burhān ad-Dīn al-Ǧaʿbarī begegnete[216], einem heiligen Mann und berühmtem Imām, an dem Gott sein Gefallen findet, fragte ich ihn nach der Echtheit des Grabes Abrahams an diesem Ort und er antwortete mir: »Alle Männer von Gelehrsamkeit, die ich traf, haben bestätigt, daß dies die Gräber Abrahams, Isaaks und Jakobs und auch ihrer Gemahlinnen sind. Nur das Volk der Ketzer verleugnet diesen Glauben, den unsere Vorfahren an ihre Nachkommenschaft überlieferten und an dem es keinen Zweifel geben kann.«

Man erzählt sich auch, daß ein Imām die Grotte betrat und sich neben Sarahs Grab stellte. Es kam ein Greis herein, den er fragte: »Welches dieser Gräber ist das Abrahams?« Da zeigte ihm der Alte das wohlbekannte Grab. Nun kam ein Jüngling herein, dem er die gleiche Frage stellte, und auch dieser zeigte ihm das gleiche Grab. Endlich trat ein Knabe ein, dem der Imām wieder dieselbe Frage stellte. Aber auch das Kind zeigte ihm sofort dasselbe Grab. Da rief der Faqīh: »Ich bezeuge, daß dies das Grab Abrahams ist, es kann keinen Zweifel geben.« Dann ging er in die Moschee, wo er sein Gebet verrichtete, und reiste am nächsten Morgen ab. Im Inneren des Gotteshauses befindet sich auch das Grab Josephs und östlich des Grabbezirks Abrahams sieht man das Grab von Lot auf einer Anhöhe, von der aus man die syrische Landschaft Ġaur überschaut.[217] Über diesem Grabmal wölbt sich ein schö-

[214] Werk und Autor sind unbekannt.

[215] Abū Huraira war ein Gefährte Muḥammads, dem eine Anzahl von ›Traditionen‹ zugeschrieben wird, darunter die der nächtlichen Reise; Bait Laḥm ist Bethlehem.

[216] Ibrāhīm bin ʿUmar bin Ibrāhīm bin Ḫalīl bin Abī ʿAbbās al-Ǧaʿbarīy ar-Rabʿī, genannt Burhān ad-Dīn (1245–1332), wurde in Hebron als Scheich Al-Ḫalīl und als Verfasser einer Vielzahl von Büchern berühmt.

[217] Das Grab Josephs befindet sich außerhalb dieser Kapelle, dasjenige Lots in einem Dorf außerhalb von Hebron. Ġaur ist Teil der syrischen Senke im Jordantal.

nes Gebäude und in einer Kammer befindet sich das Grab. Es ist ganz weiß und ohne jeden verhüllenden Vorhang. Dort liegt auch Lots See, der salziges Wasser enthält.[218] Die Legende besagt, daß an dieser Stelle die Siedlungen von Lots Volks standen. Auf einem Hügel in der Nähe von Lots Grab steht die Al-Yaqīn-Moschee[219], die ein Licht mit einem Glanz ausstrahlt, dessen sich keine andere Moschee rühmen kann. Nur ein einziges Gebäude, in dem der Aufseher wohnt, steht in der Nähe. Im Inneren der Moschee zeigt sich nahe der Tür im harten Gestein eine Vertiefung in Form einer Gebetsnische, in der nur ein einzelner Mensch für sein Gebet Platz findet. Hier soll sich, so wird erzählt, Abraham vor Gott niedergeworfen und ihm für das Verderben von Lots Volk gedankt haben. Die Stelle aber, an der er betete, geriet in Bewegung und senkte sich ein wenig in den Boden ab.

In einer Höhle in der Nachbarschaft dieser Moschee befindet sich das Grabmal Fāṭimas, der Tochter von Al-Ḥusain bin ʿAlī. Im oberen wie im unteren Teil des Grabmals sind zwei Marmorplatten angebracht. Auf einer Platte liest man in großartigem gemeißeltem Schriftzug die Inschrift: ›Im Namen des barmherzigen und gnädigen Gottes! Ihm gehören die Macht und die Ewigkeit. Ihm gehört, was er säte und schuf. Seine Geschöpfe sind Nichts, der Trost liegt im Gesandten Gottes. Dies ist das Grabmal Fāṭimas, der Mutter Salamas und Tochter Ḥusains – Gott finde sein Gefallen an ihm!‹ Und auf der anderen Platte ist eingemeißelt: ›Angefertigt von Muḥammad bin Abī Sahl, Steinmetz aus Kairo.‹ Darunter liest man die Verse:

›Du hast gegen meinen Willen die, die in meinem Inneren wohnte, zwischen Staub und Steinen wohnen lassen. Sie war das geliebte Ziel meines Herzens.

O Grab Fāṭimas, Tochter des Sohnes der Fāṭima, Tochter der Imāme und Tochter der strahlenden Sterne!

O Grab! Wie viel Glauben und Frömmigkeit, Keuschheit, Ehre und Scheu ist doch in dir!‹

Ich verließ die Stadt und reiste weiter nach Jerusalem. Unterwegs dorthin besuchte ich das Grab des Jonas, über dem ein großes Gebäude und eine Moschee stehen.[220] Ich besuchte auch Bait Laḥm, den Geburtsort Jesus', wo man noch die Spur des Palmenstammes sieht.[221] Nahebei steht ein großes Gebäu-

[218] Buḥaira Lūṭ, heute Baḥr Lūṭ (›Lots See‹), das Tote Meer.

[219] Diese Al-Yaqīn-Moschee (›Moschee der Gewißheit‹) stammt aus dem Jahre 963 und soll an jener Stelle errichtet worden sein, an dem Lot nach der Bestrafung seines Volkes betete.

[220] Dieses Grab befindet sich in dem Dorf Ḥalḥūl nördlich von Hebron; weit bekannter freilich ist ein weiteres Jonasgrab in Mossul im Iraq.

[221] Von diesem Palmenstamm geht in der 19. Sure, Abschnitt 23–26 die Rede, als sich Maria ihm in Wehen nahte.

de.[222] Die Christen halten diesen Ort in großer Verehrung und bewirten jedermann, der dort Halt macht.

Dann erreichten wir das Heilige Gotteshaus, das Gott segnen möge! Es ist die dritte im Range der verehrten Moscheen[223], denn von hier fuhr der Bote Gottes in den Himmel auf. Die Stadt ist groß und berühmt und aus behauenem Stein erbaut. Der fromme und edle König Ṣalāḥ ad-Dīn bin Ayyūb zerstörte, als er die Stadt eroberte, einen Teil ihrer Umfassungsmauern. König Aẓ-Ẓāhir zerstörte sie vollends aus Furcht, die Christen könnten sich der Stadt bemächtigen und sich wieder in ihr verschanzen.[224] Sie hatte in früherer Zeit keinen Kanal besessen; erst Emir Saif ad-Dīn Tankīz, der Fürst von Damaskus[225], hat in unserer Zeit Wasserleitungen dorthin gebaut.

Jerusalems ehrwürdige und wunderbare Moschee ist von unübertroffener Schönheit, ja man sagt sogar, es gäbe auf der ganzen Erde kein Gotteshaus, das größer sei als diese Moschee und daß ihre Länge von Ost nach West 752 Ellen mäße, wenn man die königliche Elle zugrundelegt. Ihre Breite von Süden nach Norden beläuft sich auf 435 Ellen.[226] Auf drei ihrer Seiten besitzt sie viele Tore, auf ihrer Südseite jedoch habe ich nur ein Tor bemerkt, und zwar jenes, durch das der Imām eintritt. Die ganze Moschee besteht aus einem sehr weiten Raum ohne Dach, mit Ausnahme der vollständig von einem mit Kunst und Meisterschaft gearbeiteten Dach überwölbten Al-Aqṣā-Moschee, welches mit Gold und leuchtenden Farben überzogen ist.[227] Auch andere Stellen der Moschee sind überdacht.

[222] Es ist die im Jahre 1169 vom byzantinischen Kaiser Manuel Komnenos restaurierte Geburtskirche.

[223] Sie folgt im Range nach den Moscheen von Mekka und Medina. Dieser Rang wird ihr zuerkannt, weil Muḥammads nächtliche Reise ihn zu jenem Gotteshaus führte, das als die ›entfernte Moschee‹ (al-masǧid al-aqṣā) identifiziert wurde; es folgte Muḥammads Auffahrt in den Himmel.

[224] Ṣalāḥ ad-Dīn bin Ayyūb ist der Saladdin des 3. Kreuzzuges, der Jerusalem 1187 von den Kreuzrittern eroberte. König Aẓ-Ẓāhir ist der erste mamlukische Sultan Ägyptens (reg. 1260–1277), auch bekannt unter dem Namen Baibars. Die Zerstörung der Mauern Jerusalems allerdings wird ʿĪsā, dem Neffen Saladdins und Fürsten von Damaskus, während des 5. Kreuzzuges von 1219 zugeschrieben. Die heutigen Mauern gehen auf den osmanischen Sultan Süleyman den Prächtigen (reg. 1520–1566) zurück.

[225] Saif ad-Dīn Tankīz, genannt Abū Saʿīd, seit 1315 Vizekönig von Syrien mit Sitz in Damaskus; in den Nachfolgewirren nach dem Tode An-Nāṣirs in 1340 abgesetzt und bald danach im Gefängnis gestorben.

[226] Ibn Baṭṭūṭa verwendet hier das Maß der Elle (arab. ḏirāʿ, ›Vorderarm‹), für die noch heute unterschiedliche Längen gelten (z.B. Ägypten 0,58 m, Syrien 0,68 m). Die von ihm hier angegebenen Abmessungen beziehen sich auf die West- bzw. Südseite der Moschee, deren Grundriß ein unregelmäßiges Viereck beschreibt.

[227] Es handelt sich vielmehr um einen großen Hof, der ›Ḥaram aš-šarīf‹ (das sichtbare Heiligtum) heißt und zwei Moscheen birgt: Die Aqṣā-Moschee und den Felsendom

Der Felsendom ist ein wunderschönes und meisterhaftes Bauwerk ganz eigenartiger Form, das eine Fülle von Schönheiten aufweist und von allen wunderbaren Dingen einen guten Teil bekommen hat. Der Dom steht inmitten der Moschee an einem erhöhten Platz, zu dem man über Marmorstufen aufsteigt. Er hat vier Tore. Auch der Umgang ist mit Marmor sehr fein getäfelt, und ebenso ist es im Inneren. Innen wie außen gibt es verschiedene Arten von Verzierungen von so hoher Kunstfertigkeit, daß es unmöglich ist, sie zu beschreiben. Fast alles ist goldbeschlagen, funkelt im Licht und leuchtet wie ein Blitz. Wer sie betrachtet, ist von ihrer Schönheit geblendet, und wer sie beschreiben will, findet keine Worte. Inmitten des Gotteshauses sieht man den edlen Stein, der in den frühen Berichten genannt wird. Von dort fuhr der Prophet in den Himmel auf. Es ist ein sehr massiver, etwa sechs Fuß hoher Stein, unter dem eine Grotte von der Ausdehnung einer kleinen Kammer liegt, die ebenfalls etwa sechs Fuß hoch ist. Man kann über Stufen hinabsteigen und erkennt, daß sie die Form einer Gebetsnische hat. Um diesen Stein laufen zwei kunstvoll angefertigte verschlossene Gitter. Das eine, näher dem Stein zugewandt, ist aus schön gearbeitetem Eisen, das äußere aus Holz.[228] Im Gotteshaus hängt ein großer eiserner Schild, von dem die Menschen glauben, er sei der Wappenschild von Ḥamza bin ʿAbd al-Muṭṭalib.[229]

Zu den Grabmälern im ehrwürdigen Jerusalem zählt ein Gebäude, das im Osten der Stadt und am Rande des als Höllental bekannten Tales auf einem Hügel steht und von dem die Legende sagt, es sei der Ort, an dem Jesus in den Himmel aufgestiegen ist[230]; ferner das Grab von Rābiʿat al-Badawīya, die ihren Namen von der Wüste erhielt und die nicht mit der berühmten Rābiʿat al-ʿAdawīya verwechselt werden darf.[231] In der Senke des gleichen Tals steht eine von den Christen verehrte Kirche, in der sich, wie sie sagen, das Grab Miryams[232] befindet. Man sieht dort noch eine weitere ebenfalls verehrte Kirche, zu der die Christen wallfahren.[233] Über diese Kirche erzählen sie eine

(›qubbat as-saḫra‹); die Moschee besteht aus einem byzantinischen Schiff aus dem 7. und einem gotischen Portal aus dem 13. Jahrhundert.

228 Das Eisengitter ist eine Schöpfung der Kreuzritter aus dem 12. Jahrhundert.

229 Ḥamza bin ʿAbd al-Muṭṭalib war der Onkel Muḥammads.

230 Hier verwechselt Ibn Baṭṭūṭa die Himmelfahrtsmoschee auf dem Ölberg mit der des Höllentals.

231 Richtig Rabīʿat al-Badawīya (›die Beduinin‹), Mystikerin aus der islamischen Frühzeit, deren noch heute erhaltenes Grab auf dem Ölberg liegt und von westeuropäischen Pilgern mit der Grabstätte des Heiligen Pelagius gleichgesetzt wurde. Die zweite Dame, Rābiʿa (oder Rabīʿa), Tochter Ismāʿīls, genannt al-ʿAdawīya, war eine berühmte Ṣūfī-Mystikerin aus Baṣra, wo sie lebte und im Jahre 801 starb.

232 Die Kirche der Jungfrau Maria, zu der man nach Al-Harāwī über 36 Stufen hinabsteigt.

233 Die Kirche des Heiligen Schreins, bekannt als Qumāma-Kirche, die der Kalif ʿUmar den Christen ließ.

Lüge, denn sie behaupten, sie enthielte das Grab von Jesus.[234] Jeder, der zu ihr pilgert, muß den Muslimen einen festgesetzten Tribut entrichten und allerlei Erniedrigungen ertragen, welche er trotzig erduldet. Dort ist auch die Stelle, an der die Wiege von Jesus stand und wo sie ihn anflehen.

Unter den verdienstvollen Männern Jerusalems nenne ich den Qāḍī, den gelehrten Šams ad-Dīn Muḥammad bin Sālim al-Ġazzī[235]; er stammt aus Ġazza und ist eine seiner großen Persönlichkeiten; ferner den Prediger, den frommen und trefflichen ʿImād ad-Dīn aus Nābulus; den in der Deutung der Überlieferungen gebildeten Muftī Šihāb ad-Dīn aṭ-Ṭabarī[236]; den Lehrer der Malikiten und Oberhaupt der geweihten Klöster Abū ʿAbdallāh Muḥammad bin Muṯbit, der aus Granada stammte, sich aber in Jerusalem niedergelassen hatte; weiter den Scheich und Asketen Abū ʿAlī Ḥasan, bekannt unter dem Beinamen ›der Verborgene‹, einer der größten unter den frommen Männern; dann den Scheich und frommen Gottesverehrer Kamāl ad-Dīn al-Maraġī; und endlich den frommen und gottesfürchtigen Scheich Abū ʿAbd ar-Raḥīm ʿAbd ar-Raḥmān bin Muṣṭafā aus Arz ar-Rūm, der sich zu den Schülern Taǧ ad-Dīn ar-Rifāʿīs zählte. Ich habe mich ihm angeschlossen und kleidete mich bei ihm mit der Ḫirqa der Ṣūfī.[237]

Ich verließ schließlich das ehrwürdige Jerusalem mit der Absicht, die Hafenstadt ʿAskalān zu besuchen, die völlig verfallen ist und von der nur unkenntliche Ruinen und verblaßte Spuren zurückgeblieben sind.[238] Wenige Städte vereinten in sich so viele Reize, wie sie ʿAskalān einst besaß. Dort nämlich verbanden sich die Schönheit des Ortes mit der Wehrhaftigkeit der Lage sowie die Vorzüge des festen Lands mit denen der See. Dort steht das berühmte Grabmal, in dem das Haupt von Ḥusain bin ʿAlī aufbewahrt wurde, bevor

[234] Vgl. Sure 3, Abschnitt 55: Und Gott sprach: ›O Jesus, ich nehme Dich zu mir und lasse Dich zu mir kommen und reinige Dich von denen, die nicht glaubten ...‹

[235] Muḥammad bin Sālim bin ʿAbd an-Nāṣir bin Sālim al-Kanānīy al-Ġazzī, genannt Šams ad-Dīn, Richter in Jerusalem, gest. 1350.

[236] Muftī ist ein Ausleger des islamischen Rechts und Ersteller von Rechtsgutachten.

[237] Dieses grobe Gewand (wörtlich: ›Fetzen, Lumpen‹) war ein Sinnbild für den vollkommenen Verzicht auf weltliche Güter, dessen Erwerb mehrere Lehrjahre zur Voraussetzung hatte. Hier scheint es sich demnach um einen ehrenhalber verliehenen Rock zu handeln, zumal, wie noch zu erfahren sein wird, Ibn Baṭṭūṭa weltliche Güter keineswegs verschmähte. Arz ar-Rūm ist Erzerum in der Türkei.

[238] Askalon, nördlich von Gaza, wurde von Ṣaladdin während seiner Kämpfe mit Richard Löwenherz 1191 niedergerissen und vollends von Baibars 1270 zerstört. Ibn Baṭṭūṭa, der am 17. Juli 1326 (15. Šaʿbān) Kairo verließ und Damaskus am 9. August (9. Ramaḍān) erreichte, kann die gesamte Reise durch Syrien nicht in 22 Tagen bewältigt haben: Es hat daher den Anschein, daß auch Eindrücke seiner kurzen Durchreise 1332 und seiner Rückreise 1348 in diese Schilderung eingeflossen sind.

man es nach Kairo brachte.[239] Es ist eine prächtige, sehr hohe Moschee, in der eine Wasserzisterne steht. Ihr Bau geht, wie über dem Eingangstor zu lesen ist, auf einen ʿUbaiditen zurück.

Im Süden dieser Gedenkstätte stand das große als ʿUmar-Moschee bekannte Gotteshaus, von dem aber außer den Mauern nichts mehr geblieben ist. Dort stehen auch noch Marmorsäulen von einzigartiger Schönheit, aber das ist ausnahmslos alles. Unter ihnen fällt eine wunderbare rote Säule auf; sie soll, wie die Menschen glauben, von den Christen in ihre Länder gebracht worden, dann aber verloren gegangen und später an ihrem Platz in ʿAskalān wieder aufgefunden worden sein. Der Brunnen im Süden der Moschee trägt den Namen Abrahams. Man kann auf breiten Stufen in seine Kammern hinabsteigen. Aus jeder seiner vier Wände fließt je eine Quelle, die aus verborgenen steinernen Wasserleitungen gespeist wird und süßes, aber nur wenig Wasser spendet. Die Menschen erzählen viel über die ausgezeichnete Güte dieser Brunnen.

Außerhalb von ʿAskalān liegt das Tal der Ameisen; es soll das Tal sein, das im erhabenen Buch erwähnt ist.[240] Auf dem Friedhof von ʿAskalān gibt es so viele Gräber von Märtyrern und Heiligen, daß man sie nicht zählen kann. Der Aufseher dieser heiligen Stätten zeigte sie uns. Er bezieht sein Einkommen vom König von Ägypten und aus den Almosen, die ihm die Besucher geben.

Ich begab mich weiter nach Ar-Ramla, das auch Palästina genannt wird.[241] Es ist eine große Stadt, in der es eine Fülle guter Dinge und schöne Märkte gibt. Die Hauptmoschee nennt man ›die Weiße‹; in ihrem südlichen Teil sollen dreihundert Propheten bestattet sein.[242] Zu den größten Rechtsgelehrten Ar-Ramlas zählt Maǧd ad-Din an-Nābulusī.

Nun begab ich mich nach Nābulus, einer ansehnlichen Stadt mit vielen Bäumen und unaufhörlich fließenden Bächen.[243] Sie ist eine der olivenreichsten Städte Syriens, aus der das Öl bis nach Kairo und Damaskus gebracht wird. Auch die Süßwaren aus Johannisbrot werden hier hergestellt und nach Da-

239 Es wurde nach Kairo gebracht, bevor die Kreuzritter Askalon im Jahre 1154 einnahmen. Die Moschee gründete der fatimidische Sultan Al-Mustanṣir (reg. 1035–1094) im Jahre 1091.

240 ›... und es drängten sich die Heere Salomons zusammen und sie bestanden aus Geistern, Menschen und Ameisen; sie wurden aufgestellt und als sie in das Tal der Ameisen kamen, sagte eine Ameise: ...‹ (Koran, Sure 27, Abschnitt 17–18). Dieses Tal befindet sich zwischen Bait Ǧibrīn und Askalon; dort soll Salomon mit den Ameisen gesprochen haben.

241 Ramla ist eine Gründung des umayyadischen Kalifen Sulaimān bin ʿAbd al-Malik aus dem Jahre 716.

242 Von Al-Muqaddasī ›die Weiße‹ genannt und für schöner erklärt als jede Moschee in Damaskus; sie ist heute verfallen, nur das Minarett wurde im Jahre 1318 von König An-Nāṣir restauriert.

243 Nablus, angeblich die Stadt der Samaritaner.

maskus und in andere Städte ausgeführt. Man kocht die Früchte des Johannisbrotbaums, preßt sie aus und gewinnt so ihren Sirup, aus dem die Süßigkeit zubereitet wird. Auch der Sirup wird nach Kairo und Damaskus gebracht. Ferner gibt es eine gute und köstliche Melonenart, die den Namen der Stadt Nābulus trägt. Die Hauptmoschee ist ein schönes und vollendetes Bauwerk, in deren Mitte ein Becken mit süßem Wasser steht.

Sodann reiste ich nach ʿAǧlūn, einer schönen Stadt mit vielen Märkten, einer stolzen Festung und einem Fluß mit süßem Wasser, der die Stadt durchquert.[244] Von dieser Stadt aus begab ich mich nach Lāḏiqīya, durchquerte aber zuvor den Ġaur, ein zwischen Hügeln gelegenes Tal. Dort befindet sich das Grab von Abū ʿUbaida bin al-Ǧarrāḥ, dem Führer dieses Volkes.[245] Wir besuchten das Grab, neben dem eine Zāwiya steht, die Reisende verpflegt. Dort verbrachten wir eine Nacht und erreichten danach Al-Quṣair, wo das Grab von Muʿāḏ bin Ǧabal steht.[246] Ich besuchte es, beglückte mich durch seinen Segen, reiste entlang der Küste weiter und kam nach ʿAkka, das in Trümmern liegt. ʿAkka war einst die Hauptstadt der fränkischen Länder in Syrien und der Landeplatz ihrer Schiffe; es verglich sich sogar mit dem großen Konstantinopel.[247] Im Osten der Stadt befindet sich eine Quelle, die unter dem Namen der Büffelquelle bekannt geworden ist, denn man erzählt, daß Gott aus ihr eine Kuh kommen ließ, um sie Adam zu geben.[248] Über eine Leiter kann man hinabsteigen. Neben dem Brunnen stand eine Moschee, von der aber nur die Gebetsnische geblieben ist. In ʿAkka befindet sich auch das Grab von Ṣāliḥ.[249]

Von ʿAkka aus reiste ich nach Ṣūr, das nur noch ein Trümmerhaufen ist.[250] Außerhalb aber liegt ein bewohntes Dorf, dessen Einwohner zum größten Teil

[244] Nordwestlich von Ǧaraš in Jordanien; Qalʿat ar-Rabaḍ, die dortige Festung, wurde 1184 vom Statthalter Ṣaladdins errichtet.

[245] Abū ʿUbaida, mit vollem Namen ʿĀmir bin ʿAbdallāh bin al-Ǧarrāḥ (›der Sohn des Wundarztes‹) (gest. 639), war Gefährte Muḥammads und Eroberer Syriens, der bis zum Euphrat und nach Kleinasien gelangte. Sein Grab allerdings soll sich nach anderen Quellen etwa 60 Kilometer vom Tiberias-See entfernt befinden.

[246] Al-Quṣair Muʿīn ad-Dīn im Ġaur, ein Ort, in dem viel Zuckerrohr angebaut wird. Muʿāḏ bin Ǧabal al-Anṣārī war Botschafter Muḥammads im Jemen und Teilnehmer an Abū ʿUbaidas Feldzug in Syrien; dort ist er im Jahre 639 an der Pest gestorben.

[247] Akkon (Acre), letzte Bastion der Kreuzfahrer in Palästina, die nach ihrer Einnahme 1291 durch Sultan Ašraf Ḫalīl völlig zerstört wurde.

[248] Die Legende von der Büffelquelle ist aus der jüdischen in die islamische Mythologie übernommen worden. Die Quelle trägt heute den Namen ʿAin as-Sitt (›Quelle der Dame‹).

[249] Prophet des Koran, der den Auftrag hatte, den Stamm der Tamūd zu bekehren; sein Grab soll sich in der Moschee von Akkon befunden haben, aber Moschee und Grabmal sind heute verschwunden.

[250] Tyros, im gleichen Jahr wie Akkon zerstört.

Rafiḍiten[251] sind. Ich ging, um meine Waschungen zu verrichten, einmal an eine Wasserstelle. Da kam auch ein Bewohner dieses Dorfs, um sich zu reinigen. Er begann mit den Füßen und wusch sich erst dann das Gesicht, ohne sich den Mund zu spülen und ohne Wasser in die Nase einzuziehen. Dann fuhr er sich mit der Hand über einen Teil seines Kopfes. Ich machte ihm deswegen Vorwürfe, doch er erwiderte mir: »Man beginnt ein Gebäude doch auch am Fundament.«

Der Name der Stadt Ṣūr ist wegen ihrer Uneinnehmbarkeit und Unzugänglichkeit sprichwörtlich geworden, denn das Meer umspült sie von drei Seiten und sie besitzt zwei Tore, von denen sich das eine zum Land, das andere zur See hin öffnet. Das Tor auf der Landseite hat vier Verschanzungen aus Palisaden, die um das ganze Tor laufen. Das Tor zur See steht zwischen zwei mächtigen Türmen. In keinem Land der Welt gibt es eine wehrhaftere Anlage als dieses einzigartige Bauwerk, denn das Meer umspült sie von drei Seiten, während auf der vierten eine Mauer steht, unter der die Schiffe hindurchfahren und in deren Nähe sie Anker werfen. In alter Zeit war zwischen den beiden Türmen eine eiserne Kette aufgespannt, so daß niemand herein- oder hinaussegeln konnte, wenn sie nicht zuvor abgesenkt worden war. In der Nähe der Kette standen Wachsoldaten und Männer von Vertrauen. Niemand kam herein oder ging hinaus, ohne daß sie es bemerkten. ʿAkka hatte einen ähnlichen Ankerplatz, der aber nur kleine Schiffe aufnehmen konnte.[252]

Ich wandte mich daraufhin nach Ṣaidā, das an der Küste liegt.[253] Es ist eine schöne Stadt, die Früchte im Überfluß liefert. Feigen, Rosinen und Olivenöl werden nach Ägypten ausgeführt. Ich fand Unterkunft beim Qāḍi der Stadt, Kamāl ad-Dīn al-Ašmūnī, dem Ägypter, einem Manne von vortrefflichem Charakter und edler Gesinnung.

Von dort brach ich auf nach Ṭabarīya, einer einst großen und bedeutenden Stadt.[254] Aber es sind nur noch Spuren geblieben, die von ihrer Größe und Pracht künden. Es gibt sehr schöne Bäder, die zwei verschiedene Räume haben, einer für Männer, der andere für Frauen. Das Wasser in diesen Bädern ist sehr heiß. Dort liegt auch der wohlbekannte See, der etwa sechs Farsaḫ lang und mehr als drei Farsaḫ breit ist. Ṭabarīya besitzt auch eine Moschee, die unter dem Namen ›Moschee der Propheten‹ bekannt ist und die Gräber von

251 ›Die Verweigerer‹ (Ar-Rawāfiḍ‹), so genannt, weil sie die ersten drei Kalifen (Abū Bakr, ʿUmar und ʿUṯmān) nicht anerkennen, ist ein Name, den die Sunniten den Schiiten gaben. In der Tat ist der südliche Libanon im Hinterland von Tyrus noch heute eine schiitische Hochburg.

252 Dieser Absatz ist bis auf den Buchstaben der Schilderung Ibn Ǧubairs entnommen, der die Stadt 1184 besuchte.

253 Sidon, bis 1187 in den Händen der Kreuzfahrer.

254 Tiberias, dessen alte Spuren sich heute im Süden der neuen arabischen Stadt befinden, wurde 1187 durch Ṣaladdin eingenommen und zerstört, aber nie wieder aufgebaut. Der Tiberias-See ist der See Genezareth.

Šuʿaib und seiner Tochter, der Gemahlin von Mūsa-l-Kalīm, ferner die Gräber Sulaimāns, Yahūdās und Rūbails aufgenommen hat.[255]

Von dort aus besuchten wir den Brunnen, in den Joseph geworfen wurde. Er liegt im Hof einer kleinen Moschee, auf dem auch eine Zāwiya steht.[256] Es ist ein großer und tiefer Brunnen, aus dem wir Regenwasser tranken, das sich darin angesammelt hatte. Der Aufseher sagte uns aber, daß das Wasser auch dort entspringt.

Schließlich reisten wir nach Beirut. Der Ort ist klein, hat aber schöne Märkte und eine wunderschöne Moschee. Die Stadt führt Obst und Eisen nach Ägypten aus. Wir besuchten von dort aus das Grab von Abū Yaʿqūb Yūsuf, der einer der Könige des Maġrib gewesen sein soll.[257] Das Grab liegt an einem Ort namens Karak Nūḥ im Biqāʿ al-ʿAzīz[258], gleich neben einer Zāwiya, die Besucher verpflegt. Man sagt, Sultan Ṣalāḥ ad-Dīn habe zu ihren Gunsten fromme Vermächtnisse hinterlassen; andere dagegen behaupten, es sei Sultan Nūr ad-Dīn gewesen[259], denn er zählte tatsächlich zu den frommen, tugendhaften und heiligen Männern, und es geht die Legende, er habe Matten geflochten und sich von ihrem Erlöse ernährt.

Von dem genannten Abū Yaʿqūb Yūsuf wird erzählt, er sei eines Tages nach Damaskus gegangen, aber sehr schwer erkrankt und habe sich auf den öffentlichen Plätzen auf dem Boden hingestreckt. Als er von der Krankheit geheilt war, verließ er die Stadt und suchte nach einem Garten, um als Aufseher Arbeit zu finden. Er wurde als Wächter in einem Obstgarten des Königs Nūr ad-Dīn in Dienst genommen, den er sechs Monate lang versah. Als die Zeit des Obstes gekommen war, betrat der Sultan den Garten. Da befahl der oberste Gärtner Abū Yaʿqūb, er solle Granatäpfel bringen, damit der Sultan davon koste. Er brachte sie, aber der Gärtner fand sie sauer und befahl ihm, andere zu holen.

[255] Šuʿaib ist ein Prophet des Koran; Mūsa-l-Kalīm (›der mit Gott spricht‹) ist Moses; die drei folgenden Namen sind Salomon, Juda und Ruben. Die Lage der Gräber ist unter mehreren arabischen Reisenden umstritten: Šuʿaibs Grab wird in Ḥiṭṭīn unweit Tiberias, Rubens Grab bei Nazareth (oder Kairo) und Salomons Grab gar in Bethlehem vermutet.

[256] Nach At-Tāzī ist auch die Lage dieses Brunnens umstritten: Ibn Hauqal setzte ihn auf zwölf Meilen vor Tiberias auf der Strecke nach Damaskus, während Al-Harawī ihn nach Sinǧīl auf dem Wege nach Jerusalem legt.

[257] Abū Yaʿqūb Yūsuf bin ʿAbd al-Muʾmin, almohadischer Herrscher Marokkos (reg. 1163–1184), starb bei Evora in Portugal. Die folgende Geschichte wird mehreren islamischen Heiligen zugeschrieben.

[258] Damals Verwaltungshauptstadt der Provinz Biqāʿ, der Ebene zwischen dem Libanon und dem Antilibanon, die den Namen eines Sohnes Ṣaladdins (Al-ʿAzīz) erhielt.

[259] Nūr ad-Dīn Muḥammad bin Zankī, beigenannt Malik al-ʿĀdil, (›der gerechte König‹), gest. 1174, Herrscher von Damaskus, verteidigte das islamische Syrien gegen die Kreuzfahrer.

Das tat er, aber auch sie fand er noch sauer. Da sagte der Gärtner: »Du bist nun seit sechs Monaten Aufseher in diesem Garten, und doch kannst du nicht süß von sauer unterscheiden.« Abū Yaʿqūb antwortete: »Du hast mich zur Bewachung, aber nicht zum Essen angestellt.« Da ging der Gärtner zum König und erzählte ihm, was geschehen war. Der König ließ Abū Yaʿqūb herbeiholen. Er hatte aber schon im Traum gesehen, daß er ihm zu seinem großen Vorteil eines Tages begegnen werde, erkannte ihn und fragte: »Bist du Abū Yaʿqūb?« Dieser bejahte. Da ging der Sultan zu ihm hin, umarmte ihn und forderte ihn auf, sich neben ihn zu setzen. Danach führte er ihn in sein Haus und bewirtete ihn mit einem Gastmahl, das nur aus Zutaten bestand, die er mit seiner eigenen Hände Fleiß geerntet hatte.

Abū Yaʿqūb blieb einige Zeit bei ihm, dann floh er in einer Zeit heftiger Kälte ganz allein aus Damaskus. Er ging in ein benachbartes Dorf, wo er einen Menschen traf, der zu den Ärmsten gehörte, ihm aber dennoch anbot, in sein Haus zu kommen. Abū Yaʿqūb war einverstanden, und sein Wirt bereitete eine Brühe zu, schlachtete ein Huhn und setzte es ihm mit Gerstenbrot vor. Abū Yaʿqūb aß davon und rief Gottes Segen auf den Mann herab. Dieser hatte mehrere Kinder, darunter eine Tochter, die schon zur Heirat versprochen war. Nun ist es in diesen Ländern Brauch, daß der Vater der Tochter eine Mitgift gibt, die zum größten Teil aus Kupfergeschirr besteht. Diese Menschen preisen sich glücklich, wenn sie Kupfer besitzen und damit handeln können. Abū Yaʿqūb fragte den Mann: »Hast du Geräte aus Kupfer im Hause?« – Der Mann erwiderte: »Doch, ich habe einige gekauft, um die Tochter auszustatten.« – Abū Yaʿqūb fuhr fort: »Bringe sie her!« Da brachte der Mann sie herbei. Nun sagte Abū Yaʿqūb: »Leihe dir von deinen Nachbarn so viele wie irgend möglich!« Der Mann tat es und brachte alles zu Abū Yaʿqūb, der über diesen Kupferwaren ein Feuer entfachte. Er öffnete einen Beutel, den er bei sich trug und in dem sich ein Elixier befand, von dem er etwas auf das Kupfer schüttete, das sich daraufhin vollständig in Gold verwandelte. Er brachte es in ein Zimmer, verriegelte es und schrieb sodann an Nūr ad-Dīn, den König von Damaskus, um ihm mitzuteilen, was soeben geschehen war, und um ihn aufzufordern, ein Krankenhaus für kranke Fremde zu bauen und es mit Vermächtnissen auszustatten. Auch solle der König entlang der Straßen Zāwiyas bauen, die Besitzer des Kupfergeschirrs entschädigen und dem Hausherrn eine auskömmliche Belohnung geben. Er beendete seinen Brief mit den Worten: »Wie Ibrāhīm bin Adham das Königreich von Ḫurāsān verließ, so verließ ich das Königreich des Maġrib und gab dieses Gewerbe auf. Meinen Gruß!« Danach brach er sofort auf.

Der Hausherr ging nun mit diesem Schreiben zu König Nūr ad-Dīn. Der König begab sich in das Dorf und nahm das Gold an sich, nachdem er die Eigentümer der Kupfergeräte und den Hausherrn entschädigt hatte. Dann suchte er nach Abū Yaʿqūb, konnte aber weder eine Spur von ihm finden noch eine Nachricht über ihn erfahren. Nūr ad-Dīn kehrte nach Damaskus zurück und baute ein Hospital, das seinen Namen trug und auf der ganzen bewohnten Welt seinesgleichen nicht hat.[260]

Dann kam ich nach Ṭarābulus.[261] Es ist eine der syrischen Hauptstädte und eine der bedeutendsten Städte Syriens überhaupt, von Flüssen durchquert und von Gärten und Bäumen umgeben. Es wird geschützt von seinem alles umfassenden Begleiter, dem Meer, sowie vom Land mit seinen dauerhaften Schätzen, und besitzt wunderschöne Plätze und fruchtbare Weiden. Das Meer ist zwei Meilen von der Stadt entfernt, denn sie ist neu aufgebaut worden; das alte Ṭarābulus, das die Christen eine Zeitlang in Besitz gehabt hatten, lag an der Meeresküste. Aber als König Aẓ-Ẓāhir[262] es zurückeroberte, wurde es zunächst zerstört, danach begann der Neuaufbau. In der Stadt herrschen ungefähr vierzig türkische Kommandanten, deren Befehlshaber der Kammerherr Ṭailān ist, den man den ›König der Emire‹ nennt.[263] Sein Wohnsitz ist in der Stadt bekannt als ›Haus der Glückseligkeit‹.

Dieser Emir pflegt jeden Montag und Donnerstag in Begleitung der anderen Kommandanten und ihrer Truppen auszureiten. Er reitet aus der Stadt hinaus, aber wenn er zurückkommt und in der Nähe seines Wohnsitzes angekommen ist, sitzen die anderen Emire ab, lassen ihre Tiere zurück, schreiten vor ihm her, bis er sein Haus betritt, und ziehen sich dann zurück. Vor dem Haus jedes Emirs werden alle Tage nach dem Abendgebet Trommeln geschlagen und Laternen angezündet.

An vornehmen Persönlichkeiten hielten sich in der Stadt auf: der Geheimschreiber Bahā' ad-Dīn Ibn Ġānim, einer der vortrefflichsten und geachtetsten Würdenträger, bekannt für seine Großzügigkeit und Wohltätigkeit[264], sein Bruder Ḥusām ad-Dīn, Scheich aus Jerusalem, den wir schon erwähnt

[260] Diese Legende findet in anderen Quellen keinen Halt; das Krankenhaus allerdings, das Berühmtheit erlangte, hat Nūr ad-Dīn im Jahre 1154 tatsächlich mit dem für einen gefangenen Kreuzfahrer gezahlten Lösegeld errichtet. Es steht noch heute in der Nähe der Umayyaden-Moschee.

[261] Tripolis wurde den Kreuzfahrern erst im Jahre 1289 vom ägyptischen Sultan Malik al-Ašraf (reg. 1290–1293), dem Bruder An-Nāṣirs, entrissen und später etwas weiter im Landesinneren wieder aufgebaut.

[262] Aẓ-Ẓāhir (›der Siegreiche, der Überwinder‹) ist ein Beiname Baibars', dem die Rückeroberung fälschlich zugeschrieben wurde.

[263] Die richtige Schreibweise ist Ṭaināl al-Ašraf mit dem Beinamen Saif ad-Dīn; er war Gouverneur von Tripolis seit 1326, ab 1332 von Gaza und starb 1343.

[264] Abū Bakr bin Muḥammad bin Sulaimān bin Ḥamā'il, der Damaszener, genannt Bahā' ad-Dīn und Sohn des Scheichs Šams ad-Dīn bin Ġānim, Geheimer oder Obersekretär, gest. 1334.

haben[265], sowie beider Bruder ʿAlāʾ ad-Dīn, Geheimschreiber in Damaskus[266]; ferner der Aufseher des Staatsschatzes Qiwām ad-Dīn Ibn Makīn, einer der bedeutendsten Männer, und der Oberqāḍī von Ṭarābulus Šams ad-Dīn Ibn an-Naqīb, einer der gelehrtesten Männer Syriens.[267]

Es gibt sehr hübsche Bäder in der Stadt, darunter die des Qāḍīs Al-Qirmī und von Sandamūr.[268] Dieser Sandamūr war Gouverneur der Stadt gewesen, und man erzählt viele Geschichten von der Strenge, mit der er gegen Verbrecher vorging, darunter die folgende: Eine Frau beklagte sich bei ihm darüber, daß einer seiner eigenen Mamluken ihr ein Unrecht zugefügt hätte, denn er hätte ihr die Milch weggetrunken, die sie verkaufen wollte. Sie hatte freilich keinen Beweis. Da befahl der Emir den Mamluken herbei und ließ ihn in zwei Teile zerhacken, bis die Milch aus seinen Eingeweiden floß. Ähnliche Geschichten trugen sich unter ʿAtrīs[269], einem der Emire von König An-Nāṣir, zu, als er Statthalter von ʿAiḏāb war, und auch unter König Kabak, dem Sultan von Turkistan.

Von Ṭarābulus aus reiste ich zur Festung Al-Akrād.[270] Es ist eine kleine Stadt mit vielen Bäumen und Bächen. Sie liegt auf einem Hügel und besitzt eine Zāwiya, die nach einem großen Emir Zāwiyat al-Ibrāhīmī heißt. Ich wohnte bei dem Qāḍī des Ortes, an dessen Namen ich mich aber jetzt nicht mehr erinnere.

Dann begab ich mich nach Ḥimṣ[271], einer hübschen Stadt in angenehmer Umgebung, mit dicht belaubten Bäumen, wasserreichen Bächen und Märkten mit

265 Es muß sich um Sulaimān bin al-Ḥasan bin aš-Šaiḫ Ġānim, genannt Ḥusām ad-Dīn al-Qudsī, Scheich von Jerusalem, gest. 1329, handeln, der aber weder Bruder des Vorstehenden war noch von Ibn Baṭṭūṭa anläßlich seiner Reise durch Jerusalem erwähnt wurde.

266 ʿAlāʾ ad-Dīn ʿAlī (1253–1336) war Bruder Bahāʾ ad-Dīns, mit Korrespondenz und Petitionen beauftragter Geheimsekretär in Aleppo und Damaskus.

267 Oberqāḍī von Tripolis war Muḥammad bin Abī Bakr bin Ibrāhīm bin ʿAbd ar-Raḥmān, genannt Ibn an-Naqīb (1263–1345), ein Šafiʿit, nacheinander Qāḍī von Ḥomṣ, Tripolis und Aleppo.

268 Sandamūr al-Kurkī (oder al-Gūrgī, ›der Georgier‹), seit 1300 Gouverneur von Tripolis, im Jahre 1310 zunächst Gouverneur von Ḥamāh und im gleichen Jahr von Aleppo, hingerichtet im Jahre 1311.

269 Aqūš al-ʿAtrīs, Kommandant, der im Jahre 1319 einen Feldzug gegen ʿAiḏāb leitete. Ähnliche Geschichten sollen sich nicht nur unter dem nachfolgend genannten Kabak aus Turkestan, sondern noch 1441 unter dem osmanischen Sultan Murad II. zugetragen haben.

270 Die ›Ḥiṣn al-Akrād‹ (›Festung der Kurden‹) trug diesen Namen seit dem Jahre 1030, als erstmals eine kurdische Garnison einzog: Sie wurde 1140 von den Kreuzrittern überwunden, die an dieser Stelle den berühmten ›Crac des Chevaliers‹, den Sitz der Johanniter, errichteten. Im Jahre 1271 eroberte Baibars die Festung zurück.

271 Ḥomṣ, das antike Emessa.

breiten Gassen. Ihre Hauptmoschee, in deren Mitte ein Wasserbecken steht, besticht durch vollkommene Schönheit. Die Einwohner von Ḥimṣ sind Araber, gute und großzügige Menschen. Vor der Stadt liegt das Grab von Ḫālid Ibn al-Walīd, des Schwertes Gottes und seines Propheten.[272] Daneben stehen eine Zāwiya und eine Moschee. Auf dem Grab liegt eine schwarze Decke. Der Qāḍī der Stadt heißt Ǧamāl ad-Dīn aš-Šarīšī, ein Mann von schöner Gestalt und tadelloser Lebensführung.[273]

Von Ḥimṣ aus begab ich mich nach Ḥamāh, einer der ursprünglichsten und bedeutendsten Städte Syriens.[274] Sie ist von strahlender Schönheit und vollkommener Anmut, von Parks und Obstgärten umrahmt, in deren Nähe man Wasserräder sieht, die man für drehbare Himmelskugeln halten könnte. Durch die Stadt fließt der große Fluß Al-ʿĀṣī.[275] Sie hat eine Vorstadt namens Al-Manṣūrīya, die größer ist als die Stadt selbst und in der es gut besuchte Märkte und prächtige Bäder gibt. Ḥamāh ist reich an Früchten, besonders an Mandelaprikosen; wer ihren Kern aufbricht, findet darin eine süße Mandel.

Dann machte ich mich auf den Weg zur Stadt Maʿarra, auf die der Dichter Abu-l-ʿAlāʾ al-Maʿarrī und andere ihren Beinamen zurückführen. Al-Maʿarra ist eine hübsche Stadt, deren Bäume meist Feigen und Pistazien tragen, die nach Kairo und Damaskus ausgeführt werden. Außerhalb der Stadt und einen Farsaḫ entfernt steht das Grab von ʿUmar bin ʿAbd al-ʿAzīz[276], des Fürsten der Gläubigen, aber es gibt dort weder eine Zāwiya noch einen Aufseher, denn es liegt im Gebiet einer ganz besonderen und abscheulichen Sekte von Ketzern, denen die ersten zehn Gefährten Muḥammads verhaßt sind – Gott aber möge an diesen Gefährten sein Gefallen finden und jeden verfluchen, der sie haßt! Auch verabscheuen sie jeden Mann, der den Namen ʿUmar trägt und ganz besonders ʿUmar bin ʿAbd al-ʿAzīz wegen der Ehre, die er ʿAlī erwies.[277]

272 Ḫālid bin al-Walīd bin al-Muġairat al-Maḫzūmīy al-Qurašī, berühmter Feldherr der ersten arabischen Eroberungswelle, der die Byzantiner aus Syrien vertrieb; gest. 641/42. Ibn Ǧubair erwähnte 1184 als erster sein Grab in Ḥomṣ.

273 Muḥammad bin Aḥmad bin Saḥmān Abū Bakr Ǧamāl ad-Dīn aš-Šarīšī (1295–1368), Nachkomme von Ǧamāl ad-Dīn, der aus Jerez (›Šarīš‹) in Spanien nach Syrien gekommen war.

274 Ḥamāh war ein autonomes von einem Zweig der Ayyubidenfamilie regiertes Fürstentum unter der Oberherrschaft Ägyptens. Ihr Vertreter war zu jener Zeit der Historiker und Geograph Abu-l-Fidāʾ.

275 Der Orontes (und Axios) der Antike, von dieser zweiten Bezeichnung leitete er seinen arabischen Namen ab.

276 Umayyadischer Kalif, nach nur zweieinhalbjährigem Kalifat 720 östlich von Al-Maʿarra gestorben.

277 Die Schiiten dieser Gegend gehörten der extremen Sekte der Nuṣairī an, die sich auf Muḥammad bin Nuṣair aus Baṣra zurückführt. Kalif ʿUmar hatte die Verfluchung ʿAlīs von den Kanzeln der Moscheen aus untersagt.

Wir verließen die Stadt, um uns nach Sarmīna zu begeben.[278] Sie ist schön und reich an Obstgärten. Der meisten ihrer Bäume sind Olivenbäume. Sie stellen dort Seife in Ziegelform her, die nach Damaskus und Kairo gebracht wird, aber auch wohlriechende, rot und gelb gefärbte Seife, mit der man sich die Hände wäscht. Ferner wird dort schöne Baumwollkleidung angefertigt, die den Namen der Stadt trägt. Die Einwohner sind Gotteslästerer, welche die ersten zehn Gefährten hassen.[279] Sehr merkwürdig ist, daß sie niemals das Wort ›zehn‹ benutzen. Wenn ihre Marktschreier auf den Märkten ihre Waren ausrufen und dabei auf die Zahl ›zehn‹ stoßen, rufen sie immer ›neun und eins‹. Ein Türke, der sich eines Tages in Sarmīna aufhielt, hörte einen Ausrufer ›neun und eins‹ schreien. Da schlug er ihm mit seiner Keule auf den Kopf und sagte: »Sag zehn mit der Keule!« Sarmīna besitzt eine Hauptmoschee mit neun Kuppeln; denn sie haben nur deshalb nicht zehn gebaut, weil sie auf ihrem schändlichen Aberglauben beharren.

Sodann reisten wir nach Ḥalab, einer der größten und bedeutendsten Städte.[280] Abu-l-Ḥusain Ibn Ǧubair sagte über sie: »Der Rang dieser Stadt ist außerordentlich und ihr guter Ruf wird zu allen Zeiten gelten. Oft umwarben sie die Könige wie eine Braut, immer steht das Land in unsrer Gunst. Wie viele Kämpfe sind nicht um sie entbrannt, wie viele blanke Klingen nicht gegen sie gezückt worden! Ihre Zitadelle ist berühmt für ihre Uneinnehmbarkeit und ihre von weitem sichtbare Höhe, und wer sie bezwingen will oder glaubt, sie erobern zu können, wird sich von ihr abwenden. Ihre Mauern sind aus behauenem Stein, ihr Bau ist ebenmäßig und wohlgeformt. Sie trotzte den Tagen und den Jahren und hat Hohen wie Niedrigen das Abschiedsgeleit gegeben. Wo sind die Fürsten von Ḥamdān und ihre Dichter?[281] Alle gingen unter, doch ihre Bauten sind geblieben. O Stadt des Erstaunens! Ihre Könige gehen dahin, sie aber bleibt. Jene sind untergegangen, ihre letzte Stunde aber ist noch nicht bestimmt. Nach jenen suchte man sie noch auf, und sie zu besitzen, ist nicht unmöglich; sie ist begehrt und dieser Wunsch ist leicht zu erfüllen. So ist Ḥalab! Wie viele Könige haben nicht das Prädikat ›er war‹ angenommen, und wie oft wurde nicht sein Adverb der Zeit ersetzt durch das des Ortes. Ihr Name ist weiblich und so ist sie geschmückt mit der Zierde hübscher Mädchen, sie ergab sich als Jungfrau dem Sieger, wie auch andere sich ergaben. Auch nach Saif ad-Daulat Ibn Ḥamdān strahlte sie noch

278 Zwei Tagesreisen westlich von Aleppo.

279 Die Einwohner Sarmīnas galten im 13. Jahrhundert als Anhänger der Ismāʿīlīya (Ismailiten).

280 Aleppo.

281 Zum arabischen Stammesverband der Ḥamdān gehörte der Feldherr Saif-ad-Daula (›Das Schwert des Staates‹), der nicht nur wegen seiner Feldzüge gegen Byzanz, sondern auch wegen des literarischen Glanzes seines Hofes berühmt wurde. Er ließ sich 944 in Aleppo nieder und starb 967.

wie eine Braut. Doch halt, welch ein Irrtum, denn ihre Jugend wird vergehen, der Brautwerber wird ausbleiben und bald wird ihr Verfall kommen.«

Die Festung von Ḥalab heißt ›die Graue‹; in ihrem Inneren stehen zwei Brunnen, aus denen Wasser sprudelt, so daß niemand Durst fürchten muß.[282] Zwei Mauern umgeben die Anlage; eng um die Festung läuft ein gewaltiger Graben, der Wasser führt, und in ihre Mauern sind nahe beieinander Türme eingelassen. Das Kastell hat sehr hohe und prachtvolle Gemächer, deren Wände von Bogenfenstern durchbrochen sind. Jeder Turm ist besetzt und Lebensmittel verderben in dieser Festung auch über lange Zeit hinweg nicht.

Man sieht dort auch eine heilige Stätte, die manche Menschen besuchen, denn sie sagen, daß dort Abraham zu Gott betete. Die Festung ähnelt der Raḥba-Zitadelle von Mālik Ibn Ṭauq am Euphrat zwischen Syrien und dem Iraq.[283] Als Qāzān, der tatarische Tyrann, auf Ḥalab marschierte, belagerte er die Festung mehrere Tage lang, zog sich aber dann gescheitert zurück.[284]

Ḥalab wird auch ›Ḥalab Ibrāhīm‹ genannt, weil Al-Ḫalīl[285] dort wohnte und viele Schafe besaß; er gab den Armen, den Bettlern und Wanderern von ihrer Milch zu trinken, und sie versammelten sich und dürsteten nach der Milch Ibrāhīms, so daß der Ort diesen Namen annahm. Sie ist eine der größten Städte, die in Schönheit und Lage, in Anlage und Anordnung ihrer weiträumigen Plätze wahrhaft unvergleichlich ist. Ihre Märkte sind holzüberdacht und die Menschen leben unter Schatten. Ihre Qaisārīya[286] findet an Schönheit und Größe nicht ihresgleichen. Sie umläuft die gesamte Moschee, und jeder ihrer Eingänge steht gegenüber einem Tor der Moschee. Die Hauptmoschee gehört mit ihrem Wasserbecken im Hof zu den schönsten Moscheen überhaupt.[287] Sie ist ringsum weiträumig gepflastert; ihre Kanzel ist von einzigartiger Arbeit und mit Elfenbein und Ebenholz ausgelegt.

In der Nähe der Moschee steht eine Madrasa, die ihr an schöner Lage und

[282] Von den beiden Brunnen ist heute nichts mehr zu erkennen, und der Grund für die Bezeichnung ›die Graue‹ ist ebenfalls unbekannt.

[283] Raḥba Mālik, ein von Mālik Ibn Ṭauq in 815 befestigter Ort am syrischen Ufer des Euphrat.

[284] Qāzān Ḫān, Mongolenfürst der Ilchaniden und von 1295 bis 1304 Herrscher über den Iraq und Persien, führte in den Jahren 1299/1300 zwei freilich erfolglose Feldzüge gegen Aleppo.

[285] ›Ḥalab Ibrāhīm‹ ist ›die Milch Abrahams‹; ›Al-Ḫalīl‹ ist der Vertraute oder Gottesfreund, Beiname Abrahams und auch der Name der Stadt Hebron.

[286] Geschäftsstraße, die möglicherweise seit römischen oder byzantinischen Zeiten ihren Namen behalten hat.

[287] Diese Moschee fiel im Jahre 1260 einem von den Armeniern gelegten Feuer zum Opfer, wurde aber dann zunächst von Qarāsunqūr und später, 1326, von An-Nāṣir wiederhergestellt.

kunstvoller Anlage gleicht und den Emiren von Ḥamdān zugeschrieben wird.[288] Daneben gibt es in der Stadt noch drei weitere Schulen und ein Krankenhaus.

Ḥalab liegt in einer weiten duftenden Ebene mit bestellten Feldern, in Reihen gepflanzten Weinstöcken und mit Obstgärten, die entlang des Flußufers angelegt sind. Es ist der gleiche Fluß, der auch durch Ḥamāh strömt und Al-ʿĀṣī heißt.[289] Er hat, wie man sagt, diesen Namen erhalten, weil, wer ihn anschaut, sich einbildet, er fließe stromauf. Außerhalb von Ḥalab öffnet sich die Seele des Menschen, und er empfindet Freude und Heiterkeit, wie er sie andernorts nicht verspürt. Sie gehört zu den Städten, die würdig sind, Sitz eines Kalifen zu sein.

Ḥalab ist der Sitz des Ersten der Emire namens Arġūn ad-Dawādār.[290] Er ist der größte Emir des Königs An-Nāṣir. Er ist Jurist und für seine Gerechtigkeitsliebe bekannt, aber er ist geizig. In Ḥalab gibt es vier Qāḍīs, einen für jede der vier Glaubenslehren. Einer von ihnen und Vertreter der Šafiʿiten war Qāḍī Kamāl ad-Dīn bin az-Zamlakānī, ein Mann von hohem Sinn, großem Ansehen, edler Seele, festem Charakter und ein vielseitiger Wissenschaftler.[291] König An-Nāṣir selbst hatte nach ihm gesandt, um ihm das Amt des Oberrichters der Hauptstadt seines Reiches zu übertragen, doch daraus wurde nichts, weil der Qāḍī in Balbais auf dem Wege nach Kairo starb. Als er in Ḥalab mit der Amtswürde des Qāḍī betraut worden war, widmeten ihm die Dichter aus Damaskus und aus anderen Städten Ehrengedichte, unter ihnen auch der syrische Dichter Šihāb ad-Dīn Abū Bakr Muḥammad, Sohn des traditionalistischen Scheichs Šams ad-Dīn Abū ʿAbdallāh Muḥammad bin Nubātat al-Qurašīy al-Umawīy al-Fāriqī.[292] Er pries ihn in einem langen und festlichen Gedicht; hier der Anfang:

»Es trauerte um deinen Verlust Ǧilliq[293], die duftende, während die Graue dein Kommen feiert.

[288] Es handelt sich hierbei möglicherweise um eine zunächst in eine Moschee, dann im Jahre 1250 von Nūr ad-Dīn Zankī in eine Madrasa umgebaute Kirche; in diesem Fall kann sie nicht den Ḥamdān-Emiren zugeschrieben werden.

[289] Hier irrt Ibn Baṭṭūṭa, denn der Fluß, der durch Aleppo fließt, nennt sich Al-Quwaiq und ist nicht mit dem Al-ʿĀṣī von Ḥamāh identisch.

[290] Arġūn ad-Dawādār (›Träger des königlichen Tintenfasses‹) kam zu diesem hohen mamlukischen Titel des Oberschreibers erst im Dezember 1326, als Ibn Baṭṭūṭa sich bereits auf der arabischen Halbinsel befand; Arġūn starb in Aleppo im Januar 1331.

[291] Muḥammad bin ʿAlī ʿAbd al-Wāḥid al-Anṣārī bin ʿAbd al-Karīm Ibn az-Zamlakānī Kamāl ad-Dīn Abu-l-Maʿālī (1269–1327), Qāḍī von Damaskus und Verwalter der Finanzen, Qāḍī von Aleppo seit 1324. Er starb nicht in Balbais, sondern nach seiner Ankunft in Kairo.

[292] Muḥammad bin Muḥammad bin Muḥammad bin al-Ḥasan al-Fāriqī ʾAbū Bakr Ǧamāl ad-Dīn (nicht Šihāb ad-Dīn) aus Mayāfāriqīn in der südöstlichen Türkei. Geboren 1287, galt der Zeitgenosse Ibn Baṭṭūṭas als Dichterfürst seiner Zeit; er starb 1386.

[293] Poetischer Name für Damaskus.

Kummer hat Damaskus, als du gingst, ergriffen; Glanz und Tradition erhöht die Gebieter von Ḥalab.
Das Haus, dessen Hof du bewohntest, erglänzte, so daß man meinte, so leuchte nur ein Blitz.
Ihr alle, die ihr euch an der Großzügigkeit und den edlen Taten eines Mannes erfreuen konntet, im Vergleich zu dem andere Wohltäter geizig erscheinen:
Das ist Kamāl ad-Dīn: Köstlich ist es, in seiner Gnade zu stehen und ein bequemes Leben zu führen, denn hier findet ihr Wohltat und Glück.
Er ist der Qāḍī der Qāḍīs, hochverehrt in seinen Tagen, dessen Lob die Waisen und die Armen rühmen.
Er ist ein Qāḍī von reiner Herkunft, der die Spitze des Rechts erklomm. Seine Väter und seine Söhne wurden durch ihn geadelt.
Dank ihm erwies Gott Ḥalab seine Gunst, und Gott schenkt seine Gunst, wem er will.
Er löste das Rätsel mit seiner Sorgfalt und Beredsamkeit, als sei wahrlich sein Geist die Klarheit selbst.
O Richter der Richter! Deine Verdienste sind zu unübertroffen, als daß dich nur der stolze Rang erfreute!
Würden stehen weit unter deinen Zielen, dessen Verdienst weit über dem Stern Orion steht.
Deine Wissenschaft ist berühmt wie das Morgengrauen, dessen Licht alle Nebel verjagt.
Du hast Eigenschaften, die selbst die Feinde bewundern, die doch niemals bereit sind, fremde Verdienste anzuerkennen.«

Dieses Gedicht weist mehr als fünfzig Verse auf, und er wurde dafür mit einem Gewand und mit Geld beschenkt. Doch mißbilligen die Dichter, daß es mit dem Ausdruck ›es trauerte‹ beginnt.

Von den Qāḍīs von Ḥalab ist der Lehrer und Imām Nāṣir ad-Dīn Ibn al-ʿAdīm zu erwähnen[294], der Oberrichter der Ḥanafiten, der aus einer Familie aus Ḥalab stammte und ein Mann von schöner Gestalt und tadelloser Lebensführung war.

»Du siehst ihn, wenn du zu ihm gehst, so fröhlich, als gäbest du ihm, worum du ihn bittest.«[295]

Den Oberqāḍī der Malikiten werde ich nicht nennen. Er war ein Günstling des Königs von Ägypten und hatte sein Amt übernommen, ohne es zu verdienen. An den Namen des Oberqāḍīs der Ḥanbaliten erinnere ich mich nicht mehr; er gehörte zum Volk der Ṣāliḥīya von Damaskus. Das Oberhaupt der

294 Abū ʿAbdallāh Muḥammad bin Kamāl ad-Dīn Ibn al-ʿAdīm war 1321 seinem Vater in der Würde des Oberrichters gefolgt und hinterließ sie bei seinem Tode 1351 seinem Sohne.

295 Aus einem Gedicht von Zahīr bin Abī Silmī.

Šarīfe von Ḥalab war Badr ad-Dīn Ibn az-Zuhrāʾ.[296] Von den Rechtsgelehrten der Stadt ist Šarf ad-Dīn Ibn al-ʿAǧamī [297] zu nennen, dessen Familie zu den bedeutendsten von Ḥalab gehört.

Von dort reiste ich weiter nach Tīzīn, das auf dem Wege nach Qinnisrīn liegt.[298] Tīzīn ist eine junge, von Turkmenen besiedelte Stadt mit schönen Plätzen und außerordentlich hübschen Moscheen. Qāḍī der Stadt ist Badr ad-Dīn al-ʿAskalānī. Qinnisrīn dagegen war einst eine alte und große Stadt, aber heute ist sie zerstört, so daß nur noch Spuren von ihr geblieben sind.

Nun wandte ich mich nach Anṭākiya, einer mächtigen und ruhmreichen Stadt.[299] Sie besaß einst eine starke Umfassungsmauer, mit der sich in ganz Syrien nichts vergleichen konnte. Nachdem aber König Aẓ-Ẓāhir die Stadt erobert hatte, ließ er die Mauern schleifen. Anṭākiya besitzt viele Gebäude, gut gebaute Häuser, sehr viele Bäume und Wasser im Überfluß. Der Al-ʿĀṣī fließt an der Stadt vorüber. Die Stadt beherbergt auch das Grabmal von Ḥabīb dem Tischler[300], in dessen Nähe eine Zāwiya seht, die jedem, der kommt, zu essen gibt. Ihr Vorsteher ist der fromme und greise Scheich Muḥammad bin ʿAlī, der mehr als hundert Jahre alt sein soll, aber noch bei vollen Kräften ist. Ich besuchte ihn eines Tages in seinem Garten. Er hatte Holz aufgelesen und hob es sich auf die Schultern, um es in sein Haus in der Stadt zu tragen. Ich sah auch seinen Sohn, der die Achtzig überschritten hatte; aber sein Rücken war schon gekrümmt und er konnte sich nicht mehr aufrichten. Wer die beiden anschaut, glaubt, daß von den zweien der Vater der Sohn und der Sohn der Vater ist.

Dann ging ich in die Festung Buġrās, eine unbezwingbare und unangreifbare Zitadelle.[301] Nahebei befinden sich Gärten und Felder; hier betritt man das Land von Sīs, das von armenischen Ungläubigen bewohnt wird.[302] Sie sind aber

296 Badr ad-Dīn Ḥasan bin Muḥammad bin ʿAlī bin Zuhra (nicht Ibn az-Zuhrāʾ) al-Ḥusnīy al-Ḥalabī, Aufseher des Krankenhauses von Aleppo, ermordet in Aleppo 1331.

297 Das Haus der Ibn al-ʿAgamī brachte eine ganze Reihe von Gelehrten, Juristen und anderen Notabeln hervor. Ihr Oberhaupt war zur Zeit Ibn Baṭṭūṭas ʿIzz ad-Dīn Ibrāhīm bin Ṣāliḥ, gest. 1331, dessen Sohn der von Ibn Baṭṭūṭa erwähnte Šarf ad-Dīn war.

298 Tīzīn, etwa 45 Kilometer westlich von Aleppo, war eine gegen das Fürstentum der Kreuzfahrer von Antakya befestigte Siedlung, allerdings, anders als im Text angegeben, nicht auf direktem Wege über Qinnisrīn erreichbar. Dieser Ort, einst Verwaltungshauptstadt Nordsyriens, lag südöstlich von Aleppo und war zur Zeit der Durchreise von Ibn Baṭṭūṭa bereits stark verfallen.

299 Das antike Antiochia und heutige Antakya, seit 1098 bis zur Eroberung durch Baibars, der im Text als Aẓ-Ẓāhir erwähnt wird, im Jahre 1268 Fürstentum der Kreuzritter.

300 Ḥabīb an Naǧǧār (›der Tischler‹), christlicher Märtyrer aus der Apostelgeschichte.

301 Die Festung Buġrās im Norden von Antakya geht auf eine Anlage des byzantinischen Kaisers Nikephoros Phokas aus dem Jahre 968 zurück. Ṣaladdin eroberte sie 1188 während seines Siegeszuges durch Syrien.

302 Sīs oder Kleinarmenien wurde im Jahre 1080 von Rūbīnīd, dem Fürsten von Kilikien,

Untertanen des Königs An-Nāṣir und entrichten ihm Tribut. Ihre Dirhams, die als Baġliya[303] bezeichnet werden, sind aus gediegenem Silber. Sie stellen Stoffe her, die den Namen Dabilīzīya tragen. Der Befehlshaber der Zitadelle von Buġrās ist Ṣārim ad-Dīn bin aš-Šaibānī. Er hat einen verdienstvollen Mann namens ʿAlāʾ ad-Dīn zum Sohn und einen Neffen, der Ḥusām ad-Dīn heißt. Dieser ist ein großzügiger und ehrenwerter Mann, der in dem Ort Ar-Ruṣuṣ[304] lebt, um den Weg ins Land der Armenier zu bewachen.

Die Armenier führten einmal vor König An-Nāṣir Klage über Emir Ḥusām ad-Dīn und beschuldigten ihn zu Unrecht verwerflicher Handlungen. Da ließ der König dem höchsten Fürsten von Ḥalab den Befehl überbringen, Ḥusām zu erdrosseln. Als dieser Befehl abgesandt war, kam die Angelegenheit einem Freunde des Emirs, der selbst von hohem Range war, zu Ohren. Er ging zu König An-Nāṣir und sagte ihm: »Mein Gebieter, Emir Ḥusām ad-Dīn ist einer der besten Offiziere, der die Muslime mit Wohlwollen behandelt; er ist ein tapferer Mann und bewacht die Straße. Die Armenier wollen die Länder der Muslime verderben, er aber wehrt sie ab und besiegt sie. Sie wollen mit seinem Tode die Kraft der Muslime schwächen.« Er war so beharrlich, daß schließlich ein zweiter Befehl abgesandt wurde, der besagte, daß der Beschuldigte freizulassen, mit Ehrengewändern zu beschenken und wieder in sein Amt einzusetzen sei. König An-Nāṣir rief einen Kurier namens Al-Aqūš zu sich, der nur in sehr wichtigen Angelegenheiten entsandt wurde, und befahl ihm, sich in größter Eile auf den Weg zu machen. Dieser legte auch die Strecke zwischen Kairo und Ḥalab in fünf Tagen zurück, obwohl ein ganzer Monat die beiden Städte trennt. Dort fand er, daß der Emir von Ḥalab Ḥusām ad-Dīn schon hatte holen und an die Stelle bringen lassen, wo die Leute erdrosselt wurden. Doch der Allerhöchste erlöste ihn, und er kehrte auf seinen Posten zurück.

Ich begegnete diesem Emir und mit ihm auch dem Qāḍī von Buġrās, Šarf ad-Dīn al-Ḥamawī, an einem Ort Al-ʿUmiq, der in der Mitte zwischen Anṭākiya, Tīzīn und Buġrās liegt.[305] Turkmenen lagern mit ihrem Vieh in dieser weiten und fruchtbaren Ebene.

Ich ging anschließend in die Festung Quṣair, was ›kleine Festung‹ bedeutet.[306] Es ist eine schöne Zitadelle, die unter dem Befehl von ʿAlāʾ ad-Dīn, dem Kurden, steht und den aus Ägypten stammenden Šihāb ad-Dīn al-Armantī zum Richter hat.

gegründet und verbündete sich mit dem fränkischen Fürstentum von Antiochia. Nach dessen Eroberung durch die Mamluken wurde es Ägypten tributpflichtig.

303 Der Ausdruck ›baġliya‹ ist persischen Ursprungs und bedeutet ›schwer‹ von Gewicht.

304 Arsuz, an der Küste südlich von Iskenderun.

305 In der Ebene nordöstlich von Antakya.

306 Verkleinerungsform von ›qaṣr‹ (Festung); sie liegt auf dem Nuṣairī-Gebirge im Süden von Antakya, bis 1275 im Besitz der Kreuzritter, dann von Baibars erobert.

Dann brach ich zum Kastell Aš-Šuġrubukās auf.[307] Es ist uneinnehmbar und steht auf einem gewaltigen Berggipfel. Sein Kommandant ist Saif ad-Dīn Alṭunṭāš[308], ein Mann von Verdiensten; sein Qāḍī ist Ǧamāl ad-Dīn bin Šaǧara und ein Schüler von At-Taimīya.

Ich reiste weiter nach Ṣahyūn, einer schönen Stadt mit blühenden Bäumen und Flüssen, die ständig Wasser führen.[309] Sie besitzt eine eindrucksvolle Festung, deren Kommandant unter dem Namen Al-Ibrāhīmī bekannt ist. Ihr Qāḍī ist Muḥīy-ad-Dīn aus Ḥims. Außerhalb der Stadt steht inmitten eines Gartens eine Zāwiya, die jeden Reisenden mit Speisen versorgt. Sie steht in der Nähe des Grabes des frommen und gottesfürchtigen ʿĪsā des Beduinen, das ich besucht habe.

Ich brach wieder auf und kam an den Festungen Al-Qadmūs, Al-Mainaqa und ʿUllaiqa vorüber, deren Name sich wie ›Brombeere‹ ausspricht, dann ging es vorbei an Miṣyāf und schließlich zum Kastell von Kahf.[310] Diese Zitadellen gehören einer Volksgruppe, die man Al-Ismāʿīlīya oder auch Al-Fidāwīya nennt.[311] Sie gestatten niemand anderem den Zutritt zu ihrer Sekte. Sie sind die Pfeile des Königs An-Nāṣir, mit denen er die Feinde trifft, die ihm zu entkommen suchen, indem sie sich in den Iraq oder an andere Orte begeben. Sie erhalten einen Sold; wenn der Sultan einen von ihnen ausschicken will, damit er einen seiner Feinde tötet, zahlt er ihm den Blutpreis. Wenn er sich rettet, sobald er vollbracht hat, womit er beauftragt war, gehört die Summe ihm. Wird er getötet, so erhalten seine Söhne den Preis. Sie haben vergiftete Messer,

307 Es handelt sich vielmehr um die beiden von den Kreuzrittern im 12. Jahrhundert errichteten Festungen Aš-Šuġr und Al-Bukās am linken Flußufer des ʿĀṣī (Orontes) am Eingang zum Darkūš-Paß an der syrisch-türkischen Grenze; sie wurden 1188 von Ṣaladdin erobert.

308 In heutiger türkischer Schreibweise Altıntaş (›Goldstein‹).

309 Unter dem Namen ›La Saône‹ Sitz der Kreuzritter bis zur Einnahme durch Ṣaladdin 1188.

310 Diese Festungen liegen östlich von Tartus im Nuṣairī-Gebirge und sind von Norden nach Süden angeordnet: Al-Mainaqa, Al-ʿUllaiqa (›die Brombeere‹), Al-Qadmūs, Al-Kahf; Al-Miṣyāf liegt am Ostabstieg des Gebirges im westlichen Weichbild von Ḥamāh. Sie wurden im 12. Jahrhundert von Rašīd ad-Dīn, dem ›Alten der Berge‹ der Kreuzritter, erbaut.

311 Extreme aus den Fatimiden hervorgegangene schiitische Sekte, die im Jahre 1124 in Nordpersien von Ḥasan as-Ṣabāḥ gegründet worden war und deren Mitglieder sich ›Al-Fidāʾiyūn oder ›Al-Fidāwūn‹ nannten (›die ihr Leben opfern‹). Ein anderer Name war Al-Ḥaššāšūn, nach dem Rauschmittel Haschisch, das sie vor einem politischen Mord und Selbstmord einzunehmen pflegten. Aus dieser Bezeichnung oder aus ›Aṣḥāb al-Ḥasan‹ (›Ḥasans Gefährten‹) entwickelte sich der Name der Assassinen, unter dem sie bei den Kreuzrittern bekannt wurden. Die syrischen Ismailiten waren Gefolgsleute ihrer persischen Glaubensgenossen; als diese von dem mongolischen Ilchan Hulagu 1254 ausgerottet worden waren, unterwarf sich die syrische Gruppe den ägyptischen Mamluken.

die sie gegen jeden einsetzen, der geschickt wurde, sie zu töten. Aber bisweilen gelingt ihnen ihr Vorhaben nicht und sie kommen selbst ums Leben. So erging es ihnen nämlich mit dem Emir Qarāsunqūr[312]; denn als er in den Iraq floh, schickte ihm König An-Nāṣir eine Anzahl dieser Männer nach, die selbst alle umgebracht wurden, weil sie seiner Klugheit nicht gewachsen waren.

Qarāsunqūr war einer der ersten Emire und einer derjenigen, die dem Meuchelmord an König Al-Ašraf, dem Bruder An-Nāṣirs, beigewohnt und Vorschub geleistet hatten. Als An-Nāṣir seine Herrschaft gefestigt hatte, er sich in seinem Königtum bestätigt sah und die Stützen seiner Herrschaft unangefochten waren, beschloß er, die Mörder seines Bruders zu verfolgen und einen nach dem anderen zu töten.[313] Es hatte den Anschein, als täte er es allein, um seinen Bruder zu rächen, aber er tat es auch aus Furcht, daß sie auch ihm antun wollten, was sie seinem Bruder angetan hatten. Qarāsunqūr war aber der oberste Emir von Ḥalab. König An-Nāṣir schrieb nun an alle Emire, daß sie mit ihren Truppen ausrücken sollten, und bestimmte auch den Zeitpunkt, an dem sie sich in Ḥalab einfinden und wann sie die Stadt betreten sollten, um sich ihres obersten Emirs zu bemächtigen. Als sie diesem Befehl folgten, fürchtete Qarāsunqūr um sein Leben. Er hatte noch achthundert Mamluken, setzte sich an ihre Spitze, ritt eines frühen Morgens hinaus, bahnte sich einen Weg durch die Truppen, die 20.000 Mann zählten, und ließ sie hinter sich. Er begab sich zum Lager des Araberfürsten Muhannā bin ʿĪsā[314], der aber auf der Jagd war und sich zwei Tagesritte von Ḥalab entfernt aufhielt. Qarāsunqūr, am Zelt angekommen, stieg vom Pferd, warf sich seinen Turban um den Hals und rief: »Deinen Schutz, Fürst der Araber!« Im Zelt aber befand sich nur Umm al-Faḍl, Muhannās Gattin und leibliche Kusine, die zu ihm sagte: »Wir nehmen dich unter unseren Schutz und alle, die du bei dir hast.« – Er antwortete: »Ich verlange meine Kinder und mein Eigentum.« – Sie erwiderte: »Du wirst bekommen, was du willst. Tritt herein unter meinen Schutz!« Er tat es. Als Muhannā zurückkam, behandelte er ihn mit Rücksicht und stellte ihm seinen eigenen Besitz zur Verfügung. Aber Qarāsunqūr sagte: »Ich will meine Familie und mein Eigentum, die ich in Ḥalab zurückgelassen habe.« Da rief Muhannā seine Brüder und Vettern zusammen

312 Vizekönig von Syrien zwischen 1310 und 1312; um seine Flucht zu bewerkstelligen, suchte er in Aleppo die Gunst des Araberfürsten Muhannā, der ihm zur Flucht zu den Mongolen von Mardin verhalf. Dort starb er im Jahre 1328 in Marāġa.

313 An-Nāṣirs Bruder Al-Ašraf al-Ḫalīl war 1291 umgebracht worden. An-Nāṣir folgte ihm zunächst nach, war aber erst nach seiner dritten Thronbesteigung 1310 imstande, seine Macht zu festigen.

314 Muhannā bin ʿĪsā bin Muhannā bin Mānaʾ, Führer der Al-Faḍl-Araber vom Stamme der Tayyiʿ aus der syrischen Wüste, hatte die Mamluken in ihren Kämpfen gegen die Mongolen unterstützt und war dafür mit reichen Ländereien in Syrien entlohnt worden. Er soll seinem Freunde Qarāsunqūr den Brief An-Nāṣirs, in dem er aufgefordert wurde, ihn zu ergreifen, gezeigt haben.

und sie berieten über die Angelegenheit. Einige waren bereit, seinen Wünschen nachzukommen, andere jedoch fragten: »Wie können wir denn gegen König An-Nāṣir Krieg führen, wenn wir hier in Syrien in seinem Lande sind?«– Muhannā sagte daraufhin: »Was mich angeht, so werde ich für diesen Mann alles tun, was er will, und ich werde mit ihm zum Sultan des Iraq gehen.«

Da erreichte sie die Nachricht, daß die Kinder Qarāsunqūrs schon mit der Post auf den Weg nach Ägypten gebracht worden waren. Nun sagte Muhannā zu Qarāsunqūr: »Für deine Söhne kann man nichts mehr tun; aber wir werden alles unternehmen, damit du dein Eigentum zurückerhältst.« Er stieg auf sein Pferd, ließ sich von jenen Angehörigen seiner Familie begleiten, die ihm gehorchten, und rief ungefähr 25.000 Araber zum Kampf auf. Sie griffen Ḥalab an, steckten das Tor der Festung in Brand, eroberten die Zitadelle und nahmen Qarāsunqūrs Eigentum, das sie dort fanden, und seine zurückgebliebenen Familienangehörigen an sich. Mehr taten sie nicht. Dann wandten sie sich dem Iraq zu und ließen sich von Al-Afram, dem Befehlshaber von Ḥims[315], begleiten. Schließlich gelangten sie zu König Muḥammad Ḫuḏā Bandah, dem Sultan des Iraq.[316] Dieser befand sich aber in seiner Sommerresidenz an einem Ort namens Qarābāġ zwischen As-Sulṭānīya und Tabrīz.[317] Er nahm sie mit großen Ehren auf und übergab Muhannā den arabischen Iraq und Qarāsunqūr im persischen Iraq die Stadt Marāġa, die man auch Klein-Damaskus nennt.[318] Al-Afram bekam Hamadān. Während der Zeit, die sie bei diesem König blieben, starb Al-Afram. Muhannā kehrte zum König An-Nāṣir zurück, nachdem er von ihm Versprechungen und Schwüre erhalten hatte.

Qarāsunqūr blieb indessen dort, und nun schickte ihm König An-Nāṣir mehrmals die Fidāwīya. Einer drang in seiner Abwesenheit in sein Haus ein und wurde getötet. Ein anderer griff ihn, als er zu Pferde saß, an und wurde von ihm erschlagen. So ging eine Anzahl von Fidāwīya durch ihn zugrunde. Qarāsunqūr legte niemals seine Rüstung ab und schlief nur in einem Haus, das aus Holz und Eisen erbaut war.

Als Sultan Muḥammad starb und ihm sein Sohn Abū Saʿīd nachfolgte, da geschah, was wir später von Al-Ǧūbān, einem seiner ersten Emire, und über die Flucht von dessen Sohn Damurṭāš zu König An-Nāṣir erzählen werden. Zwischen diesem und Abū Saʿīd kam es nämlich zu einem Briefwechsel, in dem

315 Aquš al-Afram, Gouverneur von Tripolis und Damaskus (und nicht, wie Ibn Baṭṭūṭa schreibt, von Ḥoms), folgte Qarāsunqūr auf seiner Flucht und starb 1316 im Exil.

316 Sein ursprünglicher mongolischer Name war Ulǧaitu, König von 1304–1316; er änderte dann seinen Namen in Timūr, darauf in Ḫuḏā Bandah (vgl. Kapitel ›Persien und der Iraq‹).

317 Karabaġ befindet sich nördlich von Täbris im heutigen Aserbeidschan.

318 Als ›persischen oder nichtarabischen Iraq‹ (ʿIrāq al-ʿaǧamī) bezeichneten die arabischen Geographen das Gebiet zwischen Isfahan, Qazwīn und Hamadān, das antike Land der Meder.

sie vereinbarten, daß Abū Saʿīd dem König An-Nāṣir den Kopf Qarāsunqūrs und An-Nāṣir dem Abū Saʿīd den Kopf von Damurṭāš schicken sollten. König An-Nāṣir schickte auch dem Abū Saʿīd tatsächlich Damurṭāšs Kopf. Als er angekommen war, befahl Abū Saʿīd, Qarāsunqūr herbeizuschaffen. Dieser aber, der wußte, um was es ging, nahm einen hohlen Ring, in dem in Wasser aufgelöstes Gift eingeschlossen war. Er nahm es heraus, schluckte das Gift hinunter und starb sofort. Abū Saʿīd unterrichtete König An-Nāṣir von dem Vorfall, schickte ihm aber nicht den Kopf zu.[319]

Von der Zitadelle der Fidāwīya reiste ich weiter zur Stadt Ǧabla[320], die wasserreiche Flüsse und viele Bäume besitzt und etwa eine Meile vom Meer entfernt ist. Hier kann man das Grab des ehrwürdigen und berühmten Gottesfreundes Ibrāhīm bin Adham sehen.[321] Er legte seine Königswürde ab, widmete sich dem Dienst am Allerhöchsten und wurde dadurch berühmt. Aber Ibrāhīm stammte nicht aus einem Königshaus, wie die Leute glauben, sondern hatte das Königreich von seinem Großvater, dem Vater seiner Mutter, geerbt. Sein Vater Adham nämlich war ein frommer wandernder Faqīr gewesen, der sein Leben in Andacht, Demut und im Dienst an Gott verbracht hatte.

Es wird erzählt, er sei eines Tages an den Gärten der Stadt Buḫārā[322] vorübergekommen und habe sich in einem der Flüsse, die sie durchqueren, gereinigt. Da wurde ein Apfel vom Fluß angetrieben, und er sagte sich: »Das hat nichts zu bedeuten«, und aß ihn. Dann aber bekam er Gewissensbisse und beschloß, den Besitzer des Gartens um Vergebung zu bitten. Er pochte an die Tür des Gartens, und zu der jungen Sklavin, die heraustrat, sagte er: »Rufe mir den Herrn des Hauses!« – Sie aber gab zur Antwort: »Es gehört einer Frau.« – Da entgegnete er: »Dann hole mir die Erlaubnis, sie aufzusuchen!« Die Sklavin gehorchte, und Adham konnte der Dame alsbald die Geschichte mit dem Apfel erzählen. Sie antwortete: »Der Garten gehört mir nur zur Hälfte, die andere Hälfte gehört dem Sultan.« Der aber befand sich an diesem Tage gerade in Balḫ, zehn Tagesreisen weit von Buḫārā entfernt. Für ihre Hälfte des Apfels aber verzieh die Dame Adham. Er brach nach Balḫ auf, wo er den Sultan mit

319 Damurṭāš (türk.: Demirtaş, ›Eisenstein‹) kam im Januar 1328, angeblich als Botschafter Abū Saʿīds, an den Hof An-Nāṣirs, blieb aber nicht länger als einen Monat. Im August des gleichen Jahres wurde er hingerichtet. Qarāsunqūr starb im September des gleichen Jahres. Es ist aber unklar, ob zwischen beiden Fällen eine Verbindung bestand und ob Qarāsunqūr wirklich an Gift starb.

320 Ǧabla ist ein kleiner Hafen zwischen Latakya und Bānyās, von Ṣaladdin 1188 erobert.

321 Ibrāhīm bin Adham bin Manṣūr at-Tamīmīy al-Balḫīy Abū ʾIsḥāq, berühmter muslimischer Heiliger und Asket aus Balḫ, dem antiken Baktrien und heutigem Norden Afghanistans, dessen König er eine Zeitlang sogar gewesen sein soll. Er starb im Jahre 778 auf einem Seefeldzug gegen Byzanz.

322 Buchara im heutigen Usbekistan.

seinem Gefolge antraf. Er gestand ihm seine Verfehlung und bat um Verzeihung, aber der Sultan befahl, er solle am anderen Morgen wiederkommen.

Der Sultan hatte eine Tochter von unübertroffener Schönheit. Königssöhne hatten bereits um ihre Hand geworben, sie aber hatte alle abgewiesen. Sie war vielmehr dem Gottesdienst hingegeben, liebte die Heiligen und hätte sich gern mit einem gottesfürchtigen Manne vermählt, welcher der Welt entsagt hatte. Als der Sultan nun in seinen Palast zurückkam, erzählte er seiner Tochter von Adham und setzte hinzu: »Niemals habe ich einen frommeren Mann gesehen als ihn, der wegen eines halben Apfels von Buḫārā nach Balḫ geht.« Da begehrte sie ihn zu heiraten. Am nächsten Morgen, als Adham kam, sagte der Sultan zu ihm: »Ich verzeihe dir nur, wenn du meine Tochter heiratest.« Er fügte sich zwar erst nach langem Kampf und Widerstand, doch schließlich fand die Hochzeit statt. Als Adham bei der Braut eintrat, fand er sie ganz geschmückt, die Kammer mit Teppichen ausgelegt und mit anderen Dingen herausgeputzt. Er zog sich in eine Ecke der Kammer zurück und wandte sich bis zum Morgen seinen Gebeten zu. So hielt er es sieben Nächte lang, aber noch immer hatte der Sultan ihm nicht verziehen. Schließlich ging Adham zu ihm, um ihn darum zu bitten. Der aber sagte ihm: »Ich werde dir erst verzeihen, wenn du die Ehe mit deiner Gemahlin vollzogen hast.« Als die Nacht kam, vollzog er die Ehe mit seiner Frau, dann wusch er sich und begann zu beten. Plötzlich stieß er einen lauten Schrei aus, beugte sich betend über seinen Teppich, und man fand ihn tot! Seine Frau aber wurde schwanger und brachte Ibrāhīm zur Welt. Da nun sein Großvater keinen Sohn hatte, übertrug er sein Königreich ihm. Ibrāhīm aber verzichtete, wie ja wohlbekannt ist, auf die Herrschaft.

In der Nähe des Grabes von Ibrāhīm bin Adham steht eine schöne Zāwiya mit einem Wasserbecken, die alle Besucher verpflegt und deren Vorsteher Ibrāhīm al-Ǧumḥī zu den bekanntesten frommen Männern zählt. Zu dieser Zāwiya pilgern nachts in der Mitte des Monats Šaʿbān Besucher aus allen Gegenden Syriens und bleiben drei Tage lang. Außerhalb der Stadt gibt es einen großen Markt, auf dem alle Dinge zu finden sind. Die Faqīre, die Ehelosigkeit gelobt haben, kommen von überall dorthin, um an diesem Fest teilzunehmen. Jeder, der Ibrāhīms Grab besucht, gibt dem Vorsteher eine Kerze, der davon viele Zentner einsammeln kann.

Die Mehrheit der Bewohner dieser Küstengegend gehört dem Stamme der Nuṣairīya an, der glaubt, daß ʿAlī bin Abī Ṭālib ein Gott ist. Sie beten nicht, sind nicht beschnitten und fasten auch nie. König Aẓ-Ẓāhir zwang sie, in ihren Siedlungen Moscheen zu bauen. Sie gründeten auch in jeder Stadt eine, aber weit von ihren Behausungen entfernt. Sie gehen nie hinein und bessern sie auch nicht aus. Häufig suchen sogar ihr Vieh und ihre Reittiere dort Unterschlupf. Mitunter kommt ein Fremder zu ihnen, steigt an der Moschee ab und ruft zum Gebet. Dann sagen sie ihm: »Schreie nicht, Esel, dein Futter kommt schon!« Diese Menschen sind sehr zahlreich.

Man hat mir berichtet, daß ein Unbekannter in das Land dieses Stammes kam und sich anmaßte, der Mahdī[323] zu sein. In Scharen liefen die Einwohner herbei, er versprach ihnen den Besitz verschiedener Ländereien, teilte Syrien unter ihnen auf, gab jedem den genauen Ort an und befahl ihnen, sich dorthin zu begeben. Er gab ihnen Blätter vom Olivenbaum und sagte: »Weist euch mit ihnen aus, denn sie wirken wie Urkunden zu euren Gunsten.« Als aber einer von ihnen an den ihm zugedachten Ort kam, ließ der dortige Emir ihn zu sich rufen, dem er sagte: »Der Imām Al-Mahdī hat mir dieses Land gegeben.« – »Und wo ist deine Urkunde?« fragte der Emir. Da zog er das Olivenblatt hervor, wurde verprügelt und in den Kerker geworfen.

Weiter befahl der Unbekannte, sie sollten sich auf den Kampf gegen die Muslime vorbereiten und mit diesem Krieg in Ǧabla beginnen. Er gebot ihnen, ihre Säbel durch Myrtenzweige zu ersetzen, und versprach ihnen, daß sie sich im Kampfe in ihren Händen in Schwerter verwandeln würden. Sie fielen über das Dorf Ǧabla her, dessen Bewohner gerade das Freitagsgebet verrichteten. Sie drangen in die Häuser ein und schändeten die Frauen. Da verließen die Gläubigen wütend die Moschee, ergriffen ihre Waffen und töteten die Angreifer nach Belieben. Als diese Nachricht Lāḏiqīya[324] erreichte, setzte sich der Kommandant Bahādir ʿAbdallāh[325] mit seinen Soldaten in Marsch. Tauben wurden nach Ṭarābulus geschickt, und der erste Emir erschien an der Spitze seiner Truppen. Die Nuṣairī wurden nun verfolgt und ungefähr 20.000 von ihnen getötet. Die Überlebenden verschanzten sich in den Bergen und verpflichteten sich gegenüber dem ersten Emir, daß sie ihm einen Dinar für jeden Mann zahlen wollten, wenn er sie verschonte. Aber die Nachricht von den Ereignissen war schon von den Brieftauben zu König An-Nāṣir getragen worden, und seine Antwort, die nun eintraf, besagte, daß sie mit dem blanken Säbel anzugreifen seien. Der erste Emir aber verwandte sich bei ihm für sie und trug ihm vor, daß diese Leute für die Muslime auf den Feldern arbeiteten und daß, wenn man sie umbrächte, die Gläubigen Schaden leiden würden. Da befahl der König, sie zu verschonen.

Ich begab mich nun nach Lāḏiqīya. Es ist eine sehr alte Stadt an der Meeresküste und man behauptet, es sei die Stadt des Königs gewesen, der mit Gewalt alle Schiffe kaperte.[326] Ich war nur deshalb in die Stadt gereist, um den frommen und heiligen ʿAbd al-Muḥsin aus Alexandria zu besuchen. Aber

[323] Der Aufstand dieses ›Propheten des rechten Weges‹ datiert von 1317.

[324] Latakya, antike Stadt, die nach ihrer Eroberung durch Ṣaladdin 1188 stark zerstört worden war.

[325] Bahādir ʿAbdallāh al-Badrī, seit 1325 Statthalter von Al-Karak, später von Tripolis, gest. 1339.

[326] Ein Hinweis auf die Geschichte Moses' in der Sure 18, Abschnitt 78: ›... und der König nahm alle Schiffe mit Gewalt.‹

als ich ankam, erfuhr ich, daß er in die Ḥiǧāz aufgebrochen war. Von seinen Vertrauten traf ich die beiden frommen Scheichs Saʿīd al-Biǧāʾī und Yaḥya-s-Salāwī an. Sie gehörten zur Moschee des ʿAlāʾ ad-Dīn bin al-Bahāʾ, eines vornehmen und großen Mannes, Almosengebers und Wohltäters aus Syrien. Er hatte für sie in dieser Stadt nahe der Moschee ein Hospiz gegründet, in der er jeden Besucher verpflegen ließ. Der Qāḍī der Stadt ist der bedeutende Faqīh Ǧalāl ad-Dīn ʿAbd al-Ḥaqq al-Miṣrī, der Malikit, ein frommer und freigebiger Mann. Er arbeitete eng mit Ṭailān zusammen, dem obersten Emir, der den Qāḍī dieser Stadt einsetzte.

Es gab in Lāḏiqīya einen Mann mit Namen Ibn al-Muʾayyid, der so übel redete, daß niemand vor seiner Zunge geschützt war. Er stand im Verdacht, den Glauben geringzuschätzen, und führte schändliche und ketzerische Reden. Einmal kam es ihm in den Sinn, von Ṭailān, dem ersten Emir, etwas zu verlangen, was dieser ihm aber nicht gewährte. Daraufhin ging er nach Kairo, erfand abscheuliche Verleumdungen über ihn und kehrte nach Lāḏiqīya zurück. Ṭailān schrieb an den Qāḍī Ǧalāl ad-Dīn, auf eine gesetzliche List zu sinnen, Ibn al-Muʾayyid zugrundezurichten. Der Richter rief diesen zu sich, prüfte ihn und deckte seine Ketzerei auf. Tatsächlich hatte er solche Gottlosigkeiten geäußert, daß schon die geringste den Tod verdient hätte. Hinter einem Vorhang hatte der Richter Zeugen versteckt, welche die Aussagen des Beschuldigten niederschrieben, der daraufhin vom Qāḍī festgehalten und eingekerkert wurde. Der erste Emir wurde über den Prozeß unterrichtet, und Ibn al-Muʾayyid wurde aus dem Kerker geholt und am Tor erdrosselt.

Es dauerte nicht lange, da wurde Emir Ṭailān von seinem Posten als Gouverneur von Ṭarābulus abgelöst und durch Al-Ḥāǧǧ Qarṭāya ersetzt[327], einen der ersten Fürsten des Landes, der diese Stadt vor ihm schon einmal regiert hatte. Er war mit Ṭailān verfeindet, und dies war der Grund, weshalb er dessen Fehler aufzudecken versuchte. Ibn al-Muʾayyids Brüder erschienen auch alsbald vor Qarṭāya, um sich über Ǧalāl ad-Dīn zu beklagen. Der Fürst ließ ihn und die Leute herbeiholen, die gegen Ibn al-Muʾayyid Zeugnis abgelegt hatten. Als sie erschienen waren, gab er den Befehl, sie alle aufhängen zu lassen. Sie wurden aus der Stadt hinaus an die Stelle geführt, an der man Verurteilte aufzuhängen pflegte, und sie mußten sich alle unter ihren Galgen setzen. Dann nahm man ihnen die Turbane ab.

Wenn in diesem Land ein Fürst jemanden zum Tode verurteilt hat, dann ist es Brauch, daß der Richter, der das Urteil zu vollstrecken hat, sich von der Versammlung der Emire zu Pferde zum Verurteilten begibt. Danach kommt er zum Emir zurück und fragt ihn erneut nach dem Urteil. Dies wiederholt er zweimal, und erst den dritten Befehl vollstreckt er. Als der Richter dies in dem

[327] Šihāb ad-Dīn Qarṭāya, Gouverneur von Ḥoms und, ab 1326 bis zu seinem Tode 1333, von Tripolis.

Falle, um den es hier geht, getan hatte, erhoben sich die Emire zum dritten Mal, entblößten ihre Häupter und sagten: »O Fürst! Es wäre eine Schande für den Islam, den Qāḍī und die Zeugen zu töten.« Der Emir nahm ihre Fürsprache an und ließ sie frei.

Außerhalb von Lāḏiqīya steht das Kloster Al-Fārūṣ. Es ist das größte in Syrien und Ägypten, wird von Mönchen bewohnt und von Christen aus aller Welt besucht. Auch Muslime, die es besuchen, werden von den Christen gastlich aufgenommen. Ihre Nahrung besteht aus Brot, Käse, Oliven, Essig und Kapern. Der Hafen von Lāḏiqīya ist mit einer Kette versperrt, die zwischen zwei Türmen aufgehängt ist. Niemand kann hinein oder hinaus, wenn nicht die Kette abgesenkt wird. Er ist einer der schönsten Häfen Syriens.

Anschließend reiste ich zur Festung Al-Marqab[328], einer der größten Zitadellen, die derjenigen von Karak gleicht. Sie ist auf einem hohen Berg errichtet und hat eine Vorstadt, in der die Reisenden absteigen können, ohne die Zitadelle zu betreten. König Al-Manṣūr Qalāwūn hat sie von den Christen erobert, und nahebei ist sein Sohn, König An-Nāṣir, geboren. Qāḍī dieser Festung ist Burhān ad-Dīn, der Ägypter, einer der besten und freigebigsten Richter.

Ich ging zum Berg Al-Aqraʿ[329], dem höchsten Syriens und dem ersten, den man von See aus erblickt. Dort leben Turkmenen, und es gibt Quellen und Flüsse. Von dort aus ging ich zum Libanon-Gebirge, das zu den fruchtbarsten Gebirgen der Welt gehört. Es liefert verschiedene Arten von Früchten, es gibt Quellen, sehr viel Schatten und es fehlt auch nicht an Frommen und Asketen, die sich ganz dem Dienste des Allerhöchsten geweiht haben, denn dafür ist der Libanon bekannt. Ich selbst sah dort eine Anzahl frommer Männer, die sich zur Verehrung Gottes ganz zurückgezogen hatten, aber keine berühmten Namen trugen.

Einer der frommen Männer, die ich dort antraf, erzählte mit die folgende Geschichte: »Wir waren«, sagte er, »zu einer Zeit starken Frostes mit einer Anzahl von Faqīren auf dem Berg und zündeten ein großes Feuer an, um das wir uns im Kreise niederließen. Da sagte ein Anwesender: ›Es wäre schön, wenn wir etwas hätten, was man auf diesem Feuer rösten könnte.‹ Nun sagte einer jener Faqīre, die von den großen Leuten verachtet und nicht wahrgenommen werden: ›Ich bin zur Zeit des Nachmittagsgebets im Gebetshaus des Ibrāhīm bin Adham gewesen. Da sah ich in der Nähe einen Wildesel, der auf allen Seiten vom Schnee eingeschlossen war, und ich glaube, er konnte sich nicht mehr bewegen. Wenn ihr zu ihm geht, könnt ihr ihn fangen und sein Fleisch auf diesem Feuer rösten.‹ Wir brachen zu fünft auf und fanden den Esel genau so, wie er uns geschildert worden war. Wir fingen ihn und kamen mit ihm zu

328 Südlich von Bānyās im Jahre 1062 angelegt, später von den Kreuzrittern übernommen und 1285 vom Mamlukensultan Qalāwūn erobert.

329 Der ›Kahle Berg‹, nördlich von Latakya, nicht aber unmittelbar auf dem Wege zum Berg Libanon.

unserer Gruppe zurück. Dann schlachteten wir ihn und rösteten sein Fleisch auf dem Feuer. Den Faqīr, der uns auf ihn hingewiesen hatte, haben wir lange gesucht, sind aber nicht mehr auf die geringste Spur von ihm gestoßen. Wir haben über dieses Abenteuer noch lange gestaunt.«

Sodann zogen wir vom Libanongebirge nach Baʿlabakk[330], einer schönen alten Stadt und einer der angenehmsten Syriens, umrahmt von wunderbaren Gärten und berühmten Parks. Ihren Boden durchqueren sprudelnde Flüsse, und sie gleicht mit ihren reichlichen Gottesgaben Damaskus. Sie bringt mehr Kirschen hervor als jede andere Landschaft. Auch wird in dieser Stadt ›dibs‹ hergestellt, der nach der Stadt benannt ist.[331] Es ist eine Art Sirup, der aus Weintrauben gewonnen wird und dem die Einheimischen ein Pulver zumischen, das ihn steif werden läßt. Dann zerbrechen sie den Krug, in dem er angerichtet wurde, und nehmen ihn in einem Stück heraus. Aus ihm stellen sie ein süßes Gebäck her, dem man noch Pistazien und Mandeln zusetzt. Es heißt ›mulabban‹, wird aber auch ›Pferdehaut‹ genannt. Die Stadt liefert sehr viel Milch, die nach Damaskus ausgeführt wird, das für einen kräftigen Fußgänger etwa eine Tagesreise entfernt ist. Wer aber in Gesellschaft reist, verläßt Baʿlabakk und verbringt die Nacht in dem kleinen Dorf Az-Zabadānī[332], das sehr viel Obst hervorbringt, und erreicht Damaskus am nächsten Vormittag. Baʿlabakk erzeugt auch sehr viele Stoffe, die den Namen der Stadt angenommen haben, und zwar den ›iḥrām‹[333] und andere Kleidungsstücke. Auch Gefäße und Löffel aus Holz, wie man sie in anderen Ländern nicht sieht, stammen dorther. Die großen Schüsseln nennt man dort ›dusūt‹.[334] Häufig sind die Schüsseln so gearbeitet, daß ihre Vertiefung eine weitere Schüssel aufnimmt, diese wieder eine neue und so weiter bis zur zehnten Schüssel. Wer eine solche Schüssel sieht, glaubt, es sei nur eine einzige. Mit Löffeln machen sie es ebenso: Sie stellen zehn davon her, und jeder einzelne ruht in der Vertiefung eines anderen. Dazu verfertigen sie Lederhüllen, die ein Mann in seinen Gürtel steckt. Setzt er sich nun zum Essen mit seinen Freunden nieder, so zieht er sie heraus. Nun denkt jeder, der ihn beobachtet, sie enthielte nur einen Löffel, während er aus dem ersten nacheinander neun weitere Löffel herausnimmt.

Ich kam nachmittags in Baʿlabakk an, verließ es aber schon am nächsten Morgen wegen meines brennenden Wunsches, Damaskus zu sehen, und am Donnerstag, dem neunten Tage des erhabenen Monats Ramaḍān des Jahres 726, betrat ich die Stadt.[335] Ich fand Unterkunft in der Rechtsschule der Malikiten, die un-

330 Baalbek, das alte Heliopolis.

331 ›Dibs‹, durch Kochen eingedickter honigflüssiger Traubensaft.

332 Az-Zabadānī, Städtchen im Baradā-Tal; von ihm aus erstrecken sich ununterbrochene Gärten und Plantagen bis vor die Tore von Damaskus.

333 Siehe Kapitel ›Aufbruch nach Ägypten‹, Anm. 13.

334 ›Dusut‹ (Sing. ›dist‹ und ›dast‹), ein Wort persischen Ursprungs.

335 9. August 1326, der freilich ein Samstag war.

ter dem Namen Aš-Šarābišīya[336] bekannt war. Damaskus übertrifft alle anderen Städte an Schönheit und Vollkommenheit. Jede Beschreibung, sei sie noch so lang, ist immer noch zu kurz für ihre Pracht. Bessere als die Worte des Dichters Abu-l-Ḥusain bin Ǧubair gibt es nicht. In seinen Erinnerungen sagt er:

»Damaskus ist wahrlich das Paradies des Ostens, der Punkt, der in blendendem Glanz leuchtet, das letzte der Länder des Islam, das wir besuchten, die Braut unter den Städten, die wir anschauen wollten. Sie war geschmückt mit den Blüten duftender Pflanzen und zeigte sich in den feinseidenen Kleidern ihrer Gärten. Ihre Schönheit stellt sie auf den höchsten Rang, und ihr Brautthron ist mit hübschestem Schmuck verziert. Ehre wurde der Stadt zuteil, denn Gott der Allerhöchste ließ auf einem ihrer Hügel den Messias mit seiner Mutter wohnen, an einem ruhigen und quellenreichen Ort mit tiefem Schatten und Wasser aus der paradiesischen Quelle Salsabīl.[337] Überall fließen Bäche und ziehen sich wie Bänder übers Land und der linde Hauch der Gärten belebt die Seele. Für den Beschauer putzt sich die Stadt glänzend heraus und ruft ihm zu: ›Wohlan, komm dorthin, wo die Schönheit Hochzeit feiert, und halte Rast!‹ Der Boden der Stadt ist des vielen Wassers schon überdrüssig, so daß er sich nach dem Durste sehnt, und wenig fehlt, daß das harte und taube Gestein dich einlädt: ›Trete den Boden mit deinen Füßen, hier ist kühles Wasser für deine Waschungen und für deinen Trunk.‹[338] Gärten umgeben die Stadt wie ein leuchtender Ring, wie der Hof den Mond umringt und der Blumenkelch die Frucht umschließt. Im Osten der Stadt, so weit das Auge schauen kann, sieht es die grüne ›Ġūṭa‹.[339] Wohin du auch deinen Blick richtest, in allen vier Richtungen des Himmels steht das Land in voller reifer Blüte. Wie wahr doch, die über diese Stadt sagten: ›Wenn das Paradies auf der Erde liegt, so ist es ohne Zweifel Damaskus; wenn es im Himmel liegt, so wetteifert diese Stadt mit ihm und ahmt ihn nach.‹«

Damaskus ist von unserem Scheich aus der Schule der Traditionen, dem Reisenden Šams ad-Dīn Abū ʿAbdallāh Muḥammad bin Ǧābir bin Ḥassān al-Qaisī aus Al-Wādiʾ Aš[340], der in Tunis lebte, beschrieben worden. Er zitierte Ibn Ǧubair und setzte hinzu:

336 Nach dem Wort ›aš-Šarābīš‹, dem Plural von ›šarbūš‹, einem hohen kegelförmigen Hut, wie ihn die türkischen Soldaten trugen; es handelte sich demzufolge um die Madrasa der Hersteller dieser Hüte.

337 Nach Sure 23, Abschnitt 50: ›Wir haben dem Sohn Marias und seiner Mutter ein Zeichen aufgestellt und ihnen auf einem stillen und bewässerten Hügel ein Asyl gegeben.‹ Salsabīl: Quelle leicht zugänglichen Süßwassers.

338 Aus der Sure 38, Abschnitt 41.

339 Landschaft in der Umgebung von Damaskus.

340 Al-Wādiʾ Aš (heute: Qādis) ist Cádiz in Spanien; Šams ad-Dīn Abū ʿAbdallāh war ein Zeitgenosse Ibn Baṭṭūṭas, der den Orient zweimal, 1320 und 1333, bereiste. Er starb 1348 in Tunis an der Pest.

»In seiner Beschreibung dieser Stadt hat der Verfasser vortrefflich gesprochen und feine Worte gefunden, ja, jeder sehnt sich danach, selbst kennenzulernen, was ihm geschildert wird. Er hat sich nicht lange dort aufgehalten, doch er spricht sehr beredt und mit der Wahrhaftigkeit des Gelehrten von ihr. Aber er hat nicht gesprochen von der goldenen Farbe der Dämmerung, wenn die Sonne untergeht, nicht von den verschiedenen Jahreszeiten und nicht von ihren berühmten Festen. Aber er hat sich ausgezeichnet mit seinen Worten: ›Ich habe sie gefunden, wie die Sprachen sie beschreiben, es gibt dort, was der Geist begehrt und was dem Auge gefällt.‹«

Die Damaszener arbeiten samstags nie, unternehmen vielmehr Spaziergänge an den Flußufern oder unter dem Schatten der Bäume, entlang an blühenden Gärten und strömenden Gewässern; dort bleiben sie den ganzen Tag bis zum Einbruch der Nacht

Ihre festliche Erscheinung, ihre vollendete Kunst, ihre einzigartige Schönheit, ihre Pracht und Vollkommenheit machen die große Moschee von Damaskus, die bekannt ist unter dem Namen der Banū ʾUmayya, zur wundervollsten Moschee der Welt. Nichts kann sich mit ihrer Pracht vergleichen, und man findet keine zweite, die es mit ihr aufnehmen könnte. Ihren Bau und ihre Ausstattung überwachte kein anderer als Al-Walīd Ibn ʿAbd al-Malik bin Marwān[341], der Fürst der Gläubigen. Er schickte eine Botschaft an den Kaiser der Griechen nach Konstantinopel, um ihn zu ersuchen, ihm Handwerker zu schicken, und dieser schickte ihm zwölftausend. Der Ort, an dem die Moschee steht, war zunächst eine Kirche, aber als die Muslime Damaskus eroberten, drang Ḫālid bin al-Walīd[342] mit dem Säbel von einer Seite aus in die Kirche ein und gelangte bis zur Mitte. Zur gleichen Zeit betrat Abū ʿUbaida bin al-Ǧarrāḥ[343] ohne einen einzigen Streich die Kirche von der westlichen Seite und gelangte ebenfalls bis in ihre Mitte. Nun verwandelten die Muslime die Hälfte der Kirche, die sie mit Waffengewalt genommen hatten, in eine Moschee, beließen aber die andere Hälfte, in die sie friedlich eingedrungen waren, wie zuvor als christliches Gotteshaus. Später, als Al-Walīd sich entschlossen hatte, die Moschee auf Kosten der Kirche zu erweitern, forderte er die Christen auf, sie ihm gegen eine Entschädigung, die sie selbst bestimmen konnten, zu verkaufen. Doch als sie ablehnten, nahm er sie ihnen fort. Die Christen glaubten, daß, wer sie niederreißen würde, wahnsinnig werden müsse. So erzählten sie es auch Al-Walīd, der aber entgegnete: »Dann werde ich der erste sein, der im Dienste Gottes den Verstand verliert.« Er nahm eine Axt und begann mit eigener Hand das Werk der Zerstörung. Als die Muslime dies sahen, wetteiferten sie miteinander, die Zerstörung zu vollenden, und Gott strafte den Glauben der Christen Lügen.

[341] Kalif der Umayyaden von 705 bis 715.

[342] Vgl. Anm. 272.

[343] Vgl. Anm. 245.

Die Moschee ist mit goldenen Plättchen geschmückt, Mosaike genannt, die von verschiedenen Farben und wunderbarer Schönheit sind. In der Länge mißt die Moschee von Ost nach West 200 Schritt oder 300 Ellen, in der Breite von Süden nach Norden sind es 135 Schritt oder 200 Ellen. Sie hat 74 Lichtöffnungen aus gefärbtem Glas. Drei lange, mit Fliesen ausgelegte und je achtzehn Schritt breite Schiffe laufen von Ost nach West. Sie werden von 54 Säulen, acht zwischen diese verteilten Stuckpfeilern und sechs Säulen getragen, in die mehrfarbiger Marmor eingelegt ist. Auf ihnen sind die Gebetsrichtungen und andere Darstellungen angebracht. Sie alle stützen eine Bleikuppel, die Adlerkuppel genannt wird und vor der Gebetsnische aufragt, als hätte man die Moschee einem fliegenden Adler nachgebildet, dessen Kopf die Kuppel ist. Diese Kuppel ist einer der wunderbarsten Bauten der Welt. Von welcher Seite aus man sich auch der Stadt nähert, man sieht die Adlerkuppel von überall, wie sie den Horizont beherrscht und alle anderen Gebäude der Stadt überragt.[344]

Der Hof ist im Osten, Westen und Norden von drei Schiffen eingerahmt, die je zehn Schritt breit sind sowie 33 Säulen und vierzehn Pfeiler tragen. Der Hof ist hundert Ellen groß und bietet einen Anblick von einzigartiger Pracht. Allabendlich finden sich dort die Bewohner der Stadt ein; manche lesen, andere erzählen, wieder andere ergehen sich. Erst nach dem letzten Abendgebet gehen sie auseinander. Befindet sich eine hohe Persönlichkeit unter ihnen, sei es ein Faqīh oder ein anderer, der dort einen Freund trifft, eilen sie aufeinander zu, um sich zu verbeugen.

In diesem Hof gibt es drei Kuppeln: Die größte, im Westen, heißt nach der Mutter der Gläubigen ›Kuppel der ʿĀʾiša‹. Sie ruht auf acht Marmorsäulen, ist mit farbig bemalten Fliesen geschmückt und mit Blei überdacht. Man sagt, die Schätze der Moschee würden dort aufbewahrt, und man hat mir erzählt, daß der Verkauf der Erzeugnisse der Feldwirtschaft der Moschee jährlich 25.000 Golddinare einbringt. Die zweite Kuppel im Osten des Hofes ist nach dem Vorbild der ersten, allerdings kleiner erbaut worden. Sie steht auf acht Marmorsäulen und heißt ›Kuppel des Zain al-ʿĀbidīn‹.[345] Die dritte Kuppel erhebt sich über der Hofmitte. Sie ist klein, von achteckiger Form, mit sehr schönem, kunstvoll eingelegtem Marmor verstärkt und ruht auf vier Säulen aus leuchtend weißem Marmor. Unter dieser Kuppel steht ein Eisengitter und in dessen Mitte ein kupferner Wasserspeier, aus dem Wasser in die Höhe sprudelt. Es steigt hoch, krümmt sich zu einem Bogen und sieht wie ein silberner Stab aus. Diesen Ort nennen die Leute den Wasserkäfig, und sie machen sich ein Vergnügen daraus, ihren Mund zum Trinken darunter zu

[344] Diesen Abschnitt und Teile der folgenden, mit denen die Umayyaden-Moschee beschrieben wird, hat Ibn Baṭṭūṭa – unter gelegentlichen Auslassungen, aber auch mit eigenen Ergänzungen – den entsprechenden Passagen von Ibn Ǧubair entnommen.

[345] Sohn Ḥusains und Enkel ʿAlīs.

halten. Von der Ostseite des Hofes führt ein Tor zu einer Moschee in einzigartiger Lage, die als das ›Heiligtum des ʿAlī bin Abī Ṭālib‹ bezeichnet wird. Gegenüber, zu Sonnenuntergang, wo das West- auf das Nordschiff trifft, gibt es eine Stelle, von der erzählt wird, dort habe ʿĀʾiša den Überlieferungen des Propheten gelauscht.[346]

In der Gebetsnische der Moschee befindet sich ein großer gesonderter Raum, in dem der Imām der Šafiʿiten das Gebet leitet.[347] In der Ostecke, der Gebetsnische gegenüber, steht eine große Schatztruhe, in der eine Handschrift des Hohen Buches verschlossen ist, das ʿUṯmān bin ʿAffan[348], der Fürst der Gläubigen, nach Damaskus geschickt hat. An jedem Freitag nach dem Gebet wird die Truhe geöffnet, und die Menschen drängen sich heran, um das heilige Buch zu küssen. An dieser Stelle nehmen die Leute ihren Schuldnern und anderen, von denen sie etwas zu fordern haben, den Eid ab. Links von diesem Raum steht die Gebetsnische der Vertrauten des Propheten, von der die Geschichtsschreiber erzählen, es sei die erste gewesen, die unter dem Islam gebaut wurde. Hier hat der Imām der Malikiten seinen Platz. Rechter Hand des Raums steht die Nische der Ḥanafiten, wo ihr Vorbeter sitzt, und ganz an der Seite beten die Ḥanbaliten unter dem Vorsitz ihres Imāms.

Es gibt drei Minarette in dieser Moschee. Das erste im Osten wurde von den Griechen erbaut. Seine Tür steht innerhalb der Moschee, und es besitzt im unteren Teil ein Wasserbecken für die Reinigungen und Kammern für die Waschungen, in denen sich die in der Moschee lebenden frommen Männer und Diener reinigen können. Das zweite Minarett steht im Westen und ist ebenfalls ein griechischer Bau, das dritte im Norden ist dagegen von den Muslimen errichtet worden.[349] Siebzig Muezzine tun Dienst in der Moschee. Im Osten befindet sich ferner ein großer abgesonderter Raum mit einer Wasserzisterne, der dem Negervolk der Zayālaʿa[350] gehört. Inmitten der Moschee befindet sich das Grab des Zakarīyāʾ[351], auf dem man einen Schrein sieht, der quer zwischen zwei Säulen steht und mit einer Hülle aus schwarzer Seide bedeckt ist, die Zeichen trägt, denn in weißen Buchstaben steht darauf geschrieben: ›O

346 Dieser letzte Satz des Abschnitts ist wiederum von Ibn Ǧubair entliehen, aber weder ʿAlī noch ʿĀʾiša haben Damaskus je besucht.

347 Die ›maqṣūra‹, ein mit Gittern eingehegter Raum der Moschee, der zum Freitagsgebet dem jeweiligen Herrscher oder Statthalter und dem Kalifen vorbehalten war. In ihm predigte auch der Imām jener Glaubensschule, zu welcher der Statthalter sich bekannte.

348 Dritter Kalif nach Muḥammad. Er legte die erste Sammlung des Korans an und sandte Abschriften in alle Hauptstädte der eroberten Provinzen.

349 Es ist das erste von Muslimen erbaute Minarett überhaupt und heißt ›al-ʿarūs‹ (›Die Braut‹).

350 Aus der Hafenstadt Zailaʿ (Sailac) in Somalia, südlich von Djibouti.

351 Es wird auch Johannes (›Yaḥyā‹) dem Täufer zugeschrieben und soll – nach Ibn Ǧubair – seinen Kopf enthalten.

Zakarīyā'! Ich verkünde dir die Geburt eines Knaben, dessen Name Yaḥyā sein wird.‹[352]

Ruf und Rang dieser Moschee sind weit verbreitet. In dem Werke ›Die Vorzüge von Damaskus‹[353] habe ich von Sufyān aṯ-Ṯaurī[354] die Worte gelesen, daß ein Gebet in der Moschee in Damaskus dreißigtausend Gebete wert sei, und in einem alten überlieferten Bericht des Propheten fand ich diese Worte Muḥammads: ›Dort wird man Gott noch vierzig Jahre nach dem Untergang der Welt verehren.‹

Man sagt, ihre Südwand sei von Hūd, einem Propheten Gottes, aufgerichtet worden und dort befände sich auch sein Grab. Ich habe aber in der Umgebung der Stadt Ẓafār im Jemen, und zwar an einem Ort mit Namen Al-Aḥqāf, ein Gebäude gesehen, das ein Grab mit der Inschrift enthält: ›Dies ist das Grab von Hūd bin ʿĀbir, auf dem das Heil und der Segen Gottes sein mögen‹.[355]

Zu den Vorzügen der Moschee ist auch zu rechnen, daß die Lektüre des Korans und die Verrichtung der Gebete niemals aussetzen, es sei denn zu den wenigen Anlässen, von denen ich sprechen werde. Alle Tage gleich nach dem Morgengebet versammeln sich dort die Menschen und lesen ein Siebentel des Korans. Sie versammeln sich auch nach dem Nachmittagsgebet, um Al-Kauṯarīya[356] zu lesen, denn dort pflegt man den Koran von der Sure Al-Kauṯar bis zum Ende des Heiligen Buches zu lesen. Wer an diesen Lesungen teilnimmt, es sind bis zu sechshundert Menschen, erhält ein festes Entgelt. Ein Schreiber geht zwischen ihnen umher und notiert die Abwesenden; jedem, der fehlt, wird am Tage der Auszahlung ein angemessener Anteil einbehalten.

Es gibt in dieser Moschee eine beträchtliche Anzahl von Männern, die unmittelbar an der Moschee leben, sie nie verlassen und nur mit Gebet, mit Lektüre und mit dem Lobpreis Gottes beschäftigt sind. Sie lassen diese frommen Übungen niemals ausfallen und nehmen ihre Waschungen an den Becken innerhalb des Ostminaretts vor, das wir erwähnt haben. Die Bewohner der Stadt liefern ihnen alles, was sie an Nahrung und Kleidung benötigen, ohne daß sie darum bitten.

Die Moschee hat vier Tore: Über dem Südtor, dem ›Tor des Gedeihens‹, findet sich ein Bruchstück der Lanze, auf der das Banner von Ḫālid bin al-Walīd aufgepflanzt war. Dieses Tor hat eine große Vorhalle, in der die Altkleiderhändler und andere Trödler ihre Läden aufgestellt haben. Von dort aus gelangt man

352 Sure 19, Abschnitt 7.

353 Gemeint ist vielleicht ›Die Geschichte der Stadt Damaskus‹ des 1176 verstorbenen Ibn ʿAsākir.

354 Sufyān bin Saʿīd bin Masrūq aṯ-Ṯaurī, gest. in Baṣra 788.

355 Nach anderen Quellen (Al-Harāwī) befindet sich das Grab Hūds im Hadramaut/Jemen. Hūd gehört mit Ṣāliḥ und Šuʿaib zu den ersten im Koran genannten Propheten.

356 Die letzten sieben Suren des Korans.

zum Haus der Kavallerie[357]; wer das Tor hier verläßt, findet zu seiner Linken die Straße der Kupferschmiede. Es ist ein großer Basar, der sich ganz an der Südwand der Moschee entlangzieht, und einer der schönsten in Damaskus. An dieser Stelle standen einst der Palast des Muʿāwiya bin Abī Sufyān und die Häuser seiner Männer, die man die ›grünen Häuser‹ nannte.[358] ʿAbbās' Söhne haben sie zerstört, und aus dem Platz, auf dem sie standen, ist ein Markt geworden.

Das Osttor heißt Ǧairūn-Tor und ist das größte der Moschee. Es hat ebenfalls eine sehr geräumige Vorhalle, durch die man einen weiten und hohen Flügel der Moschee betritt, vor dem sich wiederum fünf Tore zwischen sechs hohen Pfeilern befinden. Links steht ein großes Grabmal, in dem sich der Kopf Ḥusains befunden hatte, gegenüber eine kleine Moschee, die ihren Namen von ʿUmar bin ʿAbd al-ʿAzīz hat und fließendes Wasser besitzt. Vor diesen Flügel hat man Stufen gesetzt, über die man zur Vorhalle hinabsteigt, der wie ein großer Laufgraben aussieht und zu einem sehr hohen Tor führt, unter dem wieder, Baumstämmen gleich, hohe Säulen stehen.

Auf zwei Seiten der Vorhalle stehen Säulen, welche die Rundgänge mit den Läden der Tuchhändler und anderer Kaufleute tragen, oberhalb von diesen laufen gerade Gäßchen mit den Läden der Juweliere, der Buchhändler und der Hersteller von vorzüglichen Glaswaren. Auf dem weiten Platz neben dem ersten Tor sieht man die Geschäfte der besten Notare; zwei von ihnen gehören den Šafiʿiten, die übrigen den anderen Glaubensrichtungen an. In jedem dieser Geschäfte sitzen fünf bis sechs Notare und ein Mann, den der Richter mit den Eheverträgen beauftragt hat. Die anderen Anwälte sind in der Stadt verstreut. In der Nähe all dieser Läden liegt der Markt der Papierhändler, die Papier, Federn und Tinte verkaufen. In der Mitte der Vorhalle steht ein großes, kreisrundes Marmorbecken unter einem dachlosen Kuppelbau, der auf Marmorsäulen ruht. Aus der Mitte des Beckens speit ein Kupferrohr einen kräftigen und mehr als mannshohen Wasserstrahl in die Luft. Man nennt diese staunenswerte Anlage den Springbrunnen. Wer durch das Ǧairūn-Tor heraustritt, sieht zu seiner Rechten das Uhrentor: einen von einem Bogengang eingefaßten Saal, in dem sich weitere kleinere Bögen befinden. Er hat so viele Türen wie der helle Tag Stunden; sie sind innen grün und außen gelb gestrichen. Ist eine Stunde des Tages verstrichen, dreht sich die innere grüne Tür nach außen, während sich die äußere gelbe nach innen dreht. Man sagt, im Saale hielte sich jemand auf, der beauftragt sei, sowie die Stunden vergehen, die Türen mit der Hand zu drehen.[359]

357 Dieses Haus war zunächst ein Anbau des Umayyaden-Palastes gewesen, der später die 1120 gegründete ʿAminīya-Madrasa aufnahm.

358 In diesem ›Grünen Palast‹ residierte der erste Ummayadenkalif Muʿāwiya von 660–680.

359 Die berühmte von Nūr ad-Dīn Maḥmūd az-Zankī im 12. Jahrhundert gebaute Uhrenanlage der Umayyaden-Moschee.

Wer durch das westliche Tor, das ›Posttor‹, hinaustritt, findet rechter Hand die Koranschule der Šafiʿiten mit einem Innenhof, auf dem die Läden der Kerzenmacher und Obsthändler stehen. In den oberen Teil ist eine Tür eingelassen, zu der Stufen hinaufführen. Ihre Säulen ragen hoch in die Luft, und rechts und links unter der Treppe stehen zwei runde Brunnen.

Das Nordtor wird ›Tor der zwei Safthändler‹ genannt und hat ebenfalls einen geräumigen Innenhof. Wer hindurchgeht, findet rechts die Herberge Aš-Šumaiʿānīya, in deren Mitte eine Zisterne steht. Sie besitzt Räume für die Reinigung mit fließendem Wasser, und es wird erzählt, daß sie früher einmal das Haus von ʿUmar bin ʿAbd al-ʿAzīz war. An jedem der vier Tore der Moschee steht ein Haus für die Waschungen mit ungefähr hundert Kammern und reichlich fließendem Wasser.

Sie hat dreizehn Imāme; der erste ist der Imām der Šafiʿiten, der, als ich nach Damaskus kam, auch Oberrichter war, Ǧalāl ad-Dīn Muḥammad bin ʿAbd ar-Raḥmān al-Qazwīnī hieß und einer der bedeutendsten Rechtsgelehrten war.[360] Er war aber auch Prediger in der Moschee und wohnte in einem Haus, das ›Haus der Predigt‹ hieß. Er pflegte aus dem eisernen Tor gegenüber der Maqṣūra herauszutreten, also jenem Tor, aus dem auch Muʿāwiya hervortrat. Später wurde Ǧalāl ad-Dīn Oberqāḍī von Ägypten, nachdem König An-Nāṣir für ihn ungefähr 100.000 Dirham Schulden bezahlt hatte, die er in Damaskus gemacht hatte.

Sobald der Imām der Šafiʿiten das Gebet beendet hat, beginnt der Imām des Heiligtums ʿAlīs das seine, ihm folgen der Imām des Heiligtums von Ḥusain, dann der Imām der Kallāsa[361], danach die Imāme des Heiligtums von Abū Bakr, des Heiligtums von ʿUmar und des Heiligtums des ʿUṯmān.

Danach tritt der Imām der Malikiten vor. Es war bei meiner Ankunft in Damaskus der Rechtsgelehrte Abū ʿUmar bin Abi-l-Walīd Ibn al-Ḥāǧǧ at-Tuǧībī aus Cordoba[362], der aber einer Familie aus Granada entstammte und nun in Damaskus lebte. Im Amte des Imām wechselte er sich mit seinem Bruder ab. Danach kam der Imām der Ḥanafiten, der, als ich nach Damaskus kam, ʿImād ad-Dīn al-Ḥanafī hieß und Ibn ar-Rūmī genannt wurde, ein Faqīh und einer der bedeutendsten Ṣūfīs. Er ist Vorsteher des Konvents mit dem Namen Al-Ḫātūnīya, dazu noch Oberhaupt eines anderen Konvents in Aš-Šarf al-Aʿlā.[363]

[360] Muḥammad bin ʿAbd ar-Raḥmān bin Muḥammad bin Aḥmad bin Abī Dulaf al-Aǧlīy al-Qazwīnī Abu-l-Muʿālī Ǧalāl ad-Dīn, Qāḍī in Damaskus, Oberrichter in Kairo, danach wieder bis zu seinem Tode 1338 im gleichen Amt in Damaskus.

[361] ›Der Kalkofen‹, ein kleines von Nūr ad-Dīn Maḥmūd az-Zankī um 1160 erbautes Hospiz im Norden der Moschee, bereits 1174 zusammen mit dem Minarett der ›Braut‹ abgebrannt und von Ṣaladdin wieder aufgebaut, der dort 1193 seine letzte Ruhestätte fand.

[362] 1272–1342. Er übernahm das Amt von seinem Vater und wechselte sich im Amte mit seinem um drei Jahre jüngeren Bruder Faḫr ad-Dīn ab.

[363] ʿImād ad-Dīn al-Ḥanafī Šihāb ad-Dīn ar-Rūmī (›der Grieche‹). Aš-Šarf al-Aʿlā ist ein Vorort im Westen von Damaskus am Nordufer des Baradā-Flusses.

Endlich kommt die Reihe an den Imām der Ḥanbaliten, welcher damals Scheich ʿAbdallāh der Blinde war, ein Koranlehrer aus Damaskus. Nach all den Genannten erscheinen noch fünf weitere Imāme, die Versäumtes ergänzen. Unaufhörlich, von Tagesanbruch bis ins erste Drittel der Nacht, werden in dieser Moschee Gebete verrichtet und Koranlesungen gehalten; beides trägt zum Ruhm dieser gesegneten Moschee bei.

In den verschiedenen Zweigen der Wissenschaft wird in der Moschee Unterricht erteilt. Die Anhänger der Lehre von den Überlieferungen lesen von ihren erhöhten Sitzen herab die Traditionen, und morgens und abends tragen die Koranleser mit schönen Stimmen vor. Mehrere Lehrer stehen bereit, das Buch Gottes zu erklären; sie lehnen sich an eine Säule des Gotteshauses, unterweisen die Kinder und lassen sie lesen. Sie schreiben aber aus Ehrfurcht vor dem Buch des Allerhöchsten den Koran nicht auf ihre Täfelchen, sondern sie lesen ihn nur, um zu lernen. Der Schreiblehrer ist ein anderer als der Koranlehrer: Er unterrichtet anhand der Poesie und anderer Werke. Erst nach dem mündlichen gehen die Kinder zum Schreibunterricht über; so erlernen sie die Schreibkunst immer besser; denn der Schreiblehrer unterrichtet nichts anderes.

Zu den Lehrern der Moschee gehört der weise und fromme Šafiʿit Burhān ad-Dīn bin al-Firkāḥ[364], ferner der gelehrte und fromme Nūr ad-Dīn Abu-l-Yusir, der Sohn des Goldschmieds, ein wegen seiner Verdienste und seiner Frömmigkeit berühmter Mann. Als Ǧalāl ad-Dīn al-Qazwīnī zum Qāḍī von Ägypten ernannt wurde, schickte man Abu-l-Yusir das Ehrenkleid und die Urkunde nach Damaskus; doch er lehnte ab. Außerdem ist zu ihnen der gelehrte Imām Šihāb ad-Dīn bin Ǧahbal zu rechnen, ebenfalls ein großer Gelehrter.[365] Aus Furcht, nun selbst ins Amt des Richters berufen zu werden, floh er aus Damaskus, als Abu-l-Yusir diese Würde ausgeschlagen hatte. König An-Nāṣir erfuhr davon und berief daraufhin den ersten Scheich Ägyptens zum Qāḍī von Damaskus, den Pol der Wissenden und Sprecher der muslimischen Theologen ʿAlāʾ ad-Dīn al-Qūnawī[366], einen der größten Juristen. Schließlich gehört zu ihnen der vortreffliche Imām der Malikiten Badr ad-Dīn ʿAlī, der Großmütige.[367]

364 Burhān ad-Dīn Abū ʾIsḥāq Ibrāhīm bin Tāǧ ad-Dīn ʿAbd ar-Raḥmān bin Ibrāhīm Ibn al-Firkāḥ (1262–1329), einer der führenden Šafiʿiten, lehrte an der Koranschule Al-Bādarāʾīya.

365 Aḥmad bin Yaḥyā bin Ismāʿīl Šihāb ad-Dīn bin Ǧahbal aus Aleppo folgte Ibn al-Firkāḥ als Vorsteher der Madrasa Al-Bādarāʾīya, gest. 1333.

366 ʿAlī bin Ismāʿīl bin Yūsuf Abu-l-Ḥasan ʿAlāʾ ad-Dīn aus Konya in der Türkei (1269–1329), im Jahre 1327 zum Qāḍī von Damaskus ernannt.

367 Vermutlich eine Verwechslung mit Badr ad-Dīn as-Saḫāwī, dem Šafiʿiten, gest. 1245, denn As-Saḫāwī, der Malikit, war Nūr ad-Dīn, der 1355 Großqāḍī von Kairo wurde und im gleichen Jahre starb.

Den Oberqāḍī der Šafiʿiten der Stadt, Ǧalāl ad-Dīn Muḥammad bin ʿAbd ar-Raḥmān al-Qazwīnī, habe ich schon genannt. Der Richter der Malikiten war Šarf ad-Dīn, der Sohn des Predigers aus dem Fayūm, von schöner Gestalt und Haltung, eines der bedeutendsten Oberhäupter und erster Scheich der Ṣūfīs.[368] Sein Vertreter im Amte des Richters war Šams ad-Dīn bin al-Qafṣī[369]; sein Richtertisch steht in der Schule Aṣ-Ṣamṣāmīya. Der oberste Qāḍī der Ḥanafiten ist ʿImād ad-Dīn al-Ḥaurānī, ein sehr strenger Mann. An ihn wenden sich die Frauen und ihre Ehemänner mit ihren Streitigkeiten. Wenn die Männer allein den Namen des ḥanafitischen Richters hören, verschaffen sie ihren Frauen Gerechtigkeit, noch bevor sie vor ihm erscheinen. Der Richter der Ḥanbaliten war der fromme Imām ʿIzz ad-Dīn bin Musallam, einer der gütigsten Qāḍīs.[370] Er ritt stets auf einem Esel und starb in Al-Madina, der Stadt des Propheten, auf einer Reise in die edle Ḥiǧāz.

Unter den großen Gelehrten der Ḥanbaliten in Damaskus gab es einen gewissen Taqīy ad-Dīn Ibn Taimīya, der großes Ansehen genoß.[371] Er sprach über die Wissenschaften im allgemeinen. Aber in seinem Verstand herrschte Verwirrung. Die Damaszener verehrten ihn außerordentlich, wenn er ihnen von der Kanzel herab seine ermahnenden Predigten hielt. Eines Tages sagte er etwas, was die Rechtsgelehrten mißbilligten. Sie berichteten es König An-Nāṣir, der befahl, ihn nach Kairo zu schicken. Richter und Juristen versammelten sich im Ratssaal König An-Nāṣirs, und Šarf ad-Dīn az-Zuwāwī[372], der Malikit, sagte: »Dieser Mann hat dies und das gesagt«, und zählte alles auf, was man Ibn Taimīya vorwarf. Er hatte Beweise bei sich und legte sie dem obersten Qāḍī vor. Dieser fragte nun Ibn Taimīya: »Was sagst du dazu?« – Da antwortete dieser: »Es gibt keinen Gott außer Gott.« Der Richter wiederholte die Frage, erhielt aber die gleiche Antwort. Da befahl der König, ihn ins Gefängnis zu werfen, wo er mehrere Jahre zubrachte. Im Gefängnis schrieb er

368 Er war Qāḍī von Damaskus von 1319 bis 1337, gest. 1347.

369 Šams ad-Dīn Muḥammad bin Sulaimān bin Aḥmad al-Qafṣī aus Gafṣa in Tunesien, gest. 1343.

370 Zur Zeit Ibn Baṭṭūṭas hieß dieser Qāḍī Šams ad-Dīn Muḥammad bin Musallam bin Mālik bin Ǧaʿfar al-Mizzī, der 1326 starb; erst sein Nachfolger, der das Amt 1327 antrat, war der im Text genannte ʿIzz ad-Dīn Muḥammad bin Sulaimān bin Qadāma.

371 Taqīy ad-Dīn Aḥmad bin ʿAbd al-Ḥalīm Ibn Taimīya (1263–1328), einer der berühmtesten islamischen Theologen des Mittelalters und Wegbereiter der saudi-arabischen Wahhābiten. Mehrfach in Kairo und in Damaskus eingekerkert, starb er 1328 im Gefängnis von Damaskus, nachdem er im Juli 1326, einen Monat, bevor Ibn Baṭṭūṭa in Damaskus eintraf, erneut ins Gefängnis geworfen worden war. Ibn Baṭṭūṭa hat ihn also weder sehen noch hören können.

372 Dieser Qāḍī hieß nicht Šarf ad-Dīn, sondern Ǧamāl ad-Dīn Muḥammad bin Sulaimān bin Yūsuf al-Barbarīy az-Zuwāwī. Er war 30 Jahre lang bis 1317 Qāḍī von Damaskus.

über die Auslegung des Korans ein Buch, dem er den Titel gab ›Das Meer, das uns umgibt‹, und das ungefähr vierzig Bände umfaßt.

Später verwandte sich seine Mutter bei König An-Nāṣir für ihn und beklagte sich, so daß dieser den Befehl gab, ihn in Freiheit zu setzen. Aber wieder verhielt er sich so. Ich weilte damals in Damaskus und war eines Freitags zugegen, als er von der Kanzel der Hauptmoschee herab predigte und das Volk ermahnte. Er sagte unter anderem: »Daß Gott in den Himmel der Welt hinabsteigt, ist so sicher, wie ich nun von hier herabsteige«, und er stieg eine Stufe des Treppchens von der Kanzel herunter. Ein Gelehrter der Malikiten, der unter dem Namen Ibn Zahrā' bekannt war, widersprach ihm und nahm Anstand an seiner Predigt. Doch die Gemeinde empörte sich gegen diesen Gelehrten und schlug mit Händen und Sandalen so heftig auf ihn ein, daß sein Turban herabfiel und auf seinem Kopf ein rotes Seidenkäppchen sichtbar wurde. Die Menge warf ihm vor, daß er ein solches Käppchen trug, und brachten ihn zum Hause von ʿIzz ad-Dīn bin Musallam, dem Richter der Ḥanbaliten, der anordnete, ihn ins Gefängnis zu werfen, und ihn danach verprügeln ließ. Diese Prügelstrafe aber kritisierten die malikitischen und šafiʿitischen Gelehrten und berichteten es dem obersten Emir Saif ad-Dīn Tankīz, einem der besten und gerechtesten Fürsten.[373] Tankīz schrieb über den Vorfall an König An-Nāṣir und verfaßte zur gleichen Zeit eine Anklageschrift gegen Ibn Taimīya, in der er ihm seine verwerflichen Sprüche vorhielt, darunter: ›Daß jemand, der die drei Scheidungsformeln gleichzeitig ausspricht, nur soweit gebunden sei, als sei er nur einmal geschieden‹, zweitens: ›Daß ein Reisender, der zum heiligen Grabe pilgern wolle, sein Gebet nicht abkürzen dürfe‹, und andere ähnliche Beschuldigungen. Der Emir sandte König An-Nāṣir die Anklageschrift zu, der daraufhin anordnete, Ibn Taimīya in die Zitadelle zu werfen. Dort wurde er festgehalten, bis er im Gefängnis starb.

Die Šafiʿiten besitzen in Damaskus mehrere Schulen, von denen die Madrasa Al-ʿĀdilīya[374], wo der Oberrichter seine Urteile spricht, die größte ist. Gegenüber steht die Aẓ-Ẓāhirīya-Schule[375] mit dem Grab des Königs Aẓ-Ẓāhir, in der die Vertreter des Qāḍīs ihren Sitz haben. Einer ist Faḫr ad-Dīn al-Qibṭī, dessen Vater ein Kopte war, aber zum Islam übertrat. Ein anderer ist Ǧamāl ad-Dīn Ibn Ǧumla. Er wurde später Oberqāḍī der Šafiʿiten, aber wieder des Amtes enthoben wegen einer Angelegenheit, die seine Absetzung nötig machte.[376]

373 Vizekönig von Syrien seit dem Jahre 1315; vgl. Anm. 225.

374 Diese von Nūr ad-Dīn Ibn Zankī begonnene und vom Ayyubidensultan Al-ʿĀdil (reg. 1196-1218) nördlich der Großen Moschee vollendete Koranschule besteht noch heute.

375 Gegründet von Sultan Aẓ-Ẓāhir Baibars (reg. 1260–1277); auch sie besteht bis heute.

376 Ǧamāl ad-Dīn Maḥmūd bin Ibrāhīm Ibn Ǧumla al-Muḥaǧǧī aus Haurān, Prediger an der Umayyadenmoschee und seit 1332 šafiʿitischer Oberrichter, 1334 abgesetzt, eingekerkert und wieder von Tankīz freigelassen; er starb im Jahre 1338.

In Damaskus lebte der fromme Scheich Ẓahīr ad-Dīn al-ʿAǧamī. Unter seinen Schülern war auch Saif ad-Dīn Tankīz, der oberste Emir, gewesen, der ihn sehr verehrte. Eines Tages weilte er beim obersten Emir im Hause des Rechts, in dem sich auch die vier Qāḍīs befanden. Der Oberrichter Ǧamāl ad-Dīn Ibn Ǧumla erzählte eine Geschichte, da sagte Ẓahīr ad-Dīn zu ihm: »Du hast gelogen.« Der Richter war erbost, wurde zornig auf ihn und sagte zum Emir: »Wie kann er mich in deiner Gegenwart einen Lügner nennen?« Der Emir entgegnete: »Richte ihn!«, lieferte ihn dem Richter aus und glaubte, daß dieser damit zufriedengestellt sei, nicht aber, daß er ihm etwas antäte. Doch der Qāḍī ließ ihn in die Al-ʿĀdilīya-Schule bringen und ihm dort zweihundert Peitschenhiebe verabfolgen. Daraufhin ließ er ihn auf einem Esel durch Damaskus führen, während ein Ausrufer laut den Grund für die Strafe verkündete. Jedes Mal, wenn er seinen Ruf beendet hatte, gab er ihm erneut einen schweren Hieb auf den Rücken. So ist es dort Brauch.

Der erste Emir erfuhr davon, mißbilligte es auf das schärfste und ließ die Richter und Rechtsgelehrten zu sich kommen. Alle waren von der Schuld des Qāḍīs überzeugt und verurteilten ihn, weil er gegen seine eigene Lehre verstoßen habe. Tatsächlich erlauben die Regeln den Šafiʿiten nämlich eine solche Strafe nicht, und auch der Oberrichter der Malikiten Šarf ad-Dīn meinte, daß in diesem Falle gegen das Gesetz verstoßen worden sei. Infolgedessen schrieb Tankīz an König An-Nāṣir und enthob den Qāḍī seines Amtes.

Die Ḥanafiten haben viele Schulen, deren größte die des Sultans Nūr ad-Dīn ist, wo der Oberqāḍī der Hanafiten seinen Sitz hat. Die Malikiten führen in Damaskus drei Madrasas: Eine ist Aṣ-Ṣamṣāmīya, wo der malikitische Oberrichter sitzt und seine Urteile spricht, die zweite ist die An-Nūrīya-Schule, die Sultan Nūr ad-Dīn Maḥmūd Ibn Zankī erbaute, und die dritte ist die Madrasa Aš-Šarābišīya, erbaut vom Kaufmann Šihāb ad-Dīn Aš-Šarābišī.[377] Die Ḥanbaliten besitzen in Damaskus eine Vielzahl von Schulen, deren bedeutendste die Madrasa An-Naǧmīya ist[378].

Die Stadt hat acht Tore: Eines ist das Tor des Paradieses[379], ein anderes das Tor des Wasserbeckens[380], ein drittes heißt ›Kleines Tor‹[381]. Zwischen den beiden letzten Toren liegt ein Friedhof, auf dem eine sehr große Zahl von Muḥammads Gefährten sowie Märtyrer und manche ihrer Nachfolger be-

377 Sämtliche drei Schulen wurden auf dem Gelände des ehemaligen Umayyaden-Palastes errichtet; die erstgenannte besteht noch heute am Markt der Schneider.

378 Die Naǧmīya-Schule war ursprünglich ein Konvent, das von Ṣaladdins Vater Naǧm ad-Dīn Ayyub gegründet worden war.

379 Im Norden der Stadt, führte zu der alten byzantinischen Stadt Paradisos.

380 Im Westen der Hauptstraße, führte zur alten Ġassanidenstadt Al-Ǧābiya (›das Wasserbecken‹).

381 Im Ostteil der südlichen Stadtmauer.

stattet sind. Auf dem Friedhof zwischen den Toren, nämlich zwischen dem Tor des Wasserbeckens und dem Kleinen Tor liegen die Grabmäler der Umm Ḥabība, der Tochter Abū Sufyāns und Mutter der Gläubigen[382], ihres Bruders Muʿāwiya, des Fürsten der Gläubigen, sowie ferner die Gräber von Bilāl, dem Muezzin des Propheten[383], von Uwais al-Qarnī[384] und das Grab von Kaʿab al-Aḥbār – Gott sei ihnen gnädig!

In dem bekannten Werk mit dem Titel ›Erläuterung unbestreitbarer Wahrheiten‹ von Al-Qurṭubī fand ich, daß eine Anzahl von Muḥammads Gefährten einmal von Al-Madīna nach Damaskus gingen. Unter ihnen war auch Uwais al-Qarnī, der unterwegs in einer Wüste, in der es weder Häuser noch Wasser gab, starb. Sie waren sehr betrübt. Sie stiegen von ihren Tieren und fanden plötzlich zu ihrem Erstaunen Balsam, ein Leichentuch und Wasser. Sie wuschen ihn, hüllten ihn in das Totentuch und bestatteten ihn, nachdem sie ihre Gebete gesprochen hatten. Danach brachen sie auf, doch bald fragte einer: »Wie? Sollen wir denn das Grab ohne ein Zeichen hinterlassen?« Sie kehrten um, fanden aber vom Grab keine Spur mehr.

In der Nähe des Tores des Wasserbeckens steht das Osttor, neben dem ein Friedhof mit dem Grab von Kaʿabs Sohn Ubayy, einem Gefährten des Propheten Gottes, liegt.[385] Dort findet man auch das Grab des frommen Gottesdieners Raslān, den man auch den grauen Falken nannte.[386]

Es wird erzählt, daß der heilige Scheich Aḥmad ar-Rifāʿī in Umm ʿUbaida in der Nachbarschaft von Wāsiṭ lebte und zwischen ihm und dem heiligen Abū Madīn Šuʿaib Ibn al-Ḥusain[387] eine große Freundschaft bestand und ständig Gedanken ausgetauscht wurden. Man behauptete, daß einer der beiden den anderen morgens und abends grüßte, und der andere den Gruß erwiderte. Scheich Aḥmad besaß nahe seiner Zāwiya einige Dattelpalmen. Eines Jahres, als er sie wie üblich aberntete, blieb er seiner Gewohnheit treu, ließ ein Büschel stehen und sagte: »Das soll für meinen Bruder Šuʿaib sein.« Nun machte aber Scheich Abū Madīn in jenem Jahr die Pilgerfahrt. Die beiden Freunde trafen sich an der edlen Station ʿArafa. Scheich Aḥmads Diener

382 Als ›Mutter der Gläubigen‹ wurden die Gemahlinnen Muḥammads bezeichnet.

383 Bilāl bin Rabaḥ, der Abessinier, ein freigelassener Sklave Muḥammads, war sein erster Muezzin, er starb 641 in Syrien.

384 Uwais bin Ǧazʾ bin Mālik al-Qarnī, aus dem Stamme der Banū Qarn, ein Vertrauter des Propheten.

385 Sekretär Muḥammads, der als erster den Koran zusammenzustellen begann; er starb 650.

386 Raslān (oder türk.: Arslan) bin Yaʿqūb bin ʿAbd ar-Raḥmān al-Ǧuʿbarī, ein Turkmene, wird als Schutzpatron von Damaskus angesehen, gest. 1150.

387 Ahmad bin ʿAlī bin Yaḥyā Tāǧīy ar-Rifāʿīy al-Ḥusainī, Gründer eines wichtigen Ṣūfī-Ordens, gest. 1182; Abū Madīn Šuʿaib bin al-Ḥusain der Spanier, ebenfalls ein Ṣūfī-Mystiker, gest. 1197 in Tlemcen.

namens Raslān war zugegen, als die beiden Freunde sich unterhielten und der Scheich die Geschichte des Büschels Datteln erzählte. Da sagte Raslān zu ihm: »Wenn du es befiehlst, mein Herr, so bringe ich es ihm sogleich.« Und mit der Erlaubnis des Scheichs brach er sofort auf, brachte alsbald das Büschel herbei und legte es vor die beiden Freunde hin. Die Männer von der Zāwiya haben erzählt, daß sie am Abend des ʿArafa-Tages einen grauen Falken gesehen hätten, der auf die Palme herabgestoßen war, das Büschel abgeschnitten und in die Lüfte entführt hatte.

Im Westen von Damaskus liegt ein Friedhof mit dem Namen ›Gräber der Märtyrer‹. Man findet dort das Grab von Abu-d-Dardāʾ und seiner Gattin Umm ad-Dardāʾ[388], das von Faḍāla bin ʿUbaid, das von Wāṯila Ibn al-Asqaʿ und das von Sahl bin Ḥanẓalīya; sie alle gehören zu den Personen, die unter dem Baum den Treueid geschworen haben.[389] In einem Dorf namens Al-Manīḥa vier Meilen östlich von Damaskus liegt das Grab von Saʿd bin ʿUbāda[390], mit einer kleinen Moschee von schönem Bau. Obenauf liegt ein Stein mit der Inschrift: ›Dies ist das Grab von Saʿd bin ʿUbāda, Oberhaupt der Ḫazraǧ, Gefährte des Gesandten Gottes.‹

In einem Dorfe einen Farsaḫ südlich der Stadt liegt das Grabmal der Umm Kulṯūm, der Tochter von ʿAlī bin Abī Ṭālib und Fāṭima.[391] Man sagt, ihr Name sei Zainab gewesen, der Prophet habe ihr aber wegen ihrer Ähnlichkeit mit Umm Kulṯūm, ihrer Tante mütterlicherseits, der Tochter des Gottesgesandten, diesen Namen gegeben. Ganz nahebei steht eine vornehme, von Häusern umstandene Moschee, die mit frommen Stiftungen ausgestattet ist. Die Menschen aus Damaskus nennen sie das Grabmal der Dame Umm Kulṯūm. Ein weiteres Grab wird Sukaina[392], der Tochter von Ḥusain Ibn ʿAlī, zugeschrieben.

In der Hauptmoschee von An-Nairab, einem Vorort von Damaskus, sieht man in einer östlichen Nische ein Grab, vom dem behauptet wird, es sei das der Mutter Marias. Schließlich findet sich in einem Dorf namens Dārīyā, vier

388 Abu-d-Dardāʾ (›der Vater der Zahnlosen‹) ʿUmair bin Mālik al-Anṣārī, Gefährte Muḥammads, gest. 652.

389 Faḍāla bin ʿUbaid, Teilnehmer an der Eroberung Syriens, unter Muʿāwiya Qāḍī von Damaskus, gest. 673; Wāṯila Ibn al-Asqaʾ, letzter Gefährte Muḥammads, gestorben 702 in Jerusalem; Sahl bin Ḥanẓalīya, Gefährte Muhammads aus Medina, gest. 667 in Damaskus. Der Schwur unter dem Baum ist Inhalt der Eroberungssure Nr. 48, Abschnitt 18: ›... Gott war zufrieden mit den Gläubigen, als sie unter dem Baum den Schwur leisteten.‹

390 Führer des Stammes der Ḫazraǧ aus Medina, gest. 635 in Ḥaurān.

391 Nach Ibn Ǧubair hieß dieses Dorf zur Zeit seines Besuches 1184 ›Rāwiya‹; heute soll es als ›qabr as-sitt‹ (›Grab der Dame‹) bezeichnet werden, wie Ibn Baṭṭūṭa es angibt.

392 Sie entkam dem Massaker an ihrer Familie in Kerbela und starb in Medina im Jahre 735. Das Grab soll nach Harawī am Kleinen Tor in Damaskus stehen.

Meilen im Westen der Stadt, das Grabmal des Abū Muslim al-Ḫaulānī und dasjenige von Abū Sulaimān ad-Dārānī.[393]

Zu den berühmten heiligen Stätten von Damaskus zählt die Al-Aqdām-Moschee.[394] Sie liegt zwei Meilen südlich von Damaskus an dem Hauptweg, der in die Ḥiǧāz, nach Jerusalem und nach Ägypten führt. Es ist eine große Moschee, reich an Segnungen und frommen Stiftungen. Die Damaszener halten sie in sehr großer Verehrung. Ihren Namen verdankt sie den Fußabdrücken, die sich dort in einem Stein erhalten haben und von denen man sich erzählt, es seien die Spuren vom Fuße Moses'. Es gibt in dieser Moschee eine kleine Kammer, in der ein Stein mit der Inschrift aufbewahrt wird: ›Ein frommer Mann hat im Traume den Erwählten – Gottes Segen und Heil für ihn! – gesehen, der ihm sagte, daß sich an diesem Ort das Grab seines Bruders Moses befindet – Friede sei mit ihm!‹ In der Umgebung dieser Moschee gibt es am Wege eine Stelle, die man den ›Roten Sandhügel‹ nennt. Auch in der Nähe von Jerusalem und Arīḥā[395] gibt es einen Ort, der ›Roter Sandhügel‹ heißt und von den Juden verehrt wird.

In den Tagen der großen Pest wurde ich in Damaskus gegen Ende des Monats Rabīʿ II des Jahres 749[396] Zeuge der großen Verehrung, welche die Damaszener dieser Moschee entgegenbringen und die man bewundern muß. Arġūn Šāh, erster Emir und Vertreter des Sultans[397], befahl einem Ausrufer, in Damaskus zu verkünden, daß jedermann drei Tage lang fasten und am hellen Tage in den Basaren nichts gekocht werden solle; denn dort essen die meisten Menschen das, was auf den Märkten zubereitet wird. Die Damaszener fasteten drei Tage lang hintereinander und der letzte Tag war ein Donnerstag. Danach versammelten sich die Emire, die Šarīfe, die Qāḍīs, die Faqīhs und die verschiedensten Schichten des Volks in der Großen Moschee, bis sie völlig überfüllt war. Sie verbrachten dort die Nacht auf Freitag mit Gebeten und Lobpreisungen und faßten Gelübde. Danach verrichteten sie das Frühgebet und gingen gemeinsam, ihren Koran in der Hand, zu Fuß davon, die Emire sogar barfüßig.

Alle Bewohner der Stadt, Männer und Frauen, hoch und niedrig, traten

[393] Abū Muslim al-Ḫaulānī war Gefährte des Propheten und Asket, gest. 682; Abū Sulaimān ad-Dārānī, Asket und Mystiker aus Dārīyā, gest. 850. Sein Grab wird noch heute verehrt.

[394] ›Die Moschee der Fußspuren‹, weil sich in ihr angeblich Fußspuren der Propheten und nach einer Legende auch das Grab Moses' befinden sollen, liegt im Süden der Stadt und besteht noch heute.

[395] Jericho. Nach einem Ausspruch Muḥammads in den ›Traditionen‹ soll sich Moses' Grab unter dem ›Roten Sandhügel‹ befinden, der einer lokalen Überlieferung zufolge im Südwesten von Jericho liegt.

[396] Juli 1348.

[397] Arġūn Šāh an-Naṣrī, nacheinander Gouverneur von Safad, Aleppo und Damaskus, gest. 1349.

gemeinsam ins Freie, die Juden mit ihrer Thora und die Christen mit ihrem Evangelium, gefolgt von ihren Frauen und Kindern. Alle weinten, flehten und ersuchten Gott mit Hilfe seiner Bücher und seiner Propheten um Beistand. Sie begaben sich zur Al-Aqdām-Moschee und flehten bis zur Mittagstunde zu Gott. Dann kehrten sie in die Stadt zurück, verrichteten das Freitagsgebet, und der Allerhöchste linderte ihr Schicksal. Die Anzahl der Toten hat in Damaskus bis zu 2.000 an einem Tage erreicht, während es in Kairo und in Ägypten bis zu 24.000 an einem einzigen Tage waren.

Neben dem Osttor in Damaskus steht ein weißer Turm; hier soll Jesus herabgestiegen sein – Friede sei mit ihm –, wie in den ›Wahrhaftigen Regeln der Muslime‹ erwähnt wird.

Die Stadt ist auf allen Seiten, die östliche ausgenommen, von weiträumigen Vorstädten umringt, die hübscher sind als Damaskus selbst, weil sie breitere Gassen haben. Im Norden liegt die Vorstadt Aṣ-Ṣāliḥīya, eine große Stadt mit einem Markt, wie man schöner keinen sieht. Sie besitzt eine Hauptmoschee, ein Krankenhaus und die Abū-ʿUmar-Koranschule[398], die für jene gestiftet wurde, die unter der Anleitung von Gelehrten und erfahrenen Männern den erhabenen Koran studieren wollen. Schüler und Lehrer erhalten, was sie an Nahrung und Kleidung benötigen. Es gibt noch eine weitere Schule mit der gleichen Bestimmung in diesem Stadtteil, die sich Ibn Munağğā[399] nennt. Alle Bewohner von Aṣ-Ṣāliḥīya folgen der Lehre des Imām Aḥmad bin Ḥanbal.

Der Qāsyūn ist ein Berg im Norden von Damaskus, an dessen Fuß Aṣ-Ṣāliḥīya liegt. Seine Heiligkeit hat ihn berühmt gemacht, denn von dort stiegen die Propheten in den Himmel auf. Zu seinen heiligen Stätten zählt die Grotte, in der Abraham, der Vertraute Gottes, geboren wurde. Es ist eine lange und schmale Grotte, neben der eine große Moschee mit einem sehr hohen Minarett steht. Aus dieser Höhle heraus sah Abraham den Stern, den Mond und die Sonne, so wie es uns das Hohe Buch lehrt.[400] Außen vor der Grotte ist der Sitz, auf den er sich zurückzuziehen pflegte. Ich habe aber im Iraq zwischen Al-Ḥilla und Bagdad ein Dorf mit Namen Burṣ angetroffen, von dem die Leute ebenfalls sagen, es sei der Geburtsort Abrahams. Es liegt in der Nähe der Stadt des Ḏu-l-Kifl, und dort befindet sich auch sein Grab.[401]

[398] Namensgeber von Koranschule und Konvent war Abū ʿUmar al-Kabīr, ein aus Jerusalem stammender Ḥanbalit, der floh, als die Kreuzfahrer sich Jerusalems bemächtigten; gest. 1211.

[399] Nach Zain ad-Dīn Ibn al-Munağğa-d-Dimašqī, dem ersten dort lehrenden Scheich, gest. 1296.

[400] Sure 6, Abschnitt 76–78.

[401] Der Ort ›Burṣ‹ ist unbekannt, möglicherweise jedoch eine verderbte Form des antiken Borsippa, das sich etwas weiter nördlich befand. Das Grab bei Al-Ḥilla im Iraq wird dem Propheten Hezekiel zugeschrieben, dem im Koran der Beiname ›Ḏu-l-Kifl‹ gegeben wird.

Ein weiteres Heiligtum im Westen des Berges ist die Blutgrotte; darüber auf dem Berge sieht man das Blut Hābīls, des Sohnes Adams.[402] Gott hat an jener Stelle, an der sein Bruder ihn tötete und von wo er ihn bis zur Grotte schleifte, im Stein eine rötliche Spur erhalten. Man sagt, daß Abraham, Moses, Jesus, Hiob und Lot in dieser Grotte gebetet haben. Darüber steht eine in vollendeter Kunst erbaute Moschee, zu der man über eine Treppe aufsteigt und die Wohnkammern und andere nützliche Räume besitzt. Sie wird jeden Montag und Donnerstag geöffnet, und in der Grotte werden Kerzen und Laternen angezündet.

Ein weitere Höhle auf dem Berggipfel, neben der ein Gebäude steht, wird Adam zugeschrieben.[403] Unterhalb von ihr befindet sich jene Höhle, die als ›Grotte des Hungers‹ bekannt ist.[404] Es wird erzählt, in ihr hätten siebzig Propheten Zuflucht gesucht, die nichts hatten als einen Laib Brot. Immer wieder reichte ihn einer dem anderen weiter, aber jeder bot ihn seinem Nachbarn an, bis sie alle starben. Auch über dieser Höhle steht eine schön gebaute Moschee, in der Tag und Nacht Laternen brennen. Für jede dieser Moscheen sind viele fromme Vermächtnisse ausgelobt worden. Zwischen dem Paradiestor und der Hauptmoschee von Qāsyūn[405] liegt der Ort, an dem 700, manche sagen sogar 70.000, Propheten bestattet sind.

Vor der Stadt liegt der alte Friedhof mit den Gräbern der Propheten und Heiligen. An seinem Rand und in der Nähe der Gärten befindet sich ein vertieftes Gelände, in das Wasser eingesickert ist: Hier sollen die siebzig Propheten bestattet sein. Doch das Wasser ist nun zum Stillstand gekommen und verhindert, daß dort noch jemand beigesetzt werden kann.

Am äußersten Ende des Berges Qāsyūn liegt der gesegnete Hügel, der im Buch Gottes erwähnt ist. Es ist ein Ort der Ruhe mit einer Quelle, der Jesus, dem Messias, und seiner Mutter Obdach gab, ein Ort der Erquickung, der einen der schönsten Anblicke der Welt bietet. Man findet dort stattliche Paläste, elegante Gebäude und prächtige Gärten. Der gesegnete Zufluchtsort ist eine kleine Grotte in der Mitte des Hügels und hat das Aussehen einer kleinen Behausung, der gegenüber eine Kammer steht, in der Al-Ḫiḍr[406] seine Gebete verrichtet haben soll. Die Menge drängt sich, um an diesen beiden Stätten zu beten. Die Wohnung ist mit einer kleinen Eisenpforte versehen, und die Moschee, welche sie ganz umgibt, hat Rundgänge und ein Becken, in das Wasser hinabfließt. Es ergießt sich in eine in die Mauer eingelassene Leitung, die es zu

402 Nach muslimischer Tradition jene Stelle, an der ›Qābīl‹ (Kain) seinen Bruder ›Hābīl‹ (Abel) erschlug; sie ist noch heute eine Wallfahrtsstätte. Von hier an bis zu den frommen Stiftungen folgt Ibn Baṭṭūṭa in weiten Teilen wieder der Beschreibung Ibn Ǧubairs.

403 Heute als die ›Grotte der sieben Schläfer‹ bezeichnet.

404 Eine andere Überlieferung bezeichnet sie als die ›Höhle der vierzig Propheten‹.

405 Ibn Ǧubair sagt stattdessen: ›... Berg von Qāsyūn‹.

406 Mythische Sagengestalt des Islam, auch ›Al-Ḫaḍir‹ genannt.

einem Marmorbecken führt, in welches das Wasser fällt. Nichts gleicht dieser Anlage an Schönheit und Kunstfertigkeit. Nahebei stehen für die Waschungen kleine Kammern mit fließendem Wasser bereit.

Dieser gesegnete Hügel ist der Kopf der Gärten von Damaskus, denn dort sprudeln die Quellen, die sie bewässern. Am Fuße des Hügels teilt sich das Wasser in sieben Läufe, die alle in eine andere Richtung fließen. Diese Stelle heißt ›Ort der Teilung‹, und der größte dieser Wasserläufe wird Tūra genannt. Er beginnt unterhalb des Hügels und hat aus dem harten Gestein ein Bett geschlagen, das einer großen Höhle gleicht. Bisweilen tauchen kühne Schwimmer von der Höhe des Hügels in das Wasser und lassen sich von der Strömung davontragen, bis sie am Fuß des Berges wieder auftauchen, ein sehr gefährliches Abenteuer. Vom Hügel aus beherrscht der Blick die Gärten der gesamten Umgebung der Stadt; unvergleichlich sind die Schönheit und die Weite des Blickfeldes. Die sieben Flüsse zerstreuen sich in verschiedene Richtungen. Unter dem großartigen Eindruck der Teilung der Wasserläufe, ihrer ungestümen Strömung und ihrem ruhigen Dahinfließen gerät das Auge in Verwirrung. Die Schönheit dieses Hügels ist allzu vollkommen, als daß man sie mit Worten erfassen könnte.

Viele fromme Stiftungen in Form von Feldern, Obstgärten und Häusern sind ihm gewidmet worden, aus denen der Imām und der Muezzin entlohnt und Reisende versorgt werden können. Unterhalb des Hügels liegt das Dorf Nairab. Es besitzt eine unübertroffene Anzahl von Gärten, viel schattenspendendes Laub und dicht stehende Bäume, so daß man seine Häuser nicht erkennen kann, wenn sie nicht sehr hoch gebaut sind. Es hat ein angenehmes Bad und eine reizvolle Hauptmoschee, deren Hof mit kleinen Marmorplatten ausgelegt ist. Dort sieht man ein wunderschönes Wasserbecken und für die Waschungen einen Ort mit zahlreichen Kammern mit fließendem Wasser.

Im Süden dieses Dorfes liegt Al-Mizza[407], auch bekannt unter dem Namen Mizzat Kalb, weil es seinen Namen dem Stamme des Kalb bin Wabra bin Ṯaʿlab bin Ḥulwān bin ʿUmrān bin al-Ḥāf bin Qudaʿa verdankt. Das Dorf war diesem Stamm zu Lehen gegeben worden und lieh dem Imām Ḥāfiẓ ad-Dunya Ǧamāl ad-Dīn Yūsuf bin az-Zakīy al-Kalbīy al-Mizzī und vielen anderen Gelehrten seinen Namen. Es ist eines der größten Dörfer um Damaskus, besitzt eine wunderbare große Moschee und einen Brunnen mit Quellwasser. Die meisten Dörfer um Damaskus besitzen Bäder, Hauptmoscheen und Märkte, so daß die Einwohner über die gleichen Annehmlichkeiten verfügen, wie es sie in der Stadt gibt.

Östlich von Damaskus liegt ein Städtchen namens Bait Ilāhīya.[408] Es besaß

[407] Al-Mizza, fünf Kilometer westlich von Damaskus gelegen und Sitz des großen syrischen Stammes der Kalb.

[408] Im Nordosten von Damaskus gelegen, aber heute verschwunden.

zunächst eine Kirche und man sagt, daß Āzir[409] dort Götzenbilder schnitzte, die Abraham zerschlug. Heute ist sie eine hübsche Moschee, mit einem Mosaik aus farbigem Marmor geschmückt, das in wunderbarer Anordnung und Harmonie gelegt ist.

Es unmöglich, die vielen Arten frommer Stiftungen, die es in Damaskus gibt, aufzuzählen oder ihren Aufwand anzugeben, so zahlreich sind sie. Ich nenne die folgenden:

Stiftungen für jene, die nicht nach Mekka pilgern können; sie statten die Person, die anstelle einer anderen die Pilgerfahrt unternimmt, mit allem Notwendigen aus;

Stiftungen, die Töchtern, deren Familien dazu nicht imstande sind, die Mitgift für ihre Heirat bereitstellen;

Stiftungen, die sich die Auslösung von Gefangenen zum Ziel setzen;

Vermächtnisse zugunsten Reisender, die ihnen Nahrung und Kleidung geben und was sie sonst für die Reise in ihr Heimatland noch benötigen;

Stiftungen für den Unterhalt und die Pflasterung der Wege, denn jede Gasse in Damaskus ist auf beiden Seiten mit Gehsteigen versehen, auf denen sich die Fußgänger bewegen; wer zu Pferde sitzt, benutzt die Straßenmitte. Es gibt noch weitere ähnliche Stiftungen für verschiedene nützliche Werke.

Ich ging in Damaskus eines Tages durch eine Gasse, als ich einen kleinen Mamluken sah, dem eine Schale aus chinesischem Porzellan, die man dort ›saḥn‹ nennt, aus den Händen geglitten war. Sie war in Scherben zerbrochen, und die Menschen versammelten sich um ihn. Da sagte ein Mann zu ihm: »Sammle die Scherben auf und bringe sie zum Vorsteher der frommen Stiftung für das Hausgeschirr!« Der Sklave las alles auf, ging dann mit dem Mann zu diesem Vorsteher und zeigte ihm die Bruchstücke. Der gab ihm sodann das Geld, mit dem er eine ähnliche Schale wie die zerbrochene kaufen konnte. Dies war eine der besten Einrichtungen, denn der Herr des jungen Sklaven hätte ihn sicherlich davongejagt oder dafür verprügelt, daß er das Geschirr zerbrochen hatte; mehr noch, der Vorfall hätte auch sein Herz gebrochen und ihn sehr betrübt. Diese Stiftungen sind deshalb ein Trost für das Herz. Möge Gott es dem entgelten, der in seinem Eifer, gute Taten zu vollbringen, solch hochherziger Handlungen fähig ist!

Die Einwohner von Damaskus wetteifern darin, Moscheen, Konvente, Schulen und Grabmäler zu errichten. Sie haben eine gute Meinung von den Maġribinern und vertrauen ihnen ihren Besitz, ihre Frauen und ihre Kinder an. Wer sich in irgendeinen Winkel der Stadt zurückziehen will, wird von den Damaszenern unbedingt mit allem Notwendigen versorgt, sei es als Imām in einer Moschee, als Koranrezitator in einer Schule oder im Dienste einer Moschee: Immer wird ihm seine tägliche Nahrung gebracht, selbst als Koranleser

[409] Nach islamischer Tradition Abrahams Vater.

oder als Diener einer heiligen Stätte. Ist er ein Mitglied der Gemeinschaft der Ṣūfīs in einem Konvent, so übernehmen sie seinen Unterhalt und seine Bekleidung. Wer als Fremder dort ist, fühlt sich gut aufgehoben und wird mit Achtung behandelt, und man trägt Sorge, ihn vor allem zu schützen, was sein Ansehen verletzen könnte. Wer einem Gewerbe nachgeht oder zum Dienstpersonal gehört, hat andere Möglichkeiten. Er kann zum Beispiel einen Garten beaufsichtigen, eine Mühle betreiben oder die Kinder betreuen, indem er sie morgens zum Unterricht und abends wieder nach Hause begleitet. Wer sich in den Wissenschaften bilden oder sich ganz frei dem Dienst an Gott hingeben will, findet vollkommene Unterstützung.

Unter die Vorzüge der Damaszener ist zu rechnen, daß sie in den Nächten des Ramaḍān das Fasten niemals allein brechen. Wer zu den Emiren, den Qāḍīs und den anderen Großen gehört, lädt seine Freunde, aber auch die Faqīre ein, damit sie mit ihm das Fasten brechen. Die Kaufleute und bedeutenden Händler der Märkte halten es ebenso. Die Angehörigen des niederen Volkes und die Beduinen versammeln sich an jedem Abend dieses Monats in der Wohnung eines anderen oder in einer Moschee. Jeder bringt mit, was er hat, und dann brechen sie das Fasten gemeinsam.

Als ich in Damaskus angekommen war, hatte ich Freundschaft mit Nūr ad-Dīn As-Saḫawī, dem Lehrer der Malikiten, geschlossen. Er wünschte, daß ich in den Nächten des Ramaḍān das Fasten mit ihm gemeinsam bräche, und ich begab mich an vier Abenden zu ihm. Dann aber befiel mich ein Fieber und ich blieb fort. Aber er suchte nach mir und wollte, als ich mich wegen meiner Erkrankung entschuldigte, sie durchaus nicht gelten lassen, so daß ich zu ihm zurückkehrte und die Nacht bei ihm verbrachte. Doch als ich am nächsten Morgen wieder aufbrechen wollte, hielt er mich zurück und sagte: »Betrachte mein Haus als deines oder als das deines Vaters oder das deines Bruders«, befahl, einen Arzt zu holen und mir in seiner Wohnung alles zuzubereiten, was der Arzt an Arzneien oder Speisen verlangen sollte. Also blieb ich bei ihm bis zum Tag des Festes; dann begab ich mich auf den Gebetsplatz und der Allerhöchste heilte mich von der Krankheit, die mich befallen hatte.

Nun war alles erschöpft, was ich für meinen Unterhalt besessen hatte. Als er dies erfuhr, mietete er für mich Kamele, gab mir Reiseproviant und andere Dinge auf den Weg, beschenkte mich auch mit Dirham und fügte hinzu: »Dies soll für das sein, was du vielleicht dringend brauchst.« Gott möge es ihm entgelten!

Es gab in Damaskus einen verdienstvollen Sekretär des Königs An-Nāṣir namens ʿImād ad-Dīn al-Qaiṣarānī[410]. Er pflegte, wenn er hörte, daß ein Mag-

[410] ʿImād ad-Dīn Ismāʿīl bin Muḥammad bin ʿAbdallāh al-Qaiṣarānī, gest. 1336, aus der Sippe der Qaiṣarānī, gehörte zu den damaszenischen Notabeln. Er war zunächst Mitglied des Rates in Kairo, später Sekretär in Aleppo und Damaskus.

ribiner in Damaskus angekommen war, ihn holen zu lassen, ihn zu bewirten und ihm Gutes zu erweisen. Fand er in ihm einen gläubigen und ehrenhaften Mann, so lud er ihn ein, in seiner Gesellschaft zu bleiben. Er hatte stets eine gewisse Anzahl von ihnen zu Gast. So hielten es auch der Geheimsekretär, der vortreffliche ʿAlāʾ ad-Dīn bin Ġānim, und weitere Persönlichkeiten.[411]

In Damaskus lebte auch Ṣāḥib ʿIzz ad-Dīn al-Qalānisī, einer der bedeutendsten Bürger der Stadt[412]. Er war ein Mann mit ganz hervorragenden Eigenschaften, wohltätig und hochherzig, Er besaß großen Reichtum, und man erzählte sich, daß er König An-Nāṣir, als dieser nach Damaskus gekommen war, und dessen ganzem Gefolge nebst Mamluken und Vertrauten ein Gastmahl gegeben hatte, das drei Tage dauerte, und daß der König ihm aus diesem Anlaß den Titel des ›Ṣāḥib‹ verliehen hatte.

Über die Verdienste der Damaszener wird überliefert, daß einer ihrer früheren Könige auf dem Totenbett befahl, ihn in der ehrwürdigen Hauptmoschee beizusetzen, aber sein Grab zu verbergen. Er setzte beträchtliche Vermächtnisse für Koranleser aus, damit sie alle Tage sogleich nach dem Frühgebet östlich der Nische der Vertrauten des Propheten, wo sich sein Grab befand, den siebenten Teil des heiligen Korans läsen. Diese Lesung auf seinem Grab ist seither niemals abgesetzt worden und hat sich als schöner Brauch nach seinem Ableben verewigt.

Ein anderer Brauch der Damaszener wie aller Bewohner dieser Gegenden ist es, am Tage der Feierlichkeiten am Berg ʿArafa nach dem Nachmittagsgebet auszugehen und sich in den Höfen der Moscheen, im Heiligen Haus ebenso wie in der Moschee der Banū Umayya und anderen zu versammeln. Unter ihnen stehen entblößten Hauptes ihre Imāme, rufen Gott an, verbeugen sich in Demut und flehen zu Gott um Gnade. Sie wählen diese Stunde, weil zu dieser Zeit die Besucher des Allerhöchsten und die Pilger, die sein Gotteshaus aufsuchen, am Berg ʿArafa stehen. Sie werden nicht müde, sich zu verneigen, Gelübde abzulegen, den Allerhöchsten anzuflehen und durch die Vermittlung der Pilger um eine Gnade zu bitten, bis die Sonne untergeht. Dann laufen sie davon wie die Pilger, weinen aber, weil sie von der heiligen Station am ʿArafa ausgeschlossen waren. Wiederum richten sie Gebete an den Allmächtigen, sie dorthin zu führen und sie für das, was sie taten, nicht des Segens seiner Gunst zu berauben.

In ihren Bestattungen folgen sie einem sehr schönen Zeremoniell. Sie schreiten vor der Bahre her, während die Vorleser den Koran mit solcher Bewegung

411 ʿAlī bin Muḥammad bin Sulaimān bin Ḥamāʾil ad-Dimašqī ʿAlāʾ ad-Dīn bin Ġānim war Schreiber im Amt für Bauten, berühmt für seine Höflichkeit und seine Wohltätigkeit. Er gehörte zu den ersten Führern von Damaskus; gest. 1336.

412 Ebenfalls Mitglied einer der hervorragendsten Familien von Damaskus, Feldherr und Wesir, gest. 1329.

und so ergreifenden Stimmen rezitieren, daß sie zu Tränen rühren, tiefes Mitleid erregen und es fast das Herz zerreißt. In der Hauptmoschee gegenüber der vergitterten Nische beten sie für die Verstorbenen: Ist der Tote einer der Imāme, ein Muezzin oder ein Diener der Großen Moschee, tragen sie ihn laut lesend herein an den Platz, an dem das Gebet gesprochen wird. Ist der Verstorbene ein anderer, beenden sie das Lesen schon am Hauptportal und schreiten schweigend mit der Bahre herein. Dann treten einige im Westschiff des Hofes in der Nähe des Posttores um ihn zusammen. Sie setzen sich, vor sich die Korankästchen, und lesen. Wieder erheben sie ihre Stimmen, wenn sie einen hohen Würdenträger der Stadt ankündigen, der an der Beisetzung teilnimmt, und sagen: »Im Namen Gottes, Soundso ad-Dīn oder Kamāl oder Ǧamāl oder Šams oder Badr«, und so fort. Sobald sie zu Ende gelesen haben, erheben sich die Muezzine und sprechen: »Denkt nach und sinnt auf euer Gebet für Soundso, den frommen und weisen Mann ...« und preisen noch einmal seine Tugenden. Sodann beten sie über dem Verstorbenen und tragen ihn an den Ort seiner Beisetzung.

Auch die Inder pflegen, wenn sie jemanden bestatten, ein schönes Zeremoniell, das diesem Brauch sogar noch überlegen ist. Sie versammeln sich am Morgen des dritten Tages nach der Beisetzung im Grabmal des Verstorbenen. Es wird mit feinen Stoffen verhüllt und der Sarg mit prachtvollen Gewändern verhängt. Wohlriechende Pflanzen wie Rosen, gelbe Narzissen und Jasmin werden rings um den Sarg aufgestellt, denn diese Blumen stehen bei ihnen immer in Blüte. Limonen- und Zitronenbäumchen werden hereingetragen, an die man Früchte hängt, wenn sie selbst keine tragen. Darüber wird ein Zelt errichtet, damit alle Teilnehmer Schatten finden.

Nun kommen die Qāḍīs, die Emire und andere große Persönlichkeiten und setzen sich, während ihnen gegenüber die Koranleser Platz nehmen. Die edlen Koranschatullen werden herbeigebracht, und jeder nimmt sich einen Teil des Buches. Wenn die mit schönen Stimmen vorgetragene Lesung beendet ist, ruft der Qāḍī den Namen Gottes an, erhebt sich und spricht eine Predigt, die er für diesen Anlaß verfaßt hat. In Trauerversen nennt er den Namen des Verstorbenen und beklagt sein Hinscheiden. Er spricht von seinen Nächsten und drückt ihnen sein Beileid aus. Er nennt den Sultan und ruft Segenswünsche auf ihn herab. Sobald er dessen Namen ausspricht, erheben sich alle Teilnehmer und beugen ihre Köpfe in die Richtung, in der sich der Fürst befindet. Danach nimmt der Richter wieder Platz. Man bringt Rosenwasser, mit dem die Teilnehmer besprengt werden. Dabei beginnt man mit dem Qāḍī, dann folgt dessen Nachbar und so geht es, bis auf alle Rosenwasser vergossen wurde. Nun werden Tassen mit einem süßen Trank gebracht, der aus Sirup besteht, der in Wasser verdünnt wurde. Die Teilnehmer trinken davon und wieder beginnen der Qāḍī und seine Nachbarn. Dann wird Betel gereicht, den sie sehr schätzen und den sie ihren Besuchern zum Geschenk machen. Wenn der Sultan jemanden damit beschenkt, wird diese Gabe höher geschätzt als ein Geschenk von Gold oder von Ehrenkleidern. Stirbt jemand, so nimmt seine Familie bis zum Tage der Beisetzung keinen Betel zu sich. Nun aber nimmt der Qāḍī oder sein Vertreter einige Blätter und gibt sie dem nächsten Verwandten des Verstorbenen, der sie kaut. Sodann ziehen sich alle Teilnehmer zurück. Ich werde auf den Betel zurückkommen, wenn es Gott gefällig ist.

In der Moschee der Banū Umayya hörte ich die Deutung der gesamten Dogmen des Imām Abū ʿAbdallāh Muḥammad Ibn Ismāʿīl al-Ǧuʿfīy al-Buḫārī aus dem Munde des hochbetagten Scheichs Šihāb ad-Dīn Aḥmad bin Abī Ṭālib bin Abi-n-Naʿīm bin Ḥasan bin ʿAlī bin Bayan ad-Dīn Muqrīy aṣ-Ṣāliḥī, bekannt unter dem Namen Ibn aš-Šaḥna, der Steinmetz, zu dem die Menschen aus allen Richtungen des Himmels kamen und der die Generationen miteinander verband.[413] Ich hörte sie in vierzehn Sitzungen, die erste an einem Dienstag in der Mitte des herrlichen Monats Ramaḍān des Jahres 726, die letzte am Montag, dem 28. Tage des gleichen Monats.[414]

Es las der Imām und syrische Geschichtsschreiber ʿAlam ad-Dīn Abī Muḥammad al-Qāsim bin Muḥammad bin Yūsuf al-Birzālī, der aus Sevilla stammte, aber in Damaskus lebte und den Koran auswendig kannte.[415] Ich hörte ihn in einer größeren Gruppe, deren Namen Muḥammad bin Ṭuġrīl bin ʿAbdallāh, der Sohn von Al-Ġazzāl, dem Geldwechsler, aufschrieb. Von ihnen hörte auch der Scheich Abu-l-ʿAbbās al-Ḥiǧāzī die Auslegung des gesamten Buches. Ibn aš-Šaḥna hörte die Auslegung von Scheich Imām Sirāǧ ad-Dīn Abū ʿAbdallāh al-Ḥusain bin Abī Bakr, des Glücklichen, bin Muḥammad bin Yaḥyā bin ʿAlī bin al-Muslim bin ʿUmrān ar-Rabīʿīy al-Baġdādīy az-Zubaidīy al-Ḥanbalī[416] in den letzten Tagen des Monats Šawwāl und in den ersten Tagen des Monats Ḏu-l-Qaʿda des Jahres 630 in der Hauptmoschee Al-Muẓaffarī am Fuße des Berges Qāsyūn vor den Toren von Damaskus.

Dieser hatte die Erlaubnis, das gesamte Werk zu lehren, von den beiden Scheichs Abu-l-Ḥasan Muḥammad bin Aḥmad bin ʿUmar bin al-Ḥusain bin al-Ḫalf al-Qaṭīʿī, dem Historiker, und von Alī bin Abī Bakr bin ʿAbdallāh bin Ruʾbat al-Qalānisī, dem Gewürzkrämer, erhalten, die beide aus Bagdad stammten. Darüber hinaus hatte er die Erlaubnis, vom Abschnitt über die

[413] Ibn aš-Šaḥna Aḥmad bin Abī Ṭālib Ibn Abi-n-Naʿam, der Steinmetz, (1227–1330). Andere Handschriften weisen statt ›al-ḥaǧǧār‹ (der Steinmetz) den Zusatz ›al-ḥiǧāzī‹ (aus der Ḥiǧāz) auf.

[414] Vom 15. bis zum 28. August des Jahres 1326, die Wochentage allerdings waren ein Freitag und ein Donnerstag.

[415] Al-Qāsim bin Muḥammad bin Yūsuf al-Birzālī (1267–1338), einer der größten orthodoxen Theologen und Gelehrten seiner Zeit.

[416] Jurist und Linguist aus Bagdad, gest. 1233. Es folgt nun die gesamte Kette der Koranlehrer bis auf den Autor Al-Buḫārī selbst; dieser Nachweis einer ununterbrochenen Kette von Autoritäten war für die Gültigkeit des ›Diploms‹ von Bedeutung.

Eifersucht der Frauen und ihre Liebe bis zum letzten Buche zu lehren, von Abu-l-Munağğā ʿAbdallāh bin ʿUmar bin Alī bin Zaid bin al-Laiṯīy al-Ḫuzāʿī aus Bagdad erhalten. Alle vier hatten die Erklärungen des Scheichs Šadīd ad-Dīn Abi-l-Waqt ʿAbd al-Awwal bin ʿĪsā bin Šuʿaib bin Ibrāhīm as-Sanğizīy al-Harawī, dem Ṣūfī, im Jahre 553 in Bagdad gehört.

Dieser letzte sagte: ›Mich lehrte der Imām, die Zierde des Islams Abu-l-Ḥasan ʿAbd ar-Raḥmān bin Muḥammad bin al-Muẓaffar bin Muḥammad Ibn Dāwūd bin Aḥmad bin Maʿāḏ bin Sahl bin al-Ḥakam ad-Dāwūdī, ich las und hörte in Būšanğ im Jahre 465.‹

Abu-l-Ḥasan sagte: »Mich unterwies Abu Muḥammad ʿAbdallāh bin Aḥmad bin Ḥawīya bin Yūsuf bin Aiman as-Saraḫisī, ich las und lauschte seinen Erläuterungen im Monat Ṣafar des Jahres 381.«

Abū Muḥammad: »Mich lehrte ʿAbdallāh Abū Muḥammad bin Yūsuf bin Maṭar bin Ṣāliḥ bin Bišrī bin Ibrāhīm al-Farabrī, ich las und hörte in Farabr im Jahre 316.«

ʿAbdallāh sagte: »Mich belehrte der Imām Abū ʿAbdallāh Muḥammad bin Ismāʿīl aus Buḫārā im Jahre 248 in Farabr und ein zweites Mal im Jahre 253.«

Zu den Damaszenern, die mir die allgemeine Lehrerlaubnis erteilt haben, gehören:

Scheich Abu-l-ʿAbbās, der Steinmetz, den ich bereits genannt habe. Er sprach sich auf meine Bitte hin zu meinen Gunsten aus.

Der Scheich und Imām Šihāb ad-Dīn Aḥmad bin ʿAbdallāh bin Aḥmad bin Muḥammad aus Jerusalem. Er ist geboren im Monat Rabīʿ I. des Jahres 653.[417]

Der fromme Scheich und Imām ʿAbd ar-Raḥmān Ibn Muḥammad bin Aḥmad bin ʿAbd ar-Rahmān al-Bağadī.[418]

Der Imām der Imāme Ğamāl ad-Dīn Abu-l-Maḥāsin Yūsuf bin az-Zakī ʿAbd ar-Raḥmān bin Yūsuf al-Mizzīy al-Kalbī, der beste Leser des Korans, der ihn vollständig auswendig kannte.

Der Scheich und Imām ʿAlāʾ ad-Dīn ʿAlī bin Yūsuf bin Muḥammad bin ʿAbdallāh, der Šafiʿit.

Der Scheich, Imām und Šarīf Muḥīy-ad-Dīn Yaḥyā Ibn Muḥammad bin ʿAlīy al-ʿAlawī.

Der Scheich, Imām und Traditionalist Mağd ad-Dīn al-Qāsim bin ʿAbdallāh bin Abī ʿAbdallāh bin al-Muʿallā, der Damaszener; er wurde im Jahre 654 geboren.

Der Scheich, Imām und Gelehrte Šihāb ad-Dīn Aḥmad bin Ibrāhīm bin Fallāḥ bin Muḥammad aus Alexandria.[419]

[417] Orthodoxer Lehrer an der Madrasa von Ḍiyāʾīya (1255–1330).

[418] Orthodoxer Lehrer (etwa 1260–1338).

[419] Aḥmad bin Ibrāhīm bin Fallāḥ bin Ġānim bin Šiddād Ḍiyāʾ ad-Dīn, gest. 1329.

Der Scheich, Imām und Gottesfreund Šams ad-Dīn bin ʿAbdallāh bin Tamām.

Die beiden Scheichs und Brüder Šams ad-Dīn Muḥammad und Kamāl ad-Dīn ʿAbdallāh, beide Söhne von Ibrāhīm bin ʿAbdallāh bin Abū ʿUmar aus Jerusalem.

Der Scheich und Diener Gottes Šams ad-Dīn Muḥammad bin Abu-z-Zahrāʾ bin Sālim al-Hakkārī.[420]

Die gelehrte und fromme Scheicha Umm Muḥammad ʿĀʾiša bint Muḥammad Ibn Muslim bin Salāmat al-Harrānī.[421]

Die gottesfürchtige Scheicha Ruḥlat ad-Dunya Zainab bint Kamāl ad-Dīn Aḥmad bin ʿAbd ar-Raḥīm bin ʿAbd al-Wāḥid bin Aḥmad aus Jerusalem.[422]

Alle diese Persönlichkeiten haben mir im Jahre 726 in Damaskus eine allgemeine Lehrerlaubnis erteilt[423].

420 Muḥammad bin Abi-z-Zahrāʾ (1256–1336) aus Hakkārīya in der Nähe von Mossul.

421 ʿĀʾiša bint Muḥammad bin al-Muslim al-Harrānīya (1248/49–1336).

422 1248–1339, eine von dreizehn in den Chroniken erwähnten Damen mit Namen Zainab.

423 Somit erwarb Ibn Baṭṭūṭa vierzehn Diplome in drei Wochen.

Nach Mekka

Als der Neumond des Monats Šawwāl des vorgenannten Jahres erschien[424], verließ die Pilgerkarawane Damaskus und schlug ihr Lager in dem Dorf Al-Kiswa[425] auf. Ich schloß mich ihr an. Ihr Führer war Saif ad-Dīn al-Ǧūbān, einer der ersten Emire[426]; ihr Qāḍī war Šarf ad-Dīn al-Aḏraʿīy al-Ḥaurānī. In diesem Jahre unternahm auch der Lehrer der Malikiten, Ṣadr ad-Dīn al-Ġumārī, seine Wallfahrt. Ich reiste mit einem Stamm von Arabern, die sich Al-ʿAǧārima nannten und unter der Führung von Muḥammad bin Rāfiʿ, einem Fürsten von hohem Rang, standen.[427] Wir brachen von Al-Kiswa auf und begaben uns zu einem großen Dorf namens Aṣ-Ṣanamain[428] und von dort nach Zuraʿa, einer kleinen Stadt auf dem Gebiet der Ḥaurān.[429] Wir hielten ganz in ihrer Nähe an und wandten uns danach in Richtung auf das kleine Städtchen Buṣrā.[430] Hier hält sich die Karawane üblicherweise vier Tage auf, um den Nachzüglern, die in Damaskus noch ihre Geschäfte zu erledigen haben, Gelegenheit zu geben, sie einzuholen. Nach Buṣrā war der Gesandte Gottes vor seiner göttlichen Sendung gekommen, um Handelsinteressen von Ḫadīǧa nachzugehen. In dieser Stadt ist die Stelle zu sehen, an der sein Kamel niederkniete und wo man eine große Moschee errichtet hat. Die Bewohner von Ḥaurān kommen in diese Stadt, und die Pilger versehen sich dort mit den nötigen Vorräten. Danach brechen sie nach Birkat Zīza auf[431], bleiben dort einen Tag, wenden sich dann nach Al-Luǧūn, wo es fließendes Wasser gibt, und danach zur Zitadelle Al-Karak.[432]

424 1. September 1326.

425 Al-Kiswa, die erste Station der Ḥiǧāz-Karawane, liegt etwa 15 Kilometer südlich von Damaskus.

426 Saif ad-Dīn al-Ǧūbān al-Manṣūrī, Mamlukenführer, gest. 1328.

427 Eine Gruppe des Al-Faḍl-Stammes aus Ǧaulān, einem Viertel von Damaskus.

428 Etwa 30 Kilometer südlich von Al-Kiswa an der Strecke zwischen Damaskus und Amman.

429 Das heutige Izrā östlich der vorerwähnten Strecke; Ḥaurān ist der heutige Bezirk Ad-Durūz.

430 60 Kilometer südöstlich von Izrā gelegen, war Buṣrā eine alte römische Ansiedlung, später Hauptort des Bezirks von Ḥaurān und Ziel der aus Arabien kommenden Karawanen.

431 Dieser Ort ist in Maḥaṭṭat al-Ǧīza, der heutigen Station der Ḥiǧāz-Eisenbahn 30 Kilometer südlich von Amman, aufgegangen.

432 Die alte Festung der Kreuzfahrer Al-Karak liegt 30 Kilometer südöstlich des vorgenannten Ortes Al-Luǧūn. Es ist die ›Krak des Moabites‹ aus dem Jahre 1145, die von Ṣaladdin 1188 erobert wurde.

Sie gehört zu den bewundernswertesten Festungen, unbezwingbar und berühmt. Sie heißt auch die Rabenfestung und ist auf allen Seiten von einem Flußtal umgeben. Sie hat nur ein Tor, dessen Öffnung ebenso in den gewachsenen Fels gehauen ist wie das Tor zur Vorhalle. In diesem befestigten Kastell suchen die Könige in Zeiten der Gefahr Zuflucht. König An-Nāṣir zog sich hierher zurück, denn ihm wurde die Königswürde übertragen, als er noch sehr jung war und sich sein Mamluk und Stellvertreter Sallār an seiner Statt der Regierung bemächtigt hatte.[433] Da erklärte der König, daß er die Pilgerfahrt nach Mekka antreten wolle, und seine Fürsten stimmten ihm zu. Er reiste ab, doch als er am ʾAila-Paß[434] angekommen war, floh er in diese Zitadelle und blieb einige Jahre dort, bis ihn die Fürsten von Syrien und seine Mamluken aufsuchten. Inzwischen aber war die Königswürde auf Baibars Aš-Šašankīr[435] übertragen worden, der königlicher Vorkoster gewesen war und sich den Namen Al-Malik al-Muẓaffar zugelegt hatte. Er ist es gewesen, der in der Nähe des von Ṣalāḥ-ad-Dīn Ibn Ayyūb errichteten Klosters von Saʿīd as-Saʿdāʾ das Konvent Al-Baibarsīya gründete. Gegen ihn rückte nun An-Nāṣir an der Spitze seiner Truppen vor, woraufhin Baibars in die Wüste floh. Das Heer aber verfolgte ihn, nahm in fest und führte ihn vor den König, der den Befehl gab, ihn zu töten. Er wurde getötet, und auch Sallār wurde ergriffen und in einen Brunnen eingeschlossen, wo er verhungerte. Man erzählt sich, daß er aus Hunger einen Tierkadaver verzehrte. Gott behüte uns vor dem Äußersten!

Die Karawane verbrachte vor Karak vier Tage an einem Ort, der Aṯ-Ṯanīya hieß[436], und bereitete sich auf den Eintritt in die Wüste vor. Wir reisten nach Maʿān, dem letzten Ort Syriens, und stiegen über den Paß Aṣ-Ṣawān in die Wüste hinab.[437] Über sie sagt man: »Wer sie betritt, ist verloren; doch wer sie verläßt, wird geboren.« Nach einer Strecke von zwei Tagen schlugen wir unser Lager in Ḏāt Ḥaǧǧ[438] auf, einem völlig unbewohnten Ort, wo man aber Wasser findet. Dann wandten wir uns dem wasserlosen Wādī Baldaḥ zu.

433 Anläßlich An-Nāṣirs zweiten Thronverzichts im Jahre 1309, als er 24 Jahre alt war. In 1310 kehrte er zurück, um den ägyptischen Thron zum dritten und letzten Male zu besteigen. Sallār war bis 1310 Vizekönig von Ägypten, wurde von An-Nāṣir abgelöst und nach Karak geschickt, wo er starb.

434 ʿAqabat ʾAila gab den Städten Eilath in Israel und ʿAqaba in Jordanien ihre Namen. Der Paß liegt im Norden der Stadt und führt nach Maʿān.

435 Šašankīr war Mamlukensultan während An-Nāṣirs zweiter Abdankung gewesen und hatte sich den Beinamen Baibars zugelegt. Sein Name geht auf das persische Wort ›Ḫašta-nigir‹ (›Vorkoster‹) zurück.

436 Der Ort heißt unverändert Aṯ-Ṯanīya und liegt drei Kilometer südöstlich von Karak.

437 Maʿān liegt im Süden des heutigen Jordanien; Aṣ-Ṣawān, heute Maḥaṭṭat ʿAqabat al-Ḥigāz, folgt nach weiteren 60 Kilometer.

438 Ḥaǧǧ, Eisenbahnstation in Saudi-Arabien, 29° 50' n. Br. und 36° 8' ö. L.

Zunächst kamen wir kamen nach Tabūk[439], einem Ort, der vom Gesandten Gottes angegriffen worden ist. Man sieht dort eine Quelle, die früher nur wenig Wasser führte. Doch als der Prophet hinabstieg, um dort seine Waschungen zu verrichten, gab sie reines und klares Wasser im Überfluß und sie spendet es dank dem Segen des Propheten noch heute. Die syrischen Pilger haben, wenn sie in Tabūk angekommen sind, die Gewohnheit, ihre Waffen zu ergreifen, ihre Säbel zu ziehen, einen Angriff auf den Ort zu führen und mit ihren Schwertern an die Palmenstämme zu schlagen. Dabei rufen sie: »So hat der Gottesgesandte diesen Ort betreten – Gottes Heil und Segen für ihn!« Die große Karawane lagert an dieser Quelle und jedermann bedient sich ihres Wassers. Sie macht dort vier Tage Rast, tränkt die Kamele und versorgt sich mit Wasser für die Reise in die gefürchtete Wüste zwischen Al-ʿUlā und Tabūk. Die Wasserträger steigen an den Rand der Quelle hinab. Sie haben als Wasserbehälter schwere Schläuche aus Büffelhaut, aus denen sie die Kamele tränken; dann füllen sie ihre großen und mittleren Schläuche. Alle Emire und die anderen großen Herren besitzen ihre eigenen Wasserspeicher, aus denen sie ihre Kamele und die Tiere ihres Gefolges tränken und ihre Schläuche füllen. Die anderen Teilnehmer der Karawane einigen sich mit den Wasserträgern auf eine bestimmte Summe Dirhams, damit sie ebenfalls ihre Kamele saufen lassen und ihre Schläuche füllen können.

Schließlich bricht die Karawane aus Tabūk auf und reitet wegen der Furcht, den diese wüste Landschaft einflößt, bei Tag und bei Nacht schnell weiter. Inmitten dieser Wüste liegt das Wādī Al-Uḫaiḍar[440], das wie ein Wādī der Hölle ist, vor der uns Gott schützen möge! Hier ist den Pilgern einmal großes Unglück widerfahren, weil ein vergifteter Wind, der plötzlich aufkam, alles Wasser aufsog. Das Wasser ging ihnen aus und der Preis für einen Schluck stieg auf tausend Dinar. Aber sowohl Käufer wie Verkäufer kamen um, wie es in einer Inschrift auf einem Stein im Tale heißt.

Danach schlägt sie ihr Lager am See von Al-Muʿaẓẓam auf[441], der groß ist und seinen Namen dem König Al-Muʿaẓẓam, einem der Söhne von Ayyūb, verdankt. In manchen Jahren sammelt sich hier Regenwasser, aber in anderen Jahren ist der See ausgetrocknet. Fünf Tage hinter Tabūk erreicht die Karawane die Brunnen von Al-Ḥiǧr an den Wohnsitzen der Ṯamūda.[442] Er führt viel

[439] Im Norden der Provinz Ḥiǧāz und eine der bedeutendsten Stationen der Pilgerkarawanen.

[440] Al-Uḫaiḍar oder Al-Aḫḍar, ein tiefes Tal aus Lavagestein auf 28° 8' n. Br. und 37° 8' ö. L.

[441] So benannt nach Al-Muʿaẓẓam ʿĪsā, dem Neffen Ṣaladdins, der von 1218–1227 Sultan von Damaskus war.

[442] Der Al-Ḥiǧr-Brunnen ist eine alte Karawanenstation zwischen dem Jemen und Syrien. Der Ort nennt sich heute Madāʾin Ṣāliḥ. Der Stamm der Ṯamūda findet Erwähnung im Koran, Sure 11, Abschnitt 61–68. ›Ṣāliḥ sollte ihn bekehren und ließ eine Kamelstute aus dem Felsen treten. Die Ṯamūda aber durchschnitten ihr die Flechsen. … Dann aber

Wasser; aber niemand, wie groß sein Durst auch sein mag, steigt hinab, denn sie ahmen den Gesandten Gottes nach, als er auf seinem Feldzug gegen Tabūk vorbeizog. Er trieb sein Kamel an und befahl, daß niemand aus dem Brunnen trinken solle. Wer bereits damit sein Mahl angerührt hatte, gab es seinen Kamelen zu fressen.

Die Wohnsitze der Ṯamūda sind in Berge aus rotem Gestein geschlagen. Die Türschwellen sind gemeißelt, und wer sie sieht, glaubt, sie seien erst vor kurzer Zeit entstanden. Die Gebeine ihrer Verstorbenen bewahren sie im Inneren dieser Behausungen auf. Hier ist der Ort, an dem sich Ṣāliḥs Stute zwischen zwei Felsen niederließ, zwischen denen heute die Reste einer Moschee stehen, an der die Menschen zu beten pflegen. Die Entfernung zwischen Al-Ḥiǧr und Al-ʿUlā[443] beträgt eine halbe Tagesreise oder gar weniger. Al-ʿUlā ist ein großer und schöner Ort mit Palmengärten und Quellwasser. Die Pilger verweilen vier Tage, um sich mit Reiseproviant zu versorgen und ihre Kleidung zu waschen, aber sie hinterlassen dort auch ihre überzähligen Lebensmittel, um nur mitzunehmen, was sie unbedingt benötigen. Die Bewohner des Dorfes sind zuverlässige Leute, und bis hierher kommen auch die christlichen Kaufleute aus Syrien und verkaufen den Pilgern Lebensmittel und andere Dinge, gehen aber nicht weiter.

Schließlich verließ die Karawane Al-ʿŪla und machte am Morgen nach dem Aufbruch in einem Flußtal Halt, das unter dem Namen Al-ʿĪṭās bekannt ist. Die Hitze ist erstickend, und hier weht der tödliche Samūm. Eines Jahres ritt eine Karawane gegen diesen Wüstenwind, aber kaum jemand entkam ihm. Man nennt jenes Jahr das Jahr des Emirs Al-Ǧāliqī.[444] Danach lagert sie in Hudīya[445], einem Ort mit Wasserspeichern, die in einem Tal liegen. Man gräbt im Boden und trifft auf Wasser, das aber brackisch ist. Am dritten Tage macht sie außerhalb der heiligen, der erhabenen und prächtigen Stadt Halt.

Noch am Abend des gleichen Tages betraten wir Aṭ-Ṭayyiba, die Stadt des Propheten, dann den heiligen Bezirk und erreichten die gesegnete Moschee, in der wir uns am Tor des Friedens zum Gruße aufstellten.[446] Wir beteten im heiligen Bezirk zwischen dem Grab und der erhabenen Kanzel. Wir berührten das dort aufbewahrte Stück des Palmenstamms, der sich vor dem Gesandten

packte die, die Unrecht getan hatten, der Schrei und am nächsten Morgen lagen sie tot in ihren Häusern.‹

443 Al-ʿUlā liegt 40 Kilometer südlich von Madāʾin Ṣāliḥ.

444 Es handelte sich um Qaṭluqtamur, einen Schwager von Al-Ǧāliq, dem Gouverneur von Ġazza, aus dem zweiten Jahrzehnt des 14. Jahrhunderts.

445 An der Eisenbahnlinie auf 25° 32' n. Br. und 38° 47' ö. L.

446 Aṭ-Ṭayyiba (›die Angenehme, die Wohlschmeckende‹) war der alte Beiname Medinas. Der erste Schritt der Pilger zur Moschee führt stets durch das Friedenstor an der Südecke der Westmauer.

Gottes verneigte. Es ist an einer Säule befestigt, die zwischen dem Grabmal und der Kanzel, und zwar rechts vor der Gebetsnische, steht.

Wir entledigten uns der Grüße, die wir dem Fürsten der Ersten und Letzten schuldig waren, dem Fürsprecher der Rebellen und der Sünder, dem hāšamītischen Gesandten und Propheten Al-Abṭaḥī Muḥammad und riefen Ehre und Segen auf ihn herab. Wir entboten unsere Grüße auch seinen beiden Freunden und Gefährten Abū Bakr, dem Wahrhaftigen, und Abū Ḥafṣ ʿUmar, dem Unfehlbaren.[447] Dann nahmen wir unsere Reise wieder auf, glücklich über die gewaltige Gunst und zufrieden über den Empfang dieser größten Gnade, lobten den Allerhöchsten für das Erreichen der verehrten Zeugnisse und der prächtigen Heiligtümer seines Propheten und seiner großartigen und vornehmen Stätten. Wir richteten an den Ewigen unsere Gelübde, daß dieser Besuch nicht unser letzter sei, damit er uns zu jenen zähle, deren Pilgerfahrt angenommen ist und deren Reise auf den Wegen Gottes stattfindet.

Die verehrte Moschee ist von rechteckigem Grundriß und auf allen vier Seiten von kreisrunden Schiffen umgeben; in der Mitte liegt ein Hof, der mit Kieseln gepflastert und gesandet ist. Ganz um die verehrte Moschee herum läuft ein großer mit behauenen Steinen bedeckter Weg. Das heilige Grabmal – der Segen Gottes und das Heil seien mit seinem Bewohner! – befindet sich an der südöstlichen Seite der erhabenen Moschee. Seine Form ist bewundernswert, und man weiß nicht, womit man sie vergleichen könnte. Es ist von wundervoll gearbeitetem Marmor höchster Güte eingefaßt. Die Oberfläche ist mit Moschus und anderen Duftstoffen bestrichen, die seit langer Zeit dort aufgetragen werden. An der Südwand, der edlen Vorderfront gegenüber, befindet sich ein Silbernagel: Hier bleibt der Besucher zum Gruße stehen, indem er sich, die Gebetsrichtung im Rücken, der Vorderseite zuwendet. Nach dem Gruße dreht er sich nach rechts zu Abū Bakr um, dem Wahrhaftigen, dessen Haupt in der Nähe der Füße des Propheten liegt. Schließlich wendet er sich ʿUmar bin al-Ḫaṭṭāb zu, dessen Haupt die Schultern Abū Bakrs berührt – Gott gebe beiden den Frieden![448]

Im Norden des heiligen Grabmals, dessen Ruhm Gott vermehren möge, befindet sich ein kleines, mit Marmor ausgelegtes Becken, vor dem in südlicher Richtung eine Gebetsnische steht. Man sagt, es sei die Wohnung Fāṭimas gewesen, der Tochter des Gesandten Gottes. Andere aber sagen, dies sei ihr Grabmal.[449] Nur Gott allein kennt die Wahrheit. Inmitten der vornehmen

[447] Abū Bakr war Schwiegervater und Nachfolger des Propheten und erster Kalif mit dem Beinamen ›Aṣ-Ṣiddīq‹ (›der Wahrhaftige‹); ʿUmar war ebenfalls Schwiegervater Muḥammads, Abū Bakrs Nachfolger und trug den Beinamen Al-Fārūq‹ (›der Wahrheit und Lüge trennt‹). Beide sind neben Muḥammad bestattet.

[448] Dieser Abschnitt ist Ibn Ǧubair entnommen.

[449] Nach anderer Überlieferung liegt das Grab Fāṭimas auf dem Friedhof von Al-Baqīʿ.

Moschee sieht man auf dem Boden eine Steinplatte liegen, unter der sich ein unterirdisches Gewölbe verbirgt, zu dem Stufen hinabführen und das mit dem Hause von Abū Bakr außerhalb der Moschee verbunden ist. Aus diesem Gelaß führte der Weg, auf dem sich seine Tochter ʿĀʾiša, die Mutter aller Gläubigen, ins Haus ihres Vaters begab. Es kann keinen Zweifel geben, daß dies jener Durchlaß ist, von dem in den Traditionen die Rede geht. Der Prophet befahl, ihn zu erhalten, aber alles übrige zu verschütten. Das Haus von Abū Bakr steht den Häusern ʿUmars und dessen Sohn ʿAbdallāh bin ʿUmars[450] gegenüber. Östlich der edlen Moschee steht das Haus des Imāms von Al-Madīna, Abū ʿAbdallāh Mālik bin Anas[451], und in der Nähe des Tors des Heils steht ein Brunnen, zu dem man über Stufen hinabsteigt; er führt Quellwasser und man nennt ihn den ›Blauen Brunnen‹.

Der Gesandte Gottes kam in der erhabenen Stadt, dem Ziele seiner Flucht, am dreizehnten Tage des Monats Rabīʿ I, einem Montag, an.[452] Er ging zu den Banū ʿAmrū bin ʿŪf[453] und blieb 22 Tage bei ihnen; andere sagen vierzehn und wieder andere sagen, es seien nur vier Tage gewesen. Dann ging er in die Stadt selbst und wohnte bei den Banu-n-Naǧǧār im Hause von Abū ʾAyyūb al-Anṣārī[454], wo er sieben Monate blieb, bis er sein Haus und seine Moschee gebaut hatte. Der Boden, auf dem sie steht, war im Besitz von Sahl und Suhail, beide Söhne von Rāfiʿ bin Abī ʿUmar bin ʿAnid bin Ṯaʿlaba bin Ġanim Ibn Malik bin an-Naǧǧār, die unter der Vormundschaft von Asʿad bin Zurāra gestanden hatten. Man sagt auch, daß Abū ʾAyyūb ihr Vormund gewesen sei. Der Gesandte Gottes kaufte ihnen das Grundstück ab, und man erzählt sich obendrein, daß Abū ʾAyyūb sie ausgezahlt hätte. Doch es wird auch behauptet, die beiden Besitzer selbst hätten es dem Propheten geschenkt. Dort baute der Gottesgesandte mit seinen Gefährten die Moschee und gab ihr eine Wand, aber weder ein Dach noch Säulen. Der Grundfläche gab er eine viereckige Form mit einer Seitenlänge von hundert Ellen und ebensolcher Breite, obwohl man auch

450 ʿAbdallāh bin ʿUmar bin al-Ḫaṭṭāb aus dem Stamm der Quraiš, Gefährte Muḥammads, gest. 693.

451 Gründer der sunnitischen Schule der Malikiten, gest. in Medina im Jahre 795.

452 Die Flucht Muḥammads von Mekka nach Medina (die ›Hiǧra‹) begann am 1. Muḥarram, dem ersten Tage des ersten Monats des islamischen Mondjahres 1, d. i. am 15. Juli 622. Als Datum seiner Ankunft in Medina wird aber traditionell der 8. Rabīʿ I (20. September 622) angesehen.

453 Die Banu-l-Awūs und die Banū Ḫazraǧ waren die beherrschenden Stämme in Medina; in der Geschichte des Islam nahmen sie den Beinamen der ›Anṣār‹ (die ›Beschützer‹) an.

454 Die Banu-n-Naǧǧār waren ein Clan der Hazraǧ. Abū ʾAyyūb al-Anṣārī wurde einer der berühmtesten Gefährten Muḥammads. Er starb während der arabischen Belagerung von Konstantinopel im Jahre 672. Dort befindet sich noch heute sein Grab, das nach seiner Wiederentdeckung im Jahre 1453 zum Ziel osmanischer Pilgerfahrten wurde.

hört, die Breite sei etwas geringer gewesen. Die Mauer erreichte Mannshöhe. Als die Hitze zu groß geworden war, sprachen Muḥammads Gefährten davon, die Moschee zu bedachen. Da errichtete er Säulen aus Palmenstämmen, und aus Palmzweigen, von denen die Blätter abgestreift worden waren, baute er das Dach. Doch als der Himmel Regen spendete, floß das Wasser in die Moschee und die Gefährten des Propheten schlugen vor, ein Dach aus Lehm herzurichten. Er aber sagte: »Keinesfalls. Mir genügt eine Hütte, wie Moses sie hatte; oder ein Dach, wie Moses es besaß; das ist noch einfacher.« Da fragten sie ihn: »Was ist ein Dach Moses'?« – Und Muḥammad entgegnete: »Wenn er sich aufrichtete, berührte das Dach seinen Kopf.«

Er gab der Moschee drei Tore, verschloß aber das südliche wieder, als die Gebetsrichtung geändert wurde.[455] In diesem Zustand blieb die Moschee zu Lebzeiten Muḥammads und Abū Bakrs. ʿUmar bin al-Ḫaṭṭāb ließ in seinen Tagen die Moschee des Gesandten Gottes erweitern und sagte: »Wenn ich den Propheten nicht hätte sagen hören, daß die Moschee erweitert werden müsse, hätte ich es unterlassen.« Er entfernte die Holzsäulen und setzte an ihre Stelle Pfeiler aus ungebrannten Ziegeln. Er schuf die Fundamente aus mannshohen Steinblöcken und ließ sechs Tore einbauen, an jeder Seite außer der Südwand je zwei. Über eines dieser Tore sagte er: »Dieses Tor soll für die Frauen sein«, und bis zu seinem Tode wurde er an dieser Stelle nie mehr gesehen. Außerdem sagte er: »Selbst wenn wir diese Moschee so weit vergrößern würden, daß sie den Friedhof erreicht, so bliebe sie doch immer die Moschee des Gesandten Gottes.« ʿUmar beabsichtigte auch, ein Grundstück in die Moschee einzubeziehen, das ʿAbbās, einem Onkel Muḥammads, gehörte, aber dieser widersetzte sich. Dort lag eine Wasserrinne, die sich in die Moschee ergoß; ʿUmar ließ sie entfernen, weil er glaubte, sie sei den Besuchern lästig. ʿAbbās stritt sich mit ihm darüber, und so wählten sie Ubay bin Kaʿab zum Schiedsrichter und begaben sich zu ihm. Aber er empfing sie erst nach Stunden. Als sie schließlich zu ihm eintraten, sagte er: »Meine junge Sklavin war damit beschäftigt, mir den Kopf zu waschen.« – ʿUmar schickte sich an zu sprechen, aber Ubay sagte: »Rufe Abū Faḍl, damit er spricht, denn er ist mit dem Propheten enger verwandt.« – Daraufhin sagte ʿAbbās: »Es handelt sich um eine Fläche, die mir der Gesandte Gottes zugewiesen hat. Ich habe mit dem Propheten gebaut, und als ich den Wasserabfluß legte, hat ihn mir Muḥammad zur Pflicht gemacht. Nun hat ʿUmar ihn entfernt und will mein Grundstück in die Moschee hereinnehmen.« – Ubay erwiderte: »Davon habe ich Kenntnis, und außerdem habe ich den Propheten sagen hören: ›Dāwūd wollte das Heilige Haus bauen[456]; auf dem Grundstück aber stand ein Haus, das zwei Waisen gehörte. Er forderte

[455] Die Gebetsrichtung wies zunächst nach Jerusalem und erhielt erst im Jahre 2 der Hiǧra die Richtung auf Mekka.

[456] Dāwūd ist David, das ›Heilige Haus‹ ist der Tempel in Jerusalem, Sulaimān ist Salomon.

sie auf, es ihm zu verkaufen, doch sie lehnten ab. Aber er beharrte auf seinem Vorhaben, und schließlich verkauften sie es ihm. Dann jedoch handelten sie wie Betrüger. Der Vertrag wurde widerrufen, und er mußte es ein zweites Mal kaufen. Aber wieder machten sie den Vertrag rückgängig; nun fand Dāwūd den Kaufpreis, den sie forderten, zu hoch. Da gab ihm Gott einen Gedanken ein: ›Wenn du ihnen etwas gibst, was dir gehört, weißt du, was es wert ist; aber wenn du sie aus meinem Besitz bezahlen mußt, gib ihnen, bis sie zufrieden sind. Denn von allen Häusern gehört jenes, das Ungerechtigkeiten am wenigsten duldet, mir. Doch ich verbiete dir, es zu errichten.‹ Da nahm Dāwūd wieder das Wort: ›Herr, gib Sulaimān diese Erlaubnis!‹ Und er erteilte sie Sulaimān.« – Nun sprach ʿUmar: »Wer bürgt mir dafür, daß der Gesandte Gottes das wirklich gesagt hat?« – Da ließ Ubay eine Anzahl Mitglieder der Familie der Anṣār kommen, die ihm seine Worte bestätigten. – ʿUmar sagte daraufhin zu ihm: »Freilich, wenn ich außer dir niemanden gefunden hätte, so hätte ich deinen Bericht hingenommen; aber ich zog es vor, ihn bestätigt zu sehen.« – Sodann wandte er sich an ʿAbbās: »Im Namen des Himmels, du wirst deine Wasserrinne erst wieder legen, wenn ich es dir zur Pflicht mache.« – ʿAbbās tat es und sagte: »Da mir der Besitz bestätigt ist, stimme ich zu, ihn Gott zum Geschenk zu machen.« Er ließ sein Haus niederreißen und überließ das Grundstück der Moschee.

Später vergrößerte ʿUṯmān die Moschee noch einmal. Er baute mit großem Eifer, beschäftigte sich selbst damit und widmete ihr seinen ganzen Tag. Er ließ sie weiß tünchen, verschönerte sie mit behauenen Steinen und erweiterte sie außer an der östlichen an allen Seiten. Er ließ steinerne Pfeiler aufstellen, die von Säulen aus Eisen und Blei gestützt wurden. Er ließ sie mit Teakholz verschalen und baute eine Gebetsnische hinein. Man erzählt sich aber, daß Marwān der erste gewesen sei, der diese Nische gebaut habe, oder auch ʿUmar bin ʿAbd al-ʿAzīz während des Kalifats des Al-Walīd.[457]

Danach wurde die Moschee erneut von Al-Walīd bin ʿAbd al-Malik erweitert, der diese Arbeiten ʿUmar bin ʿAbd al-ʿAzīz übertrug. Er vergrößerte sie, schmückte sie aus und tat viel für ihre Festigkeit. Er verwendete Marmor und vergoldetes Teakholz. Al-Walīd hatte dem griechischen Kaiser eine Botschaft geschickt mit dem Inhalt: »Ich will die Moschee unseres Propheten bauen – Gottes Heil und Segen für ihn! – und bitte dich um deine Hilfe.« Da sandte dieser ihm Handwerker und achtzigtausend Miṯqāl in Gold.[458] Al-Walīd be-

[457] Marwān bin al-Ḥakam (gest. 684/5), ʿUmar bin ʿAbd al-ʿAzīz (gest. 720) und Al-Walīd bin ʿAbd al-Malik (gest. 795) waren umayyadische Kalifen, ʿUmar bin ʿAbd al-ʿAzīz vor seiner Kalifatszeit auch Statthalter von Medina. Er war es auch und nicht, wie Ibn Baṭṭūṭa im Folgenden annimt, Al-Walīd, der den byzantinischen Kaiser um Handwerker bat.

[458] Ein Miṯqāl ist eine Gewichtseinheit von 4,68 Gramm Gold; sie entsprach 20 Dirham.

fahl, die Gemächer der Gattinnen des Propheten in die Moschee einzubeziehen. Infolgedessen kaufte ʿUmar Häuser auf, um die Moschee auf drei Seiten erweitern zu können. Als er aber in die Gebetsrichtung kam, weigerte sich ʿUbaid Allāh bin ʿAbdallāh Ibn ʿUmar, ihm das Haus der Ḥafṣa zu verkaufen.[459] Sie führten lange Verhandlungen darüber, bevor ʿUmar es schließlich doch erwerben konnte, aber unter der Bedingung, daß alles, was übrig bliebe, den Verkäufern gehören solle und für sie ein gesonderter Zugang zur Moschee eingerichtet werden müsse. Genau dort befindet sich die heutige Öffnung. ʿUmar gab der Moschee an ihren vier Ecken vier Minarette. Eines erhob sich über dem Haus von Marwān, und als Sulaimān bin ʿAbd al-Malik[460] die Pilgerreise unternahm, stieg er dort ab. Der Muezzin stand somit während des Gebetsrufes über ihm, so daß er befahl, dieses Minarett wieder abzureißen. ʿUmar baute auch eine Gebetsnische in die Moschee ein, und man sagt, er sei es gewesen, der diese Nische überhaupt erfunden habe.

Danach vergrößerte Al-Mahdī, der Sohn von Abū Ǧaʿfar al-Manṣūr[461], die Moschee noch einmal. Schon seinem Vater hatte dieser Wunsch am Herzen gelegen, doch er konnte ihn sich nicht erfüllen. Ḥasan bin Zaid[462] hatte ihm geschrieben, um ihn zu bewegen, die Moschee zur Ostseite hin zu erweitern, und hatte gesagt, daß sich dann das heilige Grabmal in der Mitte des heiligen Bezirks befinden werde. Abū Ǧaʿfar aber argwöhnte, daß er nichts anderes wolle als die Zerstörung des Hauses von ʿUṯmān, und schrieb ihm zurück: »Ich weiß, was du willst; laß ab vom Hause des Scheichs ʿUṯmān!« Daraufhin ordnete Abū Ǧaʿfar an, dem Hof im Hochsommer ein neues Dach zu geben, indem man Vorhänge an Schnüren aufhängte, die an Pfosten auf dem Hofe befestigt werden sollten, damit die Gläubigen vor der Hitze geschützt wären. Die Länge der Moschee hatte nach den Umbauten von Al-Walīd zweihundert Ellen betragen. Al-Mahdī brachte sie auf dreihundert Ellen. Auch die Maqṣūra, die zuvor zwei Ellen über der Erde gestanden hatte, stellte er auf Bodenhöhe. An mehreren Stellen der Moschee brachte er seinen Namen an.

Später befahl König Al-Manṣūr Qalāwūn, am Tor des Heils ein Gebäude für die Waschungen zu errichten. Diese Arbeiten leitete der fromme Fürst ʿAlāʾ ad-Dīn, der auch unter dem Namen Al-Aqmar bekannt war. Er gab diesem Gebäude einen geräumigen Hof, um den er Kammern mit fließendem Wasser

459 Ḥafṣa war eine Gattin Muḥammads und Tochter ʿUmars.

460 Sulaimān bin ʿAbd al-Malik war Al-Walīds Bruder und Nachfolger (gest. 717).

461 Abbasidischer Kalif, mit vollem Namen Muḥammad bin ʿAbdallāh al-Manṣūr (gest. 785).

462 Ḥasan bin Zaid bin ʿAlī war einige Jahre lang Gouverneur von Medina (gest. 784). Die von Ibn Baṭṭūṭa wiedergegebene Geschichte weist auf die Umstimmigkeiten zwischen den Anhängern ʿAlīs und den Anhängern ʿUṯmāns hin, der anstelle von ʿAlī zum Kalifen gewählt wurde.

bauen ließ. Er wollte ein ähnliches Haus bauen wie in Mekka, doch dies gelang ihm nicht. Erst sein Sohn König An-Nāṣir errichtete es zwischen Aṣ-Ṣafā und Al-Marwa; wir werden es noch erwähnen, wenn es Gott gefällt.

Die Qibla der Moschee des Gottesgesandten steht in der wahren Gebetsrichtung, denn Muḥammad selbst hat sie festgelegt. Es geht das Wort, daß es der Engel Gabriel gewesen sei, der sie einrichtete und daß es Gabriel gewesen sei, der dem Propheten die Himmelsrichtung wies, woraufhin dieser sie festlegte. Nach einer anderen Meinung gab Gabriel den Bergen ein Zeichen, so daß diese sich absenkten und die Kaʿba sichtbar wurde. Der Prophet legte die Qibla fest, als er sie ganz deutlich sah. Wenn man alles recht bedenkt, so ist diese Qibla die wahre. In der ersten Zeit nach der Ankunft des Propheten in Al-Madīna wies die Qibla nach Jerusalem. Erst nach sechzehn Monaten wurde sie zur Kaʿba ausgerichtet; manche sagen auch, erst nach siebzehn Monaten.

In den Traditionen steht, daß der Gesandte Gottes in der Moschee zunächst an einem Palmenstamm zu predigen pflegte. Als er sich aber auf einen Stuhl setzte, den man ihm gebaut hatte, habe der Palmenstamm gestöhnt wie eine Kamelstute nach ihrem Jungen. Es wird erzählt, Muḥammad habe sich zu ihm begeben und sich an ihm festgehalten, wonach der Stamm schwieg. Da sprach der Prophet: »Hätte ich mich nicht an ihn gestützt, so hätte er bis zum Tage der Auferstehung gestöhnt.« Über den Erbauer seines hohen Stuhls gibt es verschiedene Berichte: Die einen sagen, er sei von Tamīm ad-Dārī hergestellt worden[463]; andere schreiben ihn einem Sklaven des ʿAbbās oder dem Sklaven einer Frau aus der Familie der Anṣār zu. So steht es in den wahrhaftigen Traditionen. Der Stuhl ist aus wilder Tamarinde, nach anderen aber aus Tamariske gefertigt. Er hatte drei Stufen; der Prophet setzte sich auf die höchste und ließ seine gesegneten Füße auf der mittleren Stufe ruhen. Als Abū Bakr, der Wahrhaftige, die Herrschaft übernahm, setzte er sich auf die mittlere Stufe und seine Füße auf die unterste. Als diesem ʿUmar nachfolgte, setzte er sich auf die erste Stufe und stellte seine Füße auf den Boden. ʿUṯmān hielt es zu Beginn seines Kalifats ebenso; aber später stieg auch er auf die dritte Stufe. Als die Herrschaft auf Muʿāwiya überging, wollte dieser den Sitz nach Damaskus bringen lassen; aber da schrieen die Muslime laut auf; ein heftiger Wind wehte, die Sonne verfinsterte sich, am hellichten Tage erschienen die Sterne und die Erde lag in dunklem Schatten, so daß die Menschen aneinanderstießen, weil die Wege nicht mehr zu sehen waren. Deshalb nahm Muʿāwiya, als er davon erfuhr, von seinem Vorhaben Abstand, fügte aber dem unteren Teil des Sitzes sechs Stufen hinzu, so daß er nun insgesamt neun besaß.

Der Imām der erhabenen Moschee war, als ich Al-Madīna betrat, Bahāʾ ad-

[463] Tamīm ad-Dārī aus dem Stamm der Ad-Dār an der syrisch-saudischen Grenze, der sich im Jahre 631 Muḥammad anschloß und zum Islam bekannte.

Dīn bin Salāma, einer der vornehmsten Männer Ägyptens.[464] Sein Vertreter war ʾIzz ad-Dīn aus Wāsiṭ, ein Asket, gelehrt und fromm und das Ziel der Weisesten.[465] Gott schenke uns seinetwegen seine Gunst! Vorgänger des erwähnten Imāms und gleichzeitig auch Qāḍī der edlen Stadt Al-Madīna war Sirāǧ ad-Dīn ʿUmar, der Ägypter, gewesen.[466]

Man erzählt sich, daß dieser Sirāǧ ad-Dīn ungefähr vierzig Jahre lang das Amt des Qāḍīs und des Predigers von Al-Madīna versehen hatte. Danach wünschte er nach Kairo zurückzukehren; aber dreimal sah er den Gesandten Gottes im Traum, der es ihm jedes Mal verbot, Al-Madīna zu verlassen, ihm aber zugleich das baldige Ende seines Erdenwandels verkündete. Aber er ließ sein Vorhaben keineswegs fallen. Er reiste ab und starb, noch drei Tagesreisen von Kairo entfernt, an einem Ort namens Suwais, als er dort gerade angekommen war – Gott behüte uns vor einem bösen Ende! Sein Vertreter war der Rechtsglehrte Abū ʿAbdallāh Muḥammad bin Farḥūn, dessen Söhne heute im edlen Al-Madīna leben, und zwar Abū Muḥammad ʿAbdallāh, malikitischer Lehrer und Vertreter des Richters, sowie Abū ʿAbdallāh Muḥammad. Ihre Herkunft ist Tunis, wo sie eine vornehme Verwandtschaft haben und großes Ansehen genießen. Später wurde der Ägypter Ǧamāl ad-Dīn aus Asyūṭ Prediger und Richter in Al-Madīna; der zuvor Qāḍī in der Festung Karak gewesen war.[467]

Die Diener und Aufseher der edlen Moschee sind Sklaven aus Abessinien und anderen Ländern; sie sind von schöner Gestalt, angenehmem Äußeren und tragen gepflegte Kleidung. Ihr Oberhaupt nennt man den ›Scheich‹ der Diener, sein Auftreten gleicht dem der großen Emire. Ihr Gehalt, das ihnen jährlich ausgezahlt wird, beziehen sie aus Ägypten und Syrien. Der oberste Muezzin der noblen Moschee ist der orthodoxe und fromme Imām Ǧamāl ad-Dīn al-Maṭarī aus Maṭarīya[468], einem Dorfe bei Kairo. Sein Sohn ist der vortreffliche ʿAfīf ad-Dīn ʿAbdallāh. Vorsteher aller Bediensteten und Bewohner der Moschee ist der unter dem Namen ›Der Schildschmied‹ bekannte fromme

464 Mūsā bin ʿAbd ar-Raḥmān bin Salāmat al-Mudluǧī Bahāʾ ad-Dīn (1267–1343), berühmt für seine Kalligraphie und zahlreiche Koranrezitationen, Prediger in Medina ab 1326.

465 Ḥasan bin ʿAlī bin Ismāʿīl bin Ibrāhīm al-Wāsiṭī ʿIzz ad-Dīn (1256–1341) aus Bagdad, Schüler von Ad-Dimyāṭī.

466 Sirāǧ ad-Dīn ʿUmar bin Aḥmad bin al-Ḫiḍr bin Ẓāfir al-Anṣārīy al-Miṣrī, seit 1283 Prediger und Qāḍī in Medina, gest. 1326 in Suez (Suwais).

467 Ǧamāl ad-Dīn al-Asyūṭī (oder Al-Amyūṭi aus Amyūṭ in der Provinz Ġarbīya in Unterägypten), dessen Vater ʿIzz ad-Dīn Muḥammad bin Aḥmad bin Ibrāhīm bin Yaḥyā gewesen war, ein bedeutender Gelehrter und 30 Jahre lang Qāḍī in Karak (gest. 1325).

468 Muḥammad bin Aḥmad bin ʿĪsā bin ʿĀmir al-Anṣārīy as-Saʿdī Ǧamāl ad-Dīn al-Maṭarī, Vorsteher der Muezzins der Prophetenmoschee.

Scheich Abū ʿAbdallāh Muḥammad bin Muḥammad aus Granada, der sich aus Furcht vor der Versuchung mit eigener Hand verstümmelte.[469]

Man erzählt sich nämlich, daß dieser Abū ʿAbdallāh al-Ġarnāṭī Diener des Scheichs ʿAbd-al-Ḥamīd al-ʿAǧamī gewesen sei. Dieser hielt große Stücke auf ihn, vertraute ihm seine Familie und sein Vermögen an und ließ ihn auch in seinem Hause wohnen, wenn er auf Reisen ging. Eines Tages brach er wieder auf und ließ ihn wie üblich in seinem Hause zurück. Die Frau des Scheichs Al-Ḥamīd aber verliebte sich in ihn und versuchte, ihn zu verführen. Da sagte er: »Ich fürchte Gott und werde nicht Betrug an dem üben, der mir seine Familie und seine Reichtümer anvertraut hat.« Sie aber hörte nicht auf, ihn zu verführen und zu bedrängen, so daß er sich vor der Versuchung fürchtete und sich verstümmelte. Er verlor das Bewußtsein, und in diesem Zustand wurde er gefunden. Man pflegte ihn, bis er genas, und er wurde Diener der edlen Moschee, einer ihrer Muezzins und endlich der Aufseher über sie alle. Er lebt noch heute.

Unter den frommen Männern Al-Madīnas nennen wir zuerst den demütigen und gütigen Scheich Abū-l-ʿAbbās Aḥmad bin Muḥammad bin Marzūq[470], einen Mann von höchster Frömmigkeit, der häufig fastete, in tiefster Andacht in der Moschee des Gottesgesandten betete und mit bemerkenswerter Hingabe und Standhaftigkeit begabt war. Oft zog er sich ins heilige Mekka zurück. Dort sah ich ihn im Jahre 728[471], und niemand umwanderte die Kaʿba häufiger als er. Ich bewunderte den Eifer, mit dem er sich diesen Umgängen trotz größter Hitze hingab. Der Platz der Prozessionen ist mit schwarzen Steinen gepflastert, die unter der Sonnenhitze zu glühenden Platten werden. Ich sah Wasserträger, die Wasser auf die Steine gossen, aber kaum daß das Wasser die Stelle berührte, so war es wieder verdunstet. Die meisten Menschen, die die Umgänge unternahmen, zogen sich Strümpfe an, Abū-l-ʿAbbās bin Marzūq aber ging barfuß. Eines Tages sah ich ihn dort wieder und wünschte, mit ihm zu gehen. Ich kam am Ort der Umgänge an und wollte den schwarzen Stein berühren; aber die Glut des Pflasters griff mich an und ich beschloß umzukehren, sobald ich den besagten Stein geküßt hatte. Dies gelang mir nur unter größter Anstrengung. Dann ging ich davon und nahm an den Rundgängen nicht teil: Ich legte meinen Gebetsteppich auf den Boden und ging auf ihm bis zu meiner Ankunft im Säulengang.

Zu jener Zeit hielt sich Abū-l-Qāsim Muḥammad bin Muḥammad, der Sohn

469 Muḥammad bin Muḥammad bin Aḥmad al-Anṣārīy al-Garnāṭīy at-Tarrās (›der Schildschmied‹), gest. 1350. Seine im Folgenden erzählte Geschichte soll von Ibn al-Haṭīb bestätigt worden sein.

470 Aḥmad bin Muḥammad bin Abī Bakr bin Marzūq at-Tilimsānī, frommer Pilger aus Tlemcen/Algerien, der sich in Medina niederließ und 1340 in Mekka starb.

471 Entspricht dem Zeitraum vom 17. November 1327 bis zum 4.November 1328.

des Faqīh Abū-l-Ḥasan Sahl bin Mālik al-Azdī, ein Wesir und bedeutender Mann aus Granada, in Mekka auf.[472] Er vollbrachte jeden Tag sieben Mal siebzig Umgänge, aber wegen der großen Hitze niemals um die Mittagszeit. Ibn Marzūq aber übertraf ihn, denn er machte seine Umgänge in der vollen Mittagssonne. Zu den Bewohnern von Al-Madīna – Gott möge es segnen – zählten auch der Scheich und fromme Gottesdiener Saʿīd, der Blinde, aus Marrākiš sowie Scheich Abū Mahdī ʿĪsā bin Ḥarzūz aus Miknās.

Scheich Abū Mahdī kam im Jahre 728 nach Mekka. Er wanderte in der Gesellschaft von Angehörigen der Moschee hinaus zum Berge Ḥiraʾ. Als sie den Berg bestiegen hatten und ihn, nachdem sie die Stelle erreicht hatten, an welcher der Prophet seine Andacht verrichtet hatte, wieder verließen, war Abū Mahdī hinter seinen Begleitern zurückgeblieben. Er fand im Gebirge einen Weg, glaubte, ihn begehen zu können, und beschritt ihn. Unterdessen waren seine Begleiter am Fuße des Berges angekommen und warteten auf ihn, aber er kam nicht. Sie hielten Ausschau nach ihm, doch als sie keine Spur von ihm erblickten, glaubten sie, daß er ihnen vorausgegangen sei, und wanderten auf Mekka zu. ʿĪsā aber folgte seinem Pfad und kam zu einem anderen Berg. Er kam vom Wege ab, Durst und Hitze quälten ihn, seine Sandalen fielen in Fetzen, und er war gezwungen, Stoffstücke aus seiner Kleidung zu schneiden, um sie sich um die Füße zu binden. Schließlich konnte er nicht mehr gehen und setzte sich in den Schatten einer Akazie. Da schickte Gott ihm einen Beduinen auf einem Kamel. Dieser hielt an und ʿĪsā schilderte ihm sein Unglück. Da hieß der Beduine ihn, sein Kamel zu besteigen, und führte ihn nach Mekka. In seinem Gürtel hatte er eine Börse mit Gold, die er seinem Führer schenkte. ʿĪsā konnte ungefähr einen Monat nicht aufrecht stehen, weil die Haut von seinen Füßen gefallen war und sich eine neue bildete. Ein ähnliches Abenteuer ist einem meiner Gefährten widerfahren, das ich, wenn Gott will, später erzählen werde.

Ein anderer Angehöriger der Moschee im edlen Al-Madīna und einer der besten Vorleser ist Abū Muḥammad as-Sarawī. Er ging im genannten Jahr nach Mekka und pflegte dort nach dem Mittagsgebet aus dem ›Aš-Šifāʾ‹ von Qāḍī ʿĪyāḍ[473] vorzulesen und zu den Abendgebeten des Ramaḍān als Vorleser zu wirken. Ein anderer war der Rechtsgelehrte Abu-l-ʿAbbās al-Fāsī, Lehrer der Malikiten. Er hatte die Tochter des frommen Scheichs Šihāb ad-Dīn az-Zarandī zur Frau genommen.

[472] Abu-l-Qāsim bin ʿAbdallāh Muḥammad bin Muḥammad bin Sahl al-Azdīy al-Andalusī (›der Spanier‹) al Ġarnāṭī (aus Granada), berühmter Astronom, gest. in Kairo 1329/30.

[473] ʿĪyāḍ bin Mūsā bin ʿĪyāḍ as-Sibtī (aus Ceutá/Spanien), Gelehrter aus dem Maġrib, Qāḍī in Ceutá, später in Granada (gest. 1149 in Marrakesch), Verfasser einer Lebensbeschreibung Muḥammads (›Aš-Šifāʾ …‹ – ›Sammlung der verkündeten Wahrheiten des Erwählten‹).

Man erzählt, daß Abu-l-ʿAbbās al-Fāsī eines Tages mit einigen Leuten sprach und seine Unterhaltung damit endete, daß er einen schrecklichen Fehler beging, in den er wegen seiner Unkenntnis der Geschlechterfolge und seiner Unfähigkeit verfiel, seine Zunge zu beherrschen. Seine Sünde war groß – Gott möge sie ihm verzeihen! Er sagte nämlich, daß Ḥusain Ibn ʿAlī bin Abī Ṭālib keine Nachkommen hinterlassen habe. Dem Fürsten von Al-Madīna, Ṭufail bin Manṣūr bin Ǧummāz al-Ḥusainī, wurde diese Nachricht hinterbracht, an der er aus gutem Grunde so großen Anstoß nahm, daß er den Übeltäter töten wollte.[474] Aber einige sprachen sich zu dessen Gunsten aus, so daß er ihn nur aus der Stadt verjagte. Man sagt aber, daß er später jemanden ausschickte, der ihn ermorden sollte, und bis heute hat man nichts mehr von ihm gehört. Gott behüte uns vor den Irrtümern und Fehlern der Zunge!

Der Fürst von Al-Madīna war Kubaiš bin Manṣūr Ibn Ǧummāz.[475] Er hatte seinen Onkel Muqbil getötet, und man erzählt sich, er habe sich in seinem Blute gewaschen und sei dann im Jahre 727 mit seinen Leuten zur Zeit der großen Hitze in die Wüste entwichen. Eines Tages gerieten sie in die Mittagshitze und legten sich in den Schatten der Bäume. Da überraschten sie plötzlich die Söhne Muqbils mit ihren Sklaven und riefen: »Rache für Muqbil!« Sie töteten Kubaiš bin Manṣūr kaltblütig und leckten sein Blut auf. Nach ihm wurde sein Bruder Ṭufail bin Manṣūr zum Gebieter Al-Madīnas, eben jener, der Abu-l-ʿAbbās al-Fāsī verstoßen hatte, wie ich weiter oben erzählt habe.

Zu den Grabfeldern außerhalb von Al-Madīna zählt Baqīʿ al-Ġarqad.[476] Es liegt im Osten der gesegneten Stadt Al-Madīna und ist durch das Stadttor Bāb al-Baqīʿ zu erreichen. Das erste Grab, auf das man trifft, wenn man dieses Tor verläßt, ist linker Hand dasjenige der Ṣafīya, der Tochter von ʿAbd-al-Muṭṭalib, Tante väterlicherseits des Propheten und Mutter von Az-Zubair bin al-ʿAwwām.[477] Daneben liegt das Grab des Imāms von Al-Madīna, Abū ʿAbdallāh Mālik bin Anas, das von einer kleinen niedrigen Kuppel überdacht ist, ferner das von einer weißen Kuppel überragte Grabmal des reinen, heiligen und edlen Nachkommen des Gottesgesandten, Ibrāhīms, des Sohnes des Propheten.[478] Rechts davon steht das Grab von ʿAbd-ar-Raḥmān bin ʿUmar bin al-Ḫaṭṭāb, der unter dem Namen Abū Šaḥma bekannt ist. Gegenüber stehen die

474 Ṭufail bin Manṣūr al-Ḥusainī (gest. 1351) entstammte selbst der Nachfolge des Ḥusain und war bis 1335 Emir von Medina.

475 Kubaiš bin Ǧummāz bin Šaiḫa bin Hāšim bin Muhanna-l-Ḥusainī, Bruder des vorerwähnten Ṭufail, übernahm das Emirat von Medina im Jahre 1325, wurde aber 1328 – und nicht, wie Ibn Baṭṭūṭa schreibt, 1327 – umgebracht. Sein Bruder Ṭufail folgte ihm im Amte nach.

476 Die folgenden fünf Abschnitte sind wieder zu großen Teilen Ibn Ǧubair entnommen.

477 Zubair bin al-ʿAwwām, einer der tapfersten Gefährten Muḥammads und einer seiner zehn Sendboten, gefallen am Tage der Kamelschlacht gegen ʿAlī im Jahre 656.

478 Ibrāhīm, Sohn Muḥammads und seiner Gattin Mārīya der Koptin, geb. 628, gest. 629.

Gräber des ʿAqīl bin Abī Ṭālib und des ʿAbdallāh bin Ḏi-l-Ǧanāḥain Ǧaʿfar bin Abī Ṭālib[479]. Neben diesen beiden Gräbern befindet sich ein Grabbezirk, der die Gräber der Mütter der Gläubigen beherbergen soll. Ihm folgt ein weiterer Bezirk mit dem Grabmälern des Al-ʿAbbās bin ʿAbd-al-Muṭṭalib, des Onkels des Propheten[480], und des Ḥasan bin ʿAlī bin Abī Ṭālib. Es besteht aus einer Kuppel, die mit ihrem bewundernswerten Bau hoch in die Luft ragt, und man sieht es rechter Hand, wenn man den Friedhof durch das Al-Baqīʿ-Tor wieder verläßt. Ḥasans Kopf liegt zu Füßen von Al-ʿAbbās; ihre beiden Schreine stehen erhöht über dem Erdboden. Sie sind sehr groß und mit wunderbar ineinander gefügten Täfelchen verkleidet, die in kunstvoll gearbeitete Messingplättchen eingelegt sind. Der Friedhof enthält auch die Gräber der Gefährten Muḥammads, die ihn auf seiner Flucht begleiteten, sowie die seiner Gehilfen und anderer Verbündeter; und doch sind die meisten Gräber unbekannt. Weiter hinten auf dem Friedhof liegt das Grab des Fürsten der Gläubigen Abū ʿUmar ʿUṯmān Ibn ʿAffān[481], ebenfalls überragt von einer hohen Kuppel. Nahebei steht das Grab Fāṭimas, der Tochter von Asad bin Hāšim und Mutter von ʿAlī bin Abī Ṭālib. Möge Gott ihr und ihrem Sohne gnädig sein!

Weitere Heiligtümer befinden sich in Qubāʾ etwa zwei Meilen südlich der Stadt. Ein Weg, der durch Palmenhaine läuft, führt an ihnen vorbei. Dort sieht man die Moschee, die zur Festigung der Macht Gottes und ihm zum Wohlgefallen errichtet wurde. Das Gotteshaus ist quadratisch angelegt, und sein weißes und hohes Minarett ist von weitem zu erkennen. In der Mitte ist jener Ort, an dem die Kamelstute, die den Propheten trug, sich niederkniete; die Gebete, welche die Menschen an diesem Platz verrichten, betrachten sie als eine Quelle des Segens. An der Südwand des Hofes ist über einer steinernen Bank eine Gebetsnische eingerichtet: Dies ist die erste Stelle, an welcher der Prophet sich im Gebet niederwarf. Südlich der Moschee steht ein Haus, das Abū ʾAyyūb al-Anṣārī gehörte und an das sich die Häuser von Abū Bakr, ʿUmar, Fāṭima und ʿĀʾiša anschließen. Der Moschee gegenüber steht der Brunnen von Arīs, dessen Wasser süß wurde, nachdem der Prophet hineinspie, während es vorher brackisch gewesen war. In diesen Brunnen fiel ʿUṯmāns edler Ring.[482]

479 Ǧaʿfar bin Abī Ṭālib mit dem Beinamen Ǧaʿfar aṭ-Ṭayyār (›der Fliegende‹) war der Bruder von ʿAlī bin Abī Ṭālib und fiel im Kampf gegen Byzanz in der Schlacht bei Muʾta auf dem Balkan, in der er beide Hände verlor. Zu jener Zeit entstand der Ausspruch: ›Gott ersetze ihm im Paradies seine Hände durch zwei Flügel‹, daher der Beiname Ḏu-l-Ǧanāḥain (›Der mit den zwei Flügeln‹).

480 Al-ʿAbbās war der Stammvater der abbasidischen Kalifen, die von 750 bis 1258 in Bagdad herrschten.

481 Abū ʿUmar ʿUṯmān Ibn ʿAffān, dritter Kalif, der 644 an die Stelle ʿUmars gesetzt und 656 ermordet wurde.

482 Muḥammads silberner Ring, der auf die Kalifen weitervererbt und von ihnen als Siegelring verwendet wurde. Er trug die Inschrift: ›Muḥammad, Prophet Gottes‹.

Ein anderes Heiligtum außerhalb von Al-Madīna ist die Kuppel des Ölsteins. Man erzählt sich, daß dieses Öl für den Propheten aus einem Stein, der sich hier befand, herabtropfte. Im Norden sieht man den Brunnen von Buḍāʿa und ihm gegenüber den Teufelsberg, von wo herab es am Tage der Schlacht von Uḥud rief: »Euer Prophet wurde getötet.« Am Rande des Grabens, den der Prophet aushob, um darin die Seinen zusammenzuscharen, steht noch eine verfallene Festung, die man die ›Festung der Ledigen‹ nennt.[483] Man sagt, ʿUmar hätte sie für die unverheirateten Männer Al-Madīnas bauen lassen. Westlich davor liegt der Brunnen von Rūma, dessen eine Hälfte ʿUṯmān, der Fürst der Gläubigen, für 20.000 Dirham kaufte.[484]

Ein anderes Heiligtum ist Uḥud, jener gesegnete Berg, von dem der Gesandte Gottes sagte: »Uḥud ist ein Berg, der uns liebt und den wir lieben.«[485] Er liegt etwa einen Farsaḫ nördlich der edlen Stadt, und ihm gegenüber liegen die verehrten Märtyrer bestattet. Hier steht das Grab Ḥamzas, des Onkels des Propheten; um ihn herum ruhen die Gotteskämpfer, die bei Uḥud ihren Märtyrertod fanden und deren Gräber sich südlich des Berges befinden. Am Wege zum Uḥud steht eine Moschee, die man ʿAlī bin Abī Ṭālib zuschreibt, und eine andere, die auf Salmān al-Fārisī[486] zurückgehen soll. Hier sieht man auch die Eroberungsmoschee, wo Muḥammad die Sure der Eroberung eingegeben ward.

Auf dieser ersten Reise hielten wir uns vier Tage in der edlen Stadt Al-Madīna auf und verbrachten alle Nächte in der hohen Moschee. Die Menschen bildeten im Hofe einen Kreis, brannten viele Kerzen an und hatten die Kästchen mit dem Koran vor sich liegen, in dem sie lasen. Die einen brachten Gott Lobgebete dar, die anderen betrachteten das heilige Grab – Gott möge seinen Glanz erhöhen!

Überall priesen die Sänger freudig den Gesandten Gottes; so halten es die Menschen dort in den gesegneten Nächten, und freigebig spenden sie Almosen für die Bewohner der Moscheen und für die Bedürftigen. Von Damaskus bis in die heilige Stadt hatte mich ein Freund begleitet, der aus Al-Madīna stammte.

483 Die ›Schlacht am Graben‹, in welcher der Vorstoß der Mekkaner abgewehrt wurde, fand im April 627 statt.

484 Der Erwerb des Brunnens geschah auf Anraten Muḥammads, weil er einem Juden gehörte, der das Wasser an Muslime verkaufte.

485 Uḥud ist Ort einer berühmten Schlacht des Jahres 625, in der die Mekkaner die Bogenschützen Medinas vernichtend schlugen. Es hatte sich das falsche Gerücht vom Tode des Propheten verbreitet, der aber die Mekkaner trotz einer Verwundung zurückwerfen konnte.

486 Salmān al-Fārisī, Rechtsberater Muḥammads; er soll dem Propheten auch zum Ausheben des Grabens vor Medina geraten haben, an dem die Grabenschlacht stattfand. Er starb 656, und sein Grab befindet sich in Al-Madāʾin, dem antiken Ktesiphon, südöstlich von Bagdad.

Er war ein verdienstvoller Mann und unter dem Namen Manṣūr bin Šakil bekannt. Er hatte mir seine Gastfreundschaft geschenkt, und wir sollten uns später, in Ḥalab und Buḫārā, wiedersehen. Ferner befanden sich in meiner Gesellschaft der Qāḍī der Az-Zaidīya-Sekte[487], Šarf ad-Dīn Qāsim bin Sinān, sowie einer der frommen Faqīre aus Granada namens ʿAlī bin Ḥuǧr al-Amawī.

Als wir in Al-Madīna angekommen waren – Gott segne die Stadt und ihre Bewohner! –, erzählte mir dieser ʿAlī bin Ḥuǧr, er habe in derselben Nacht im Traume jemanden gesehen, der ihm sagte: »Höre mich an und bewahre mein Wort gut: ›Seid willkommen, die ihr sein Grab besuchen wollt, und möget ihr dank ihm am Tage der Auferstehung vor der Schande sicher sein! Ihr seid am Grab des Gelobten angekommen; glücklich, wer am Morgen oder am Abend dort ankommt.‹«

Dieser Mann trat nach seiner Pilgerfahrt in den Dienst einer Moschee in Al-Madīna, reiste im Jahre 743 nach Delhi, der Hauptstadt Indiens, und begab sich unter meinen Schutz.[488] Ich erzählte von seinem Traum dem indischen König, der befahl, ihn herbeizuholen. Er kam herbei, und da erzählte er ihn dem König selbst, der erstaunt war, Gefallen an seiner Geschichte fand und ihm einige angenehme Worte in persischer Sprache sagte. Er ordnete an, daß er als Gast zu behandeln sei, und machte ihm ein Geschenk von dreihundert Tanka in Gold. Der Wert eines Tanka entspricht zweieinhalb maġribinischen Dinaren. Außerdem gab ihm der König ein gezäumtes Pferd mit reich verziertem Sattel sowie ein Ehrengewand und wies ihm ein tägliches Gastmahl zu.

Es gab dort einen vortrefflichen Juristen aus Granada, der aber in Biǧāya geboren und in Indien unter dem Namen Ǧamāl ad-Dīn al-Maġribī bekannt war. Der vorerwähnte ʿAlī bin Ḥuǧr tat sich mit ihm zusammen, versprach ihm, ihn mit seiner Tochter zu verheiraten, und brachte ihn in einem Gebäude außerhalb seines Hauses unter. Aber ʿAlī kaufte sich eine Sklavin und einen Sklaven. Er hatte die Gewohnheit, sein Geld im Futter seiner Kleider aufzubewahren, denn er traute, was sein Geld anging, niemandem. Die beiden Sklaven einigten sich, ihm sein Gold zu stehlen, nahmen es und flohen. Als ʿAlī nach Hause kam, fand er von seinen Sklaven und von seinem Gold keine Spur. Daraufhin aß und trank er nicht mehr und erkrankte wegen des Kummers über diesen Verlust ernsthaft. Ich erzählte diesen Vorfall dem König, der daraufhin anordnete, ihm den Verlust zu ersetzen, und jemanden zu ihm sandte, der ihm diesen Beschluß mitteilen sollte. Doch der Bote traf ihn nur noch tot an – Gott der Allerhöchste habe Erbarmen mit ihm!

487 Az-Zaidīya nannte sich eine Sekte, die auf Zaid, einen Enkel Ḥusains bin ʿAlī, zurückgeht, der in einem Aufstand in Kūfa im Jahre 740 seinen Tod fand. Der im Jemen gegründeten Sekte hingen mehrere Emire aus Mekka und Medina an.

488 Das Jahr 743 lief vom 6. Juni 1342 bis zum 25. Mai 1343, als aber Ibn Baṭṭūṭa Indien bereits verlassen haben mußte.

Wir verließen Al-Madīna, um nach Mekka zu reisen, und machten an der Moschee von Ḏu-l-Ḥalīfa Halt, wo der Prophet den ›iḥrām‹ anlegte.[489] Sie war fünf Meilen von der Stadt entfernt, und man nennt sie den heiligen Bezirk von Al-Madīna. Nahebei fließt der Al ʿAqīq, wo ich mich aller genähten Kleider entledigte, mich wusch und das Pilgerkleid anlegte. Ich verrichtete ein doppeltes Gebet und legte das Gelübde ab, die einfache Pilgerfahrt nach Mekka zu unternehmen. Ich zögerte nicht, mich den vorgeschriebenen Pflichten, durch Berg und durch Tal, im Anstieg wie im Abstieg zu unterwerfen, bis ich Šiʿb ʿAlī[490] erreichte, wo ich die Nacht verbrachte. Von dort brachen wir auf und stiegen nach Ar-Rauḥāʾ hinunter, wo der Brunnen Ḏāt al-ʿAlam steht. Es wird erzählt, daß dort ʿAlī die Dämonen bekämpft habe.[491] Wir reisten weiter und lagerten bei Aṣ-Ṣafrāʾ, das in einem blühenden Tal liegt, in dem es Wasser, Palmen, Häuser und ein Schloß gibt, in dem Šarīfe aus der Nachkommenschaft von Ḥasan und andere wohnen. Es stehen dort auch eine große Festung, der noch viele andere, und Dörfer, die kurz aufeinander folgen. Wir brachen wieder auf und lagerten darauf in Badr[492], wo Gott seinem Gesandten zum Siege verhalf, sein hohes Versprechen einlöste und die Anführer der Götzendiener vernichtete. In diesem Dorf folgt ein Palmenhain dem anderen. Es steht dort auch eine Festung, die man erreichen kann, wenn man dem Flußtal zwischen den Bergen folgt. Badr hat eine Quelle, aus der das Wasser hervorsprudelt und in einen Bach läuft. An diesem Brunnen, in den die Götzendiener und Feinde Gottes geworfen wurden, befindet sich heute ein Garten, hinter dem das Grabmal der Märtyrer steht. Den Berg des Erbarmens, von dem die Engel herabstiegen[493], hat man zur linken Hand, wenn man von dieser Stelle aus nach Aṣ-Ṣafrāʾ schaut. Gegenüber liegt der Berg der Trommeln; er gleicht einem riesigen Sandhügel, und die Bewohner dieser Gegend behaupten, daß sie dort in allen Nächten auf Freitag Geräusche wie Trommelwirbel hören. Die Laube des Propheten, in der er den Tag von Badr verbrachte und zum Herrn flehte, stand am Fuß dieses Bergs der Trommeln. Vor ihm lag der Platz der Schlacht. Nahe bei den Palmen des Brunnens steht eine Moschee, die man nach dem Ort

489 Dieser ›iḥrām‹ ist das aus zwei Teilen bestehende weiße und nahtlose Pilgergewand: Ein um die Hüfte gewickelter Schurz reicht bis zu den Füßen, ein zweiter wird um die Schultern gelegt. Diese Gewänder werden weit außerhalb von Mekka an bestimmten Punkten der Karawanenwege angelegt; eine solche am Wege aus Syrien liegende Station (›mīqa‹) war Al-Ǧuḥfa, die heute nicht mehr besteht und durch Rābiġ ersetzt wurde.

490 ›ʿAlīs Schlucht‹ oder die ›Schlucht der Pilger‹ genannt.

491 Dieser Brunnen trägt heute den Namen ›Biʾr ʿAlī‹ (›Brunnen ʿAlīs‹).

492 Das heutige Badr Ḥunain. Hier gewannen Muḥammads Medinesen im Ramaḍān des Jahres 2 (März 624) ihre erste Schlacht gegen die Mekkaner.

493 Anspielung auf den Koran, 3. Sure, Vers 124: ›Genügt es euch denn nicht, daß der Herr euch beisteht mit dreitausend herabgesandten Engeln?‹

benannt hat, wo Muḥammads Kamelstute sich niederkniete. Zwischen Badr und Aṣ-Ṣafra' in einer Entfernung von etwa einem ›barīd‹[494] gibt es in einem Tal zwischen den Bergen Quellen mit ununterbrochen fließendem Wasser und dicht aufeinander folgenden Palmenhainen.

Wir brachen von Badr in die Wüste auf, die als Bazwā'-Senke bezeichnet wird. Es ist eine Wüste, in der auch die Führer sich verirren und in der ein Freund seinen Freund nicht mehr beachtet. Sie erstreckt sich über drei Tagesmärsche, an deren Ende das Tal von Rābiġ liegt. Hier sammelt sich das Wasser in Teichen und hält sich dort sehr lange. An diesem Ort außerhalb von Al-Ǧuḥfa treten die Wallfahrer aus Ägypten und aus dem Maġrib in den Zustand der Pilgerweihe ein. Drei Tage lang reisten wir von Rābiġ nach Ḫulaiṣ und durchstiegen den Paß von As-Sawīk. Er liegt einen halben Tag hinter Ḫulaiṣ und ist sehr sandig. Die Pilger trinken ständig Sawīk, einen Brei, den sie eigens aus Kairo und Damaskus mitbringen und mit Zucker vermischen. Die Fürsten der Orte füllen Tröge damit, aus denen die Menschen trinken können. Man erzählt sich, daß der Prophet an diesem Orte vorüberkam, aber seine Gefährten keinerlei Nahrung bei sich hatten; da gab er ihnen Sand und sie tranken ihn wie Sawīk.

Sodann lagerten wir am Brunnen von Ḫulaiṣ. Er liegt in offenem Gelände mit vielen Palmenhainen, einer Zitadelle auf dem Berggipfel und einer verfallenen Festung in der Ebene. Unweit von Ḫulaiṣ sprudelt eine Quelle, von der aus Furchen in den Boden gegraben wurden, so daß das Wasser auf die Felder fließen kann. Der Herr von Ḫulaiṣ ist ein Šarīf aus Ḥasans Nachkommenschaft. Die Araber dieser Landschaft halten dort einen großen Markt ab, zu dem sie Schafe, Datteln und Schlachtfleisch bringen.

Sodann begaben wir uns nach 'Usfān, das in einer weiten Ebene zwischen Hügeln liegt. Der Ort besitzt Brunnen mit Quellwasser, von denen einer auf 'Uṯmān Ibn 'Affān zurückgehen soll. Der Bergpfad, der ebenfalls 'Uṯmān zugeschrieben wird, ist ein enger Paß zwischen zwei Bergen, eine halbe Tagesreise von Ḫulaiṣ entfernt. An einer Stelle dieses Passes gibt es ein Pflaster, das Treppenstufen ähnelt, und Spuren eines alten Gebäudes. Auch einen Brunnen gibt es, und man sagt, es wäre 'Alī gewesen, der ihn angelegt habe. In 'Usfān steht ein altes Schloß mit einem einst stattlichen Turm, der allerdings bereits stark verfallen und geschwächt ist. Hier stehen viele Dūmpalmen.[495]

Wir verließen 'Usfān und machten Lager in der Senke von Marra, die man auch Marra von Ẓuhrān nennt. Es ist ein fruchtbares Tal mit sehr vielen Palmen und mit einer ergiebigen Quelle, die das Land bewässert. Aus diesem Tal bringt man Früchte und Gemüse nach Mekka – das Gott adeln möge! Am Abend nahmen wir Abschied von diesem gesegneten Tal, während unsere Her-

494 Ein ›barīd‹ entspricht vier Farsaḫ, mithin 21 Kilometern.

495 Zwergpalmen, deren Früchte ›muql‹ genannt werden.

zen jubelten, daß wir das Ziel unserer Wünsche erreicht hatten und wir uns zufrieden und erfolgreich nennen konnten, denn am Morgen kamen wir in der festen Stadt Mekka an – Gotte mehre ihren Ruhm! –, und wir stiegen hinab zum Heiligtum Gottes des Erhabenen, der Bleibe seines Freundes Abraham und dem Ort der Sendung seines Auserwählten Muḥammad – der Segen Gottes und der Friede sei mit ihm! Wir betraten das heilige und edle Haus, in dem jeder Besucher Stärkung findet, durch das Tor der Banū Šaiba und erblickten die erhabene Kaʿba.[496] Gott verbreite ihre Verehrung! Sie ist wie eine junge Braut im Glanz ihres Brautthrons und in den Strahlen ihrer Schönheit. Sie ist umgeben von den Abgesandten des Barmherzigen und verbunden mit den Gärten des Paradieses. Wir vollzogen die Umgänge, die für die erste Ankunft vorgeschrieben sind, und küßten den edlen Stein. Wir sprachen ein doppeltes Gebet von zwei Rakʿa an Abrahams Ort, wir berührten die Verhüllung der Kaʿba und hielten uns zwischen dem Tor und dem Schwarzen Stein, an dem die Gebete erhört werden, an alle Pflichten. Sodann tranken wir Wasser aus dem Brunnen Zamzam. Wer es trinkt, findet es so, wie der Prophet es beschrieb.

Wir legten den Weg von Aṣ-Ṣafā nach Al-Marwa zurück und stiegen in einem Hause nahe am Tor Abrahams ab. Gott sei gepriesen, daß er uns mit der Aufnahme in diesem gesegneten Hause ehrte und uns unter die aufnahm, welche die Anrufung Abrahams – Segen und Heil seien mit ihm – zum Ziele führte, und daß er unsere Augen mit dem Anblick der edlen Kaʿba, der hohen Moschee, des heiligen Bezirks[497], des berühmten Steines, des Brunnens von Zamzam und und von Ḥaṭīm beglückte.

Zu Gottes wunderbaren Werken gehört es, daß er in die Herzen der Menschen den Wunsch, sich an die erhabenen Stätten zu begeben, und die Leidenschaft, sich an den ehrwürdigen Stätten einzufinden, eingepflanzt hat. Er hat die Liebe zu ihnen in ihren Seelen entfacht; denn niemand tritt vor sie, ohne daß sie sich alsbald seines Herzens bemächtigt. Niemand verläßt sie, ohne über den Abschied zu trauern und über seine Abreise zu klagen; denn heftig ist seine Sehnsucht nach ihnen und fest sein Entschluß, zu ihnen zurückzukehren. Denn dieses gesegnete Land ist das Ziel des Auges, und für die umfassende Weisheit Gottes und für die Erhörung der Gebete seines Freundes füllt Liebe sein Herz. Schon der Wunsch macht ihm diese Stätten gegenwärtig. Wer sie sich vorstellt, dem bleiben sie verborgen, und wer sich zu ihnen begibt, achtet

496 Der traditionelle Eingang ist heute das Friedenstor (›bāb as-salām‹); das Banū-Šaiba-Tor ist ein Bogengang in der Nähe des Zamzam-Brunnens. Ibn Baṭṭūṭa muß Mekka um den 18. Oktober 1326 erreicht haben.

497 Das im Text von Ibn Baṭṭūṭa gewählte Wort ›ḥiǧr‹ ist ein freier Platz im Norden der Kaʿba, der von einem halbkreisförmigen Gitter umgeben ist, das die Grenze der vorislamischen Kaʿba anzeigt.

nicht der Mühen, die er verspürt, und der Widrigkeiten, die er ertragen muß. Wie viele Kranke hatten nicht schon den Tod vor Augen oder sahen auf der Reise ihren Untergang kommen! Als aber Gott seine Gäste dort sämtlich versammelt hatte, waren sie zufrieden und glücklich, als hätten sie auf ihrer Anreise nicht die geringste Bitternis erfahren noch Unbill und Strapazen erlitten. Dies brachten die Ordnung Gottes und die Werke unseres Herrn zustande. Hieran können keine Zweifel bestehen noch gibt es hierüber die geringsten Ungewißheiten oder Verfälschungen. Im Geiste der Verständigen gewinnt diese Gewißheit Kraft und verscheucht die Bedenken der Grübler. Wen Gott mit dem Besuch dieser Gegenden und mit der gastlichen Aufnahme in ihnen beschenkt, der hat seine größte Huld erfahren und ist in den Besitz der beiden Wohnstätten in dieser und der anderen Welt gekommen. Nun ist es auch seine Pflicht, sich für das Empfangene erkenntlich zu zeigen und für das, was ihm zuteil ward, im Lobe Gottes fortzufahren. Möge Gott der Allerhöchste durch seine Güte und Nachsicht uns zu jenen zählen, deren Besuch willkommen ist und deren Ziele und Geschäfte gefördert werden, deren Taten auf dem Wege Gottes beschrieben und deren Sünden durch die Annahme der Reue getilgt sind![498]

Mekka ist eine große Stadt mit eng stehenden Gebäuden. Sie hat den Umriß eines Rechtecks und liegt in einem Tal, von Bergen umgeben, so daß, wer zu ihr reist, sie erst sieht, wenn er angekommen ist. Die benachbarten Berge sind keineswegs sehr hoch. Von den beiden Aḫšab-Hügeln heißt der eine Abū Qubais und liegt im Süden der Stadt, der andere im Westen ist der Quʿaiqiʿān.[499] Im Norden liegt der Rote Berg, und neben dem Abū Qubais laufen eine große und eine kleine Schlucht.[500] Über den Al-Ḫandama-Berg werden wir noch sprechen. Alle Opferstätten wie Minā, ʿArafa und Al-Muzdalifa liegen im Osten Mekkas. Die Stadt hat drei Tore, und zwar das Al-Maʿlā-Tor im hochgelegenen Teil der Stadt, das Aš-Šubaika-Tor im unteren Teil; beide Tore heißen auch Bab Aẓ-Ẓāhir und Bab Al-ʿUmra. Dieses liegt im Westen, und zu ihm führt der Weg aus Al-Madīna sowie aus Kairo, Damaskus und Ǧudda[501]. Durch dieses Tor begibt man sich zum At-Tanʿīm, von dem wir später sprechen werden. Durch das Tor Al-Masfal im Süden hat am Tage der Eroberung Ḫālid bin al-Walīd seinen Einzug in die Stadt gehalten.

Mekka liegt, wie Gott es in seinem hohen Buche sagte, als er eine Geschichte

[498] Teile dieses Abschnitts sind Ibn Ǧubair entnommen. Auch der folgenden Beschreibung Mekkas sind Teile aus Ibn Ǧubairs Werk zugesetzt worden.

[499] Die beiden Hügel liegen vielmehr im Osten bzw. im Westen Mekkas.

[500] Diese beiden Schluchten liegen zwischen dem Abū Qubais und einem benachbarten Hügel, der den Namen Kudā trägt.

[501] Heute: die Hafenstadt Ǧidda.

über den Propheten Al-Ḫalīl wiedergab, in einem unfruchtbaren Tal.[502] Doch die gesegnete Bitte wurde erhört und alles Neue und Gute wird herbeigebracht und der Nutzen aller Dinge steht der Stadt zur Verfügung. Ich habe dort Früchte wie Trauben, Feigen, Pfirsiche und Datteln gegessen, wie man sie auf der ganzen Welt nicht mehr findet. Den Melonen, die man herbeibringt, kommt keine andere Art an Wohlgeschmack und Süße gleich. Fleisch ist fett in Mekka und sein Geschmack köstlich. Alle Waren, die aus den entlegensten Ländern stammen, sind in dieser Stadt zu finden. Aus Ṭā'if[503], aus dem Wādī Naḫla[504] und aus der Senke von Marra wird Obst und Gemüse gebracht; sie sind der Güte Gottes zu danken, die er den Bewohnern seines sicheren und heiligen Landes und den Angehörigen seines Hauses erweist.

Die heilige Moschee liegt inmitten der Stadt und ist sehr weiträumig. Von Ost bis West mißt sie mehr als vierhundert Ellen, wie Al-Azraqī berichtet[505], und ist fast ebenso breit. In der Mitte des Gottesbezirks steht die großartige Ka'ba. Die Moschee ist von so schöner Form und so prächtigem Anblick, daß keine Zunge ihre Wunder beschreiben kann, denn keiner, der sie beschreiben möchte, besitzt Worte, die ihrer vollkommenen Schönheit gerecht würden. Ihre Wände sind ungefähr zwanzig Ellen hoch; ihr Dach wird von hohen Säulen getragen, die mit bestechender Kunstfertigkeit gearbeitet und mit großer Genauigkeit in drei Reihen aufgestellt sind. Ihre drei Schiffe sind ebenfalls so gefällig angeordnet, daß es den Anschein hat, als bildeten sie eine Einheit. Man zählt 491 Säulen aus weißem Marmor, ohne die Pfeiler aus Gips zu zählen, die sich im Haus der Versammlung befinden, das sich an den heiligen Bezirk anschließt. Es steht im Inneren des Nordschiffs, ihm gegenüber der heilige Platz mit der iraqischen Ecke. Durch dieses Schiff tritt man in den gleich anschließenden offenen Hof hinaus. An die Wände dieses Schiffs hat man Steinbänke gebaut, die von Arkaden überwölbt sind. Auf ihnen nehmen die Koranleser, die Kopisten und die Schneider Platz. An der Wand des gegenüberliegenden Schiffs stehen ebenfalls Bänke. Auch die anderen Schiffe sind an ihren Wänden mit Bänken, aber nicht mit Arkaden ausgestattet. Nahe am Tor Abrahams[506] befindet sich ein Eingang ins Westschiff mit Pfeilern aus Gips.

Hier zeigt sich das Wirken des Kalifen Al-Mahdī Muḥammad bin al-Ḫalīfat

[502] Koran, Sure 14, Vers 37: Abraham sagte ›... Herr, einigen meiner Nachkommen habe ich Wohnung gegeben in einem unfruchtbaren Tal neben deinem geheiligten Haus, damit sie ihr Gebet verrichten. Laß die Herzen der Menschen sich ihnen zuneigen! Gib ihnen Früchte zur Nahrung! Vielleicht werden sie dankbar sein.‹

[503] Ṭā'if im Hochland südöstlich von Mekka.

[504] Das ›Palmental‹ im Norden Mekkas.

[505] Muḥammad bin 'Abdallāh bin Aḥmad bin Muḥammad al-Walīd bin 'Aqaba bin al-Azraq Abu-l-Walīd al-Azraqī, Mekkaner jemenitischer Abstammung, schrieb eine Geschichte Mekkas (gest. 864/865).

[506] Das Tor Abrahams steht in der Mitte der Südwestfassade.

Abī Ǧaʿfar al-Manṣūr, denn er ließ den heiligen Bezirk Mekkas erweitern und den Bau befestigen. Deshalb steht auch auf dem oberen Teil der Wand des Westschiffs die Inschrift: ›Der Diener Gottes, Muḥammad al-Mahdī, Beherrscher der Gläubigen – Gott schenke ihm sein Wohlgefallen – hat befohlen, die Heilige Moschee zugunsten der Pilger, die das Haus Gottes besuchen, zu vergrößern. Dies hat er getan im Jahre hundertsiebenundsechzig‹.[507]

Die Kaʿba steht im Mittelpunkt der Moschee. Es ist ein rechteckiges Gebäude, das auf dreien seiner Seiten 28 Ellen hoch ist, auf der vierten Seite aber, die zwischen dem Schwarzen Stein und der jemenitischen Ecke steht, mißt seine Höhe 29 Ellen. Zwischen der Ecke des Iraq und dem Schwarzen Stein ist seine Fassade 54 Spannen breit. Die gleiche Breite besitzt die gegenüberliegende Fassade, die sich von der Ecke des Jemen bis zur Ecke Syriens erstreckt. Die Seite zwischen der iraqischen und der syrischen Ecke im Inneren der Umfassung ist 48 Spannen lang. Wiederum gleich lang ist die Fassade, die der Wand von der syrischen bis zur iraqischen Ecke gegenüberliegt. Aber die Außenwand dieser Umfassung mißt 120 Spannen, und die Umgänge beginnen außerhalb dieser Umfassung des Ḥiǧr-Bezirks. Die Kaʿba besteht aus sehr harten und braunen Steinen, die sehr kunstfertig und unlösbar miteinander verbunden sind, so daß die Zeit ihnen nichts anhaben kann und die Jahrhunderte keinerlei Spuren hinterlassen haben.

Das Tor der ehrwürdigen Kaʿba befindet sich auf der Seite zwischen dem Schwarzen Stein und der iraqischen Ecke. Der Abstand zwischen dieser und dem Schwarzen Stein mißt zehn Spannen, diese Stelle nennt man ›Al-Multazam‹.[508] Hier werden die Gebete erhört. Elfeinhalb Spannen über dem Boden liegt die Schwelle des Tores, acht Spannen ist es breit und dreizehn hoch. Die Wand, in die das Tor eingelassen ist, hat eine Stärke von fünf Spannen. Sie ist mit wundervoll gearbeiteten Silberplättchen ebenso verkleidet wie die beiden Pfosten und der Querbalken. Sie besitzt zwei große Beschläge aus dem gleichen Metall, auf denen ein Riegel angebracht ist.

Jeden Freitag nach dem Gebet wird das ehrwürdige Tor geöffnet, ebenso jährlich am Geburtstag des Propheten. Um das Tor zu öffnen, bringt man ein kanzelartiges Podest mit hölzernen Trittstufen und Füßen herbei, an denen vier Rollen angebracht sind, so daß das Podest bewegt werden kann. Es wird an der Mauer der gesegneten Kaʿba so aufgestellt, daß die oberste Stufe an der hohen Schwelle liegt. Der Vorsteher der Banū Šaiba[509] steigt hinauf, in der Hand den heiligen Schlüssel, begleitet von den Beschließern, die den Vorhang ergreifen, der über dem Tor der Kaʿba heruntergelassen ist und den

[507] 783/84.

[508] Notwendigkeit, Pflicht.

[509] Den Banū Šaiba, einem Clan des Stammes der Quraiš, übertrug Muḥammad die Obhut der Kaʿba.

man ›burqa'‹[510] nennt. Nun schließt ihr Vorsteher das Tor auf. Sodann küßt er die heilige Schwelle, tritt ganz allein durch das Tor, schließt es wieder hinter sich und bleibt nun für die Dauer zweier Rak'a-Gebete. Dann treten die anderen Banū Šaiba ein, schließen das Tor erneut und verrichten nun ihrerseits ein doppeltes Gebet. Danach wird das Tor abermals geöffnet und nun eilen die Menschen herbei, um einzutreten. Zuvor waren sie mit gesenkten Blicken, demütigen Herzen und zum Allerhöchsten erhobenen Händen im Anblick des Tores stehen geblieben. Sobald sich das Tor öffnet, preisen sie die Größe des Ewigen und rufen: »O Gott, öffne uns die Pforten deines Erbarmens und deines Verzeihens, du, der Allergnädigste unter den Gnädigen.«

Das Innere der ehrwürdigen Ka'ba ist mit buntem Marmor ausgelegt, mit dem auch die Wände verkleidet sind. In der Mitte des Innenraums stehen, vier Schritte auseinander und dem Eingang der Ka'ba gegenüber, drei außerordentlich hohe Säulen aus Teak. Die mittlere steht genau in der Mitte der Wand zwischen der jemenitischen und syrischen Ecke. Die Vorhänge der ehrwürdigen Ka'ba sind aus schwarzer Seide angefertigt, auf die weiße Buchstaben geschrieben sind. Sie glänzen und strahlen und erleuchten die gesamte Ka'ba von der Decke bis zum Boden.

Eines der Wunder der edlen Ka'ba ist es, daß die Menge, die das Heiligtum füllt, sobald das Tor sich öffnet, nur von Gott allein gezählt werden kann, der sie schuf und ernährt. Alle treten gemeinsam ein, aber die Ka'ba ist niemals zu klein für sie alle. Ein anderes Wunder besteht darin, daß die Umgänge um die Ka'ba bei Tage und bei Nacht niemals aufhören. Niemand erinnert sich daran, sie jemals gesehen zu haben, ohne daß Prozessionen stattgefunden hätten. Ein weiteres Wunder liefern die Tauben Mekkas, die sich ebenso wie die anderen Vögel, obwohl sie sehr zahlreich sind, niemals auf ihr niederlassen und sie niemals überfliegen. Man sieht die Tauben über den gesamten heiligen Bezirk fliegen, doch wenn sie sich vor der ehrwürdigen Ka'ba befinden, weichen sie zu einer Seite aus, fliegen aber nie über sie hinweg. Man erzählt, daß sich kein Vogel jemals auf sie setzt, es sei denn, er ist krank. Dann aber stirbt er oder ist sofort geheilt. Lob sei Gott, der die Ka'ba mit Ehre und Hoheit auszeichnete und ihr Achtung und Ehrerbietung verschaffte.

Der Wasserspeier befindet sich über der Wand oberhalb des Heiligtums. Er besteht aus Gold, ist eine Spanne breit und ragt zwei Ellen weit nach außen. Man glaubt, die Stelle unter dem Wasserspeier sei jene, an der die Gebete erhört werden. Im Heiligtum selbst gleich unter dem Wasserspeier steht das Grabmal Ismā'īls und über diesem eine rechteckige grüne Marmortafel in Form einer Gebetsnische und neben ihr eine weitere, ebenfalls grüne, aber runde Tafel aus Marmor; beide sind je eineinhalb Spannen breit. Sie sind wundervoll gearbeitet und bieten einen prächtigen Anblick. Daneben und in der Nähe der

[510] Verhüllung, Vorhang.

iraqischen Ecke steht das Grab von Ismāʿīls Mutter Hāǧar[511]. Es ist mit einer kreisrunden grünen Marmorplatte versehen, deren Durchmesser anderthalb Spannen mißt. Die zwei Gräber stehen sieben Spannen weit auseinander.

Der Schwarze Stein steht sechs Spannen über der Erde, so daß ein hochgewachsener Mann sich verneigen muß, um ihn zu küssen, ein kleiner Mann aber muß sich strecken. Er ist an die östliche Ecke angebaut, zwei Drittel einer Spanne breit und eine Spanne hoch. Er ist fest eingelassen, aber niemand weiß, wie tief er an dieser Ecke in die Erde ragt. Er besteht aus vier Teilen, die zusammengesetzt wurden, und man erzählt sich, daß es Al-Qarmaṭī – Gott verfluche ihn! – gewesen sein soll, der ihn zerbrach.[512] Man sagt aber auch, es sei ein anderer gewesen, der ihn zerstörte, indem er mit Waffen auf ihn einschlug. Die Umstehenden stürzten sich auf ihn, um ihn zu töten, und es kamen sehr viele Leute aus dem Maġrib ums Leben.[513] Die Seiten des Steins sind an einer Silberplatte befestigt, die auf dem Schwarz des erhabenen Steins hell glänzt, und die Augen schauen ein Wunder. Küßt man ihn, so erfreut sich der Mund an dem Genuß, und wer ihn küßt, möchte nicht mehr aufhören, ihn zu küssen. Diese Eigenschaft wohnt ihm inne und stellt eine göttliche Gnade dar. Es genügt das Wort des Propheten, der sprach: »Dies ist wahrlich die rechte Hand Gottes auf Erden.« Gott schenkte uns die Gunst, ihn küssen und berühren zu dürfen, und Gott mache es allen möglich, die so brennend danach verlangen!

Auf dem unversehrten Teil des Schwarzen Steins, dort, wo er die rechte Seite des Gläubigen berührt, ist ein weißer und glänzender Fleck, als sei er mit der herrlichen Fläche einen Bund eingegangen. Man sieht Menschen, die bei ihren Umgängen übereinander fallen, weil das Gedränge, ihn zu küssen, zu groß ist. Nur schwer kann ein Mensch in diesem Wettstreit bestehen. Das gilt auch für den Eintritt ins heilige Haus. Nahe am Schwarzen Stein beginnen die Prozessionen, und so ist diese Stelle der erste Ort, zu dem jemand, der seine Umgänge gehen will, kommt. Sobald man ihn geküßt hat, zieht man sich einige Schritte zurück und begibt sich, die ehrwürdige Kaʿba zur Linken, auf seine Umgänge. Man erreicht die iraqische Ecke, die im Norden liegt, dann die syrische Ecke im Westen und endlich die jemenitische Ecke im Süden. Zum Abschluß kehrt man wieder zum Schwarzen Stein im Osten zurück.

Es wird berichtet, daß es zwischen dem Tor der Kaʿba und der iraqischen Ecke eine Stelle von zwölf Spannen Länge, sechs Spannen Breite und etwa

[511] Abrahams zweite, ägyptische Frau und Mutter Ismaels, die Hagar der Bibel.

[512] Im Jahre 929 entfesselte eine Gruppe des Stammes der Qarāmaṭa einen Aufstand, überfiel Mekka und entführte den Stein, der erst im Jahre 950 zurückgegeben wurde.

[513] Dieses Ereignis soll im Jahre 1022 stattgefunden haben, als eine schiitische Gruppe, die den Faṭimiden zugerechnet wurde, den Stein entführen wollte. Die Faṭimiden waren, obwohl syrischer und jemenitischer Herkunft, im heutigen Tunesien, im Maġrib also, zur herrschenden Dynastie aufgestiegen.

zwei Spannen Höhe gab. Das war die Station zur Zeit Abrahams. Doch der Prophet hat sie dorthin verlegt, wo sich jetzt ein Betplatz befindet, und am ursprünglichen Platz steht nun eine Art Wasserbecken, in welches das Wasser aus dem hohen Hause rinnt, wenn es gereinigt wird. Der Ort ist gesegnet, und die Leute drängen sich zum Gebet herbei. Die gesegnete Station liegt der Seite zwischen der iraqischen Ecke und dem Tor gegenüber, ist aber diesem etwas näher. Sie ist mit einer Kuppel überbaut, unter der ein Eisengitter zu sehen ist, so nahe an der Station, daß jedermann, der hindurchgreift, das Kästchen mit den Fingern erreichen kann. Das Gitter ist verschlossen; dahinter befindet sich ein kleinerer Ort für das zweifache Gebet nach den Umgängen.

Im Kapitel von der ›Wahren Lehre‹ ist zu lesen, daß der Prophet, nachdem er die Moschee betreten hatte, zur Kaʿba ging, sieben Umgänge vollbrachte und sich dann zu dieser Station begab, um dort zu lesen. Zu jener Zeit war die Station Abrahams gerade als Betplatz ausersehen worden. Der Prophet verrichtete hinter ihr zwei Rakʿas. Hinter dieser Stelle und an der dortigen Mauer befindet sich der Gebetsplatz des Imām der Šafiʿiten.

Der Umfang der Umfassungsmauer des Ḥiğr beträgt 29 Schritte oder 94 Spannen. Sie besteht aus wundervollem Marmormosaik, das in vollkommenster Weise zusammengefügt sowie fünfeinhalb Spannen hoch und viereinhalb Spannen breit ist. Den Innenraum bildet ein geräumiges Schiff, das in unnachahmlicher handwerklicher Kunstfertigkeit und höchster Genauigkeit mit geflecktem Marmor ausgelegt ist. Zwischen der Wand der edlen Kaʿba unter dem Wasserspeier und der gegenüberliegenden Pilgermauer mißt der Abstand in gerader Linie vierzig Spannen. Die Pilgerstation hat zwei Eingänge: Einer davon befindet sich zwischen ihr und der iraqischen Ecke und ist sechs Ellen breit. Als die Quraiš die Kaʿba erbauten, legten sie diese Stelle nach außen, wie es in der ›Wahren Lehre‹ steht. Der zweite Eingang von ebenfalls sechs Ellen Breite liegt in der Nähe der syrischen Ecke. Beide Eingänge sind 48 Spannen voneinander entfernt. Für die Umgänge ist der Boden mit schwarzen, geschickt miteinander verbundenen Steinen ausgelegt. Sie beginnen erst neun Schritte hinter dem ehrwürdigen Haus, laufen aber auf der anderen Seite bis zur edlen Station, die wie von einem Kreis von ihnen umschlossen wird. Der restliche Boden des Heiligtums ist mit weißem Sand bedeckt. Der Umgang für die Frauen befindet sich am Ende des Steinweges.

Das Gewölbe des Zamzam-Brunnens liegt 24 Schritte vom Schwarzen Stein entfernt. Rechter Hand der Kuppel und zehn Schritte von ihr entfernt liegt die edle Station. Die Kuppel ist innen mit weißem Marmor geschmückt; in ihrer Mitte und der der Kaʿba gegenüberliegenden Wand zugewandt, befindet sich der Graben des heiligen Brunnens; er ist mit glänzendem Marmor ausgelegt und in Blei gegossen. Sein Umfang beträgt 40, seine Höhe viereinhalb und seine Tiefe 66 Spannen. Die Menschen berichten, daß das Wasser jede Nacht auf Freitag ansteigt. Das Tor des Gewölbes weist nach Osten, sein Inneres besteht aus einem etwa fünf Spannen über den Boden sich erhebenden Becken von einer Spanne Durchmesser und ebensolcher Tiefe. Für die Waschungen wird es mit Wasser aufgefüllt; zur Reinigung setzen sich die Leute auf die Steinbank, die um das Becken läuft.

Hinter der Zamzam-Kuppel sieht man den Trinkbrunnen, der ʿAbbās zugeschrieben wird und an der Nordseite seinen Eingang hat. Hier stellt man in Krügen, die man ›dauraq‹ nennt, das Wasser des Zamzam auf. Diese Gefäße haben nur einen Griff; man läßt sie hier stehen, damit das Wasser kühl bleibt und die Menschen daraus trinken können.

Hier werden die edlen Handschriften und andere Bücher des heiligen Hauses aufbewahrt. Hier steht auch ein Schatzkästchen mit einer länglichen flachen Schatulle, in dem jene Koranhandschrift liegt, die Zaid bin Ṯābit achtzehn Jahre nach dem Tode des Propheten anfertigte.[514] Wenn die Mekkaner unter Hungersnot oder sonstiger Drangsal leiden, holen sie dieses Exemplar hervor, öffnen die Pforte der Kaʿba und legen das Buch auf die Schwelle oder auf die Station Abrahams. Entblößten Hauptes versammelt sich das Volk, betet, demütigt sich und erfleht mit Hilfe des Buches die göttliche Gunst. Es entfernt sich erst wieder, wenn Gott ihm sein Erbarmen gezeigt und seine Gnade erwiesen hat. Hinter der Kuppel des ʿAbbās und in geringer Entfernung steht ein weiterer Bau, der als ›Kuppel der Jüdin‹ bekannt ist.

Die Heilige Moschee, die Gott der Allerhöchste adeln möge, zählt neunzehn Tore, deren Mehrzahl zu weiteren Toren führt. Dazu gehören:

Das Ṣafā-Tor, das sich auf fünf Tore öffnet, hieß in alter Zeit das Tor der Banū Maḫzūm[515]; es ist das größte Tor der Moschee, durch welches man zum Laufweg kommt. Wer aber nach Mekka kommt, betritt die Moschee lieber durch das Tor der Banū Šaiba und verläßt sie nach seinem Umlauf durch das Ṣafā-Tor. Er nimmt seinen Weg dann zwischen den zwei Säulen, die Al-Mahdī, der Fürst der Gläubigen, aufrichten ließ, um den Weg zu weisen, den der Gesandte Gottes in Richtung auf Ṣafā nahm.

Das Tor der Kleinen Schluchten, das zu zwei weiteren Toren führt.

Das Tor der Schneider, das sich ebenfalls auf zwei Tore öffnet.

Das Tor des ʿAbbās, hinter dem drei Tore stehen.[516]

514 Zaid bin Ṯābit bin aḍ-Ḍaḥāk al-Anṣārī war Muḥammads erster Sekretär; ihn berief der Kalif ʿUṯmān zum Vorsitzenden einer Gruppe, die er mit der Kompilation des Korans beauftragte.

515 Das Tor der Banū Maḫzūm steht an der Ostseite des östlichen Säulengangs. Der alte Name der Banū Maḫzūm entstand in der Zeit, als jeder mekkanische Stamm sein eigenes Tor besaß. Durch dieses Tor verlassen die Pilger die Moscheeanlage, sobald sie ihre Umläufe beendet haben und zur Masʿā, dem ›Lauf‹ eilen.

516 Vom Kalifen Al-Mahdī erbaut und so genannt, weil es in der Nähe des Hauses des ʿAbbās steht, des Onkels des Propheten.

Das Tor des Propheten führt wiederum zu zwei Toren.[517]

Das Tor der Banū Šaiba liegt an der nördlichen Ecke des Ostmauer, links des Tores der Kaʿba und ihr gegenüber. Es öffnet sich auf weitere drei Tore. Es ist das Tor der Banū ʿAbdu Šams, durch das die Kalifen eintraten.[518]

Ein kleines Tor ohne besonderen Namen steht neben dem Tor der Banū Šaiba. Man sagt allerdings, es sei das Klostertor, weil es zum Lotuskloster führt.

Das Tor der Versammlung: Diesen Namen hat man drei Toren gegeben. Zwei liegen in derselben Flucht, das dritte an der Westecke des Hauses der Versammlung, das selbst im Inneren des Heiligtums eine Moschee geworden ist, die ihm angebaut wurde; sie befindet sich dem Brunnen gegenüber.

Ein kleines, erst kürzlich errichtetes Tor, das zum Al-ʿAǧala-Haus gehört.[519]

Das Tor der Schließung, das einzeln steht.

Das Tor der kleinen Wallfahrt ist ebenfalls ein Einzeltor und gehört zu den schönsten der Moschee.

Das Tor Ibrāhīms, auch dies ein einzelnes Tor. Über die Herkunft seines Namens sind sich die Menschen nicht einig. Einige schreiben es Abraham, dem Freund Gottes, zu; in Wahrheit aber verdankt es seinen Namen Ibrāhīm al-Ḫūzī, einem Perser.[520]

Das Ḥazwara-Tor, das zu zwei weiteren Toren führt.

Das Tor der Großen Schluchten führt ebenfalls zu zwei weiteren Toren.[521]

Ein anderes Tor, auch Tor der Schluchten genannt, führt zu zwei weiteren Toren.[522]

Noch ein drittes Tor trägt den Namen der Schluchten, führt ebenfalls zu weiteren zwei Toren und steht in der Nähe des Ṣafā-Tores. Manche Leute bezeichnen zwei der vier Tore der Schluchten auch als die ›Tore der Mehlhändler‹.[523]

Das Gotteshaus von Mekka besitzt fünf Minarette: eines an der Ecke des Abū Qubais neben dem Ṣafā-Tor, ein weiteres an der Ecke des Banū-Šaiba-

517 Wird auch das ›Tor der Seidenhändler‹ genannt; es war das Tor, das Muḥammad benutzte, wenn er das Haus seiner Gattin Ḫadīǧa verließ.

518 Dieses Tor wird üblicherweise ›Friedenstor‹ genannt; Abdu Šams ist der Name des Clans der umayyadischen Kalifen.

519 Die Herkunft dieses Namens ist unbekannt; das Tor soll aber bereits im ersten Jahrhundert islamischer Zeitrechung, also im 7./8. Jahrhundert, erbaut worden sein.

520 Der Name Al-Ḫūzī verweist auf die westpersische Provinz Ḫūzistān.

521 Wird heute ʿAǧala- oder ʿAǧlān-Tor genannt, nach der benachbarten Koranschule des Šarifen ʿAǧlān; es trägt auch den Namen ›Bāb al-Wadāʿ‹ (›Tor des Abschieds‹).

522 Auch ›Bāb al-Muǧāhidīya (›Tor des Glaubenskampfes‹) genannt.

523 Ibn Baṭṭūṭa spricht zwar zu Beginn seiner Aufzählung von insgesamt neunzehn Toren, hat im Text aber nur achtzehn genannt: Es fehlt noch das Tor ʿAlīs, das sich auf drei Tore öffnet.

Tores, das dritte am Tor des Hauses der Versammlung, das vierte am Tor der Schließung und das fünfte an der Ecke der Schluchten.

Gleich neben dem Tor der kleinen Wallfahrt befindet sich eine Koranschule, die der ehrwürdige Sulṭān Yūsuf Ibn Rasūl, der unter dem Namen Al-Muẓaffar bekannte König des Jemen, gegründet hat.[524] Seinen Namen, nämlich Al-Muẓaffarīya, tragen im Jemen auch die in Umlauf befindlichen Dirhams. Er pflegte die Kaʿba zu verhüllen, bis er dieses Vorrechts durch König Manṣūr Qalāwūn beraubt wurde.

Wenn man durch das Ibrāhīm-Tor hinausgeht, stößt man auf eine große Zāwiya, in der der malikitische Imām, der fromme Abū ʿAbdallāh Muḥammad bin ʿAbd ar-Raḥmān, genannt Ḫalīl, lebt. Über diesem Tor erhebt sich eine mächtige Kuppel von außerordentlicher Höhe, deren Inneres mit so wunderschönen Stuckarbeiten geschmückt ist, daß man sie nicht beschreiben kann. Gegenüber diesem Tor findet man rechter Hand die Stelle, an welcher der gottesfürchtige Ǧalāl ad-Dīn Muḥammad bin Aḥmad al-Aqšahrī zu sitzen pflegte.[525] Vor dem Ibrāhīm-Tor steht ein Brunnen gleichen Namens und nahebei auch das Haus des frommen Scheichs Dānyāl, des Persers, durch dessen Hände die Almosen aus dem Iraq unter der Herrschaft des Sultans Abū Saʿīd flossen.[526] Daneben befindet sich die Herberge Al-Muwaffaq, die zu den besten zählt. Ich habe während meines Aufenthaltes im ehrwürdigen Mekka dort gewohnt; man traf damals dort den frommen Scheich Abū ʿAbdallāh az-Zuwāwī, den Maġribiner. Dort lebte auch der fromme Scheich Aṭ-Ṭayyār Saʿādat al-Ǧawwāni. Dieser betrat eines Tages nach dem Nachmittagsgebet seine Kammer und wurde gefunden, wie er, zur Kaʿba gewandt, den Boden mit der Stirn berührte. Aber er war tot, ohne daß er an einer Krankheit gelitten hätte. Auch der fromme Scheich Šams ad-Dīn Muḥammad aus Damaskus lebte ungefähr vierzig Jahre lang dort. Der gottesfürchtige Scheich Šuʿaib der Maġribiner, der ebenfalls dort wohnte, zählte zu den frömmsten Männern.[527] Eines Tages trat ich bei ihm ein, und meine Augen konnten nichts als eine Matte in seiner Zelle bemerken. Ich verlor einige Worte darüber, aber er erwiderte mir, ich solle, was ich gesehen hatte, als Geheimnis bewahren.

524 Diese Schule gründete Sultan Yūsuf bin Rasūl in Mekka anläßlich seiner Pilgerreise im Jahre 1061. Er war der Sohn und Nachfolger von Rasūl, dem Gründer der jemenitischen Dynastie der Rasuliden.

525 Muḥammad bin Aḥmad bin Amīn bin Maʿād al-Aqšahrī aus Akşehir in der heutigen Türkei, ein reisender Historiker und Autor von Reiseberichten, der sich schließlich in Medina niederließ und dort im Jahre 1331 starb.

526 Abū Saʿīd war einer der mongolischen Herrscher der Ilchaniden und Sultan von Persien und dem Iraq in der Zeit von 1316–1336 (vgl. Kapitel ›Persien und der Iraq‹).

527 Šuʿaib bin Mūsā bin ʿAbd ar-Raḥmān bin Sulaimān bin ʿAzīz al-Muḥam aṣ-Ṣafrāwīy al-Fāsī, genannt Abū Madyan, berühmter Šūfī, der auch in den Reiserezählungen von Al-Aqšahrī (vgl. Anm. 525) erwähnt wird.

Um das große Heiligtum stehen viele Häuser mit Balkonen und Terrassen, von denen aus man sich auf das Dach des Gotteshauses begeben kann. Die Bewohner dieser Häuser leben stets im Anblick des hohen Hauses. Manche dieser Häuser besitzen Türen, durch die man ins Heiligtum gelangen kann. Dazu gehören das Haus der Zubaida, der Gattin Ar-Rašīds, des Fürsten der Gläubigen, das Haus von Al-ʿAǧala, von Aš-Šarābī und anderen.[528]

Zu den Gedenkstätten in der Nachbarschaft der Moschee zählt auch die Kuppel der Offenbarung, die sich im Hause der Ḫadīǧa befindet, der Mutter der Gläubigen, ganz in der Nähe des Tores des Propheten. Im Gotteshaus selbst befindet sich ein kleiner Kuppelbau, in dem Fāṭima geboren wurde. Unweit davon entfernt steht das Haus des Abū Bakr des Wahrhaftigen. Gegenüber erkennt man eine heilige Mauer, aus der ein gesegneter Stein ein wenig herausragt und den die Menschen zu küssen pflegen. Man erzählt, dieser Stein habe den Propheten begrüßt; ja, man erinnert daran, daß Muḥammad eines Tages zum Hause Abū Bakrs des Wahrhaftigen ging, der aber nicht zu Hause war. Der Gottesgesandte rief ihn, da begann der Stein zu sprechen und sagte zu ihm: »O Prophet, er ist nicht hier.«

Vom Ṣafā-Tor, einem der Tore der Moschee von Mekka, bis zum Ṣafā-Hügel sind es 76 Schritte; der Hügel selbst ist siebzehn Schritte lang und vierzehn Stufen führen hinauf, deren oberste zu einer Sitzbank ausgebaut ist. Zwischen Ṣafā und dem Hügel von Marwa liegen 493 Schritte, und zwar von Ṣafā bis zum grünen Obelisken 93 Schritte, von diesem bis zu den zwei grünen Säulen 75 Schritte, von diesen wiederum bis Marwa sind es 325 Schritte. Marwa hat fünf Stufen und einen sehr weiten Bogengang. Auch der Hügel von Marwa ist siebzehn Schritte lang. Der grüne Obelisk ist eine Säule grüner Farbe, die fest mit der Ecke des Minaretts verbunden ist, das sich an der Ostecke der Moschee und linker Hand des Pilgers befindet, wenn er nach Marwa läuft. Bei den anderen zwei grünen Obelisken handelt es sich um zwei grüne Säulen, die vor dem Tore ʿAlīs, einem der Tore des Heiligtums, aufgerichtet sind, und zwar eine an der Mauer der Moschee, linker Hand, wenn man das Tor verläßt, die andere ihr gegenüber. Zwischen dem grünen Obelisken und den beiden grünen Säulen findet hin und zurück der rasche Lauf der Pilger statt. Zwischen Ṣafā und Marwa fließt ein Bach, an dessen Ufern ein großer Markt abgehalten wird, auf dem Getreide, Fleisch, Butteröl, Datteln und anderes Obst feilgeboten werden. Wer sich der Zeremonie des Laufes zwischen Ṣafā und Marwa unterwerfen will, wird Mühe haben wegen des Gedränges der Menschen an den Ständen der Händler.[529] Außer diesem gibt es aber keinen regelmäßigen

528 Zubaida war die Gattin von Hārūn ar-Rašīd; ihr Haus stand in der Nähe des Tores der Schneider, stürzte 884 ein und wurde durch ein Kloster ersetzt. Aš-Šarābī ist unbekannt; das Haus Al-ʿAǧalas steht unweit vom ʿAǧala-Tor.

529 Der traditionelle Pilgerlauf besteht darin, daß die Strecke zwischen Ṣafā und Marwa

Markt in Mekka, wenn man absehen will vom Markt der Tuchhändler und Gewürzkrämer am Tor der Banū Šaiba.

Zwischen Ṣafā und Marwa steht auch das Haus des ʿAbbās, das heute ein Konvent ist, in dem Männer wohnen, die in der Moschee Dienst tun. König An-Nāṣir hat es wiederherstellen und im Jahre 728 zwischen Ṣafā und Marwa auch das Haus der Waschungen errichten lassen. Er hat ihm zwei Tore gegeben, eines, das zum vorerwähnten Markt führt, ein anderes, das auf den Markt der Gewürzhändler hinausgeht. Unweit steht eine Unterkunft für die Diener dieses Hauses. Es war Fürst ʿAlāʾ ad-Dīn bin Hilāl, der diese Bauten leitete.[530] Rechts neben Marwa steht das Haus des Fürsten von Mekka Saif ad-Dīn ʿUṭīfa bin Abī Numay, von dem ich noch sprechen werde.

Mekkas Friedhof liegt außerhalb des Al-Maʿlā-Tores, seine Lage ist auch unter dem Namen Al-Ḥağūn bekannt.[531] Damit befaßte sich Al-Ḥāriṯ bin Muḍāḍ al-Ğurhumī, denn er sagte:

»Als lebten keine Menschen zwischen Al-Ḥağūn und Aṣ-Ṣafā und als hätte sich niemand in Mekka mit nächtlichen Plaudereien unterhalten. Doch, wahrlich, wir waren diese Menschen, doch Widrigkeiten der Nacht und andere Ungunst haben uns vernichtet.«

Auf diesem Friedhof ist eine große Anzahl von Gefährten und Gefolgsleuten, Verwandten und Zeitgenossen des Propheten, von gelehrten und heiligen Männern beigesetzt. Aber vergangen sind die Gräber, und ihre Lage haben die Mekkaner vergessen, so daß nur noch wenige bekannt sind. Zu ihnen gehört das Grab der Mutter der Gläubigen, der Gefährtin des Herrn der himmlischen Gesandten, Ḫadīğa, Tochter von Ḫuwailid, der Mutter aller Söhne Muḥammads mit Ausnahme von Ibrāhīm, und Großmutter der beiden edlen Enkel. Daneben liegt das Grab des Kalifen und Fürsten der Gläubigen Abū Ğaʿfar al-Manṣūr ʿAbdallāh bin Muḥammad bin ʿAlī bin ʿAbdallāh bin al-ʿAbbās.[532] Hier sieht man auch die Stelle, an der ʿAbdallāh bin az-Zubair ans Kreuz geschlagen wurde.[533] Dort stand einst ein Gebäude, das von den Leuten aus Ṭāʾif aus Zorn über die Verfluchung ihres elenden Ḥağğāğ zerstört wurde.

sieben Mal zurückgelegt wird. Er schließt sich unmittelbar an die Umläufe um die Kaʿba an.

530 ʿAlī ad-Daulat aš-Šizarī, aus Šizar in der Nähe von Aleppo, übernahm im Jahre 1327 im Auftrage von König An-Nāṣir die Bauarbeiten an der Moschee und nahm auch den Bau eines Aquäduktes nach Mekka in Angriff. Er starb im Jahre 1328.

531 So benannt nach einem kleinen Hügel im Norden Mekkas.

532 Zweiter abbasidischer Kalif, der 775 auf einer Pilgerreise starb.

533 ʿAbdallāh bin az-Zubair hatte sich in Damaskus zum Gegenkalifen gegen die Umayyaden ausgerufen und kam 692 in einem Feldzug der Umayyaden, den Al-Ḥağğāğ bin Yūsuf aṯ-Ṯaqifī gegen ihn führte, ums Leben. Dieser Feldherr verdankte seinen Beinamen seiner Zugehörigkeit zum Stamme der Ṯaqīf aus der Hochebene von Ṭāʾif und war für seine Grausamkeit berüchtigt. Er starb als Vizekönig des Iraq im Jahre 714.

Rechts vor dem Friedhof steht eine verfallene Moschee, von der man berichtet, in ihr hätten die Geister dem Gottesgesandten gehuldigt.[534] Neben diesem Friedhof verlaufen der Aufstieg zum Berg ʿArafāt hinauf sowie die Wege nach Ṭāʾif und in den Iraq.

Von den Heiligtümern außerhalb von Mekka ist Al-Ḥağūn schon erwähnt worden, es soll auch der Name des Bergs sein, der sich hinter dem Friedhof erhebt. Al-Muḥaṣṣab neben dem Friedhof trägt auch den Namen Al-Abṭāḥ[535]. Dort sieht man den Abhang der Banū Kināna, den der Prophet herabstieg.[536]

Ḏū Ṭūwā[537] ist ein Flußtal, das sich bis zu den Gräbern der Geflohenen erstreckt, die in Ḥaṣḥāṣ unterhalb des Passes von Kadāʾ liegen. Durch dieses Tal gelangt man an die Wegzeichen, die zwischen dem erlaubten und dem verbotenen Bezirk stehen. Als ʿAbdallāh Ibn ʿUmar nach Mekka kam, verbrachte er die Nacht in Ḏū Ṭūwā. Dann reinigte er sich und kam am Morgen nach Mekka. Man sagt, auch der Prophet habe so gehandelt. Von dort führt der Bergpfad von Kudā[538] oberhalb von Mekka weiter, auf dem Muḥammad die Stadt auf seiner letzten Pilgerfahrt betrat.

Der Paß von Kadāʾ wird auch der ›Weiße Paß‹ genannt. Er endet unterhalb von Mekka, und über ihn verließ der Gottesgesandte die Stadt auf seiner letzten Pilgerreise. Er liegt zwischen zwei Bergen, und auf dem Engpaß, den sie bilden, ist ein kleiner Steinhügel angelegt worden. Jeder, der vorbeikommt, wirft einen Stein darauf. Es soll, so sagt man, das Grab von Abū Lahab und seiner Frau Ḥammālat al-Ḥaṭab sein.[539] Zwischen dem Paß und Mekka erstreckt sich eine Ebene, durch welche die Karawane zieht, die aus Minā zurückkehrt. In der Umgebung dieses Ortes und in der Entfernung von etwa einer Meile von Mekka steht eine Moschee, vor der man einen Stein sieht,

534 Koran, Sure 72, Abschnitt 1 und 2: ... Mir ist enthüllt worden, daß eine Schar von Geistern lauschte. Sie sagten: ›Wir haben einen wunderbaren Koran gehört. Er führt uns auf den rechten Weg; wir haben an ihn geglaubt und werden unserem Herrn niemanden beigesellen.‹

535 Al-Muḥaṣṣab (›mit Kies bestreuter Weg‹) ist die Verlängerung des Weges aus Mekka zu dem im Norden gelegenen Tal. Er trägt auch den Namen Al-Abṭāḥ (›Talsenke‹).

536 630, im Jahre der Eroberung Mekkas durch Muḥammad.

537 Ḏū Ṭūwā ist der Weg, der Mekka durch das Tor der Kleinen Wallfahrt in westliche Richtung verläßt und durch die Vorstadt Ğarwal läuft.

538 Hier verwechselt Ibn Baṭṭūṭa den Berg Kudā im Südosten der Stadt mit dem Hügel Kadāʾ im Norden.

539 Abū Lahab (›der Vater der Flamme‹) war der Beiname eines Onkels und Gegners Muḥammads. Von ihm und seiner Frau Ḥammālat al-Ḥaṭab (›die Holzträgerin‹) spricht die Sure 111: ›Mögen die beiden Hände von Abū Lahab verdorren wie auch er untergehen soll! ... Er wird einem lodernden Feuer ausgesetzt werden und ebenso seine Frau, die Holzträgerin, um deren Hals sich ein Strick aus Palmfasern windet.‹

der wie eine Bank an den Weg gesetzt ist, und darauf einen weiteren Stein mit einer Inschrift, die aber heute verwischt ist. Hier hat, so wird erzählt, der Prophet auf der Rückkehr von seiner Pilgerfahrt gesessen, um zu ruhen. Die Leute betrachten es als einen Segen, diesen Stein zu küssen und sich an ihn zu lehnen.

Einen Farsaḫ von Mekka entfernt befindet sich der Tanʿīm. Von hier aus beginnen die Mekkaner selbst ihre Wallfahrt, denn es ist jene Stelle im erlaubten Land, die der heiligen Landschaft am nächsten liegt. Von hier aus unternahm ʿĀʾiša, die Mutter der Gläubigen, ihre Pilgerfahrt, als Muḥammad sie mit ihrem Bruder ʿAbd ar-Raḥmān zu ihrer letzten Pilgerfahrt nach Mekka schickte und ihnen befahl, sie im Tanʿīm zu beginnen. Dort hat man am Wege drei Moscheen gebaut, die sämtlich den Namen ʿĀʾišas tragen. Die Straße von Tanʿīm ist breit, und die Einwohner kehren sie sowohl des Lohnes als auch des frommen Verdienstes wegen täglich mit Sorgfalt, denn unter den Pilgern sind einige, die mit bloßen Füßen wandern. Am Wege befinden sich auch Brunnen mit Süßwasser, die den Namen Aš-Šubaika tragen.

Etwa zwei Meilen vor Mekka befindet sich an der Straße vom Tanʿīm der Ort Aẓ-Ẓāhir. Er liegt beidseits der Straße, und man erkennt noch Spuren von Häusern, Obstgärten und Märkten. Auf einer Seite der Straße steht eine lange Bank, auf der Trinkkrüge und Gefäße für die Reinigung stehen, die der Diener des Ortes aus den Brunnen von Aẓ-Ẓāhir füllt. Diese Brunnen sind von großer Tiefe. Der Diener gehört zu den bediensteten Faqīren des Gotteshauses. Wegen der Hilfe, die er den Pilgern leistet, damit sie trinken und sich waschen können, wird er von vermögenden Menschen in seiner Arbeit unterstützt. Von Ḏū Ṭūwā führt ein Weg nach Aẓ-Ẓāhir.

Der Berg Abū Qubais im Südosten von Mekka ist einer der beiden Aḫšab-Berge, liegt der ehrwürdigen Stadt am nächsten, und man schaut genau auf eine Ecke des Schwarzen Steins. An seiner höchsten Stelle trägt er eine Moschee[540] sowie Reste eines Klosters und anderer Gebäude. König Aẓ-Ẓāhir[541] trug sich mit der Absicht, sie wiederherzustellen. Der Abū Qubais beherrscht das Heiligtum und die gesamte Landschaft. Von hier aus erschließt sich die volle Schönheit Mekkas, seines Heiligtums und der heiligen Kaʿba in ihrer ganzen Größe. Man erzählt sich, Abū Qubais sei der erste Berg gewesen, den Gott erschaffen habe. Dort habe er zur Zeit der großen Sintflut den Stein niedergelegt, und aus diesem Grunde haben ihn die Quraiš den ›Treuen‹ genannt, denn er vertraute den niedergelegten Stein Abraham an. Man versichert auch, der Berg enthalte das Grab Adams. Außerdem befindet sich auf diesem Berg der Ort, an dem der Prophet weilte, als sich der Mond vor ihm spaltete.[542]

540 Sie trägt heute nach dem Muezzin des Propheten den Namen ›Bilāl-Moschee‹.

541 Die Rede ist von Baibars, dem ägyptischen Mamlukensultan.

542 Koran, Sure 54, Vers 1: ›Die Stunde naht und der Mond spaltet sich.‹

Der zweite der Aḫšab-Berge ist der Quʿaiqiʿān[543]. Der Rote Berg liegt im Norden von Mekka. Der Berg Al-Ḫandama liegt in der Nähe der Großen und der Kleinen Schlucht. Beidseits der Straße von Tanʿīm gibt es vier Berge, die als ›Vogelberge‹ bezeichnet werden, und man erzählt, Abraham habe auf diesen Bergen Teile von Vögeln gelegt, auf die herab er Gottes Segen erflehte, wie es Gott im Hohen Buch niedergelegt hat.[544] Auf diesen Bergen stehen steinerne Wegzeichen.

Der Berg Ḥirāʾ, ungefähr einen Farsaḫ im Norden Mekkas, überragt Minā, und sein Gipfel verliert sich in der Höhe. Hier verrichtete der Prophet vor seiner Sendung häufig seine Andacht, hier erfuhr er von seinem Herrn die Wahrheit und hier begann die göttliche Offenbarung. Der Berg bebte unter dem Propheten, so daß er zu ihm sprach: »Stehe fest, denn du trägst nur einen Propheten, einen Wahrhaftigen und einen Märtyrer.« Man ist sich nicht einig darüber, wen er damals bei sich hatte, aber man glaubt, es seien seine zehn Gefährten gewesen. Auch der Berg Ṯabīr soll unter Muḥammad gebebt haben.

Im Berg Ṯaur, auf der Straße in den Jemen und einen Farsaḫ von Mekka entfernt, befindet sich die Höhle, in die der Gesandte Gottes sich rettete, als er in Begleitung des Wahrheitsliebenden aus Mekka floh, wie es im Hohen Buche steht. In seinem Werk erzählt Al-Azraqī: »Dieser Berg rief Muḥammad an und sagte zu ihm: ›Zu mir, Muḥammad, zu mir, zu mir, denn ich habe vor dir schon siebzig Propheten Zuflucht geboten.‹ Als der Bote Gottes mit seinem Gefährten Abū Bakr den Frieden der Grotte betrat, geschah es durch Gottes Wille, daß alsbald eine Spinne ihr Netz in den Eingang der Höhle webte und eine Taube dort ihr Nest baute. Schließlich gelangten die Götzenanbeter, darunter ein Fährtenleser, an die Höhle und sprachen: ›Hier enden die Spuren.‹ Da sahen sie, daß die Spinne ein Netz über die Öffnung der Höhle gewebt hatte und daß die Taube dort brütete, und sagten: ›Hier ist niemand eingetreten‹ und gingen davon. Da sagte Abū Bakr: ›O Gottesbote! Und wenn sie hier eingedrungen wären?‹ Da erwiderte dieser: ›Dann wären wir dort hinausgegangen‹, und wies mit seiner gesegneten Hand zur anderen Seite, auf der es gar keinen Eingang gegeben hatte, wo sich aber in diesem Augenblick durch die Macht Gottes ein Tor öffnete.«

Die Leute kommen, um die heilige Grotte zu besuchen, und wollen sie durch den Eingang betreten, den auch der Prophet benutzte, da sie ihn für segenbringend halten. Manchen gelingt es, andere jedoch scheitern und bleiben in der Öffnung stecken, bis sie unter schmerzhaften Anstrengungen herausgezogen werden. Manche beten, ohne einzutreten, vor der Höhle. Die Leute der

543 Westlich von Mekka gelegen heißt dieser Hügel heute ›Hundā‹.

544 Koran, Sure 2, Abschnitt 260: ... und er sagte: ›Nimm vier Vögel, zerstückle sie, lege ein Stück von ihnen auf jeden Berg und rufe sie! Sie werden in großer Eile zu dir kommen; denn wisse: Gott ist mächtig und weise.‹

Umgegend behaupten, daß, wer aus einer gesetzlichen Ehe hervorgegangen ist, eintreten kann; daß aber, wer Frucht eines Ehebruchs ist, die Höhle nicht betreten kann. Deshalb vermeiden es viele und fürchten sich vor dem Versuch; denn es kann ein Ort der Scham und Entehrung werden.

Hier will ich erzählen, was auf diesem Berg zweien meiner Gefährten, und zwar dem angesehenen Faqīh Abū Muḥammad ʿAbdallāh bin Farḥān al-Ifrīqīy at-Tūzarī und Abu-l-ʿAbbās Aḥmad al-Andalusī aus Cádiz zugestoßen ist. Sie wollten während ihres Aufenthalts in Mekka im Jahre 728 ebendiese Höhle aufsuchen und brachen allein ohne einen Führer, der den Weg kannte, auf. Sie verirrten sich, verfehlten den Weg zur Grotte und folgten, völlig verloren, einem ganz anderen Pfad. Es war in der Jahreszeit der Hitze, und dazu noch zur glühendsten Zeit des Sommers. Als das Wasser, das sie bei sich führten, zur Neige gegangen war, kehrten sie, ohne die Höhle erreicht zu haben, wieder nach Mekka um. Sie fanden einen Pfad und folgten ihm, aber er führte sie zu einem anderen Berg. Die Hitze quälte sie, und sie litten so sehr unter Durst, daß sie fürchteten, zugrundezugehen. Der Faqīh Abū Muḥammad bin Farḥān konnte nicht mehr laufen und ließ sich zu Boden fallen. Al-Andalusī rettete sich, denn er war sehr kräftig, lief über den ganzen Berg, bis der Weg ihn nach Al-Ağyād führte, von wo aus er nach Mekka kam. Er suchte mich auf und berichtete mir, was geschehen war, und auch vom Schicksal ʿAbdallāh at-Tūzarīs, den er auf dem Berg zurückgelassen hatte. Es war gegen Abend. ʿAbdallāh hatte einen Vetter namens Ḥasan, der im Wādī Naḫla[545] wohnte, sich aber gerade in Mekka aufhielt. Ich berichtete ihm, was seinem Vetter zugestoßen war. Ich suchte auch den frommen Scheich und Imām der Malikiten Abū ʿAbdallāh Muḥammad bin ʿAbd ar-Raḥmān Ḫalīl auf und berichtete ihm. Er schickte eine Gruppe Mekkaner, die das Gebirge und seine Schluchten kannten, auf die Suche.

ʿAbdallāh at-Tūzarī war, als sein Begleiter ihn verlassen hatte, unter einen großen Felsen geflohen und hatte sich in seinen Schatten gesetzt. Dort blieb er im Zustand von Erschöpfung und Durst sitzen und machte sich, während schon die Raben um seinen Kopf flogen, auf seinen Tod gefaßt. Als der Tag zu Ende ging und die Nacht hereinbrach, fühlte er sich von der kühlen Nacht erfrischt und hatte wieder Kraft geschöpft. Am Morgen konnte er aufstehen und stieg vom Berg hinab in einen Talboden, den die Felsen vor der Sonne schützten. Er ging immer weiter und traf schließlich auf ein Reittier, dem er folgte, bis er auf ein Zelt stieß, das Arabern gehörte. Als er es sah, fiel er zu Boden und konnte sich nicht wieder erheben. Die Herrin des Zeltes sah ihn, als ihr Mann gerade zum Wasserschöpfen gegangen war. Sie gab ihm alles Wasser, das sie hatte, und dennoch konnte er sich nicht satt trinken. Als ihr

545 Mit dem ›Palmental‹ sind zwei Täler im Nordosten Mekkas angesprochen, die beide ins Wādī Fāṭima auslaufen.

Mann zurückkam, gab er ihm einen Wasserschlauch, aber auch jetzt hatte er noch nicht genug getrunken. Er ließ ihn einen Esel besteigen, auf dem er nach Mekka ritt, wo er am zweiten Tage zur Zeit des Nachmittagsgebets ankam, aber er sah so verändert aus, als wäre er dem Grabe entstiegen.

Zur Zeit meines Besuches der Stadt gehörte die Würde des Emirs von Mekka den beiden angesehen Šarīfen und Brüdern ʾAsad ad-Dīn Rumaiṯa und Saif ad-Dīn ʿUṭīfa, zwei Söhnen des Fürsten Abū Numay bin Abī Saʿad bin ʿAlī bin Qutāda, dem Ḥasaniden.[546] Rumaiṯa war der Ältere, aber er ließ den Namen ʿUṭīfas in den Gebeten, die zu ihren Ehren in Mekka gesprochen wurden, den Vorrang, weil dieser ein gerechter Mann war. Rumaiṯas Kinder waren Aḥmad, Aǧlān – er ist heute Emir von Mekka –, Ṯaqaba, Sind und Muġāmis. Die Kinder ʿUṭīfas hießen Muḥammad, Mubārak und Masʿūd. ʿUṭīfas Haus stand rechts von Marwa, dasjenige seines Bruders Rumaiṯa am Kloster Aš-Šarābī in der Nähe des Tores der Banū Šaiba. Aus Anlaß des Abendgebets wurden vor den Türen der beiden Emire Trommeln geschlagen.

Die Menschen Mekkas zeichnen sich durch gute Werke und edle Taten, vortrefflichen Charakter, Freigebigkeit gegenüber Armen und Bedürftigen und schließlich durch Freundlichkeit gegen Fremde aus. Zu ihren wohltätigen Bräuchen gehört es, aus Anlaß eines Gastmahls zunächst die Armen und die besitzlosen Angehörigen der Moscheen zu speisen. Sie laden sie aus Güte auf das freundlichste ein und bewirten sie. Die Mehrzahl der Mittellosen hält sich in der Nähe der Öfen auf, in denen die Mekkaner ihr Brot backen. Hat einer sein Brot gebacken und trägt es nach Hause, so laufen die Armen ihm nach. Er gibt jedem von ihnen den Anteil, den er für ihn vorgesehen hat, und schickt niemanden enttäuscht davon, selbst wenn er nur ein einziges Brot hat. In diesem Falle gibt er aus gutem Herzen und ohne jeden Verdruß ein Drittel oder die Hälfte.

Es gehört weiter zu den guten Bräuchen der Mekkaner, daß die Waisenjungen sich mit zwei Körben, einem kleinen und einem großen, auf den Markt setzen. Sie nennen einen solchen Korb ›miktal‹. Kommt nun ein Mekkaner auf den Markt, um Korn, Fleisch oder Gemüse zu kaufen, gibt er alles einem Jungen, der das Korn in den einen, das Fleisch und das Gemüse in den anderen Korb legt. Er trägt es ins Haus des Käufers, damit das Essen zubereitet werden kann. Der Käufer selbst geht seinen Geschäften nach oder verrichtet seine Andacht. Es gibt kein Beispiel dafür, daß einer dieser Jungen das ihm erwiesene Vertrauen enttäuscht hätte. Vielmehr liefern sie alles, was ihnen ausgehändigt wurde, getreulich ab und erhalten dafür einen festgesetzten Lohn in Form kleiner Münzen.

Die Mekkaner tragen kleidsame und saubere, meist weiße Gewänder, die sie

[546] Die Würde der Emire von Mekka war seit etwa 1200 in den Händen der Familie der Qutāda, die auf Qutāda bin Idrīsī zurückging.

sehr pflegen und immer in leuchtendem Weiß halten. Sie verwenden sehr viel Wohlgerüche und Salben und benutzen häufig Zahnreiniger aus dem Holz des grünen Nußbaums. Die Frauen Mekkas sind von strahlender Schönheit, unübertroffener Anmut, dazu fromm und züchtig. Auch sie verwenden viele Aromen, so daß sie sogar mitunter nachts hungern, um sich statt Nahrungsmitteln Duftstoffe zu kaufen. Jede Nacht auf Freitag besuchen sie in ihrem schönsten Schmuck die Moschee. Ihre Düfte erfüllen das heilige Haus, und wenn eine Frau hinausgeht, so ist ihr Duft noch lange nach ihrem Abschied wahrzunehmen. Zu den Wallfahrts- und anderen Feiern pflegen die Mekkaner schöne Bräuche, die wir, so Gott will, schildern werden, sobald wir die berühmten Personen und Prediger erwähnt haben.

Der Qāḍī von Mekka ist der gelehrte und fromme Gottesdiener Naǧm ad-Dīn Muḥammad, der Sohn des weisen Imām Muḥayīy ad-Dīn aṭ-Ṭabarī.[547] Er ist ein ehrwürdiger Mann, gibt viele Almosen und unterstützt die Angehörigen der heiligen Stätten. Er ist von gütigem Wesen und oft bei den Umgängen und in der Betrachtung der heiligen Kaʿba anzutreffen. Aus Anlaß der großen Feiern verteilt er viele Speisen, besonders aber zum Geburtstag des Propheten: Dann nämlich gibt er den Šarīfen und anderen großen Herren Mekkas ein Festmahl, ebenso den Faqīren und Dienern der heiligen Stätten und allen Menschen, die in den Gotteshäusern Dienst tun. König An-Nāṣir, der Sulṭān von Ägypten, ehrte ihn sehr und ließ alle seine und seiner Fürsten Almosen durch des Qāḍīs Hände gehen. Sein Sohn Šihāb ad-Dīn ist ebenfalls ein verdienstvoller Mann, heute ist er der Qāḍī von Mekka.

Der Prediger von Mekka ist der Imām der Station Abrahams. Dieser wort- und sprachgewaltige Mann und Pol seines Jahrhunderts, Bahāʾ ad-Dīn aṭ-Ṭabarī, ist ein Prediger, der wegen seiner Beredsamkeit und der Klarheit seiner Worte seinesgleichen in der ganzen bewohnten Welt sucht.[548] Man hat mir versichert, daß er für jeden Freitag eine neue Predigt verfaßt und sie nie wiederholt.

Der Imām der Wallfahrtsriten ist auch der Imām der Malikiten im heiligen Bezirk, und zwar der gelehrte, fromme, demütige und berühmte Scheich und Rechtsgelehrte Abū ʿAbdallāh Muḥammad, Sohn des gelehrten, frommen und gottesfürchtigen Imām und Faqīh Abū Zaid ar-Raḥmān, bekannt unter dem Namen Ḫalīl. Seine Familie stammt aus dem Al-Ǧarīd in Ifrīqiya[549], wo

[547] Muḥammad bin Muḥammad bin Aḥmad bin ʿAbdallāh Naǧm ad-Dīn Abū ʿAlī Ibn Ǧamāl ad-Dīn Muhibb ad-Dīn al-Makkī folgte 1324 seinem Vater im Amte des Qāḍī von Mekka nach, bis er 1330 starb.

[548] Es handelt sich um Muḥammad bin ʿAbdallāh bin Aḥmad bin ʿAbdallāh bin Muḥammad bin Abī Bakr aṭ-Tabarī Bahāʾ ad-Dīn bin Taqīy ad-Dīn bin al-Ḥāfiẓ Muḥīy ad-Dīn aṭ-Ṭabarī, Vetter des vorgenannten Qāḍī.

[549] Am Šaṭṭ al-Ǧarīd in Tunesien.

sie unter dem Namen der Banū Ḥayyūn als eine der bedeutendsten Familien bekannt ist.[550] Sein Geburtsort und der seines Vaters aber ist Mekka. Er ist eine der großen Persönlichkeiten der Stadt, ja, ich sage sogar, er ist nach der Überzeugung aller der Mittelpunkt der Stadt. Unablässig verbringt er seine Tage im Dienste Gottes, ist voller Andacht, hat eine wohltätige Seele, einen edlen Charakter und ein Herz voller Mitleid und Güte, denn niemals schickt er jemanden enttäuscht fort.

Während ich in Mekka war und in der Al-Muẓaffarīya-Koranschule wohnte, sah ich einmal im Traum den Propheten in einer Klasse dieser Schule. Er saß in der Nähe des Gitterfensters, von dem aus man die edle Kaʿba sieht, und die Menschen huldigten ihm. Da sah ich, wie Scheich Abū ʿAbdallāh, genannt Ḫalīl, eintrat und sich vor dem Propheten auf den Boden kauerte. Er legte seine Hände in die des Boten Gottes, sprach: »Ich huldige dir«, und gelobte mehrere Dinge, darunter: »... daß ich niemals jemanden enttäuscht aus meinem Hause weise.« Dies waren seine letzten Worte. Ich war über diese Worte sehr erstaunt und sagte mir: »Wie kann er so etwas sagen und wie kann er sein Versprechen halten, wo es doch so viele Arme in Mekka, im Jemen, in Zayālaʿa, im Iraq, in Persien, in Ägypten und in Syrien gibt?« In diesem Augenblick sah ich ihn wieder in einem kurzen weißen Obergewand aus Baumwolle, das man ›faštān‹[551] nennt und das er bisweilen anzog. Nachdem ich mein Morgengebet verrichtet hatte, ging ich sehr früh zu ihm und erzählte ihm meinen Traum. Er freute sich sehr, weinte sogar und sagte zu mir: »Dieses Gewand ist meinem Großvater von einem frommen Manne geschenkt worden, und ich betrachte es als einen Segen, es zu tragen.« Später habe ich nie gesehen, daß er je einen Bittenden unbeschenkt fortgeschickt hätte. Er befahl auch seinen Dienern, Brot zu backen, Mahlzeiten zuzubereiten und sie mir alle Tage nach dem Nachmittagsgebet zu bringen. Die Einwohner Mekkas essen nur einmal am Tage, und zwar nach diesem Nachmittagsgebet. Damit begnügen sie sich bis zur gleichen Stunde des nächsten Tages. Wer zu anderen Tageszeiten etwas zu sich nehmen will, ißt Datteln. Deshalb erfreuen sie sich eines gesunden Körpers und leiden nur wenig unter Krankheiten und Schwäche.

Scheich Ḫalīl hatte die Tochter des Qāḍī Naǧm ad-Dīn aṭ-Ṭabarī geheiratet. Aber er beschloß, sich von ihr scheiden zu lassen, und trennte sich von ihr. Sie heiratete daraufhin den Faqīh Šihāb ad-Dīn an-Nuwairī, einen der besten Moscheediener, der aus Oberägypten stammte. Sie blieb mehrere Jahre bei

[550] Die Banū Ḥayyūn stammten zunächst aus Südspanien, von wo aus sie nach Fes in Marokko und nach Tunesien auswanderten. Nach ihnen ist noch heute das Tor der ›Banū Ḥayyūn‹ der Hauptmoschee in Qairawān benannt.

[551] In anderen Handschriften auch als ›qafṭān‹ (›Kaftan‹) angegeben, ein Ausdruck, der mehr im Westen des arabischen Sprachraums für das gleiche Kleidungsstück verwendet wird.

ihm und machte mit ihm eine Reise nach Al-Madīna, auf der sie auch von ihrem Bruder begleitet wurde. Šihāb ad-Dīn brach seinen festen Eid und ließ sich trotz seiner Zuneigung zu ihr von ihr scheiden. Ḫalīl aber nahm sie nach einigen Jahren wieder zu sich.

Unter den Gelehrten Mekkas sind zu erwähnen: der Imām der Šafiʿiten Šihāb ad-Dīn Ibn al-Burhān ad-Dīn; ferner der Imām der Ḥanafiten Šihāb ad-Dīn Aḥmad bin ʿAlī[552], einer der größten Vorbeter Mekkas und eine der größten Persönlichkeiten, der die Moscheeangehörigen und Reisende mit Speisen versorgte und ein sehr wohltätiger Gelehrter der Stadt war. Er machte sogar vierzig- bis fünfzigtausend Dirham Schulden im Jahr, die der Dienst am Herrn von ihm verlangte. Die türkischen Fürsten schätzen ihn hoch und ehren ihn sehr, denn er ist ihr Imām.

Der Imām der Ḥanbaliten, ein Traditionalist, ist der rechtschaffene Muḥammad bin ʿUṯmān aus einer Bagdader Familie, der aber in Mekka geboren ist.[553] Er ist der Vertreter des Richters Naǧm ad-Dīn und seit der Ermordung Taqīy ad-Dīns, des Ägypters, auch Aufseher der öffentlichen Ordnung. Die Leute fürchten ihn wegen seiner großen Macht.

Taqīy ad-Dīn, der Ägypter, war Aufseher der öffentlichen Ordnung und der Märkte in Mekka und pflegte sich in alles einzumischen, ob es ihn etwas anging oder nicht. Eines Tages führte man einen jungen Mann von üblem Ruf aus Mekka, der einen Pilger bestohlen hatte, vor den Führer der Pilgerkarawane. Dieser befahl, ihm die Hand abzuschlagen. Da sagte Taqīy ad-Dīn zu ihm: »Wenn du dieses Urteil nicht in deinem Beisein vollstrecken läßt, werden die Mekkaner deine Diener daran hindern und den Jungen entführen und retten.« Daraufhin ließ der Emir dem Jungen vor seinen Augen die Hand abschlagen. Nun entbrannte der junge Mann in Haß gegen Taqīy ad-Dīn und lauerte auf eine Gelegenheit, ihm zu schaden. Dies gelang ihm aber nicht, denn Taqīy ad-Dīn hatte von den beiden Emiren Mekkas, Rumaiṯa und ʿUṭīfa, einen ›Ḥasab‹ erhalten. Ein ›Ḥasab‹ besteht darin, daß man jemandem öffentlich einen Turban oder ein rotes Käppchen schenkt. Wer ihn erhalten hat, steht unter besonderem Schutz, den er so lange genießt, bis er sich auf Reisen begibt und Mekka verläßt. Taqīy ad-Dīn blieb noch einige Jahre in Mekka, dann beschloß er aufzubrechen, verabschiedete sich von den beiden Fürsten, machte zum Abschied noch einmal seine Rundgänge und verließ die Stadt durch das Aṣ-Ṣafā-Tor. Da aber trat ihm der Mann, dem die Hand abgeschlagen worden war, entgegen, klagte ihm sein Elend und verlangte eine Hilfe von ihm. Taqīy ad-Dīn aber fuhr ihn an und jagte ihn fort. Da zog der Mann einen Dolch, der

552 Aḥmad bin ʿAlī Yūsuf bin Abī Bakr as-Saǧzīy al-Ḫusainī, ḥanafitischer Imām von Mekka (1274–1361).

553 Muḥammad bin ʿUṯmān bin Mūsā bin ʿAbdallāh bin Muḥammad aus dem Stamm der Āmad, geboren in Mekka im Jahre 1261, gestorben 1331.

dortzulande ›ǧambīya‹ genannt wird, und versetzte ihm einen einzigen Stoß, der ihn tötete.

Ferner sind zu nennen der fromme Faqīh Zain ad-Dīn aṭ-Ṭabarī[554], Bruder des vorgenannten Nağm ad-Dīn, er war ein tugendhafter Mann, der den Bediensteten der Heiligtümer viel Gutes tat; der ehrwürdige Rechtsgelehrte Muḥammad bin Fahd al-Qurašī, der zu den vornehmsten Männern Mekkas gehörte und nach dem Tode des Faqīh Muḥammad bin ʿUṯmān, des Ḥanbaliten, Vertreter des Qāḍī Nağm ad-Dīn wurde. Ferner spreche ich von dem gerechten und frommen Muḥammad bin al-Burhān. Er war demütig, scheu und von Zweifeln gepeinigt. Ich sah ihn eines Tages, als er in der Al-Muẓaffarīya-Schule seine rituellen Waschungen vornahm. Er wusch sich wieder und wieder, und wenn er seinen Kopf reinigte, so wusch er ihn sogleich noch mehrere Male. Damit nicht zufrieden, tauchte er seinen Kopf noch ins Wasserbecken. Wenn er beten wollte, so tat er dies, wenn auch der Imām der Šāfiʿiten beten würde, dann sagte er: »Dies war meine Absicht, dies war meine Absicht.« Danach betete er mit den anderen. Häufig machte er den Rundlauf um die Kaʿba, unternahm die kleine Wallfahrt und verrichtete Dankgebete.

Zu gedenken ist auch des gelehrten und frommen Imāms und wahrheitssuchenden Gottesdieners, des Ṣūfīs ʿAfīf ad-Dīn ʿAbdallāh bin ʾAsʿad, der Šāfiʿit aus dem Jemen, der berühmt wurde unter dem Namen Al-Yāfiʿī. Er machte die ganze Nacht sowie morgens und abends sehr viele Rundgänge um die Kaʿba. Sobald er seine nächtlichen Umläufe abgeschlossen hatte, bestieg er das Dach der Al-Muẓaffarīya-Schule und versank in der Betrachtung der heiligen Kaʿba, bis ihn der Schlaf übermannte. Dann bettete er seinen Kopf auf einen Stein und schlief ein wenig. Danach erneuerte er seine Waschungen und nahm bis zum Morgengebet seine Umläufe wieder auf. Er war zuerst mit der Tochter des gottesfürchtigen Faqīh Šihāb ad-Dīn bin al-Burhān verheiratet; aber seine Frau war noch sehr jung und beklagte sich unaufhörlich über ihre Lage bei ihrem Vater. Dieser aber gebot ihr Geduld, so daß sie noch einige Jahre bei ihrem Gatten blieb, ihn aber schließlich doch verließ.

Ich erwähne auch den frommen und gottesfürchtigen Nağm ad-Dīn al-Uṣfūnī, der Qāḍī in Oberägypten gewesen war, sich aber dann ganz der Verehrung Gottes widmete und im heiligen Bezirk selbst wohnte. Vom Tanʿīm aus besuchte er jeden Tag die heiligen Stätten, und im Monat Ramaḍān zweimal am Tage. Er vertraute jenem Wort des Propheten, der gesagt hatte: »Die kleine Wallfahrt im Ramaḍān gilt so viel wie eine Pilgerfahrt mit mir.«

Ich gedenke des frommen Gottesdieners Šams ad-Dīn Muḥammad aus Aleppo, der viele Umläufe vollführte und oft aus dem Koran rezitierte. Er war einer der ältesten Moscheediener Mekkas, wo er auch starb. Ich nenne auch den

---

[554] Aḥmad bin Muḥammad bin Aḥmad bin ʿAbdallāh aṭ-Ṭabarīy al-Makkī Zain ad-Dīn, gest. 1342.

frommen Abū Bakr aus-Širāz, der den Beinamen des ›Schweigsamen‹ trug. Er vollzog häufige Umgänge und blieb mehrere Jahre in Mekka, ohne jemals ein Wort zu sprechen. Ebenso spreche ich vom frommen Ḫiḍr, dem Perser. Er fastete viel, oblag beflissen der Lektüre des Korans und den Umgängen um die Kaʿba.

Dem gottesfürchtigen Scheich und Prediger Burhān ad-Dīn, dem Perser, hatte man im Angesicht der verehrten Kaʿba einen Stuhl aufgestellt, von wo aus er die Menschen mit so beredter Zunge und so demütiger Seele ermahnte, daß er alle Herzen gewann. Der Koranleser Burhān ad-Dīn Ibrāhīm, der Ägypter, war ein vortrefflicher Rezitator und lebte im Lotuskonvent. Ägypter und Syrer suchten ihn auf und brachten ihm ihre Almosen, er unterwies Waisenkinder im heiligen Buche und gab ihnen Kleidung und Nahrung.

Der ehrwürdige Diener Gottes ʿIzz ad-Dīn aus Wāsiṭ war sehr wohlhabend, und jedes Jahr brachte man ihm aus seinem Lande viel Geld, mit dem er Getreide und Datteln kaufte, die er unter die Hilfsbedürftigen und seine Nachbarn verteilte. Er pflegte die Lieferung dieser Dinge in deren Häuser in eigener Person zu überwachen, wovon er bis zu seinem Tode nicht abließ.

Der rechtschaffene und fromme Faqīh Abu-l-Ḥasan ʿAlī bin Rizq Allāh al-Anǧarī aus der Familie der Naẓar aus Tanger. Er war einer der Frömmsten und lebte mehrere Jahre in Mekka, wo er starb. Zwischen ihm und meinem Vater bestand eine alte Freundschaft, und wenn er in unsere Stadt Tanger kam, wohnte er bei uns. Er hatte in Mekka eine Wohnung in der Madrasat al-Muẓaffarīya, wo er tagsüber Unterricht in den Wissenschaften hielt. Nachts aber zog er sich in seine Kammer im Rabīʿ-Kloster zurück, das zu den schönsten der Stadt zählt. Es besitzt auf seinem Gelände einen Süßwasserbrunnen, der in ganz Mekka seinesgleichen sucht. Fromme Männer wohnen in diesem Kloster, und die Menschen aus der Hiǧāz halten es in höchster Verehrung und legen Gelübde ab, daß sie ihm Opfergaben darbringen. Die Bewohner aus dem Ṭāʾif bringen ihnen Früchte, ja es gehört zu den Bräuchen eines jeden, der einen Garten mit Dattelpalmen, Trauben, Pfirsichen, die sie dort ›firsik‹ nennen, oder Feigen besitzt, die dort ›ḫamṭ‹ heißen, diesem Kloster den Zehnten zu opfern und ihn auf seinem Kamel herbeizutragen. Die Entfernung zwischen Mekka und Ṭāʾif beträgt zwei Tagesreisen. Wer diesen Brauch nicht beachtet, findet seine Obsternte im nächsten Jahre verringert oder gar vernichtet.

Die Sklaven des Emirs Abū Numay, des Herrn von Mekka, kamen eines Tages zu diesem Kloster, betraten es mit den Pferden ihres Fürsten und tränkten sie aus diesem Brunnen. Als sie mit den Pferden wieder auf ihre Posten zurückgekehrt waren, bekamen diese solche Schmerzen, daß sie sich auf dem Boden wälzten und mit Köpfen und Hufen auf die Erde schlugen. Als der Emir Abū Numay davon erfuhr, ging er selbst zum Klostertor, um sich bei den Insassen zu entschuldigen, und ließ einen mit sich gehen. Dieser Mann rieb mit seiner Hand die Bäuche der Pferde Abū Numays. Daraufhin erbrachen sie das Wasser, das sie noch im Leibe hatten, und wurden wieder gesund. Danach kamen die Sklaven nur noch mit guten Absichten zum Kloster.

Zu den Bediensteten der Heiligtümer Mekkas zählt noch der fromme und gesegnete Abu-l-ʿAbbās al-Ġumārī, einer der Gefährten des Abu-l-Ḥasan bin Rizq Allāh. Er wohnte im Rabīʿ-Kloster und ist in Mekka verstorben. Außerdem sind zu nennen der fromme Abū Yaʿqūb Yūsuf aus der Ebene von Ceutá, der Diener der zwei genannten Scheichs war und nach deren Tod an ihrer Stelle Vorsteher des Konvents wurde, der gottesfürchtige Wandermönch Abu-l-Ḥasan ʿAlī bin Farġūs aus Tilimsān, und endlich Scheich Saʿīd, der Inder, Vorsteher des Konvents von Kallāla.

Scheich Saʿīd war zum König von Indien, Muḥammad Šāh, gegangen, der ihm Schätze gegeben hatte, mit denen er nach Mekka zurückkam. Emir ʿUṭīfa aber ließ ihn in den Kerker werfen und verlangte die Hergabe der Schätze. Als er sich weigerte, wurde er gefoltert, indem man ihm die Füße quetschte. Schließlich händigte er 25.000 Dirham geprägtes Silber aus und kehrte nach Indien zurück, wo ich ihn sah. Er wohnte im Hause des Emirs Saif ad-Dīn Ġadā bin Hibat Allāh bin ʿĪsā bin Muhannā[555], des Führers der syrischen Araber. Dieser Ġadā hatte sich in Indien niedergelassen und eine Schwester des indischen Königs geheiratet, wie später noch zu hören sein wird. Nachdem der König von Indien dem Scheich Saʿīd eine Summe Geldes gegeben hatte, reiste dieser in Begleitung eines Pilgers namens Wašl aus dem Gefolge des Emirs Ġadā ab, der ihn entsandt hatte, damit er ihm mehrere seiner Leute heranführe. Zudem hatte er dem Wašl Geld und Geschenke mitgegeben, darunter auch ein Ehrengewand, das ihm der König von Indien vor der Hochzeitsnacht mit seiner Schwester geschenkt hatte. Das Gewand war aus blauer goldbestickter Seide und mit so vielen Juwelen besetzt, daß ihr Glanz die Farbe verdrängte. Dazu gab er ihm noch 50.000 Dirham, für die er ihm die edelsten Pferde kaufen sollte.

Scheich Saʿīd brach mit Wašl auf, und sie kauften mit dem Geld, das sie bei sich trugen, alle Waren. Als sie jedoch die Insel Suquṭra erreichten, von der die Aloe stammt[556], wurden sie von indischen Piraten, die auf vielen Schiffen kamen, überfallen. Es kam zu einem erbitterten Kampf, in dem auf beiden Seiten viele Menschen den Tod fanden. Da Wašl ein guter Bogenschütze war, tötete er zahlreiche Feinde; dennoch blieben diese siegreich und verwundeten Wašl mit einem Lanzenstich, an dem er kurze Zeit danach starb. Sie nahmen

555 Auf ihn kommt Ibn Baṭṭūṭa in den indischen Kapiteln noch zu sprechen. Von einem Sohne Ibn Muhannās namens Hibat Allāh ist im übrigen nichts bekannt; in einigen Handschriften ist dieser Name mit ›Ġuḏā‹ wiedergegeben.

556 Diese Insel im indischen Ozean, südlich der arabischen Halbinsel gelegen und heute zum Jemen gehörig, war im Mittelalter eine berühmte Quelle der roten Aloe, die unter dem Namen ›Drachenblut‹ bekannt war. Für Suquṭra findet sich im Text auch die Schreibweise ›Suquṭrā‹; heute ist ›Suquṭrā'‹ üblich.

ihnen alles ab, überließen den Reisenden aber das Schiff mit der Ausrüstung und dem Proviant, so daß sie nach ʿAdan kommen konnten, wo Wašl starb. Diese Piraten töten nicht und lassen auch niemanden ertrinken, es sei denn im Kampf. Sie nehmen den Reisenden alles fort und lassen sie dann mit ihrem Schiff ziehen, wohin sie wollen. Sie rauben auch keine Sklaven, da diese ja ihrem eigenen Volk angehören.

Nun hatte der Pilger Saʿīd den König von Indien sagen hören, er wolle in seinen Ländern den ʿAbbāsiden huldigen, so wie es auch schon seine Vorgänger als indische Könige getan hatten, wie Sultan Šams ad-Dīn Lalmiš, dessen Sohn Nāṣir ad-Dīn und wie Sultan Galāl ad-Dīn Fīrūz Šāh und Sultan Giyāṯ ad-Dīn Balaban.[557] Tatsächlich waren auch schon aus Bagdad die Ehrengewänder eingetroffen. Als Wašl gestorben war, begab sich Scheich Saʿīd nach Kairo zum Kalifen Abu-l-ʿAbbās[558], dem Sohn des Kalifen Abu-r-Rabīʿ Sulaimān al-ʿAbbāsī, und berichtete ihm von der Angelegenheit. Da händigte der Kalif ihm ein eigenhändiges Schreiben aus, in dem er den König als seinen Stellvertreter in Indien bestätigte. Scheich Saʿīd nahm dieses Schreiben an sich und ging in den Jemen, wo er drei schwarze Ehrenkleider kaufte und sich wieder nach Indien einschiffte. In Kumbāya[559] angekommen, das vierzig Tagesreisen von Delhi, dem Sitz des indischen Königs, entfernt ist, schrieb der für Nachrichten zuständige Beamte dem König, daß Scheich Saʿīd angekommen sei und eine Urkunde und einen Brief des Kalifen bei sich habe. Es kam der Befehl, er solle mit vollen Ehren in seine Residenz geführt werden. Als er sich der Hauptstadt näherte, schickte der König ihm die Fürsten, Richter und Rechtsgelehrten entgegen. Schließlich brach der König selbst auf, ihn zu empfangen. Scheich Saʿīd übergab ihm die Urkunde, die der König küßte und sich auf seinen Kopf legte. Er übergab ihm auch die Kiste mit den Ehrengewändern. Der König legte sie sich um die Schultern und tat einige Schritte. Eines dieser Gewänder legte er selbst an, das zweite gab er dem Emir Ġiyāṯ ad-Dīn Muḥammad bin ʿAbd al-Qādir bin Yūsuf bin ʿAbd al-ʿAzīz, welch letzterer der Sohn von Al-Mustanṣir, dem ʿAbbāsiden, gewesen war. Er blieb am Hofe des Königs und wir werden von ihm noch berichten. Mit dem dritten Gewand kleidete der König den Fürsten Qabūla, der den Titel des Großkönigs trug. Dieser hat hinter dem

[557] Lalmiš war in den Jahren 1210–1236 der zweite Mongolenfürst Indiens und trug den Namen Iletmiš. Sein Sohn Nāṣir ad-Dīn Maḥmūd herrschte von 1246–1266 unter der Regentschaft des Mamluken Balaban, der ihm unter dem Namen Ġiyaṯ ad-Dīn folgte und bis 1287 herrschte. Dessen Nachfolger wurden von dem Heerführer Ḫalǧī Ǧalāl ad-Dīn abgesetzt, der den Namen Fīrūz Šāh annahm und sich von 1290 bis 1296 zum neuen Sultan aufwarf. Ibn Baṭṭūṭa wird auf diesen Teil der Geschichte Indiens noch eingehen (vgl. Kapitel ›Das Sultanat von Delhi‹).

[558] Abū-l-ʿAbbās herrschte in Kairo unter dem Namen Al-Ḥākim bi-ʾAmri-llāh II. von 1341 bis 1352.

[559] Khambhāt im indischen Bundesstaat Gujarat, etwa 22° 30' n. Br. und 72° 30' ö. L.

König zu stehen und die Fliegen zu vertreiben. Auf Befehl des Sultans kleidete man auch Scheich Saʿīd in ein Ehrengewand, ebenso Männer seines Gefolges. Dann hieß man ihn auf einen Elefanten steigen und zog in die Stadt ein. Der Sultan ritt auf seinem Pferde voran, zur Rechten und zur Linken ritten die zwei Fürsten, denen die beiden ʿabbāsidischen Gewänder geschenkt worden waren. Die Hauptstadt war auf unterschiedlichste Weise geschmückt: Elf hölzerne Pavillons mit je vier Stockwerken waren errichtet worden. Sie waren voll von Sängern und Sängerinnen sowie mit Tänzerinnen, sämtlich Sklaven des Sultans. Die Pavillons waren von oben bis unten sowie innen und außen mit goldbestickten Seidenstoffen geschmückt. In ihrer Mitte waren Becken aus Büffelhaut aufgestellt, die mit Wasser gefüllt waren, in das man Rosenwasser gemischt hatte. Jedermann konnte davon trinken, niemand wurde daran gehindert. Man gab jedem, nachdem er davon gekostet hatte, fünfzehn Blätter Betel sowie Betelnüsse und Kalk. Sie werden gekaut, geben einen angenehmen Atem, durchbluten das Gesicht und das Zahnfleisch, verhindern deren Gelbfärbung und erleichtern die Verdauung.

Während Scheich Saʿīd den Elefanten ritt, wurden vor dessen Füße seidene Tücher ausgebreitet, auf denen der Elefant vom Stadttor bis zum Palast des Sultans lief. Der Scheich nahm Wohnung in einem Haus in der Nähe der Residenz des Königs, der ihm ansehnliche Geschenke schickte. Alle Stoffe, die in den Pavillons aufgehängt und ausgebreitet worden waren, und alle, die dem Elefanten vor die Füße gelegt worden waren, gab der König dahin. Die Musikanten und Tänzer, die Handwerker, die die Pavillons gebaut hatten, die Diener, die an den Trinkbecken ihren Dienst versehen hatten, und andere nahmen sie an sich. So ist es Sitte in diesem Lande, wenn der Sultan von einer Reise zurückkehrt.

Der König ordnete an, daß die Urkunde des Kalifen jeden Freitag zwischen den zwei Predigten von der Kanzel aus zu verlesen sei. Scheich Saʿīd blieb einen Monat, danach schickte ihn der König mit Geschenken zum Kalifen. Er kam nach Kumbāya und wartete dort auf eine günstige Gelegenheit, die Seereise anzutreten. Nun hatte aber der König von Indien bereits einen Gesandten zum Kalifen geschickt. Es war Scheich Rağab al-Burquʿī, ein Ṣūfī-Vorsteher aus der Stadt Qirim in der Ebene von Qabğaq.[560] Er hatte ihm Geschenke für den Kalifen mitgegeben, darunter einen Rubin im Werte von 50.000 Dinar. In einem Schreiben bat er ihn um die Würde des Stellvertreters für Indien und den Sind, oder daß ihm, wenn er wolle, dafür eine andere Person geschickt werde. So hatte er sich aus Verehrung für das Kalifat und als Zeichen seines guten Willens in seinem Sendschreiben ausgedrückt.

560 ›Qirim‹ ist Stary Krim auf der Krimhalbinsel, Qabğaq (eigentlich: Dašt-i-Qabğaq) die frühere Bezeichnung der arabischen Geographen für Südrußland, das sie nach einem dort siedelnden türkischen Volksstamm, den Qifğāq, so benannten.

Scheich Rağab hatte in Ägypten einen Bruder, und zwar Emīr Saif ad-Dīn, den Aufseher. Als nun Rağab zum Kalifen ging, weigerte sich dieser, in Abwesenheit von König Aṣ-Ṣāliḥ Ismāʿīl[561], des Sohnes von König An-Nāṣir, das Schreiben zu lesen und die Geschenke entgegenzunehmen. Saif ad-Dīn riet daher seinem Bruder Rağab, den Edelstein zu verkaufen. Er verkaufte ihn und erwarb für den Erlös von 300.000 Dirham vier Edelsteine. Er stellte sich dem König vor, gab ihm das Schreiben und einen der Steine, die anderen aber dessen Emiren. Es wurde vereinbart, daß dem König von Indien ein Brief geschrieben werden sollte, wie er ihn gewünscht hatte, und man schickte Zeugen zum Kalifen, der schwor, daß er jenen König zu seinem Stellvertreter in Indien und in den umliegenden Ländern ernannt habe. Daraufhin entsandte König Ṣāliḥ seinerseits einen Botschafter, und zwar Rukn ad-Dīn, den Perser[562], den bedeutendsten Scheich Kairos, der nun in Begleitung von Scheich Rağab und einer Gruppe von Ṣūfī-Mönchen abreiste. Im Persischen Golf schifften sie sich ein und segelten von ʾUbulla nach Hurmuz. Dort herrschte zu jener Zeit Quṭb ad-Dīn Tamtahan[563], der Sohn von Ṭūrān Šāh. Er nahm sie auf und rüstete ihnen ein Schiff nach Indien aus. Sie erreichten Kumbāya, als sich Scheich Saʿīd noch dort befand. Der Stadtfürst war damals Maqbūl at-Talnakī, ein Verwandter des indischen Königs. Zu ihm ging Scheich Rağab und sagte: »Scheich Saʿīd hat dich betrogen. Die Ehrengewänder, die er mit sich führte, hat er in ʿAdan gekauft. Man muß ihn ergreifen und zum ›Ḫund ʿĀlam‹[564] schicken.« So nennt man dort den Sultan. Der Fürst antwortete ihm: »Scheich Saʿīd steht in hohen Ehren beim Sultan, und was mit ihm geschehen soll, kann nur ein Befehl des Herrschers sagen. Aber ich lasse ihn mit dir gehen, damit der Sultan sieht, was zu tun ist.« All dies schrieb der Fürst dem Sultan, und der Nachrichtenoffizier schrieb es ebenfalls. Der König war erzürnt und ließ Scheich Rağab ergreifen, weil er vor Zeugen so gesprochen hatte, nachdem der König Scheich Saʿīd so viel Ehre erwiesen hatte. Rağab wurde nicht zum Sultan vorgelassen, der Scheich Saʿīd nun sogar noch mehr Ehre erwies als zuvor. Als der oberste Scheich zum Sultan kam, erhob sich dieser, umarmte ihn und behandelte ihn mit Vorzug. Immer, wenn er zu ihm kam, erhob sich der Sultan. Scheich Saʿīd aber blieb in Indien, wo man ihm Ehre und Achtung entgegenbrachte. Ich habe ihn dort im Jahre 748[565] verlassen.

Zur Zeit meines Aufenthaltes in Mekka hielt sich auch Ḥasan der Mağribiner, genannt der Besessene, in der Stadt auf. Seine Geschichte ist absonderlich und sein Leben ein Wunder. Er war bei gesundem Verstande gewesen und hat-

561 König Aṣ-Ṣāliḥ Ismāʿīl herrschte in Ägypten von 1342 bis 1345.

562 Vermutlich handelt es sich um Yūsuf bin ʿAbdallāh bin ʿUmar al-Kurdīy al-Kurānī, der unter dem Namen ›Al-ʿAğamī‹ (›der Perser‹) bekannt war; gest. 1369.

563 Richtig: Tahamtan (vgl. Kapitel ›Von der Küste Ostafrikas in den Persischen Golf‹).

564 ›Herr der Welt‹.

565 April 1347 bis März 1348.

te zu dessen Lebzeiten im Hause des Gottesfreundes Nağm ad-Dīn al-Isbahānī gedient. Ḥasan der Besessene wandelte häufig des Nachts um die Kaʿba und begegnete dort einem Faqīr, der ebenfalls seine nächtlichen Umläufe machte, den er aber niemals am Tage sah. Eines Nachts richtete dieser Faqīr das Wort an Ḥasan, fragte ihn, wie es ihm ginge, und fügte hinzu: »O Ḥasan, deine Mutter weint um dich und verlangt danach, dich zu sehen.« – Sie war eine fromme Dienerin Gottes. »Möchtest du sie nicht sehen?« – Ḥasan entgegnete: »Gewiß, doch das ist mir nicht möglich.« – Der Faqīr daraufhin: »Wir werden uns hier in der kommenden Nacht treffen, wenn es Gott gefällt.« Und als die nächste Nacht kam – es war die Nacht auf Freitag –, traf er ihn dort wieder, wo sie sich verabredet hatten. Sie machten ihre Rundgänge um die Kaʿba, wie Gott es wollte, wonach der Faqīr, gefolgt von Ḥasan, zum Tor des Betplatzes hinausging. Er befahl Ḥasan, die Augen zu schließen und sein Gewand zu ergreifen. Dies tat er, und nach einer Weile sagte der Faqīr: »Kennst du deine Stadt?« Ḥasan bejahte. Da sagte der andere: »Da ist sie.« Ḥasan öffnete die Augen und befand sich am Hause seiner Mutter. Er trat ein, sagte aber seiner Mutter nichts von dem, was vorgefallen war. Er blieb einen halben Monat bei ihr, und ich glaube, es war in der Stadt Aṣafī[566]. Er begab sich alsdann zum Friedhof, wo er seinen Begleiter, den Faqīr, fand, der ihn fragte, wie es ihm ginge. Ḥasan antwortete: »Herr, ich habe den Wunsch, Scheich Nağm ad-Dīn zu sehen. Ich bin wie üblich aus seinem Hause gegangen und war nun immer abwesend. Jetzt will ich, daß du mich zu ihm zurückbringst.« Der Faqīr versprach es ihm und verabredete sich mit ihm für die nächste Nacht auf dem Friedhof. Als er ihn dort antraf, befahl der Faqīr ihm, sich so zu verhalten wie in Mekka, nämlich die Augen zu schließen und den Saum seines Gewandes zu fassen. Ḥasan gehorchte und siehe da, er fand sich mit dem Faqīr in Mekka wieder. Dieser empfahl ihm, Nağm ad-Dīn von dem Geschehenen nichts zu erzählen und überhaupt zu niemandem darüber zu sprechen. Als er zu Nağm ad-Dīn eintrat, fragte dieser: »Wohin warst du denn verschwunden, Ḥasan?« Er weigerte sich, es ihm zu sagen, aber sein Herr bestand darauf und Ḥasan erzählte es ihm. Nağm ad-Dīn sagte: »Zeige mir den Mann!« In der Nacht gingen sie zusammen hinaus, und als der Faqīr nach seiner Gewohnheit wiederkam und an ihnen vorüberging, sagte Ḥasan: »Mein Herr, dort ist er.« Der Mann hörte es, schlug Ḥasan mit der Hand auf den Mund und sagte: »Schweig, oder der Herr soll dich zum Schweigen bringen.« Da verstummte seine Zunge und sein Verstand flog davon. Er blieb besessen, machte Tag und Nacht seine Rundgänge, ohne sich zu waschen und ohne zu beten. Das Volk aber begegnete ihm mit Verehrung und gab ihm Kleidung. Wenn er Hunger hatte, ging er auf den Markt zwischen Aṣ-Ṣafā und Al-Marwa, betrat einen der Läden und aß, was er wollte. Niemand jagte ihn davon und niemand wehr-

566 Ṣafī in Marokko.

te es ihm. Alle freuten sich, wenn er bei ihnen etwas aß, denn an der Zunahme ihrer Verkäufe und Gewinne zeigte sich der Segen ihrer Tat. Wenn Ḥasan zum Markte ging, reckten schon alle Händler die Hälse nach ihm, denn jeder wollte, daß er bei ihnen esse, weil sie erfahren hatten, wieviel Vorteil er ihnen brachte. Gleiches geschah mit den Wasserträgern, wenn er trinken wollte. So lebte er bis ins Jahr 728, als Emir Saif ad-Dīn Yalmalak nach Mekka pilgerte. Er nahm ihn mit sich nach Ägypten und dann hörte man nichts mehr von ihm – Gott möge ihm gnädig sein!

Es ist Brauch, daß der Imām, welcher als erster betet, den Šafiʿiten angehört, denen von allen der erste Rang eingeräumt wird. Sein Gebet findet hinter der erhabenen Station Abrahams Al-Ḫalīl statt, zu dessen Ehren dort der ›Ḫaṭīm‹, ein einzigartiges Gerüst, steht. Die meisten Mekkaner hängen diesem Ritus an. Das Gerüst besteht aus zwei Holzstützen, die mit Querbalken verbunden sind, die wie Leitern aussehen; ihnen stehen zwei weitere Stützen gegenüber, die wie die ersten angeordnet sind. Sie stehen auf Gipssockeln. Obenauf liegt eine weitere Holzbohle, in die Eisenhaken geschlagen sind, an die gläserne Leuchter gehängt werden. Sobald der Imām der Šafiʿiten sein Gebet beendet hat, betet der malikitische Imām von einer Gebetsnische gegenüber der jemenitischen Ecke. Gleichzeitig und an der Stelle zwischen dem schwarzen Stein und der jemenitischen Ecke verrichtet der Imām der Ḥanbaliten seine Gebete. Schließlich kommt der Imām der Ḥanafiten, der am gesegneten Wasserspeier unterhalb eines Gerüstes betet. In den Betstühlen sind vor die Vorbeter Kerzen aufgestellt. Diese Reihenfolge wird zu allen vier Gebeten eingehalten. Nur das Gebet zum Sonnenuntergang verrichten alle zur gleichen Zeit, jeder Imām mit seinen Anhängern. Es kommt zu Irrtümern und Verwirrung, denn bisweilen verbeugt sich der Malikit mit einem Šafiʿiten zusammen oder es wirft sich ein Ḥanafit mit einem Ḥanbaliten gemeinsam zu Boden. Deshalb hört jeder sehr aufmerksam auf die Stimme des Muezzin, der seine Gläubigen aufruft, damit niemand in Verwirrung gerät.

Am Freitag wird die gesegnete Kanzel an der Seite der Kaʿba zwischen dem schwarzen Stein und der iraqischen Ecke aufgestellt, so daß der Prediger sein Gesicht der hohen Station zuwendet. Wenn er hinaustritt, ist er vollkommen in Schwarz gekleidet, mit einem Turban und einem Umhang gleicher Farbe; alles gestiftet von König An-Nāṣir.[567] Mit Würde und in Gott ruhend schreitet er zwischen zwei schwarzen von Muezzins getragenen Fahnen. Ein Diener des Gotteshauses geht ihm voran und trägt in der Hand die ›farqaʿa‹, einen Stab, an dessen Ende eine dünne geflochtene Schnur angebracht ist, die, in die Luft geschwungen, einen lauten Knall erzeugt, den jedermann innerhalb und außerhalb der Moschee hört. Dies ist das Zeichen für den Prediger. Die Peitsche ertönt so lange, bis er an die Kanzel kommt und den schwarzen Stein

[567] Schwarz war die offizielle Staatstracht der ʿAbbāsiden.

küßt. Dort verrichtet er ein Gebet. Alsdann begibt er sich zur Kanzel, vor sich den Muezzin des Zamzam-Brunnens, den obersten Ausrufer.[568] Auch er ist schwarz gekleidet und trägt mit der Hand einen Degen über seiner Schulter. Die zwei Fahnen werden zu beiden Seiten der Kanzel aufgepflanzt, und sobald der Prediger die erste Stufe der Kanzel betritt, gürtet der Muezzin ihm den Degen um. Er schlägt nun mit der Spitze des Degens auf diese Stufe, so daß es alle Teilnehmer hören. Ebenso schlägt er auf die zweite und dritte Stufe, und wenn er auf der höchsten Stufe angelangt ist, gibt er den vierten Hieb. Dann richtet er sich auf und spricht, zur Kaʿba gewandt, mit gedämpfter Stimme ein Gebet. Nun dreht er sich zu den Gläubigen um, grüßt nach links und nach rechts, und die Gemeinde erwidert den Gruß. Jetzt erst setzt er sich, und nun rufen die Muezzins zur gleichen Zeit von der Zamzam-Kuppel aus zum Gebet. Ist der Ruf beendet, beginnt der Prediger seine Predigt, in der er mehrmals Gebete für den Propheten spricht und dazwischen die Worte ruft: »O Herr, dein Segen sei auf Muḥammad und seiner Familie, so oft man um dieses Haus geht.« Hier zeigt sein Finger auf das heilige Haus. »O Herr, gesegnet seien Muḥammad und seine Familie, so oft man an die Station ʿArafa kommt.« Nun legt er Gelübde für die vier Kalifen ab, die anderen Gefährten des Muḥammad, die beiden Onkel des Propheten, seine zwei Enkel, für deren Mutter ebenso wie für Ḫadīǧa, deren Großmutter. Sodann betet er für König An-Nāṣir, für den Sultan und Glaubenskämpfer Nūr ad-Dīn ʿAlī bin al-Malik al-Muʾayyid Dāwūd bin al-Malik al-Muẓaffar Yūsuf bin ʿAlī bin Rasūl[569], und für die beiden Šarīfe aus der Nachkommenschaft des Ḥasan, die Emire von Mekka, und zwar Saif ad-Dīn ʿUṭīfa, den jüngeren der beiden Brüder, dessen Name aber wegen seiner Gerechtigkeit an erster Stelle genannt wird, und ʾAsad ad-Dīn Rumaiṯa, die beiden Söhne von Abū Numay bin Abū Saʿd bin ʿAlī bin Qutāda. Früher betete er auch für den Sultan des Iraq, aber dies hat er eingestellt. Wenn er seine Predigt beendet hat, betet er und entfernt sich. Zu seiner Rechten und zu seiner Linken werden die zwei Fahnen, die Peitsche aber wird zum Zeichen, daß die Predigt beendet ist, vor ihm hergetragen. Die Kanzel wird an ihren Platz vor der edlen Station zurückgestellt.

Wenn sich der Neumond jedes Monats zeigt, verläßt der Emir von Mekka an der Seite seiner Kommandanten seine Residenz. Er ist weiß gekleidet, trägt einen Turban und einen Säbel. Ernst und würdevoll begibt er sich zur edlen Station, wo er ein doppeltes Gebet verrichtet. Er küßt den schwarzen Stein und beginnt seine sieben Rundgänge. Unterdessen hat der oberste Muezzin die Zamzam-Kuppel bestiegen, und sobald der Emir einen Umgang beendet

568 Es scheint sich um Sālim bin Yāqūt al-Makkī zu handeln, Muezzin der Heiligen Moschee, gest. 1361/62.

569 Oberhaupt der im Jemen herrschenden Rasulidendynastie; Bin Dāwūd übernahm dort die Herrschaft im Jahre 1321 bis zu seinem Tode 1363.

hat und sich dem Stein zum Kuß nähert, beginnt der Muezzin für ihn zu beten und ihm mit erhobener Stimme zum Eintritt des neuen Monats Glückwünsche darzubringen. Danach rezitiert er ein Gedicht, in welchem er ihn und seine Vorfahren rühmt. So ruft er nach allen sieben Umgängen. Sind diese abgeschlossen, macht der Emir in der Nähe des Multazam zwei Kniefälle und zwei weitere hinter der Station, wonach er sich zurückzieht. So hält er es auch jedes Mal, wenn er sich auf eine Reise begibt oder von ihr zurückkehrt.

Wenn der Neumond des Rağab erscheint[570], läßt der Emir von Mekka Trommeln schlagen und Fanfaren blasen, um den Beginn des Monats zu verkünden. Am ersten Tage reitet er mit dem Volk von Mekka, das ebenfalls beritten ist oder zu Fuß marschiert, in einer schönen Prozession aus. Alle haben ihre Waffen bei sich und schwingen sie im Spiele vor seinen Augen. Die Reiter bewegen ihre Pferde im Kreise oder im Trabe, die Unberittenen greifen einander wie im Kampfe an, schleudern ihre Lanzen in die Luft und fangen sie wieder auf. Neben den zwei Fürsten Rumaiṯa und ʿUṭīfa reiten ihre Söhne und ihre Offiziere, und zwar Muḥammad bin Ibrāhīm, dann ʿAlī und Aḥmad, die beiden Söhne Sabīḥs, ʿAlī bin Yūsuf, Šaddād bin ʿUmar, ʿĀmir aš-Šariq, Manṣūr bin ʿUmar und Mūsa-l-Muzriq und andere hohe Nachfahren Ḥasans sowie hohe Offiziere. Vor ihnen zieht man mit Fahnen, Trommeln und Pauken einher, und sie reiten ernst und würdevoll, bis sie ans Ziel gelangen. Daraufhin kehren sie in gleicher Ordnung zum Gotteshaus zurück. Der Fürst beginnt seine Umgänge, während der Muezzin von Zamzam auf seinen Turm steigt und nach jedem Umgang in der erwähnten Weise für ihn Gebete spricht. Dann verrichtet der Emir seine zwei Gebete am Multazam; dann betet er auch an der Station und demütigt sich vor ihr. Anschließend reitet er sehr schnell mit seinen Offizieren und hinter den Lanzenträgern zur Masʿā am Ziel des Pilgerlaufs. Endlich wendet er sich seiner Residenz zu. Es ist ein Festtag für die Mekkaner, und so wetteifern sie miteinander, indem sie ihre schönsten Kleider anziehen.

Die Bewohner Mekkas begehen das Fest der kleinen Wallfahrt im Rağab mit einer Pracht, die ihresgleichen sucht. Es dauert eine Nacht und einen Tag; der ganze Monat, besonders der erste, der fünfzehnte und der siebenundzwanzigste Tag, ist frommen Werken gewidmet, für die sie schon einige Tage zuvor um Beistand bitten. An ihrer Feier des siebenundzwanzigsten Tages habe ich teilgenommen. Die Straßen der Stadt wimmelten von Sänften, die mit Seide und feinsten Stoffen verhängt waren; denn jedermann handelt nach seinem Vermögen. Die Kamele waren geschmückt und trugen seidene Halsbänder. Die üppigen Vorhänge der Sänften berührten fast den Boden, so daß sie aufgeschlagenen Zelten glichen. Alle Welt begab sich zum Tanʿīm, so daß die Täler Mekkas mit Sänften bedeckt schienen. Beidseits des Weges waren Lichter

[570] Im Rağab, dem siebten und einem der heiligen Monate des islamischen Kalenders, findet die kleine Wallfahrt statt.

aufgestellt, und Kerzen und Laternen wurden den Sänften vorangetragen. Die Berge widerhallten vom Echo des Jubels der Gläubigen, so daß die Herzen sich erweichten und die Tränen flossen. War das Fest beendet, die Prozessionen um die Kaʿba abgeschlossen und ein Teil der Nacht vergangen, brach man auf zum Lauf zwischen Aṣ-Ṣafā und Al-Marwa. Die Masʿā erstrahlte unter dem Licht der Laternen und wimmelte von Menschen. Die Frauen legten die Strecke in den Tragesänften zurück. Auch das hohe Gotteshaus war erleuchtet. Man nennt diese Feier das Hügelfest. Sie ehren damit einen Hügel vor der ʿĀʾiša-Moschee, deren Bau ʿAlī zugeschrieben wird und die nur einen Steinwurf von dem Hügel entfernt ist.

Das Fest geht zurück auf ʿAbdallāh bin az-Zubair, der, als er die edle Kaʿba vollendet hatte, zusammen mit dem Volke Mekkas mit bloßen Füßen die heiligen Stätten aufsuchte. Es war der siebenundzwanzigste Tag des Monats Rağab. Er kam zum Hügel und trat in den Zustand der Weihe ein. Er wandte sich vom Abhang von Ḥağūn zu jener Anhöhe, von der aus die Muslime am Tage der Eroberung Mekkas die Stadt betraten. Diese Feier ist den Mekkanern zu einem Brauch geworden, der noch immer gilt.

ʿAbdallāhs Tag ist berühmt geworden, weil er viele Opfer darbrachte. Die Šarīfe Mekkas und andere Herren, die es sich leisten konnten, brachten ebenfalls Opfer. Mehrere Tage lang speisten sie und verteilten Speisen, um dem Allerhöchsten ihren Dank abzustatten für den Beistand und die Erleichterungen, die er ihnen für den Wiederaufbau des Gotteshauses in genau dem Zustand hatte angedeihen lassen, in dem es sich zu Zeiten von Al-Ḫalīl befunden hatte. Jedoch nahm Al-Ḥağğāğ, als ʿAbdallāh bin az-Zubair getötet worden war, Anstand am Bau der Kaʿba und stellte sie wieder so her, wie sie unter den Quraiš ausgesehen hatte.[571] Diese nämlich hatten sie sehr klein errichtet, und der Prophet hatte sie mit Rücksicht auf die kurze Zeit seit ihrer Bekehrung so belassen. Später wollte der Kalif Abū Ğaʿfar al-Manṣūr die Kaʿba wieder in den Zustand versetzen, in dem Ibn az-Zubair sie hinterlassen hatte. Mālik aber hielt ihn davon ab, denn er sagte: »O Fürst der Gläubigen! Mache aus dem heiligen Hause kein Spielzeug der Könige, damit nicht jeder, der den Wunsch dazu verspürt, sie verändern kann.« Also ließ der Kalif sie, wie sie war, um niemandem einen solchen Vorwand zu liefern.

Das Volk aus der Umgebung Mekkas, wie die Bağīla, die Zahrān und die Ġāmid[572], eilen herbei, um am Rağab-Fest teilzunehmen. Sie bringen Korn, Butter, Honig, Rosinen und Mandeln nach Mekka. Dann sinken die Preise in Mekka, das Leben wird angenehm und das Wohlergehen ist allgemein. Ohne die Bewohner dieser Landstriche wäre das Leben der Mekkaner beschwerlich;

[571] Dieser Wiederaufbau fiel in das Jahr 693.

[572] Arabische Stämme aus dem Süden und dem Südwesten Mekkas, die ihre Wohnsitze im ʿAsīr-Gebirge und darüber hinaus bis Nağrān an der Grenze zum Jemen haben.

ja man spricht sogar davon, daß, würden jene in ihren Landstrichen bleiben und nicht mit ihrer Ernte kommen, ihr Boden unfruchtbar würde und unter ihrem Vieh Seuchen ausbrächen. Solange sie dagegen ihre Ernte herbeibrächten, bliebe ihr Land fruchtbar, senke sich Gottes Segen über ihre Äcker und ihre Herden gediehen. Sobald die Zeit gekommen ist, zu der sie mit ihren Vorräten aufbrechen sollen, sie aber träge und faul werden, versammeln sich ihre Frauen und zwingen sie, sich auf den Weg zu machen. Mit solcher List wirkt Gott in der Sorge für seine treue Stadt. Das Land der Zypressen, in dem die Bağīla, die Zahrān und die Ǧāmid und andere Stämme leben, ist äußerst fruchtbar, reich an Trauben und Korn. Seine Bewohner können sich gewandt ausdrücken, sind guten Willens und treue Gläubige. Wenn sie ihre Umgänge um die Kaʿba ausführen, so stürzen sie herbei, um ihr ganz nahe zu kommen und ihre Verhüllung zu berühren. Sie verrichten ihre Gebete mit solcher Inbrunst, daß es die Herzen bewegt und auch das stumpfeste Auge zu Tränen rührt. Die Menge steht, ins Gebet vertieft, mit ausgestreckten Händen um sie herum. Doch niemandem ist es wegen ihres Gedränges möglich, mit ihnen zusammen die Umläufe zu begehen noch den Stein zu berühren. Sie sind mutig und tapfer und kleiden sich in Tierfelle. Wenn sie sich Mekka nähern, fürchten sich die Araber, die an ihrem Wege leben, vor ihnen und leisten ihnen keinen Widerstand; aber alle Besucher, die mit ihnen kommen, sind über ihre Gesellschaft beglückt. Man erzählt sich, der Prophet habe sie erwähnt und sehr gelobt, denn er sagte: »Lehrt sie das Gebet, und sie lehren euch die Andacht.« Es gereichte ihnen zum Ruhm, daß Muḥammad sie in seinem Wort »Die Treue ist jemenitisch und die Weisheit stammt aus dem Jemen« geehrt hat. Man sagt, ʿAbdallāh bin ʿUmar habe sich nach dem Zeitpunkt ihrer Rundläufe erkundigt und sich ihnen um des Segens ihrer Gebete willen angeschlossen. Ihre ganze Geschichte ist wunderbar und seit alters her in den Traditionen in einem Worte Muḥammads erfaßt: »Beeilt euch, an ihren Umläufen teilzunehmen; denn die göttliche Barmherzigkeit nimmt sich eurer an wie ein wohltätiger Regen.«

Die Nacht auf den fünfzehnten Tag des Monats Šaʿbān ist eine festliche Nacht für die Mekkaner, in der sie sich mit frommen Werken übertreffen: mit Rundgängen um die Kaʿba, mit gemeinschaftlichen und mit Einzelgebeten sowie mit dem Besuch der heiligen Stätten. In der erhabenen Moschee versammeln sie sich in Gruppen, die je ein Imām leitet. Sie zünden Laternen, Lampen und Fackeln an, und über allem leuchtet der Mond, so daß Himmel und Erde im Lichte erstrahlen. Sie verrichten die Gebete der hundert Kniefälle und sprechen nach jedem Gebet die Mutter des Buches sowie die Sure des lauteren Glaubens, die sie zehnmal wiederholen.[573] Einige Menschen beten für sich im

[573] Die ›Mutter des Buches‹ ist die erste Sure des Korans, die Fātiḥa, die ›Sure der Eröffnung‹; die Sure des lauteren Glaubens ist die Sure 112 (Al-Iḫlāṣ).

Inneren, andere ziehen in Prozessionen um das Gotteshaus, andere wieder besuchen die heiligen Stätten.

Sobald der Neumond des Monats Ramaḍān erscheint, werden vor dem Haus des Fürsten von Mekka Trommeln und Pauken geschlagen, und in der heiligen Moschee wird der Tag festlich begangen. Die Matten werden erneuert, Kerzen und Fackeln vermehrt, bis sie im Licht erstrahlt und Glanz und Pracht verbreitet. Die Vorbeter trennen sich in verschiedene Gruppen, und zwar in die Šafiʿiten, die Ḥanafiten, die Ḥanbaliten und die Zaiditen. Die Malikiten versammeln sich bei vier Vorlesern, die sich in der Lesung abwechseln, und zünden die Kerzen an. In der ganzen Moschee gibt es keinen Ort und keinen Winkel mehr, in dem nicht ein Vorleser stünde, der mit seiner Versammlung betet. Im Gotteshaus widerhallt es von den Stimmen der Vorleser, die Seelen werden milde gestimmt, die Herzen geöffnet und die Augen werden feucht. Manch einer begnügt sich damit, einen Umgang zu machen, oder für sich allein im heiligen Bezirk zu beten. Die šafiʿitischen Vorbeter gehören zu den eifrigsten: Zunächst sprechen sie die üblichen Nachtgebete des Ramaḍān, die aus zwanzig Doppelgebeten bestehen. Sodann läuft der Imām mit seiner Gruppe um die Kaʿba und schlägt, sobald er sieben Umgänge vollendet hat, mit der Peitsche, die, wie ich schon gesagt habe, freitags vor dem Prediger hergetragen wird. Dies ist das Zeichen der Rückkehr zu den Gebeten. Er spricht zunächst zwei Gebete mit Kniefällen; es folgen sieben Umgänge, und so fährt er fort, bis er zwanzig weitere vollständige Gebete gesprochen hat. Sodann verrichten sie Bitt- und andere Gebete und ziehen sich zurück. Die anderen Vorbeter ergänzen diese Bräuche nicht.

Wenn die Zeit des Frühmahls gekommen ist, erwartet der Muezzin des Zamzam den Sonnenaufgang von der Höhe seines Minaretts an der Ostecke des Gotteshauses. Er erhebt sich, ruft auf und lädt ein zum Frühmahl. Sobald ein Ausrufer auf den anderen Minaretten ruft, antwortet sein Nachbar. Auf der Spitze jedes Minaretts ist eine hölzerne Stange mit einem Querholz am Ende befestigt, an dem zwei sehr große und schon angezündete Glaslaternen aufgehängt sind. Wenn die Morgendämmerung naht und der Ruf, der das Mahl beendet, mehrmals wiederholt worden ist, werden die Laternen herabgenommen, und die Muezzins beginnen ihren Gebetsruf, indem einer dem anderen antwortet. Die Häuser Mekkas haben Terrassen, so daß alle, die zu weit entfernt wohnen, um den Ruf zu hören, die Laternen sehen können. Sie können ihr Frühmahl so lange fortsetzen, bis sie die zwei Laternen nicht mehr sehen; dann stellen sie ihr Mahl sofort ein.

In allen ungeraden Nächten der letzten zehn Tage des Ramaḍān wird die Lesung des Korans vollendet. Der Qāḍī, die Rechtsgelehrten und die Großen der Stadt nehmen an ihr teil. Den Schluß liest stets der Sohn eines Würdenträgers aus Mekka. Hat dieser geendet, richtet man für ihn ein seidenbedecktes Pult her, zündet Kerzen an und betet. Danach lädt sein Vater alle Teilnehmer in sein Haus und bewirtet sie mit Speisen und Zuckerwaren im Überfluß. Diesen Brauch pflegen sie in allen ungeraden Nächten, deren größte die siebenundzwanzigste ist. Mit der Pracht, die in dieser Nacht entfaltet wird, übertrifft sie alle anderen Nächte. Dann nämlich wird die Lektüre des edlen Korans abgeschlossen. Hinter der erhabenen Station und vor der Tribüne der Šafiᶜiten errichtet man mächtige Holzpfosten, die mit langen Brettern untereinander verbunden werden. So entstehen drei Stufen, auf denen die Kerzen und Glaslaternen aufgestellt werden, und es fehlt nicht viel, daß der Glanz dieser Lichter die Augen blendet. Der Vorbeter tritt heran, verrichtet das Gebet der letzten Nacht und beginnt sodann mit der Lesung der Schicksalssure[574], denn bis zu ihr waren die Vorleser in der Nacht zuvor gekommen. In diesem Augenblick beenden alle Vorbeter die Nachtgebete und preisen die Vollendung des Korans. Sie nehmen teil und weihen sich auf diese Weise. Der Imām senkt schließlich zweimal seinen Kopf, erhebt sich und predigt, zum heiligen Ort gewandt. Ist dieser Ritus abgeschlossen, kehren die Imāme zu ihren Gebeten zurück und die Versammlung löst sich auf. Endlich wird der gesamte Koran in der Nacht zum neunundzwanzigsten Tage an der Tribüne der Malikiten vollständig abgeschlossen. Dies ist ein abgekürztes, aber würdiges Ereignis ohne Pomp. Damit sind die Lesungen beendet.

In der ersten Nacht des Monats Šawwāl, mit dem unverrückbar die vier Pilgermonate beginnen, folgen die Mekkaner dem Brauch, in der Nacht des Neumonds wie in der siebenundzwanzigsten Nacht des Ramaḍān Laternen, Fackeln und Kerzen anzuzünden. Die Lichter werden überall an die Minarette gesteckt, die Dächer der heiligen Moschee und der Moschee auf dem Gipfel von Abū Qubais sind erleuchtet. Die Muezzins rufen die ganze Nacht die Jubelformel des ›tahlīl‹, die Ruhmesformel des ›takbīr‹ und die Lobesformel des ›tasbīḥ‹.[575] Das Volk nimmt entweder an den Prozessionen um die Kaᶜba teil oder verrichtet Gebete, ruft den Namen Gottes oder den göttlichen Beistand an. Nach dem Gebet zum Sonnenaufgang beginnen sie mit der Vorbereitung des Festes, legen ihre beste Kleidung an und eilen an ihre Plätze im Gotteshaus. Sie beten das Festgebet, denn es gibt keinen würdigeren Ort als diesen. Die ersten, die zur Moschee eilen, sind die Banū Šaiba. Sie öffnen die Tore der heiligen Kaᶜba, ihr Vorsteher setzt sich auf die Schwelle, die anderen Männer stellen sich vor ihn, bis der Emir von Mekka eintrifft, dem sie entgegengehen. Dieser umschreitet die Kaᶜba sieben Mal, während der Muezzin des Zamzam seinen Platz auf der Galerie seiner Kuppel einnimmt und, dem Brauch gemäß, mit lauter Stimme den Emir preist und auf ihn und seinen Bruder ein Gebet

[574] Sure 97 (›Al-Qadr‹); die Nacht wird deshalb auch ›Schicksalsnacht‹ genannt (›lailat al-qadr‹).

[575] Tahlīl: ›Es gibt keinen Gott außer Gott‹; ›takbīr‹: ›Gott ist groß‹; tasbīḥ: ›Gepriesen sei Gott‹.

spricht, wie ich es schon geschildert habe. Danach erscheint der Prediger ganz in Schwarz gekleidet, zu beiden Seiten je eine schwarze Fahne und vor sich die Peitsche. Zunächst betet er vor der hohen Station; dann besteigt er seine Tribüne und hält eine eindrucksvolle Predigt. Hiernach gehen die Teilnehmer aufeinander zu, grüßen sich, geben sich die Hände und bitten einander um Vergebung. Nun wenden sie sich der edlen Kaʿba zu, die sie in Gruppen betreten. Sie begeben sich sodann zum Friedhof am Al-Maʿalā-Tor, um durch den Besuch der Gefährten Muḥammads und der berühmten Ahnen Segen zu erlangen. Dann gehen sie auseinander.

Am siebenundzwanzigsten Tage des Monats Ḏu-l-Qaʿda werden die Vorhänge der Kaʿba auf allen vier Seiten um ungefähr eineinhalb Mannshöhen angehoben, um sie vor diebischen Händen zu schützen. Dies nennt man den Bann der Kaʿba; es ist auch ein Tag, der viele Teilnehmer ins Gotteshaus kommen läßt. Nach diesem Tage wird die Kaʿba erst wieder nach Abschluß der Pilgerriten an der Station ʿArafa[576] geöffnet.

Am ersten Tage des Monats Ḏu-l-Ḥiǧǧa werden zur Zeit der Gebete, frühmorgens wie abends, zum Zeichen des Wallfahrtsfestes in Mekka Trommeln und Pauken geschlagen. Dies wiederholt sich jeden Tag bis zum Tage des Aufstiegs zum Berg ʿArafāt. Am siebenten Tage dieses Monats hält der Prediger gleich nach dem Mittagsgebet eine wortgewaltige Predigt, in der er dem Volke die Pilgerfeierlichkeiten und den Tag der Station erläutert. Am achten Tage steigt das Volk zu früher Stunde nach Minā auf. Die Fürsten aus Ägypten, Syrien und dem Iraq sowie die Gelehrten verbringen die Nacht in Minā. Zwischen den Ägyptern, den Syrern und den Iraqern entspinnt sich ein Wettkampf um die Ehre, die Kerzen anzünden zu dürfen. Der Vorrang aber fällt immer den Syrern zu. Am neunten Tage wenden sie sich nach dem Frühgebet von Minā nach ʿArafa. Dabei führt sie ihr Weg durch das Tal von Muḥassir, das sie nach alter Tradition sehr schnell durchqueren.

Das Tal von Muḥassir bildet die Grenze zwischen Muzdalifa[577] und Minā. Muzdalifa ist eine weite Senke zwischen zwei Bergen, voll von Brunnenanlagen und Wasserspeichern, die Zubaida, Tochter von Ǧaʿfar bin Abī Ǧaʿfar al-Manṣūr und Gattin des Fürsten der Gläubigen Hārūn ar-Rašīd, bauen ließ. Die Entfernung zwischen Minā und ʿArafa beträgt fünf Meilen, ebenso viele Meilen liegen zwischen Mekka und Minā. Für ʿArafa sind drei Namen bekannt, und zwar ʿArafa, Gamʿ und ›Al-Mašʿar al-ḥarām‹.[578] ʿArafāt ist eine

576 Ibn Baṭṭūṭa verwendet die beiden Schreibweisen ›ʿArafa‹ und ›ʿArafāt‹: Dieser letztere Name bezeichnet einen Berg und eine Ebene vier Stunden östlich von Mekka, wo die Pilger am 9. Tage des Wallfahrtsmonats Ḏū-l-Ḥiǧǧa verweilen.

577 Muzdalifa ist wörtlich: ›die Schmeichlerin; die um Gunst buhlt‹.

578 Hier irrt Ibn Baṭṭūṭa: Der Al-Mašʿar al-ḥarām (›der heilige Ort der Pilgerriten‹) gehört zu Muzdalifa; er trug auch den Namen ›Ǧamʿ‹ (›Versammlung‹), hier wurden am Hügel

weite, von vielen Bergen umgebene Ebene, an deren einem Ende der ʿArafāt, der Berg des Erbarmens, steht. Dies ist mit seiner ganzen Umgebung die Pilgerstation. Etwa eine Meile vor dem Berge stehen die beiden Wegzeichen, welche die Grenze zwischen dem freien Land und dem heiligen Bezirk anzeigen. In der Nähe dieser Säulen und von ʿArafa abgewandt liegt das ʿArna-Tal, von dem der Prophet befahl, sich abzuwenden. Man muß ihm ausweichen, ebenso wie man sich vor einer übereilten Rückkehr vor Sonnenuntergang hüten soll. Aber die Kameltreiber drängen sehr, indem sie die Menschen vor der Menge der Rückkehrer warnen, ihnen Furcht einjagen und sie antreiben, um sie ins ʿArna-Tal zu führen, wodurch aber ihre Pilgerfahrt ungültig wird.

Der Berg des Erbarmens, den ich genannt habe, erhebt sich ganz vereinzelt in der Ǧamʿ-Ebene und besteht aus mehreren Felsbrocken. Auf dem Gipel steht eine Kuppel, die Umm Salama zugeschrieben wird und in deren Mitte eine Moschee steht, in die die Menschen sich zum Gebet drängen. Sie ist umgeben von einer geräumigen Terrasse, die das ʿArafāt-Tal beherrscht. Südlich von ihr steht eine Mauer[579], in die Gebetsnischen eingebaut sind. Am Fuße des Bergs und linker Hand, wenn man zur Kaʿba blickt, nimmt man ein sehr altes Haus wahr, das Adam zugeschrieben wird, links daneben stehen die Felsen, an denen sich die Stationen des Propheten befanden. Der Ort ist umgeben von Zisternen und Wasserspeichern. Ganz in der Nähe stellt sich der Vorbeter auf, versammelt zwischen dem Mittags- und dem Nachmittagsgebet seine Gemeinde und predigt. Zur Linken der beiden Wegzeichen sieht, wer zur Kaʿba blickt, das Arāk-Tal, in dem die grüne Arāk-Nuß wächst, deren Sträuche sich weit in die Ebene hinein ausdehnen.

Ist der Zeitpunkt der Rückkehr gekommen, gibt der malikitische Imām ein Handzeichen und verläßt seinen Platz. Die ganze Menge stürzt nun so heftig davon, daß die Erde erbebt und die Berge erzittern. Oh, welch gesegnete Station, welch edler Schauplatz der Versammlung! Die Seelen erhoffen für sich das gute Ende und die Herzen sehnen sich nach dem Geschenk der göttlichen Gnade. Gott nehme uns unter die auf, die er an jenem Tage mit seiner Zuwendung ehrte!

Meine erste Station fiel auf einen Donnerstag des Jahres 726.[580] Der Führer der ägyptischen Karawane war zu jener Zeit Arġūn ad-Dawādār, Stellvertreter des Königs An-Nāṣir.[581] Die Tochter dieses Königs und Gattin von Abū Bakr, dem Sohne des genannten Arġūn, machte in jenem Jahre ebenfalls ihre Wallfahrt. Auch die Gattin des Königs An-Nāṣir war im gleichen Jahr auf die

Quzaḥ (›Regenbogen‹) Fackeln angezündet. Muzdalifa war in vorislamischer Zeit eine Opferstätte der Quraiš.

579 Vermutlich ein Schreibfehler, denn es muß heißen: ›Westlich von ihr ...‹

580 6. November 1326.

581 Vgl. Kapitel ›Aufbruch nach Ägypten‹, Anm. 141.

Wallfahrt gegangen. Ihr Name war Al-Ḫūnda, und sie war die Tochter des Großsultans Muḥammad Ūzbak[582], des Königs von Sarā und des Ḫwārizm. Der Führer der syrischen Karawane war Saif ad-Dīn al-Ǧūbān. Als wir nach Sonnenuntergang wieder aufbrachen, erreichten wir Muzdalifa erst am späten Abend. Dort verrichteten wir das Abend- und das Nachtgebet, beide zugleich, wie die Vorschrift des Propheten es vorsieht. Nachdem wir in Muzdalifa das Morgengebet gesprochen hatten, brachen wir dort nach dem Gebet an der Station Al-Mašʿar al-ḥarām zu früher Stunde nach Minā auf. Ganz Muzdalifa ist außer dem Muḥassir-Tal, das im Eilschritt durchlaufen wird, eine einzige Gebetsstation. Die meisten Leute versehen sich in Muzdalifa mit kleinen Kieseln, die sie – ein lobenswerter Brauch – auf die ›ǧamra‹ genannten Steinhaufen werfen. Andere lesen die Steine um die Al-Ḫaif-Moschee auf, dies aber ist jedem überlassen. In Minā beeilen sich die Menschen, ihre Kiesel auf den Steinhaufen des Bergpasses zu werfen. Danach schlachten und opfern sie ein Tier, scheren sich den Kopf und nun ist ihnen alles erlaubt außer Frauen und Duftstoffen, von denen sie sich fernhalten müssen, bis sie umfangreiche Umgänge vollbracht haben. Die Steine werden auf diese Steinhaufen geworfen, sobald am Opfertage die Sonne aufgeht. Die meisten Menschen brechen nun, nachdem sie geschlachtet, geopfert und sich den Kopf geschoren haben, zu diesen Umläufen auf. Manche warten bis zum nächsten Tage, werfen dann gegen Sonnenuntergang sieben Steine auf den ersten und ebenso viele Steine auf den mittleren Steinhügel. Dann stellen sie sich neben diese Steinhaufen und beten, wie es auch Muḥammad tat. Am dritten Tage steigen sie dann in aller Eile nach Mekka hinab, nachdem sie insgesamt 49 Kiesel geworfen haben. Viele wiederum ruhen am dritten Tage nach dem Opferfest, bis sie siebzig Steine geworfen haben.

Am Opfertag schickt die ägyptische Karawane den Vorhang der heiligen Kaʿba ins Gotteshaus, damit er auf dem Dach ausgebreitet wird. Am dritten Tage nach dem Opferfest lassen ihn die Banū Šaiba über der Kaʿba herab. Er besteht aus leinengefütterter tiefschwarzer Seide. Am oberen Saum sind in weißen Buchstaben die Worte eingestickt ›Gott hat die Kaʿba zu einem heiligen Haus und zu einer heiligen Station gemacht …‹ bis zum Ende des Verses. Auch auf den anderen Seiten befinden sich Stickereien mit Koranversen in weißen Buchstaben. Es leuchtet und glänzt lebhaft auf dem schwarzen Stoff. Sobald der Vorhang über die Kaʿba heruntergelassen ist, hebt man die Säume an, um sie vor den Händen der Leute zu schützen. König An-Nāṣir hat den Vorhang der ehrwürdigen Kaʿba geliefert, und er schickt auch jedes Jahr dem Richter, dem Prediger, den Vorbetern, den Muezzins, den Verwaltern und Teppich-

[582] Mongolenherrscher im Reich der Goldenen Horde in Südrußland zwischen 1312 und 1341. König An-Nāṣir hatte 1320 eine Tochter Uzbek Chans geheiratet, sich aber acht Jahre später wieder von ihr scheiden lassen.

dienern der Moschee ihren Lohn und sorgt auch jährlich für den Bedarf des Gotteshauses an Kerzen und Öl.

In diesen Tagen wird die Kaʿba täglich für die Menschen aus dem Iraq, dem Ḫurasān und für andere geöffnet, die mit der iraqischen Karawane gekommen sind. Sie bleiben noch vier Tage nach der Abreise der beiden Karawanen aus Ägypten und Syrien in Mekka. Sie geben den Bediensteten des Gotteshauses und anderen reichliche Almosen. Ich habe sie nachts um das Haus Gottes wandeln sehen, als sie allen Dienern und anderen Mekkanern, denen sie begegneten, Silber und Stoffe schenkten. So handelten sie auch gegenüber allen, die die edle Kaʿba betrachteten. Manchmal trafen sie jemanden, der eingeschlafen war, und steckten ihm Gold und Silber in den Mund, bis er erwachte. Als ich im Jahre 728 mit ihnen aus dem Iraq kam[583], handelten sie oft so. Sie verteilten so viele Almosen, daß der Preis des Goldes in Mekka erheblich sank und der Wechselkurs je ›miṯqāl‹ auf achtzehn Dirham fiel, weil so viel Gold als Almosen verteilt wurde. In diesem Jahre rief man von der Kanzel und von der Kuppel des Zamzam den Namen des Abū Saʿīd, des Königs des Iraq.

583 Es muß heißen: ›... im Jahre 727‹ (1327); vgl. auch Kapitel ›Persien und der Iraq‹.

Persien und der Iraq

Ich verließ Mekka am Abend des zwanzigsten Tages des Monats Ḏu-l-Ḥiǧǧa in der Gesellschaft des Führers der iraqischen Karawane, Al-Bahlawān Muḥammad al-Ḥuwīḥ aus Mauṣil.[584] Er war Führer der Karawane nach dem Tode des Scheichs Šihāb ad-Dīn Qalandar geworden, der ein wohltätiger, verdienstvoller und von seinem Sultan geschätzter Mann gewesen war und sich nach der Sitte der Qalandar Bart und Augenbrauen rasiert hatte. Als ich Mekka in der Gesellschaft des Emirs Al-Bahlawān verließ, mietete er mir für die Reise nach Bagdad die Hälfte einer doppelten Kamelsänfte, zahlte den Preis aus eigenem Gelde und nahm mich unter seinen Schutz. Ich hatte zum Abschied meine Umläufe ausgeführt, und nun reisten wir mit einer so großen Menge von Leuten aus dem Iraq, dem Ḫurāsān und aus anderen Gebieten Persiens, daß man sie unermeßlich nennen konnte, zur Senke von Marra. Die Erde war so bewegt wie das Meer unter seinen Fluten, und die Karawane marschierte wie eine dichte Wolke. Wer sie wegen eines Bedürfnisses für einen Augenblick verließ und kein Zeichen hatte, das ihm half, seinen Platz wiederzufinden, verirrte sich in der Vielzahl der Menschen.

Für die armen Reisenden gab es ausreichende Wasserspeicher, an denen sie trinken konnten, und Kamele, die Proviant, der ihnen als Almosen gegeben wurde, sowie Arzneien, Getränke und Zucker trugen für diejenigen, die erkrankten. Wenn die Karawane lagerte, wurden in mächtigen, ›dusūt‹ genannten Kupferkesseln Speisen zubereitet, von denen man auch den armen Reisenden und denen, die keinen eigenen Proviant besaßen, gab. Ferner führte die Karawane eine große Anzahl von Kamelen mit für den Transport jener Menschen, die nicht laufen konnten. All dies war den Almosen und der Großherzigkeit des Sultans Abū Saʿīd zu verdanken.

Die Karawane führte einen reichhaltigen Markt mit vielen Annehmlichkeiten und allen Arten von Lebensmitteln und Früchten. Sie reist nachts und zündet vor den Kamelen und den Sänften Laternen an. So sieht man das ganze Land im Licht erstrahlen und die Nacht sich in einen leuchtenden Tag verwandeln.

Wir verließen Baṭn Marra in Richtung auf ʿUsfān und Ḫulaiṣ. Nach vier weiteren Nachtmärschen lagerten wir im Tal von Samk. Fünf Tage später hielten wir in Badr an. Nun wurden zwei Etappen am Tage zurückgelegt, von denen die eine frühmorgens, die andere am Abend begann. Wir verließen Badr

[584] Das Datum entspricht dem 17. November 1326. ›Al-Bahlawān‹ ist ein persischer Titel, der soviel wie ›Held‹ bedeutet. Mauṣil ist die nordiraqische Stadt Mossul.

wieder und lagerten in Ṣafrāʾ, wo wir uns einen Tag aufhielten, um uns zu erholen. Von dort sind es noch drei Tagesreisen bis Al-Madīna. Wir brachen auf und kamen schließlich zum zweiten Male in Ṭayyiba, der Stadt des Gottesgesandten, an – Segen und Heil seien mit ihm! Sechs Tage hielten wir uns in Al-Madīna auf und versahen uns mit Wasser für drei Tage.

Nach dem Aufbruch erreichten wir am dritten Tage das Wādi-l-ʿArūs, wo wir uns erneut mit Wasser versorgten, das aus unterirdischen Brunnen gewonnen wird.[585] Man gräbt die Erde auf und gewinnt schmackhaftes Quellwasser. Wir verließen das Al-ʿArūs-Tal wieder und betraten das Naǧd, eine ausgedehnte Ebene, die so weit reicht, wie das Auge schauen kann. Wir atmeten den milden und würzigen Wind und erreichten nach vier Tagesmärschen einen Brunnen, der Al-ʿUsaila hieß; dann einen weiteren, den sie An-Nuqra nannten, wo es noch Überreste großer Zisternen gibt, die einst hier angelegt worden waren.[586] Danach stießen wir wieder in Al-Qārūra auf Wasser.[587] Es sind Zisternen voller Regenwasser, deren Bau der Zubaida zugeschrieben wird, der Tochter Gaʿfars – Gott schenke ihr seine Gunst! Dieser Ort ist die Mitte des Naǧd. Es ist eine sehr weite Landschaft mit milden Winden, gesunder Luft und fruchtbarem Boden, darüber hinaus zu jeder Jahreszeit mit einem gemäßigten Klima gesegnet. Von Al-Qārūra aus kamen wir nach Al-Ḥāǧir; wo die Wasserspeicher manchmal ausgetrocknet sind und man nach Wasser graben muß. Danach lagerten wir in Samīra[588] in einer flachen Ebene, in der ein bewohntes schloßähnliches Gebäude steht. In seinen Brunnen findet sich reichlich Wasser, aber es ist brackisch. Die Araber der Umgegend treiben Schafe herbei und bringen Butteröl und Milch, die sie den Pilgern im Tausch gegen unbearbeitete Stoffe verkaufen; gegen andere Dinge tauschen sie nichts. Wir reisten weiter und machten Halt am Al-Maḫrūq-Berg.[589] Er steht in der Wüste und hat auf dem Gipfel einen tiefen Einschnitt, durch den der Wind bläst. Von dort brachen wir ins völlig wasserlose Tal von Kurūš auf. Wir reisten in der Nacht weiter und erreichten am Morgen das Kastell von Faid.[590] Es liegt in einer weiten Ebene, ist groß, von einer Mauer umgeben und hat eine kleine

585 Die Lage des Wādi-l-ʿArūs ist nicht zu identifizieren. Die hier angesprochenen Wasserspeicher sind Zubaida, der Gattin des Kalifen Hārūn ar-Rašīd, zu verdanken, die sie entlang des Pilgerweges von Kūfa nach Mekka als eine Form frommer Stiftungen anlegen ließ. Ibn Baṭṭūṭa folgt hier wieder für einige Absätze dem Text von Ibn Ǧubair.

586 Al-ʿUsaila liegt 125 Kilometer hinter Medina, weitere 42 Kilometer westlich liegt eine alte Quelle, die auch auf neueren Karten den Namen Nuqra trägt.

587 Heute: Al-Qaraurā.

588 Dieser Ort, der richtig Samīrāʾ heißt, liegt 40 Kilometer nordöstlich der vorgenannten Station Ḥāǧir.

589 Der ›Durchbohrte Berg‹, 40 Kilometer südwestlich des Kastells von Faid, das unmittelbar folgt.

590 Faid (27° 08' n. Br. und 42° 28' ö. L.) war eine alte Kreuzung der Karawanenwege.

Vorstadt. Seine Bewohner sind Araber, die ihr Leben fristen, indem sie mit den Pilgern Handel treiben. Hier hinterlassen die Pilger, wenn sie aus dem Iraq nach Mekka reisen, einen Teil ihrer Vorräte und finden sie auf ihrer Rückkehr wieder vor. Der Ort liegt auf halber Strecke zwischen Mekka und Bagdad; von ihm bis Kūfa sind es noch zwölf Tagesreisen auf ebenen Wegen, an denen auch Wasserzisternen stehen.

Die Pilger folgen einer alten Gewohnheit und betreten Faid in Schlachtordnung und kampfbereit, um die Araber einzuschüchtern und ihre Habgier auf die Karawane zu dämpfen. Wir trafen dort die beiden Fürsten der Araber, Fayāḍ und Ḥiyār, beides Söhne von Emir Muhannā bin ʿĪsā.[591] Sie waren in Begleitung einer arabischen Reiterschar und so vieler Männer, daß man sie nicht zählen konnte. Sie zeigten den Pilgern und Reisenden viel Entgegenkommen und nahmen sie unter ihren Schutz. Araber führten Kamele und Hammel heran, und die Menschen kauften ihnen so viel ab, wie sie sich leisten konnten.

Wir brachen schließlich auf und machten Lager an einem Ort namens Al-Ağfur, der durch die beiden Liebenden Ğamīl und Buṯaina bekannt geworden ist.[592] Wir setzten unsere Reise fort, ritten nach einem Halt in der Wüste weiter und hielten in Zarūd an[593], in einer weiten Ebene, in welcher der Wind Sandhügel aufgeworfen hat. Es gibt dort kleine, wie Festungen ummauerte Häuser und Brunnen, deren Wasser nicht gut trinkbar ist. Nach dem Aufbruch kamen wir nach Aṯ-Ṯaʿlabīya[594] mit einer verfallenen Festung, vor der ein riesiger Brunnen steht, in den man auf Stufen hinabsteigt und der genügend Regenwasser für die ganze Karawane hatte. Viele Araber kommen hierher und verkaufen Kamele, Schafe, Butteröl und Milch. Von dort bis Kūfa sind es noch drei Reisetage.[595] Wir nahmen unsere Reise wieder auf und lagerten am Birkat al-Marğūm. Der Name geht auf ein Grab am Wege zurück, auf dem ein gewaltiger Steinhaufen liegt und auf das jeder, der vorüberkommt, weitere Steine wirft. Es wird erzählt, daß dieser Gesteinigte ein Rāfiḍī-Ketzer gewesen war, der mit der Karawane zur Wallfahrt nach Mekka aufgebrochen war. Zwischen ihm und sunnitischen Türken war ein Streit ausgebrochen. Er schmähte einige

591 Zwei auch in den arabischen Chroniken verbürgte Araberfürsten: Fayāḍ starb 1360, Ḥiyār im Jahre 1375.

592 Einst ein gut bevölkerter Ort mit großen Brunnenanlagen 45 Kilometer westlich von Faid. Ğamīl war ein arabischer Poet vom Stamm der ʿUḏra, der seine Gedichte an seine Geliebte Buṯaina richtete und eine Poesiegattung schuf, die unter dem Namen ʿUḏrā-Dichtung bekannt wurde.

593 30 Kilometer hinter Al-Ağfur auf 26° 54' n. Br. und 43° 16' ö. L., trägt Zarūd auch den Namen Al-Ḫazīmīya.

594 60 Kilometer hinter Zarūd.

595 Ibn Ğubair spricht dagegen von noch drei Stellen vor Kūfa, an denen die Karawane sich mit Wasser versorgen kann.

Gefährten Muḥammads und wurde daraufhin gesteinigt und getötet. Es gibt dort viele Zelte mit Arabern, die mit Butteröl, Milch und anderen Waren zur Karawane kommen. Eine große Zisterne hat genügend Wasser für die ganze Karawane. Zubaida ließ sie errichten – Gott habe Erbarmen mit ihr! Alle Zisternen, Wasserspeicher und Brunnen am Wege von Mekka nach Bagdad sind Denkmäler ihrer Großherzigkeit. Gott lohne es ihr! Ohne ihre Sorge um diesen Weg wäre ihn niemand gegangen.

Wir setzten unseren Ritt fort und erreichten einen Ort namens Mašqūq.[596] Er besitzt zwei Zisternen mit süßem und klarem Wasser. Die Reisenden der Karawane schütteten das Wasser, das sie noch hatten, fort, um sich hier neu zu versorgen. Wir brachen auf und lagerten schließlich an einem Orte namens Tanānīr, wo es einen wohlgefüllten Brunnen gab. Schon in der Nacht verließen wir diese Stelle wieder und passierten am Vormittag Zummāla[597], ein größeres Dorf mit einem Schloß, das Arabern gehört, sowie mit zwei Zisternen und mehreren Brunnen. Dieser Ort bildet eine der großen Tränken des Weges. Wir brachen erneut auf und hielten bei Al-Haiṯamain an[598], wo zwei Zisternen stehen. Wir reisten weiter und lagerten unterhalb des Teufelspasses[599], zu dem wir am übernächsten Tage aufstiegen. Es ist der einzige Gebirgsweg der gesamten Strecke, aber er ist weder beschwerlich noch sehr lang. Wir stiegen hinab zu einem Ort namens Wāqiṣa[600] mit Zisternen und einem großen Schloß. Er ist von Arabern bewohnt und die letzte Wasserstelle des Weges. Tatsächlich ist nach dieser und vor Kūfa außer dem Wasser des Euphrat keine Tränke mehr bekannt. Dort kommen schon viele Einwohner aus Kūfa den Pilgern entgegen und bringen Mehl, Brot, Datteln und andere Früchte sowie freundliche Grüße. Wir nahmen unser Lager danach in Lūra[601], wo es wieder eine große Zisterne gab, dann in einem Ort mit drei Wasserspeichern, der Al-Musāğid hieß, und schließlich in einem Ort, der den Namen ›Minarett der Hörner‹ trug. Dieses Minarett steht dort mitten im wüsten Land, ist sehr hoch und mit Gazellengeweihen geschmückt. Keinerlei Haus steht in der Nähe. Danach zogen wir weiter an einen Ort namens ʿUḏaib[602], in einem fruchtbaren Tal gelegen, das

[596] Wörtlich: ›gespalten‹, als Ortsname Al-Mašqūq, wie Ibn Ǧubair ihn verwendet, vermutlich mit ›Bresche‹ zu übersetzen.

[597] Das heutige Zubāla, 30 Kilometer westlich von Al-Mašqūq auf 29° 26' n. Br. und 43° 45' ö. L.

[598] Auf neueren arabischen Karten als ›Qāʿ‹ angegeben und auf 29° 46' n. Br. und 43° 40' ö. L. gelegen.

[599] 40 Kilometer (eine Tagesetappe) nach dem vorhergehenden Lager auf 30° 11' n. Br. und 43° 62' ö. L.

[600] Auf 30° 35' n. Br. und 43° 43' ö. L.

[601] 25 Kilometer nordöstlich von Wāqiṣa.

[602] Dieser Ort bildete im Mittelalter die Grenze zum Iraq und war der Aufbruchsort der Pilger aus Kūfa.

selbst, so weit das Auge reicht, von einer weiten üppigen Landschaft umgeben ist. Schließlich kamen wir nach Qādisīya, dem Schauplatz der berühmten Schlacht gegen die Perser, in welcher Gott der Religion der Muslime zum Triumph verhalf und die Magier und Feueranbeter demütigte.[603] Seit dieser Zeit konnten sie sich nie mehr erheben, denn Gott hat sie vollständig ausgerottet. Der Anführer der Muslime war damals Saʿd bin Abī Waqqāṣ, und Qādisīya war eine mächtige Stadt, als Saʿd sie eroberte. Aber sie wurde zerstört, und heute ist von ihr nichts geblieben bis auf ein großes Dorf mit Palmengärten, die vom Euphrat bewässert werden.

Wir verließen Qādisīya und wandten uns dem Grabmal von ʿAlī bin Abī Ṭālib in Naǧaf zu[604], einer schönen Stadt, die in einer weiten und steinigen Ebene steht. Sie gehört zu den schönsten, volkreichsten und bestgebauten Städten des Iraq und hat hübsche und saubere Märkte. Wir betraten sie durch das Al-Ḥaḍra-Tor, gingen zum Markt der Gemüsehändler, der Bäcker und der Garküchen, dann zu den Märkten der Obsthändler und der Schneider, schließlich zum überdachten Basar und zum Markt der Gewürzkrämer. Daraufhin kehrten wir zum Al-Ḥaḍra-Tor zurück, wo sich das Grab befindet, in dem ʿAlī bestattet sein soll. Daneben befinden sich Koranschulen, Zāwiyas und Konvente; es sind prächtig gebaute Häuser, deren Wände mit Qāšānī-Fliesen[605] gekachelt sind, die unseren Zulaiǧ-Kacheln ähneln, deren Farben aber brillanter und deren Malereien schöner sind als die unsrigen.

Durch das Al-Ḥaḍra-Tor betritt man eine große Koranschule, in dem Schüler und Ṣūfīs der Schiiten leben. Wer sie besucht, erhält drei Tage lang zweimal täglich Brot, Fleisch und Datteln. Von dieser Schule aus geht man zum Eingang der Kuppelkapelle, an dem sich die Pförtner, Vorsteher und Diener aufhalten. Wenn ein Besucher kommt, erhebt sich einer von ihnen, manchmal sogar alle, und kommt ihm entgegen – je nach Rang des Besuchers. Er stellt sich mit ihm auf die Schwelle und bittet für ihn um die Erlaubnis zum Eintritt, indem er sagt: »Mit eurer Erlaubnis, o Fürst der Gläubigen, bittet dieser schwache Diener, das edle Grab betreten zu dürfen, wenn ihr es ihm gestattet; wenn nicht, wird er wieder gehen. Sollte er einer solchen Gunst nicht würdig sein, so habt ihr doch ein großzügiges und freundliches Herz.« Jetzt fordern sie ihn auf, die Schwelle zu küssen, die ebenso wie die beiden

603 Qādisīya war Schauplatz einer berühmen Schlacht des Jahres 637, in der sich die Araber unter der Führung von Saʿḍ bin Abī Waqqāṣ den Weg nach Persien bahnten.

604 Naǧaf im Iraq ist der Ort des ʿAlī-Mausoleums. ʿAlī war der vierte der ›rechtgeleiteten‹ Kalifen, Vetter und Schwiegersohn des Propheten. Er folgte dem Kalifen ʿUṯmān im Jahre 656 und verlegte den Kalifensitz von Medina nach Kūfa. Im Jahre 661 wurde er von einem Fanatiker aus Kūfa ermordet.

605 Nach ihrer Herkunft aus der heute iranischen Stadt Qāšān zwischen Isfahan und Qomm, die berühmt war für ihre blaue und grüne Töpferware. Ihr entsprach im Maġrib der Ausdruck ›zulaiǧ‹, der aus dem Spanischen entliehen wurde (›azulejo‹).

Türpfosten aus Silber besteht. Er betritt die Kapelle, deren Boden mit seidenen und anderen Teppichen bedeckt ist. Man sieht kleine und große Lampen aus Gold und Silber. In der Mitte steht ein viereckiger holzverkleideter Sockel, auf dem kunstvoll gearbeitete goldene Fliesen mit silbernen Nägeln aufgebracht sind. Sie bedecken das Holz so vollkommen, daß man es gar nicht mehr erkennt. Auf diesem Podest, das nicht Mannshöhe erreicht, stehen drei Schreine, von denen einer derjenige Adams, der zweite der Noahs und der dritte der Schrein ʿAlīs sein soll. Zwischen diesen Schreinen stehen goldene und silberne Becken, die Rosenwasser, Moschus und mehrere andere wohlriechende Stoffe enthalten. Der Besucher taucht seine Hand hinein und benetzt sich das Gesicht, um des Segens teilhaftig zu werden. Ein weiteres Tor der Kapelle, dessen Schwelle ebenfalls aus Silber besteht, hat Vorhänge aus farbiger Seide. Es führt zu einer mit herrlichen Teppichen ausgelegten Moschee, deren Wände und Decken mit Seidenstoffen verkleidet sind. Es gibt insgesamt vier Tore mit silbernen Schwellen und seidenen Vorhängen. Die Einwohner der Stadt gehören alle zur Sekte der Rāfiḍīya.

An dieser Grabstätte sind so viele Wunder gewirkt worden, daß die Menschen fest daran glauben, daß es das Grab ʿAlīs enthält. Eines dieser Wunder besteht darin, daß in der siebenundzwanzigsten Nacht des Monats Rağab, die sie dort die ›Nacht des Lebens‹ nennen[606], alle Lahmen aus den beiden Iraq und dem Ḫurāsān[607], aus Persien und dem Land der Griechen herbeiströmen. Etwa dreißig oder vierzig von ihnen finden sich ein. Nach dem letzten Nachtgebet werden sie auf das heilige Grab gesetzt, und nun wartet das ganze Volk darauf, daß die Gelähmten aufstehen. Diese beten oder preisen Gott, andere lesen das Buch oder betrachten das Kuppelgrab. Wenn die Hälfte oder etwa zwei Drittel der Nacht vergangen sind, stehen die Kranken völlig geheilt auf, ohne noch irgendwelche Beschwerden zu verspüren. Sie rufen: »Es gibt keinen Gott außer Gott, Muḥammad ist sein Prophet, ʿAlī ist der Freund Gottes.«

Darüber wird sehr viel gesprochen. Mir haben es glaubwürdige Leute erzählt, aber ich war in dieser Nacht nicht anwesend. Ich habe aber in der Koranschule der Gastfreunde drei Männer gesehen, von denen einer aus dem Lande der Griechen, ein anderer aus Isbahān und der dritte aus dem Ḫurāsān stammte; alle drei waren lahm. Ich habe sie befragt, und sie haben mir geantwortet, daß sie zur ›Nacht des Lebens‹ nicht rechtzeitig eingetroffen wären und deshalb auf das nächste Jahr warteten. In dieser Nacht kommen die Be-

606 Diese ›Nacht des Lebens‹ der Schiiten hat ihre sunnitische Entsprechung in der Bezeichnung ›Tag der Himmelfahrt‹, die Muḥammad von Jerusalem aus am 27. Rağab unternahm und die auf den arabischen Stamm ʿarağa‹ (›aufsteigen‹, aber auch ›lahmen‹, ›hinken‹) zurückgeht.

607 Der ›Ḫurāsān‹ (›Khorasan‹) umfaßte den östlichen Teil des heutigen Iran und den südwestlichen Teil des heutigen Afghanistan.

wohner der Umgebung und halten zehn Tage lang einen großen Markt ab. In der Stadt zahlt man keine Gebühren, und es gibt weder einen Steuereinnehmer noch einen Statthalter. Die Macht liegt vielmehr in den Händen des obersten Šarīfs. Die Einwohner sind Kaufleute, tapfere und großherzige Menschen, die in alle Welt reisen. Wer unter ihrem Schutz steht, erleidet auf Reisen in ihrer Gesellschaft kein Unrecht, so daß ihre Gesellschaft hochgeschätzt ist.

Was aber ʿAlī angeht, so übertreiben sie es. Wenn jemand im Iraq und andernorts erkrankt, so gelobt er, das Grabmal ʿAlīs aufzusuchen, und ist alsbald geheilt. In anderen Fällen stellt jemand, der am Kopf erkrankt ist, einen Kopf aus Silber oder Gold her und bringt ihn ans Grab. Der oberste Aufseher des Grabbezirks nimmt ihn in den Schatz auf. Gleiches gilt für die Hand, den Fuß und andere Gliedmaßen. Der Schatz des Grabmals ist deshalb beträchtlich und enthält so viele Reichtümer, daß sie sich gar nicht bestimmen lassen.

Der oberste Šarīf regiert die Stadt im Namen des Königs des Iraq, unter dem er einen geachteten und würdigen Rang einnimmt. Auf seinen Reisen beobachtet er die gleiche Ordnung wie die ersten Fürsten. Er hat Fahnen und Trommeln, und morgens wie abends wird vor seinem Hause getrommelt. Er übt die Herrschaft in der Stadt aus, denn einen anderen Statthalter gibt es nicht. Abgaben werden weder für den Sultan noch für andere erhoben. Als ich nach Mašhad ʿAlī[608] kam, war dieser Stadtherr Niẓām ad-Dīn Ḥusain bin Tağ ad-Dīn al-Āwī, der diesen Beinamen der kleinen Stadt Āwah im persischen Iraq verdankt, deren Einwohner ebenfalls Rāfiḍiten sind. Vor ihm gab es mehrere Personen, die sich in der Herrschaft abwechselten. Dazu gehörten Ğalāl ad-Dīn bin al-Faqīh, Qiwām ad-Dīn bin Ṭāʾūs, Nāṣir ad-Dīn Muṭahhar, der Sohn des frommen Šarīfs Šams ad-Dīn Muḥammad al-ʾAuharī aus dem persischen Iraq, der heute in Indien lebt und zu den Tafelfreunden des Königs jenes Landes zählt, und endlich Abū Ġurra bin Sālim bin Muhannā bin Ğammāz bin Šīḥat-al-Ḥusainī aus Al-Madīna.

Zunächst hatte sich der Šarīf Abū Ġurra ganz der Andacht und dem Studium hingegeben und war dafür bekannt geworden. Er lebte im edlen Al-Madīna unter dem Schutze seines Vetters Manṣūr bin Ğammāz, des Fürsten der Stadt. Später verließ er Al-Madīna, ließ sich im Iraq nieder und wohnte in Ḥilla. Als der Stadtherr Qiwām ad-Dīn bin Ṭāʾūs starb, kam das Volk des Iraq überein, die Würde des ersten Šarīfen auf Abū Ġurra zu übertragen. In dieser Absicht schrieben sie an den Sultan Abū Saʿīd, der zustimmte und ihm das ›Yarlīġ‹[609], das ist die Urkunde seiner Einsetzung, übersandte. Er erhielt auch das Ehrengewand sowie die Fahnen und Trommeln, die den Würdenträgern des Iraq zukommen. Aber nun gewannen Vergnügungen der Welt die Oberhand, er ließ Demut und Enthaltsamkeit vermissen und machte von seinem

608 Grabmal, Denkmal oder Heiligtum ʿAlīs.

609 Yarlīġ (türk. yarlık): Dekret, Erlaß.

Reichtum schändlichen Gebrauch. Der Sultan wurde benachrichtigt, und als Abū Ġurra davon erfuhr, ging er unter dem Vorwand, im Ḫurāsān das Grab des ʿAlī bin Mūsa-r-Raḍā in Ṭūs zu besuchen[610], auf Reisen. Tatsächlich aber wollte er fliehen. Nach seinem Besuch des Grabes von ʿAlī bin Mūsā ging er nach Harāh, der letzten Stadt des Ḫurāsān[611], und sagte seinen Begleitern, daß er nach Indien gehen wollte. Die meisten kehrten daraufhin um, während er den Ḫurāsān hinter sich ließ und ins Land Sind[612] ging. Als er den Fluß des Sind, der unter dem Namen ›Banǧ Āb‹[613] bekannt ist, überquerte, ließ er seine Trommeln und Fanfaren erschallen, was die Bewohner der Dörfer erschreckte. Sie glaubten, die Tataren würden sie überfallen, eilten entsetzt in die Stadt ʾŪǧā und schilderten dem Stadtfürsten, was sie gehört hatten. Dieser ritt mit seinen Truppen aus und bereitete sich auf den Kampf vor. Er schickte eine Vorhut aus, die ungefähr zehn Reiter sowie eine gewisse Anzahl Fußvolk und Händler antraf, die den Šarīf auf seiner Reise begleiteten und auch Trommeln und Fahnen mitführten. Sie befragten sie und erhielten zur Antwort, der Šarīf sei ein Würdenträger aus dem Iraq und befände sich auf dem Wege zum König von Indien. Daraufhin kehrte die Vorhut zu ihrem Befehlshaber zurück und erklärte es ihm. Dieser bekam einen schlechten Eindruck vom Verstande eines Šarīfs, der in einem fremden Lande Fahnen schwingt und Trommeln schlagen läßt. Der Šarīf aber betrat ʾŪǧā und blieb eine Weile dort. Morgens und abends ließ er an seiner Tür die Trommeln schlagen, denn das war seine Leidenschaft. Man erzählt sich auch, daß er, als er noch Stadtherr im Iraq gewesen war, die Trommeln vor sich hertragen ließ und, als der Trommler geendet hatte, ihm sagte: »Noch einen Trommelwirbel, o Tambur!« Wegen dieser Worte erhielt er schließlich seinen Beinamen.

Der Stadtfürst von ʾŪǧā schrieb nun dem indischen König wegen des Šarīfs und teilte ihm auch mit, daß dieser unterwegs und auch morgens und abends vor seiner Tür Trommeln schlagen ließe und Fahnen aufzöge. In Indien aber darf niemand seine Fahnen aufziehen oder Trommeln schlagen lassen, wenn ihm nicht der König ein solches Recht eingeräumt hat, und selbst dann nur auf Reisen. Hält man sich indessen andernorts auf, darf nur vor dem Tor des Königs getrommelt werden. Ganz anders ist es in Ägypten, in Syrien und im Iraq, denn dort trommelt man auch vor den Türen der Emire. Als der König von

610 ʿAlī bin Mūsa-r-Raḍā war der achte Imām der Schiiten, dessen Grab sich im nordostiranischen Mašhad nahe Ṭūs südlich der Grenze zu Turkmenistan befindet (36° 20' n. Br. und 59° 40' ö. L.).

611 Herat im westlichen Afghanistan.

612 Sind ist eine Landschaft im südöstlichen Pakistan zwischen Belutschistan, dem Arabischen Meer und der indischen Grenze und schließt das Mündungsdelta des Indus ein; heutiger Hauptort ist Karatschi.

613 Der Panǧ Āb oder Punjab (›Fünf Flüsse‹) ist der Indus.

Indien diese Nachricht über den Šarīf erhielt, mißbilligte er dessen Verhalten, beschuldigte ihn und geriet in Zorn.

Kurze Zeit darauf begab sich Emir Kišlū Ḫān zur Residenz des Königs. Mit dem Wort ›Ḫān‹ bezeichnen sie dort den obersten Fürsten, der in Multān, der Hauptstadt des Sind, seinen Sitz hat. Dieser Mann stand bei dem König Indiens, der ihn seinen Onkel nennt, in höchstem Ansehen, weil er zu denen gehörte, die den Vater des Königs, Sultan Ġiyāṯ ad-Dīn Tuġluq Šāh, im Kampf gegen Sultan Nāṣir ad-Dīn Ḫusruw Šāh unterstützt hatten. Da dieser Fürst nun auf dem Wege in die indische Hauptstadt war, ritt der König ihm entgegen. Da trug es sich zu, daß der Šarīf ebenfalls an diesem Tage ankam, dem Fürsten aber wenige Meilen voraus war und nach seiner Gewohnheit die Trommeln schlagen ließ. Er erkannte seinen Irrtum erst, als er plötzlich den Sultan inmitten seines Gefolges kommen sah. Da trat der Šarīf vor und grüßte ihn. Der Sultan fragte ihn nach seiner Person und Herkunft. Nach der Antwort des Šarīfs setzte der Sultan seinen Weg fort, bis er auf Emir Kišlū Ḫān traf, kehrte in seine Residenz zurück, schenkte aber dem Šarīf keinerlei Beachtung mehr und traf auch keine Anordnungen für seine Unterbringung.

Der König hatte beschlossen, in die Stadt Daulat Ābād zu reisen, die auch Kataka oder Dawaiğir[614] genannt wird und vierzig Tagesreisen von der Residenz des Königs in Delhi entfernt ist. Bevor er aufbrach, sandte er dem Šarīf 500 Dinar, deren Wert 125 Dinaren in maġribinischem Geld entsprach. Dem Boten sagte er: »Sage ihm, daß dies für seinen Reiseproviant ist, wenn er in sein Land zurückkehren will. Wenn er aber mit uns reisen will, soll das Geld unterwegs seine Auslagen decken. Wenn er aber lieber in der Hauptstadt bleibt, soll er damit seinen Unterhalt bestreiten, bis wir zurückkommen.« Da grämte sich der Šarīf, denn es war seine Absicht gewesen, sich vom Sultan reich beschenken zu lassen, wie es dessen Gewohnheit gegenüber Personen seinesgleichen war. Er zog es vor, in der Gesellschaft des Sultans zu reisen, und schloß sich dem Wesir Aḥmad bin Ayās an, den man ›Ḫūğa Ğihān‹ nannte. So nannte ihn der König und so sprach er ihn auch an, und alle Welt sprach es ihm nach. Denn es ist Sitte in Indien, daß, wenn der König jemandem einen Beinamen gibt, der mit dem Zusatz ›des Königs‹ versehen ist, wie ›Säule‹, ›Vertrauen‹ und ›Pol‹, oder der den Zusatz ›der Welt‹ erhält wie zum Beispiel ›Prinz‹, ihn der König und jedermann mit diesem Beinamen anspricht. Wer ihn dagegen anders anspricht, wird unausweichlich bestraft.

Zwischen dem Wesir und dem Šarīf entstand bald Freundschaft. Jener erwies ihm manche Gefälligkeit, ehrte ihn und verwendete sich beim König so sehr für ihn, daß dieser schließlich seine Meinung über den Šarīf änderte und anordnete, ihn mit zwei Dörfern um Daulat Ābād zu belehnen, und ihn an-

[614] Die alte Festung Deoghir in dem der Malabarküste vorgelagerten Deccan (vgl. die indischen Kapitel).

wies, dort zu wohnen. Dieser Wesir war ein gütiger Mann von Ehre und voller Hochherzigkeit, der die Fremden liebte und ihnen seine Gunst erwies. Er tat viel Gutes, verteilte Lebensmittel und errichtete fromme Stiftungen. Der Šarīf blieb acht Jahre, bezog die Einkünfte der beiden Dörfer und erwarb sich ein großes Vermögen. Schließlich wollte er zurückkehren, aber das war ihm nicht möglich, denn wer dem Sultan gedient hat, darf das Land ohne dessen Erlaubnis nicht verlassen. Da er sehr an den Fremden hängt, läßt er nur selten einen von ihnen wieder ziehen. Abū Ġurra versuchte zunächst, entlang der Küste zu entkommen, wurde aber zurückgewiesen. Daraufhin begab er sich in die Hauptstadt und ersuchte den Wesir, ihm die Abreise zu ermöglichen. Dieser setzte sich auch dafür ein, so daß der Sultan ihm schließlich erlaubte, Indien zu verlassen. Er machte ihm ein Geschenk von 10.000 indischen Dinaren im Gegenwert von 2.500 Dinaren in maġribinischem Gold. Sie wurden ihm in einem Lederbeutel gebracht, den er unter seine Matratze legte, auf der er schlief, weil er das Geld so sehr liebte und sich an ihm weidete, aber auch aus Furcht, einer seiner Gefährten könnte sich Zugang zu dem Gelde verschaffen, denn er war sehr geizig. Weil er im Schlaf auf dem Beutel lag, begann seine Seite zu schmerzen, ja, diese Schmerzen wurden, während er sich auf die Abreise vorbereitete, immer heftiger, so daß er zwanzig Tage, nachdem er den Beutel in Empfang genommen hatte, starb. Er vertraute die Summe dem Šarīf Ḥasan al-Ḥarrānī an und vermachte sie einigen in Delhi ansässigen, aber aus der Ḥiǧāz und dem Iraq stammenden Schiiten. Die Inder vererben nichts an den Staatsschatz, auch beschlagnahmen sie weder das Hab und Gut von Fremden noch stellen sie Nachforschungen nach dessen Herkunft an, wie groß es auch sein mag. Auch die Neger mischen sich nicht ein und bemächtigen sich ebenfalls nicht des Vermögens von Weißen. Es wird vielmehr bis zur Ankunft des Erbberechtigten dem würdigsten Verwandten des Verstorbenen anvertraut.

Šarīf Abū Ġurra hatte einen Bruder namens Qāsim, der eine Zeitlang in Granada gewohnt und dort die Tochter des Šarīfs Abū ʿAbdallāh bin Ibrāhīm, genannt ›der Mekkaner‹, geheiratet hatte. Später begab er sich nach Ǧabal Ṭāriq, wo er lebte, bis er im Gotteskrieg im Wadī Kurra im Anblick von Algeciras fiel.[615] Er war ein gewaltiger und unbesiegbarer Held, und seine Tapferkeit übertraf alles Dagewesene. Das Volk erzählt sich viele Geschichten über ihn, die berühmt geworden sind. Er hinterließ zwei Söhne, die unter der Vormundschaft ihres Stiefvaters, des großherzigen Scheichs Abū ʿAbdallāh Muḥammad bin Abi-l-Qāsim bin Nafīs al-Ḥusainī aus Karbalā aufwuchsen, der im Maġrib unter dem Namen ›der Iraqer‹ bekannt war. Er hatte nämlich nach dem Tode des Vaters die Mutter der beiden Waisen geheiratet. Als sie starb, blieb er ihr Wohltäter. Gott entgelte es ihm!

[615] Ǧabal Ṭāriq ist Gibraltar; für ›Kurra‹ ist die korrekte Schreibweise ›kurat‹ oder ›wādī kürtiš‹ (Guadacortes).

Nachdem wir den Besuch ʿAlīs, des Fürsten der Gläubigen, beendet hatten, reiste die Karawane nach Bagdad weiter. Ich begab mich aber in Begleitung zahlreicher Ḫafāǧa-Araber [616] nach Baṣra. Sie leben in diesem Landstrich, sind sehr mächtig und außerordentlich tapfer. Es ist in diesem Lande nicht möglich, ohne sie zu reisen. Vom Führer der Truppe, Šāmir bin Darrāǧ al-Ḫafāǧī, mietete ich mir ein Kamel. Wir verließen Mašhad ʿAlī und lagerten in Al-Ḫawarnaq, wo An-Nuʿmān Ibn al-Mundir und seine Väter, die Könige und Söhne von Maʾ as-Samāʾ siedelten.[617] Der Ort ist noch bewohnt, und man sieht in einer weiten Ebene an einem Nebenfluß des Euphrat noch Überreste gewaltiger Paläste. Nachdem wir von dort aufgebrochen waren, machten wir an einem Orte Halt, der ›Qāʾim al-Wāṯiq‹ heißt.[618] Es finden sich dort noch Spuren eines zerstörten Dorfes und einer verfallenen Moschee, von der nur noch das Minarett steht. Wir brachen wieder auf und ritten am Euphrat entlang durch eine Landschaft, die ʿIḏār genannt wird.[619] Es ist ein von Wasser umgebener Schilfwald, der von Arabern des Maʿādī-Stammes bewohnt wird. Es sind rāfiḍitische Wegelagerer; sie griffen eine Gruppe von Faqīren an, die hinter unserer Karawane zurückgeblieben waren, und raubten ihnen sogar ihre Sandalen und Trinkbecher. Sie verschanzen sich in diesem Schilfsumpf und lassen niemanden zu sich. Es gibt auch viele Raubtiere dort. Wir reisten drei Tage lang durch dieses ʿIḏār-Gebiet und erreichten schließlich die Stadt Wāsiṭ.

Wāsiṭ liegt in einer schönen Landschaft und besitzt viele Gärten und Bäume. In ihr wohnen berühmte Männer, deren Anwesenheit eine Quelle des Wohlergehens ist, und die Stätten, an denen sie sich versammeln, sind Orte der Verehrung.[620] Ihre Einwohner gehören zu den besten des Iraq, nein, sie sind die Allerbesten. Die meisten kennen den Koran auswendig und tragen ihn in vollkommener Weise vor. Hierher kommen die Menschen aus dem Iraq, die lernen wollen, den Koran fehlerfrei zu lesen. In der Karawane, mit der wir gekom-

616 Die Banū Ḫafāǧa waren ein Clan des ʿUqail-bin-Kaʿb-Stammes, der zu Anfang des 11. Jahrhunderts in die Gegend von Kūfa ausgewandert war.

617 Al-Ḫawarnaq ist eine Festung aus vorislamischer Zeit, etwa 1,5 Kilometer von Naǧaf entfernt. Sie wird insbesondere mit dem Namen von An-Nuʿmān bin Umrīʾ al-Qais verbunden, einem der arabischen Könige von Al-Ḥīra von persischen Gnaden, der im Jahre 418 starb. Der von Ibn Baṭṭūṭa erwähnte An-Nuʿmān Ibn al-Mundir war ein späterer Herrscher an gleicher Stelle, der erst 608 starb. Die arabischen Statthalter von Kūfa wählten die Festung im 7. und 8. Jahrhundert zu ihrer Residenz. Heute ist sie völlig verschwunden.

618 Die Stelle heißt noch heute Al-Qāʾim.

619 Im Süden des Iraq gelegene große Sumpfgebiete, die heute ›haur‹ (›Überschwemmungssee‹) genannt werden.

620 Wāsiṭ (›die Mitte‹) wurde im Jahre 703 von Al-Ḥaǧǧāǧ bin Yūsuf aṯ-Ṯaqafī erbaut, als er Statthalter des Iraq war. Es liegt in der Mitte zwischen Kūfa und Baṣra an der Duǧaila, dem ›Kleinen Tigris‹.

men waren, befand sich eine Gruppe von Männern, die kamen, um von den dortigen Scheichs die richtige Koranrezitation zu erlernen. In dieser Stadt steht eine prächtige und vielbesuchte Schule mit ungefähr dreihundert Kammern, in denen die Fremden wohnen, die sich im Koran unterweisen lassen wollen. Sie wurde von Scheich Taqīy ad-Dīn bin ʿAbd al-Muḥsin aus Wāsiṭ erbaut, der einer der bedeutendsten Männer und Rechtsgelehrten der Stadt ist.[621] Jedem Schüler gibt er jährlich ein vollständiges Gewand, übernimmt dessen tägliche Auslagen und lehrt selbst in dieser Schule den Koran, ebenso wie seine Brüder und Freunde. Ich habe ihn aufgesucht, er hat mich bewirtet und mir auch für die Weiterreise einen Vorrat an Datteln und eine Summe Geld gegeben.

Als wir in Wāsiṭ angekommen waren, lagerte die Karawane drei Tage lang vor der Stadt, um Handel zu treiben. Mir kam in den Sinn, zum Grab des heiligen Abu-l-ʿAbbās Aḥmad ar-Rifāʿī zu pilgern, das einen Tag von Wāsiṭ entfernt in einem Dorf namens Umm ʿUbaida liegt.[622]. Ich bat Scheich Taqīy ad-Dīn, mir jemanden zu schicken, der mich führen könne. Er ließ mich mit drei Arabern vom Stamme der Banū ʾAsad reisen, die in dieser Landschaft leben[623], und gab mir eines seiner Pferde. Ich reiste gegen Mittag ab und verbrachte die Nacht in einem Lager der Banū ʾAsad. Gegen Mittag des nächsten Tages kamen wir in Riwāq an, einem großen Kloster, in dem sich Tausende von Faqīren aufhielten und wo wir zufällig Scheich Aḥmad Küğuk[624] antrafen, der soeben angekommen war. Er ist ein Nachkomme des Gottesfreundes Abu-l-ʿAbbās ar-Rifāʿī, den wir aufsuchen wollten. Er hatte sein Haus in Kleinasien verlassen, um das Grab seines Vorfahren zu besuchen, denn an ihn war die Würde des Vorstehers des Riwāq-Klosters gefallen. Nach dem Nachmittagsgebet erklangen Trommeln und Tamburine, und die Faqīre begannen zu tanzen. Später verrichteten sie das Abendgebet und trugen ein Mahl herbei, das aus Reisbrot, Fisch und Datteln bestand. Alle aßen, verrichteten dann das letzte Gebet und priesen Gott, während Scheich Aḥmad auf einem Teppich saß und für seinen Großvater betete. Dann gaben sie sich wieder der Musik und dem Tanze hin. Sie hatten Holzstöße herbeigebracht, die sie anzündeten, und traten nun tanzend in die Mitte des Feuers. Manche wälzten sich darin, andere nahmen ein Scheit so lange in den Mund, bis sein Feuer vollständig gelöscht war. Dies ist ein Brauch, durch den sich diese Aḥmadīya-Bruderschaft beson-

[621] ʿAbd ar-Raḥmān bin ʿAbd al-Muḥsin, gest. 1343/1344, Verfasser einer Biographie von Aḥmad ar-Rifāʿī.

[622] Abu-l-ʿAbbās Aḥmad ar-Rifāʿī war Gründer eines berühmten Ṣūfī-Ordens, gest. 1182/83. Umm ʿUbaida, auch Umm ʿAbīda genannt, liegt etwa 50 Kilometer südöstlich von Wāsiṭ und trägt heute den Namen Ar-Rifāʿī.

[623] Die Banū ʾAsad waren Angehörige eines der berühmtesten arabischen Stämme, die sich im Zuge der islamischen Eroberung des Iraq auf Dauer dort ansiedelten.

[624] Kuğak (vgl. türk. küçük: ›klein‹), der Sohn von Tāğ ad-Dīn (gest. 1304) und Nachfahre von Scheich Aḥmad ar-Rifāʿī.

ders auszeichnet. Es gibt unter ihnen auch Männer, die eine große Schlange nehmen und ihr mit den Zähnen den Kopf abbeißen.

Ich war einmal an einem Ort namens Afqānbūr in der Provinz Hazār Amrūhā, fünf Tagesreisen von Delhi, der Hauptstadt Indiens, entfernt.[625] Wir hatten unser Lager in der Nähe eines Flusses namens Sarw[626] aufgeschlagen. Es war zur Zeit des ›šakāl‹, ein Wort, das ›Regen‹ bedeutet, der dort im Hochsommer fällt. Sturzbäche ergossen sich aus den Bergen des Qarāǧīl[627] in diesen Fluß. Wer sein Wasser trinkt, sei es Mensch oder Tier, stirbt, weil der Regen auf giftige Pflanzen fällt. Wir hielten uns vier Tage an diesem Fluß auf, aber niemand näherte sich ihm. Da suchte mich dort eine Gruppe von Faqīren auf, die eiserne Halsketten und Armbänder trugen. Ihr Anführer war ein Neger mit tiefschwarzer Haut. Sie gehörten der Ḥaidarīya- Bruderschaft[628] an und verbrachten eine Nacht bei uns. Ihr Führer bat mich um Holz, um es für ihren Tanz anzuzünden, so daß ich den Statthalter der Provinz bemühte, ihm Holz zu liefern. Es war ʿAzīz al-Ḫammār, von dem ich später noch erzählen werde. Er ließ ungefähr zehn Lasten Holz kommen, an das die Faqīre nach dem letzten Abendgebet Feuer legten. Als das Holz sich in glühende Kohle verwandelt hatte, begannen sie mit der Musik, traten in die Glut und hörten nicht mehr auf, in ihr zu tanzen und sich in ihr zu wälzen. Ihr Anführer bat mich um ein Oberkleid und ich gab ihm ein sehr dünnes Hemd. Er zog es an, wälzte sich im Feuer und schlug mit den Ärmeln in die Glut, bis das Feuer erlosch. Er brachte mir mein Kleid zurück, auf dem die Flammen nicht eine einzige Spur hinterlassen hatten, so daß mein Staunen groß war.

Nachdem ich Scheich ʿAbu-l-ʿAbbās ar-Rifāʿī besucht hatte, kehrte ich nach Wāsiṭ zurück und fand, daß die Karawane, zu der ich gehörte, bereits aufgebrochen war. Ich holte sie aber unterwegs ein, und wir lagerten in der Nähe einer Wasserstelle, die Huḍaib hieß. Danach machten wir Halt im Wādī Kirāʿ, in dem es aber kein Wasser gab, und kamen danach an einen Ort, der Mušairab hieß. Nachdem wir diesen Ort verlassen hatten, erreichten wir die Umgebung von Baṣra, noch einmal brachen wir auf und und betraten am Vormittag Baṣra.

Wir wohnten im Konvent von Mālik bin Dīnar. Ich hatte schon, als wir uns der Stadt näherten, aus der Entfernung von zwei Meilen ein hohes Gebäude bemerkt, das einer Festung glich. Ich erkundigte mich und erfuhr, daß es die Moschee von ʿAlī bin Abī Ṭālib war. Baṣra hatte früher einmal einen sehr großen Umfang und stand auf einer so weiten Fläche, daß diese Moschee in-

625 Die Provinz Amroha liegt 130 Kilometer östlich Delhis im Staate Uttar Pradesh.

626 Der Oberlauf des Ganges.

627 Das Himalaya-Gebirge.

628 Eine Ṣūfī-Bruderschaft, die auf Quṭb ad-Dīn Ḥaidar zurückging und der Sekte der Qalandarīya nahestand.

mitten der Stadt stand; heute dagegen liegen zwei Meilen zwischen ihr und der Stadt.[629] Zwei Meilen liegen auch zwischen dieser Moschee und der ersten Stadtmauer, die Baṣra einst umgab, so daß sie heute in der Mitte zwischen der alten Mauer und der Stadt steht. Baṣra ist eine der bedeutendsten Städte des Iraq, von außerordentlicher Ausdehnung und so berühmt, daß in den entferntesten Ländern von ihr gesprochen wird. Sie besitzt hübsche Plätze, viele Gärten und ausgezeichnetes Obst. Viel Schönheit und Überfluß sind ihr zuteil geworden, denn es ist auch der Ort, an dem sich zwei Meere vereinigen, das eine mit salzigem, das andere mit süßem Wasser. Nirgendwo in der ganzen Welt gibt es mehr Palmen als in dieser Stadt. Vierzehn iraqische Raṭl[630] Datteln kosten auf den Märkten nur einen Dirham, und der Dirham des Landes ist ein Drittel eines Nuqra wert. Ḥuǧǧat ad-Dīn, der Qāḍī von Baṣra, schickte mir einen Korb Datteln, den ein Mann allein nur mühsam tragen konnte. Ich wollte sie verkaufen und erzielte neun Dirham, von denen der Lastträger für das Tragen des Korbs von meinem Haus bis zum Markt drei Dirham bekam. Man stellt in Baṣra aus den Datteln einen Honig her, den man ›sayalān‹ nennt[631]; er ist vorzüglich und schmeckt wie Rosenwasser.

Die Stadt besteht aus drei Vierteln: Vorsteher von Huḏail ist der ehrwürdige Scheich ʿAlāʾ ad-Dīn bin al-Aṯīr, ein weitherziger und vornehmer Mann. Er bewirtete mich und schickte mir Kleider und Geld. Das zweite Stadtviertel ist das der Banū Ḥarām und hat zum Oberhaupt den mit Großherzigkeit und Würde ausgestatteten Sayyid und Šarīf Maǧd ad-Dīn Mūsa-l-Ḥasanī. Auch er gab mir ein Gastmahl und schickte mir Datteln, Dattelhonig und Geld. Vorsteher des persischen Viertels ist Ǧamāl ad-Dīn bin al-Lūkī.

Baṣras Einwohner sind von ausgezeichnetem Charakter, freundlich zu den Fremden und besorgt um ihr Wohl, so daß sich kein Fremder in ihrer Mitte verlassen fühlt. Das Freitagsgebet verrichten sie in der Moschee des Fürsten der Gläubigen ʿAlī, die ich schon erwähnt habe. Danach wird sie geschlossen, denn sie gehen nur freitags hinein. Sie ist eine der schönsten Moscheen überhaupt. Ihr Innenhof ist gewaltig und mit roten Kies bedeckt, der aus dem Tal der Raubtiere[632] stammt. Hier wird jenes Exemplar des Korans aufbewahrt, in dem ʿUṯmān las, als er erschlagen wurde.[633] Sein Blut hat eine Spur auf jenem

629 Baṣra geht auf eine Gründung des Jahres 639 während des Kalifats von ʿUmar bin al-Ḫaṭṭāb zurück. Zu Beginn des 12. Jahrhunderts wurde ihre Lage zugunsten einer fünf Kilometer weiter östlich gelegenen Ansiedlung aufgegeben; an der Stelle ihrer Gründung steht heute der Ort Az-Zubair.

630 Gewichtseinheit von etwa 450 Gramm (Ägypten) bis 500 Gramm (Marokko).

631 Etwa mit ›Ausfließen‹, ›Strömung‹, ›Verflüssigung‹ zu übersetzen.

632 Das ›Wādi-s-sibāʿ‹ liegt in der Nähe von Šuʿaiba, etwa zehn Kilometer nördlich des heutigen Az-Zubair.

633 Nach islamischer Tradition wurde ʿUṯmān im Jahre 656 während der Lektüre des Korans in Medina erschlagen. Mehrere Standorte rühmen sich des Besitzes dieser Handschrift.

Blatt hinterlassen, auf der sich die göttlichen Worte finden: ›Gott wird dich vor ihnen schützen, denn er versteht und weiß alles‹.[634]

Ich nahm in dieser Moschee einmal am Freitagsgebet teil. Als der Prediger sich zu seiner Ansprache erhob und sie vortrug, beging er zahlreiche und auffällige Fehler. Ich wunderte mich sehr und machte darüber zu Qāḍī Ḥuǧǧat ad-Dīn einige Bemerkungen. Er antwortete mir: »In dieser Stadt gibt es keinen Menschen mehr, der etwas von der Grammatik versteht.« Dies sei eine Lehre für jeden nachdenklichen Menschen, und loben wir Gott, auf daß er die Dinge ändert und verbessert! Denn diese Stadt Baṣra, deren Volk einst in der Entwicklung der Grammatik der erste Rang zukam, die hier ihre Wurzeln hatte und ihre erste Anwendung fand, dieses Volk, das einst das Oberhaupt dieser Wissenschaft hervorgebracht hat und deren Vorrang niemand bestreitet, diese Stadt hat keinen Prediger mehr, der die Freitagspredigt nach den Regeln der Grammatik spricht.[635]

Die Moschee hat sieben Minarette, dessen eines, wie das Volk glaubt, sich bewegt, wenn man ʿAlī bin Abī Ṭālib anruft. Ich stieg in Begleitung eines Einwohners Baṣras vom Dach der Moschee aus hinauf. An einer Ecke sah ich einen hölzernen Griff, der an das Minarett genagelt war und aussah wie der Griff des Werkzeuges, mit dem die Maurer ihre Arbeit glätten. Mein Begleiter legte seine Hand darauf und sprach: »Beim Kopfe ʿAlīs, des Fürsten der Gläubigen, bewege dich!« Er rüttelte am Holz und das Minarett bewegte sich! Da legte ich selbst meine Hand darauf und sagte zu ihm: »Ich aber sage: Beim Kopfe von Abū Bakr, Nachfolger des Propheten, bewege dich!« Ich schüttelte den Griff und der Turm bewegte sich. Wir waren erstaunt. Die Einwohner von Baṣra folgen der Lehre der Sunna der orthodoxen Muslime, und wer tut, was ich getan habe, hat nichts zu fürchten. Anders aber verhielte es sich in Mašhad ʿAlī, in Mašhad al-Ḥusain, in Ḥilla, in Baḥrain, Qumm, Qāšān, Sāwa, Awah und Ṭūs; denn wer dort tut, was ich tat, wäre verloren, denn dort sind sie wütende Ketzer.[636]

In Baṣra finden sich die folgenden Grabmäler:

Das Grabmal von Ṭalḥat bin ʿUbaid Allāh[637], einem der zwanzig Gefährten. Es liegt im Inneren der Stadt und hat eine Kuppel. Daneben stehen eine Moschee und eine Zāwiya, die jeden, der kommt, verpflegt. Die Einwohner Baṣras halten es in großer und wohlverdienter Verehrung.

634 Koran, Sure 2, Abschnitt 137.

635 Die systematische Darstellung der Grammatik des klassischen Arabisch geht auf die Baṣra-Schule des 9. Jahrhunderts zurück.

636 Alle aufgeführten Städte sind schiitische Hochburgen.

637 Ṭalḥa und der nachfolgend genannte Az-Zubair waren zwei Gefährten des Propheten, die in der berühmten Kamelschlacht gegen ʿAlī fielen. Ihre Grabmäler stehen noch heute, das des Ṭalḥa in der Nähe der Großen Moschee und das des Az-Zubair, wie Ibn Baṭṭūṭa richtig angibt, außerhalb von Baṣra, nämlich in Az-Zubair, dem ursprünglichen Standort Baṣras.

Das Grabmal von Zubair bin Al-ʿAwwām, Jünger des Gottesgesandten und Sohn seiner Tante, liegt außerhalb von Baṣra und hat zwar keine Kuppel, aber eine Moschee und eine Zāwiya, die Reisende verpflegt.

Das Grab der Ḥalīmat as-Saʿdīya, der Amme des Propheten. Daneben ruht ihr Sohn, der Milchbruder des Propheten.

Das Kuppelgrab von Abū Bakra[638], Gefährte Muḥammads.

Sechs Meilen entfernt in der Nähe des Tals der Raubtiere liegt das Grab des Anas Ibn Mālik[639], des Dieners des Propheten. Man kann es nicht besuchen, es sei denn in großer Gesellschaft, weil es dort so viele wilde Tiere, aber keinerlei Besiedlung gibt.

Das Grab des Ḥasan bin Abi-l-Ḥasan aus Baṣra, Führer der Nachfolger des Propheten.[640]

Das Grab von Muḥammad bin Sīrīn.[641]

Das Grab von Muḥammad bin Wāsiʿ.[642]

Das Grab von ʿUtba, dem Sklaven.[643]

Das Grab von Mālik bin Dīnar.

Das Grab Ḥabībs, des Persers.[644]

Schließlich das Grab von Sahl bin ʿAbdallāh aus Tustar.[645]

Alle Gräber haben Grabsteine, auf denen der Name des Bestatteten und sein Todestag eingemeißelt sind. Sie befinden sich alle innerhalb der alten Stadtmauer und ungefähr drei Meilen von der Stadt entfernt. Außerdem liegen in Baṣra die Gräber zahlreicher Gefährten und Gefolgsleute Muḥammads, die als Glaubenskämpfer am Tage des Kamels fielen.[646]

638 Nuġaiʿ bin al-Ḥāriṯ bin Kaldat aṯ-Ṯaqafī, genannt Abū Bakra, ein abessinischer Sklave, gest. 672.

639 Anas bin Mālik bin an-Naḍir an Naǧǧāri-l-Ḫazraǧi-l-Anṣārī, Diener des Propheten, geboren in Medina, ging zunächst nach Damaskus und später nach Baṣra, wo er als letzter Überlebender der Gefährten Muḥammads im Jahre 712 starb. Sein Grab ist noch vorhanden.

640 Al-Ḥasan bin Yassār al-Baṣrī ʾAbū Saʿīd, einer der ersten Heiligen des Islam, gest. 728.

641 Ibn Sīrīn war einer der größten Theologen seiner Zeit und Gründer der Wissenschaft von der Traumdeutung, der darüber auch ein Buch verfaßte. Er starb in Baṣra im Jahre 729.

642 Ibn Wāsiʿ bin Ǧābir al-Azdī aus der Schule des Ḥasan al-Baṣrī, gest. 741.

643 ʿUtba bin Abān, ebenfalls aus der Schule des Ḥasan al-Baṣrī, wegen seines religösen Eifers mit dem Beinamen ›der Sklave‹ versehen. Er fand auf dem Schlachtfeld im Kampf gegen Byzanz in der Nähe der Zitadelle von Isfahan den Tod.

644 Ein reicher Wucherer, der sich unter dem Einfluß von Ḥasan al-Baṣrī zum Asketen wandelte.

645 Gründer einer Ṣūfī-Madrasa und Verfasser eines Buches über die ›Deutung des Koran‹, gest. 886.

646 Gemeint ist die bereits erwähnte Kamelschlacht.

Der Emir von Baṣra war, als ich in die Stadt kam, Rukn ad-Dīn, der Perser aus Taurīz.[647] Er nahm mich gastfrei auf und bewies mir sein Wohlwollen. Baṣra befindet sich an den Ufern von Euphrat und Tigris. Hier lassen sich Flut und Ebbe der Gewässer beobachten wie im Wādī Salā im Maġrib[648] und anderswo. Das Salzwasser, das aus dem Persischen Meer hereinströmt, ist zehn Meilen von der Stadt entfernt. Zur Zeit der Flut besiegt das salzige das süße Wasser, bei Ebbe hat das süße Wasser die Oberhand. Da die Leute von Baṣra dieses Wasser schöpfen, um es in ihre Häuser zu holen, sagen sie, ihr Wasser sei brackisch.

An der Küste von Baṣra schiffte ich mich auf einem kleinen Boot, das man ›ṣumbūq‹ nennt[649], nach Ubulla ein. Zwischen den beiden Orten liegen zehn Meilen, die man im Anblick von Obstgärten zurücklegt, die dicht an dicht aufeinander folgen, und ebenso dicht stehen links wie rechts Dattelpalmen. Im Schatten der Bäume stehen Händler und verkaufen Brot, Fisch, Milch und Obst. Zwischen Baṣra und Ubulla sieht man die Gebetstätte von Sahl bin ʿAbdallāh aus Tustar. Wenn die Menschen auf den Schiffen dort entlangfahren, trinken sie Wasser aus dem Fluß und beten, weil sie den Segen dieses Heiligen erflehen. Matrosen rudern die Boote in diesem Lande, und es sind ehrliche Menschen.

Ubulla war einst eine große Stadt, in der Kaufleute aus Indien und Persien anlegten. Aber sie wurde zerstört und ist jetzt nur noch ein Dorf, in dem noch Spuren von Palästen und anderen Gebäuden zu sehen sind, die von ihrem alten Glanz künden. In der Bucht, die ins Persische Meer hinausführt, gingen wir an Bord eines kleines Schiffes, das einem Schiffer aus Ubulla namens Muġāmis gehörte. Es war nach Sonnenuntergang, und am nächsten Morgen legten wir in ʿAbbādān an, einem großen Dorf in einer Salzebene, in der keinerlei Ackerbau betrieben wird. Es besitzt viele Moscheen, Bethäuser und Klöster für die frommen Menschen. Zwischen ʿAbbādān und der Küste liegen drei Meilen.

In der Umgebung ʿAbbādāns findet man an der Küste ein Kloster, das Ḫiḍr und Elias zugeschrieben wird. Daneben steht eine Zāwiya, in der vier Faqīre mit ihren Kindern leben. Sie dienen im Kloster und in der Zāwiya und leben von den Almosen des Volkes, denn jeder, der vorbeikommt, gibt ihnen eine Spende. Die Insassen erzählten mir, daß es in ʿAbbādān einen ehrwürdigen frommen Mann gäbe, der ganz allein lebe. Einmal im Monat käme er ans Meer, um Fische zu fangen, von denen er sich einen Monat lang ernährte,

647 Diese Persönlichkeit ist nicht zu identifizieren; auch findet sich der Städtename ›Taurīz‹ in einigen Handschriften als ›Tauzīr‹ wieder, so daß möglicherweise ›Tabrīz‹ (Täbriz) im Iran gemeint ist.

648 Heute: Bou Rikrāk zwischen Rabaṭ und Salā in Marokko.

649 Boot mit erhöhtem Bug und Lateinsegel.

um erst einen Monat darauf wiederzukommen. So lebe er schon seit Jahren. Als wir in ʿAbbādān angekommen waren, hatte ich keinen anderen Wunsch, als ihn aufzusuchen. Während meine Gefährten sich in der Moschee und den Bethäusern dem Morgengebet widmeten, machte ich mich auf die Suche nach ihm. Ich kam zu einer verfallenen Moschee, und dort fand ich ihn ins Gebet vertieft. Ich setzte mich neben ihn, und er brach sein Gebet ab. Er grüßte, nahm meine Hände und sagte: »Gott erfülle dir deine Wünsche in dieser und der anderen Welt.« Mir ist gottlob erfüllt worden, wonach ich in dieser Welt begehrte, nämlich die Erde zu durchwandern, und ich habe, soviel ich weiß, erreicht, was keinem andern vergönnt war. Es bleibt das andere Leben, und groß ist die Hoffnung auf das Erbarmen und die Vergebung Gottes sowie auf die Erfüllung des Wunsches, ins Paradies einzugehen.

Nach der Rückkehr zu meinen Gefährten erzählte ich ihnen, was es mit diesem Manne auf sich hatte, und sagte ihnen, wo er zu finden sei. Sie suchten ihn, fanden ihn aber nicht mehr und konnten auch nichts über ihn in Erfahrung bringen, so daß sie sehr erstaunt waren. Am Abend kehrten wir in die Zāwiya zurück und verbrachten dort die Nacht. Nach dem letzten Abendgebet trat einer der vier Faqīre bei uns ein. Er pflegte jeden Abend nach ʿAbbādān zu gehen, um in den Moscheen die Lampen anzuzünden, und dann in die Zāwiya zurückzukehren. Als er an diesem Abend nach ʿAbbādān kam, traf er den frommen Mann. Dieser hatte ihm einen frischen Fisch gegeben und gesagt, er solle ihm dem Gast, der heute eingetroffen ist, geben. Nun fragte uns der Diener, als er hereintrat: »Wer von euch hat den Scheich heute gesehen?« – Ich antwortete: »Ich habe ihn gesehen.« – Er daraufhin: »Er läßt dir sagen, dies sei für dein Gastmahl.« Ich dankte Gott. Der Diener ließ den Fisch zubereiten, wir aßen alle davon, und niemals habe ich einen schmackhafteren Fisch gegessen. Es kam mir in den Sinn, mich dem Scheich bis ans Ende meiner Tage als Diener zuzugesellen, aber meine anderen Absichten waren zu beharrlich und brachten mich von diesem Entschluß wieder ab.

Im Morgengrauen schifften wir uns wieder ein und wollten nach Māǧūl[650] fahren. Ich habe es mir auf meinen Reisen zur Gewohnheit gemacht, soweit es möglich war, niemals auf dem gleichen Weg zurückzukehren, auf dem ich gekommen war. Ich wollte nämlich nach Bagdad im Iraq reisen. In Baṣra aber hatte mir jemand geraten, zunächst ins Land Lūr zu gehen, dann in den persischen und schließlich in den arabischen Iraq zu reisen. Ich tat nun, wie er mir geraten hatte. Nach vier Tagen kamen wir in Māǧūl an, einem kleinen Ort an der Küste des Golfs, der, wie schon gesagt, vom persischen Meer gebildet wird. Das Land um Māǧūl ist salzig und trägt weder Bäume noch andere Pflanzen. Die Stadt besitzt einen Markt, der zu den größten gehört, die es gibt. Ich blieb nur einen Tag und mietete mir von den Männern, die aus Rāmiz Korn

[650] Das heutige Bandar-e Mah Šahr.

nach Mağūl bringen, ein Reittier. Drei Tage lang ritten wir durch eine Steppe, die von Kurden bewohnt wird, die in Zelten aus Tierfellen leben und angeblich von den Arabern abstammen. Schließlich kamen wir nach Rāmiz, einer schönen, obstreichen und von Bächen umgebenen Stadt.[651] Wir fanden Wohnung im Hause des Qāḍīs Ḥusām ad-Dīn Muḥammad. Bei ihm begegnete ich einem gelehrten, frommen und gottesfürchtigen Manne indischer Herkunft, der Ismāʿīl hieß und den Beinamen Bahāʾ ad-Dīn trug. Er war ein Nachkomme des Scheichs Bahāʾ ad-Dīn Abū Zakarīyāʾ al-Multānī[652] und hatte bei den Scheichs von Taurīz und andernorts studiert.

Wir blieben nur eine Nacht in Rāmiz. Dann brachen wir wieder auf und ritten drei Tage lang über eine Ebene, die mit kurdischen Dörfern besiedelt war. An jedem Ort gab es eine Zāwiya, in der jeder Reisende Brot, Fleisch und Süßigkeiten erhält. Ihre Süßwaren werden aus Traubensirup hergestellt, dem Mehl und Butteröl zugemischt wird. In jeder Zāwiya gibt es einen Vorsteher, einen Imām, einen Muezzin, einen Diener für die Faqīre und Sklaven sowie Küchendiener.

Schließlich kam ich in die Stadt Tustar am äußersten Ende der Ebene, die zu den Ländern des Atābaks gehört und am Fuß eines Gebirges liegt.[653] Es ist eine große, heitere und blühende Stadt mit prächtigen Gärten und unvergleichlichen Parks. Die Stadt ist von bestechender Schönheit und besitzt umfangreiche Märkte. Sie ist auch sehr alt: Ḫālid bin al-Walīd hat sie erobert, und der Statthalter dieser Stadt ist verwandt mit Sahl bin ʿAbdallāh. Um Tustar herum fließt ein Fluß, welcher der ›Blaue‹ genannt wird, ein wunderschöner Fluß von ungetrübter Klarheit und an heißen Tagen sehr kühl.[654] Ich habe außer dem Balaḫšān[655] keinen Fluß gesehen, dessen Wasser so blau ist. Tustar besitzt nur ein Tor, durch das Landreisende die Stadt betreten. Es heißt Darwāza Disbūl[656]; denn ›darwāza‹ ist dort das Wort für Tor. Daneben hat Tustar noch weitere Tore, die zum Fluß führen, an dessen beiden Ufern die Obstgärten liegen und die Wasserräder stehen; der Fluß ist sehr tief. Am Tor der Reisenden

651 Ramhormoz, 90 Kilometer nordöstlich von Bandar-e Māh Šahr, ist eine Gründung des Sassanidenkönigs Hurmuz aus dem 3. nachchristlichen Jahrhundert. Im 10. Jahrhundert wurde der Ort berühmt durch die Herstellung von Roh- und Feinseide. Zur Zeit der Durchreise Ibn Baṭṭūṭas war er noch immer ein blühendes Handelszentrum.

652 Abū Zakarīyāʾ Bahāʾ ad-Dīn (1183–1267) stammte aus dem Ḫurāsān und war Hauptvertreter des Ordens der Suhrawardīya in Indien.

653 Šuštar, ca. 120 Kilometer nordwestlich von Ramhormoz. ›Atābak‹ (›großer Vater‹) war der Titel, den die seldschukischen Herrscher den Erziehern ihrer jungen Söhne gaben, wenn sie diese als Statthalter in ihre Provinzen schickten. Einige dieser Atābaks machten sich mit dem Verfall der seldschukischen Macht unabhängig.

654 Der Karun.

655 Der Göktsche, ein Nebenfluß des Amu Darja in Afghanistan.

656 Dezfūl, 60 Kilometer nordwestlich von Šuštar.

hat man über dem Blauen Fluß eine Schiffsbrücke errichtet, die denen von Bagdad und Ḥilla gleicht.

Viel Obst gibt es in Tustar, denn die Gottesgaben des Landes gedeihen im Überfluß, die Märkte sind unübertroffen. Außerhalb von Tustar steht ein Grabmal, zu dem die Menschen der Gegend wallfahren und an dem sie Gelübde ablegen. Dort steht auch ein Kloster mit mehreren Faqīren, die glauben, das Grabmal sei das des Zain al-ʿĀbidīn ʿAlī bin Ḥusain bin ʿAlī bin Abī Ṭālib.[657] Ich fand in Tustar Unterkunft in der Koranschule des Scheichs und frommen und vielseitig gelehrten Imāms Šarf ad-Dīn Mūsā, Sohn des frommen und gelehrten Imāms Ṣadr ad-Dīn Sulaimān aus der Nachkommenschaft von Sahl bin ʿAbdallāh. Dieser Scheich ist ein sehr verdienstvoller Mann von großer Güte, der Wissenschaft, Frömmigkeit, Redlichkeit und Wohltätigkeit in sich vereinigt. Er besitzt eine Koranschule und ein Kloster, deren Diener vier junge Männer sind, und zwar Sumbul, Kāfūr, Ǧauhar und Surūr. Einem sind die frommen Stiftungen anvertraut, die das Kloster erhält. Ein zweiter kümmert sich um die täglichen Ausgaben. Dem dritten obliegt der Tafeldienst für die Reisenden, denen er das Essen aufträgt. Der vierte überwacht die Köche, die Wasserträger und Teppichdiener. Ich wohnte sechzehn Tage dort, und nie sah ich eine bessere Verwaltung und nie wurde mir mein Tisch üppiger gedeckt. Was jedem Gast aufgetragen wurde, hätte für vier Personen gereicht: gepfefferter und in Butteröl gekochter Reis, gebratene Hähnchen, Brot, Fleisch und Süßigkeiten.

Der Scheich war von bester Erscheinung und aufrechtem Charakter. Er pflegte nach dem Freitagsgebet in der Hauptmoschee zu predigen. Als ich an seinen Versammlungen teilnahm, übertraf er alle Prediger, die ich zuvor in der Ḥiǧāz, in Syrien und in Ägypten gehört hatte. Seinesgleichen bin ich nie mehr begegnet. Eines Tages befand ich mich bei ihm in seinem Garten am Flußufer. Er hatte einige Rechtsgelehrte und Große der Stadt bei sich versammelt, und von überall waren Faqīre herbeigeströmt. Er bewirtete alle und sprach dann mit ihnen das Mittagsgebet. Er versah auch das Amt des Predigers und sprach die Predigt, nachdem die Koranleser mit Stimmen, die zu Tränen rührten, und mit einem Klang, der die Seele entflammte, vorgetragen hatten. Ernst und würdevoll war seine Predigt. Er glänzte in vielen Wissenschaften, legte das Buch Gottes aus, zitierte aus den Überlieferungen des Propheten und sprach über die Bedeutung der Wörter.

Dann warf man ihm von allen Seiten kleine Zettel zu, denn die Perser haben die Sitte, ihre Fragen auf Papier zu schreiben und sie dem Prediger zuzuwerfen, der sie dann beantwortet. Als diese Zettel geworfen worden waren, hob er sie auf und begann, eine Frage nach der anderen in bewundernswerter Weise und

657 Zain al-ʿĀbidīn, der vierte der zwölf schiitischen Imāme, starb 712 in Medina und ist auch dort beigesetzt.

in bestem Stile zu beantworten. Unterdessen war die Stunde des Nachmittagsgebets nähergerückt. Der Scheich sprach es mit der Gruppe seiner Besucher, die sich alsdann entfernten. Sein Haus war ein Mittelpunkt der Gelehrsamkeit, der Predigt und des Segens. Alle, die Buße tun wollten, strömten zu ihm. Er nahm ihnen zwei Gelübde ab und schor ihnen die Stirnlocke. Es handelte sich bei ihnen um fünfzehn Koranschüler, die aus diesem Grunde aus Baṣra gekommen waren, sowie um zehn Leute aus Tustar.

Als ich in die Stadt kam, ergriff mich das Fieber. An ihm erkrankt jeder, der in der heißen Jahreszeit in diesen Landstrich kommt, wie auch in Damaskus und anderen Städten, die Überfluß an Wasser und Früchten haben. Auch meine Begleiter wurden vom Fieber befallen, und einer, ein Scheich mit Namen Yaḥya-l-Ḫurāsānī, starb. Der Scheich nahm es auf sich, für seine Bestattung alles Nötige vorzubereiten und betete an seinem Leichnam. Einen meiner Gefährten, der Bahā᾽ ad-Dīn al-Ḫutnī hieß, ließ ich in Tustar zurück, wo er nach meiner Abreise ebenfalls verstarb. Während meiner Krankheit befiel mich eine Abneigung gegen das Essen, das in seiner Schule für mich zubereitet wurde. Der Faqīh Šams ad-Dīn as-Sindī, einer ihrer Schüler, schlug mir ein Gericht vor, auf das ich Appetit bekam, und ich gab ihm einige Dirham. Er ließ das Gericht auf dem Markt für mich zubereiten, brachte es mir und ich aß davon. Als der Scheich davon hörte, war er ungehalten, suchte mich auf und sagte: »Wie kannst du das tun? Du läßt dir das Essen auf dem Markt kochen? Warum hast du meinen Dienern nicht befohlen, dir zu kochen, was du willst?« Er ließ sie alle kommen und sagte zu ihnen: »Bringt ihm alles, was er von euch verlangt an Gerichten und Süßigkeiten, geht damit zu ihm und kocht ihm alles, was er will!« Er schärfte es ihnen mit großem Nachdruck ein.

Wir verließen Tustar schließlich und reisten drei Tage lang zwischen hohen Bergen. An jeder Etappe fanden wir, wie schon erwähnt, eine Zāwiya. Wir erreichten die Stadt ᾽Īḏağ, die auch Māl al-Amīr genannt wird und der Sitz des Sultans Atābak ist.[658] Bei meiner Ankunft begegnete ich dem obersten Scheich, dem weisen und demütigen Nūr ad-Dīn Al-Karmānī, der die Oberaufsicht über alle Zāwiyas hat, die dort allerdings ›Madrasas‹ genannt werden. Der Sultan ehrt und besucht ihn. Die großen Fürsten des Staates und die bedeutenden Männer der Hauptstadt besuchen ihn ebenfalls morgens und abends. Er empfing mich mit Ehren, nahm mich als Gast auf und brachte mich in einer Zāwiya unter, die den Namen Ad-Dainawarī trug und in der ich mehrere Tage blieb. Meine Ankunft fiel in den Hochsommer. Wir verrichteten unser Nachtgebet, schliefen auf dem Dach und stiegen erst am Morgen wieder ins Kloster hinunter. In meiner Begleitung befanden sich zwölf Faqīre, darunter ein Imām, zwei sehr fähige Koranleser und ein Diener. Wir beachteten die beste Ordnung.

658 Das heutige Ize in Lūristan am Fluß Karun.

König von ʾĪḏağ war, als ich in die Stadt kam, Sultan Atābak Afrāsiyāb, der Sohn des Sultans Atābak Aḥmad. Atābak ist ein Titel, den alle tragen, die als Könige in diesem Lande herrschen. Die Provinz heißt Lūr[659], und ihr Herrscher war dieser Sultan nach dem Tode seines Bruders Atābak Yūsuf geworden, der wiederum seinem Vater Atābak Aḥmad gefolgt war.[660] Dieser Aḥmad war ein frommer König gewesen. Von glaubwürdigen Männern des Landes habe ich gehört, daß er in seiner Provinz 460 Zāwiyas bauen ließ, davon allein 44 in seiner Hauptstadt ʾĪḏağ. Die Einnahmen teilt er in drei gleiche Teile: Der erste Teil wird dem Unterhalt der Zāwiyas und Koranschulen gewidmet, vom zweiten Teil bestreitet er den Sold seiner Truppen, den dritten schließlich verwendet er für sich und seine Familie sowie für seine Sklaven und Diener. Jedes Jahr schickt er aus diesem letzten Drittel ein Geschenk an den König des Iraq, zu dem er sich oft in eigener Person begibt.

Ich habe gesehen, daß die meisten Denkmäler seiner Frömmigkeit sich im Gebirge befinden. Die Wege dorthin sind aus Fels und Gestein herausgehauen, aber so gut geebnet und verbreitert, daß Saumtiere sie mit ihren Traglasten begehen können. Das Gebirge ist siebzehn Tagesreisen lang und zehn Tagesreisen breit. Es ist sehr hoch, von Flüssen durchzogen, und ein Berg folgt dem anderen. Es wachsen dort Eichen, aus deren Eicheln Brot gebacken wird. An jeder Siedlung steht eine Zāwiya, die man dort ›madrasa‹ nennt. Kommt ein Reisender in eine dieser Zāwiyas, bringt man ihm genügend Lebensmittel und auch Futter für sein Tier, ob er darum bittet oder nicht. Es ist bei ihnen Sitte, daß der Diener der Madrasa die Ankömmlinge zählt und jedem zwei runde Brote, Fleisch und Süßigkeiten bringt. All dies wird aus den frommen Stiftungen des Sultans bestritten. Dieser Atābak Aḥmad war, wie ich schon gesagt habe, ein gottesfürchtiger und andächtiger Mann. Unter seiner Kleidung und unmittelbar auf der Haut trug er ein härenes Gewand.

Sultan Atābak Aḥmad besuchte einmal Abū Saʿīd, den König des Iraq. Diesem erzählte einer seiner Vertrauten, daß der Atābak käme, aber ein Panzer-

[659] So benannt nach einem iranischen Stamm, der in der südwestlichen Gebirgsregion Persiens lebte.

[660] Dieser Afrāsiyāb bestieg den Thron Lūristans erst im Jahre 1339 nach der Herrschaft seines eigenen Bruders Yūsuf. Im Jahre 1327, zur Zeit der Durchreise Ibn Baṭṭūṭas, herrschte noch deren Vater Nuṣrat ad-Dīn Aḥmad (reg. 1298–1333). Unser Reisender kann demzufolge Afrāsiyāb erst auf seiner Rückreise im Sommer 1347 gesehen haben. Damit legt uns Ibn Baṭṭūṭa ein chronologisches Problem vor: Das erste Datum, das er uns seit seiner Abreise aus Mekka nennt, ist seine Ankunft in Isfahan, die er auf den 14. Ǧumāda II. 727, also den 7. Mai 1327, setzt. In Bagdad aber muß er vor dem 21. Juni 1327 eingetroffen sein, eine Reiseleistung, die nur unter äußerster Geschwindigkeit zu verwirklichen gewesen wäre. Auch sein Hinweis, daß er im Hochsommer in Ize eingetroffen sei, stimmt mit seinen eigenen Angaben nicht überein. Es ist daher anzunehmen, daß er statt des 14. Ǧumāda II. den 14. Ǧumadā I. meinte (7. April 1327) und damit bereits im März in Ize eingetroffen ist.

hemd angelegt hätte, denn er glaubte, das härene Kleid, das der Atābak unter seiner Kleidung trug, sei eine Rüstung. Um die Wahrheit herauszufinden, befahl Abū Saʿīd seinen Höflingen, sich dessen zu vergewissern, indem sie Heiterkeit vortäuschten. Eines Tages trat der Atābak zu ihm hinein. Ǧūbān[661], einer der größten Fürsten des Iraq, Emir Suwaitah, der Fürst von Diyār Bakr[662], und Scheich Ḥasan, derselbe, der heute Sultan des Iraq ist[663], traten an ihn heran und betasteten seine Kleidung, als wollten sie mit ihm lachen und scherzen. Da fanden sie unter seinem Obergewand das Kleid aus Tierhaar. Sultan Abū Saʿīd hatte es ebenfalls gesehen, stand auf, küßte ihn, hieß ihn, sich neben ihn zu setzen, und sagte zu ihm: »Sen aṭā«, das heißt im Türkischen: »Du bist mein Vater.« Er erwiderte dessen Geschenk mit einem viel wertvolleren und gab ihm einen ›Yarlīġ‹, einen Erlaß, in dem er verfügte, daß von nun an weder der Sultan noch dessen Kinder von ihm je Tribut verlangen würden.

Noch im gleichen Jahr starb der Atābak. Seinem Sohn Atābak Yūsuf, der zehn Jahre lang herrschte, folgte dessen Bruder Afrāsiyāb.[664] Als ich nach ʾĪḏaǧ kam, wollte ich ihn sehen, aber es war nicht möglich, weil er nur freitags sein Haus verließ, denn er war dem Wein ergeben. Er hatte nur einen Sohn, der sein Thronfolger war, aber in diesen Tagen erkrankte. Eines Abends suchte mich einer seiner Diener auf und fragte mich nach meinem Befinden. Ich gab ihm Antwort, und er ging wieder davon. Nach dem Abendgebet kam er wieder und brachte zwei große Tafeln, eine voller Speisen, die andere voller Obst, sowie eine mit Dirhams gefüllte Börse. In seiner Begleitung befanden sich Musikanten mit ihren Instrumenten, und er sagte zu ihnen: »Macht Musik, damit die Faqīre tanzen und für den Sohn des Sultans beten!« Ich sagte zu ihm: »Meine Gefährten kennen die Musik nicht und können nicht tanzen.« Wir beteten aber für den Sultan und seinen Sohn, und ich verteilte die Münzen unter die Faqīre. Als die Nacht zur Hälfte verstrichen war, hörten wir Schreie und Klagerufe, denn der Kranke war gestorben.

Am nächsten Morgen kam der Vorsteher der Zāwiya mit einigen Einwohnern der Stadt in meine Kammer und sie sagten: »Die Großen der Stadt, die Qāḍīs, Faqīhs, Šarīfe und Emire, sind in den Palast des Sultans gegangen, um ihm ihr Beileid auszusprechen, und es würde sich ziemen, wenn du an ihrer

661 Tschoban, mongolischer General Hulagus, Schwiegersohn Ulǧaitus und einer der einflußreichsten Emire im Ilchanidenreich; Oberbefehlshaber der Truppen Abū Saʿīds, mit dem er verschwägert war (gest. 1328).

662 Sutāy, seit 1313 Statthalter in Diyarbakir in der heutigen Türkei, gest. in Mossul 1333.

663 Ḥasan der Große besetzte Bagdad im Jahre 1339 und gründete unter dem Namen ›Ǧalāʾīrīya‹ eine neue Dynastie (gest. 1356).

664 Aḥmad starb 1333. Sein Sohn Yūsuf regierte danach sechs Jahre bis 1339, konnte aber möglicherweise als designierter Thronfolger seine Regierungsjahre bereits seit 1330 zählen; ihm folgte Yūsufs Bruder Afāsiyāb.

Gesellschaft teilnimmst.« Ich lehnte zunächst ab, aber sie bedrängten mich und ich konnte nicht umhin, mich ihnen anzuschließen. Ich machte mich mit ihnen auf den Weg und fand den Ratssaal des Sultans voll von Männern und Knaben, Sklaven, Fürstensöhnen, Wesiren und Soldaten. Alle hatten grobes Sacktuch oder Pferdedecken angelegt und auf ihre Köpfe Staub und Stroh gestreut. Manche hatten sogar ihr Stirnhaar geschoren. Sie hatten sich in zwei Gruppen geteilt, eine hatte sich an die obere, die andere an die untere Seite des Saales gestellt. Die beiden Gruppen gingen nun aufeinander zu, alle schlugen mit den Händen an ihre Brust schlug und riefen: »Ḫūndi kārmāʾ«, was »mein Herr« bedeutet. Bei dieser Gelegenheit wurde ich Zeuge eines schändlichen Anblicks, wie ich noch keinen gesehen hatte.

Was ich an jenem Tage erlebte, zähle ich zu meinen erstaunlichsten Abenteuern. Ich trat in den Saal und sah die Qāḍīs, die Prediger, die Šarīfe, wie sie sich an die Wand des Saales lehnten, der völlig überfüllt war. Die einen weinten, andere täuschten Tränen vor, manche senkten ihr Haupt. Über ihrer Kleidung trugen alle schlecht genähte Gewänder aus grober Baumwolle, deren Futter nach außen gewendet war, so daß die Außenseite auf der Haut lag. Auf dem Kopf trug jeder Teilnehmer ein Tuch oder einen schwarzen Schleier. So ist es bei ihnen Brauch während der vierzig Tage, die die Trauerzeit dort dauert. Jedem, der diesen Brauch einhält, schickt der Sultan danach ein vollständiges Gewand.

Als ich sah, daß der Ratsaal mit Menschen angefüllt war, schaute ich nach rechts und links, um einen Platz zu suchen, an dem ich mich setzen konnte. Ich entdeckte ein überdachtes Podest, das etwa eine Handspanne hoch über dem Boden stand. Auf einer Ecke dieses Podestes saß ein Mann ganz allein. Er trug ein wollenes Gewand, ähnlich dem Filztuch, das die ärmeren Leute dort tragen, wenn es regnet oder schneit oder wenn sie auf Reisen gehen. Ich ging zu dem Manne hinüber, während meine Begleiter zurückblieben und erstaunten, als sie sahen, daß ich zu ihm ging. Ich wußte nicht, wer er war, bestieg das Podest und grüßte ihn. Er erwiderte meinen Gruß und erhob sich, als wollte er aufstehen. Man nennt dies dort ›niṣf al-qiyām‹, das halbe Erheben. Ich setzte mich auf die gegenüber liegende Ecke und betrachtete die Anwesenden. Sie hatten ihre Blicke auf mich gerichtet, so daß ich über sie staunen mußte. Die Faqīhs, Scheichs und und Šarīfe lehnten neben der Überdachung des Podestes an der Wand. Ein Qāḍī gab mir ein Zeichen, ich solle herabsteigen und an seine Seite kommen, aber ich tat es nicht, denn ich hatte unterdessen den Verdacht, daß mein Nachbar der Sultan war.

Nach einer Stunde kam der oberste Scheich Nūr ad-Dīn al-Karmānī, den ich bereits erwähnt habe, bestieg das Podest und grüßte den Mann, der sich, als er näher kam, erhoben hatte. Der Scheich setzte sich zwischen ihn und mich, und jetzt wußte ich, daß es der Sultan war. Nun trug man zwischen Zitronen-, Limonen- und Apfelsinenbäumchen, deren Zweige Früchte trugen, die Bahre herein. Die Bäume wurden im Geleit hereingetragen, und so fuhr die Bahre hinter Laternen und Kerzen, die an langen Stangen befestigt waren, wie durch einen Obstgarten. An ihr verrichtete man nun das Gebet. Danach begleiteten die Teilnehmer sie zur Grabstätte der Könige an einen Ort namens Halāfīḥān vier Meilen vor der Stadt. Dort steht eine große Koranschule, durch die der Fluß strömt und in der sich eine Moschee befindet, in der das Freitagsgebet gesprochen wird. Vor der Schule steht ein Bad und um sie herum ein großer Garten. Auch Reisende werden dort verpflegt. Ich konnte den Leichenzug wegen der Entfernung nicht begleiten, sondern kehrte in meine Madrasa zurück.

Einige Tage darauf sandte der Sultan mir seinen Boten, der mir auch das Gastmahl gebracht hatte, um mich zu sich einzuladen. Ich ging mit dem Boten zum Zypressentor. Wir stiegen zahllose Stufen hoch, bis wir einen Saal erreicht hatten, in dem wegen der Trauer keine Teppiche lagen. Der Sultan saß auf einem Kissen und hatte vor sich zwei bedeckte Gefäße stehen, je eines aus Gold und Silber. In diesem Saal lag nur ein kleiner grüner Teppich, der für mich neben ihm ausgebreitet wurde und auf den ich mich setzte. Nur der Kammerherr, Faqīh Maḥmūd, befand sich noch im Saal und einer seiner Höflinge, dessen Namen ich nicht kannte.

Der Atābak stellte mir Fragen über mich, über mein Land sowie über König An-Nāṣir und die Ḥiǧāz. Ich gab ihm zu allem Antwort. Dann erschien ein großer Rechtsgelehrter, und zwar der oberste Faqīh des Landes. Der Sultan sagte zu mir: »Dieser Mann ist unser Meister Faḍīl.« In ganz Persien werden die Faqīhs nur mit dem Titel ›Unser Meister‹ angesprochen.[665] So nannten ihn auch der Sultan und alle anderen Personen. Der Sultan begann eine Lobrede auf diesen Faqīh, und es schien mir, als sei er berauscht, denn ich hatte ja schon früher von seiner Neigung zum Wein gehört. Dann sagte er mir in arabischer Sprache, die er sehr gut sprach: »Sprich!« Ich antwortete: »Wenn du mir zuhörtest, so würde ich dir sagen: ›Du bist ein Kind von Sultan Atābak Aḥmad, dem man Frömmigkeit und Enthaltsamkeit nachrühmt. Man kann dir in deiner Herrschaft nichts vorwerfen außer diesem da«, und ich zeigte auf die zwei Gefäße. Meine Worte beschämten ihn und er schwieg. Ich wollte aufbrechen, aber er gebot mir sitzenzubleiben, und sagte: »Es ist ein Zeichen der göttlichen Gnade, mit deinesgleichen zusammenzusein.« Nun sah ich, wie er von der einen zur anderen Seite schwankte und schlafen wollte, und zog mich zurück. Ich hatte am Tor meine Sandalen zurückgelassen, fand sie nun aber nicht mehr vor. Faqīh Maḥmūd ging, sie zu suchen, während Faqīh Faḍīl wieder hinaufstieg, um sie im Saal zu suchen. Er fand sie unter einem Bogen und brachte sie mir. Seine Güte beschämte mich, und ich entschuldigte mich

[665] Von der arabischen Bezeichnung ›Maulānā‹ (›Unser Meister‹) leitet sich die persische Bezeichnung ›Mulla‹ ab, die für die maßgebenden theologischen Rechtsgelehrten verwendet wird. In Ibn Baṭṭūṭas Heimat Marokko entwickelte sich daraus das Wort ›Mulāy‹ für die Nachkommen des Propheten.

bei ihm. Da küßte er meine Sandalen, setzte sie sich auf den Kopf und sagte: »Gott segne dich! Was du zu unserem Sultan gesagt hast, hätte kein anderer ihm sagen können. Ich hoffe, daß es Eindruck auf ihn macht.«

Einige Tage, nachdem ich die Hauptstadt ʾĪḏağ verlassen hatte, machte ich Halt an der Madrasa der Sultane, in der sich ihre Gräber befinden, und blieb dort mehrere Tage. Der Sultan schickte mir eine Summe Geld und machte das gleiche Geschenk auch meinen Gefährten. Zehn Tage lang ritten wir inmitten hoher Berge[666] durch das Land des Sultans. Jede Nacht verbrachten wir in einer Madrasa, wo wir auch Verpflegung fanden. Einige dieser Schulen liegen inmitten bestellter Felder, andere auf völlig unbebautem Land, aber alles, was sie benötigen, wird gebracht. Am zehnten Tage stiegen wir in einer Madrasa ab, die den Namen Kirīw ar-Rūḫ[667] trägt und die letzte Stadt im Reiche dieses Sulṭans war.

Wir reisten nun durch eine wasserreiche Ebene, die zur Provinz Iṣfahān gehört, und kamen nach Ušturkān[668], einer schönen Stadt mit vielen Bächen und Gärten. Sie besitzt eine wunderbare Moschee, durch die ein Fluß strömt. Wir verließen Ušturkān, um zu der Stadt Fīrūzān zu gehen[669], deren Name wie der Dual des Wortes ›fīrūz‹ klingt. Es ist eine kleine Stadt mit Bächen, Bäumen und Gärten. Wir kamen nach dem Nachmittagsgebet an und sahen Bewohner der Stadt, die gekommen waren, um einer Totenbahre das Geleit zu geben. Vor und hinter der Bahre hatten sie Laternen angezündet und folgten ihr mit Flötenspiel und mit Menschen, die fröhliche Lieder sangen. Wir waren darüber sehr erstaunt. Wir hielten uns eine Nacht in Firūzān auf und ritten am nächsten Vormittag an einem Dorf namens Nablān vorüber. Es ist ein größerer Ort an einem breiten Fluß, an dessen Ufer eine außerordentlich schöne Moschee steht. Stufen führen zu ihr hinauf, und sie ist umgeben von Obstgärten.

An diesem Tage ritten wir an Gärten, Flüssen und hübschen Dörfern vorüber, in denen sehr viele Taubenschläge stehen. Nach dem Nachmittagsgebet erreichten wir Iṣfahān im persischen Iraq. Sie ist eine der größten und schönsten Städte, aber ein weiter Teil liegt heute wegen des Bürgerkrieges zwischen den Sunniten und den Rāfiḍiten in Trümmern.[670] Dieser Streit dauert bis heute an, und sie bekämpfen sich unablässig. In Iṣfahān gibt es Früchte im Überfluß. Vor allem findet man hier Aprikosen, die ihresgleichen nicht haben und die

[666] Das Zaghros-Gebirge zwischen Ize und Isfahan, lokal bis zum 15. Jahrhundert ›Ǧādde al-Atābak‹ (›Weg der Atābaks‹) genannt.

[667] Dieser Ort ist nicht präzise zu identifizieren, aber vielleicht mit Kahvarūḫ (oder Kuh-e Rūḫ) im Bezirk Tschahar Mahall zwischen Ize und Isfahan gleichzusetzen.

[668] Nach arabischen Angaben das 36 Kilometer westlich von Isfahan gelegene Städtchen Ostorǧān.

[669] 32 Kilometer südwestlich von Isfahan.

[670] Nicht nur die Kämpfe zwischen Sunna und Schia ruinierten die Stadt, sondern auch die sunnitischen Rechtsschulen der Šafiʿiten und Ḥanafiten trugen ihren Teil zur Zerstörung der Stadt bei, von der mongolischen Eroberung ganz zu schweigen.

man als ›qamar ad-dīn‹[671] bezeichnet. Die Leute trocknen sie und bewahren sie auf. Der Kern wird gespalten und liefert eine süße Mandel. Auch Quitten gibt es, deren Güte und Größe mit nichts verglichen werden kann, ausgezeichnete Trauben und Melonen von herrlichem Geschmack. In der ganzen Welt findet man nichts, was ihnen gleichkommt, außer in Buḫārā und im Ḫwārizm. Ihre Schale ist grün und ihr Fleisch rot; man bewahrt sie auf, wie man im Maġrib das in Scheiben geschnittene Obst aufhebt. Sie sind von außerordentlicher Süße, aber wer nicht an sie gewöhnt ist, bekommt, sobald er zum ersten Male von ihnen kostet, Durchfall, und so ging es auch mir, als ich sie in Iṣfahān aß.

Die Einwohner Iṣfahāns sind von schöner Gestalt, ihre Gesichtsfarbe ist weiß, sehr hell mit etwas Rot. Tapferkeit und Unerschrockenheit zeichnen sie aus. Darüber hinaus sind sie großzügig und wetteifern darin, einander in ihren Gastmählern zu übertreffen. Man erzählt sich darüber sonderbare Geschichten: Bisweilen lädt jemand seinen Freund ein und sagt: »Komm zu mir, wir essen ›nān und mās‹«, das heißt in ihrer Sprache ›Brot und Milch‹. Wenn der Gast nun mit ihm geht, setzt er ihm die ausgesuchtesten Gerichte vor, auf die er sehr stolz ist. Jeder Berufsstand wählt sich einen Vorsteher, den sie ›Kulū‹[672] nennen. Die wichtigsten Männer der Stadt pflegen diesen Brauch, selbst wenn sie keinem Berufsstand angehören. Es gibt zum Beispiel eine Vereinigung der ledigen jungen Männer. Auch diese Bruderschaften versuchen, einander auszustechen. Sie laden einander ein, um zu zeigen, wozu sie fähig sind, wie viele verschiedenartige Gerichte sie zuzubereiten wissen und welche Pracht sie beim Gastmahl entfalten können. Man hat mir auch erzählt, daß eine solche Bruderschaft eine andere einlädt und ihre Gerichte über Kerzenfeuer zubereitet. Daraufhin lädt die andere wiederum ein und kocht ihre Speisen in Seide.

Ich wohnte in Iṣfahān in einer Zāwiya, die auf Scheich ʿAlī bin Sahl, einen Schüler von Ǧunaid, zurückgeht. Das Gebäude wird sehr verehrt, und Bewohner der ganzen Gegend streben hierher und betrachten diesen Besuch als Quelle des Segens. Reisende finden dort Verpflegung und ein wunderschönes Bad mit marmornem Boden und mit Wänden, die mit Qāšānī-Kacheln gefliest sind. Es wurde als fromme Stiftung gegründet, so daß niemandem, der sie betritt, eine Gebühr abgenommen wird. Der Vorsteher dieser Zāwiya ist der fromme, demütige und gottesfürchtige Scheich Quṭb ad-Dīn Ḥusain, der Sohn des ehrwürdigen Scheichs und Gottesfreundes Šams ad-Dīn Muḥammad bin Maḥmūd bin ʿAlī, bekannt auch als Ar-Riǧāʾ. Sein Bruder war der weise Muftī Šihāb ad-Dīn Aḥmad. Ich verbrachte in diesem Hospiz bei Scheich Quṭb ad-Dīn vierzehn Tage und wurde Zeuge seines Glaubenseifers, seiner Zuneigung zu den armen Wandermönchen und den Mitbewohnern sowie der Demut, die er ihnen entgegenbrachte und für die ich ihn bewunderte. Auch mich

[671] Der ›Mond der Religion‹.

[672] Marktaufseher.

behandelte er mit Aufmerksamkeit und erwies mir größte Gastfreundschaft. Er schenkte mir ein schönes Kleid, und schon in der Stunde meiner Ankunft schickte er mir Speisen und drei Melonen von der Art, wie ich sie soeben beschrieben habe. Ich hatte sie noch nie gesehen oder gegessen.

Er besuchte mich eines Tages in der Kammer der Zāwiya, in der ich untergebracht war und die auf einen Garten hinausführte, der dem Scheich gehörte. Seine Kleider waren an diesem Tage gewaschen und im Garten ausgelegt worden. Mein Blick fiel auf einen weißen und gefütterten langen Umhang, den sie dort ›hazarmīḫī‹[673] nennen. Er gefiel mir und ich sagte mir im Stillen: »Solch einen Umhang möchte ich gern besitzen.« Als der Scheich in meine Kammer getreten war, warf er einen Blick in den Garten und sagte zu einigen Dienern, sie sollten ihm diesen ›hazarmīḫī‹ bringen. Er wurde hereingebracht, und er legte ihn mir um. Ich beugte mich über seine Füße, um sie zu küssen, und bat ihn, mir die Kappe, die er auf seinem Kopfe trug, aufzusetzen und damit auf mich die Ehre zu übertragen, die er selbst von seinem Vater erhalten und die dieser wiederum von seinen Ahnen empfangen hatte. So setzte er mir am vierzehnten Tage des Monats Ǧumāda II des Jahres 727 in seiner Zāwiya diese Kappe auf.[674] Er hatte sie von seinem Vater Šams ad-Dīn erhalten, dieser von seinem Vater Taǧ ad-Dīn Maḥmūd, der sie von seinem Vater Šihāb ad-Dīn ʿAlīy-ar-Riḍā' empfangen hatte. ʿAlī war mit der Kappe vom Imām Šihāb ad-Dīn Abī Ḥafṣ ʿUmar bin Muḥammad bin ʿAbdallāh as-Suhrawardī bekleidet worden.[675] ʿUmar hatte sie erhalten vom großen Scheich Diya-d-Dīn Abu-n-Naǧīb as-Suhrawardī, Abu-n-Naǧīb wiederum von seinem Onkel väterlicherseits, dem Imām Waḥīd ad-Dīn ʿUmar. ʿUmar hatte sie aus den Händen seines Vaters Muḥammad bin ʿAbdallāh, beigenannt ʿUmawaih, entgegengenommen, dem sie von Scheich Aḫū Faraǧ az-Zanǧānī übertragen worden war. Aḫū Faraǧ erhielt sie von Scheich Aḥmad ad-Dīnaurī, der sie dem Imām Mamšād ad-Dīnaurī verdankte. Dieser Mamšād hatte sie aus den Händen des wahrheitssuchenden Ṣūfī-Scheichs ʿAlī bin Sahl empfangen, der sie von Abu-l-Qāsim al-Ǧunaid erhielt. Al-Ǧunaid selbst war von Sarīy as-Saqatī mit der Kappe bekleidet worden; Sarīy hatte sie von Dāwūd aṭ-Ṭā'ī übernommen, und dieser von Ḥasan bin Abi-l-Ḥasan aus Baṣra. Dieser Ḥasan al-Basrī endlich hatte sie aus den Händen des Fürsten der Gläubigen ʿAlī bin Abī Ṭālib empfangen.

Wir verließen Iṣfahān in der Absicht, Scheich Maǧd ad-Dīn in Šīrāz aufzusuchen. Zehn Tagesreisen liegen zwischen den beiden Städten, und drei Tage hinter Iṣfahān erreichten wir Kalīl[676], eine kleine Ortschaft mit Bächen, Gärten

[673] ›Tausend Stücke‹, Flickenkleid.

[674] Das erste Datum seit seiner Abreise aus Mekka: 7. Mai 1327, aber vgl. Anm. 660.

[675] ʿUmar bin Muḥammad bin ʿAbdallāh ʿUmawaih as-Suhrawardī war šafiʿitischer Rechtsgelehrter, einer der größten Ṣūfīs und Oberscheich von Bagdad; er starb 1234.

[676] Nicht identifizierter Ort.

und Obstbäumen. Auf dem dortigen Markt habe ich gesehen, daß fünfzehn iraqische Raṭl Äpfel nur einen Dirham kosten, der dort nur ein Drittel eines ›nuqra‹ wert ist. In Kalīl bot uns eine Zāwiya Aufnahme, die von einem großen Manne des Ortes namens Ḫūǧah Kāfī erbaut worden war. Dieser Mann besaß großen Reichtum, den er mit Gottes Hilfe für gute Taten wie für Almosen, für den Bau von Hospizen und für die Verpflegung von Reisenden ausgab. Kalīl verließen wir noch am gleichen Tage und kamen in eine größere Ortschaft, die Ṣurmā' hieß[677]. Dort stand eine Zāwiya, in der Reisende Essen fanden und die ebenfalls von Ḫūǧah Kāfī gestiftet worden war.

Von diesem Ort reisten wir weiter, um nach Yazdu Ḫāṣ zu reisen, in eine kleine gut angelegte Stadt mit schönem Markt und einer gefälligen Hauptmoschee, die ganz aus Stein gebaut ist und auch ein steinernes Dach hat. Die Stadt steht am Rande einer Senke, in der es Obstgärten und Brunnen gibt. Außerhalb der Stadt steht eine Herberge für Reisende. Sie hat ein eisernes Tor und gleicht in ihrer Unangreifbarkeit nahezu einer Festung. Im Inneren stehen Läden, die jeglichen Reisebedarf anbieten. Die Herberge ist vom Fürsten Muḥammad Šāh Inǧū, dem Vater des Sultans Abū 'Isḥāq, des Königs von Šīrāz, erbaut worden. In Yazdu Ḫāṣ wird ein Käse von unvergleichlicher Güte hergestellt, der ›yazdu ḫāṣī‹ heißt und zwischen zwei und vier Unzen[678] wiegt.

Wir verließen Yazdu Ḫāṣ über die Dašt ar-Rūm[679], eine von Türken bewohnte Ebene, und ritten auf Māyīn zu[680], einen kleinen bach- und gartenreichen Ort mit hübschen Märkten und vielen Nußbäumen. Wir brachen nach Šīrāz auf, einer Stadt großer Ausdehnung mit ursprünglichen Gebäuden, berühmter Geschichte und von höchstem Ansehen. Sie besitzt angenehme Gärten, sprudelnde Flüsse, wunderhübsche Märkte und prächtige Straßen. Sie ist sehr bevölkert, vollendet gebaut und großzügig angelegt. Jedes Handwerk hat seinen eigenen gesonderten Markt. Die Bewohner von Šīrāz sind von angenehmem Äußeren und sauber gekleidet. Es gibt im ganzen Osten keine Stadt, die es in der Schönheit ihrer Märkte, ihrer Gärten und Flüsse und in der Anmut ihrer Menschen mit Damaskus aufnehmen kann – außer Šīrāz. Sie liegt in einer Ebene, ist allseits von Gärten umgeben und von fünf Flüssen durchquert, von denen einer Rukn Ābād[681] heißt. Er führt süßes Wasser, ist außerordentlich

677 Ṣurma im Distrikt Qoli Koš folgt erst zwei Reisetage südlich der nächstgenannten Station Yazdu Ḫāṣ (›Yazduḫvāst‹).

678 'Ūqīya, auch ›wiqīya‹ (Unze), Gewichtseinheit von heute unterschiedlicher Größe: Aleppo: 320 Gramm; Beirut: 213,3 Gramm; Ägypten: 37 Gramm; nach At-Tāzī damals 1.250 Gramm.

679 Dašt Rūm (›griechischer Fels‹).

680 22 Kilometer nördlich von Šīrāz.

681 Ein besonders durch den persischen Dichter Ḥāfiẓ berühmt gewordener Fluß, der im Norden der Stadt entspringt und seinen Namen einem Fürsten der Stadt verdankt, nämlich Rukn ad-Daula Ḥasan Būbah ad-Dilmī.

kühl im Sommer und warm im Winter. Er entspringt einer Quelle am Fuß eines nahen Berges, den man Al-Qulaiʿa[682] nennt.

Die größte Moschee von Šīrāz ist die Alte Moschee[683], ein sehr schönes und augenfälliges Gebäude mit einem sehr geräumigen und marmorgepflasterten Hof. In der heißen Jahreszeit wird er jeden Abend gereinigt. Die bedeutendsten Bürger der Stadt kommen allabendlich in ihr zusammen, um ihre Abend- und Nachtgebete zu verrichten. An der Nordseite der Moschee steht das Ḥasan-Tor, das zum Obstmarkt führt, einem der großartigsten Märkte überhaupt, und ich bekenne gern, daß ich ihm vor dem Markt am Posttor in Damaskus den Vorzug gebe.

Die Menschen von Šīrāz sind redlich, fromm und züchtig, insbesondere die Frauen. Sie tragen Stiefelchen und gehen nur unter dem Schleier aus, so daß man nichts von ihnen sehen kann. Sie geben Almosen und tun andere wohltätige Werke. Erstaunlich ist, daß sie sich montags, donnerstags und freitags in der großen Moschee versammeln, um dem Prediger zuzuhören. Manchmal versammeln sie sich zu Tausenden und halten Fächer in den Händen, um sich in der Hitze Kühlung zuzufächeln. Nirgendwo auf der Welt habe ich so viele Frauen versammelt gesehen wie dort.

Als ich Šīrāz betrat, war mir nichts wichtiger, als den Scheich, Qāḍī, Imām und Pol unter den Gottesfreunden, das Staunen seiner Zeit und den Wirker offenkundiger Wunder Maǧd ad-Dīn Ismāʿīl bin Muḥammad bin Ḫuḏādād aufsuchen – ›Ḫuḏādād‹ bedeutet die ›Gabe Gottes‹.[684] Ich kam an der Madrasa Maǧdīya an, in der er lebt und die ihm seinen Namen verdankt, denn er hat sie erbaut. Mit dreien meiner Gefährten suchte ich ihn auf und traf die Rechtsgelehrten und wichtigsten Männer der Stadt an, die ihn erwarteten. Zum Nachmittagsgebet erschien er in Begleitung von Muḥibb ad-Dīn und ʿAlāʾ-ad-Dīn, den Söhnen seines leiblichen Bruders Rūḥ ad-Dīn.[685] Einer hielt sich links, einer rechts von ihm. Wegen der Schwäche seiner Augen und seines hohen Alters halfen sie ihm in seinem Amte als Qāḍī. Ich grüßte ihn, er umarmte mich und nahm meine Hand, bis er seinen Betplatz erreicht hatte. Er

682 ›Die kleine Festung‹, nicht identifiziert.

683 Die Alte Moschee wurde gegründet vom zweiten Ṣaffaridenkönig von Sīǧistān und Fāris, ʿUmrū bin Laiṯ aṣ-Ṣaffār (gest. 901).

684 Sein genauer Name war Ismāʿīl bin Yaḥyā bin Ismāʿīl Maǧd ad-Dīn (1272/3–1354). Schon sein Großvater und Vater waren Qāḍīs von Šīrāz gewesen.

685 Im Jahre 1327 waren seine beiden Brüder Šarf ad-Dīn und Rūḥ ad-Dīn seine Vertreter, die 1331/32 bzw. 1334/35 starben. Demnach müßte es sich bei den beiden im Text Genannten um die Söhne des Rūḥ ad-Dīn gehandelt haben, die ihrem Vater und Onkel nachfolgten. Daraus folgt, daß Ibn Baṭṭūṭa sie erst im Jahre 1347 als Stellvertreter im Amte des Qāḍī gesehen haben kann, als er aus Asien kommend sich auf der Heimreise befand. Auch war Maǧd ad-Dīn 1327 erst 55 Jahre alt, so daß auch das von Ibn Baṭṭūṭa im folgenden Satz angegebene hohe Alter für die Begegnung im Jahre 1347 spricht.

ließ meine Hände los, gab mir ein Zeichen, an seiner Seite zu beten, und ich folgte ihm. Er sprach das Nachmittagsgebet, dann wurde vor ihm aus dem Buch der ›Erleuchtung der Sunna‹ und dem ›Šawāriq al-anwār‹ von Ṣaġānī gelesen.[686] Daraufhin legten ihm seine zwei Vertreter die eingereichten Klagen vor. Nun traten die Großen der Stadt zum Gruße vor, wie ihr Brauch es ihnen morgens und abends vorschreibt. Sodann fragte mich der Scheich, wer ich sei und woher ich käme, nach dem Maġrib, nach Ägypten, Syrien und der Ḥiǧāz, und ich beantwortete ihm alle Fragen. Dann befahl er einem Diener, mir eine kleine Kammer in der Madrasa anzuweisen.

Am nächsten Morgen erschien bei ihm ein Gesandter des iraqischen Königs, des Sultans Abū Saʿīd, und zwar Nāṣir ad-Dīn ad-Darqandī, ein großer Fürst, der aus dem Ḫurāsān stammte.[687] Als er vor den Scheich trat, nahm er seine rote Kappe, die man dort ›kūlāʾ‹ nennt, vom Kopf, küßte den Fuß des Qāḍīs, setzte sich vor ihn und legte seine Hand ans Ohr, wie es die Tataren in Gegenwart ihres Herrschers zu tun pflegen. Der Fürst war mit einem Gefolge von ungefähr fünfhundert berittenen Sklaven und Dienern gekommen, hatte vor der Stadt sein Lager aufgeschlagen und suchte nun mit fünf Männern den Qāḍī auf, dessen Saal er freilich aus Höflichkeit allein betrat. Der Scheich nämlich genoß große Verehrung, weil er offenkundige Wunder wirkte.

Der iraqische König, Sultan Muḥammad Ḫuḏābandah, hatte, als er noch zu den Ungläubigen gehörte, einen Rechtsgelehrten um sich, welcher der Imāmīya-Sekte der Rāfiḍiten anhing und Ǧamāl ad-Dīn bin Muṭahhar[688] hieß. Als der Sultan nun den Islam angenommen hatte und die Tataren seinem Beispiel gefolgt waren, überhäufte er diesen Faqīh mit Ehren, der ihm die rāfiḍitische Lehre in allen Farben ausschmückte und ihm ihre Überlegenheit über jeden anderen Glauben vorgaukelte. Er legte ihm die Geschichte der Gefährten Muḥammads und des Kalifats dar und erzählte ihm auch, daß Abū Bakr und ʿUmar zwei Wesire des Propheten gewesen wären und daß ʿAlī sein leiblicher Vetter und Schwiegersohn und infolgedessen der rechtmäßige Erbe des Kalifats gewesen wäre. Er zog den dem Sulṭān verständlichen Vergleich, daß ja auch sein Reich nur ein Erbe sei, das er von seinen Ahnen und Ver-

686 ›Maṣābīḥ as-sunna‹, eine Zusammenstellung der ›Ḥadīṯ‹, der Traditionen, der überlieferten Aussagen und Handlungen des Propheten, aus der Feder von Al-Ḥusain bin Masʿūd al-Baġawī (gest. 1116/7). Das zweite Werk heißt korrekt ›Mašāriq al-anwār‹ (›Der Aufgang des Lichts‹) und ist eine ähnliche Kompilation, die von Raḍi-d-Dīn al-Ḥasan bin Muḥammad bin al-Ḥasan aṣ-Ṣaġānī stammt (gest. 1252/3).

687 Möglicherweise handelt es sich um ʿImād ad-Dīn Nāṣir Muḥammad ad-Darqandī, einen Truppenführer, der 1345 starb, oder um einen anderen Darqandī, der Stadtfürst von Kūfa war und 1333 starb. In jedem Falle aber bringt uns diese Begebenheit aufgrund der Todesdaten wieder ins Jahr 1327 zurück.

688 Gamāl ad-Dīn al-Ḥasan (oder al-Ḥusain) bin Yūsuf Ibn al-Muṭahhar aus Ḥilla im Iraq, einer der bedeutendsten schiitischen Theologen, gest. 1325.

wandten übernommen habe. Die geringe Zeit, die seit dem Übertritt des Herrschers zum Islam verstrichen war, und dessen Unkenntnis der Grundregeln der Religion kamen ihm zustatten. Der Sultan befahl, die Menschen zur Lehre der Rāfiḍiten zu bekehren, und schickte Sendschreiben dieses Inhalts in die beiden Iraq, nach Persien, Aḏirbīǧān, Iṣfahān, Karmān sowie in den Ḫurāsān, und ließ Sendboten in diese Länder abgehen. Die ersten Städte, in denen diese Nachrichten eintrafen, waren Bagdad, Šīrāz und Iṣfahān. Doch die Menschen aus Bagdad vom Gewölbten Tor[689], die Sunniten sind und in ihrer Mehrzahl den Regeln des Imām Aḥmad bin Ḥanbal folgen, verweigerten den Gehorsam und sagten: »Wir hören nicht und wir gehorchen nicht.« In Waffen begaben sie sich am Freitag in die Große Moschee, wo der Gesandte des Sultans anwesend war. Als der Prediger seine Kanzel bestieg, gingen sie, etwa zwölftausend an der Zahl und alle bewaffnet, auf ihn zu. Es waren die Verteidiger Bagdads und die oben erwähnten Bürger. Sie schworen dem Prediger, daß sie ihn und den Boten des Königs töten und sich anschließend dem Willen Gottes unterwerfen würden, wenn er die gewohnte Predigt änderte, etwas hinzufügte oder unterdrückte. Der Sultan hatte angeordnet, daß die Namen der Kalifen und der anderen Gefährten aus der Predigt zu streichen seien und daß allein die Namen ʿAlīs und seiner Anhänger wie ʿAmmār genannt werden dürften. Aber der Prediger hatte Angst, getötet zu werden, und hielt die Predigt in der gewohnten Weise.

Die Bewohner von Šīrāz und Iṣfahān verhielten sich ebenso wie die von Bagdad. Die Gesandten kehrten zum König zurück und berichteten ihm, was vorgefallen war. Er befahl, die Richter der drei Städte vor ihn zu führen. Der erste war Maǧd ad-Dīn, der Qāḍī von Šīrāz, der zu ihm kam, als sich der Sultan gerade an einem Ort namens Qarābāġ[690] aufhielt, wo er den Sommer zuzubringen pflegte. Als der Qāḍī angekommen war, befahl der Sulṭān, ihn den Hunden vorzuwerfen, die er bei sich hatte. Es waren große Tiere, die Ketten um den Hals trugen und auf Menschen abgerichtet waren. Wenn man einen Menschen herbeibrachte, um die Hunde auf ihn loszulassen, stellte man den Unglücklichen auf einen großen Platz, wo man ihn freiließ und ihm die Fesseln abnahm. Dann wurden die Hunde auf ihn gehetzt. Er floh vor ihnen, entkam ihnen aber nicht. Die Tiere fielen ihn an, zerfleischten ihn und fraßen ihn auf. Als aber die Hunde auf den Qāḍī Maǧd ad-Dīn gehetzt wurden, kamen sie zu ihm, wedelten vor ihm mit dem Schwanz und taten ihm nichts an.

Als den Sultan diese Nachricht erreichte, verließ er mit bloßen Füßen seinen Palast, warf sich dem Qāḍī zu Füßen, um sie zu küssen, nahm seine Hand und bekleidete ihn mit allen Gewändern, die er selbst auf dem Leibe trug. Dies ist die größte Ehre, die der Sultan erweisen kann. Wenn er nämlich jemanden

689 Ein Tor in einem südlichen Viertel Bagdads.

690 Ein Berg im Norden des Wādī ʾArās.

mit seinen eigenen Kleidern geehrt hat, so ist es für diesen, dessen Söhne und seine Nachkommenschaft eine Auszeichnung, die vererbt wird, solange die Kleider oder Teile von ihnen getragen werden können. Das meistgeschätzte Kleidungsstück ist das Beinkleid. Als der Sultan dem Qāḍī Mağd ad-Dīn seine Kleider angelegt hatte, nahm er ihn an der Hand, führte ihn in seinen Palast, befahl seinen Frauen, ihn mit Achtung zu behandeln und seine Anwesenheit als einen Segen zu betrachten. Der Sultan schwor der rāfiḍitischen Lehre ab und schrieb an seine Länder, daß die Menschen am sunnitischen Glauben festhalten sollten.[691] Dem Qāḍī machte er prächtige Geschenke und entließ ihn geehrt und geachtet in seine Provinz. Er gab ihm unter anderem hundert Dörfer im Ğamkān, einer Talsenke zwischen zwei Bergen, die 24 Farsaḫ lang ist und von einem großen Fluß durchströmt wird.[692] Beidseits dieses Flusses liegen die Dörfer in einer der schönsten Landschaften um Šīrāz. Unter seinen größeren Ortschaften, die schon Städten gleichen, ist Maiman zu erwähnen, das diesem Qāḍī gehört. Zu den Merkwürdigkeiten des Ğamkān gehört, daß die Hälfte des Tales in der Nachbarschaft von Šīrāz mit einer Ausdehnung von zwölf Farsaḫ sehr kalt ist, Schneefall hat und die meisten Bäume Nußbäume sind. Die andere Hälfte dagegen, die in der Richtung auf Hurmuz an Hunğu oder Bāl[693] im Lande Lār grenzt, ist sehr heiß und dort gedeiht die Palme.

Qāḍī Mağd ad-Dīn sah ich ein zweites Mal auf meiner Rückreise aus Indien. Von Hurmuz aus machte ich mich im Jahre 748 auf den Weg zu ihm, um die Ehre zu haben, ihm zu begegnen.[694] Zwischen Hurmuz und Šīrāz liegt eine Strecke von 35 Tagen. Ich trat bei ihm, der schon nicht mehr gehen konnte, ein und grüßte ihn. Er erkannte mich, erhob sich und umarmte mich. Meine Hand fiel auf seinen Ellbogen und ich fühlte, wie seine Haut auf den völlig fleischlosen Knochen klebte. Er ließ mich in der Madrasa wohnen, in der er mich auch das erste Mal aufgenommen hatte. Eines Tages suchte ich ihn auf und traf bei ihm den Herrscher von Šīrāz, Sultan Abū ʾIsḥāq, an, von dem ich bald noch sprechen werde, der vor ihm saß und sein Ohr in die Hand genommen hatte. Dieser Geste gilt diesem Volk als Ausdruck allerhöchster Höflichkeit, derer sie

691 Diese Geschichte wird dem Mongolenherrscher Ulğāitū nachgerühmt, doch rückte dieser keineswegs von der Schia ab, sondern zeigte sich der Sunna gegenüber toleranter, die dann unter seinem Sohn Abū Saʿīd, dem Ibn Baṭṭūṭa noch begegnen wird, ab 1316 wieder offiziell anerkannt wurde. Diese ganze Geschichte ist aus anderen Quellen verbürgt und soll sich um 1310 zugetragen haben.

692 Etwa 25 Kilometer südlich von Kavar und 30 Kilometer nördlich von Mimand, das Ibn Baṭṭūṭa ›Maiman‹ nennt, und in der Nähe von Zinğīrān; Mimand selbst liegt im Osten des heutigen Fīrūzābād, dieses 90 Kilometer genau südlich von Šīrāz.

693 Im Abschnitt ›Von der Küste Ostafrikas in den Persischen Golf‹ wählt Ibn Baṭṭūṭa die Schreibweise ›Ḫunğu Bāl‹.

694 Das Jahr 748 der Ḥiğra lief vom 13. April 1347 bis zum 31. März 1348. Das Wiedersehen fand statt im Monat Rabīʿ II (Juli 1347), wie Ibn Baṭṭūṭa später noch präzisieren wird.

sich befleißigen, wenn sie vor ihrem Herrscher sitzen. Noch ein weiteres Mal besuchte ich den Qāḍī in der Madrasa, fand aber das Tor verschlossen und erkundigte mich nach dem Grunde. Man sagte mir, daß zwischen der Mutter des Sultans und seiner Schwester wegen einer Erbschaft ein Streit entbrannt wäre und er sie zum Qāḍī Maǧd ad-Dīn geschickt habe. Sie suchten ihn in seiner Madrasa auf, legten ihm die Angelegenheit dar und er sprach ein Urteil, das dem Gesetz entsprach. Die Bewohner von Šīrāz nennen Maǧd ad-Dīn nicht Qāḍī, sondern geben ihm den Titel ›Unser erhabener Meister‹. So wird sein Name geschrieben, wenn Urkunden und Verträge seinen Namenszug verlangen. Zum letzten Male sah ich den Qāḍī im Monat Rabīʿ II des Jahres 748. Sein Glanz fiel auf mich und sein Wohlwollen war ein Segen für mich. Gott wirke durch ihn und seinesgleichen!

Der Sultan von Šīrāz war, als ich in die Stadt kam, der vortreffliche König Abū ʾIsḥāq bin Muḥammad Šāh Yinǧū.[695] Sein Vater hatte ihm diesen Namen nach dem Scheich Abū ʾIsḥāq al-Kāzirūnī gegeben.[696] Er war einer der besten Sultane, von schöner Gestalt und vorteilhafter Erscheinung, hatte einen vornehmen Charakter, ein edles Herz und eine demütige Seele. Seine Macht war ebenso groß wie sein Königreich weit, und seine Armee zählte mehr als fünfzigtausend Türken und Perser. Seine engsten Vertrauten stammten aus Iṣfahān, während er zu den Menschen aus Šīrāz kein Vertrauen hatte. Er nimmt sie weder in seinen Dienst noch läßt er sie in seine Nähe. Nicht einer von ihnen darf Waffen tragen, weil sie unerschrocken und kühn sind und selbst ihren Königen entgegentreten. Findet man bei einem von ihnen Waffen, so wird er bestraft. Ich wurde eines Tages Zeuge, wie ein Mann von den Schutzwachen mit einem Strick um den Hals vor den Obersten der Stadtpolizei geschleppt wurde. Ich ließ mir erzählen, was vorgefallen war, und erfuhr, daß der Mann nachts mit einem Bogen in der Hand aufgegriffen worden war. Der Sultan hat die Absicht, das Volk von Šīrāz zu unterwerfen, weil er es fürchtet, und zieht ihnen die Bewohner aus Iṣfahān vor.

Sein Vater Muḥammad Šāh Yinǧū war in Šīrāz Statthalter des Königs des Iraq gewesen. Er regierte gut und genoß die Zuneigung des Volkes. Als er

695 Abweichend von der von unserem maġribinischen Reisenden erzählten Geschichte erklomm Abū ʾIsḥāq den Thron von Šīrāz erst im Jahre 1343. Zu den Diadochen, die sich nach dem Kollaps des Ilchanidenreiches um dessen politische Trümmer bemühten, gehörte auch der schon erwähnte Ǧūbān (›Tschoban‹), der sich schließlich gezwungen sah, Šīrāz aufzugeben, das alsbald von Abū ʾIsḥāq besetzt wurde, dessen Vater Maḥmūd dort seit 1325 die Macht innegehabt hatte. Der im Text als Vater genannte Muḥammad Šāh war sein Großvater, der in der Provinz Šīrāz Landverweser gewesen war. Das mongolische Wort ›Yinǧū‹ oder ›Īnǧū‹ bedeutet ›Verwalter der Ländereien‹.

696 Ibrāhīm al-Kāzirūnī (gest. 1035) war der Begründer eines missionierenden islamischen Ordens gewesen, dessen Wirken von Kleinasien bis Indien reichte. Sein Grab steht noch heute in Kāzerūn nördlich von Šīrāz.

starb, setzte Sulṭān Abū Saʿīd Scheich Ḥusain, den Sohn des Ǧūbān, an seine Stelle, des Emirs der Emire, von dem ich bald sprechen werde, und gab ihm eine beträchtliche Anzahl Truppen mit. Der Scheich kam in Šīrāz an, übernahm die Herrschaft und zog die Steuern ein. Nun ist Šīrāz wegen seiner Steuerkraft eine der wichtigsten Städte Gottes. Der Pilger Qiwām ad-Dīn aṭ-Ṭamġaǧī, dem der Einzug der Steuern in Šīrāz oblag, hat mir erzählt, er habe die Steuereinnahmen auf 10.000 Silberdinare täglich festgesetzt, die in maġribinischem Geld 2.500 Golddinaren entsprechen.[697] Emir Ḥusain hielt sich eine Zeitlang in Šīrāz auf und wollte sodann dem König des Iraq einen Besuch abstatten. Zuvor aber ließ er Abū ʾIsḥāq bin Muḥammad Šāh Yinǧū, dessen zwei Brüder Rukn ad-Dīn und Masʿūd Bak sowie deren Mutter Ṭāš Ḫātūn[698] ergreifen und wollte sie alle in den Iraq bringen, weil er sich des Vermögens ihres Vaters bemächtigen wollte. Als sie über den Marktplatz von Šīrāz kamen, hob Ṭāš Ḫātūn aus Scham, in diesem Zustand gesehen zu werden, den Schleier an, mit dem sie sich das Gesicht verhüllt hatte, denn den türkischen Frauen ist die Sitte, sich das Gesicht zu verhüllen, ja fremd. Sie rief die Einwohner von Šīrāz zu Hilfe und sagte: »Soll ich etwa so aus eurer Mitte gerissen werden, Volk von Šīrāz, ich, die ich die und die und Gattin von dem und dem bin?« Ein Zimmermann namens Bahlawān Maḥmūd, den ich selbst am Tage meiner Ankunft auf dem Markt von Šīrāz gesehen hatte, stand auf und rief »Wir lassen sie nicht aus unserer Stadt, wir sind nicht einverstanden.« Die Menge stimmte ihm zu, geriet in Aufruhr, griff zu den Waffen und tötete viele Soldaten. Dann plünderte sie den Schatz der Stadt und befreite die Frau und ihre Söhne.

Emir Ḥusain ergriff mit seinen Anhängern die Flucht und suchte Sultan Abū Saʿīd auf, der ihm eine große Truppe von Soldaten gab und ihm befahl, nach Šīrāz zurückzukehren und die Bürger nach Gutdünken zu richten. Als das Volk von Šīrāz davon erfuhr, wußten sie, daß sie nicht stark genug waren, um Widerstand zu leisten. Sie suchten den Qāḍī Maǧd ad-Dīn auf und baten ihn, ein Blutvergießen zu verhindern und einen Waffenstillstand auszuhandeln. Da verließ der Qāḍī die Stadt, um dem Fürsten Ḥusain entgegenzugehen. Der Fürst stieg vom Pferde und grüßte ihn. Die Waffen wurden niedergelegt, und der Emir blieb an diesem Tage in seinem Lager vor der Stadt. Am folgenden Morgen gingen die Bürger ihm in wohlgeordnetem Zuge entgegen. Sie schmückten die Stadt, zündeten zahlreiche Fackeln an, der Emir hielt einen prachtvollen Einzug und behandelte die Bürger von Šīrāz fortan mit Gerechtigkeit.

697 Dieser Qiwām ad-Dīn war ein wichtiges Werkzeug des Abū ʾIsḥāq im Machtspiel um Šīrāz: Er war sein Geheimschreiber und Wesir. Als er im Jahre 1355 starb, schrieb der persische Dichter Ḥāfiẓ seinen Nachruf. Der Beiname ›Ṭamġaǧī‹ kann ungefähr mit Siegelbewahrer wiedergegeben werden (vgl. türk. ›damga‹: ›Stempel, Siegel‹).

698 Ṭāš Ḫātūn ist bekannt geworden durch die Koranhandschrift, die sie der Moschee von Šīrāz stiftete.

Als Sultan Abū Saʿīd gestorben und seine Nachkommenschaft erloschen war, bemächtigte sich jeder Emir, wessen er habhaft werden konnte. Emir Ḥusain begann, sich vor ihren Umtrieben zu fürchten, und verließ die Stadt. Sultan Abū ʾIsḥāq nahm sie ebenso ein wie Iṣfahān und die ganze persische Provinz in einem Umfang von 45 Tagesreisen. Seine Macht war nun gewaltig, und schon trachtete er in seinem Ehrgeiz nach der Eroberung anderer benachbarter Städte. Er begann mit der nächstliegenden Stadt Yazd, einem schönen, sauberen Städtchen mit schönen Märkten, blühenden Bäumen und Flüssen mit stetig fließendem Wasser. Die Einwohner waren šafiʿitische Kaufleute. Abu ʾIsḥāq belagerte Yazd und nahm es ein. Emir Muẓaffar Šāh, Sohn des Emirs Muḥammad Šāh bin Muẓaffar[699], verschanzte sich sechs Meilen vor Yazd in einer Festung. Es war ein allseits von Sand umgebener uneinnehmbarer Platz. Dort belagerte ihn Abū ʾIsḥāq.

Emir Muẓaffar Šāh bewies einen so außergewöhnlichen Mut, wie man ihn noch nie erlebt hatte. Nachts griff er die Soldaten des Sultans Abu ʾIsḥāq an, bekämpfte seine Gegner, tötete so viele, wie er wollte, zerstörte die Zelte und ritt in seine Festung zurück, ohne daß Abū ʾIsḥāq ihn fassen konnte. Eines Nachts brach Muẓaffar Šāh wieder über die Zelte des Sultans herein, tötete mehrere Männer, erbeutete zehn der besten Pferde Abū ʾIsḥāqs und kehrte in seine Festung zurück. Nun befahl der Sultan, daß jede Nacht 5.000 Reiter auf ihre Pferde steigen und und sich in einen Hinterhalt legen sollten. So geschah es auch. Der Fürst machte seiner Gewohnheit gemäß mit einer Hundertschaft seiner Männer einen Ausfall und fiel über die Soldaten her, aber die im Hinterhalt liegenden Truppen umzingelten ihn, und nach und nach erschienen die übrigen Truppen. Muẓaffar Šāh aber bekämpfte sie alle und zog sich wieder in seine Festung zurück. Nur einer seiner Gefährten wurde gefangen und vor Sultan Abū ʾIsḥāq geführt. Dieser schenkte ihm ein Ehrengewand, entließ ihn und schickte ihn unter sicherem Geleit und mit der Botschaft zu Muẓaffar, daß dieser ihn aufsuchen solle. Aber Muẓaffar lehnte ab. Als schließlich doch Botschaften zwischen ihnen ausgetauscht wurden, begann Sultan Abū ʾIsḥāq in seinem Herzen große Freundschaft für Muẓaffar zu empfinden, weil er die Kühnheit dieses Fürsten selbst erlebt hatte. Er sagte: »Ich will ihn sehen, und wenn ich ihn gesehen habe, ziehe ich mich zurück«, und stellte sich vor der Festung auf. Muẓaffar trat ans Tor und entbot Abū ʾIsḥāq den Gruß. Der Sultan sagte: »Komm heraus, ich sage dir freies Geleit zu.« – Muẓaffar antwortete:

[699] Muẓaffar war der Begründer der Dynastie der Muẓaffariden. Er hatte sich im Jahre 1318 der Stadt Yazd und 1340 auch Kermāns bemächtigt. In drei Feldzügen gegen Kermān, 1347, 1350 und 1352, konnte Abū ʾIsḥāq ihn nicht überwinden. Im Gegenzuge aber griff Mubāriz ad-Dīn Muḥammad (1314–1358), Muẓaffars Sohn, im Jahre 1353 Šīrāz an und nahm es ein. Drei Jahre später kapituliert Abū ʾIsḥāq in Iṣfahan und wird hingerichtet. Damit endet das ilchanidische Sonderreich der Yinğū-Sultane.

»Ich habe zu Gott geschworen, erst dann zu dir zu kommen, wenn du meine Festung betreten hast. Dann werde ich kommen.« – Abū ʾIsḥāq entgegnete darauf: »Dann werde ich das tun«, und trat in die Festung ein, von nur zehn seiner Männer begleitet. Als er ans Tor gekommen war, trat Muẓaffar heran, küßte seinen Steigbügel, ging zu Fuß vor ihm her und führte ihn hinein. Sie speisten gemeinsam und ritten dann gemeinsam ins Lager des Fürsten. Der Sultan ließ ihn an seiner Seite Platz nehmen, legte ihm seine eigenen Gewänder an und gab ihm eine ansehnliche Summe Geld. Sie einigten sich darauf, daß in der Freitagspredigt der Name Abū ʾIsḥāqs genannt werden, die Provinz aber Muẓaffar und seinem Vater gehören sollte. Dann kehrte der Sultan in seine Länder zurück.

Eines Tages hatte Abū ʾIsḥāq den Wunsch, einen Säulenhof nach dem Vorbild von Kusrā[700] zu bauen, und erteilte dem Volk von Šīrāz den Auftrag, die Fundamente auszuheben. Die Arbeit wurde aufgenommen, und die Zünfte der Handwerker traten in Wettstreit miteinander. Sie gingen in ihrem Ehrgeiz so weit, große mit bestickter Seide verkleidete Lederkörbe herzustellen, um die Erde fortzutragen. Ähnlich trieben sie es mit dem Packsattel und der Decke ihrer Lasttiere. Einige stellten silberne Hacken her und zündeten zahlreiche Fackeln an. Selbst während der Arbeit legten sie ihre beste Kleidung an und banden sich seidene Schürzen um. Der Sultan überwachte ihre Arbeit von einer Tribüne aus. Ich habe dieses Podest, das etwa drei Ellen hoch über dem Boden stand, selbst gesehen. Als die Fundamente gelegt waren, wurden die Stadtbewohner abgelöst und durch Lohnarbeiter ersetzt, von denen Tausende herangeschafft wurden. Ich habe vom Statthalter gehört, daß der größte Teil der Steuereinnahmen der Stadt für diesen Bau ausgeworfen wurde. Die Arbeiten leitete Emir Ǧalāl ad-Dīn bin al-Falaki-t-Tūrīzī, einer der Großen der Stadt, dessen Vater ʿAlī Šāh Ǧīlān hieß und Stellvertreter des Wesirs von Sulṭān Abū Saʿīd gewesen war. Emir Ǧalāl ad-Dīn al-Falakī hatte einen vornehmen Bruder namens Hibbat Allāh mit dem Beinamen Bahāʾ al-Mulk, der gemeinsam mit mir und mit Šarīf al-Mulk, dem Emir von Baḫt, am Hof des indischen Königs erschien. Der König von Indien gab uns allen Ehrengewänder, wies jedem ein geeignetes Amt zu und setzte uns ein festes Einkommen und dazu Geschenke aus, wovon ich noch berichten werde. Sultan Abū ʾIsḥāq wollte es dem König von Indien gleichtun und ihm in Freigebigkeit und Pracht seiner Geschenke nicht nachstehen. Doch welch ein Abstand besteht doch zwischen den Plejaden und der Erde! Das größte Geschenk des Abū ʾIsḥāq, von dem wir erfahren haben, bestand in 70.000 Dinaren, die er dem Scheich Zādah al-Ḫurāsānī überreichte, als dieser als Botschafter des Königs von Harāh[701] an

[700] ›ʾĪwān Kusrā‹ (Säulenhalle des Ḫusraw oder Chosroes) ist der Sassanidenpalast von Ktesiphon in der Nähe von Bagdad.

[701] Herat im heutigen Afghanistan, damals zum Ḫurāsān gehörig.

seinen Hof kam. Der König von Indien dagegen gibt das Mehrfache an unzählige Menschen aus dem Ḫurāsān und anderen Ländern!

Zu den staunenswerten Taten des Königs von Indien zähle ich die folgende: Ein Faqīh namens Emir ʿAbdallāh aus dem Ḫurāsān, gebürtig aus Harāh, aber im Ḫwārizm lebend, besuchte den König. Ḫātūn Turābik, die Gattin Quṭlūdumūrs, des Fürsten von Ḫwārizm, hatte ihn mit einem Geschenk zum indischen König geschickt.[702] Der Herrscher nahm das Geschenk an und erwiderte es mit einem noch viel wertvolleren. Der Botschafter beschloß, am Hofe des Königs zu bleiben, der ihn unter seine Tafelfreunde aufnahm. Eines Tages forderte ihn der König auf, in seine Schatzkammer zu gehen und sich dort soviel Gold zu nehmen, wie er tragen könne. Der Mann ging in sein Haus und kam mit dreizehn Beuteln zurück, die er füllte, bis sie nichts mehr fassen konnten. Er band jedes Säckchen an seinen Leib, denn er war sehr kräftig, und wollte davongehen. Aber als er die Schatzkammer verlassen hatte, stürzte er und konnte nicht mehr aufstehen. Der Sultan befahl, zu wiegen, was er herausgetragen hatte. Die Last wog dreizehn ›mann‹, ein Gewicht aus Delhi. Ein ›mann‹ entspricht 25 ägyptischen Raṭl.[703] Der König befahl ihm, alles mitzunehmen. Er nahm es und ging davon.

Der Emīr von Baḫt mit dem Beinamen Šarf al-Mulk al-Ḫurāsānī, den ich oben erwähnt habe, wurde in der indischen Hauptstadt krank, und der König stattete ihm einen Krankenbesuch ab. Als er in das Zimmer trat, wollte der Kranke sich erheben, aber der König beschwor ihn, sein ›katt‹ nicht zu verlassen – so nennen sie dort das Bett. Man brachte für den Herrscher einen Stuhl herbei, den man dort ›mūra‹ nennt und auf den er sich setzte. Dann verlangte er Gold und eine Waage. Nachdem ihm beides gebracht worden war, forderte der König den Kranken auf, sich in eine Waagschale zu setzen. Da antwortete der Emir: »O Herr der Welt! Hätte ich das vorausgesehen, hätte ich viel mehr Kleider angezogen.« Der König versetzte darauf: »Dann ziehe jetzt alle Kleider an, die du hast.« Der Emir nahm die Kleider, die er gegen die Kälte anzuziehen pflegte und die mit Baumwolle gefüttert waren. Dann setzte er sich in eine Schale der Waage. Das Gold wurde in die andere gelegt, bis es mehr wog als der Mann. Der König sprach zum Emir: »Nimm es und nutze es für Almosen, um dein Leben zu retten!« Dann ging er.

Faqīh ʿAbd al-ʿAzīz al-Ardawīlī kam zum König von Indien. Er hatte in Damaskus die Traditionen gelehrt und war in ihnen sehr bewandert. Der König wies ihm ein tägliches Honorar von 100 Silberdinaren im Gegenwert von 25 Golddinaren an. Eines Tages nahm er an einer Audienz des Fürsten teil, der ihm zu diesen Überlieferungen eine Frage stellte. Daraufhin zitierte er sofort

702 Zu diesen Persönlichkeiten vgl. den späteren Abschnitt ›Von der Wolga an den Indus‹.

703 Da ein ägyptisches Raṭl (heute!) 450 Gramm wiegt, käme ein ›mann‹ auf 11,25 Kilogramm, das Gesamtgewicht der Goldlast demnach auf 146,25 Kilogramm.

zahlreiche Traditionen zum angesprochenen Thema. Sein Gedächtnis erstaunte den König so sehr, daß er bei seinem Kopfe schwor, er würde die Audienz nicht aufheben, bevor er nicht getan hätte, was er für richtig hielt. Er stieg von seinem Sitz herab, küßte die Füße des Faqīh und befahl, eine goldene Schale herbeizubringen, die wie ein kleiner ›ṭaifūr‹ aussah. Er ließ tausend Golddinare hineinwerfen, nahm den Teller mit eigener Hand, schüttete die Goldstücke über ihn aus und sagte er: »Sie gehören dir, und die Schale dazu.«

Ein Mann aus dem Ḫurāsān, der Sohn des Scheichs ʿAbd ar-Raḥmān al-Isfarāyinī[704], dessen Vater sich in Bagdad niedergelassen hatte, kam eines Tages an den Hof des Herrschers. Dieser gab ihm 50.000 Silberdinare, Pferde, Sklaven und Gewänder. Ich werde über diesen König noch vieles erzählen, wenn ich über Indien spreche. Wir haben die vorstehenden Geschichten nur erwähnt, weil Sultan Abū ʾIsḥāq es ihm an Geschenken gleichtun wollte. Nun, wenn er auch ein großzügiger und wohltätiger Fürst war, so erreichte er doch nicht die Freigebigkeit des Königs von Indien.

Man sieht in dieser Stadt zunächst das Grabmal von Aḥmad bin Mūsā, des Bruders von Ar-Riḍā ʿAlī bin Mūsā bin Ǧaʿfar bin Muḥammad bin ʿAlī bin al-Ḥusain bin ʿAlī bin Abī Ṭālib.[705] Die Menschen aus Šīrāz halten es in großer Verehrung. Es macht sie glücklich, und sie bitten dort um die Gunst Gottes. Ṭāš Ḫātūn, die Mutter des Sulṭāns Abu ʾIsḥāq, hat in der Nähe eine Madrasa und ein Hospiz gebaut, in der Reisende Verpflegung finden können. Es gibt dort auch Koranleser, die an diesem Grabmal ständig das Hohe Buch lesen. Die Ḫātūn pflegt in der Nacht auf Montag ans Grabmal zu kommen, wenn sich dort auch die Qāḍīs, Faqīhs und die Šarīfe einfinden. Von allen Städten Gottes leben in Šīrāz die meisten Šarīfe. Von vertrauenswürdigen Männern habe ich gehört, daß für 1.400 von ihnen, bedeutende und unbedeutende, in Šīrāz Pensionen ausgesetzt sind. Ihr Vorsteher ist ʿAḍud ad-Dīn al-Ḥusainī. Wenn sich diese Gruppe am gesegneten Schrein versammelt, tragen Rezitatoren eine gesamte Koranhandschrift mit ergreifenden Stimmen bis zum Ende vor. Es werden Gerichte, Früchte und Zuckerwerk gereicht. Wenn die Teilnehmer gespeist haben, hält der Prediger seine Ansprache. Diese Zeremonie findet zwischen dem Mittags- und dem Nachtgebet statt. Die Ḫātūn hält sich währenddessen in einem Raum über der Moschee hinter vergitterten Fenstern

704 Al-Isfarāyinī bekehrte 1282 den ersten mongolischen Ilchan, und zwar Takūdār, zum Islam und gab ihm den Beinamen Aḥmad. Als Takūdār ihn mit dieser Botschaft nach Ägypten schicken wollte, wurde Al-Isfarāyinī in Damaskus festgehalten und starb dort im Jahre 1285.

705 Aḥmad bin Mūsā war der Bruder des achten der zwölf (schiitischen) Imāme, der in Mašhad (›Grabstätte‹) in Persien beigesetzt wurde. Das im Text angesprochene Mausoleum entstand erst 1343 und wurde 1506 und noch einmal 1843 wiederaufgebaut. Es trägt heute den Namen Šāh Tscherāġ; die Koranschule und die Zāwiya bestehen nicht mehr.

auf. Danach werden am Tor des Grabmals wie vor den Toren der Königshäuser Trommeln geschlagen sowie Trompeten und Fanfaren geblasen.

Zu den anderen Grabmälern des Mausoleums gehört auch das des heiligen Imāms Abū ʿAbdallāh Ibn Ḫafīf, des Pols des Glaubens, der in dieser Stadt nur ›Scheich‹ genannt wird.[706] Er gilt in ganz Persien als nachahmenswertes Vorbild, und sein Grab steht in großer Verehrung, das die Gläubigen morgens wie abends in Ehrfurcht aufsuchen. Ich habe auch den Qāḍī Maǧd ad-Dīn gesehen, als er es besuchte und berührte. Die Ḫātūn besucht es jede Nacht auf Freitag. Auch zu diesem Grab gehören eine Madrasa und ein Hospiz. Die Qāḍīs und die Faqīhs versammeln sich dort zum gleichen Zeremoniell, dem sie am Grabe von Aḥmad bin Mūsā folgen. Ich habe beide Orte besucht. Das Grabmal des Emirs Muḥammad Šāh Yinǧū, des Vaters des Sultans Abū ʾIsḥāq, liegt unmittelbar daneben. Scheich Abū ʿAbdallāh Muḥammad bin Ḫafīf genießt höchste Verehrung und ist unter den Freunden Gottes weithin berühmt. Er entdeckte den Weg auf den Berg Sarandīb auf der Insel Sailān, die zu Indien gehört.[707]

Es wird erzählt, daß der Scheich eines Tages in Begleitung von ungefähr dreißig Faqīren zum Sarandīb aufbrach. Auf dem Weg zum Berg überkam sie an einer völlig unbewohnten Stelle der Hunger, und sie verirrten sich. Sie baten den Scheich, ihnen zu erlauben, einen der kleinen Elefanten zu fangen, die es dort in großer Zahl gibt und die bis in die Hauptstadt des indischen Königs gebracht werden. Aber er verbot es ihnen. Doch als ihr Hunger übermächtig wurde, setzten sie sich über das Verbot des Scheichs hinweg, fingen einen kleinen Elefanten, schlachteten ihn und aßen von seinem Fleisch; der Scheich aber enthielt sich. Während sie in der Nacht schliefen, liefen die Elefanten von allen Seiten herbei. Sie hatten ihre Witterung aufgenommen und griffen sie an, bis alle tot waren. Sie hatten auch den Scheich gewittert, taten ihm aber nichts zuleide. Ein Elefant nahm ihn, umwickelte ihn mit seinem Rüssel, warf ihn auf seinen Rücken und brachte ihn an einen Ort, an der Behausungen standen. Als die Menschen, die dort lebten, den Elefanten kommen sahen, waren sie überrascht und liefen ihm entgegen, um zu erfahren, was vorgefallen war. Als er näher gekommen war, faßte ihn der Elefant mit seinem Rüssel und setzte ihn von seinem Rücken auf die Erde, so daß die Menschen ihn sehen konnten. Sie traten ehrfürchtig näher und gingen mit ihm zu ihrem König, dem sie das Abenteuer berichteten. Es waren Ungläubige, aber er blieb mehrere Tage bei ihnen. Der Ort lag an einem Fluß, den sie ›Ḫūr al-Ḫaizurān‹ nennen, denn ›ḫūr

[706] Geboren im Jahre 882, war Ibn Ḫafīf Offizier des Ṣaffāridenfürsten ʿAmrū bin Laiṯ und Gründer des sunnitischen Ṣūfī-Ordens von Šīrāz. Er starb nach genau 100jährigem Erdenwandel im Jahre 982.

[707] Sailān ist Ceylon, das heutige Sri Lanka. Für die nun folgende Legende gibt es nach At-Tāzī keine weitere Quelle, so daß sie für Seemannslatein aus dem Persischen Golf gehalten werden muß.

bedeutet ›Fluß‹. Dort wird auch Perlenfischerei betrieben, und es wird erzählt, daß der Scheich eines Tages in Anwesenheit des Königs getaucht sei. Er tauchte mit fest geschlossenen Händen wieder auf und sagte zum König: »Wähle aus einer meiner Hände!« Der König wählte die rechte Hand, worauf ihm der Scheich den Inhalt zuwarf. Es waren drei unvergleichliche Edelsteine, die noch heute die Krone der dortigen Könige zieren und vererbt werden.

Ich habe diese Insel Sailān betreten. Die Bewohner halten an ihrem Heidentum fest, verehren aber die muslimischen Faqīre und nehmen sie gastfrei in ihre Häuser auf inmitten ihrer Frauen und Kinder, anders als die anderen Ungläubigen in Indien. Diese nämlich meiden die Muslime und lassen sie weder aus ihren Schüsseln essen noch aus ihren Bechern trinken, wenn sie sie auch nicht belästigen oder beleidigen. Wir mußten unser Fleisch von einem von ihnen zubereiten lassen. Sie trugen es zwar in ihren Kesseln herbei, setzten sich aber weit abseits von uns. Sie brachten uns auch Bananenblätter, auf die sie Reis gelegt hatten, der ihre Nahrung ist. Auf diesen Reis schütteten sie als Zutat ›kūšān‹[708] und entfernten sich. Wir haben dieses Essen gegessen, und was übrig blieb, fraßen die Hunde und die Vögel. Wenn ein kleines Kind, das noch keinen Verstand hat, von diesen Resten ißt, schlagen sie es und lassen es Kuhmist schlucken, der, wie sie glauben, von der Besudelung befreit.

Unter den Grabmälern in Šīrāz befindet sich auch das des frommen Scheichs Quṭb ad-Dīn Rūz Ǧihān al-Baqlī[709], eines der größten Heiligen. Sein Grab liegt in einer großen Moschee, in der die Freitagspredigt gehalten wird. In diese Moschee begibt sich Qāḍī Maǧd ad-Dīn, von dem ich schon gesprochen habe, zum Gebet. In der gleichen Moschee habe ich diesen Scheich über den ›masnad‹ sprechen hören, die der Imām Abū ʿAbdallāh Muḥammad bin Idrīs, der Šafiʿit[710], gesammelt hat. Er sagte, in diesem Buche sei er von Wazīra, der Tochter von ʿUmar bin al-Munaǧǧāʾ unterwiesen worden. Wazīra war durch Abū ʿAbdallāh al-Ḥusain bin Abī Bakr bin al-Mubārak az-Zubaidī belehrt worden. Dieser nannte als seinen Meister Abū Zarʿa Ṭāhir bin Muḥammad bin Ṭāhir al-Muqaddasī, der wiederum Abu-l-Ḥasan al-Makkī bin Muḥammad bin Manṣūr bin ʿAlāl al-ʿUrḍī zum Lehrer hatte. Al-Makkī nannte den Qāḍī Abū Bakr Aḥmad bin al-Ḥasan al-Ḥarašī als seinen Meister, der Abu-l-ʿAbbās bin Yaʿqūb, den Tauben, angab, der Ar-Rabīʿ bin Sulaimān al-Murādī anführte, der selbst schließlich die Lesungen des

708 Eine dem Curry ähnliche Gewürzmischung, die im Persischen Golf verwendet wird.

709 Es handelt sich um Rūz Ǧiḥān bin Abī Naṣr al-Baqlī (1128–1209/10), einen berühmten Ṣūfī-Mystiker, der eine Autobiographie hinterließ und dessen Beiname in anderen Handschriften als ›al-Baġlī‹ oder ›al-Qablī‹ wiedergegeben wird. Sein Grab wurde 1928 wiederentdeckt.

710 Zu diesem Imām vgl. Kapitel ›Aufbruch nach Ägypten‹. ›Masnad‹ (eigentlich ›Stütze, Lehne‹) bezeichnet in der islamischen Tradition die Überliefererkette der theologischen Autoritäten, auf die man sich beruft.

Imām Abū ʿAbdallāh, des Šafiʿiten, gehört hatte. Ich hörte in dieser Moschee aber auch den Qāḍī Maǧd ad-Dīn, als er die Schrift ›Mašāriq al-Anwār‹ erläuterte, die der Imām Raḍi-d-Dīn Abi-l-Faḍāʾil al-Ḥasan bin Muḥammad bin Ḥasan aṣ-Ṣaġānī zusammengestellt hat. Das Recht, sie zu lehren, erhielt er von Scheich Galāl ad-Dīn Abū Hāšim Muḥammad bin Muḥammad bin Aḥmad al-Hāšimīy al-Kūfī, der die Überlieferungen von Imām Niẓām ad-Dīn Maḥmūd bin Muḥammad bin ʿUmar al-Harawī gehört hatte, den der Verfasser selbst unterwiesen hatte.

In Šīrāz steht auch das Grab des gottesfürchtigen Scheichs Zarkūb[711] neben einem gastfreundlichen Hospiz. Alle diese Denkmäler befinden sich im Inneren der Stadt wie auch die meisten Gräber der Einwohner selbst. Wenn ein Mann der Stadt nämlich ein Kind oder die Frau durch Tod verliert, bereitet er in einem Zimmer seines Hauses ein Grab vor, in dem der Leichnam bestattet wird. Er bedeckt den Boden der Kammer mit Matten und Teppichen, stellt am Kopf und zu Füßen des Toten viele Kerzen auf und bringt zur Straße hinaus eine Tür und ein eisernes Gitter an. Hier betreten die Koranleser die Kammer und lesen mit ihren herrlichen Stimmen aus dem Buche vor. In der ganzen bewohnten Welt gibt es keine Koranleser mit so schönen Stimmen, wie sie die Bürger von Šīrāz besitzen. Die Bewohner des Sterbehauses beten am Grab, legen Teppiche darauf und stellen brennende Kerzen daneben, als hätte der Verstorbene sie noch nicht verlassen. Man hat mir erzählt, daß diese Leute sogar noch täglich für den Verstorbenen dessen Anteil am Mahl kochen und das Essen nach dessen Wunsch als Almosen spenden.

Eines Tages ging ich über die Märkte von Šīrāz, als ich eine vollendet gebaute und schön getäfelte Moschee entdeckte. Auf einem Pult lagen Koranhandschriften, die in Seidenschatullen aufbewahrt wurden. Auf der Nordseite der Moschee stand eine Zāwiya mit einem vergitterten Einlaß, der sich zum Markt hin öffnete. Dort saß ein Scheich von angenehmem Äußeren und in gepflegter Kleidung, vor sich einen Koran, in dem er las. Ich grüßte ihn und setzte mich zu ihm. Er fragte mich, woher ich käme. Ich antwortete und fragte ihn nach der Moschee. Er erzählte mir, er habe sie errichtet und sie mit einem ansehnlichen Vermächtnis ausgestattet, aus dem Koranleser und andere unterhalten werden können. Das Hospiz, vor dem ich neben ihm saß, hatte er auch für seine eigene Bestattung vorgesehen, sofern Gott es wollte, ihn in dieser Stadt sterben zu lassen. Schließlich hob er den Teppich unter seinen Füßen auf: Dort war schon sein mit Brettern bedecktes Grab ausgehoben. Er zeigte mir einen Kasten in der Nähe und sagte: »In diesem Kasten liegen mein Leichentuch, Balsam und Dirhams, die ich erhielt, als ich meine Dienste einem frommen

711 ʿIzz ad-Dīn Maudūd Ibn Muḥammad aḏ-Ḏahabī (›der Goldene‹), gest. 1265, Schüler von Ar-Rifāʿī und Rūz Ǧihān. Seinen Beinamen verdankt er dem persischen Wort ›zarkūb‹ (›Goldschmied‹).

Manne vermietete, dem ich einen Brunnen grub. Er hat mir diese Dirhams gezahlt, ich aber habe sie beiseitegelegt, denn sie sollen für mein Begräbnis ausgegeben werden. Was übrig bleibt, soll als Almosen gespendet werden.« Ich war voller Bewunderung und wollte mich entfernen, aber er beschwor mich zu bleiben und bewirtete mich an diesem Ort.[712]

Außerhalb der Stadt befindet sich das Grab eines gottergebenen Scheichs, der unter dem Namen Saʿdī bekannt war. Zu seiner Zeit war er der erste Dichter persischer Sprache gewesen und hatte auch in arabischer Sprache geglänzt. Zum Grab gehört ein schönes Hospiz, das an dieser Stelle erbaut wurde und im Innenhof einen hübschen Garten besitzt. Es steht in der Nähe der Quelle des großen Flusses Rukn Ābād. Der Scheich hatte hier auch kleine Marmorbecken errichten lassen, in der Kleider gewaschen werden konnten. Die Leute aus Šīrāz kommen aus der Stadt zu dieser Zāwiya, speisen an ihrer Tafel und waschen im Fluß ihre Kleidung; danach kehren sie wieder um. So tat ich es auch. In der Nähe dieser Zāwiya steht ein weiteres Hospiz, dem eine Madrasa angeschlossen ist. Sie stehen neben dem Grabe von Šams ad-Dīn as-Samnānī, einem Emir und Meister des Rechts.[713] Er ist nach seinem letzten Willen hier bestattet worden.

Zu den ersten Rechtsgelehrten von Šīrāz gehört der Šarīf Maǧīd ad-Dīn, ein Mann von erstaunlicher Freigebigkeit. Häufig verschenkte er alles, was er besaß, sogar die Kleider, die er am Leibe trug, und zog dann ein ganz geflicktes Kleid an. Die Großen der Stadt suchten ihn auf, trafen ihn in diesem Zustand an und gaben ihm neue Kleider. Die tägliche Zuwendung, die er vom Sultan erhielt, betrug 50 Silberdinare.

Danach verließ ich Šīrāz, um das Grab des frommen Scheichs Abū ʾIsḥāq al-Kāzirūnī in Kāzirūn zu besuchen, zwei Tagesreisen von Šīrāz entfernt. Am ersten Tage schlugen wir unser Lager im Gebiet der Šūl auf, eines persischen Stammes, der in der Steppe lebt und fromme Männer hervorgebracht hat.[714] Eines Tages hatte ich mich, um den Koran zu lesen, unmittelbar nach dem Mittagsgebet in eine Moschee von Sīrāz gesetzt. Es kam mir in den Sinn, eine Lesung zu halten, wenn ich eine Handschrift hätte. Da trat ein junger Mann herein und sagte mit lauter Stimme: »Nimm!« Als ich den Kopf zu ihm hob, warf er mir einen Koran auf den Schoß und ging. Ich las ihn an einem einzigen Tage von vorn bis hinten durch. Dann wartete ich auf ihn, um das Buch zurückzugeben, aber er erschien nicht mehr. Ich erkundigte mich nach ihm und

712 Saʿdī, persischer Dichter(1184/5–1292).

713 Muḥammad bin al-Ḥasan bin ʿAbd al-Karīm, Qāḍī von Semnān im Ḫurāsān, etwa 200 Kilometer östlich von Teheran.

714 Die Šūl waren ein kurdischer Stamm, der sich im 12. Jahrhundert in Šūlistān nordwestlich von Šīrāz ansiedelte, nachdem er aus Lūristān vertrieben worden war. Ihr Name lebt in dem kleinen Ort Šūl fort, der 50 Kilometer von Šīrāz entfernt ist.

jemand sagte mir: »Das war Buhlūl, der Šūl.« Seither habe ich ihn nie mehr gesehen.

Am Abend des zweiten Tages kamen wir nach Kāzirūn, suchten die Zāwiya des Scheichs Abū ʾIsḥāq[715] auf und verbrachten dort die Nacht. Dort setzen sie jedem Ankömmling, sei es, wer es wolle, ›harīsa‹ vor, das aus Fleisch, Weizenbrei und Butteröl zubereitet und zusammen mit Fladenbrot gegessen wird. Niemanden, der bei ihnen eingekehrt ist, lassen sie wieder ziehen, bevor er drei Tage lang ihre Gastfreundschaft genossen und dem Scheich, der in dieser Zāwiya wohnt, seine Wünsche mitgeteilt hat. Dieser gibt sie an die Faqīre weiter, die ihr fest angehören. Es sind mehr als hundert, darunter verheiratete und ledige Männer. Sie lesen den gesamten Koran, sprechen Bittgebete und rufen am Grab des Scheichs Abū ʾIsḥāq zugunsten des fremden Ankömmlings Gott an, damit dessen Wünsche mit Gottes Hilfe erfüllt werden.

Scheich Abū ʾIsḥāq wird auch von den Menschen in Indien und China verehrt. Reisende, die das chinesische Meer befahren, haben sich angewöhnt, auf Abū ʾIsḥāq ein Gelübde abzulegen, wenn sie widrige Winde antreffen oder Seeräuber fürchten. Was sie in ihrem Gelübde versprechen, halten sie schriftlich fest. Sobald sie wieder sicheres Land erreicht haben, kommen die Diener der Zāwiya an Bord, lassen sich dieses Register vorlegen und nehmen von jedem Fahrgast die Gabe in Empfang, die dieser ausgelobt hat. So gibt es kein Schiff aus China oder Indien, das heimkehrt, ohne Tausende von Dinaren zu zahlen. Die bevollmächtigten Diener der Zāwiya nehmen diese Summen entgegen. Wenn nun ein Faqīr kommt und den Scheich um ein Almosen bittet, wird für ihn eine Anweisung geschrieben. Sie trägt, auf ein silbernes Siegel geprägt, das Zeichen des Scheichs. Es wird in rote Tinte getaucht und auf die Anweisung gepreßt, so daß sich der Abdruck auf das Papier überträgt. Sie lautet wie folgt:

»Wer eine Summe zugunsten von Scheich Abū ʾIsḥāq ausgelobt hat, soll aus ihr den Soundso auszahlen.« Die Anweisung kann über tausend oder hundert oder einen Betrag dazwischen lauten, oder auch darunter, je nach dem Betrag, der dem Faqīr zugemessen wurde. Sobald dieser jemanden trifft, der sich in einem Gelübde verpflichtet hat, erhält er den Betrag und schreibt auf die Rückseite der Anweisung einen Vermerk, wieviel er erhalten hat. Der König von Indien gelobte einmal, Scheich Abū ʾIsḥāq den Betrag von 10.000 Dinar zu zahlen. Als diese Nachricht zu den Faqīren der Zāwiya gedrungen war, ging einer von ihnen nach Indien und kam mit dem ganzen Geld zurück.

Wir reisten von Kāzirūn ab, um in die Stadt Az-Zaidān zu kommen, die so heißt, weil sich hier die Gräber der beiden Gefährten des Propheten, der

[715] Abū ʾIsḥāq Ibrāhīm bin Šahriyār al-Kāzirūnī (963–1034/35), Schüler von Ibn Ḫafīf (vgl. Anm. 706) und Gründer eines Ordens, der sich von Syrien bis nach Indien und China ausbreitete.

Anṣārīs Zaid bin Ṯābit und Zaid bin Arqam, befinden.[716] Es ist eine hübsche Stadt, gut versorgt mit Obstgärten und Wasser. Sie besitzt hübsche Märkte und stolze Moscheen. Die Bewohner sind redlich, vertrauenswürdig und fromm. Einer von ihnen war der Qāḍī Nūr ad-Dīn az-Zaidānī. Er war nach Indien gegangen und hatte auf Ḏībat-al-Mahal[717], das zu Indien gehört und aus sehr vielen Inseln besteht, die Würde des Qāḍīs bekleidet. Ihr König, dessen Schwester der Qāḍī heiratete, ist Ǧalāl ad-Dīn bin Ṣalāḥ ad-Dīn Ṣāliḥ. Ich werde noch von ihm und seiner Tochter Ḫadīǧa, die nach ihm Königin dieser Inseln wurde, sprechen. Qāḍī Nūr-ad-Dīn ist auf den Inseln gestorben.

Wir verließen Az-Zaidān wieder und ritten nach Ḥuwīzā'[718], einer kleinen von Persern bewohnten Stadt, die vier Tagesreisen von Baṣra und fünf von Kūfa entfernt ist. Sie ist die Heimat des frommen und gottesfürchtigen Scheichs Gamāl ad-Dīn al-Ḥuwīzā'ī, des Vorstehers des Klosters Sa'īd as-Su'adā' in Kairo. Von Ḥuwīzā' ritten wir nach Kūfa und durchquerten eine Wüste, die bis auf einen einzigen Ort namens Aṭ-Ṭarfāwī, den wir am dritten Tage erreichten, völlig wasserlos ist. Zwei Tage später kamen wir in Kūfa an.[719]

Kūfa[720] ist eine der größten iraqischen Städte und steht im Schmuck besonderer Vorzüge, denn hier hielten sich die Gefährten und ihre Nachfolger auf, hier war der Sitz von Weisen und Heiligen und hier hatte 'Alī bin Abī Ṭālib, der Fürst der Gläubigen, seinen Wohnsitz. Aber er ist heute verfallen, denn die Hände der Feindschaft haben sich nach ihm ausgestreckt. Die Unsicherheit ist den Ḫafāǧa-Arabern zu verdanken, die in der Umgebung leben und dem Räuberhandwerk nachgehen.

Die Stadt hat keine Mauern; sie ist aus gebrannten Ziegeln erbaut und hat schöne Märkte, auf denen in der Hauptsache Datteln und Fische verkauft werden. Die größte Hauptmoschee ist eine große ehrwürdige Anlage und besteht

716 Zaidān liegt zwischen Arǧān und Darūq auf der Strecke zwischen Behbahān und Ahvāz. Die beiden Zaids allerdings sollen in Medina (im Jahre 668) bzw. Kūfa (683) gestorben sein.

717 Die Malediven (vgl. die Kapitel › Durch Südindien‹ und ›Auf den Malediven‹).

718 Ḥoveize, 40 Kilometer vor der iranisch-iraqischen Grenze.

719 Die Erinnerung Ibn Baṭṭūṭas an eine fünftägige Reise von Hoveize nach Kūfa ist allzu optimistisch, denn zwischen Ḥoveize und Kūfa, das unmittelbar bei Naǧaf lag, liegen nicht nur etwa 400 Kilometer Luftlinie, sondern auch Wüste und Sümpfe sowie die Überquerung von Tigris und Euphrat. Die im Text genannte Wasserstelle Aṭ-Ṭarfāwī ist nicht zu identifizieren.

720 Kūfa wurde im Jahre 638 nach der islamischen Eroberung des Iraq gleichzeitig mit Baṣra als Garnisonsstadt gegründet. Imām 'Alī wählte sie 656 zu seiner Hauptstadt, in der er 661 ermordet wurde. Die Bevölkerung blieb schiitisch. An der Wende vom 9. zum 10. Jahrhundert wurde die Stadt fast völlig zerstört. Die folgende Beschreibung Kūfas entnahm Ibn Baṭṭūta dem Reisebericht Ibn Ǧubairs, der die Stadt 1184 besuchte; schon das im folgenden Satz erwähnte Räuberunwesen stammt von Ibn Ǧubair.

aus sieben Schiffen, die auf Säulen aus groben behauenen Steinen ruhen, die aufeinandergesetzt und mit geschmolzenem Blei verbunden sind. Die Säulen sind riesenhaft. Die Moschee bewahrt noch berühmte Überbleibsel, darunter gegenüber der Kanzel und rechter Hand, wenn man in Gebetsrichtung blickt, eine Kammer. Sie soll, so wird erzählt, der Betplatz Abrahams gewesen sein. Daneben steht eine Kanzel, um die kreisförmig Teakbretter laufen. Sie steht erhöht und ist die Kanzel von ʿAlī bin Abī Ṭālib, wo ihn der elende Ibn Mulǧam erschlug und wohin heute jedermann zum Gebet strömt.[721] In der Ecke am Ende dieses Schiffs steht eine kleine Moschee, die ebenfalls von einem Kreis aus Teakholz umrandet ist: Es soll die Stelle sein, an welcher während Noahs Sintflut der Ofen kochte.[722] Hinter und außerhalb der Moschee steht ein Haus, das Noah zugeschrieben wird, daneben eine Kammer, in der Idrīs seine Andacht verrichtet haben soll. Seitlich liegt entlang der Südmauer der Moschee ein freier Platz, auf dem Noah seine Arche erbaut haben soll. Am anderen Ende dieses Platzes steht das Haus des ʿAlī bin Abī Ṭālib mit der Kammer, in der man ihn nach seinem Tode wusch. Ganz in der Nähe sieht man ein Gebäude, das ebenfalls Noahs Haus gewesen sein soll. Doch Gott kennt die Wahrheit am besten.

An der Ostseite der Hauptmoschee befindet sich ein erhöhter Raum, zu dem man hochsteigen kann. In ihm liegt das Grab von Muslim bin ʿAqīl bin Abī Ṭālib.[723] Gleich daneben und außerhalb der Moschee liegen die Gräber von ʿĀtiqa und Sukaina, den beiden Töchtern Ḥusains. Von der Herrscherresidenz in Kūfa, die Saʿd bin Abī Waqqāṣ erbaut hat, sind nur noch die Fundamente erhalten. Der Euphrat fließt einen halben Farsaḫ entfernt östlich an Kūfa vorüber. An seinem Ufer drängen sich in enger Folge Palmenhaine mit dichtem Bewuchs. Ich habe im Westen des Friedhofs von Kūfa auf weißem Grund eine tiefschwarze Stelle bemerkt. Es ist, wie man mir gesagt hat, das Grab des verfluchten Ibn Mulǧam, welches das Volk aus Kūfa jedes Jahr holzbeladen aufsucht, um sieben Tage lang auf seinem Grab ein Feuer brennen zu lassen. In der Nähe steht ein Kuppelbau. Es soll, wie ich erfahren habe, das Grab von Al-Muḫtār bin Abī ʿUbaid sein.[724]

721 ʿAlī hatte 658 in An-Nahrawān im Kampf gegen Muʿāwiya zahlreiche ›Ḫāriǧiten‹ (›Abtrünnige‹ und Angehörige der ältesten islamischen Sekte) massakrieren lassen. Aus Rache wurde er von einem fanatischen Ḫāriǧiten namens Ibn Mulǧam im Jahre 661 in der Moschee von Kūfa ermordet.

722 Koran, Sure 11, Abschnitt 40: ›Wir haben gesagt, als der Befehl kam und der Ofen zu kochen begann: Nimm auf dein Schiff ein Paar von jeder Art und auch deine Familie! …‹ Vgl. auch den Talmud: ›Jeder Tropfen Wasser, den Gott auf die Zeugen der Sintflut regnen ließ, war in der Hölle zum Sieden gebracht und dann auf die Erde gegossen worden.‹

723 Nachkomme ʿAlīs, der im Jahre 680 nach Kūfa kam und die Huldigungen des Volkes entgegennahm, schließlich aber hingerichtet wurde. Hier enden die Entlehnungen aus Ibn Ǧubair.

724 Führer eines schiitischen Volksaufstandes in Kūfa in den Jahren 685 und 687, der im Kampf gegen die Truppen ʿAbdallāh Ibn az-Zubairs fiel.

Wir brachen aus Kūfa auf und machten Halt in Biʾr Mallāḥa[725], einem hübschen Ort zwischen Palmenhainen. Aber ich blieb außerhalb, weil ich ihn verabscheute, denn seine Bewohner sind rāfiḍitische Ketzer. Wir reisten schon am Morgen weiter und lagerten danach in Ḥilla, einer großen Stadt, die sich am Euphrat entlangzieht, der östlich an der Stadt vorüberströmt.[726] Sie besitzt schöne Märkte mit einem reichhaltigen Angebot an Waren und mit jederlei Gewerbe. Sie hat eine große Bevölkerung und zahlreiche Palmengärten innerhalb und außerhalb der Stadt, so daß die Häuser zwischen den Palmen stehen. Auf Booten, die zwischen den beiden Ufern aneinandergebunden sind, hat man eine große Brücke gebaut, an deren zwei Seiten Eisenketten entlanglaufen, die auf jeder Flußseite an mächtigen Holzpfosten befestigt sind.

Die Einwohner von Ḥilla sind sämtlich Anhänger der Sekte der zwölf Imāme[727] und gehören zwei Volksgruppen an: Die einen nennen sich Kurden, die anderen nennen sich die ›Leute der zwei Moscheen‹. Zwischen ihnen gibt es ständig Zwietracht, und unablässig bekämpfen sie sich. In der Nähe des großen Marktes steht eine Moschee, über deren Tor ein Seidenvorhang herabgelassen ist. Man nennt es das Heiligtum des ›Herrn der Zeit‹. Jeden Abend versammeln sich hundert bewaffnete Männer der Stadt mit blanken Säbeln und begeben sich nach dem Nachmittagsgebet zum Kommandanten des Ortes. Er gibt ihnen ein gesatteltes und gezäumtes Pferd oder Maultier. Dann ziehen fünfzig Mann mit Trommeln, Trompeten und Fanfaren vor dem Tier her, dem wiederum fünfzig Mann folgen, andere marschieren rechts und links. So ziehen sie zum Grab des Herrn der Zeit, bleiben am Tor stehen und rufen: »Im Namen Gottes, o Herr der Zeit, im Namen Gottes, komm heraus, denn das Verderben ist erschienen und das Unrecht ist groß. Jetzt ist der Augenblick für dich gekommen hervorzutreten, damit Gott mit deiner Hilfe zwischen Wahrheit und Lüge unterscheiden kann.« Bis zum Abendgebet rufen sie es unter dem Klang von Trompeten, Trommeln und Fanfaren. Sie behaupten, Muḥammad bin al-Ḥasan, der Soldat, sei in die Moschee gegangen und hielte sich dort verborgen, werde aber wieder hervorkommen, denn er sei der erwartete Imām.

Nach dem Tode des Sultans Abū Saʿīd war Ḥilla von Emir Aḥmad bin Rumaiṯa bin Abī Numay, dem Fürsten von Mekka, erobert worden.[728] Er be-

[725] ›Brunnen der Saline‹. Das heutige Al-Kifl zwischen Kūfa und Ḥilla, wo sich das Grab Hesekiels befinden soll, der im Koran den Namen Ḏu-l-Kifl trägt (vgl. Kapitel ›Syrien‹).

[726] Eine Gründung des arabischen Scheichs Ṣadaqa bin Dubais bin ʿAlī bin Mazyad al-Asadī des Jahres 1102. Dank ihrer Euphratbrücke wurde sie bald eine wichtige Station der Pilgerkarawane nach Mekka.

[727] Der zwölfte Imām der Schiiten ist der erwartete Mahdī (der ›Rechtgeleitete‹), der ›Herr der Zeit‹.

[728] Im Jahre 1330 war Aḥmad bin Rumaiṯa, der Emir von Mekka, vom mongolischen

herrschte es mehrere Jahre und führte eine so gute Regierung, daß sogar das Volk des Iraq ihn lobte. Später aber besiegte ihn Scheich Ḥasan, der Sultan des Iraq, der ihn folterte, tötete und sich seines Vermögens und seines Schatzes bemächtigte.

Wir verließen Ḥilla und gingen nach Karbalāʾ, wo ʿAlīs Sohn Al-Ḥusain bestattet ist.[729] Der Ort ist klein, von Palmenhainen umgeben und vom Euphrat bewässert. Das heilige Grabmal liegt im Inneren der Stadt, daneben stehen eine große Koranschule und eine berühmte Zāwiya, die jeden Reisenden verpflegt. Am Tor der Grabstätte versehen Wächter und Grabhüter ihren Dienst, ohne deren Erlaubnis niemand eintreten darf. Man küßt die ehrwürdige silberne Schwelle. Auf dem heiligen Grabmal hängen goldene und silberne Lampen, vor den Türen seidene Vorhänge. Es gibt auch in dieser Stadt zwei Volksgruppen: Die einen nennen sich ›Söhne von Raḫīk‹, die anderen ›Söhne von Fāʾīz‹. Zwischen ihnen herrscht ewiger Kampf. Sie alle aber sind Anhänger der zwölf Imāme und stammen vom gleichen Vater ab. Wegen ihrer Zwistigkeiten liegt die Stadt in Trümmern.

Wir reisten weiter nach Bagdad, in das Haus des Friedens und die Hauptstadt des Islam, von adligem Rang und göttlicher Gnade, an den Sitz der Kalifen und den Wohnort der Weisen. Und Abu-l-Ḥusain bin Ǧubair sprach: »Obgleich diese alte Stadt immer die Stadt des ʿabbāsidischen Kalifats und der Ort war, an dem die Imāme der Qurašī sich immer wieder zum Gebet versammelten, sind ihre Spuren dahin, und nichts steht mehr als ihr Name. Sie ist im Vergleich zu dem, was sie einmal war, bevor das Unheil über sie hereinbrach und sich das Auge des Unglücks auf sie richtete, wie eine ausgelöschte Spur und wie ein aufgetauchtes Gespenst. Sie besäße keinerlei Schönheit, an welcher das Auge verweilen möchte oder die den Wachsamen zur Sorglosigkeit und zur Betrachtung reizen könnte, wäre da nicht der Tigris, der sich von Ost nach West zwischen seinen Ufern dahinwälzt wie ein glänzender Spiegel oder wie eine Perlenkette über dem Busen. Die Stadt trinkt aus ihm und dürstet nie. Sie betrachtet sich in ihrem glatten Spiegel, der niemals stumpf wird, und dank ihrer Luft und ihrem Wasser blüht auch die weibliche Schönheit.«

Bagdad besitzt zwei Brücken, die auf ähnliche Weise gebaut sind, wie ich sie schon in Ḥilla beschrieben habe. Tag und Nacht überqueren sie die Menschen, Männer wie Frauen, und finden daran ihr ständiges Vergnügen. Die Stadt hat elf Moscheen, in denen gepredigt und das Freitagsgebet verrichtet wird, davon

Ilchan Iraqs, Abū Saʿid, zum Fürsten der iraqischen Araber ernannt worden. Nach dem Kollaps des Ilchanidenreiches im Jahre 1336 nutzte er die Gelegenheit zur Machterweiterung und besetzte Kūfa, wurde aber 1339 von Scheich Ḥasan, dem Begründer der Ǧalairidendynastie, besiegt und getötet.

729 Kerbela ist eine schiitische Hochburg und war Schauplatz des Massakers an ʿAlīs Familie.

acht im westlichen und drei im östlichen Teil Bagdads. Daneben gab es noch zahllose weitere Moscheen und Koranschulen, doch sie sind zerstört. Bäder von schönem Bau gibt es in großer Zahl. Die meisten sind außen mit Pech bestrichen und geglättet und täuschen so dem Auge schwarzen Marmor vor. Das Pech wird aus einem Pechlager zwischen Kūfa und Baṣra gewonnen, aus dem es ununterbrochen fließt.[730] Es sammelt sich wie Ton am Rande des Lagers, wo man es abschaufelt, um es dann nach Bagdad zu bringen.

Die Bäder haben viele Kabinen, deren Böden mit Pech bestrichen sind. Auch die untere Hälfte der Wände ist so behandelt worden, während die obere Hälfte mit reinweißem Gips bestrichen ist. Dieser Gegensatz ruft einen schönen Kontrast hervor. In jeder Kabine steht ein marmornes Becken mit zwei Wasserhähnen, so daß aus dem einen warmes, aus dem anderen kaltes Wasser fließt. In diese Kammer tritt man einzeln und braucht sie mit niemandem zu teilen, es sei denn, man wünscht einen Begleiter. In den Ecken der Kabinen steht ein weiteres Waschbecken mit ebenfalls je einem Hahn für warmes und kaltes Wasser. Jedem, der eine Kammer betritt, gibt man drei Tücher, eines, um sich zu bedecken, wenn man das Bad betritt, ein zweites, wenn man es verläßt, und ein drittes, um sich den Leib abzutrocknen. Eine solch vollkommene Ordnung habe ich in keiner anderen Stadt als Bagdad je gesehen, nur in einigen Ländern kommt man ihr nahe.

Der westliche Teil der Stadt ist als erster gegründet worden, liegt heute aber zum größten Teil in Trümmern.[731] Gleichwohl bestehen noch dreizehn Stadtviertel, die selbst einer Stadt gleichen und auch noch zwei oder drei Bäder haben. Acht dieser Viertel haben eigene Hauptmoscheen. Eines heißt das Baṣra-Tor-Viertel und beherbergt die große Moschee des Kalifen Abū Ǧaʿfar al-Manṣūr.[732] Das Krankenhaus lag zwischen dem Viertel des Baṣra-Tores und dem Aš-Šāriʿ-Viertel am Tigris. Es war ein riesiges Gebäude, doch es ist zerstört und hat nur wenige Spuren hinterlassen.

In diesem westlichen Teil der Stadt, und zwar im Viertel des Baṣra-Tores, liegt das Grab des Maʿrūf al-Karḫī.[733] Auf dem Wege zum Baṣra-Tor steht ein vielbesuchtes Grabmal mit einer großen Hohlkuppel, in der die folgende In-

[730] Zwischen Kūfa und Baṣra ist heute kein Pechlager mehr bekannt, obwohl auch Ibn Ǧubair schon von diesem Lager spricht. Pech kam vielmehr aus Hīṭ am Euphrat im Nordosten Bagdads und aus Kayyāra am Tigris südlich von Mossul.

[731] Die Zerstörungen, von denen Ibn Baṭṭūṭa spricht, gehen auf die mongolische Eroberung des Jahres 1258 zurück. Die neue Hauptstadt, die ›Runde Stadt‹, wurde im Jahre 756 vom Kalifen Al-Manṣūr auf dem Westufer zwischen Al-Ġarbīya und dem Baṣra-Tor gegründet. Zur Zeit Ibn Baṭṭūṭas stand davon nur noch die Al-Manṣūr-Moschee.

[732] Das Baṣra-Tor stammt aus dem Jahre 979 und ist ein Werk des Kalifatsregenten ʿAḍud ad-Daula, der es neben den ersten Abbasidenpalast, den ›Palast der Ewigkeit‹, setzte.

[733] Maʿrūf bin Fīrūz al-Karḫī, berühmter Asket und Schutzherr der Stadt (gest. 815), dessen Grab noch heute besucht wird.

schrift angebracht ist: ›Dies ist das Grab des ʿAwūn, eines Sohnes des ʿAlī bin Abī Ṭālib.‹ Auf der gleichen Seite steht auch das Grab des Mūsa-l-Kāẓim bin Ǧaʿfar aṣ-Ṣādiq[734], des Vaters von ʿAlī bin Mūsa-r-Riḍā, und daneben das Grab von Al-Ǧawād.[735] Beide stehen im gleichen Grabbezirk, und zu ihnen gehört eine holzgetäfelte und mit Silberplättchen beschlagene Bank.

Der Ostteil Bagdads bietet mit seinen vielen Märkten einen prächtigen Anblick.[736] Der größte Markt ist der Dienstagsmarkt, auf dem jedes Gewerbe seinen eigenen Platz hat. In der Mitte des Marktes steht die bewunderte Koranschule An-Niẓāmīya[737], deren Schönheit sprichwörtlich geworden ist. An einem Ende des Marktes befindet sich die Al-Mustanṣirīya-Schule[738], die dem Fürsten der Gläubigen Al-Mustanṣir Billāh Abī Ǧaʿfar, dem Sohn des Fürsten der Gläubigen Aẓ-Ẓāhir, des Sohnes des Fürsten der Gläubigen An-Nāṣir, zugeschrieben wird. Unter ihrem Dach sind alle vier sunnitischen Lehrschulen vereint, die ihre eigenen Räume mit eigenen Moscheen besitzen. Der Lehrraum und der Sitz des Lehrers, der aus einem teppichbelegten Stuhl besteht, befinden sich unter einer kleinen hölzernen Kuppel. Dort sitzt der Lehrer und strahlt Ruhe und Würde aus. Er trägt einen Turban und ein schwarzes Gewand. Zu seiner Rechten und Linken stehen die zwei Nachsprecher, die alles, was er sagt, wiederholen. Auf diese Art und Weise halten alle vier sunnitischen Schulen ihren Unterricht ab. Im Inneren des Kollegiums befindet sich ein Bad für die Schüler und ein Haus für die Waschungen.

Im Ostteil der Stadt gibt es drei Hauptmoscheen, in denen das Freitagsgebet gehalten wird: Eine ist die Kalifenmoschee, die mit den Palästen und Wohnhäusern der Kalifen verbunden ist. Es ist eine große Moschee mit Wasserbekken und vielen Räumen für die Reinigungen. In dieser Moschee begegnete ich dem Scheich und gelehrten Imām, der frommen Säule des Iraq, Sirāǧ ad-Dīn Abū Ḥafṣ ʿUmar bin ʿAlī bin ʿUmar al-Qazwīnī.[739] Ich lauschte ihm, als er die

734 Mūsa-l-Kāẓim bin Ǧaʿfar aṣ-Ṣādiq, siebenter der zwölf Imāme der Schiiten (gest. 799).

735 Muḥammad al-Ǧawād at-Taqī, neunter Imām. Wegen dieses und des vorgenannten Grabes erhielt die schiitische Vorstadt auf dem Westufer den Namen ›Al-Kāẓimain‹ (›Die zwei Kāẓim‹).

736 Während sich der Westen Bagdads um Karḫ herum entwickelte, bildete im Osten Ruṣāfa den Kern der Stadtentwicklung, der freilich durch Kriege und Überschwemmungen stark in Mitleidenschaft gezogen wurde. Im Jahre 1095 baute der Kalif Al-Mustaẓahir um die Viertel der Kalifenpaläste eine neue Mauer. Dieser Teil der Stadt, der die mongolische Eroberung überstand, bildete bis zur osmanischen Epoche das eigentliche Bagdad.

737 Eine Gründung von Ḥasan bin ʿAlī Niẓām al-Malik (gest. 1092) aus dem Jahre 1065, einem Wesir der beiden Seldschukenherrscher Alp Arslān und Malik Šāh. Die Niẓāmīya-Schule wurde eine der berühmtesten islamischen Schulen des Mittelalters.

738 Eine Gründung des Kalifen Al-Mustanṣir aus dem Jahre 1234.

739 ʿUmar bin ʿAlī bin ʿUmar al-Qazwīnī Abū Ḥafṣ Sirāǧ ad-Dīn, berühmter iraqischer Traditionalist, Verfasser eines Registers der Traditionen, gest. 1349 in Bagdad.

›Stützen des Glaubens‹ des Abū Muḥammad ʿAbdallāh bin ʿAbd ar-Raḥmān bin al-Faḍl bin Bahrām ad-Dārimī erläuterte. Dies war im herrlichen Monat Rağab des Jahres 727.[740] Er sagte:

»Mich unterwies die fromme und in der Traditionskette stehende Scheicha Fāṭima, die Herrin der Könige, Tochter des gerechten Tāğ ad-Dīn Abu-l-Ḥasan ʿAlī bin ʿAlī bin Abi-l-Badr.

Sie sprach: ›Ich bin von Scheich Abū Bakr Muḥammad bin Masʿūd Ibn Bahrūz dem Gutherzigen, genannt Al-Māristānī, belehrt worden.‹

Dieser hat gesagt: ›Mich unterrichtete Abu-l-Waqt ʿAbd al-Awwal Ibn Šuʿaib as-Singarī, der Ṣūfī.‹

Dieser wiederum sprach: ›Ich hörte den Imām Abu-l-Ḥasan ʿAbd ar-Raḥmān bin Muḥammad bin Al-Muẓaffar ad-Dāwūdī.‹

Dieser sagte: ›Ich habe die Unterweisung von Abū Muḥammad ʿAbdallāh bin Aḥmad bin Ḥamūyah as-Saraḫsī erhalten.‹

Und dieser hatte sie von Abū ʿUmrān ʿĪsā Ibn ʿUmar bin al-ʿAbbās aus Samarqand empfangen; dieser endlich hörte sie aus dem Munde von Abū Muḥammad ʿAbdallāh bin ʿAbd ar-Raḥmān bin al-Faḍl ad-Dārimī.«

Die zweite Hauptmoschee ist die Sultansmoschee; sie liegt neben den Palästen der Sultane außerhalb der Innenstadt. Die dritte Moschee trägt den Namen Ar-Ruṣāfa[741]; zwischen ihr und der Sultansmoschee liegt annähernd eine Meile.

In Ruṣāfa befinden sich die Gräber der ʿabbāsidischen Kalifen, und auf dem Schrein eines jeden steht der Name des Bestatteten, und zwar:

1. Al-Mahdī, 2. Al-Hādī, 3. Al-Amīn, 4. Al-Muʿtaṣim, 5. Al-Wāṯiq, 6. Al-Muntaṣir, 7. Al-Mustaʿīn, 8. Al-Muʿtazz, 9. Al-Muhtadī, 10. Al-Muʿtamid, 11. Al-Muʿtaḍid, 12. Al-Muktafī, 13. Al-Muqtadir, 14. Al-Qāhir, 15. Ar-Rāḍī, 16. Al-Mustakfī, 17. Al-Muṭīʿ, 18. Aṭ-Ṭāʾīʿ, 19. Al-Qāʾim, 20. Al-Qādir, 21. Al-Mustaẓahir, 22. Al-Mustaršid, 23. Ar-Rāšid, 24 Al-Muqtafī, 25. Al-Mustanğid, 26. Al-Mustaḍī, 27. An-Nāṣir, 28. Aẓ-Ẓāhir, 29. Al-Mustanṣir, 30. Al-Mustaʿṣim. Dieser ist der Letzte von allen, denn unter seiner Herrschaft brachen die Tartaren mit blankem Säbel über Bagdad herein und ermordeten ihn wenige Tage nach ihrem Einfall in die Stadt. Seither ist das ʿabbāsidische Kalifat in Baġdād erloschen; dies geschah im Jahre 654.[742]

740 Der Rağab des Jahres 727 lag zwischen dem 23. Mai und dem 21. Juni 1327. Mit der nun folgenden Überliefererkette, wie sie Ibn Baṭṭūṭa schon in Damaskus aufzählte, bezweckt unser Reisender, sich in die Reihe der großen islamischen Theologen zu stellen. Da hierzu auch die Datierung wesentlich ist, verdanken wir ihr seine ungefähre Ankunft in Bagdad und damit einen weiteren Baustein seiner Chronologie.

741 In der Vorstadt Ruṣāfa stand der Palast Al-Mahdīs, des dritten ʿabbāsidischen Kalifen, um den herum sich schließlich der Ostteil der Stadt entwickelte.

742 Ibn Baṭṭūṭa gibt uns hier die nahezu lückenlose und chronologisch korrekte Reihenfolge der abbasidischen Kalifen von 775–1258, läßt allerdings den berühmten Hārūn

In der Nachbarschaft von Ruṣāfa liegt das Grab des Imām Abū Ḥanīfa[743] mit einer großen Kuppel und einer Zāwiya, in der man alle Ankömmlinge verpflegt. Außer ihr gibt es heute in Bagdad keine einzige Zāwiya mehr, in der Speisen aufgetragen werden. Preis sei dem, der die Dinge zerstören und ändern kann! Gleich daneben liegt auch das Grab des Imām Abū ʿAbdallāh Aḥmad bin Ḥanbal.[744] Es hat keine Grabkuppel, aber es wird erzählt, daß mehrere Male eine Kuppel über ihm errichtet wurde, die aber durch den Beschluß des Allerhöchsten immer wieder zusammenbrach. Das Grab wird von den Bewohnern Bagdads sehr verehrt, denn die Mehrzahl von ihnen folgt der Lehre dieses Imāms. In geringer Entfernung stehen die Grabmäler von Abū Bakr aš-Šablī, einem Ṣūfī-ʾImām[745], von Sarra-s-Saqaṭī[746], von Bišr al-Ḥāfī[747], von Dāwūd aṭ-Ṭāʾī[748] und schließlich von Abu-l-Qāsim al-Ǧunaid. Gott schenke ihnen sein Wohlwollen!

Die Menschen aus Bagdad haben einen Tag der Woche dem Besuch des Grabes eines dieser Scheichs gewidmet, so daß der Tag des letzten Scheichs auf den letzten Tag der Woche fällt. Es gibt in Bagdad sehr viele Gräber frommer und gelehrter Männer.

Dieser östliche Teil der Stadt hat kein eigenes Obst, das vielmehr aus dem westlichen Stadtteil herbeigebracht werden muß, wo sich Haine und Gärten befinden. Meine Ankunft in Bagdad fiel zusammen mit dem Aufenthalt des iraqischen Königs in der Stadt. Ich werde daher jetzt auf ihn eingehen.

Es ist der erlauchte Sultan Abū Saʿīd Bahādur Ḫān[749], worin Ḫān ›König‹ bedeutet. Er ist der Sohn des erlauchten Sultans Muḥammad Ḫuḏābandah, jenes Tatarenkönigs, der den Islam angenommen hat; man streitet sich aber

ar-Rašīd (5.), seinen Nachfolger al-Maʾmūn (6.) und Al-Muqtadī, der hinter Al-Qāʾim einzurücken wäre, aus. Zusätzlich hätten nur noch Al-Qāʾim und Al-Qādir ihre Plätze zu tauschen und an die 22. bzw. 21. Stelle zu rücken. Die Jahreszahl ist zudem durch 656 (A.D. 1258) zu ersetzen, das Jahr des Mongolensturms auf Bagdad.

743 An-Nuʿmān bin Ṯāʾib Imām al-Ḥanīfa, einer der vier großen Imāme der Sunna und Gründer der ḥanafitischen Glaubensrichtung (gest. 767).

744 Aḥmad Muḥammad bin Ḥanbal aš-Šaibānī, Imām und Gründer der ḥanbalitischen Schule (gest. 855).

745 Dulaf bin Ǧaḥdar, Ṣūfī und Schüler von Abū Ḥanīfa (gest. 946).

746 Sarrā bin Muġlis as-Saqaṭī Abu-l-Ḥasan, einer der großen Ṣūfīs und Schüler von Al-Ǧunaid (gest. 867).

747 Bišr bin al-Ḥāriṯ bin ʿAlīy-al-Marūzī Abū Naṣr, genannt Al-Ḥāfī, Autorität auf dem Gebiete der Traditionen (gest. 841).

748 Abū Sulaimān Dāwūd bin Naṣīr aṭ-Ṭāʾī aus einer Familie aus dem Ḫurāsān, aber geboren in Kūfa, Ṣūfī-Imām aus den Tagen des Kalifs Al-Mahdī (gest. 781).

749 Der letzte mongolische Ilchanidenherrscher, geb. 1304, gest. 1335. Er folgte seinem Vater Ulǧaitū, der 1304 an die Herrschaft gelangte und 1316 starb. Zunächst wurde ihm der Name Timur, dann Ḫarbandah verliehen, um das Kind nach mongolischer Sitte vor dem bösen Blick zu schützen. Er war nicht der erste Muslim unter den Mongolenherrschern. Sein Bruder und Vorgänger Qāzān (oder ›Ġazan‹) war es ebenfalls.

über die richtige Schreibweise seines Namens. Mancher glaubt, daß sein Name tatsächlich Ḫuḏābandah ist. Über das Wort ›bandah‹ gibt es auch keinen Streit: Das Wort bedeutet ›Diener Gottes‹, denn ›Ḫuḏā‹ ist im Persischen der Name Gottes, und ›bandah‹ heißt ›Diener‹ oder ›Sklave‹ oder etwas Ähnliches. Es wird aber auch gesagt, der Name laute vielmehr ›Ḫarbandah, worin das Wort ›ḫar‹ in persischer Sprache ›Esel‹ bedeutet, so daß ›ḫarbandah‹ Eselknecht heißt. Diese Lesart ist zwar die verbreitetste, aber der Widerspruch zwischen den beiden Bedeutungen klärt sich auf, denn der König hat seinen Namen aus religiösem Eifer zugunsten des ersteren geändert. Daß ihm überhaupt der zweite Name gegeben wurde, hat angeblich seinen Grund darin, daß die Tataren ihren Neugeborenen den Namen der ersten Person geben, die das Geburtszimmer betritt. Als nämlich der Sultan das Licht der Welt erblickte, war die erste Person, die eintrat, ein Eseltreiber, den die Tataren ›Ḫarbandah‹ nennen, und deshalb riefen sie ihn so. Ḫarbandahs Bruder hieß Qāzġān, den das Volk Qāzān nannte. ›Qāzġān‹ heißt ›Kochkessel‹, und es wird erzählt, daß er so genannt wurde, weil bei seiner Geburt eine junge Sklavin mit einem Kessel eintrat.

Dieser Ḫuḏābandah bekannte sich zum Islam. Ich habe seine Geschichte bereits früher berichtet, auch wie er, nachdem er den Islam angenommen hatte, sein Volk veranlassen wollte, die rāfiḍitische Lehre anzunehmen. Wir haben auch das Abenteuer geschildert, das dem Qāḍī Maǧd ad-Dīn bei ihm zustieß. Nach seinem Tode bestieg sein Sohn Abū Saʿīd Bahādur Ḫān den Thron, ein ausgezeichneter und wohltätiger König, der seine Herrschaft in sehr jungen Jahren antrat. Als ich ihn in Bagdad sah, war er noch ein Jüngling, eines der schönsten Geschöpfe Gottes und noch ohne Flaum auf den Wangen. Sein Wesir war zu jener Zeit Emir Ġiyāṯ ad-Dīn Muḥammad bin Ḫūǧah Rašīd. Der Vater des Wesirs war ein ausgewanderter Jude, den Sultan Ḫuḏābandah, Abū Saʿīds Vater, zu seinem Wesir gemacht hatte.[750] Ich sah die beiden eines Tages auf dem Tigris in einer Prunkbarke, die dort ›šabāra‹ genannt wird und eine Art ›salūra‹ ist. Der Sultan hatte Dimašq Ḫūǧah, den Sohn des Emirs Ǧūbān, bei sich, der Abū Saʿīd völlig unter seinem Einfluß hatte. Rechts und links schwammen zwei weitere Barken mit Musikanten und Sängern. An diesem Tage wurde ich Zeuge der Wohltätigkeit des Sultans: Er wandte sich mehreren Blinden zu, die ihm ihr Leid klagten. Er gab jedem ein Kleid und wies jedem einen Sklaven zu, der ihn führen sollte, sowie einen Betrag für seinen Unterhalt.

750 Rašīd ad-Dīn Faḍl Allāh (oder Rašīd ad-Daula) diente zunächst Qāzān als Arzt, später ihm und seinem Bruder Ḫuḏābandah auch als Wesir und schrieb auch eine ›Geschichte der Mongolen‹. Sein Sohn Ġiyāṯ ad-Dīn gelangte erst nach dem Meuchelmord an Dimašq Ḫawāǧā (oder Ḫūǧah) im August 1327 ins Wesirat, das er auch unter Abū Saʿīds Nachfolger Arpa Chan noch ein Jahr bis zu seiner Hinrichtung 1336 bekleidete.

Als Sultan Abū Saʿīd den Thron bestieg und, wie ich gesagt habe, noch sehr jung war, bemächtigte sich der Erste Emir Ǧūbān[751] der Macht und verwehrte ihm jegliche Freiheit der Handlung, so daß er nur noch dem Namen nach König war. Es wird erzählt, daß Abū Saʿīd für ein Fest eine Geldsumme benötigte, sie sich aber nicht beschaffen konnte. Er wandte sich an einen Kaufmann, der ihm so viel Geld gab, wie er wünschte. So blieb es, bis ihn eines Tages Dunyā Ḫātūn, eine Gemahlin seines Vaters, aufsuchte und sagte: »Wenn wir Männer wären, würden wir Ǧūbān und seinen Sohn nicht in ihrer Stellung belassen.« Er fragte sie, was sie denn mit diesen Worten sagen wollte, da antwortete sie: »Dieser Dimašq Ḫūǧah bin Ǧūbān ist schon so weit gegangen, daß er Verkehr mit den Frauen deines Vaters hat. Die letzte Nacht hat er mit Ṭuġa Ḫātūn verbracht. Dann schickte er nach mir und sagte, die kommende Nacht würde er mit mir verbringen. Ich schlage vor, die Kommandanten und ihre Truppen zu versammeln. Wenn er heimlich in den Palast kommt, um dort die Nacht zu verbringen, hast du Gelegenheit, ihn zu ergreifen. Gott wird deinen Vater rächen.« Ǧūbān war zu dieser Zeit gerade im Ḫurāsān.[752] Abū Saʿīd wurde zornig, und in der Nacht ergriff er seine Maßnahmen. Als er erfuhr, daß Dimašq Ḫūǧah im Palast war, befahl er den Kommandanten und ihren Truppen, ihn von allen Seiten zu umzingeln. Am nächsten Morgen kam Dimašq in Begleitung eines Soldaten, der sich Ḥāǧǧ der Ägypter nannte, heraus. Er fand eine Kette, die vor das Palasttor gespannt und mit einem Schloß gesichert war, so daß er den Palast nicht zu Pferde verlassen konnte. Ḥāǧǧ der Ägypter zerschlug die Kette mit seinem Säbel und beide ritten hinaus. Aber die Truppen hatten sie eingekreist. Einer der Emire des Sultans, ein Eunuch namens Miṣr Ḫūǧah und ein junger Bursche namens Luʾluʾ verfolgten Dimašq Ḫūǧah, töteten ihn und brachten König Abū Saʿīd seinen Kopf. Er ließ ihn den Pferden vor die Hufe werfen, denn so machen sie es immer mit den Köpfen ihrer größten Feinde. Nun befahl der Sultan, das Haus des Dimašq zu plündern und jeden Sklaven oder Diener umzubringen, der Widerstand leistete.

Ǧūbān erreichten diese Nachrichten im Ḫurāsān. Er hatte seine Söhne bei sich, Emir Ḥasan, den ältesten, sowie Ṭāliš und Ǧalū Ḫān. Dieser war der jüngste und Neffe des Sultans Abū Saʿīd, denn seine Mutter Sāṭī Bak war dessen Schwester und eine Tochter des Sultans Ḫūḏābandah. Ǧūbān hatte aber auch Truppen und Hilfstruppen der Tataren bei sich. Sie beschlossen, Sultan Abū Saʿīd anzugreifen, und rückten gegen ihn vor. Doch als sich die beiden

[751] Ǧūbān (Tschoban) war Oberbefehlshaber der ilchanidischen Streikräfte und mit Abū Saʿīd zweifach verschwägert, einmal durch Heirat mit Abū Saʿīds Schwester Daulandī und nach deren Tod mit einer zweiten Schwester namens Sāṭī Bek (Beg), die 1338/9 den ilchanidischen Thron besteigen sollte.

[752] Ǧūbān befand sich auf einem Feldzug gegen eine Abteilung Mongolen, die als Nachfahren von Tschagatay, dem Sohne Dschingiz Chans, in Mittelasien herrschten. Der nach At-Tāzī durch die Chroniken bestätigte Tod Ǧūbāns fiel auf den 24. August 1327.

Heere begegneten, liefen die Tataren zu ihrem Sultan über und ließen Ǧūbān im Stich. Als dieser das erkannte, wich er zurück und floh Hals über Kopf tief in die Wüste von Siǧistān. Er beschloß, sich zu Ġiyāṯ ad-Dīn, dem König von Harāh[753], zu begeben und ihn zu bitten, sich in seiner Hauptstadt verschanzen zu dürfen, denn er hatte ihm schon manchen Gefallen getan. Seine Söhne Ḥasan und Ṭāliš indessen waren mit seinem Vorhaben nicht einverstanden und sagten: »Er wird seinen Schwur nicht halten, denn er hat auch mit Fīrūz Šāh[754] ein falsches Spiel getrieben, als dieser bei ihm Zuflucht suchte, und ihn getötet.« Doch Ǧūbān wollte seinen Plan, sich zu Ġiyāṯ ad-Dīn zu flüchten, nicht aufgeben. Seine beiden älteren Söhne verließen ihn, er aber machte sich mit seinem jüngsten Sohn Ǧalū Ḫān auf den Weg. Ġiyāṯ ad-Dīn ritt ihm entgegen, saß vor ihm ab und führte ihn in sicherem Geleit in die Stadt. Doch einige Tage darauf verriet er ihn, tötete ihn und seinen Sohn und schickte ihre Köpfe zu Sultan Abū Saʿīd. Ḥasan und Ṭāliš gingen ins Ḫwārizm und wandten sich an Sulṭān Muḥammad Ūzbak[755], der sie in Ehren aufnahm, ihnen Gastfreundschaft erwies und ein Haus anbot. Später aber ließen die beiden sich etwas zuschulden kommen, was ihren Tod notwendig machte, und er ließ sie umbringen.

Ǧūbān hatte noch einen vierten Sohn, Damūrṭāš, der nach Ägypten geflohen war. König An-Nāṣir ehrte ihn und wollte ihm Alexandria geben. Aber Damūrṭāš nahm es nicht an, sondern sagte: »Alles, was ich will, sind Truppen, mit denen ich Abū Saʿīd bekämpfen kann.« Als König An-Nāṣir ihm ein Gewand schickte, ließ er ihm ein noch schöneres zurückschicken, um König an-Nāṣir zu beschämen. Er kam zu Vorkommnissen, die seinen Tod erzwangen. Er wurde umgebracht und sein Kopf an Abū Saʿīd geschickt. Seine Geschichte und die Qarāsunqūrs habe ich schon erzählt.[756]

Als Ǧūbān tot war, schickte man seinen Leichnam und den seines Sohnes auf den Weg, brachte sie bis an die Station ʿArafāt und trug sie nach Al-Madīna, um sie in dem Grabmal zu bestatten, das Ǧūbān in der Nähe der Propheten-

753 Ġiyāṯ ad-Dīn Kūrt, Herrscher von Herat in Afghanistan von 1310 bis 1328, Nachfolger seines Vaters Faḫru-d-Dīn Kūrt.

754 Warāt Naurūz Ibn Arġūn, Statthalter des Ḫurāsān, wurde 1295 von Qāzān zum Oberbefehlshaber ernannt. Er verhalf Faḫru-d-Dīn Kūrt (s. Anm. 753) zum Sultanat von Herat, wohin er sich, als er in Ungnade fiel, 1297 flüchtete. Faḫru-d-Dīn Kūrt aber wurde gezwungen, ihn an Qāzān auszuliefern. Ibn Baṭṭūṭa verwechselt im Text die beiden Kūrts.

755 Ūzbak, der Herrscher der Goldenen Horde in Südrußland mit Sitz in Saray (vgl. die Kapitel ›Südrußland‹ und ›Von der Wolga an den Indus‹).

756 Timurtaš wurde 1316 zum Gouverneur von Anṭākiya ernannt, rebellierte 1321, unterwarf sich aber seinem eigenen Vater, der entsandt worden war, seinen Aufstand zu unterdrücken. Er erhielt die gleiche Statthalterschaft zurück und floh 1327, als sein Vater besiegt war, nach Ägypten (vgl. Kapitel ›Syrien‹).

moschee hatte bauen lassen. Aber das wurde ihnen verwehrt, so daß sie in Baqīʿ, dem Friedhof von Al-Madīna, beigesetzt wurden. Ǧūbān war es gewesen, der Mekka mit Wasser versorgt hatte.[757]

Als Sultan Abū Saʿīd alleiniger Herrscher geworden war, wollte er Ǧūbāns Tochter namens Baġdād Ḫātūn heiraten, die eine sehr schöne Frau war. Sie war mit Scheich Ḥasan verheiratet, demselben, der nach dem Tode Abū Saʿīds, dessen leiblicher Vetter er durch seine Mutter war, das Königreich an sich riß. Abū Saʿīd erteilte seinen Befehl und Ḥasan verzichtete auf sie. Abū Saʿīd heiratete sie und bevorzugte sie vor seinen anderen Frauen. Die Frauen genießen bei den Türken und den Tataren das beste Los: Wenn die Männer einen Befehl schreiben, setzen sie die Worte hinzu: »Auf Befehl des Sultans und seiner Gemahlinnen.« Jede Ḫātūn besitzt mehrere Dörfer oder Provinzen und beträchtliche Einkünfte. Wenn sie mit dem Sultan reist, hat sie ein eigenes Quartier.

Diese Ḫātūn verzauberte Abū Saʿīd, und sie stand bei ihm vor seinen anderen Frauen in höchster Gunst, die sie auch fast zeit seines Lebens behielt. Aber der Fürst heiratete später noch eine andere Frau, die Dilšād[758] hieß und die er so heftig liebte, daß er Baġdād Ḫātūn verließ. Da wurde sie eifersüchtig und vergiftete Abū Saʿīd mit einem Tuch, mit dem sie ihn nach dem Liebesakt einrieb.[759] Er starb, seine Nachkommenschaft erlosch und seine Fürsten bemächtigten sich der Länder, wie ich noch berichten werde.

Als die Fürsten erfuhren, daß es Baġdād Ḫātūn gewesen war, die ihn vergiftet hatte, kamen sie überein, sie zu töten. Ein griechischer Sklave und großer Emir namens Ḫūǧah Lūʾlūʾ, der schon seit ewigen Zeiten Dienst tat, handelte sofort, ging zu ihr, als sie im Bade war, und erschlug sie mit seiner Keule. Mehrere Tage ließ man sie dort liegen, ihre Scham nur mit einem Stück Sacktuch bedeckt. Scheich Ḥasan machte sich mit dem Königreich des arabischen Iraq unabhängig und heiratete Dilšād, die Frau des Sultans Abū Saʿīd, so wie dieser seine Frau geheiratet hatte.

Auf den Tod von Sultan Abū Saʿīd folgten[760]:

Scheich Ḥasan, sein Vetter, den wir schon erwähnt haben, warf sich zum Herrn über den arabischen Iraq auf.

Ibrāhīm Šāh, Sohn des Emirs Sunaita, nahm sich Mauṣil und Diyār Bakr.

[757] Es war Ǧūbān gewesen, der 1325 die Aquädukte der Zubaida hatte restaurieren lassen.

[758] Dilšād war eine Tochter von Dimašq Ḫūǧah, Enkelin von Ǧubān und Nichte der Baġdād Ḫātūn.

[759] Nach At-Tāzī, der sich auf den persischen Historiker Ḥāfiẓ-i Abrū beruft, starb Abū Saʿīd 1335 auf einem Feldzug gegen Uzbek Chan an einer ›ansteckenden Krankheit‹.

[760] Die gesamten Diadochenkämpfe nach dem Zusammenbruch des Ilchanidenreiches können hier nicht geschildert werden, deshalb sollen in den folgenden Anmerkungen nur einige Korrekturen nachgetragen werden.

Emir Artanā bemächtigte sich des Landes der Turkmenen, das man auch ›Land der Griechen‹ nennt.[761]

Ḥasan Ḫūǧah, Sohn des Damūrṭāš bin Ǧūbān, riß Tabrīz, As-Sulṭānīya, Hamadān, Qumm, Qāšān, Ar-Rayy, Rāmīn, Farġān[762] und Al-Karāǧ an sich.

Emir Tuġaitīmūr[763] machte sich zum Herrn über einen Teil des Ḫurāsān.

Emir Ḥusain, der Sohn des Emir Ġiyāṯ ad-Dīn, nahm sich Harāh und den größten Teil des Ḫurāsān.[764]

König Dīnār wurde Herr des Landes um Makrān und Kīǧ.[765]

Muḥammad Šāh Ibn Muẓaffar nahm sich Yazd, Karmān und Warkū.[766]

König Quṭb ad-Dīn Tamtahan wurde Herrscher über Hurmuz, Kīš, Qaṭīf, Baḥrain und Qalhāt.[767]

Sultan Abū ʾIsḥāq, von dem schon die Rede ging, nahm sich Šīrāz, Iṣfahān und das Königreich Persien über eine Ausdehnung von 45 Tagesreisen.

Schließlich machte sich Sultan Afrāsiyāb Atābak, der ebenfalls schon genannt worden ist, zum Herrn über Īḏaǧ und andere Länder Persiens.

Aber kehren wir zu unserer Reise zurück: Ich verließ Bagdad im Gefolge des Sultans Abū Saʿīd. Es war mein Ziel zu beobachten, welche Ordnung der iraqische König während des Marsches und im Lager einhielt und wie er zu reisen pflegte. Sie brechen schon zu Tagesanbruch auf und machen am Vormittag Lager. Dabei verfahren sie so: Jeder Emir kommt mit seinen Soldaten sowie mit seinen Trommeln und Feldzeichen und bleibt an einer Stelle stehen, die ihm zuvor auf dem linken oder rechten Flügel zugewiesen worden ist. Sobald sie alle eingetroffen sind und Aufstellung genommen haben, besteigt der König sein Pferd. Es erschallen Trommeln und Trompeten und verkünden die Stunde des Abmarsches. Jeder Fürst kommt herbei, begrüßt den König und kehrt an seinen Platz zurück. Die Leibgarde und die Offiziere nehmen ihre Posten vor dem König ein. Ihnen folgen ungefähr hundert hübsch gekleidete Musikanten auf Pferden des Sultans. Vor den Musikern tragen zehn Reiter die Trommeln

761 ʿAlāʾ ad-Dīn Artanā machte sich 1335 in Kleinasien unabhängig. Ibn Baṭṭūṭa wird ihm in Sivas begegnen (vgl. Kapitel ›Durch Kleinasien‹).

762 Richtig: Farahān bei Hamdān, Rāmin ist Waramin südlich des heutigen Teheran.

763 Toġa Timur, ein direkter Nachfahr von Dschingis Chan.

764 Ḥusain war Sohn und Nachfolger des bereits erwähnten Ġiyāṯ ad-Dīn Kūrt in Herat.

765 Makrān und Kīǧ bildeten gemeinsam die ans Arabische Meer grenzende Westprovinz des heutigen Pakistan. Es war die Grenzregion zwischen dem Reich der Ilchane und dem Sultanat von Delhi. Dīnār war Ġiyāṯ ad-Dīn Dīnār.

766 Yazd, 450 Kilometer südöstlich von Isfahān; Karmān, 320 Kilometer südöstlich von Yazd; Warkū ist das heutige Abarqu, 130 Kilometer südwestlich von Yazd (jeweils Luftlinie).

767 Zu Tahamtan vgl. Kapitel ›Von der Ostküste Afrikas in den Persischen Golf‹.

um die Schultern, gefolgt von fünf Reitern mit Flöten, die bei uns ›Ġaiṭa‹[768] heißen. Trommeln werden geschlagen und Flöten geblasen. Danach beginnen zehn der Sänger zu singen. Wenn sie fertig sind, lassen sich erneut Trommeln und Flöten vernehmen. Dann schweigen sie und zehn weitere Musikanten singen und so weiter, bis sie sich zehnmal abgewechselt haben. Dann ist die Zeit für das Lager gekommen.

Während des Marsches halten sich die großen Emire, etwa fünfzig an der Zahl, zur Rechten und Linken des Sultans. Ihm folgen die Fahnenträger, die Trommler, die Fanfaren- und Trompetenbläser, dann die Mamluken des Sultans und endlich die übrigen Emire, jeder nach seinem Rang. Jeder Emir besitzt seine eigene Fahnen, Trommeln und Trompeten. Der Führer der Leibgarde, der selbst eine umfangreiche Abteilung befehligt, hat die Aufgabe, die ganze Marschordnung zu überwachen. Wer hinter seine Truppe zurückfällt oder die ganze Reihe verläßt, wird damit bestraft, daß ihm das Schuhwerk genommen, mit Sand gefüllt und um den Hals gehängt wird. Er muß nun bis zum Lager zu Fuß laufen. Dann wird er vor seinen Emir gebracht, bäuchlings auf den Boden geworfen und mit 25 Schlägen auf den Rücken bestraft und niemand, gleichgültig, ob er von hohem oder geringem Rang ist, wird von dieser Bestrafung ausgenommen.

Wenn sie Lager machen, bezieht der Sultan mit seinen Mamluken eigene Quartiere. Auch jede Gemahlin des Sultans wohnt für sich allein und jede hat ihren eigenen Imām, Muezzin und Koranleser, ja sogar ihren eigenen Markt. Auch die Wesire, Schreiber und sonstigen Amtsträger lagern in eigenen Zelten. Nach dem Nachmittagsgebet widmen sie sich gemeinsam dem Dienst am Sultan und ziehen sich erst nach dem letzten Nachtgebet im Schein von Laternen, die vor ihnen hergetragen werden, zurück.

Zum Wiederaufbruch wird die große Trommel geschlagen, dann die Trommel der ersten Ḫātūn, die den Rang der Königin einnimmt, dann die Trommeln der anderen königlichen Gemahlinnen, dann die der Wesire und endlich mit einem Schlage die Trommeln aller Emire gemeinsam. Der Emir, der die Vorhut befehligt, sitzt mit seiner Abteilung auf, ihm folgen die königlichen Gattinnen und der Troß des Sultans und seines persönlichen Gefolges, dahinter der Troß der Gemahlinnen. Darauf folgt ein weiterer Emir an der Spitze seiner Soldaten, um zu verhindern, daß sich jemand zwischen dem Troß und den königlichen Damen aufstellt. Dann erst tritt die ganze übrige Truppe an.

Mit diesem Feldlager reiste ich zehn Tage und begleitete dann den Emir ʿAlāʾ-ad-Dīn Muḥammad, einen der großen Fürsten, nach Tabrīz.[769] Nach

[768] Eine Art Dudelsack.

[769] ʿAlāʾ-ad-Dīn Muḥammad sollte noch im gleichen Jahr, nach der geschilderten Ermordung von Dimašq Ḫūǧāh, zum Wesir und Obersten Aufseher der Finanzen ernannt

einem weiteren Marsch von zehn Tagen erreichten wir Tabrīz und schlugen außerhalb der Stadt an einem Orte namens Šām[770], wo sich das Grab Qāzāns, des Königs des Iraq, befindet, unser Lager auf. Neben dem Grabmal stehen eine Koranschule und ein Hospiz, in dem Reisende mit Brot, Fleisch, mit in Butteröl zubereitetem Reis und mit Zuckerwerk verpflegt werden. In diesem Hospiz, inmitten belaubter Bäume und am Ufer sprudelnder Flüsse gelegen, verschaffte mir der Emir Unterkunft. Am folgenden Morgen betrat ich die Stadt durch das Baġdād-Tor. Wir kamen an einen großen Markt, den Qāzān-Markt, einen der schönsten, den ich auf der ganzen Welt überhaupt gesehen habe. Jedes Gewerbe hat seinen eigenen Standort, an dem sich kein anderes Handwerk niederläßt. Ich ging über den Markt der Edelsteine, und mein Auge geriet über der Vielfalt der Juwelen in Verwirrung. Schöne, prachtvoll gekleidete und mit Seidentüchern gegürtete Sklaven hielten sie auf ihren Händen. Sie standen vor ihren Händlern und boten die Steine türkischen Frauen an, die viele davon kauften, ja sogar miteinander darüber in Streit gerieten. Ich habe erlebt, wie deswegen ein großen Streit ausbrach – Gott bewahre uns davor!

Dann betraten wir den Markt des grauen Ambers und des Moschus und erlebten dort den gleichen oder gar einen noch größeren Zank. Wir gingen weiter zur Hauptmoschee, die der Wesir ʿAlī Šāh, genannt Ǧīlān[771], erbaut hatte. In Gebetsrichtung rechter Hand steht vor der Moschee eine Koranschule, links ein Hospiz. Der Hof der Moschee ist mit Marmor gepflastert, die Wände mit Qāsānī-Kacheln gefliest, die unseren Zalīğ-Kacheln ähneln.[772] Ein Fluß durchquert sie, und man kann mancherlei Sträucher antreffen wie die Weinrebe und den Jasmin. Täglich nach dem Nachmittagsgebet pflegt man im Hofe dieser Moschee die Sure Yāʾ-Sīn, die Siegessure und die Sure ʿAmma zu lesen[773], zu denen sich die Bewohner der Stadt versammeln.

In Tabrīz verbrachten wir nur eine Nacht, denn am nächsten Tag erhielt Emir ʿAlāʾ-ad-Dīn vom Sultan den Befehl, sich wieder mit ihm zu vereinigen. Ich brach mit ihm auf, so daß ich in Tabrīz keinen Gelehrten besuchen konnte. Wir reisten ohne Pause, bis wir das Zeltlager des Sultans wieder erreicht hatten. Der Emir teilte ihm meine Anwesenheit im Lager mit und stellte mich ihm

werden. Ibn Baṭṭūṭa dürfte das Lager etwa Anfang Juli 1327 in Sulṭāniye in der Nähe von Zanǧān, etwa 300 Kilometer südöstlich von Täbris, verlassen haben.

770 Vorort von Täbris; das große Mausoleum von Qāzān ist heute verschwunden. Täbris selbst befand sich zur Zeit der Mongolenherrschaft in der Blüte, ein Baġdād-Tor aber ist nicht bekannt geworden.

771 Tāǧ ad-Dīn ʿAlī Šāh Ǧīlān, seit 1312 Vertreter des Wesirs Rašīd ad-Dīn, nach dessen Hinrichtung er erster Wesir wurde. Er war der einzige Ilchanidenwesir, der (1318) in seinem Bett starb. Die von Ibn Baṭṭūṭa besuchte Moschee besteht in Ruinen noch und trägt heute den Namen ›Ark‹ (›Festung‹).

772 Vgl. Anm. 605.

773 Suren 46, 48 und 78 des Korans.

vor. Der Sultan fragte mich nach meinem Land und schenkte mir ein Gewand und ein Reittier. Als der Emir ihm mitteilte, daß ich die Reise in die Ḥiǧāz beabsichtigte, ließ er mir für den Weg, den ich nehmen mußte, Reisebedarf, ein Kamel und eine Kamelsänfte anweisen. In diesem Sinne schrieb er zu meinen Gunsten an den Emir von Bagdad Ḫūǧah Maʿrūf.[774] Ich kehrte nach Bagdad zurück und bekam alles, was der Sultan mir bestimmt hatte. Da aber bis zur Abreise der Karawane noch mehr als zwei Monate verblieben, beschloß ich, noch einen Ausflug nach Mauṣil und Diyār Bakr zu unternehmen, um mir auch diese Orte anzuschauen, um dann zur Zeit der Pilgerkarawane wieder in Bagdad einzutreffen, um mich in die edle Ḥiǧāz zu begeben.

Ich verließ Bagdad und wandte mich an einen Ort am Duǧail, einem Nebenfluß des Tigris, der viele Dörfer mit Wasser versorgt. Nach zwei Tagen erreichten wir Ḥarba, ein größeres Dorf in einer fruchtbaren Ebene.[775] Wir setzten unsere Reise fort und machten Lager an einer Ortschaft am Tigrisufer neben einem Schloß, das Al-Maʿšūq hieß und am Ufer erbaut worden war.[776] An der Ostseite dieses Schlosses liegt die Stadt Surramanraʾā, die aber auch Sāmarrā oder Sāmrāh genannt wird.[777] Diese Bezeichnung ist persisch und bedeutet ›der Weg von Sām‹, denn ›rāh‹ heißt ›Weg‹. Aber der Verfall hat sich des Schlosses bemächtigt, so daß nur noch ein kleiner Teil steht. Das Klima ist milde, und der Ort ist trotz der Heimsuchungen und der Zerstörung seiner Stätten von ungetrübter Schönheit. Dort steht ein Grabmal, das wie das in Ḥilla dem ›Herrn der Zeit‹ gewidmet ist.

Wir verließen die Stadt wieder und kamen nach einem Tag in Takrīt[778] an, einer großen Stadt von weitem Umfang, die hübsche Märkte und viele Moscheen besitzt und deren Bewohner sich durch ihr freundliches Wesen auszeichnen. Im Norden der Stadt fließt der Tigris, an dessen Ufer eine stark befestigte Zitadelle steht. Takrīt ist eine von einer Mauer umwehrte Stadt mit alten Gebäuden.

Wir ließen den Ort hinter uns und erreichten nach zwei weiteren Reisetagen das Dorf Al-ʿAqr[779] am Tigrisufer. In seinem höher gelegenen Teil sieht man einen Hügel, auf dem einst ein Schloß stand, im unteren steht eine Herberge, genannt der ›Eiserne Ḫān‹, mit Türmen und von massivem Bau. Von hier bis nach Mauṣil folgen einander ohne Unterbrechung Dörfer und bestelltes Land.

[774] Im Jahre 1336 unter dem Namen ʿIzz ad-Dīn als Statthalter von Bagdad erwähnt.

[775] Ḥarba, 75 Kilometer nördlich von Bagdad.

[776] Erbaut vom Kalifen Al-Muʿtamid (gest. 892).

[777] ›Sarra man raʾā‹: ›Es freute sich, wer (sie) gesehen hat‹, ein Wortspiel, mit dem die vermutlich assyrische Wurzel dieser Ortsbezeichnung erklärt werden sollte; heute: Sāmarrāʾ.

[778] Am Westufer des Tigris, 50 Kilometer nördlich von Sāmarrāʾ.

[779] 64 Kilometer nördlich von Takrīt steht Al-ʿAqr auf dem Boden der altassyrischen Stadt Kartukulti Ninurta.

Danach erreichten wir den Ort Al-Qayyāra[780], der ebenfalls am Tigris liegt. Der Boden ist schwarz vom Pech, das aus seinen Lagerstätten austritt. Es sammelt sich in Becken, die dort angelegt wurden. Man könnte es für Ton halten, der an die Oberfläche getreten ist, aber er ist von tiefschwarzer, glänzender Farbe, feucht und von angenehmem Geruch. Um diese Läger herum hat sich ein großer schwarzer Teich mit einer Oberfläche gebildet, die wie feinstes Moos aussieht; sobald sich die Masse an den Rändern absetzt, wird sie zu Pech. Ganz in der Nähe liegt eine sehr große Lagerstätte, aus dem man das Pech gewinnt, indem über dem Lager ein Feuer angezündet wird. Es entzieht dem Pech die Feuchtigkeit, danach schneidet man es in Stücke und kann es abtragen. Das Lager zwischen Kūfa und Baṣra habe ich schon erwähnt, es ist von gleicher Art.

Zwei Tagesreisen hinter diesen Pechlägern erreichten wir Mauṣil.[781] Es ist eine alte Stadt in fruchtbarem Land mit der mächtigen Festung Al-Ḥadbā', die für ihre Uneinnehmbarkeit berühmt ist und eine massive Umfassungsmauer mit einem hohen Turm besitzt.[782] An die Festung schließen sich die Wohnhäuser des Sultans an. Von diesen Häusern und der Festung führt eine breite und langgestreckte Straße vom oberen bis in den unteren Teil der Stadt. Mauṣil ist von zwei starken Stadtmauern mit sehr vielen in engen Abständen angeordneten Türmen umgeben. Ins Innere der Mauer hat man rundum übereinander stehende Räume eingebaut, die wegen der Dicke der Mauer dort untergebracht werden konnten. Ich habe keine Stadtmauern gesehen, die diesen gleichkämen, ausgenommen in Delhi, der Hauptstadt des Königs von Indien.

Mauṣil besitzt eine große Vorstadt mit Moscheen, Bädern, Herbergen und Märkten. Die Hauptmoschee steht am Ufer des Tigris. Sie ist von eisernen Gittern umzäunt und mit sehr hübschen und gut gebauten Bänken ausgestattet, die auf den Tigris schauen. Vor der Moschee steht ein Krankenhaus. Im Inneren der Stadt stehen zwei Hauptmoscheen, von denen die eine alt, die andere jünger ist. Im Hof der jüngeren steht ein Kuppeldach mit einem achteckigen, von einer marmornen Säule getragenen Wasserbecken aus Marmor, aus dem das Wasser kräftig und ungestüm mannshoch hervorsprudelt. Dann fällt es in schönem Schauspiel zurück. Der überdachte Hauptbasar von Mauṣil ist sehr hübsch. Er hat eiserne Pforten und ringsum stehen Podeste und Läden, die in gefälliger Bauweise übereinander errichtet sind.

780 50 Kilometer südlich von Mossul.

781 Mossul war ursprünglich eine arabische Gründung, die 642 als Garnisonsstadt am Westufer des Tigris angelegt wurde. Die folgende Beschreibung Mossuls ist weitgehend wieder eine Entlehnung aus Ibn Ǧubair.

782 Die Festung Al-Ḥadbā' (›die Bucklige‹) wurde von Atabek ʿImād ad-Dīn Zangī (gest. 1146) wiederhergestellt, der dort als Nachfolger der Seldschuken ein unabhängiges Herrschaftsgebiet errichtete, das bis zur mongolischen Eroberung 1259 Bestand hatte.

In dieser Stadt steht das Grabmal des Propheten Ǧirǧīs.[783] Es enthält einen Betraum, in dessen einer Ecke, rechts vom Eintretenden, sich das Grab befindet. Es liegt zwischen der neuen Hauptmoschee und dem Brückentor. Dank dem Allerhöchsten konnten wir das Grab besuchen und im Betraum unser Gebet verrichten.

Hier steht auch der Hügel des Yūnis und etwa eine Meile entfernt der Brunnen, der seinen Namen trägt.[784] In ihm, so wird erzählt, habe sich sein Volk auf seinen Befehl hin gereinigt. Dann seien sie alle auf den Hügel gestiegen, dort habe er gebetet, und sie haben ebenfalls gebetet, so daß Gott ihnen die Strafe erließ. Nahe der Anhöhe befindet sich ein größeres Dorf mit einer großen Ruine, von der erzählt wird, es sei die Stelle, an der ein Ort namens Nīnawā, die Stadt des Yūnis, gestanden habe. Spuren der Umfassungsmauer und der Stellen, an denen einst die Tore standen, sind noch sichtbar. Auf dem Hügel stehen ein großes Gebäude und ein Kloster, das hinter einem einzigen Tor zahlreichen Zellen, Kammern, Reinigungsplätzen und Trinkbecken Platz bietet. Inmitten des Klosters steht ein Haus mit einem seidenen Vorhang und einer mit kostbaren Steinen besetzten Tür. Man glaubt, dies sei der Ort, an dem Yūnis stand, und man fügt hinzu, daß die Gebetsnische der Klostermoschee jener Raum war, in dem er zu Gott betete. Jede Nacht auf Freitag besuchen die Menschen aus Mauṣil das Kloster und verrichten hier ihre Andacht. Es sind Menschen von angenehmem Wesen, freundlicher Rede und hohem Sinn. Sie lieben die Fremden und zeigen ihnen viel Entgegenkommen.

Der Emir der Stadt, war, als ich ankam, der vortreffliche Sayyid und Šarīf ʿAlāʾ-ad-Dīn ʿAlī bin Šams ad-Dīn Muḥammad, genannt Ḥaidar, ein wohltätiger und vornehmer Mann.[785] Er nahm mich in sein Haus auf und bestritt während meines Aufenthaltes bei ihm alle meine Ausgaben. Er ist ein bekannter Wohltäter und Almosengeber. Sultan Abū Saʿīd hielt ihn in hohen Ehren und hatte ihm diese Stadt und das zugehörige Land anvertraut. Er reitet oft in großem Reiterzug mit seinen Mamluken und Truppen aus. Der Vertreter der Stadtbewohner und die Großen der Stadt kommen morgens und abends zum Gruß, er besitzt Tapferkeit und Würde. Sein Sohn hält sich in dem Augenblick, in dem dies geschrieben wird, in der Residenz Fās auf, dem Asyl der Fremden, Wohnstatt dessen, den die Furcht trieb und der Ort, an dem der Reisende seinen Wanderstab niederlegt. Gott erhöhe ihre Ehre und ihren Glanz und stehe ihr bei in den Tagen unseres Herrn, des Fürsten der Gläubigen, und schütze sie im Inneren wie außen.

783 Der Heilige Georg, dessen Grab noch steht.

784 Das Jonasgrab liegt östlich des Tigris auf einem Hügel, dem Standort des alten Ninive. Auch der erwähnte Brunnen besteht noch.

785 Es handelt sich wahrscheinlich um ʿAlī bin Muḥammad Šāh bin Malik Bahlawān aus dem kurdischen Stamm der Rawwādī.

Wir verließen Mauṣil und machten in einem Dorf namens ʿAīn ar-Raṣad Halt[786], das an einem Fluß liegt, über den eine Brücke führt, und das eine große Herberge hat. Wir setzten unseren Weg fort und kamen in das Dorf Al-Muwailiḥa, dann zur Ǧazīrat Ibn ʿUmar.[787] Es ist eine große, schöne und von einem Flußtal umgebene Stadt, weshalb sie den Namen ›Insel‹ erhalten hat. Der größte Teil ist zwar verfallen, aber sie besitzt einen schönen Markt und eine alte, ganz aus Stein erbaute Moschee von guter Arbeit. Auch die Stadtmauern sind aus Stein. Die Bewohner sind ganz vortreffliche Menschen, die die Fremden lieben. Am Tage unserer Ankunft in dieser Stadt sahen wir den Berg Al-Ǧūdī, von dem im Koran gesprochen wird und auf dem die Arche Noah landete.[788] Es ist ein sehr hoher und langgestreckter Berg.

Wir reisten zwei weitere Tage und erreichten Naṣībīn.[789] Die Stadt ist alt und mittelgroß, liegt aber zum größten Teil in Trümmern. Sie liegt in einer weiten und ausgedehnten Ebene, in der sich viele Bäche um Gärtern mit dichtem Baumbestand und viel Obst winden. Die Stadt stellt Rosenwasser her, das an Wohlgeruch und Güte seinesgleichen nicht hat. Ein Fluß wickelt sich in vielen Windungen um Naṣībīn. Er hat seinen Ursprung in verschiedenen Quellen in einem nahegelegenen Gebirge, teilt sich in mehrere Läufe und bewässert die Gärten. Einer seiner Läufe fließt durch die Stadt, an Straßen und Behausungen vorüber, durchquert den Hof der größten Moschee und ergießt sich in zwei Zisternen, von denen eine mitten im Hof, die andere am östlichen Tor steht. Die Stadt hat ein Krankenhaus und zwei Koranschulen. Die Bewohner sind rechtschaffene Menschen, gläubig, aufrichtig und verläßlich. Abū Nuwās sprach wahr, als er sagte:

»Einst gefiel mir Naṣībīn, wie auch ich ihm gefiel. Ach! Gäbe es der Himmel, daß mir zu meinem Glück in dieser Welt zwei Schicksale zufielen.«[790]

Schließlich brachen wir nach Sinǧār auf[791], einer großen Stadt mit vielen Obst-

[786] Nach Ibn Ǧubair liegt ʿAin ar-Raṣad (etwa: ›Brunnen des Hinterhalts‹) ungefähr eine Tagesreise nordöstlich von Mossul, möglicherweise identisch mit dem heutigen Kizlek Köprü in der Türkei.

[787] Al-Muwailiḥa ist vielleicht in der Nähe des Berges Uwaimāt zu finden, 22 Kilometer nordwestlich von Kizlek Köprü. Ǧazīrat Ibn ʿUmar (›die Insel des Ibn ʿUmar‹) ist Cizre, 145 Kilometer nordwestlich von Mossul, und geht auf eine Ansiedlung auf einer Insel im Tigris zurück. Zur Zeit der Durchreise Ibn Baṭṭūṭas herrschte dort eine kurdische Sippe, die sich bis 1596 gegen die Osmanen behaupten konnte.

[788] Koran, Sure 11, Abschnitt 44: ›O Erde, nimm alles Wasser auf, das dir gehört, O Himmel, vernichte das Wasser und versiege! ... und der Befehl wurde ausgeführt auf dem Ǧūdī.‹ Der Berg befindet sich 40 Kilometer östlich von Cizre.

[789] Nusaybin in der Türkei, 100 Kilometer westlich von Cizre.

[790] Abū Nuwās al-Ḥusain bin Hānī bin ʿAbd al-Awwal (gest. 814), einer der berühmtesten arabischen Dichter. Die Verse enthalten ein Wortspiel auf Naṣībīn: naṣībain: ›zwei Schicksale‹.

[791] Sinǧār liegt 120 Kilometer westlich von Mossul und nicht auf der von Ibn Baṭṭūṭa

bäumen, sprudelnden Quellen und Bächen. Sie ist am Fuß eines Berges erbaut worden und gleicht mit ihren vielen Bächen und Gärten Damaskus. Die Heiligkeit ihrer Hauptmoschee genießt weiten Ruhm, und man behauptet, daß dort gesprochene Gebete erhört würden. Ein Bach läuft durch die Moschee und um sie herum. Die Bewohner von Sinǧār sind Kurden, tapfere und freigebige Menschen. Unter den Personen, die ich in dieser Stadt getroffen habe, nenne ich den frommen Scheich und demütigen Asketen ʿAbdallāh den Kurden, einen der größten Scheichs und Wunderwirker. Man erzählt sich von ihm, daß er, wenn er Fasten hält, sie vierzig Tage lang nicht bricht, und dann nur mit einem halben Gerstenfladen. Ich habe ihn in einem Kloster auf dem Gipfel des Berges Sinǧār angetroffen. Er rief Gottes Segen auf mich herab und versah mich auch mit Geld, das ich aufbewahrte, bis ich von ungläubigen Indern ausgeplündert wurde.

Wir reisten weiter nach Dārā.[792] Dieser Ort ist alt, groß und von makellosem Anblick. Er besitzt eine hochgelegene Zitadelle, die aber jetzt in Trümmern liegt, so daß niemand mehr darin lebt. Vor der Stadt liegt ein bewohntes Dorf, in dem wir abstiegen.

Wir brachen wieder auf und kamen nach Māridīn, einer sehr großen Stadt am Fuße eines Berges. Sie gehört zu den schönsten, bewundernswertesten und festesten Städten des Islam und hat gefällige Märkte. Es werden dort Stoffe hergestellt, die nach der Stadt benannt sind und aus einer Wolle gewebt werden, die man Ziegenfell nennt. Auf dem Berggipfel über der Stadt wacht eine stolze und hochberühmte Festung.[793]

Der Sultan von Māridīn war, als ich in die Stadt kam, König Aṣ-Ṣāliḥ, der Sohn des Königs Al-Manṣūr, über den wir schon gesprochen haben. Er erbte das Königreich von seinem Vater und ist wegen seiner wohltätigen Handlungen berühmt geworden. Es gibt im ganzen Iraq, in Syrien und Ägypten keinen größeren Wohltäter als ihn. Dichter und Faqīre suchen ihn auf, und er macht ihnen nach Art seines Vaters prächtige Geschenke. Er empfing den Besuch von Abū ʿAbdallāh Muḥammād bin Ǧābir al-Andalusīy al-Marwī, genannt der Blinde, der sein Lob sang, und gab ihm 20.000 Dirham. Er gibt sehr viele Almosen, unterhält Schulen und Hospize, die Fremde verpflegen. Sein Wesir ist ein Mann von hohem Rang, und zwar der gelehrte Imām, der Unvergleichliche seiner Epoche und Pol seines Jahrhunderts, Ǧamāl ad-Dīn As-Sinǧārī. Er hat in Tabrīz gelehrt und sich mit den größten Gelehrten gemessen. Sein

eingeschlagenen Strecke nach Mardin, sondern 100 Kilometer südlich von Nusaybin. Vermutlich hat er Sinǧār erst auf der Rückreise 1348 besucht.

792 Gegen die Sassaniden gerichtete byzantinische Grenzfestung, die einst den griechischen Namen Anastasiopoulos trug. Ibn Baṭṭūṭa hat recht, wenn er von ihrem völligen Verfall spricht, der nach der arabischen Eroberung eintrat.

793 Eine der berühmtesten Festungen Vorderasiens, auf kurdischem Gebiet in der heutigen südöstlichen Türkei gelegen, in der sich bis 1407 eine artukidische Dynastie halten konnte.

oberster Qāḍī ist der vortreffliche Imām Burhān ad-Dīn al-Mauṣilī, der seine Ahnenreihe auf den heiligen Scheich Fatḥ al-Mauṣilī zurückführt. Der Qāḍī ist fromm, bescheiden und ehrwürdig; er trägt ein grobes Wollkleid, das nicht einmal zehn Dirham wert ist, und von gleicher Art ist sein Turban. Meist sitzt er außerhalb der Madrasa im Hofe der Moschee, in der er auch seine Andacht verrichtet, zu Gericht. Wenn ihn jemand sieht, der ihn nicht kennt, muß er glauben, er sei nur ein Diener oder Gehilfe des Qāḍī.

Man hat mir erzählt, daß eine Frau zu diesem Richter kam, als er sich nicht in der Moschee befand. Sie kannte ihn nicht und fragte ihn: »O Scheich, wo ist der Sitz des Qāḍī?« – Er antwortete: »Was willst du von ihm?« – Da sagte sie: »Mein Mann hat mich geschlagen, mehr noch, er hat eine zweite Frau und gibt mir nicht das gleiche Recht wie ihr. Ich habe ihn vor den Qāḍī gerufen, aber er hat sich geweigert. Ich bin arm und habe nichts, was ich den Leuten des Qāḍī geben kann, damit sie ihn vor Gericht bringen.« – Da fragte er: »Wo wohnt dein Mann?« – Die Frau erwiderte: »Im Dorf der Matrosen, außerhalb der Stadt.«‹ – Er sagte: »Ich werde mit dir zu ihm gehen.« – Da antwortete die Frau: »Bei Gott, aber ich kann dir nichts geben.« –Er sagte daraufhin: »Und ich werde nichts von dir nehmen.« Dann setzte er hinzu: »Gehe zum Dorf, warte vor dem Dorf auf mich, ich werde dir dann folgen.« Sie ging, wie er es ihr gesagt hatte, und wartete auf ihn. Der Qāḍī kam ganz allein, denn er ließ sich nie von jemandem begleiten. Sie ging mit ihm zur Wohnung ihres Mannes, und als dieser ihn sah, fragte er: »Wer ist dieser unglückbringende Scheich, der dich begleitet?« – Der Qāḍī gab zurück: »Bei Gott, das bin ich. Verschaffe deiner Frau ihr Recht!« Als sich ihr Gespräch in die Länge zog, kamen Leute hinzu, die den Qāḍī kannten und begrüßten. Da bekam der Mann Angst und schämte sich. Aber der Richter sagte: »Sei unbesorgt, aber mache das Unrecht wieder gut, das du deiner Frau angetan hast!« Der Mann gab seiner Frau Genugtuung, der Qāḍī aber gab ihnen das Geld, das sie an diesem Tage brauchten, und ging von dannen. Ich bin diesem Richter begegnet, und er hat mich in seinem Hause bewirtet.

Nun kehrte ich nach Bagdad zurück, kam wieder nach Mauṣil, über das ich schon gesprochen habe, und traf vor der Stadt auf die Karawane, die auf dem Weg nach Bagdad war. Unter den Pilgern war auch eine fromme Frau und Dienerin Gottes, die man die ›Entsagungsvolle Dame‹ nannte und die von den Kalifen abstammte. Sie hatte schon oft die Reise nach Mekka angetreten und erlegte sich sehr viele Fasten auf. Ich begrüßte sie und stellte mich unter ihren Schutz. Sie war in Begleitung mehrerer Faqīre, die sie bedienten. Aber sie starb auf dieser Reise – Gott habe Erbarmen mit ihr! Er rief sie zu sich in Zarūd, wo sie bestattet ist.

Wir kamen in Bagdad an, wo ich die Pilger traf, die sich auf den Aufbruch vorbereiteten. Ich suchte Emir Maʿrūf Ḫūǧah auf und bat ihn, dem Befehl des Sultans nachzukommen, den er zu meinen Gunsten geschrieben hatte. Er wies mir die Hälfte einer doppelten Kamelsänfte sowie Proviant und Wasser für vier Personen zu. Er schrieb über alles eine Anweisung, wandte sich an den Führer der Karawane und empfahl mich ihm. Es war Al-Bahlawān Muḥammad al-Ḥuwīḥ, mit dem ich bereits im Jahre zuvor Bekanntschaft geschlossen hatte, die sich nun vertiefte.[794] Er nahm mich wieder unter seinen Schutz, behandelte mich mit Wohlwollen und tat mir zuliebe mehr, als ihm aufgetragen worden war. Als wir Kūfa verließen, erkrankte ich an Durchfall und mußte mehrere Male täglich aus der Sänfte gehoben werden. Der Emir erkundigte sich nach meinem Zustand und gab mir gute Ratschläge. Meine Krankheit verließ mich bis Mekka nicht, dem Heiligtum des Allerhöchsten. Ich machte meine Umgänge um das heilige Haus, aber ich war so schwach, daß ich die vorgeschriebenen Gebete nur sitzend verrichten konnte und die Umgänge und den Lauf zwischen Aṣ-Ṣafā und Al-Marwa auf einem Pferde des Emirs Al-Huwīḥ ableisten mußte. In diesem Jahr erlebten wir die Station ʿArafa an einem Montag[795], und auf dem Abstieg von Minā fand ich mein Wohlbefinden wieder und wurde von meinem Leiden erlöst. Nach dem Ende der Pilgerzeit widmete ich mich ein ganzes Jahr lang in Mekka der Andacht.

Emir ʿAlāʾ-ad-Dīn bin Hilāl, der Aufseher der Verwaltung, kam mit dem Ziel in die Stadt, die Gebäude für die rituellen Waschungen vor dem Markt der Arzneihändler am Tor der Banū Šaiba wiederherzustellen. Im gleichen Jahr war eine große Zahl ägyptischer Würdenträger nach Mekka gekommen, darunter: Tāǧ ad-Dīn bin al-Kawīk, Nūr ad-Dīn al-Qāḍī[796], Zain ad-Dīn bin al-Aṣīl, Ibn al-Ḫalīlī[797] und Nāṣir ad-Dīn al-Asyūṭī.

Ich wohnte das ganze Jahr in der Al-Muẓaffarīya-Madrasa, und Gott heilte mich von meiner Krankheit. Ich führte das glücklichste Leben und versenkte mich vollkommen in meinen Gängen um die Kaʿba, im Dienste Gottes und in der Wallfahrt zu den heiligen Stätten. Im Laufe des Jahres erschienen die Pilger aus Oberägypten, mit ihnen auch der fromme Scheich Naǧm ad-Dīn al-Uṣfūnī[798], der seine erste Wallfahrt unternahm, und die beiden Brüder ʿAlāʾ-ad-Dīn ʿAlī und Sirāǧ ad-Dīn ʿUmar, die Söhne des frommen Qāḍīs von Kairo Naǧm ad-Dīn al-Bālisī[799] und viele andere.

794 Er war bereits Ibn Baṭṭūṭas Karawanenführer gewesen, als er Mekka im November 1326 verließ (vgl. Anm. 584).

795 26. Oktober 1327.

796 ʿAlī bin ʿAbd an-Nāṣir bin ʿAlī bin ʿAbd al-Ḫāliq as-Saḫāwī Nūr ad-Dīn, malikitischer Qāḍī aus Kairo, gest. 1355.

797 ʿAbdallāh bin Muḥammad bin Abī Bakr ʿAbdallāh bin Ḫalīl al-Makkī, bekannter muslimischer Heiliger, gest. 1375.

798 Naǧm ad-Dīn ʿAbd ar-Raḥmān bin Yūsuf bin Ibrāhīm bin ʿAlī, Schüler von ʿAlīy-al-Bahāʾ al-Qifṭī, gest. 1350.

799 Muḥammad bin ʿUqail bin Abi-l-Ḥasan al-Bālisīy al-Miṣrī (1262–1329), Schüler von Daqīq al-ʿĪd, Vertreter des Kairiner Großqāḍīs.

In der Mitte des Monats Ḏu-l-Qaʿda kam Emir Saif ad-Dīn Yalmalak, eine hohe Persönlichkeit, und in seiner Begleitung Menschen aus Tanger, meiner Heimatstadt. Zu ihnen gehörten: der Rechtsgelehrte Abū ʿAbdallāh Muḥammad, Sohn des Richters Abu-l-ʿAbbās, des Sohnes des Richters und Predigers Abu-l-Qāsim al-Ǧurāwī; der Rechtsgelehrte Abū ʿAbdallāh bin ʿAṭāʾ Allāh; der Faqīh Abū Muḥammad ʿAbdallāh al-Haḍarī; der Faqīh Abū ʿAbdallāh al-Mursī; Abu-l-ʿAbbās, Sohn des Faqīh Abū ʿAlīy-al-Balansī; Abū Muḥammad bin al-Qābila; Abu-l-Ḥasan al-Biyārī; Abu-l-ʿAbbās Ibn Tāfūt; Abu-ṣ-Ṣabr Ayyūb der Stolze sowie Aḥmad bin Ḥakkāma.

Aus Qaṣr al-Maǧāz[800] erschien mit anderen der Faqīh Abū Zaid ʿAbd ar-Raḥmān, Sohn des Qāḍī Abu-l-ʿAbbās Ibn Ḫulūf; unter den Leuten aus Al-Qaṣr al-Kabīr[801] waren der Rechtsgelehrte Abū Muḥammad bin Muslim, Abū ʾIsḥāq Ibrāhīm bin Yaḥyā und sein Sohn. Ebenfalls in diesem Jahr erschienen in Mekka Emir Saif ad-Dīn Tuquzdamūr, ein ägyptischer Befehlshaber[802], Emir Mūsā bin Qaramān[803], Qāḍī Faḫr ad-Dīn Nāẓir, Inspekteur des Heeres und Sekretär der Mamluken[804], At-Tāǧ Isḥāq und die Dame Ḥadaq, die Amme des Königs An-Nāṣir.

Sie alle spendeten dem berühmten Hause Gottes reichliche Almosen, besonders Qāḍī Faḫr ad-Dīn tat sich darin hervor. Unsere Station in ʿArafa fiel in diesem Jahr auf einen Freitag des Jahres 728.[805] Als die Pilgerzeit beendet war, blieb ich auch im Jahre 729 in Mekka. In jenem Jahre erschienen aus dem Iraq in Begleitung von Scheich Muḥammad al-Huwīḥ Aḥmad, der Sohn des Emirs Rumaiṯa, und Mubārak, der Sohn des Emirs ʿUṭīfa[806], ferner Scheich Zādah al-Ḥarbāwī und Scheich Dānyāl[807].

Sie überbrachten den Angehörigen der heiligen Stätten und den Mekkanern umfangreiche Almosen des Sultans Abū Saʿīd, des Königs des Iraq. Sein Name wurde in diesem Jahr in der Freitagspredigt nach dem des Königs An-Nāṣir genannt und in Segenswünschen von der Kuppel des Zamzam gerufen. Nach

800 Unweit von Tanger gelegenes Schloß des Maṣmūda-Stammes.

801 ›Die Große Festung‹ im Süden von Tanger.

802 Vgl. Kapitel ›Aufbruch nach Ägypten‹, Anm. 147. Die Chroniken, die seinen Namen auch als ›Ṭuquztamur‹ wiedergeben, melden ebenfalls seine Pilgerfahrt im Jahre 1328.

803 Bahāʾ ad-Dīn Mūsā, Bruder von Badr ad-Dīn Maḥmūd, von 1300–1308 Sultan von Qaramān in Inneranatolien und Nachfolger der dortigen Seldschuken.

804 ʿAbdallāh bin Muḥammad bin ʿAbd al-ʿAẓīm bin ʿAlī Faḫr ad-Dīn, Finanzaufseher und 728 zum Oberaufseher der Bauten in Mekka ernannt (gest. 1333).

805 14. Oktober 1328.

806 Zu diesen Persönlichkeiten vgl. Kapitel ›Nach Mekka‹.

807 Dānyāl bin ʿAlī bin Yaḥya-l-Lūristānī war einer der führenden Perser Mekkas und von Al-Ǧūbān (›Tschoban‹) mit der Wiederherstellung der Zubaida-Wasserleitung beauftragt worden (vgl. Anm. 760).

ihm rief man den Namen des Königs des Jemen und Vorkämpfers des Islam Nūr-ad-Dīn. Emir ʿUṯīfa war damit nicht einverstanden gewesen und hatte seinen Bruder Manṣūr entsandt, um König An-Nāṣir davon zu unterrichten. Rumaiṯa aber hatte befohlen, ihn wieder zurückzurufen, und er kehrte um. ʿUṯīfa schickte ihn ein zweites Mal auf den Weg, aber über Ǧudda, und so konnte er König An-Nāṣir berichten. In diesem Jahre 729 befanden wir uns an an einem Dienstag an der Station ʿArafa.[808]

Nach dem Ende der Pilgerzeit blieb ich auch im Jahre 730 mit Hingabe am Gotteshaus Mekkas. Während der Pilgerzeit dieses Jahres entbrannte ein Streit zwischen ʿUṯīfa, dem Fürsten Mekkas, und Aidamūr[809], dem Obersten der Leibwache des Königs An-Nāṣir. Jemenitische Kaufleute waren beraubt worden und beklagten sich darüber bei Aidamūr. Dieser sagte zu Mubārak, dem Sohne des Emirs ʿUṯīfa: »Schaffe mir die Diebe her!« Dieser antwortete: »Wie kann ich sie herbeischaffen, wenn ich sie nicht kenne? Und außerdem stehen die Jemeniten unter unserer Herrschaft und du hast kein Recht über sie. Wenn einem Ägypter oder einem Syrer etwas gestohlen wird, dann kannst du Forderungen stellen.« Aidamūr beschimpfte ihn und sagte: »Du Kuppler! Wagst du so mit mir zu sprechen?« Er schlug ihm so auf die Brust, daß Mubārak stürzte und ihm der Turban vom Kopfe fiel. Dessen Diener wurden wütend. Aidamūr wollte zu seinen Truppen zurückreiten, aber Mubārak und seine Diener folgten und brachten ihn und seinen Sohn um. In der heiligen Stadt, in der sich auch Emir Aḥmad, ein Sohn des Onkels väterlicherseits des Königs An-Nāṣir, aufhielt, brach ein Aufruhr los. Türkische Bogenschützen töteten eine Frau, die beschuldigt wurde, die Mekkaner zum Kampf aufgewiegelt zu haben. Alle Türken, die zur Karawane gehört hatten, angeführt von ihrem Kommandanten Ḫāṣṣ Turk, bestiegen ihre Pferde. Da traten der Richter, die Vorbeter und alle Diener der heiligen Stätten vor sie hin, trugen Abschriften des Korans auf ihren Köpfen und baten um Frieden. Danach betraten die Pilger Mekka, nahmen ihr Hab und Gut und reisten nach Ägypten ab.

Die Nachricht erreichte König An-Nāṣir; er war erbost und schickte Soldaten nach Mekka. Fürst ʿUṯīfa und sein Sohn Mubārak flohen, sein Bruder Rumaiṯa zog sich mit seinen Söhnen ins Wāḏī Naḫla zurück. Als die Armee in Mekka ankam, entsandte Emir Rumaiṯa einen seiner Söhne, um sicheres Geleit für sich und seine Söhne zu erhalten, das ihnen auch gewährt wurde. Daraufhin begab sich Rumaiṯa mit einem weißen Tuch in der Hand zum Be-

808 3. Oktober 1329.

809 Aus den Chroniken als Saif ad-Dīn ad-Dumūr bekannt, war er einer der führenden Emire Kairos. Seine Ermordung und die seines Sohnes werden von diesen Chroniken bestätigt. Als Ausgangspunkt des Konfliktes soll nach At-Tāzī, der sich auf Maqrīzī beruft, ein Befehl An-Nāṣirs gestanden haben, den von Ibn Baṭṭūṭa mehrfach genannten iraqischen Karawanenführer Muḥammad al-Ḥuwīḥ zu töten.

fehlshaber. Er wurde mit einem Ehrengewand bekleidet und erhielt die Stadt Mekka zurück. Die Soldaten kehrten nach Kairo zurück, denn der verstorbene König An-Nāṣir war ein sanftmütiger und milder Mann.

Von der Ostküste Afrikas in den Persischen Golf

Um diese Zeit verließ ich Mekka und wandte mich dem Jemen zu. Ich erreichte Ḥadda, das halbwegs zwischen Mekka und Ǧudda liegt[810], und dann Ǧudda, das sehr alt ist, an der Meeresküste liegt und von den Persern gegründet worden sein soll.[811] Vor der Stadt findet man sehr alte Zisternen, und selbst in der Stadt gibt es Wasserbrunnen, die aus dem harten Fels gehauen worden sind. Sie stehen sehr nahe beieinander, und man kann sie gar nicht zählen, so zahlreich sind sie. In diesem Jahr fehlte es an Regen, und aus der Entfernung von einem Tage mußte Wasser nach Ǧudda gebracht werden. Die Pilger baten in den Häusern der Bewohner darum.

Zu den Merkwürdigkeiten, die mir in Ǧudda zustießen, gehört, daß ein blinder Bettler, der von einem Jungen geführt wurde, an meiner Türe anhielt und um Wasser bat. Er grüßte mich, nannte mich bei meinem Namen und nahm meine Hand, obwohl ich ihn noch nie gesehen hatte und er mich ebenfalls nicht kannte. Ich wunderte mich über ihn. Schließlich ergriff er mit seiner Hand meinen Finger und fragte: »Wo ist al-fatḫa?«, das heißt, mein Ring. Als ich nämlich Mekka verlassen hatte, war ein Faqīr an mich herangetreten und hatte mich um ein Almosen gebeten. Ich hatte gerade nichts bei mir und gab ihm meinen Ring. Als nun dieser Blinde mich nach dem Ring fragte, erwiderte ich: »Ich habe ihn einem Faqīr gegeben.« Er antwortete: »Geh und suche ihn, denn es befindet sich eine Inschrift darauf, die ein großes Geheimnis enthält.« Ich war sehr verwundert über diesen Mann und über alles, was er wußte. Aber Gott weiß am besten, wie sich die Sache verhielt.

In Ǧudda gibt es eine als Ebenholzmoschee bekannte Hauptmoschee, die für ihre Heiligkeit berühmt ist und in welcher Gebete erhört werden. Der Befehlshaber der Stadt hieß Yaʿqūb bin ʿAbd ar-Razzāq, ihr Qāḍī und auch Prediger war der šafiʿitische Faqīh ʿAbdallāh aus Mekka. Wenn der Freitag kam und die Menschen sich zum Gebet versammelten, erschien der Muezzin und zähl-

810 Ḥadda (oder Ḥaddāʾ), 25 Kilometer westlich von Mekka im Wādī Fāṭima.

811 Die Stadt, heute ›Ǧidda‹ gesprochen, soll lt. At-Tāzī, der sich auf Yūsuf al-Muǧāwir und dessen ›Geschichte Südarabiens‹ beruft, von persischen Auswanderern gegründet worden sein, die durch ein Erdbeben aus ihrer Heimatstadt Sīrāf vertrieben worden waren.

te, wie viele Leute aus Ǧudda anwesend waren. Waren vierzig vollzählig, so hielt der Prediger seine Ansprache und verrichtete mit ihnen das Freitagsgebet. Waren es weniger als vierzig, sprach er nur viermal das Mittagsgebet, ohne Rücksicht auf diejenigen zu nehmen, die nicht aus Ǧudda stammten, wie groß ihre Zahl auch gewesen sein mochte.[812]

Von Ǧudda aus reisten wir auf einem Schiff, das ›ǧalba‹[813] genannt wurde und einem Abessinier namens Rašīd al-Alfi-l-Yamanī gehörte. Šarīf Manṣūr bin Abī Numay[814] bestieg eine andere Ǧalba und bat mich, mit ihm zu kommen. Ich tat es aber nicht, denn an Bord seines Schiffes befanden sich auch Kamele, und ich war ängstlich, weil ich noch nie zuvor zur See gefahren war. Es gab in Ǧudda eine Gruppe von Jemeniten, die bereits ihren Reiseproviant sowie ihr Hab und Gut an Bord gebracht hatten und sich auf die Reise vorbereiteten.

Als wir in See stechen wollten, befahl Šarīf Manṣūr einem seiner Diener, ihm ein Säckchen, also etwa ein halbe Traglast Mehl und einen Topf mit Butteröl zu holen, und zwar beides aus den Schiffen der Jemeniten. Er holte alles und brachte es dem Šarīf. Da kamen die Kaufleute unter Tränen zu mir, erzählten mir, daß in dem Säckchen zehntausend Nuqra-Dirham lägen, und baten mich, Manṣūr zu bitten, sie ihnen zurückzugeben und stattdessen einen anderen Beutel anzunehmen. Ich suchte ihn auf, um mit ihm darüber zu sprechen, und sagte ihm, daß in dem Säckchen etwas läge, was den Kaufleuten gehörte. Er erwiderte: »Wenn es Wein ist, werde ich ihn nicht zurückgeben; aber wenn es etwas anderes ist, dann soll es ihnen gehören.« Der Sack wurde geöffnet und man fand die Silberstücke, die er ihnen auch zurückgab. Er sagte mir daraufhin: »Wenn das ʿAǧlān geschehen wäre, so hätte er nichts zurückgegeben.« ʿAǧlān war der Sohn seines Bruders Rumaiṯa, der einmal das Haus eines Kaufmanns aus Damaskus betrat, der in den Jemen aufbrechen wollte, und den größten Teil dessen, was er dort fand, mitnahm. ʿAǧlān ist jetzt Fürst von Mekka. Er hat aber sein Verhalten geändert und läßt jetzt Gerechtigkeit und Güte walten.

Wir waren zwei Tage mit günstigem Wind auf See, bevor der Wind drehte und uns vom Kurs, dem wir folgen wollten, abtrieb. Die Wellen schlugen hoch und erreichten uns mitten auf dem Schiff. Die Aufregung unter den Fahrgästen war groß, und unsere Angst ließ erst nach, als wir im Hafen Raʾs Dawāʾir

812 Nach der šafiʿitischen Lehre ist das Freitagsgebet ungültig, wenn nicht mindestens vierzig Gläubige an ihm teilnehmen.

813 Großes seetüchtiges Boot, dessen Rumpfplanken durch Kokosfasertaue zusammengebunden wurden. Ibn Ǧubair beklagt sich lebhaft über die Schiffsführer, die um des schnellen Gewinns willen ihre Fahrgäste wie Sardinen ins Schiff packen.

814 Mitglied der herrschenden Familie von Šarīfen aus Mekka (vgl. Kapitel ›Nach Mekka‹).

zwischen ʿAiḏāb und Sawākin anlegten.[815] Wir stiegen an Land und fanden am Ufer eine Schilfhütte in Form einer Moschee. Im Inneren lag eine große Menge Schalen von Straußeneiern, die mit Wasser gefüllt waren. Wir tranken davon und benutzten es zum Kochen.

Ich sah in diesem Hafen etwas Merkwürdiges: Es war eine Bucht, die wie ein Fluß aussah, aber vom Meer gebildet worden war. Die Menschen nahmen ihre Kleider, ergriffen sie an den Säumen und zogen sie voller Fische wieder heraus. Die Fische, die die Leute dort ›būrī‹ nennen, waren eine Elle lang. Eine große Menge davon wird gekocht, der Rest geröstet. Eine Gruppe von Buǧāh, der Bewohner dieser Gegend, kam zu uns.[816] Sie haben schwarze Gesichter, sind mit gelben Decken bekleidet und binden sich fingerbreite rote Bänder um den Kopf. Sie sind kräftig und tapfer, und ihre Waffen sind die Lanze und der Säbel. Ihre Kamele, die sie mit Sätteln reiten, nennen sie die ›Roten‹. Wir mieteten einige dieser Kamele und ritten mit ihnen in die Steppe hinaus, in der sehr viele Gazellen weideten. Die Buǧāh aber jagen sie nicht, so daß sie zutraulich werden und vor Menschen nicht fliehen.

Nach zwei Tagesmärschen erreichten wir einen Stamm von Arabern, die sich die ›Söhne von Kāhil‹ nennen, mit den Buǧāh vermischen und auch ihre Sprache kennen. Am gleichen Tage noch erreichten wir die Insel Sawākin[817], die ungefähr sechs Meilen vom Festland entfernt liegt und weder Trinkwasser noch Getreide oder Bäume besitzt. Wasser wird in Booten herbeigebracht und es gibt Zisternen, in denen das Regenwasser aufgefangen werden kann. Die Insel ist sehr groß und man kann dort Fleisch vom Strauß, von der Gazelle und vom Wildesel bekommen. Es gibt viele Ziegen, also auch Milch und Butteröl, die auch nach Mekka gebracht werden. Ihr einziges Getreide ist ›ǧurǧūr‹, eine Hirseart mit großem Korn, die ebenfalls nach Mekka verkauft wird.

Der Sultan der Insel Sawākin war zur Zeit meiner Ankunft Šarīf Zaid bin Abī Numay.[818] Sein Vater war Emir von Mekka gewesen ebenso wie nach ihm seine beiden Brüder ʿUtīfa und Rumaiṯa, von denen ich schon gesprochen habe. Die Würde wurde ihm von den Buǧāh übertragen, die durch seine Mutter mit ihm verwandt sind. Er befehligt eine Truppe, die aus Buǧāh, den Söhnen von Kāhil und aus Ǧuhaina-Arabern[819] besteht.

815 Vermutlich der heutige Hafen Marsā Darūr auf 19° 50' n. Br. und 70 Kilometer nördlich von Sawākin; Rāʾs Dawāʾir scheint demnach heute das Rās Šukra zu sein.

816 Vgl. zu den ›Buǧāh‹ und zum Fisch ›būrī‹ das Kapitel ›Aufbruch nach Ägypten‹, wenn es auch unwahrscheinlich ist, daß es sich den gleichen Fisch handelt.

817 Südlich von ʿAiḏāb im heutigen Sudan gelegen, wurde Sawākin erst nach der Zerstörung ʿAiḏābs im 15. Jahrhundert ein wichtiger Hafenplatz am Roten Meer.

818 Diese von Ibn Baṭṭūṭa dem Clan von Mekka zugerechnete Person ist unbekannt.

819 Himyaritischer arabischer Stamm aus dem Süden der arabischen Halbinsel, auf den sich die sudanesischen Araber zurückführen.

In Sawākin gingen wir wieder an Bord eines Schiffes, um in den Jemen zu reisen. Wegen der Vielzahl von Klippen wird nachts nicht gesegelt, sondern nur von Sonnenauf- bis Sonnenuntergang. Dann wirft man Anker, geht an Land und besteigt am nächsten Morgen wieder das Schiff. Den Schiffsführer nennen diese Leute ›rubbān‹; er hält sich stets am Bug des Schiffes auf, um den Steuermann vor den Klippen zu warnen; diesen Steuermann nennen sie ›nabāt‹.

Sechs Tage nach unserer Abfahrt aus Sawākin kamen wir zu der Stadt Ḥalī[820], die auch unter dem Namen ›Ibn Yaʿqūb‹ bekannt ist, eines jemenitischen Sultans, der einst in dieser Stadt lebte. Sie ist groß, hat schöne Gebäude und wird von zwei arabischen Volksstämmen, nämlich den Banū Ḥarām und den Banū Kināna bewohnt.[821] Die Hauptmoschee dieser Stadt ist außerordentlich schön, und man begegnet in ihr vielen Faqīren, die sich allein der Verehrung Gottes hingeben. Unter ihnen findet sich auch der fromme Scheich, Gottesdiener und Asket Qabūlat al-Hindī, einer der frömmsten Männer. Seine Kleidung besteht aus einem zusammengeflickten Umhang und einer Filzmütze. Er bewohnt eine Zelle, die an die Moschee angrenzt, deren Boden vollständig mit Sand bedeckt ist und die weder Matte noch Teppich enthielt. Als ich ihn besuchte, sah ich nichts als einen Wasserkrug für die Waschungen und einen Tisch aus Palmblättern, auf dem neben einer kleinen Schale mit Salz und Thymian nur einige Stücke trockenen Gerstenbrotes lagen. Wenn er Besuch empfing, setzte er ihm dies vor und unterrichtete seine Mitbrüder, so daß jeder bereitwillig brachte, was er hatte. Sobald sie das Nachmittagsgebet verrichtet hatten, setzten sie sich bis zum Abendgebet mit dem Scheich zu Danksagungen zusammen. Wenn das Abendgebet gesprochen ist, geht jeder an seinen Platz, um sich bis zum letzten Nachtgebet weiteren Gebeten zu widmen. Dann loben sie bis zum Ende des ersten Nachtdrittels erneut Gott. Nun ziehen sie sich zurück, kommen aber zu Beginn des dritten Nachtdrittels wieder in der Moschee zusammen und wachen nun im Gebet bis zum Tagesanbruch. Dann erneuern sie ihre Lobpreisungen bis zum Frühgebet, wonach sie sich wieder zurückziehen. Einige bleiben bis zum Mittagsgebet in der Moschee. So leben sie alle Tage. Ich hätte gewünscht, den Rest meines Lebens unter ihnen verbringen zu dürfen, aber mir wurde diese Gunst nicht zuteil – Gott der Allerhöchste gewähre mir dafür seine Gnade und seine Hilfe!

Der Sultan von Ḥalī hieß ʿĀmir bin Ḏuʾaib und gehörte den Banū Kināna an.[822] Er war ein Mann von Verdiensten und Bildung sowie ein Dichter. Er

820 Ḥalī liegt wieder auf der arabischen Halbinsel auf dem Wege von Ǧidda nach Ṣanʿāʾ im Jemen. Ein Ibn Yaʿqūb ist unbekannt.

821 Die Banū Ḥarām waren ein Clan des jemenitischen Stammes der Nahd, die Banū Kināna gehörten ursprünglich einem nordarabischen Stamm an.

822 Als Sultan wie als Dichter gleichermaßen unbekannt.

hatte im Jahre 730 an der Pilgerfahrt teilgenommen, und in seiner Gesellschaft war ich schon von Mekka nach Ǧudda gereist. Als ich in seiner Hauptstadt angekommen war, erwies er mir Gastfreundschaft und behandelte mich ehrerbietig, so daß ich mehrere Tage sein Gast war. Dann stach ich auf einem seiner Schiffe wieder in See und kam nach Sarǧa[823], einer kleinen Ortschaft, in der eine Gruppe der ›Söhne von Al-Hibā‹ lebt, eines Stammes jemenitischer Kaufleute, deren Angehörige zumeist in Saʿda wohnen.[824] Es sind freigebige und freundliche Leute, denn sie versorgen Reisende mit Essen und helfen den Pilgern, indem sie ihnen ihre Schiffe zur Verfügung stellen und sie sogar für ihre Reise aus ihrem eigenen Hab und Gut ausrüsten; dafür sind sie bekannt und haben sich Ruhm erworben. Gott möge ihren Reichtum mehren, die Gunst, die er ihnen erweist, vergrößern und ihnen helfen, Gutes zu tun! In keinem Lande gibt es Menschen, die es ihnen gleichtun, ausgenommen den Scheich Badr ad-Dīn an-Naqqās, der in Qaḥma[825] lebt. Er handelte ebenso und vollbrachte ähnliche denkwürdige Wohltaten.

Wir blieben nur eine Nacht in Sarǧa und genossen die Gastfreundschaft der Genannten. Dann reisten wir zum Al-Ḥādiṯ-Hafen, ohne den Fuß an Land zu setzen, dann weiter zum ›Hafen der Tore‹ und endlich nach Zabīd.[826]

Zabīd ist eine große Stadt des Jemen, vierzig Farsaḫ von Ṣanʿāʾ entfernt und nach dieser die größte Stadt des Landes, deren Bewohner zu den wohlhabendsten zählen. Sie besitzt ausgedehnte Gärten, viel Wasser und Obst wie Bananen, aber auch andere Früchte. Zabīd liegt nicht an der Küste, sondern im Landesinneren, und ist eine der bedeutendsten Städte des Jemen, groß, sehr bevölkert und reich an Palmen und Obstgärten und gut mit Wasser versorgt. Zabīd ist die schönste Stadt des Jemen und die angenehmste. Ihre Bewohner zeichnen sich durch ihre freundliche Natur, ihren guten Charakter sowie durch ihre elegante Gestalt aus, und ihre Frauen sind von unübertroffener Schönheit. Die Stadt liegt im Tal von Al-Ḥuṣaib, von dem man sich in einigen Überlieferungen erzählt, daß der Prophet in seinen Ratschlägen zu Muʿāḏ sagte: »O Muʿāḏ, wenn du ins Wādi-l-Ḥuṣaib gekommen bist, beschleunige deine Schritte!«

Die Bewohner der Stadt feiern die berühmten Feste der Palmensamstage,

[823] Im nördlichen Jemen auf dem Wege nach Ṣanʿāʾ gelegen.

[824] Städtchen im Norden Jemens, in alter Zeit auch ›Ǧumāʿ‹ genannt.

[825] Etwa 140 Kilometer nördlich von Zabīd.

[826] Der Al-Ḥādiṯ-Hafen (›der neue Hafen‹) ist nicht identifizierbar, der Hafen der Tore wird zwar in der arabischen Literatur erwähnt, ist aber ebenfalls nicht aufzufinden; Zabīd endlich wurde im Mittelalter von Muḥammad bin ʿAbdallāh Ibn Ziyād al-Amawī auf Befehl seines Sultans ʿAbdallāh al-Māʾmūn bin Hārūn ar-Rašīd im Jahre 821 gegründet und stieg zur Hauptstadt des jemenitischen Flachlandes auf, in der sunnitische Šafiʿiten lebten, während die Bewohner der Hochebenen um Ṣanʿāʾ zu den zaiditischen Schiiten zählten.

denn sie wandern, wenn die Reifezeit der Datteln gekommen ist, jeden Samstag zu den Palmenhainen hinaus. Niemand, weder ein Stadtbewohner noch ein Fremder, bleibt dann in der Stadt. Auch die Musikanten gehen hinaus, so auch die Händler, die Obst und Zuckerwerk verkaufen. Die Frauen verlassen die Stadt in Sänften, die von Kamelen getragen werden. Außer ihrer vollkommenen Schönheit, von der ich schon gesprochen habe, besitzen sie weitere gute Eigenschaften und Tugenden. Sie ehren den Fremden und weigern sich nicht, ihn zu heiraten, wie es die Frauen hierzulande tun. Wenn der Mann verreisen will, so geht seine Frau mit ihm hinaus und sagt ihm Lebwohl. Wenn sie ein Kind haben, so kümmert sie sich um es und gibt ihm bis zur Rückkehr seines Vaters alles, was es braucht. Während seiner Abwesenheit verlangt sie nichts von ihm, weder für ihre täglichen Ausgaben noch für Kleidung noch für sonst etwas. Wenn er im Lande wohnt, ist sie für Nahrung und Kleidung mit wenig zufrieden. Ihren Heimatort aber verlassen die Frauen dieser Gegenden niemals. Selbst wenn man einer von ihnen etwas schenkte, was es auch sein mag, um sie zu veranlassen, ihr Land zu verlassen, so würde sie es doch niemals tun.

Die Weisen und Rechtsgelehrten des Landes sind rechtschaffene Leute, fromm und glaubensfest, großherzig und und von ausgezeichnetem Charakter. Ich habe in Zabīd den gelehrten und frommen Scheich Abū Muḥammad aṣ-Ṣanʿānī, den Faqīh und wahrheitssuchenden Ṣūfī Abū ʿAbbās al-Abyānī und den Gelehrten und Traditionalisten Abū ʿAlīy-az-Zabīdī gesehen. Ich stellte mich unter ihre Obhut; sie ehrten mich, erwiesen mir Gastfreundschaft und empfingen mich in ihren Palmenhainen, als ich sie besuchte. Bei einem von ihnen lernte ich den Rechtsgelehrten und weisen Richter Abū Zaid ʿAbd ar-Raḥmān aṣ-Ṣūfī kennen, einen der vornehmsten Männer des Jemen. Man erwähnte in seinem Beisein den asketischen und demütigen Diener Gottes Aḥmad bin al-ʿUǧail al-Yamānī, der zu den großen Männern und Wunderwirkern gezählt wird.[827]

Man erzählt sich, daß die Rechtsgelehrten und andere hohe Männer von der Sekte der Zaiditen eines Tages Scheich Aḥmad bin al-ʿUǧail aufsuchten, der vor seiner Zāwiya saß. Seine Schüler gingen ihnen, um sie zu empfangen, entgegen, der Scheich aber bewegte sich nicht von seinem Platz. Die Zaiditen grüßten ihn, er gab ihnen die Hand und hieß sie willkommen. Nun ergab sich ein Gespräch über die Frage der Vorherbestimmung, und die Zaiditen behaupteten, daß es keine Vorherbestimmung gäbe und daß, wer handelt, auch der Urheber seiner Taten wäre. Da antwortete der Scheich: »Wenn es sich so verhält, wie ihr sagt, dann erhebt euch von euren Plätzen!« Sie woll-

827 Bis auf den letzten Namen ist keiner der Vorgenannten bekannt; Ibn al-ʿUǧail al-Yamānī findet nach At-Tāzī im Buche Al-Ḫazraǧīs (›Buch der Urkunden aus der Geschichte des Rasulidenreiches‹) als Aḥmad bin Mūsā bin ʿAlī bin ʿUmar bin ʿUǧail (gest. 1291/92) Erwähnung.

ten aufstehen, konnten es aber nicht. Da ließ der Scheich sie in diesem Zustande zurück und ging in seine Zāwiya. So blieben sie dort sitzen, bis die Hitze ihnen lästig wurde. Die Glut der Sonne quälte sie, und sie klagten laut darüber, was ihnen zugestoßen war. Da gingen die Gefährten des Scheichs zu ihm und sagten: »Diese Männer sind nun voller Reue zu Gott zurückgekehrt und haben ihrer verdorbenen Lehre abgeschworen.« Nun trat der Scheich heraus und ließ sie, indem er ihre Hände nahm, versprechen, daß sie zur Wahrheit zurückkehrten und ihre falsche Lehre aufgäben. Sodann ließ er sie in die Zāwiya eintreten, wo sie drei Tage lang seine Gäste waren. Dann kehrten sie in ihr Land zurück.

Ich besuchte das Grab dieses heiligen Mannes, das sich außerhalb von Zabīd in einem Dorf namens Ġasāna[828] befindet. Ich traf seinen Sohn an, den frommen Abu-l-Walīd Ismāʿīl[829], der mich gastfrei aufnahm und bei dem ich auch die Nacht zubrachte. Ich pilgerte zum Grab des Scheichs und blieb drei Tage bei seinem Sohn. Dann reiste ich in seiner Gesellschaft ab, um den Faqīh Abu-l-Ḥasan az-Zailaʿī[830] zu besuchen. Er zählt zu den frömmsten Männern und ist Führer der Pilger aus dem Jemen, wenn sie zur Wallfahrt aufbrechen. Die Bewohner dieser Gegend, auch die Wüstenaraber, halten ihn in hohen Ehren.

Schließlich kamen wir nach Ǧibla[831], einer hübschen kleinen Stadt mit Palmen, Früchten und Bächen. Als der Faqīh Abu-l-Ḥasan az-Zailaʿī von der Ankunft des Scheichs Abu-l-Walīd hörte, ging er ihm entgegen und nahm ihn in seiner Zāwiya auf. Ich begrüßte ihn gemeinsam mit Abu-l-Walīd; wir verbrachten drei Tage bei ihm und erfreuten uns bester Gastfreundschaft.

Dann brachen wir wieder auf und wandten uns in Begleitung eines Faqīrs, den unser Gastgeber uns beigesellt hatte, nach Taʿizz, der Residenz des Königs des Jemen. Es ist eine der schönsten und größten Städte des Landes. Seine Einwohner sind stolz, anmaßend und grob, wie es meistens ist in Städten, in denen Könige leben. Taʿizz besitzt drei Stadtviertel: Das eine bewohnt der Sultan mit seinen Mamluken, seiner Dienerschaft und den Würdenträgern seines Staates; ich erinnere mich aber nicht mehr an den Namen des Viertels. Das zweite Viertel, das ʿUdaina heißt, bewohnen die Offiziere und Soldaten. Im

828 Zur Zeit Ibn Baṭṭūṭas bereits und noch bis heute auch unter dem Namen ›Bait al-Faqīh‹ (›Haus des Rechtsgelehrten‹) bekannt, liegt es 35 Kilometer südöstlich von Zabīd.

829 Ismāʿīl bin Aḥmad bin ʿUgail starb, ebenfalls nach Ḫazraǧī, im Jahre 1317, kann also Ibn Baṭṭūṭa nicht gesehen haben.

830 Abu-l-Ḥasan ʿAlī bin Abī Bakr bin Muḥammad aus Zailaʿ, dem heutigen Saylac südlich von Djibouti, der sich später im Wādī Salāma im Palmental (›Wādī naḫla‹) niederließ (gest. 1329).

831 Ǧibla liegt freilich nicht, wie es der Text nahelegen will, auf dem Wege von Zabīd nach Taʿizz, sondern etwa 130 Kilometer südöstlich von Zabīd und unweit nördlich von Ibb und heißt ›Das alte Ǧibla zwischen den zwei Flüssen‹.

dritten Stadtviertel, das man Al-Maḥālib nennt, wohnt das Volk und dort befindet sich auch der große Markt.[832]

Der Sultan ist der Glaubenskämpfer Nūr ad-Dīn ʿAlī, der Sohn des von Gott bestärkten Sultans Hizbar ad-Dīn Dāwūd bin as-Sulṭān al-Muẓaffar Yūsuf bin ʿAlī Ibn Rasūl.[833] Unter diesem Namen war sein Vorfahr berühmt geworden, denn einer der ʿabbāsidischen Kalifen hatte ihn als Emir in den Jemen geschickt. Später machten sich seine Söhne dort unabhängig. Der Sultan folgt einer staunenswerten Ordnung, wenn er seine Audienzen hält oder wenn er ausreitet. Als ich mit dem Faqīr, den mir Faqīh Abu-l-Ḥasan az-Zailaʿī mitgegeben hatte, in die Stadt kam, ging er mit mir zum Großqāḍī und Imām der Traditionalisten, Ṣafīy ad-Dīn aṭ-Ṭabarīy al-Makkī.[834] Wir begrüßten ihn, er hieß uns willkommen, und wir erfreuten uns drei Tage lang in seinem Hause seiner Gastfreundschaft. Am vierten Tage führte mich der Qāḍī zum Sultan, den ich nun begrüßte; es war ein Donnerstag, der Tag, an welchem der Sultan seine großen Audienzen zu halten pflegte.

Der Gruß wird ihm entboten, indem man mit dem Zeigefinger den Boden berührt, ihn dann zum Kopfe führt und sagt: »Gott gebe deiner Macht Dauer!« Ich tat es dem Qāḍī nach; er setzte sich zur Rechten des Königs nieder, der mich aufforderte, vor ihm Platz zu nehmen. Dann befragte er mich über mein Land, unseren Herrn, den Fürsten der Gläubigen, den Großmütigsten der Großmütigen, Abū Saʿīd, weiter über den König von Ägypten, den König des Iraq und den König von Lūr. Ich beantwortetet alle seine Fragen. Sein Wesir war anwesend, und der König befahl ihm, mich zu ehren und gastfreundlich aufzunehmen.

In seinen Audienzen beachtet der König folgende Ordnung: Er nimmt auf einem mit Seidenstoffen belegten Podest Platz und läßt links und rechts von sich seine Leibgarde Aufstellung nehmen. Neben ihm stehen seine Säbel- und Schildträger, dann kommen die Bogenschützen, und vor diesen stehen, jeweils links und rechts, der Kammerherr, die Großen des Staates und der Geheimsekretär. Die Führer der Leibgarde stehen ebenfalls vor dem Monarchen, während die Türhüter, die zu seinen Wachen gehören, sich in einiger Entfernung aufstellen. Sobald der Sultan sich setzt, rufen sie laut und wie mit einer Stimme:

832 Das erste Viertel, dessen Namen Ibn Baṭṭūṭa vergessen hat, heißt Al-Muʿizzīya; ʿUdaina liegt am Fuße des Festungsberges, für Al-Maḥālib findet sich kein weiterer Beleg. Nach Al-Muǧāwir allerdings soll es einen Ort dieses Namens etwa 15 Kilometer nördlich des Wādī Surdūd gegeben haben.

833 Fünfter rasulidischer Herrscher des Jemen; sein Vorfahr Rasūl selbst, ein Turkmene; erschien im Gefolge der ayyubidischen Eroberung.

834 Die Würde des Qāḍī ging in Mekka zu jener Zeit in der Familie der Ṭabarī vom Vater auf den Sohn über; gleichwohl ist der hier erwähnte Ṣafīy ad-Dīn unbekannt. Vielmehr hieß der Oberqāḍī von Taʿizz Muḥammad bin Yūsuf bin ʿAlī bin Muḥammad al-Fazārī, der 1342 seine Tage beschloß.

»Im Namen Gottes!«, und wenn er sich erhebt, wiederholen sie diesen Ruf, so daß jedermann, der sich im Audienzsaal befindet, weiß, wann er seinen Platz verläßt und wann er sich setzt. Sitzt der Sultan einmal, treten alle die ein, die zum üblichen Gruße erschienen sind, und begrüßen ihn. Danach tritt jeder links oder rechts an den ihm zugewiesenen Platz. Niemand verläßt seinen Platz und niemand setzt sich, wenn der König es ihm nicht befiehlt. Dann sagt er zum Führer seiner Garde: »Befiehl diesem dort, sich zu setzen.« Dann tritt der Mann ein wenig von seinem Standplatz vor und setzt sich auf einen Teppich, der links und rechts vor den Stehenden ausgebreitet ist.

Nun werden Speisen von zweierlei Art hereingetragen, und zwar Speisen für die Allgemeinheit der Teilnehmer und solche, die einem engeren Kreis vorbehalten sind. Von diesen kosten nur der Sultan, der Großqāḍī, die wichtigsten Šarīfe, Rechtsgelehrten und Gäste. Die anderen Speisen sind für die übrigen Šarīfe, Faqīhs, Qāḍīs, Scheichs, Emire und Truppenoffiziere bestimmt. Der Platz eines jeden Mannes an der Tafel ist festgelegt. Niemand darf ihn verlassen noch einen anderen von dessen Platz verdrängen. Es ist genau die gleiche Ordnung, die auch der König von Indien an seiner Tafel wahrt; aber ich weiß nicht, ob die Sultane von Indien es den Königen des Jemen abgesehen haben oder ob diese die Sultane Indiens nachahmen. Ich war mehrere Tage lang Gast des jemenitischen Königs, der mich ehrte und mir ein Reittier gab.

Dann brach ich auf und wandte mich der Stadt Ṣanʿāʾ zu.[835] Es ist die alte Hauptstadt des Jemen, eine große und schön angelegte Stadt, erbaut aus gebrannten Ziegeln und Gips. Sie besitzt Bäume im Überfluß, ebenso Obst und Getreide. Das Klima ist gemäßigt und das Wasser ganz ausgezeichnet. Bemerkenswert ist, daß es in Ländern wie Indien, dem Jemen und Abessinien nur in der Zeit der größten Hitze regnet und daß in dieser Jahreszeit der meiste Regen täglich nachmittags fällt. Deshalb beeilen sich die Reisenden zur Mittagszeit, um nicht in den Regen zu geraten. Die Stadtbewohner ziehen sich in ihre Häuser zurück, denn die Regenfälle sind heftig und ergiebig. Ganz Ṣanʿāʾ ist gepflastert und wenn es regnet, wäscht das Wasser alle Gassen und reinigt sie. Die Hauptmoschee von Ṣanʿāʾ gehört zu den schönsten und enthält das Grab eines Propheten.

Ich brach auf, um ʿAdan zu erreichen[836], den Hafen des Jemen, der an der Küste des großen Ozeans liegt. Die Stadt ist von Bergen umgeben, so daß man sie nur von einer Seite betreten kann. Sie ist eine große Stadt, hat aber weder Getreide noch Bäume noch Süßwasser. Sie besitzt lediglich Zisternen, die an Regentagen das Wasser auffangen, denn Trinkwasser findet sich erst

835 Der Weg nach Ṣanʿāʾ, auf der Hochebene des Jemen etwa 200 Kilometer nördlich von Taʿizz gelegen, muß für Ibn Baṭṭūṭa einen gewaltigen Umweg auf seiner Reise nach ʿAdan bedeutet haben.

836 ʿAdan liegt etwa 135 Kilometer südöstlich von Taʿizz.

in einiger Entfernung. Oft aber verwehren es ihnen die Araber und stellen sich zwischen die Wasserstellen und die Stadtbewohner, bis diese es ihnen mit Geld oder Stoffen abkaufen. Die Hitze ist groß in ʿAdan. Die Stadt ist der Hafen, den die Inder in großen Schiffen aus Kumbāya, Tāna, Kaulam, Qāliqūṭ, Fandarāʾīna, Šāliyāt, Manǧarūr, Fākānūr, Hinaur, Sindābūr und von anderen Orten aus anlaufen.[837] Händler aus Indien und aus Ägypten wohnen in dieser Stadt. Die Bewohner ʿAdans sind entweder Händler, Lastträger oder Fischer. Die Kaufleute sind sehr reich, und bisweilen ist ein einziger Kaufmann Eigentümer eines großen Schiffes mitsamt seiner Ladung, ohne daß er mit irgend jemandem teilen muß, denn alles gehört ihm ganz allein. Man bemerkt bei ihnen Fälle von Prahlerei und Stolz.

Man hat mir erzählt, daß ein Kaufmann einen Sklaven ausschickte, um einen Widder zu kaufen, daß aber ein anderer Kaufmann ebenfalls einen seiner Sklaven zum gleichen Zweck fortgeschickt hatte. Nun geschah es aber, daß an diesem Tage auf dem Markt nur ein einziger Widder angeboten wurde. Die beiden Sklaven überboten sich, bis sein Preis auf 400 Dinar gestiegen war. Nun kaufte ihn einer der beiden und sagte sich: »Ich besitze zwar 400 Dinar, und wenn mein Herr mir die Ausgabe für den Widder zurückgibt, vortrefflich! Tut er es nicht, so gebe ich mein ganzes Geld aus, aber dann habe ich mich wenigstens gut geschlagen und den anderen besiegt.« Er ging mit dem Widder zu seinem Herrn, und als dieser Kaufmann von der Angelegenheit erfuhr, gab er seinem Sklaven die Freiheit und schenkte ihm tausend Dinare obendrein. Der andere Sklave kehrte verärgert heim zu seinem Herrn, der ihn verprügelte, ihm sein ganzes Geld abnahm und davonjagte.

Ich fand in ʿAdan Wohnung bei einem Kaufmann namens Nāṣir ad-Dīn al-Fāʾrī, an dessen Mahl jeden Abend ungefähr zwanzig Kaufleute teilnahmen. Die Zahl seiner Sklaven und Hausdiener war noch weit größer als die seiner Gäste. Trotz allem, was ich gesagt habe, sind die Einwohner von ʿAdan gläubige und demütige Menschen, fromm und großherzig. Sie sind den Fremden wohlgesonnen, tun den Armen Gutes und zahlen, was Gott geschuldet ist, nämlich den Almosenzehnten, wie es ihre Pflicht ist. In dieser Stadt begegnete ich dem Qāḍī, dem frommen Sālim bin ʿAbdallāh al-Hindī, dessen Vater ein Diener und Lastträger gewesen war. Sālim widmete sich den Wissenschaften, erklomm den Rang eines Herrn und eines Meisters und ist einer der besten und gütigsten Richter. Ich war mehrere Tage lang sein Gast.

Danach reiste ich von ʿAdan aus vier Tage auf See und kam in die Stadt

[837] Khambāt im indischen Bundesstaat Gujarat, Tana bei Bombay, Quilon an der Südspitze der indischen Malabarküste, Calicut, ebenfalls an dieser Küste und etwa 300 Kilometer nördlich Quilon, Pandalayini nördlich Calicut, Mangalore (›Manǧarūr‹) 250 Kilometer nördlich Calicut, Beypore (›Sindābūr‹) südlich Calicut, Baccanore (›Fākānūr‹), und Honāvar (›Hinaur‹); vgl. die indischen Kapitel.

Zailaᶜ.[838] Es ist die Stadt der Barbara, eines Volkes von Schwarzen šafiᶜitischer Lehre.[839] Ihr Land dehnt sich zwei Monatsreisen weit aus, beginnt in Zailaᶜ und endet in Maqdašau. Ihr Reittier ist das Kamel, und ihre Schafe sind berühmt, weil sie so fett werden. Die Menschen von Zailaᶜ haben eine schwarze Haut, und die meisten sind rafiditische Schiiten.

Es ist eine große Stadt mit einem ansehnlichen Markt. Aber es ist die schmutzigste, ekligste und die stinkendste Stadt in der ganzen bewohnten Welt wegen der großen Menge Fisch und wegen des Blutes der Kamele, die auf den Gassen geschlachtet werden. Als wir ankamen, zogen wir es vor, die Nacht auf See zu verbringen, obwohl sie sehr bewegt war, statt in der Stadt zu übernachten, die uns zu schmutzig war.

Wir segelten nun fünfzehn Tage auf hoher See und kamen nach Maqdašau[840], einer endlos großen Stadt. Die Bewohner haben sehr viele Kamele und schlachten jeden Tag mehrere hundert davon. Sie haben auch sehr viele Schafe und sind wohlhabendste Kaufleute. In Maqdašau stellt man Tuche her, die den Namen der Stadt tragen und nicht ihresgleichen haben. Von Maqdašau führt man sie nach Ägypten und in andere Länder aus. Zu den Gewohnheiten des Volkes dieser Stadt gehört die folgende: Wenn ein Schiff in den Hafen fährt, wird es von ›ṣumbūq‹ genannten kleinen Booten angesteuert. In jedem Ṣumbūq fahren mehrere junge Burschen mit, die bedeckte Platten mit Speisen tragen. Sie legen sie vor einen der Kaufleute des Schiffs und rufen: »Dieser Mann ist mein Gast«, so macht es jeder der Burschen. Die Händler verlassen das Schiff nur, um ins Haus ihrer jungen Gastgeber zu gehen, außer denen natürlich, die schon mehrmals in die Stadt kamen und die Bekanntschaft von Leuten aus der Stadt gemacht haben; sie steigen ab, wo es ihnen gefällt. Kommt nun ein Händler zu seinem Gastgeber, verkauft dieser für ihn alles, was er mitgebracht hat und tätigt für seinen Gast auch dessen Einkäufe. Wenn jemand diesem Kaufmann etwas zu billig abkauft oder ihm in Abwesenheit seines Gastgebers etwas anderes verkauft, so wird dieses Geschäft wieder rückgängig gemacht. Sie halten diese Art von Handel für vorteilhaft.

838 Ibn Baṭṭūṭas Aufbruch an die afrikanische Küste muß in die zweite Hälfte des Monats Januar 1331 (Rabīᶜ II 732) gefallen sein, in die Zeit des Monsuns, der die Seereise aus nordöstlicher Richtung möglich machte. Die beste Zeit für die Reise in die entgegengesetzte Richtung wäre dann Ende April, wenn der Wind aus südwestlicher Richtung weht. Zailaᶜ (Sailac) ist ein Hafen in Somalia südlich von Djibouti und war zu jener Zeit die wichtigste Verbindung des äthiopischen Hinterlandes mit der Außenwelt.

839 Die arabischen Geographen ordneten die Barbara den hamitischen Stämmen zu und zählten sie zu den Somalis, und damit weder zu den Abessiniern, die sie ›Ḥabašī‹ nannten, noch zu den Negern, die bei ihnen die Bezeichnung ›Zinǧ‹ trugen. Ibn Baṭṭūṭa nennt sie hier einfach ›Schwarze‹.

840 Mogadischu wurde im 10. Jahrhundert von arabischen oder persischen Auswanderern als Handelsniederlassung gegründet. Die Herrschaft scheint seit dem 13. Jahrhundert ein Verband mehrerer afrikanischer Stämme ausgeübt zu haben.

Als die jungen Leute an Bord des Schiffes gestiegen waren, auf dem ich mich befand, kam einer von ihnen zu mir. Da sagten meine Gefährten zu ihm: »Er ist kein Kaufmann, sondern ein Faqīh!« Da rief der junge Bursche die anderen herbei und sagte zu ihnen: »Dieser Mann ist Gast des Qāḍī.« Unter ihnen befand sich ein Gehilfe des Qāḍī, den er benachrichtigte. Daraufhin begab sich der Richter in Begleitung mehrerer seiner Schüler ans Ufer und schickte einen von ihnen zu mir. Ich stieg mit meinen Freunden an Land und grüßte den Qāḍī und sein Gefolge. Er sagte: »Im Namen Gottes, gehen wir, um den Scheich zu begrüßen!« – »Wer ist denn dieser Scheich?« fragte ich. – »Der Sultan«, erwiderte er, denn sie nennen ihren Sultan ›Scheich‹. Ich antwortete dem Qāḍī: »Sobald ich eine Wohnung gefunden habe, werde ich ihn aufsuchen.« – Er aber erwiderte: »Es ist Brauch, daß, wenn ein Faqīh oder ein Šarīf oder ein frommer Mann ankommt, er erst dann Quartier nimmt, wenn er den Sultan gesehen hat.« Ich fügte mich also in ihren Wunsch und ging mit ihnen zum Sultan.

Er wird, wie ich schon gesagt habe, nur mit dem Titel ›Scheich‹ angesprochen; sein Name aber ist Abū Bakr bin Šaiḫ ʿUmar[841], und er gehört dem Stamm der Barbara an. Er spricht die Sprache von Maqdašau, kennt aber auch das Arabische. Wenn ein Schiff einläuft, ist es üblich, daß ein Ṣumbūq des Sultans sich neben es legt, um zu fragen, woher es kommt, wer sein Eigentümer und sein ›rubbān‹, das heißt sein Kapitän ist, welche Fracht es geladen hat und welche Kaufleute oder andere Reisende sich an Bord befinden. Sobald die Besatzung des Bootes alles erfahren hat, sagt man dem Sultan Bescheid, der die Personen, die einer solchen Ehre würdig sind, bei sich wohnen läßt.

Als ich mit dem Qāḍī, der sich Ibn Burhān ad-Dīn nannte und ägyptischer Abstammung war[842], am Palast des Sultans angekommen war, trat ein Diener heraus und grüßte den Richter, der ihm sagte: »Tue deine Pflicht und berichte unserem Herrn, dem Scheich, daß dieser Mann hier aus der Ḥiǧāz eingetroffen ist.« Der Diener entledigte sich seines Auftrags und erschien wieder mit einem Teller, auf dem Betelblätter und Nüsse lagen. Er gab mir zehn Bissen mit ein wenig Betelpfeffer und die gleiche Menge dem Qāḍī. Dann verteilte er den Rest des Tellers unter meine Gefährten und die Schüler des Qāḍī. Nun brachte er eine bauchige Flasche mit Damaszener Rosenwasser, besprengte damit ein wenig mich und den Qāḍī und sagte: »Unser Herr hat befohlen, daß er im

841 Titel und Anrede ›Scheich‹ für den Landesherrscher sind auch in anderen arabischen und nichtarabischen Ländern, zum Teil bis auf den heutigen Tag, gebräuchlich. Von den Herrschern Mogadischus sind bis in die Neuzeit hinein nur zwei namentlich bekannt geworden, und zwar Abū Bakr bin Faḫru-d-Dīn, der Gründer der Dynastie aus dem 12. Jahrhundert, und der allein von Ibn Baṭṭūṭa an dieser Stelle erwähnte Abū Bakr bin aš-Šaiḫ ʿUmar.

842 Vermutlich eine Verwechslung oder ein Hörfehler Ibn Baṭṭūṭas: Die Würde des Qāḍīs war in Mogadischu in der Familie der Muqrī erblich, so daß der Beiname des Qāḍīs nicht Al-Miṣrī (›der Ägypter‹), sondern eben ›Al-Muqrī‹ gelautet haben dürfte.

Hause der Koranschüler untergebracht wird.« Es war ein Haus, in das diese Schüler gastfrei aufgenommen wurden. Der Qāḍī nahm mich an der Hand und wir gingen zu diesem Haus, das in der Nähe des Palastes des Scheichs stand, mit Teppichen ausgelegt und mit allem Notwendigen ausgestattet war. Später wurde aus dem Hause des Scheichs ein Mahl herbeigebracht; auch ein Wesir kam, der beauftragt war, für die Gäste zu sorgen, und zu uns sagte: »Unser Herr grüßt euch und läßt euch sagen, daß ihr willkommen seid.« Danach trug er das Mahl auf und wir aßen. Die Nahrung dieses Volkes besteht aus Reis, der in Butteröl gekocht, auf einem großen Holzteller angerichtet wird und auf den sie Schalen mit ›kūšān‹[843] stellen, eine Zukost aus Huhn, Fleisch, Fisch und Gemüse. Sie kochen die Bananen, bevor sie reif sind, in Kuhmilch und tragen sie in einer Schale auf. In eine andere Schale schütten sie geronnene Milch und legen Zitronen und Pfefferkörner darauf, die in Essig und Salzlake eingelegt sind, ferner grünen Ingwer und Mangos, die wie Äpfel aussehen, aber einen Kern haben. Wenn die Mango reif geworden ist, ist sie sehr süß und man kann sie essen wie eine Frucht. Aber vorher ist sie sauer wie eine Zitrone und wird in Essig eingelegt. Wenn die Bewohner von Maqdašau einen Mund voll Reis genommen haben, kosten sie von diesen in Salz und Essig eingelegten Früchten. Ein einziger von ihnen ißt soviel wie mehrere von uns: Das ist so ihre Gewohnheit. Sie haben eine außerordentliche Leibesfülle und sind sehr dick.

Als wir gegessen hatten, verabschiedete sich der Qāḍī von uns. Wir blieben drei Tage dort, und man brachte uns dreimal am Tage ein Mahl, weil sie es auch so halten. Am vierten Tage, einem Freitag, suchten mich der Qāḍī, seine Schüler und einer der Wesire des Scheichs auf und brachten mir ein Gewand. Ihre Kleidung besteht aus einem Lendenrock aus Fasern, den die Männer anstelle von Hosen tragen, die sie nicht kennen, ferner aus einem Obergewand aus ägyptischem Leinentuch mit Borte, aus einem gefütterten Mantel aus Jerusalemer Stoff, und ferner aus einem Turban aus ägyptischem Stoff, ebenfalls mit Borte. Auch meinen Gefährten brachte man passende Kleidung.

Wir begaben uns zur Hauptmoschee und verrichteten unsere Gebete in einer Maqṣūra hinter einem hölzernen Gitter. Als der Scheich aus ihr heraustrat, grüßten der Qāḍī und ich ihn. Er hieß mich willkommen, unterhielt sich in seiner Sprache mit dem Qāḍī und sagte dann zu mir auf arabisch: »Du bist willkommen, du hast unser Land beehrt und uns erfreut.« Er trat in den Hof der Moschee hinaus und blieb am Grab seines Vaters stehen, der dort bestattet war. Er las im Koran und betete, wonach die Wesire, die Emire und die Offiziere herantraten und grüßten. Dabei pflegen sie den gleichen Brauch wie die Menschen aus dem Jemen: Sie setzen ihren Zeigefinger auf die Erde, dann auf den Kopf und sagen: »Gott gebe deiner Macht Dauer!«

843 Eine Art Curry, dessen Bezeichnung aus den Küstenländern des Persischen Golfes stammte.

Danach verließ der Scheich die Moschee durch das Tor, zog seine Sandalen an und forderte zunächst den Qāḍī und dann mich auf, es ihm gleichzutun. Er wandte sich zu Fuß seinem Wohnhaus zu, das in der Nähe der Moschee stand, während alle anderen barfuß gingen. Über dem Kopf des Scheichs wurden vier Baldachine aus farbiger Seide getragen, auf denen ein vergoldeter Vogel abgebildet war. An diesem Tage trug er einen Mantel aus grünem Jerusalemer Stoff mit schönen Stickereien aus ägyptischem Tuche. Er war in einen Lendenrock aus Seide gekleidet und trug einen umfangreichen Turban. Vor ihm schlug man Trommeln und blies Trompeten und Fanfaren. Die Offiziere der Truppen gingen ihm voraus oder hinter ihm her und der Qāḍī, die Rechtsgelehrten und die Šarīfe begleiteten ihn. In dieser Ordnung betraten sie den Ratssaal. Die Wesire, Emire und Offiziere setzten sich auf ein Podest. Für den Qāḍī war ein Teppich ausgebreitet worden, auf dem kein anderer als er Platz nahm, während die Faqīhs und die Šarīfe in seiner Nähe standen. Hier hielten sie sich bis zum Nachmittagsgebet auf, und nachdem sie dieses Gebet mit dem Scheich zusammen verrichtet hatten, stellten sich die Soldaten, nach ihren Rängen geordnet, in mehreren Reihen auf und man ließ Trommeln, Fanfaren und Flöten erschallen. Niemand bewegt sich oder verläßt seinen Platz, während die Instrumente gespielt werden. Wer vielmehr gerade in Bewegung ist, bleibt stehen, ohne vorwärts oder rückwärts zu gehen. Nach dem Ende der Musik grüßen alle Teilnehmer mit ihren Fingern, wie wir es geschildert haben, und gehen auseinander. So halten sie es jeden Freitag.

Wenn der Samstag kommt, sammeln sich die Leute vor dem Tor des Scheichs und setzen sich auf die Podeste außerhalb seines Palastes. Der Qāḍī, die Faqīhs, die Šarīfe sowie alle frommen und ehrwürdigen Männer und Pilger gehen in den zweiten Ratssaal und setzen sich auf die dort aufgestellten Holztribünen. Der Qāḍī hat ein Podium ganz für sich allein, und so hat auch jede Gruppe ihr eigenes Podium, das niemand sonst mit ihr teilt. Der Scheich läßt sich auf seinem Sitz nieder und schickt nun nach dem Qāḍī, der zu seiner Linken Platz nimmt; sodann treten die Rechtsgelehrten ein, deren Oberhäupter sich vor dem Sultan niederlassen. Die Übrigen grüßen und ziehen sich wieder zurück. Nun treten die Šarīfe ein, und die bedeutendsten unter ihnen setzen sich vor ihn, die anderen grüßen nur und kehren um. Gäste aber setzen sich zu seiner Rechten. Das gleiche Zeremoniell wird von den frommen Männern und den Pilgern gepflegt, dann von den Wesiren, den Emiren und schließlich auch von den Offizieren; so folgt eine Gruppe der anderen, grüßt und zieht sich zurück. Nun werden Speisen hereingetragen; der Qāḍī, die Šarīfe und jeder, der im Saal einen Sitz hat, speist in Gegenwart des Scheichs, der dieses Mahl mit ihnen teilt. Will er aber einen seiner Würdenträger besonders ehren, so schickt er nach ihm und läßt ihn in seiner Gesellschaft speisen. Die anderen nehmen ihr Mahl im Speisesaal ein und halten dabei ebenfalls die Reihenfolge ein, die sie auch während des Empfangs des Scheichs gepflegt haben.

Dieser zieht sich anschließend in seine Gemächer zurück. Der Qāḍī, die Wesire, der Geheimsekretär und vier der ersten Emire setzen sich, um die Streitfälle und Klagen der Leute zu entscheiden. Fälle des religiösen Rechts entscheidet der Qāḍī, die anderen Fälle werden von den Mitgliedern des Rats behandelt, das heißt von den Wesiren und Emiren. Sofern eine Angelegenheit an den Sultan herangetragen werden muß, schreiben sie ihm, und er schickt sofort seine Antwort, die sein Urteil ihm eingibt und die er auf die Rückseite schreibt. So halten sie es immer.

In Maqdašau schiffte ich mich wieder ein mit dem Ziel, die Küstenländer[844] und die Stadt Kulwā im Lande der Zinǧ[845] zu erreichen. Wir kamen nach Mambasā[846], einer großen Insel, zwei Reisetage zur See von Sawāḥil entfernt. Es gibt keine feste Verbindung mit dem Land, aber es gibt Bananenstauden sowie Limonen- und Zitronenbäume. Es werden dort Früchte gesammelt, die ›ǧammūn‹[847] heißen und den Oliven ähnlich sind, denn wie diese haben sie einen Kern, sind aber sehr süß. Die Bewohner der Insel bauen selbst kein Getreide an, sondern erhalten es aus Sawāḥil, so daß ihre Nahrung zum größten Teil aus Bananen und Fisch besteht. Sie bekennen sich zur Lehre der Šafiʿiten und sind fromme, aufrichtige und redliche Menschen; ihre Moscheen sind gediegen aus Holz gebaut. Nahe am Eingang zu diesen Moscheen befinden sich ein oder zwei Brunnen, die etwa zwei Ellen tief sind und aus denen man mit einer hölzernen Kelle, an die ein dünnes Stöckchen von der Länge einer Elle befestigt ist, Wasser schöpfen kann. Der Boden um die Moschee und die Brunnen ist geebnet. Wer die Moschee betreten will, wäscht sich zunächst die Füße, tritt dann ein und findet am Tor eine grobe Matte, mit der er sie trocknet. Wer die Reinigungen ausführen will, hält eine Schale zwischen seine Schenkel, gießt Wasser auf seine Hände und hält seine Waschungen. Jedermann läuft barfuß.

Wir verbrachten eine Nacht auf der Insel. Danach stachen wir wieder in See, um nach Kulwā[848] zu segeln, einer großen Küstenstadt, deren Bewohner überwiegend Neger mit außerordentlich schwarzer Haut sind. Sie haben ähn-

844 Ibn Baṭṭūṭa verwendet hier das Wort ›sawāḥil‹, den arabischen Plural für ›Küste‹, das auch für Handelsniederlassungen und Depots entlang ebendieser ostafrikanischen Küste bis hinunter nach Tansania benutzt wurde (vgl. ›Suaheli‹).

845 Früheste arabische Bezeichnung für die Neger der ostafrikanischen Küste.

846 Mombasa war zur Zeit Ibn Baṭṭūṭas noch ein unbedeutender Hafen und Handelsplatz.

847 Die zur Gattung der Myrtengewächse zählende Kirschmyrte (Eugenia jambosa).

848 Kilwa Kisiwani (8° 57' s. Br. und 39° 34' ö. L.) im heutigen Tansania, von den portugiesischen Ostafrika- und Indienfahrern ›Quiloa‹ genannt, wurde in der zweiten Hälfte des 10. Jahrhunderts als Handelsniederlassung von zaiditischen Persern gegründet und bildete den bedeutendsten ostafrikanischen Ausfuhrhafen für Gold.

liche Einschnitte im Gesicht wie die Laimī aus Ǧanāwa[849]. Ein Kaufmann hat mir erzählt, daß die Stadt Sufāla etwa einen halben Reisemonat von Kulwā entfernt ist und zwischen Sufāla und Yūfī im Lande der Laimī ein ganzer Monat liegt.[850] Aus Yūfī wird Goldstaub nach Sufāla gebracht. Die Stadt Kulwā gehört zu den schönsten und besterbauten Städten und ist vollständig aus Holz errichtet. Die Häuser sind mit ›dīs‹[851] bedeckt und Regen fällt reichlich. Die Menschen befinden sich im Glaubenskrieg, denn neben dem Land, das sie bewohnen, leben ungläubige Neger. Aber ihre Frömmigkeit und Hingabe obsiegen, und sie sind Anhänger der Lehre der Šafiʿiten.

Als ich die Stadt betrat, herrschte dort Sultan Abu-l-Muẓaffar Ḥasan, auch Abu-l-Mawāhib genannt wegen der Vielzahl und Großzügigkeit seiner Geschenke.[852] Er machte häufige Einfälle ins Land der Neger, unternahm Raubzüge und jagte ihnen Beute ab, von der er sich den fünften Teil nahm, den er so ausgab, wie es der Koran vorschreibt.[853] Den Anteil der Nachkommen des Propheten legte er in eine gesonderte Schatztruhe und gab es den Šarīfen, wenn sie ihn aufsuchten. Sie kamen aus dem Iraq, der Ḥigāz und anderen Gegenden zu ihm. Ich habe bei ihm mehrere Šarīfe aus der Ḥigāz angetroffen, darunter Muḥammad bin Ǧammāz, Manṣūr bin Lubaida bin Abī Numay und Muḥammad bin Šumaila bin Abī Numay.[854] In Maqdašau traf ich auch Tabl bin Kubaiš bin Ǧammāz, der ebenfalls zu ihm wollte. Der Sultan ist ein sehr bescheidener Mensch, setzt sich zu den Faqīren und ißt zusammen mit ihnen, außerdem verehrt er fromme und vornehme Männer.

Eines Freitags befand ich mich bei ihm, als er gerade vom Gebet kam und in sein Haus zurückkehrte. Da trat ihm ein Faqīr entgegen und sagte: »O Abu-l-Mawāhib!« – »Hier bin ich, o Faqīr. Was wünschst du?« – »Gib mir die

849 Die Bezeichnung ›Līmī‹ oder ›Lamlam‹ gaben die arabischen Geographen den Stämmen des ostafrikanischen Binnenlandes, denen sie Kannibalismus nachsagten. Gleicher Herkunft ist das Wort ›Ǧanāwa‹, das zur Bezeichnung des Landes südlich des islamisierten Ostafrika und seiner heidnischen Bewohner verwendet wurde. Es drang über das Portugiesische als ›Guinea‹ in die westeuropäischen Sprachen ein.

850 Sufāla (20° 10' s. Br. und 34° 42' ö. L.) war der südlischste arabische Handelsplatz und von Mogadischu aus gegründet worden. Er wurde zum Umschlagplatz für innerafrikanisches Gold. Yūfī war der Hauptort des westafrikanischen Reiches der Nuba im heutigen Nigeria. Ibn Baṭṭūṭa wird Yūfī anläßlich seiner letzten Reise erneut erwähnen (vgl. Kapitel ›In den Süden der Sahara‹). Auch den europäischen Geographen waren Form und Ausdehnung des afrikanischen Kontinents zu jener Zeit unbekannt.

851 Eine Rohrart (›Ameplodesmos tenax‹).

852 Im 13. Jahrhundert kam in Kilwa eine neue Dynastie in der Person von Ḥasan bin Ṭālūt an die Herrschaft (reg. 1277–1294). Ḥasan bin Sulaimān, beigenannt Abu-l-Mawāhib (›der Vater der Geschenke‹) war sein Enkel und herrschte von 1310–1332.

853 ›... welche Beute ihr auch macht, der fünfte Teil gehört Gott, dem Propheten und seinen Nächsten ...‹ (Koran, Sure 8, Abschnitt 41).

854 Zu dieser Familie vgl. Kapitel ›Nach Mekka‹.

Kleider, die du trägst.« – »Gut, ich werde sie dir geben.« – »Sofort!« – »Gewiß; sofort.« Er machte kehrt und ging in die Moschee zurück, trat in die Wohnung des Predigers, zog seine Kleider aus, zog andere an und sagte dem Faqīr: »Geh hinein und nimm sie dir!« Der Faqīr trat ein, nahm sie, band sie in ein Tuch, setzte sich das Bündel auf den Kopf und ging davon. Alle, die dabei waren, dankten dem Sultan für seine Bescheidenheit und Großherzigkeit. Sein Sohn aber, der schon zum Nachfolger bestimmt war, nahm dem Faqīr die Kleider wieder ab und gab ihm stattdessen zehn Sklaven. Als der Sultan bemerkte, wie sehr die Menschen ihm für seine Tat gedankt hatten, befahl er, dem Faqīr zehn weitere Sklaven und zwei Lasten Elfenbein zu geben; denn die meisten Geschenke bestehen in diesem Land aus Elfenbein; Gold gibt man selten.[855]

Als dieser vortreffliche und freigebige Sultan gestorben war, wurde sein Bruder Dāwūd König und führte eine ganz andere Herrschaft.[856] Als einmal ein Bettler zu ihm kam, sagte er zu ihm: »Der gegeben hat, ist tot und hat nichts hinterlassen, was man geben könnte.« Besucher hielten sich mehrere Monate bei ihm auf, bevor er ihnen etwas gab, und es war so wenig, daß bald keiner mehr zu ihm kam.

In Kulwā schifften wir uns wieder ein und segelten nach Ẓafār al-Ḥumūḍ. Das Wort Ẓafār ist undeklinierbar und endet immer auf eine ›kasra‹.[857] Die Stadt liegt am äußersten Rande des Jemen an der Küste des Indischen Ozeans. Von hier aus werden edle Pferde nach Indien ausgeführt. Die Überfahrt dauert mit günstigem Wind einen vollen Monat, und ich habe die Reise von Qāliqūṭ in Indien nach Ẓafār einmal in 28 Tagen gemacht. Der Wind war angenehm, und wir mußten unsere Fahrt weder nachts noch tagsüber je unterbrechen. Zu Lande beträgt die Entfernung zwischen Ẓafār und ʿAdan einen Monat, den es durch Wüste geht, nach dem Ḥaḍramaut sind es sechzehn Tage und zwischen Ẓafār und ʿUmān liegen zwanzig Reisetage. Auch Ẓafār selbst liegt in einem einsamen und öden Land ohne Dörfer und Siedlungen.[858] Der Markt befindet

[855] Elfenbein war im Mittelalter eine der gesuchtesten Waren Ostafrikas und wurde auf arabischen Schiffen nach Oman gebracht, von wo es nach Indien und China weitertransportiert wurde.

[856] Dāwūd bin Sulaimān (reg. 1332–1356) wird von den Geschichtsschreibern als frommer und gerechter Herrscher geschildert.

[857] Alte Stadt in der Provinz Ẓafār des Sultanats Oman, deren Zusatz (›al-ḥumūḍ) vermutlich auf einen Schreib- oder Hörfehler zurückgeht und durch ›al-ḥabūḍ‹ oder ›al-ḥabūḍī‹ ersetzt werden könnte: Diesen Namen führte ein Fürst aus dem Stamme der Ḥabūḍa aus dem Ḥaḍramaut, unter dessen Herrschaft die Stadt vor der Eroberung (1278/79) durch die Rasuliden aus dem Jemen gestanden hatte. Die Stadt selbst lag in der Nähe der heutigen Hafenstadt Salāla. Der folgende grammatische Hinweis bedeutet, daß die Stadt stets auf kurzes i endend ausgesprochen wird (›Ẓafāri‹).

[858] Der ehemals benachbarte Ort Mirbāṭ war vom Gründer der Dynastie Aḥmad bin ʿAbdallāh al-Ḥabūḍī zerstört worden, besteht auf den Karten aber noch heute, obwohl

sich außerhalb der Stadt in einem Viertel namens Harǧāʾ, aber er ist einer der schmutzigsten, übelriechendsten und fliegenverseuchtesten Märkte, weil man dort so große Mengen Obst und Fisch verkauft, meistens Sardinen, die hier außerordentlich fett werden. Erstaunlich ist, daß diese Sardinen sowohl an Reittiere als auch an Schafe verfüttert werden. Ich habe so etwas nirgendwo sonst gesehen. Fast alle Verkäuferinnen des Marktes sind schwarz gekleidete Sklavinnen.

Die Bewohner von Ẓafār bauen Hirse an, den sie aus sehr tiefen Brunnen bewässern. Dazu stellen sie einen großen Eimer her und befestigen mehrere Seile an ihm; je eines dieser Seile bindet sich ein Sklave oder eine Sklavin wie einen Gürtel um. Sie ziehen nun den Eimer an einem großen Holz entlang, das über dem Brunnen aufragt, und entleeren ihn in eine Zisterne, die zur Bewässerung dient. Sie haben auch eine Art Getreide, das sie ›ʿalas‹ nennen, das aber in Wirklichkeit eine Art Gerste ist. Reis wird aus Indien importiert und stellt ihr Hauptnahrungsmittel dar. Die Geldmünzen der Stadt bestehen aus einer Legierung aus Kupfer und Zinn, gelten aber andernorts nichts.[859] Die Einwohner sind Kaufleute und leben nur vom Handel.

Es herrscht in diesem Land der Brauch, daß, wenn ein Schiff, sei es aus Indien oder aus einem anderen Land, eintrifft, die Diener des Sultans sich ans Ufer begeben, ein Boot besteigen und zum Schiff hinausfahren. Sie nehmen vollständige Kleidung mit für den Schiffseigner oder seinen Vertreter, für den ›rubbān‹, den Kapitän, und für den ›kirānī‹, wie sie den Schreiber des Schiffes nennen. Für diese Herren führt man auch drei Pferde mit, die sie besteigen. Vom Ufer bis zum Palast des Sultans schlägt man Trommeln und bläst Trompeten vor ihnen her, und sie begrüßen den Wesir und den Offizier der Leibgarde. Drei Tage lang wird allen Fahrgästen des Schiffes ein Gastmahl geschickt. Danach speisen sie im Palast des Sultans. Sie machen es so, damit die Schiffsführer ihnen wohlgesonnen sind.

Die Bewohner von Ẓafār sind bescheiden, von gutem Wesen, und sie lieben die Fremden. Ihre Bekleidung besteht aus Baumwolle, die aus Indien importiert wird, und sie binden Lendenröcke um ihre Leibesmitte, tragen aber keine Hosen. Die meisten tragen wegen der großen Hitze nur einen Rock um die Körpermitte und auf dem Rücken. Sie waschen sich mehrmals am Tage. Die Stadt besitzt mehrere Moscheen, in denen es zahlreiche Waschkammern für die Reinigung gibt. In Ẓafār werden sehr feine Stoffe aus Seide, Baumwolle und Leinen hergestellt. Die Menschen dieser Stadt, Männer wie Frauen, werden häufig von einer Krankheit befallen, die man Elefantenkrankheit nennt,

Ẓafār selbst verschwunden ist. Der gleiche Herrscher scheint Ẓafār 1223 an die Küste verlegt zu haben, wo sie nach Ibn Muǧāwir den Namen Al-Manṣūra erhielt.

859 Es scheint sich um eine Ersatzwährung zu handeln, vergleichbar der heutigen Papierwährung, um die Ausfuhr wertvoller Metalle zu verhindern.

die beide Füße anschwellen läßt. Die meisten Männer leiden unter Leistenbruch; Gott bewahre uns davor! Ein schöner Brauch des Volkes ist es, daß sie sich in der Moschee unmittelbar nach dem Morgen- und Nachmittagsgebet an den Händen halten. Die in der ersten Reihe stehen, wenden sich nach Mekka, und die hinter ihnen stehen, nehmen sie bei der Hand. Dies machen sie auch nach dem Freitagsgebet, wenn sie sich alle an die Hand nehmen.

Zu den Besonderheiten und Wundern dieser Stadt gehört es, daß immer, wenn jemand böse Absichten gegen die Stadt hegt, sich das Unheil vielmehr gegen ihn selbst kehrt und sich zwischen ihn und sein Ziel ein kräftiges Hindernis stellt. Man hat mir erzählt, daß Sultan Quṭb-ad-Dīn Tamtahan[860], der Sohn von Ṭūrān Šāh, dem Herrn von Hurmuz, die Stadt einmal zu Wasser und zu Lande angriff, daß aber Gott – er sei gepriesen! – ihm einen heftigen Sturm schickte. Seine Schiffe kenterten, so daß er daraufhin die Belagerung der Stadt aufgab und mit ihrem König Frieden schloß. Ebenso hat man mir erzählt, daß der König, Gotteskrieger und Sultan des Jemen einen seiner Vettern veranlaßt hatte, mit einer größeren Streitmacht Ẓafār den Händen seines Königs zu entreißen, der ebenfalls ein Vetter von ihm war. Als aber der Kommandant sein Haus verließ, stürzte eine Mauer ein und begrub ihn und mehrere seiner Soldaten unter sich, so daß sie alle umkamen. Da sah der König von seinem Vorhaben ab, hob die Belagerung auf und erhob keinen Anspruch mehr auf die Stadt.

Bemerkenswert ist aber auch, daß das Volk von Ẓafār in seinen Bräuchen dem Volk des Maġrib gleicht. Ich wohnte zum Beispiel im Hause von ʿĪsā bin ʿAlī, der Prediger in der Großen Moschee war, höchstes Ansehen genoß und als hochherziger Mensch bekannt war. Er hatte Dienerinnen, denen er maġribinische Namen gegeben hatte: Eine nannte er Buḫayt, eine andere hieß Zāda-l-māl[861], Namen, die ich in keinem anderen Lande je gehört habe. Die Mehrzahl der Menschen trägt keinen Turban, sondern sie bedecken ihren Kopf nicht. In jedem Hause gibt es einen Gebetsteppich aus Palmblättern, der seinen festen Platz im Hause hat und auf dem sich das Oberhaupt des Hauses zum Gebet niederläßt, wie es auch die Menschen im Maġrib zu tun pflegen. Schließlich ernähren sie sich von Hirse. Die Ähnlichkeit bekräftigt die Ansicht, daß die Ṣanhāǧa und andere Stämme aus dem Maġrib von den Himyar abstammen.[862]

In den Nähe von Ẓafār steht zwischen Obstgärten die Zāwiya des frommen und gottesfürchtigen Scheichs Abū Muḥammad bin Abī Bakr bin ʿIsā, der aus

860 Richtig: ›Tahamtan‹. Von den beiden nun erwähnten Feldzügen von Hurmuz oder dem Jemen gegen Ẓafār ist aus der ḥabuḍitischen Zeit nichts bekannt.

861 ›Buḫait‹: ›Das kleine Glück‹; ›Zāda-l-māl‹: ›Möge der Reichtum sich mehren!‹

862 Diese Überlieferung geht auf die Legende zurück, daß in vorislamischer Zeit der südarabische Stamm der Ḥimyariten Nordwestafrika erobert habe.

dieser Stadt stammte. Die Zāwiya erfreut sich großer Verehrung, die Menschen wandern morgens und abends zu ihr hinaus und stellen sich unter ihren Schutz. Wenn jemand, der Zuflucht sucht, dort eintritt, hat der Sultan keine Macht mehr über ihn. Ich habe dort eine Person angetroffen, von der man mir erzählte, daß sie sich seit mehreren Jahren dorthin zurückgezogen habe, ohne daß der Sultan ihr etwas hätte anhaben können. Noch während meines Aufenthaltes in Ẓafār suchte auch der Schreiber des Sultans dort Schutz und blieb, bis zwischen ihnen wieder Eintracht herrschte. Ich ging zu dieser Zāwiya und verbrachte dort eine Nacht in der Gastfreundschaft der beiden Scheichs Abu-l-ʿAbbās Aḥmad und Abū ʿAbdallāh Muḥammad, den beiden Söhnen des genannten Scheichs Abū Bakr, und wurde Zeuge ihrer großen Güte. Als wir nach dem Essen unsere Hände gewaschen hatten, nahm Abu-l-ʿAbbās das Wasser, das wir dazu benutzt hatten, und trank davon. Mit dem restlichen Wasser schickte er eine Dienerin zu seiner Frau und seinen Kindern, die es tranken. So handeln sie, wenn Gäste sie besuchen, von denen sie eine gute Meinung haben. Auf die gleiche gastfreundliche Weise empfing mich auch der fromme Qāḍī Abū Hāšim ʿAbd al-Malik az-Zabīdī. Er bediente mich selbst, wusch mir die Hände und wollte dies keinem anderen überlassen.

In der Nachbarschaft der Zāwiya steht das Grabmal der Vorgänger des Sultans Al-Malik Al-Muġīṯ[863], das große Verehrung genießt. Menschen, die einen Wunsch haben, ziehen sich dorthin zurück, bis er erfüllt ist. So pflegen sich Soldaten unter seinen Schutz zu stellen, wenn ein Monat verflossen ist, ohne daß sie ihren Sold erhalten haben, und sie bleiben dort, bis sie ihn bekommen.

Eine halbe Tagesreise von Ẓafār entfernt findet man die Aḥqāf, die einst die Behausungen des Volkes der ʿĀd waren.[864] Dort stehen an der Küste inmitten eines Fischerdorfes eine Zāwiya und eine Moschee. In der Zāwiya befindet sich ein Grab mit der Inschrift: ›Dies ist das Grab von Hūd bin ʿĀbir, auf dem Segen und Heil ruhen mögen‹. Ich habe schon berichtet, daß es in der Moschee in Damaskus eine Stelle mit der Inschrift gibt: ›Dies ist das Grab des Hūd bin ʿĀbir‹. Aber es spricht mehr dafür, daß sein Grab in Aḥqāf liegt, denn dies war sein Land, aber Gott kennt die Wahrheit am besten.[865]

Ẓafār besitzt Obstgärten mit vielen und sehr dicken Bananen. Man hat in meiner Gegenwart eine dieser Früchte gewogen und gefunden, daß sie zwölf

863 Siehe weiter unten in diesem Kapitel.

864 Vgl. Koran, Sure 46 (›Al-Aḥqāf‹: ›Die Sanddünen‹), Abschnitt 21: ›... Gedenke des Bruders der ʿĀd, als er in den Sanddünen sein Volk warnte ...‹ Womöglich verwechselt Ibn Baṭṭūṭa hier zwei Ortschaften, und zwar ʿĀd etwa 15 Kilometer nördlich von Ẓafār im Landesinneren und Raisūt, 15 Kilometer westlich an der Küste gelegen.

865 Hūd bin ʿĀbir war der Prophet des Volkes der ʿĀd. Sein wahres Grab soll sich an einem Ort namens Qabr Hūd (›das Grab des Hūd‹), etwa 480 Kilometer westlich von Ẓafār und 65 Kilometer östlich der Stadt Tarīm im Ḥaḍramaut befinden.

Unzen schwer war. Sie sind wohlschmeckend und sehr süß. Man sieht auch Betel ebenso wie die Kokosnuß, die unter dem Namen der ›indischen Nuß‹ bekannt ist. Diese beiden Pflanzen findet man nur in Indien und auch hier in Ẓafār, weil es Indien so ähnlich und so nahe ist. Allerdings gibt es in Zabīd im Garten des Sultans ebenfalls kleine Kokospalmen. Da wir gerade vom Betel und von der Kokosnuß sprechen, will ich die beiden Pflanzen jetzt beschreiben und auf ihre Eigenschaften eingehen.

Der Betel ist ein Baum, den man anbaut wie einen Weinstock, denn man errichtet Spaliere aus Rohr, wie man sie auch für die Rebe aufstellt. Man pflanzt sie auch neben Kokospalmen, so daß der Betel an ihnen emporklettern kann, wie es die Weinrebe oder der Pfefferstrauch tun. Der Betel trägt keine Frucht, begehrt sind vielmehr seine Blätter. Sie ähneln den Blättern der Brombeere, ihr bester Teil ist gelb und sie können täglich geerntet werden. Die Inder schätzen den Betel sehr. Kommt dort jemand ins Haus eines Freundes und erhält von ihm fünf Blätter, so ist es, als hätte er ihm die ganze Welt geschenkt und alles, was es auf ihr gibt, besonders wenn der Geber ein Fürst oder sonst ein großer Herr ist. Ein solches Geschenk wird von ihnen am meisten geschätzt und gilt als weit besserer Beweis persönlicher Wertschätzung als ein Geschenk von Silber und Gold.

Den Betel genießt man am besten, indem man zunächst eine Betelnuß zu sich nimmt, die der Muskatnuß ähnelt und die in kleine Stücke zerstoßen wird. So nimmt man sie in den Mund und kaut sie. Danach erst nimmt man die Betelblätter, auf die etwas Kalk gestreut ist, und kaut sie mit der Nuß. Das Besondere an ihnen ist, daß sie den Atem parfümieren, so daß schlechter Mundgeruch verschwindet, daß sie die Verdauung der Speisen fördern und dafür sorgen, daß Wasser, auf nüchternen Magen getrunken, unschädlich ist. Wer Betel nimmt, wird heiter und fühlt sich zu den Freuden der Liebe hingezogen. Nachts legt man es ans Kopfende des Bettes, und wenn man erwacht oder von der Frau oder seiner Geliebten geweckt wird, nimmt man davon und verjagt den schlechten Geruch aus dem Mund. Man hat mir erzählt, daß die Geliebten des Sultans und der Fürsten Indiens nur Betel kauen. Ich werde noch darüber sprechen, wenn von Indien die Rede gehen wird.

Die Kokospalme wird auch indische Nuß genannt und ist ein einzigartiger Baum mit ganz wunderbaren Eigenschaften. Sie sieht genauso aus wie eine Palme und das einzige, was beide voneinander unterscheidet, ist, daß die eine Nüsse, die andere Datteln trägt. Die Nuß der Kokospalme gleicht dem Kopf eines Menschen, denn sie hat Öffnungen, die den Augen und dem Munde ähneln. Wenn sie noch grün ist, sieht das Innere aus wie das Gehirn eines Menschen und auf ihr hängen Fasern, die wie Haare aussehen. Aus diesen Fasern werden Seile hergestellt, mit denen sie anstelle von eisernen Nägeln die Planken ihrer Schiffe verbinden, und Taue, die sie auf den Schiffen selbst benötigen. Es gibt Nüsse, besonders solche, wie sie auf den Ḏībat-al-Mahal[866] wachsen, die die Größe eines Menschenkopfes haben.

Die Menschen dort glauben, daß vor langer Zeit ein indischer Arzt einem König diente und von diesem in großen Ehren gehalten wurde. Der König hatte aber auch einen Wesir, der mit dem Arzt verfeindet war. Eines Tages sagte der Arzt zum König: »Wenn man dem Wesir den Kopf abschneiden würde und ihn vergrübe, würde an dieser Stelle eine Palme wachsen, die hervorragende Datteln hervorbrächte, die den Indern und anderen Völkern der Erde sehr großen Nutzen brächte.« Der König erwiderte ihm: »Und wenn aus dem Kopfe des Wesirs nicht wachsen würde, was du behauptest ...?« – Da antwortete der Arzt: »In diesem Fall mache mit meinem Kopf, was du mit seinem Kopf gemacht hast.« Der König gab seine Befehle, dem Wesir wurde der Kopf abgeschlagen, der Arzt nahm ihn, pflanzte einen Dattelkern in das Gehirn und zog ihn hoch, bis er ein Baum wurde und diese Nuß hervorbrachte. Aber diese Geschichte ist erlogen und ich habe sie nur erwähnt, weil sie unter den Indern so berühmt ist.

Zu den Besonderheiten dieser Nuß gehört es, daß sie dem Körper Kraft gibt, ihm zu rascher Gewichtszunahme vehilft und die Röte des Gesichts erhöht. Geradezu wunderbar ist ihre Wirkung auf die Liebe. Aber diese Frucht hat noch eine weitere staunenswerte Eigenschaft, denn wenn man zu Beginn, während sie noch grün ist, mit einem Messer ein Stück der Schale herausschneidet und so den Kopf der Nuß öffnet, kann man aus ihm ein sehr süßes und kühles Wasser trinken, das in Wirklichkeit aber Hitze hat, denn es regt zu den Freuden der Liebe an. Man kann, nachdem man das Wasser getrunken hat, ein Stück der Schale nehmen und es zu einer Art Löffel zurechtschneiden, mit dem man das eßbare Fleisch im Inneren der Nuß herausschabt. Es hat den Geschmack eines Eies, wenn es angeröstet, aber noch nicht ganz gar ist. Man kann sich davon ernähren, und es bildete während meines gesamten Aufenthaltes auf den Inseln der Ḏībat-al-Mahal, der eineinhalb Jahre dauerte, mein Mittagsmahl.

Diese Nuß bringt noch ein weiteres Wunder hervor, denn es lassen sich aus ihr Öl, Milch und Honig herstellen: Die Palmendiener, die sich ›al-fāzāniya‹ nennen, klettern morgens und abends auf die Palme, um ihren Saft zu ernten und aus ihm einen Honig herzustellen, der bei ihnen ›al-aṭwāq‹ heißt.[867] Sie schneiden den Ast, der die Frucht trägt, ab und lassen von ihm nur zwei Fingerlängen stehen. Dann binden sie einen kleinen Kessel an ihm fest und lassen den Saft, der aus dem Zweig fließt, hineintropfen. Ist der Topf morgens

866 Die Malediven.

867 ›Al-Fāzāniya‹ und ›al-aṭwāq‹ sind Wörter unbekannter Bedeutung; das letztere kann im Arabischen auch die Bedeutung von ›Halsbändern‹ oder ›Halsketten‹ annehmen, die aber im Zusammenhang des Textes keinen Sinn ergeben.

aufgehängt worden, so klettert der Diener abends wieder hoch und bringt zwei Näpfe aus Kokosnußschale mit. Ein Napf ist mit Wasser gefüllt und in den anderen gießt er den Saft, der sich im Kessel angesammelt hat. Er wäscht den Zweig mit dem Wasser des anderen Napfes ab, schneidet vom Zweig ein wenig Holz ab und befestigt den zweiten Kessel daran. Am nächsten Morgen wiederholt er diese Arbeit des Vorabends. Sobald er eine ausreichende Menge Saft gesammelt hat, kocht er ihn, wie man auch den Saft von Weintrauben kocht, wenn man Traubensirup herstellen will, und erhält einen vorzüglichen Honig, der von großem Nutzen ist und den die Händler aus Indien, dem Jemen und aus China kaufen, um aus ihm Zuckerwaren herzustellen.

Die Kokosmilch wird auf die folgende Weise gewonnen: In jedem Haus steht eine Art Stuhl. Auf ihn setzt sich eine Frau mit einem Stöckchen in der Hand, aus dessen einem Ende ein Stück Eisen heraussteht. In die Nuß wird eine Öffnung gearbeitet, die gerade groß genug ist, das Eisen einzuführen, das nun den gesamten Inhalt der Nuß zerkleinert. Alles, was herausgeholt wird, sammelt man in einer großen Schale, bis die Nuß völlig leer ist. Das zerstoßene Fleisch wird in Wasser eingeweicht, nimmt die weiße Farbe und den Geschmack frischer Milch an und wird mit Brot gegessen.

Um das Öl zu gewinnen, nimmt man die ausgereifte Kokosnuß, wenn sie vom Baum gefallen ist. Die Schale wird entfernt, das Fleisch in Stücke geschnitten und in die Sonne gestellt. Wenn es ausgetrocknet ist, kocht man es in großen Kesseln und entzieht ihm das Öl. Man verwendet es für die Beleuchtung und für die Zubereitung von Speisen. Die Frauen ölen sich damit die Haare ein, und so ist es von großem Nutzen.

Der Sultan von Ẓafār ist Al-Malik al-Muġīṯ, der Sohn von Al-Malik al-Fāʾiz, des Vetters des jemenitischen Königs.[868] Sein Vater war Statthalter von Ẓafār unter der Herrschaft des Königs des Jemen gewesen, dem er Tribut schuldete, den er ihm jedes Jahr zuschickte. Später aber warf sich Al-Malik al-Muġīṯ zum unabhängigen Herrscher von Ẓafār auf und weigerte sich, weiterhin Tribute zu schicken. Daraufhin beschloß der König des Jemen, Krieg gegen ihn zu führen und beauftragte damit, wie ich bereits erzählt habe, seinen Vetter, bis dieser von der Mauer begraben wurde.

Der Sultan besitzt in der Stadt einen prachtvollen und sehr weitläufigen Palast, der Al-Ḥiṣn[869] heißt; ihm gegenüber steht die Hauptmoschee. Es ist Brauch, täglich nach dem Nachmittagsgebet Trommeln zu schlagen sowie Fanfaren,

[868] Der letzte Ḥabūḍī-Sultan war Sālim bin Idrīs, der im Jahre 1278 von dem zweiten jemenitischen Rasuliden Al-Muẓaffar Yūsuf vertrieben wurde, der 1292 seinen Sohn Al-Wāṯiq ernannte. Infolgedessen muß der im Text genannte Al-Fāʾiz Sohn von Al-Wāṯiq und Vater von Al-Muġīṯ auch Vetter zweiten Grades von Nūr ad-Dīn al-Muǧāhid, dem Gotteskrieger, gewesen sein (vgl. Anm. 833).

[869] ›Das Schloß‹.

Trompeten und Pfeifen zu blasen. Montags und donnerstags marschieren die Truppen vor den Palast, nehmen eine Stunde lang vor dem Empfangssaal Aufstellung und treten dann wieder ab. Die Sultan kommt aber nicht heraus, und niemand sieht ihn außer freitags, wenn er sich zum Gebet begibt, nachdem er sich wieder in seine Residenz begab. Niemandem verwehrt er den Eintritt in seinen Saal, an dessen Tür der Führer der Leibgarde Wache steht. An diesen wendet sich jeder, der ein Anliegen oder eine Klage vorzubringen hat. Der Leibgardist trägt sie dem Sultan vor und überbringt sofort die Antwort. Will der Fürst ausreiten, läßt er sich aus dem Palast seine Reittiere vorführen, seine Waffen herbeitragen und die Mamluken antreten, mit denen er dann aus der Stadt hinausreitet. Ein Kamel wird herangeführt, das eine Sänfte trägt, die mit einem weißen, goldbestickten Vorhang verhangen ist und die der Sultan mit seinem Tischgast besteigt, so daß niemand sie sehen kann. In seinem Garten angekommen, liebt es der König, ein Pferd zu besteigen und sein Kamel zu verlassen. Er legt außerdem Wert darauf, daß ihm auf seinem Wege niemand entgegentritt, sei es, um eine Klage vorzubringen, sei es aus einem anderen Grunde. Wer es dennoch unternimmt, wird heftig verprügelt, und deshalb sieht man das Volk flüchten und ihm aus dem Wege gehen, wenn sie hören, daß der Sultan ausgeritten ist.

Der Wesir des Sultans ist der Faqīh Muḥammad Al-ʿAdanī. Er war einst Erzieher von Knaben, lehrte auch den Sultan lesen und schreiben und nahm ihm das Versprechen ab, ihn zum Wesir zu machen, wenn er einmal König sein sollte. Als es soweit war, ernannte ihn der König zwar zum Wesir, aber dieser erfüllte seine Pflichten schlecht. Nur der Titel gehörte ihm, die Regierung aber einem anderen.

Mit dem Ziel ʿUmān verließen wir die Stadt wieder und gingen an Bord eines kleinen Schiffes, das einem Manne namens ʿAlī bin Idrīs al-Maṣīrī gehörte, der von der Insel Maṣīra stammte, und segelten nach ʿUmān. Am zweiten Tage legten wir im Hafen von Ḥāsik an[870], in dem arabische Fischer leben. Hier findet man den Baum, der den Weihrauch liefert: Er hat sehr dünne Blätter, aus denen, wenn sie eingeschnitten werden, eine milchähnliche Flüssigkeit tropft, die später zu Gummi wird. Dieses Gummi ist das Weihrauchharz, das dort im Überfluß vorkommt. Die Bewohner dieses Hafens leben von nichts anderem als dem Fang eines Fisches, den sie ›laḫam‹ nennen und der dem Hundsfisch gleicht. Sie schneiden ihn in Scheiben oder Streifen, und davon leben sie. Die Häuser dieser Menschen sind aus den Gräten dieses Fischs erbaut und mit Kamelhäuten bedeckt.

Vom Hafen von Ḥāsik aus reisten wir noch vier Tage weiter und erreichten den Hügel Lumʿān.[871] Er liegt mitten im Meer und trägt auf seinem Gipfel ein

870 Bandar Ḥāsik, etwa 130 Kilometer östlich von Ẓafār.

871 Der Beschreibung nach zu urteilen, die Ibn Baṭṭūṭa von diesem Berge gibt, sollte es sich

aus Stein erbautes Kloster, dessen Dach aus Fischgräten besteht. Neben dem Gebäude liegt ein Teich, der sich aus Regenwasser gebildet hat. Nachdem wir am Fuß des Berges vor Anker gegangen waren, stiegen wir zu diesem Kloster auf und trafen dort einen schlafenden Greis an. Wir grüßten, er erwachte und erwiderte den Gruß durch Zeichen. Wir sprachen ihn an, aber er antwortete nicht, sondern schüttelte nur den Kopf. Die Seeleute gaben ihm zu essen, aber er lehnte es ab. Daraufhin baten wir ihn, für uns zu beten. Er bewegte die Lippen, aber wir verstanden nicht, was er sagte. Er trug ein Gewand aus Flikken und eine wollene Kapuze, hatte aber weder Topf noch Wasserkrug, weder Krücke noch Sandalen an den Füßen. Die Seeleute sagten uns, daß sie ihn auf diesem Berg noch nie gesehen hätten. Wir verbrachten die ganze Nacht an diesem Hügel an der Küste und beteten am Nachmittag und bei Sonnenuntergang mit dem Alten zusammen. Als wir ihm Speisen anboten, wollte er sie nicht annehmen, sondern betete, bis die Nacht hereinfiel. Dann rief er zum letzten Gebet, und wieder verrichteten wir es gemeinsam. Er besaß eine schöne Stimme und konnte sehr gut lesen. Nach Ende des Gebets gab er uns ein Zeichen, daß wir uns zurückziehen sollten, worin wir ihm, nachdem wir uns von ihm verabschiedet hatten, auch gefällig waren. Sein Verhalten erstaunte uns alle. Ich wollte später, als wir schon aufgebrochen waren, zu ihm zurückkehren, verlor aber, als ich wieder in seiner Nähe war, den Mut und meine Angst siegte. Meine Gefährten waren ebenfalls zurückgekommen, und mit ihnen kehrte ich dann um.

Nach zwei Tagen auf See kamen wir zur Vogelinsel, auf der keine Menschen leben.[872] Wir warfen Anker, gingen an Land und fanden die Insel voller Vögel, die den Racken ähneln, aber größer sind. Die Leute suchten die Eier dieser Vögel, kochten und aßen sie. Sie fingen mehrere Vögel und brieten sie, aber ohne sie zuvor vorschriftsmäßig zu schlachten. Unter meinen Mitreisenden befand sich auch ein Kaufmann von der Insel Maṣīra, der in Ẓafār lebte und den Namen Muslim trug. Ich sah, wie er zusammen mit den Matrosen von diesen Vögeln aß, und machte ihm deswegen Vorwürfe. Da packte ihn die Scham und er gab mir zur Antwort: »Ich habe geglaubt, daß sie ihnen den Hals durchgeschnitten hätten.« Danach ging er mir aus Scham aus dem Wege und kam nur noch zu mir, wenn ich ihn ansprach.

Auf dieser Schiffsreise bestand meine Nahrung aus Datteln und Fisch. Die Matrosen angelten morgens und abends einen Fisch, der im Persischen ›šīra māhī‹ heißt, was soviel bedeutet wie ›Löwenfisch‹, denn ›šīr‹ ist ›Löwe‹ und

um die Insel Ḥallanīya aus der Inselgruppe Ḥūriya Mūriya handeln, eine Granitinsel, deren Nordseite steil senkrecht bis zur Höhe von 1645 Meter aufsteigt. Sie liegt freilich nur 30 Kilometer östlich von Ḥāsik und wäre in viel weniger als vier Tagen zu erreichen.

[872] Sehr kleine in Küstennähe gelegene Insel im Golf von Maṣīra mit Namen Ḥamār Nāfūr, die von Tausenden von Vögeln besucht wird.

›māhī‹ bedeutet ›Fisch‹. Er sieht aus wie der Fisch, der bei uns ›tāzzart‹ genannt wird.[873] Die Menschen dort schneiden ihn in Scheiben und braten ihn, geben aber jedermann auf dem Schiff nur eine einzige Scheibe, ohne irgendjemanden, nicht einmal den Kapitän, zu bevorzugen. Sie essen den Fisch zusammen mit Datteln. Ich hatte aus Ẓafār Brot und Gebäck mitgebracht. Als diese Vorräte erschöpft waren, ernährte ich mich wie die anderen von diesem Fisch. Auf See begingen wir das Opferfest[874], und den ganzen Tag blies ein heftiger Sturm, der im Morgengrauen einsetzte und bis zum Sonnenaufgang des folgenden Tages dauerte. Es fehlte nicht viel, und wir wären untergegangen.

Zu den Fahrgästen an Bord gehörte auch ein Pilger aus Indien. Er hieß Ḫiḍr, aber alle Welt nannte ihn Maulānā[875], denn er kannte den Koran auswendig und konnte sehr gut schreiben. Als er die gewaltige See erblickte, wickelte er den Kopf in seinen Mantel und stellte sich schlafend. Als Gott die drohende Gefahr abgewendet hatte, sagte ich zu ihm: »O Meister Ḫiḍr, wie hast du geträumt?« – Er antwortete: »Während des Sturms habe ich die Augen geöffnet, um zu sehen, ob die Engel gekommen sind, die Seelen abzuholen. Aber ich sah sie nicht und rief: ›Gott sei gelobt‹, denn wenn wir untergehen sollten, wären sie ja gekommen, um von den Seelen Besitz zu ergreifen. Dann schloß ich die Augen wieder, öffnete sie aber erneut und sah noch einmal dasselbe, bis Gott die Gefahr von uns abgewendet hatte.« Ein Schiff, das einem Händler gehörte, war uns vorausgefahren und gesunken. Nur ein einziger Mann hatte sich mit genauer Not schwimmend retten können.

Ich kam auf dem Schiff in den Genuß eines Gerichts, von dem ich weder vorher noch später je gekostet habe. Ein Kaufmann aus ʿUmān hatte es aus grober Hirse zubereitet; er hatte sie ungemahlen gekocht und ›sayalān‹, einen aus Datteln gewonnenen Honig, darüber gegossen. So haben wir das Gericht gegessen.

Wir kamen zur Insel Maṣīra[876], der Heimat des Kapitäns des Schiffes, auf dem wir reisten. Der Name wird wie ›maṣīr‹ gesprochen, ist aber erweitert um die feminine Endung ›-at‹. Es ist eine große Insel, die ihren Bewohnern keine andere Nahrung bietet als Fisch. Wir gingen nicht an Land, weil die

873 Nach den persischen Wörterbüchern ein weißschuppiger Fisch mit schmackhaftem Fleisch. Das Berberwort ›tāzzart‹ bezeichnet dagegen eine im Norden des Maġrib gedeihende Feigenart mit weißlicher Schale. Es mag sein, daß die weiße Haut des Fischs Ibn Baṭṭūṭa zu diesem Vergleich angeregt hat.

874 14. September 1331.

875 ›Unser Meister‹.

876 Vor der omanischen Küste gelegene, 65 mal 15 Quadratkilometer große Insel, deren Bewohner von altersher von den vorüberreisenden Seeleuten als ›Fischesser‹ bezeichnet wurden. Das Wort ›maṣīr‹ bedeutet ›Weg‹, ›Fortgang‹ oder ›Endziel‹ (des Lebens, des Schicksals), während die feminine Endung ›-at‹ von diesem Wort nicht gebildet werden kann.

Anlegestelle zu weit von der Küste entfernt war. Außerdem bekam ich eine Abscheu vor den Menschen, als ich sah, daß sie Vögel verspeisen, ohne sie durch Kehlschnitt vorschriftsmäßig zu schlachten. Wir blieben einen Tag dort, während der Kapitän an Land ging, um sein Haus aufzusuchen, und später zurückkam.

Wir fuhren noch einen Tag und eine Nacht weiter, bevor wir die Anlegestelle eines größeren Dorfs namens Ṣūr erreichten, das unmittelbar an der Küste liegt.[877] Von hier aus sahen wir schon am Fuß eines Berges die Stadt Qalhāt, die uns sehr nahe schien. Wir kamen im Hafen um die Mittagszeit oder früher an, und als wir die Stadt bemerkten, wollte ich mich zu Fuß aufmachen und die Nacht in ihr verbringen, denn die Gesellschaft der Seeleute war mir lästig geworden. Ich erkundigte mich nach dem Weg und erfuhr, daß ich die Stadt noch um das Nachmittagsgebet erreichen könnte. Ich mietete mir einen der Matrosen, der mir den Weg zeigen sollte, und nahm Ḥiḍr mit, den Inder, von dem ich schon gesprochen habe. Meine anderen Gefährten und mein ganzes Hab und Gut ließ ich auf dem Schiff zurück, denn es sollte mich dort am nächsten Morgen wieder aufnehmen. Ich nahm nur einige Stücke meiner Kleidung, die ich dem Führer gab, damit er mir die Mühe des Tragens abnähme, und eine Lanze mit, die ich selbst trug.

Der Führer aber wollte sich meiner Kleidung bemächtigen. Er führte uns an einen Wasserlauf, den das Meer dort ins Land gespült hatte, wo die Gezeiten auslaufen. Er schickte sich an, ihn mit meinen Kleidungsstücken zu überqueren, aber da sagte ich ihm. »Geh nur allein hinüber und laß meine Kleider hier! Wir werden auch hinüberkommen, wenn wir können, wenn nicht, kommen wir zurück und suchen eine Furt.« Er kam sofort zurück. Wenig später sahen wir Männer, die durch das Wasser schwammen. Da wußten wir, daß der Führer die Absicht gehabt hatte, uns ertrinken zu lassen und sich mit meinen Kleidern davonzumachen. Ich tat, als sei ich unbesorgt, faßte Mut, zog meinen Gürtel enger und schwang die Lanze, so daß der Führer Angst vor mir bekam. Wir gingen weiter, um eine Furt zu suchen, fanden uns aber dann in einer wasserlosen Wüste wieder. Wir hatten Durst, der bald unerträglich wurde. Gott aber schickte uns einen Reiter, dem mehrere Männer folgten, von denen einer einen Schlauch mit Wasser hatte, aus dem er mir und meinem Gefährten zu trinken gab. Wir marschierten weiter und glaubten, der Stadt schon ganz nahe zu sein, waren von ihr aber noch durch große Gräben getrennt, durch die wir noch mehrere Meilen weit zu gehen hatten.

Gegen Abend wollte uns der Führer zum Meer führen, an dem aber kein Weg entlanglief, denn das Ufer war felsig. Er wollte, daß wir uns zwischen den Felsen verliefen, damit er sich mit dem Kleiderbündel davonstehlen könne.

[877] Ṣūr, an der äußersten Ostspitze Omans und am Eingang des Persischen Golfes gelegene Hafenstadt, knapp südöstlich (20 Kilometer) von Qalhāt.

Aber ich sagte zu ihm: »Wir gehen nur auf dem Weg, auf dem wir uns jetzt befinden«, und da waren wir noch etwa eine Meile von der Küste entfernt. Als es dunkel geworden war, sagte er zu uns: »Die Stadt ist jetzt nahe, los, gehen wir, damit wir die Nacht bis zum Morgen außerhalb der Stadt verbringen können!« Ich hatte aber Angst, daß uns auf der Straße jemand angreifen könne, und wußte auch nicht genau, wie weit wir noch zu gehen hatten. Deshalb antwortete ich dem Führer: »Es ist besser, wenn wir diese Straße verlassen und uns schlafen legen. Morgen früh, wenn es Gott gefällt, werden wir dann in die Stadt gehen.« Tatsächlich hatte ich auch eine Schar von Männern am Fuße eines Berges gesehen, hatte Angst, daß es Räuber seien, und sagte mir, daß es besser wäre, uns zu verstecken. Meinen Gefährten aber quälte der Durst, und er war mit meinem Vorschlag nicht einverstanden. Ich aber verließ den Weg und wandte mich einem Baum zu, den man ›Umm Ġīlān‹[878] nennt, denn ich war müde und mich verließ die Kraft. Doch aus Furcht vor dem Führer tat ich, als hätte ich noch Kraft und Ausdauer. Mein Begleiter litt und hatte keine Kraft mehr. Ich stellte den Führer zwischen ihn und mich, steckte das Kleiderbündel unter mein Gewand und nahm die Lanze in die Hand. Mein Gefährte schlief und der Führer ebenfalls. Ich blieb wach, und immer, wenn der Führer sich regte, sprach ich ihn an, um ihm zu zeigen, daß ich nicht eingeschlafen war. So ging es bis zum Morgengrauen, dann kehrten wir auf den Weg zurück und bemerkten Menschen, die gemeinsam zur Stadt unterwegs waren. Ich schickte den Führer, um Wasser zu holen, während mein Begleiter das Kleiderbündel an sich genommen hatte. Zwischen uns und der Stadt lagen viele Gräben und Senken. Der Führer brachte uns Wasser, und wir tranken davon. Es geschah alles zur Zeit der großen Hitze.

Endlich, aber nach großen Mühen, kamen wir in Qalhāt an. Meine Sandalen waren mir zu eng geworden, und wenig hat gefehlt, und das Blut wäre unter meinen Zehennägeln hervorgequollen. Als wir am Stadttor angekommen waren, sagte der Torwächter, um unser Unglück voll zu machen: »Du mußt mit mir zum Stadtfürsten gehen, damit er von deinem Abenteuer hört und weiß, woher du kommst.« Ich ging mit ihm und fand in ihm einen freundlichen und rechtschaffenen Mann. Er fragte mich nach meinen Verhältnissen und gab mir eine Unterkunft, so daß ich sechs Tage bei ihm blieb, während derer ich mich vor Schmerzen kaum aufrecht auf meinen Füßen halten konnte.

Qalhāt liegt an der Meeresküste. Die Stadt besitzt schöne Märkte und eine der hübschesten Moscheen, deren Wände mit Qāšānī-Kacheln gefliest sind, die aussehen wie unsere Zulaiğ-Kacheln. Sie ist sehr hoch, blickt aufs Meer und auf den Hafen und verdankt ihren Bau der frommen Bībī Miryam.[879] Das

[878] Eine Akazienart; wörtlich: ›Mutter der Wüstendämonen‹, ›Hexenmutter‹.

[879] Qalhāt stand zwar lange Zeit unter Herrschaft der Sultane von Hormuz, aber auch die Fürsten von Qalhāt bemächtigten sich mitunter selbst der Herrschaft über Hormuz.

Wort ›Bībī‹ bedeutet bei diesen Leuten soviel wie ›freigeborene Dame‹. Ich habe in Qalhāt einen Fisch gegessen, wie ich ihn in keinem anderen Lande gekostet habe. Ich zog ihn jedem Fleisch vor, und er war meine einzige Nahrung. Die Einheimischen rösten ihn auf Baumblättern, legen ihn auf Reis und essen ihn so. Den Reis beziehen sie aus Indien. Es ist ein Volk von Kaufleuten, deren ganze Existenz davon abhängt, was ihnen über den Indischen Ozean gebracht wird. Jedes Schiff, das bei ihnen anlegt, wird mit großer Freude begrüßt. Obwohl sie Araber sind, sprechen sie kein gutes Arabisch. Sie haben es sich angewöhnt, jedem Satz, den sie sprechen, das Wörtchen ›nicht‹ anzuhängen. Sie sagen zum Beispiel: »Du ißt, nicht; du läufst, nicht; du machst dies so, nicht.« Die meisten sind abtrünnige Ketzer, aber sie können ihren Glauben nicht offen ausüben, denn sie stehen unter der Herrschaft des Sultans Quṭb ad-Dīn Tamtahan, des Königs von Hurmuz, der Sunnit ist.[880]

In der Nähe von Qalhāt liegt das Städtchen Ṭībī. Der Name wird ausgesprochen wie das Wort ›ṭīb‹, dem der Sprecher das persönliche Pronomen ›mein‹ anfügt.[881] Es ist ein sehr hübsches und wegen seiner Schönheit zu bewunderndes Städtchen. Es besitzt Bäche mit ständig fließendem Wasser, grüne Bäume sowie zahlreiche Obstgärten, und viel Obst wird auch nach Qalhāt gebracht. Aus Ṭībī kommt eine Banane, die man ›murwārī‹ nennt, was auf persisch ›Juwel‹ bedeutet; sie wächst dort reichlich und wird nach Hurmuz und an andere Orte ausgeführt. Auch Betel sieht man, aber eine Art mit kleinen Blättern. Die Datteln dieser Gegend aber stammen aus ʿUmān.[882]

Dorthin brachen wir schließlich auf, marschierten sechs Tage lang durch eine öde Ebene und kamen am siebten Tage in ʿUmān an. Es ist eine fruchtbare Provinz, reich an Flüssen, Bäumen, Obstgärten, Palmenhainen und Früchten verschiedenster Art. Wir betraten Nazwā[883], die Hauptstadt des Landes, die, umgeben von Flüssen und Gärten, am Fuße eines Berges liegt. In der Stadt

Einer von ihnen war Maḥmūd bin Aḥmad al-Kūši-l-Qalhātī, der sich von 1243 bis 1277 zum Herrscher über Hormuz aufwarf und nach dessen Herrschaft einer seiner türkischen Sklaven namens Ayāz bis 1311 die Macht übernahm. Dessen Gattin war Bībī Miryam, die sich bis etwa 1320 als Königin von Hormuz an der Macht hielt.

880 Quṭb ad-Dīn Tahamtan (reg. 1319–1347), Urenkel des in der vorherigen Anmerkung erwähnten Maḥmūd al-Qalhātī, eroberte Hormuz von einem Rebellen namens Šihāb ad-Dīn Yūsuf von Qalhāt aus zurück.

881 Ṭībī (auch ›Ṭaiwā‹ ist zu finden, richtig aber ist Ṭīwī) liegt in einer Entfernung von etwa 15 Kilometer von Qalhāt. ›Ṭīb‹ bedeutet ›guter Geschmack, Wohlgeruch‹, aber auch ›edle Abstammung‹, so daß nach Ibn Baṭṭūṭas Ansicht ›Ṭībī‹ etwa ›mein Wohlgeschmack‹ bedeutet haben könnte.

882 Gemeint ist hier nur die Provinz ʿUmān um den Ǧabal Aḫḍar (›Grüner Berg‹) im Norden von ʿUmān, der Hauptstadt des heutigen Sultanats.

883 Nazwā, die alte Hauptstadt der Imāme von ʿUmān, liegt an der Westseite des Grünen Berges, 200 Kilometer von Qalhāt entfernt.

findet man schöne Märkte sowie prächtige und saubere Moscheen. Das Volk dort hat die Angewohnheit, seine Mahlzeiten in den Höfen der Moscheen einzunehmen, in die jedermann mitbringt, was er besitzt. So speisen sie alle gemeinsam im Hofe der Moschee und auch Reisende sind zu ihren Mahlzeiten eingeladen. Sie sind unerschrocken und tapfer und führen ständig Krieg gegeneinander. Sie gehören der Sekte der Ibaḍiten an und verrichten das Freitagsgebet mittags vier Mal. Danach liest der Imām Verse aus dem Koran vor und hält anstelle einer Predigt eine Ansprache, in der zwar ihre Verehrung für Abū Bakr und ʿUmar zum Ausdruck kommt, aber die Namen ʿUṯmān und ʿAlī mit Schweigen übergangen werden. Wenn sie von ʿAlī sprechen wollen, so sagen sie statt des Namens nur ›der Mann‹. Sie sagen zum Beispiel: »Man erzählt sich von dem Mann ...« Oder: »Der Mann sagte ...« Aber sie verehren den verfluchten Schurken Ibn Mulǧam und nennen ihn ›den frommen Diener Gottes‹, den ›Bezwinger des Aufstandes‹. Ihre Frauen sind lasterhaft, aber es gibt keine Eifersucht unter ihnen und die Männer machen ihnen keinerlei Vorwürfe. Ich werde bald, nach den folgenden Sätzen, eine Geschichte erzählen, die dies bezeugen wird.

Der Sultan von ʿUmān ist ein Araber aus dem Stamme der Al-Azd bin al-Ġauṯ und führt den Namen Abū Muḥammad bin Nabhān.[884] Abū Muḥammād ist ein Name, der allen Sultanen von ʿUmān gegeben wird, wie auch der Name ›Atābak‹ für alle Könige von Lūr verwendet wird. Für seine Sitzungen wählt er einen Platz vor dem Tor seines Palastes, wo er sich niederläßt. Er hat weder Kammerherren noch Wesire und niemandem, sei es auch ein Fremder oder sonst jemand, wird es verwehrt, zu ihm zu kommen. Der Sultan ehrt seine Gäste nach der Sitte der Araber: Er gibt ihnen ein Gastmahl und beschenkt sie nach Rang. Er hat einen ausgezeichneten Charakter. An seiner Tafel wird das Fleisch des zahmen Esels gegessen, das auch auf den Märkten verkauft wird, denn diese Menschen behaupten, es sei erlaubt. Dennoch verbergen sie es vor einem Fremden und tischen es niemals in seiner Gegenwart auf.

Zu den den Städten des ʿUmān gehört auch Zakī.[885] Ich besuchte es nicht, aber man versicherte mir, daß es eine große Stadt sei. Andere Städte sind Al-Qurayyāt, Šabā, Kalbāʾ, Ḫaur-Fakkān und Ṣuḥār.[886] Alle diese Städte besitzen

884 Die Banū Nabhān übernahmen im Jahre 1162 die Macht von den ›Gewählten Imāmen‹ und behielten sie bis 1481. Die nach ihnen wieder herrschenden Imāme löschten jede Spur der Nabhanidenherrschaft aus, so daß von deren 320jährigem Regiment kaum Nachrichten vorliegen. Dies mag auch das von Ibn Baṭṭūṭa kurz zuvor erwähnte Fehlen der Freitagspredigt erklären, die die Anwesenheit eines Imāms zur Voraussetzung hatte.

885 Zakī oder Azkī oder Izkī, 50 Kilometer östlich von Nazwā.

886 Von Süden nach Norden: Qurayyāt (40 Kilometer südöstlich von Masqaṭ), Suḥār (200 Kilometer nordwestlich von Masqaṭ), Kalbāʾ und Ḫūr Fakkān am Golf von Oman (95 bzw. 120 Kilometer nördlich von Masqaṭ) zählen heute zu den Vereinigten Arabischen

Bäche, Gärten und Palmen. Der größte Teil des ʿUmān steht unter der Herrschaft von Hurmuz.[887]

Eines Tages befand ich mich bei Sultan Abū Muḥammad Ibn Nabhān, als eine sehr junge schöne Frau von anmutiger Gestalt zu ihm kam. Sie stellte sich vor ihn und sagte: »O Abū Muḥammad! In meinem Kopf treibt der Teufel sein Unwesen.« – Er erwiderte: »Geh und vertreibe den Teufel!« – Sie antwortete: »Ich kann es nicht und stelle mich unter deinen Schutz, o Abū Muḥammad.« – Da entgegnete der Sultan: »Geh und tu, was du willst!« Als ich den Sultan verlassen hatte, erzählte man mir, daß diese Frau und andere, die ebenso handeln, sich unter die Obhut des Sultans stellen und dann ein liederliches Leben führen. Weder der Vater noch andere Verwandte haben das Recht, eifersüchtig zu sein, und wenn sie sie töten, werden sie zum Tode verurteilt, weil die Frau unter dem Schutz des Sultans steht.

Ich verließ ʿUmān und brach nach Hurmuz auf. So heißt an der Küste eine Stadt, die man aber auch Mūġ Astān[888] nennt. Ihr gegenüber liegt mitten im Meer und nur durch einen Meeresarm von drei Farsaḫ Breite getrennt die neue Stadt Hurmuz. Wir kamen im neuen Hurmuz an, einer Insel, deren Hauptort Ǧaraun heißt. Es ist eine große und schöne Stadt, deren Märkte mit allem versorgt sind und die als Hafen für den Handel mit Indien und dem Sind dient. Indische Waren werden auf dieser Insel in die beiden Iraq sowie nach Persien und in den Ḫurāsān umgeschlagen. Hier residiert der Sultan. Die Insel, auf der die Stadt liegt, hat die Länge einer Tagesreise und besteht zum größten Teil aus salzhaltigen Böden und Bergen, die ein Salz enthalten, das man ›darānī‹[889] nennt. Aus diesem Salz stellt man Ziervasen und Sockel her, auf die man Lampen stellt. Die Nahrung der Einheimischen besteht aus Fisch und aus Datteln, die sie aus Baṣra und ʿUmān beziehen. In ihrer Sprache sagen sie: »Ḫurmā ve māhī lūtī bādišāhī«, was in Arabisch so viel heißt wie: »Datteln und Fisch sind das Essen der Könige.« Trinkwasser ist sehr wertvoll auf der Insel. Es gibt Brunnen und künstliche Wasserspeicher, in denen das Regenwasser aufgefangen wird. Sie stehen in einigem Abstand außerhalb der Stadt, so daß die Einwohner mit Schläuchen hinausgehen müssen, um sie zu füllen, und sie dann auf dem Rücken bis ans Meer tragen. Dort laden sie sie auf Boote und bringen

Emiraten, der Ort Šabā ist nicht zu identifizieren, möglicherweise handelt es sich um Sīb, 40 Kilometer westlich von Masqaṭ, aber im Landesinneren gelegen. Masqaṭ selbst erwähnt er erst auf seiner Rückreise 1347.

887 Das alte Hormuz lag in der persischen Provinz Muġistān, etwa zehn bis zwölf Kilometer hinter der Küste im Landesinneren. Ayāz verlegte die Stadt auf die Insel Ǧaraun im Norden der Meerenge von Hormuz (heute: ›Ǧezire-ye Hormoz‹).

888 Muġistān, Küstengegend der iranischen Provinz Kermān; vgl. vorherige Anmerkung.

889 Richtig: ›dārābī‹, abgeleitet von dem Ort ›Darabǧird‹ im Südosten von Šīrāz, wo sich Läger mehrfarbigen Salzes finden, das zur Herstellung von Gefäßen herangezogen wird.

sie in die Stadt. Etwas ganz Staunenswertes sah ich zwischen dem Markt und dem Tor der Hauptmoschee, nämlich den Kopf eines Fisches, der so groß war wie ein Hügel und Augen hatte wie zwei Tore. Männer gingen in ein Auge hinein und kamen aus dem anderen wieder heraus.[890]

In der Stadt begegnete ich dem frommen Scheich und Wanderfaqīr Abu-l-Ḥasan al-Aqṣarānī, der aus dem Lande der Griechen[891] stammte. Er bewirtete mich, suchte mich auf und kleidete mich in ein Gewand. Er überreichte mir auch den Gürtel der Gemeinschaft, dessen er sich bediente, um sein Gewand, wenn er saß, um sich zu wickeln, denn dann ist er eine Stütze. Die meisten persischen Faqīre tragen einen solchen Gürtel.

Sechs Meilen vor der Stadt steht ein Heiligtum, das mit Ḫiḍr und Ilyās in Verbindung gebracht wird[892], an dem sie gebetet haben sollen und dessen Heiligkeit durch Erscheinungen und Wunder bewiesen ist. Dort steht auch die Zāwiya eines frommen Scheichs, der Reisende empfängt. Wir verbrachten einen Tag bei ihm und brachen von dort zu einem frommen Manne auf, der sich als Einsiedler ans Ende der Insel zurückgezogen hatte. Er hatte sich eine Grotte gegraben, die ihm als Behausung diente und die eine Betstube, einen Raum und eine kleine Kammer enthält, die eine junge Sklavin bewohnt. Der Einsiedler hat auch außerhalb seiner Grotte Sklaven, die seine Rinder und Schafe weiden. Er war einst ein großer Kaufmann gewesen, pilgerte dann zum Heiligen Haus, schwor allem Weltlichen ab und widmete sich fortan nur noch dem Dienst an Gott. Sein Vermögen hatte er einem seiner Handelsfreunde gegeben, um es in dessen Geschäft arbeiten zu lassen. Wir verbrachten eine Nacht bei ihm. Er war sehr gütig und nahm uns sehr gastfreundlich auf.

Der Sultan heißt Quṭb ad-Dīn Tamtahan bin Ṭūrān Šāh und gehört zu den wohltätigen Herrschern.[893] Er ist voller Demut und beweist lobenswerte Eigenschaften. Er hat die Gewohnheit, alle Faqīhs, frommen Männer und Šarīfe, die in seine Stadt kommen, aufzusuchen und ihnen die Ehre zu erweisen, die ihnen gebührt. Als wir seine Insel betraten, fanden wir ihn zum Krieg gerü-

[890] Offensichtlich ein Wal, der im Arabischen die Namen ›bāl‹ und ›wāl‹ trägt.

[891] ›Bilād ar-Rūm‹, wörtlich: ›die Länder der Römer‹, dann der Griechen Ostroms, schließlich das Kernland des Byzantinischen Reiches, also Kleinasien, die heutige Türkei, Ibn Baṭṭūṭas nächstes Reiseziel, das im 14. Jahrhundert zum größten Teil schon nicht mehr unter byzantinischer, sondern unter der Herrschaft türkischer Stämme stand.

[892] Vgl. Abschnitt ›Syrien‹; Ilyās ist ›Elias‹.

[893] Quṭb ad-Dīn Tahamtan stammte aus einer einflußreichen Familie der Gegend, der sich seit 1319 die Herrschaft in Hormuz mit seinem Bruder Niẓām ad-Dīn Qaiqubād teilte. Im Jahre 1330 oder 1331 schloß er Qais im südlichen Persien, Baḥrain sowie die Hafenstädte Al-Qaṭīf und Māšūl seinem Herrschaftsbereich an. Die Revolte seines Bruders gegen Tahamtans Machterweiterung allerdings fiel erst in die Jahre 1344/45, so daß Ibn Baṭṭūṭa im nun nachfolgenden Text, wie so oft, auf Ereignisse vorgreift, die er erst während seiner Rückreise wahrgenommen haben konnte.

stet, den er gegen die beiden Söhne seines Bruders Niẓām ad-Dīn führte. Jede Nacht bereitete er sich auf den Kampf vor, obwohl auf der Insel Not herrschte. Sein Wesir Šams ad-Dīn Muḥammad bin ʿAlī Šams ad-Din Muḥammad bin ʿAlī, sein Qāḍī Imād ad-Dīn aš-Šawanqārī und mehrere vornehme Männer suchten uns auf und entschuldigten sich wegen der Mühen, die ihnen der Krieg auferlegte. Wir verbrachten sechzehn Tage bei ihnen. Als wir wieder abreisen wollten, sagte mir einer meiner Gefährten: »Wollen wir etwa abreisen, ohne den Sultan gesehen zu haben?« Wir begaben uns zum Hause des Wesirs, das in der Nachbarschaft der Zāwiya stand, in der ich abgestiegen war, und ich sagte zu ihm: »Ich möchte den König begrüßen.« – Er antwortete: »Im Namen Gottes!«, nahm meine Hände und führte mich zum königlichen Palast, der an der Küste steht, und zwar dort, wo die Schiffe ins Trockene gezogen werden.

Da bemerkte ich plötzlich einen Alten, der ein ärmliches und beschmutztes Oberkleid trug. Auf dem Kopf hatte er einen Turban, der mit einem Tuch umwickelt war. Der Wesir grüßte ihn und ich tat es ihm nach, aber ich wußte nicht, daß es der König war. Neben sich hatte er den Sohn seiner Schwester, ʿAlī Šāh bin Ǧalāl ad-Dīn al-Kīǧī, mit dem ich schon bekannt war.[894] Ich wollte mich mit ihm unterhalten, denn ich kannte den König ja nicht, aber da stellte mich der Wesir vor. Ich schämte mich vor dem Monarchen, denn ich hatte es gewagt, mit seinem Neffen zu plaudern, anstatt mit ihm zu sprechen. Ich entschuldigte mich beim Fürsten. Dann stand er auf und ging in sein Haus, gefolgt von seinen Fürsten, Wesiren und den Großen seines Staates. In der Gesellschaft des Wesirs trat auch ich ein. Wir fanden den König auf seinem Thron, ohne daß er die Kleidung, von der ich gesprochen habe, gewechselt hätte. In seiner Hand hielt er eine Perle, dergleichen noch nie jemand gesehen hatte, denn über die Perlenfischerei herrscht er allein. Einer der Fürsten setzte sich an seine Seite, und ich setzte neben diesen.

Der Sultan fragte mich nach meinen Verhältnissen, nach dem Tage meiner Ankunft und nach den Königen, denen ich begegnet war. Ich erzählte ihm davon. Man brachte Speisen herbei, alle Teilnehmer aßen, aber der Fürst aß nicht mit ihnen. Danach erhob er sich. Ich nahm meinen Abschied kehrte zurück.

Hier nun der Anlaß für den Krieg zwischen dem Sultan und seinen beiden Neffen. Der Sultan begab sich eines Tages aus der neuen Stadt zu einer Vergnügungsfahrt auf See, um ins alte Hurmuz und zu seinen Gärten zu segeln. Die Entfernung zwischen den beiden Städten über See beträgt drei Farsaḫ, wie ich schon gesagt habe. Da lehnte sich sein Bruder Niẓām ad-Dīn gegen ihn auf und strebte selbst an die Macht. Das Volk und die Truppen leisteten ihm den Treueschwur. Quṭb ad-Dīn fürchtete für seine Sicherheit und segelte zur Stadt Qalhāt, über die wir schon gesprochen haben und die zu seinen Ländern

894 Vermutlich aus dem Herrscherhause von Kīǧ, das gute Beziehungen mit demjenigen von Hormuz pflegte.

gehört. Er blieb dort mehrere Monate, rüstete Schiffe aus und segelte zur Insel. Das Volk aber kämpfte mit seinem Bruder gegen ihn und zwang ihn, nach Qalhāt zurückzuweichen. Mehrere Male unternahm er den gleichen Versuch, hatte aber keinen Erfolg, bis er mit einer der Frauen seines Bruders in Verbindung trat, die diesen vergiftete. Als sein Bruder gestorben war, segelte der Sultan zur Insel und zog in die Stadt ein. Seine beiden Neffen flohen mit dem Schatz, ihrem ganzen Hab und Gut und mit den Soldaten auf die Insel Qais, wo die Perlenfischer tauchen. Von diesem Ort aus verlegten sie allen Leuten aus dem Sind und aus Indien, die die Insel anfahren wollten, den Weg, und überfielen die Küstengegend, bis der größte Teil verwüstet war.

Wir verließen Ǧaraun schließlich, um in Ḫunǧu Bāl einen heiligen Mann zu besuchen. Nachdem wir das Meer überquert hatten, mieteten wir uns von den Turkmenen, die in diesen Landstrichen siedeln, Reittiere. Wegen ihrer Tapferkeit und ihrer Wegkenntnis kann man dort nicht ohne sie reisen. Es gibt dort eine Wüste in einer Ausdehnung von vier Tagesreisen, in der arabische Räuber ihr Unwesen treiben und wo in den Monaten Juni und Juli der Wind weht, den man ›Samūm‹ nennt.[895] Er tötet jeden, den er in der Wüste antrifft, ja, man hat mir erzählt, daß, wenn die Begleiter den Körper eines Opfers dieses Windes waschen wollen, sich die Glieder, die sie berühren, vom Körper lösen. In dieser Wüste trifft man zahlreiche Gräber, in denen die Leichen liegen, die der Wind hinterlassen hat. Wir reisten nur nachts und legten uns, wenn die Sonne aufging, in den Schatten von Bäumen, die die Menschen dieser Gegend ›Umm Ġīlān‹[896] nennen. Wir ritten wieder weiter vom Nachmittagsgebet an bis zum Sonnenaufgang. In dieser Wüste und in ihrer Nachbarschaft lebte der Räuber Ǧamāl al-Luk, der dort einen berüchtigten Namen hatte.

Ǧamāl al-Luk war persischer Herkunft und stammte aus Siǧistān. Al-Luk bedeutet ›der Einarmige‹, denn ein Arm war ihm im Kampf abgehauen worden.[897] Er befehligte eine beträchtliche Schar arabischer und persischer Reiter, mit denen er die Wege unsicher machte. Von dem Geld, das er den Menschen raubte, gründete er Hospize und verpflegte auch Reisende. Man erzählt sich, daß er behauptete, nur gegen diejenigen Gewalt zu üben, die sich weigerten, aus ihrem Hab und Gut den Zehnten zu geben. So trieb er es sehr lange; er und

895 Ibn Baṭṭūṭa kann den Samūm im Jahre 1331 selbst nicht erlebt haben, denn am 14. September lag er noch vor der Insel Maṣīra (vgl. Anm. 838). Er hat demnach mit dem Samūm entweder nur durch Hörensagen oder erst auf seiner Rückreise 1347 Bekanntschaft gemacht, die tatsächlich im Juni/Juli stattfand, während der hier erwähnte Ritt nach Ḫunǧu Bāl in den November gefallen sein dürfte.

896 Vgl. Anm. 878.

897 Diese Persönlichkeit ist historisch: Sie pflegte zwischen Yazd und Šīrāz die Karawanen zu überfallen, wurde aber bereits vor 1318 von Muḥammad bin Muẓaffar gefangen und hingerichtet. Das Wort ›al-luk‹ ist persisch und bezeichnet jemanden, der (auf allen vieren oder auf Händen und Knien) kriecht.

seine Reiter unternahmen ihre Raubzüge, durchquerten die Wüste, die außer ihnen niemand kannte, und vergruben dort ihre wassergefüllten Schläuche. Als die Soldaten des Sultans sie verfolgten, gingen sie in die Wüste und gruben die Schläuche wieder aus. Aus Furcht zugrundezugehen verfolgten die Soldaten sie aber nicht weiter. Ǧamāl führte dieses Leben noch mehrere Jahre lang, denn weder der König des Iraq noch sonstwer konnten seiner habhaft werden. Dann aber widmete er sich bis zu seinem Tode dem Dienste Gottes. Sein Grab befindet sich in seinem Land und wird besucht.

Wir ritten durch diese Wüste bis nach Kaurāstān, einer kleinen Stadt mit Flüßchen und Gärten, aber sehr heiß.[898] Wir ritten noch drei Tage durch eine Wüste, die der vorhergehenden glich, und kamen nach Lār, einer großen Stadt, die Brunnen mit unaufhörlich fließendem Wasser, Gärten und schöne Märkte besitzt. Wir stiegen in der Zāwiya des gottesfürchtigen Scheichs Abū Dulaf Muḥammad ab, desselben übrigens, den wir in Ḫunǧu Bāl besuchen wollten. Hier trafen wir seinen Sohn Abū Zaid ʿAbd ar-Raḥmān und eine Gruppe von Faqīren an. Sie versammeln sich täglich nach dem Nachmittagsgebet in der Zāwiya und machen dann einen Rundgang durch die Stadt. In jedem Hause gibt man ihnen ein Fladenbrot oder auch zwei, mit denen sie dann Reisende verpflegen. Die Menschen leisten diese Hilfe gern, bereiten auch alle Speisen für die Faqīre zu und unterstützen sie, damit sie sie weitergeben können. Jede Nacht von Donnerstag auf Freitag versammeln sich die Faqīre und die gläubigen Menschen der Stadt in der Zāwiya, und jeder bringt soviel Dirham mit, wie er aufbringen kann. Sie werfen es zusammen und geben es noch in der gleichen Nacht aus. Sie verbringen die restliche Nacht in Andacht und Gebet, mit Gedenkgebeten und der Lektüre des Korans. Nach dem Frühgebet ziehen sie sich zurück. In der Stadt herrscht ein Sultan turkmenischer Herkunft, der sich Ǧalāl ad-Dīn nennt.[899] Er ließ uns ein Gastmahl bringen, aber wir sind nicht mit ihm zusammengetroffen und haben ihn nicht gesehen.

Dann wandten wir uns nach Ḫunǧu Bāl; das ›Ḫāʾ‹ dieses Namens wird manchmal durch ein ›Hāʾ‹ ersetzt.[900] Dort lebt der Scheich Abū Dulaf, den wir besuchen wollten und in dessen Zāwiya wir nun abstiegen. Als ich eintrat, sah ich den Scheich in einer Ecke auf dem Boden sitzen. Er trug einen abgenutzten Umhang aus grüner Wolle und auf dem Kopf einen schwarzen Turban. Ich

[898] Dieser Ort führt auf den heutigen Karten Irans den Namen Kahūrastān, vier Tagesetappen von Lār entfernt.

[899] Die Chroniken weisen für die Zeit von 1331–1352 einen Herrscher namens Bākā Līnǧār II. aus.

[900] Ḫunǧu Bāl (oder Ḫunǧ-u Pal) bezeichnet zwei Städte: Ḫunǧ, etwa 65 Kilometer nordwestlich von Lār auf dem Wege nach Šīrāz und, 80 Kilometer südlich von Lār in Richtung zum Meer, Pāl oder Fāl (27° 38' n. Br. und 52° 39' ö. L.), deren Überreste etwa sechs Kilometer südlich des Berges Galeh Dar liegen. Eine einzelne Stadt Ḫunǧu Bāl dagegen besteht nicht.

grüßte ihn, er hieß mich freundlich willkommen und fragte mich, wann ich angekommen wäre und aus welchem Lande ich stammte. Er nahm mich gastfreundlich auf und ließ mir Lebensmittel und Obst durch einen seiner Söhne bringen, der ebenfalls ein gläubiger, demütiger und bescheidener Mensch war, nahezu immer fastete und im Gebet versunken war. Scheich Abū Dulaf ist ein außergewöhnlicher und sonderbarer Mann, denn seine Zāwiya muß große Ausgaben haben: Er macht üppige Geschenke, verschenkt sogar Gewänder und Reitpferde und erweist jedem Ankömmling Wohltaten, wie ich es in diesem Lande noch nie gesehen hatte. Aber niemand weiß, woher er es hat außer von seinen Brüdern und Gefährten. Deshalb behaupten viele Menschen, daß er seinen Aufwand aus Gottes Schätzen bestreitet. In seiner Herberge liegt der fromme Scheich und Gottesfreund Dānyāl begraben, der Pol des Glaubens. Sein Name ist berühmt in diesem Land und sein Rang unter den Heiligen sehr hoch. Über seiner Grabstätte wölbt sich eine hohe Kuppel, die Sultan Quṭb ad-Dīn Tamtahan bin Ṭūrān Šāh errichten ließ. Ich blieb nur einen einzigen Tag bei Scheich Abū Dulaf, weil die Karawane, mit der ich reiste, in Eile war.

Wie ich erfuhr, gab es in Ḫunǧu Bāl noch eine andere Zāwiya, in der mehrere fromme und gottesfürchtige Männer lebten. Abends ging ich zu ihnen und begrüßte sie und ihren Scheich. Ich sah Männer, deren fromme Übungen bereits Spuren an ihnen hinterlassen hatten: Ihre Gesichtsfarbe war gelb, ihr Leib abgemagert, sie seufzten viel und vergossen reichlich Tränen. Als ich bei ihnen ankam, brachten sie zu essen, und ihr Vorsteher sagte: »Ruft mir meinen Sohn Muḥammad!« Dieser hatte sich nämlich in einen Winkel der Zāwiya zurückgezogen, trat aber jetzt zu uns und ich sah, daß er aussah, als sei er seinem Grabe entstiegen, so sehr hatten ihn seine frommen Übungen ausgezehrt. Er grüßte und setzte sich. Da sagte sein Vater zu ihm: »Mein Sohn, teile das Mahl mit diesen Reisenden, damit du an ihrem Glück teilhast!« Er hielt nämlich Fasten, das er nun mit uns brach. Es waren Šafiʿiten. Als das Essen beendet war, schlossen sie uns in ihre Gebete ein und wir kehrten zurück.

Von dort aus begaben wir uns nach Qais, einer Stadt, die auch Sīrāf genannt wird.[901] Sie liegt an der Küste des Indischen Ozeans, der mit dem Meer von Jemen und dem Meer von Persien verbunden ist. Sīrāf wird zu den Provinzen Persiens gerechnet. Es ist eine Stadt von großer Ausdehnung, die auf fruchtbarstem Boden steht und von prächtigen Gärten umgeben ist, in denen duftende

901 Sīrāf, in der Nähe des heutigen Ortes Taheri, war im 10. Jahrhundert der wichtigste Hafen des Persischen Golfs. Er wurde nach einem Erdbeben im Jahre 977 nach und nach aufgegeben und mußte seine Bedeutung an die Insel Qais abtreten. Ibn Baṭṭūṭa konnte demnach in Sīrāf keine belebte Stadt mehr antreffen, sondern hat vermutlich Qais mit Sīrāf verwechselt. Gegen Ende des 13. Jahrhunderts wurde Qais Sitz einer Kaufmannsdynastie, deren Gründer ein Ǧamāl ad-Dīn Ibrāhīm as-Sawāmilī war, bis die Insel 1331 von Tahamtan eingenommen wurde.

Pflanzen und blühende Bäume gedeihen. Das Wasser, das die Einheimischen trinken, stammt aus Quellen der benachbarten Berge. Die Menschen aus Sīrāf sind Perser und von vornehmer Abstammung. Es gibt auch Araber vom Stamme der Banū Safāf[902]; sie sind es, die nach Perlen tauchen.

Perlenfischerei wird zwischen Sīrāf und Baḥrain in einer stillen Bucht betrieben, die einem großen Fluß gleicht.[903] Wenn die Monate April und Mai gekommen sind, fahren zahlreiche Boote mit Fischern und Kaufleuten aus Persien, Baḥrain und Al-Qaṭīf hinaus. Der Fischer setzt jedesmal, wenn er tauchen will, ein Stück des Rückenschildes einer Schildkröte vor sein Gesicht, so daß es vollständig bedeckt ist. Aus diesem Schildpatt stellen sie auch ein Werkzeug her, das wie eine Schere aussieht und mit dem sie sich die Nase verschließen. Der Fischer bindet nun ein Seil um seinen Leib und taucht ein. Die Fischer bleiben unterschiedlich lange unter Wasser. Es gibt Männer, die eine oder zwei Stunden, ja sogar noch länger unten bleiben können. Sobald der Taucher auf dem Meeresgrund angekommen ist, findet er zwischen kleinen Steinen und fest im Sand steckend die Perlmuscheln. Er löst sie mit der Hand oder schneidet sie mit einem Eisen, das er bei sich hat, ab und steckt sie in einen Lederbeutel, der um seinen Hals hängt. Wenn ihm der Atem ausgeht, zieht er am Seil. Der Mann am Ufer, der das Seil hält, fühlt den Zug und zieht ihn aufs Boot zurück. Man nimmt ihm den Beutel ab, öffnet die Muscheln und löst aus ihrem Inneren das Fleisch stückweise heraus. Sobald die Fleischstückchen mit der Luft in Berührung kommen, werden sie hart und verwandeln sich in große und kleine Perlen, die eingesammelt werden. Der fünfte Teil des Fangs fällt dem Sultan zu[904], der Rest wird von den Kaufleuten in den Booten aufgekauft. Die meisten Kaufleute sind Gläubiger der Fischer und erhalten die Perlen als Tilgung ihrer Darlehen oder doch als Teil der ihnen zustehenden Forderung.

Von Sīrāf fuhren wir nach Baḥrain, einer großen und schönen Stadt, reich an Gärten, Bäumen und Flüssen.[905] Wasser zu beschaffen, macht keine Mühe, denn man kann mit den Händen im Boden danach graben. Es gibt Plantagen von Palmen, Granatäpfeln und Zitronen; außerdem baut man hier Baumwolle

902 Die Banū Safāf waren ein arabischer Stamm aus Oman, der sich an den Gestaden des Persischen Golfs angesiedelt hatte.

903 Diese Stelle ist heute nicht mehr zu identifizieren. Keinesfalls kann Ibn Baṭṭūṭa Augenzeuge einer solchen Unternehmung gewesen sein, da er sich gegen Jahresende 1331 im Golf aufhielt und die Perlenfischerei, wie er selbst sagt, auf die Monate April und Mai beschränkt ist. Höchstwahrscheinlich beruht sein Bericht auf stark übertriebenem Hörensagen oder Seemannslatein; vgl. allein seine Angaben über die Tauchdauer.

904 Diese Praxis entsprach den Usancen der Zeit.

905 Baḥrain bezeichnete zu jener Zeit nicht die heutige Halbinsel, sondern die ihr gegenüberliegende Festlandküste, die zur Provinz Al-Aḥsā' gehörte. Die Insel trug vielmehr nach einem heidnischen, vom Stamme der Banū Wā'il verehrten Gott, den Namen ›Awāl‹. Die beiden Hauptorte werden im folgenden Text genannt.

an. Es ist sehr heiß, und es gibt sehr viel Sand, der manchmal sogar Häuser unter sich begräbt. Zwischen Baḥrain und ʿUmān verläuft eine Straße, die der Sand völlig zugeweht und abgeschnitten hat, so daß man von ʿUmān aus nur noch über See dorthin fährt. In der Nähe von Baḥrain gibt es zwei mächtige Berge, Kusair westlich und ʿUwair im Osten. Sie sind in ein Sprichwort eingegangen, denn man sagt: »Kusair und ʿUwair: All das ist nichts Gutes.«[906]

Von Baḥrain aus fuhren wir in die Stadt Al-Quṭaif, die sich ausspricht wie die Verkleinerungsform des Wortes ›qaṭf‹.[907] Es ist ein großer und schöner Ort mit vielen Palmen. Er wird von einem arabischen Stamm maßloser Rafiḍiten bewohnt, die ihren Ketzerglauben öffentlich zur Schau stellen, ohne daß sie irgend jemanden zu fürchten hätten. Der Muezzin spricht, wenn er zum Gebet ruft, nach den beiden Glaubensbekenntnissen die Worte: »Ich bezeuge, daß ʿAlī der Freund Gottes ist.« Nach den beiden Formeln setzt er hinzu: »Auf zum besten aller Werke!« Und nach dem letzten Rufe »Gott ist groß« läßt er hören: »Muḥammad und ʿAlī sind die besten aller Menschen, und wer sich ihnen entgegenstellt, ist ein Ungläubiger.«

Wir reisten von dort weiter nach Haǧar, das heute Al-Ḥasā heißt[908] und über das man im Sprichwort sagt: »Er ist wie einer, der Datteln nach Haǧar trägt.« Denn dort gibt es viel mehr Dattelpalmen als in irgendeiner anderen Stadt, sie werden sogar an die Reittiere verfüttert. Die Einheimischen sind Araber, die meisten vom Stamm der ʿAbd al-Qaisa bin al-Aqṣā.[909]

Wir kamen nach Al-Yamāma, auch ›Ḥaǧr‹ genannt.[910] Es ist eine fruchtbare und schöne Stadt mit Bächen und Bäumen, die von dem arabischen Stamm der Banū Ḥanīfa bewohnt wird.[911] Sie ist seit langer Zeit ihr Wohnsitz, und ihr Oberhaupt ist Ṭufail bin Ġānim. In der Begleitung dieses Fürsten verließ ich Yamāma, um die Pilgerfahrt zu unternehmen. Wir befanden uns im Jahre 732[912], und ich gelangte nach Mekka – möge Gott der Allerhöchste es ehren!

906 Die beiden Berge sind Vorgebirge oder Klippen, die eine Gefahr für Seefahrer bildeten und daher ihren Eingang in das Sprichwort gefunden haben.

907 Al-Qaṭīf liegt gegenüber der Insel an der Küste und wurde erst 1305 durch einen Araber aus quraišitischem Stamme namens Ǧarwān al-Mālikī erobert, der dort eine schiitische Gemeinde gründete. Im Jahre 1330 aber scheinen Insel und Stadt unter die Oberherrschaft Tahamtans geraten zu sein. Die Grundform von Al-Quṭīf (›qaṭf‹) bedeutet ›Ernte‹, auch ›Weinlese‹.

908 Heute: Al-Hufūf im Landesinneren.

909 Einer der bedeutendsten Stämme des nordöstlichen Arabien, der sich im 6. Jahrhundert um die Insel niedergelassen hatte.

910 Al-Yamāma, Hauptort des Naǧd, auf 24° 07' n. Br. und 47° 25' ö. L. und 90 Kilometer südöstlich der heutigen saudi-arabischen Hauptstadt Ar-Riyāḍ gelegen.

911 Die Banū Ḥanīfa sind in der Geschichte des Islam wegen ihres zähen Widerstandes gegen die islamisierenden Streitscharen im Jahre 630 berühmt geworden.

912 Das Jahr 732 der Ḥiǧra lief vom 4. Oktober 1331 bis zum 21. September 1332.

Im gleichen Jahr brach auch König An-Nāṣir, der ägyptische Sultan, mit einer Anzahl seiner Fürsten zur Pilgerfahrt nach Mekka auf. Es war seine letzte und er erwies sich den Bewohnern der beiden heiligen und edlen Städte sowie den Šarīfen und Dienern der heiligen Stätten als Wohltäter. Auf der gleichen Reise tötete König An-Nāṣir den Emir Aḥmad, von dem man erzählt, daß er sein Sohn gewesen sei. Auch seinen großen Emir Baktumūr As-Sāqī ließ er umbringen.[913]

Man erzählt sich, daß König An-Nāṣir dem Emir Baktumūr as-Sāqī eine junge Sklavin geschenkt hatte. Als der Emir sich ihr nähern wollte, sagte sie zu ihm: »Ich bin schwanger von König An-Nāṣir.« Da zog sich Baktumūr von ihr zurück, und sie gebar einen Sohn, den er Emir Aḥmad nannte und der unter seiner Obhut aufwuchs. Bald aber enthüllte sich die vornehme Abkunft des Kindes, und es wurde als Sohn des Königs An-Nāṣir bekannt. Während der Pilgerreise hatten sich diese beiden verschworen, König An-Nāṣir zu ermorden, damit Emir Aḥmad die Macht im Königreich an sich reißen könne. Baktumūr hatte schon Feldzeichen, Trommeln, Gewänder und Geld mitgebracht. Doch die Verschwörung wurde König An-Nāṣir hinterbracht. Da schickte er an einem sehr heißen Tage nach Emir Aḥmad. Als der Emir erschien, hatte der Sultan mehrere Trinkbecher vor sich stehen. Er trank einen aus und reichte dem Emir einen zweiten Becher, in dem sich aber Gift befand. Aḥmad trank und der König befahl, sofort aufzubrechen, um die Zeit auszufüllen. Der königliche Zug setzte sich in Bewegung, war aber noch nicht in der Residenz angekommen, als schon Emir Aḥmad seinen letzten Atemzug tat. Baktumūr war über seinen Tod sehr bekümmert, zerriß seine Kleider und nahm weder Essen noch Trinken zu sich. Als König An-Nāṣir davon erfuhr, suchte er ihn in eigener Person auf, behandelte ihn wohlwollend, tröstete ihn über den Verlust, nahm einen Becher mit Gift, reichte ihn Baktumūr und sagte: ›Bei meinem Leben, ich flehe dich an, diesen Becher zu leeren und das Feuer in deinem Herzen zu löschen.‹ Baktumūr trank den Becher aus und starb noch binnen einer Stunde. Man fand bei ihm die Herrschaftsgewänder nebst viel Geld, und so war die Wahrheit über die Absicht, König An-Nāṣir zu ermorden, entdeckt worden.

[913] Diese Pilgerreise An-Nāṣirs des Jahres 732 ist durch die historischen Chroniken verbürgt, und die von Ibn Baṭṭūṭa erzählten Ereignisse werden dort anläßlich der Rückkehr des Königs nach Kairo berichtet. Zu der Person Baktumūr as-Sāqīs (as-Sāqī: ›der Mundschenk‹) vgl. Kapitel ›Aufbruch nach Ägypten‹.

Durch Kleinasien

Als die Pilgerzeit zu Ende gegangen war, wandte ich mich Ǧudda zu, um mich nach dem Jemen und Indien einzuschiffen. Aber ich hatte kein Glück, denn ich fand keine Gefährten, so daß ich ungefähr vierzig Tage in Ǧudda verbrachte. Ich fand zwar in der Stadt ein Schiff, das einem ʿAbdallāh at-Tūnisī gehörte, der nach Quṣair im Bezirk Qūṣ[914] fahren wollte, und ging an Bord, um zu prüfen, in welchem Zustand sich das Schiff befand, aber ich war nicht zufrieden und fand keinen Gefallen mehr daran, auf diesem Schiff zu reisen. Und dies war Gottes guter Rat, denn das Schiff legte ab und sank, als es die hohe See erreicht hatte, an einem Kap namens Abū Muḥammad[915]. Der Schiffsführer und einige Kaufleute retteten sich mit großer Mühe in einem Boot. Sie sahen sich schon dem Untergang nahe, und einige kamen auch um. Die übrigen Fahrgäste gingen in den Fluten unter, an Bord waren etwa siebzig Pilger gewesen.

Ich bestieg daraufhin ein Ṣumbuq, um nach ʿAiḏāb überzusetzen. Doch nachdem der Wind uns an das Kap Raʾs Dawāʾir[916] getrieben hatte, schlugen wir von diesem Orte aus mit den Buǧāh den Landweg ein und durchquerten eine Wüste mit vielen Straußen und Gazellen. Wir trafen dort auf Araber vom Stamme der Ǧuhaina und der Banū Kāhil, die den Buǧāh untertänig sind. Wir erreichten die Quellen bei Mafrūr und Al-Ǧadīd. Die Lebensmittel waren uns ausgegangen, so daß wir von einer Gruppe von Buǧāh, die wir in der Wüste antrafen, Schafe kauften, mit deren Fleisch wir uns versorgten. In dieser Wüste begegnete ich einem arabischen Jungen, der mich auf arabisch ansprach, mir erzählte, daß die Buǧāh ihn gefangen hielten, und behauptete, seit einem Jahr keine andere Nahrung als Kamelmilch bekommen zu haben. Als das Fleisch, das wir gekauft hatten, verzehrt war, besaßen wir keinen Proviant mehr. Ich hatte noch etwa eine Last Saiḥānī- und Barnī-Datteln[917], die ich meinen Freunden hatte schenken wollen. Ich verteilte sie unter meine Gruppe, und wir lebten drei Tage davon.

Nach einem Marsch von neun Tagen ab Raʾs Dawāʾir kamen wir in ʿAiḏāb

914 Ägyptischer Hafen am Roten Meer, der dem Niltal am nächsten liegt und nur fünf Tagesreisen von der Provinzhauptstadt Quṣ entfernt ist.

915 Nicht zu lokalisierender Ort.

916 Zwischen ʿAiḏab und Sawākin gelegenes Kap.

917 Ausgezeichnete Dattelsorten; der Barnī-Dattel wird sogar schmerzlindernde Wirkung nachgesagt, während die Ṣaiḥānī-Dattel zu Muḥammads bevorzugten Datteln gehört haben soll.

an, wohin uns einige Männer aus unserer Gruppe bereits vorausgeeilt waren. Die Einwohner kamen uns mit Brot, Datteln und Wasser entgegen, und wir blieben mehrere Tage in der Stadt. Dann mieteten wir uns Kamele, brachen in Begleitung einer Gruppe von Duǧīm-Arabern auf und kamen an eine Quelle, die den Namen Al-Ǧunaib trug. Danach lagerten wir in Ḥumaiṯarā, wo das Grab des Gottesfreundes Abu-l-Ḥasan aš-Šāḏilī liegt. Wir suchten es ein zweites Mal auf und verbrachten in seiner Nähe die Nacht. Schließlich erreichten wir das Dorf Al-ʿAṭwānī am Nilufer, gegenüber der Stadt Adfū im oberen Ṣaʿīd. Wir überquerten den Nil, um Isnāʾ, dann Armant und Al Uqṣur zu erreichen, wo wir ein zweites Mal den Scheich Abu-l-Ḥaǧǧāǧ al-Uqṣurī besuchten. Es ging weiter nach Qūṣ und Qanāʾ, wo wir erneut Scheich ʿAbd ar-Raḥīm al-Qanāwī aufsuchten. Von dort ging es nach Hūw, Iḫmīm, Asyūṭ, Manfalūṭ, Manlawī, Al-Ašmūnain, Munyat Ibn Ḫaṣīb, Al-Bahnasa, Būš und Munyat al-Qāʾīd. Alle diese Orte habe ich schon erwähnt.

Endlich kamen wir nach Kairo, wo ich mich mehrere Tage aufhielt, bevor ich in der Gesellschaft des Pilgers ʿAbdallāh bin Abī Bakr bin al-Farḥān at-Tūzarī über Bilbais nach Syrien aufbrach. Er begleitete mich mehrere Jahre lang bis zu meiner Abreise aus Indien, wo er in Sandābūr starb, wie ich noch berichten werde. Wir erreichten Ġazza, dann Al-Ḫalīl, die Stadt Abrahams, die wir zum zweiten Male aufsuchten, dann Jerusalem, Ar-Ramla, ʿAkkā, Ṭarābulus und Ǧabla, wo wir ein zweites Mal das Grab Ibrāhīms bin Adham besuchten, und endlich Al-Lāḏiqīya. Alle diese Städte haben ich schon erwähnt.

In Al-Lāḏiqīya schifften wir uns auf einem großen Segler ein, der einem Genuesen gehörte und dessen Kapitän Martalmīn[918] hieß. Wir wandten uns dem Lande der Türken zu, das unter dem Namen ›Land der Griechen‹ bekannt ist, weil es einst ihr Land war. Dorther kamen die alten Griechen und die Griechen von Byzanz.[919] Später eroberten es die Muslime. Es leben noch sehr viele Christen dort unter der Schutzpflicht muslimischer Turkmenen.[920] Wir waren zehn Tage mit gutem Wind auf See. Der Christ behandelte uns mit Achtung und verlangte kein Fährgeld von uns. Am zehnten Tage kamen wir in ʿAlāyā

918 Möglicherweise ›Bartolomeo‹.

919 ›Bilād ar-Rūm‹, abgeleitet aus ›Rom‹, ist die Bezeichnung, die die Araber und später die Seldschuken und Türken dem Byzantinischen Reich und dessen Kernland Kleinasien, der heutigen Türkei, gegeben haben. Die Bevölkerung dieses Landes wurde daher ›Rūmī‹ genannt; die von Ibn Baṭṭūṭa erwähnten alten Griechen dagegen bezeichnet er an dieser Stelle korrekt als ›Yūnānī‹ (›Ionier‹).

920 Kleinasien wurde den Byzantinern nach der Niederlage von Manzikert 1071 durch die Seldschuken und nachrückende turkmenische Stämme entrissen, die bis ins 13. Jahrhundert hinein in immer weiteren Teilen Anatoliens autonome Fürstentümer gründeten. Unter die Schutzpflicht (›ḏimma‹) muslimischer Eroberer fielen nichtislamische Bevölkerungen, insbesondere Christen und Juden als Inhaber von ›Buchreligionen‹.

an[921], im ersten Land der Griechen und in einer der herrlichsten Gegenden der Welt, wo Gott alle Schönheiten, die er über die Erde verstreut hat, versammelte. Die Einwohner sind sehr schöne Menschen, die gepflegte Kleidung tragen. Sie ernähren sich von erlesensten Speisen und sind die freundlichsten Geschöpfe Gottes. Deshalb gibt es das Wort: ›Über Syrien liegt der Segen, aber die Güte über dem Land der Griechen‹, und damit ist das Volk dieses Landes gemeint.

Wenn wir in einer Zāwiya oder in einem Hause Unterkunft gefunden hatten, suchten uns die Nachbarn, Männer wie Frauen, auf, um sich nach unserem Befinden zu erkundigen. Die Frauen tragen keinen Schleier. Wenn wir sie verließen, bereiteten sie uns einen Abschied, als seien sie unsere Verwandten und gehörten zu unserer Familie, ja die Frauen sah man weinen, weil unser Abschied sie traurig machte. Es ist einer der Bräuche des Landes, nur einmal in der Woche Brot zu backen und davon so viel vorzubereiten, daß es für die ganze Woche reicht. Am Backtag kamen die Männer mit warmem Brot und ausgesuchten Speisen zu uns, mit denen sie uns beschenkten. Sie sagten: »Die Frauen schicken es euch und bitten um eure Gebete.« Alle Bewohner des Landes bekennen sich zur Lehre des Imām Abū Ḥanīfa und sind unerschütterliche Anhänger der Sunna. Unter ihnen gibt es keinen ›qadariyy‹, keinen ›rāfiḍiyy, keinen ›muʿtaziliyy‹, keinen ›ḫāriǧiyy‹ und keinen ›mubtadiʿ‹.[922] Mit diesem Vorzug hat Gott sie belohnt. Aber sie nehmen Haschisch und finden dessen Genuß nicht verwerflich.

Die Stadt ʿAlāyā, die ich genannt habe, ist ein großer, von Turkmenen bewohnter Ort an der Küste, den Kaufleute aus Kairo, Alexandria und Syrien anlaufen. Er ist reich an Holz, das von hier nach Alexandria und Dimyāṭ verschifft und von dort weiter in andere Provinzen Ägyptens gebracht wird. ʿAlāyā besitzt auf seiner größten Höhe eine eindrucksvolle und stark befestigte Zitadelle, die der berühmte Sultan ʿAlāʾ ad-Dīn ar-Rūmī erbaute.[923] Ich begegnete dem Qāḍī der Stadt, Ǧalāl ad-Dīn aus Arzinǧān, und bestieg mit ihm eines Freitags die Zitadelle, wo wir unser Gebet verrichteten. Er behandelte mich mit Ehrerbietung und hielt mich gastfrei, ebenso wie Šams ad-Dīn bin ar-Raǧīḥānī mich bei sich aufnahm, dessen Vater ʿAlāʾ ad-Dīn in Mālī im Sūdān[924] starb.

921 Alanya im Osten des Golfes von Antalya: Sein ursprünglicher Namen Al-ʿAlāʾiyya geht zurück auf ʿAlāʾu-d-Dīn Kaiqubād, den ersten seldschukischen Sultan Kleinasiens (reg. 1212–1238), der den Ort 1220 eroberte und als Zugang zum Mittelmeer ausbaute und befestigte. Sein Sohn Kaiḫusrau vergiftete ihn und bestieg als Ġiyāṯu-d-Dīn (›Beistand des Glaubens‹) Kaiḫusrau bin Kaiqubād den Thron.

922 Bezeichnungen für Mitglieder verschiedener islamischer Sekten: ein ›qadariyy‹ ist ein schicksalsergebener Fatalist, ein ›mubtadiʿ‹ (›Neuerer‹) ein Sektierer allgemein, ein ›muʿtaziliyy‹ ein Anhänger der theologischen Schule spekulativer Dogmatik, ein ›rāfiḍiyy‹ Anhänger einer schiitischen Sekte.

923 Diese Zitadelle, die ʿAlāʾu-d-Dīn Kaiqubād auf byzantinischen Fundamenten erbaute, steht noch heute.

924 Nicht im heutigen Staate Sudan, sondern in Mali.

Am Samstag stieg Qāḍī Ǧalāl ad-Dīn mit mir zu Pferde, um den Statthalter von ʿAlāyā, Yūsuf Beg bin Qaramān[925], zu besuchen; ›Beg‹ heißt soviel wie ›König‹. Seine Residenz lag zehn Meilen vor der Stadt, und wir fanden ihn, wie er ganz allein am Ufer auf einem Hügel saß. Weiter unter hielten sich die Wesire und Emire auf, während die Soldaten zu seiner Rechten und Linken Aufstellung genommen hatten. Er hatte schwarzgefärbte Haare. Ich begrüßte ihn, und er fragte mich, wann und woher ich gekommen war. Ich sagte ihm alles, was er wissen wollte, und nahm wieder Abschied von ihm. Er schickte mir ein Gastgeschenk.

Von dort aus reiste ich weiter nach Anṭāliya.[926] Dieser Name unterscheidet sich von Anṭākiya in Syrien allein dadurch, daß an die Stelle des ›kāf‹ ein ›lām‹ tritt. Es ist eine prächtige Stadt von außerordentlicher Ausdehnung und von einer Schönheit, wie man sie in anderen Ländern nicht findet, mit zahllosen Gebäuden und von bester Anlage. Die verschiedenen Volksgruppen leben vollkommen getrennt voneinander. Die christlichen Kaufleute wohnen an einem Ort, den sie ›Mīnāʾ‹[927] nennen. Ihr Viertel ist von einer Mauer umgeben, deren Tore nachts und während des Freitagsgebets verschlossen werden. Die Griechen, die einstigen Bewohner Anṭāliyas, leben wiederum getrennt von allen anderen Einwohnern in einem anderen Viertel, das ebenfalls von einer Mauer umschlossen ist. Die Juden bewohnen wiederum ein eigenes, von einer Mauer umringtes Viertel. Der König, die Ersten seines Staates und seine Mamluken bewohnen eine Stadt, die ebenfalls eine Umfassungsmauer hat und von den anderen Vierteln getrennt ist.

In der großen Stadt selbst wohnt die muslimische Bevölkerung; dort befinden sich auch die Hauptmoschee, eine Koranschule, zahlreiche Bäder und große Märkte, die in bester Ordnung angelegt sind und abgehalten werden. Auch sie ist mit all den genannten Einrichtungen von einer Mauer umwehrt und besitzt zahlreiche Gärten, die ausgezeichnete Früchte hervorbringen, darunter köstliche Aprikosen, die in diesem Lande ›qamar ad-dīn‹[928] heißen und deren Kerne eine süße Mandel enthalten. Sie werden getrocknet und nach Ägypten ausgeführt, wo sie hochgeschätzt sind. Außerdem besitzt die Stadt Quellen mit sehr gutem Wasser, angenehm im Geschmack und sehr kühl im Sommer.

In Anṭāliya wohnten wir in der Koranschule, deren Vorsteher Šihāb ad-Dīn

925 Alanya wurde 1293 von den Karamanoğlu ›(Söhne von Karaman‹), den Nachfolgern der Seldschuken im südlichen Anatolien, erobert. Der von Ibn Baṭṭūṭa erwähnte Yūsuf taucht in der Genealogie dieser Dynastie allerdings nicht auf.

926 Antalya, das antike Attaleia, war 1207 vom Seldschukenherrscher Ġiyāṯu-d-Dīn Kaiḫusrau I. und später von Turkmenen unter der Führung von Tekeoğlu erobert worden.

927 ›Hafen‹; gemeint ist wohl ein Stadtteil um den Hafen, in dem sich christliche wie jüdische reisende Kaufleute aufhielten.

928 ›Mond des Glaubens‹.

al-Ḥamawī war. Zu den Bräuchen der Stadt gehört es, in der großen Moschee und auch in der Koranschule jeden Tag nach dem Nachmittagsgebet mehrere junge Knaben mit ihren schönen Stimmen die Sure des Sieges, des Reiches und die Sure ʿAmma[929] lesen zu lassen.

›Al-aḫīyat al-fityān‹ ist die ›Bruderschaft der Jungen Männer‹.[930] Ein einzelnes Mitglied einer ›aḫīya‹ ist ein ›aḫī‹, ein Wort, das wie arabisch ›mein Bruder‹ ausgesprochen wird. Diese Bruderschaften bestehen in allen Gebieten, welche die Turkmenen im Lande der Griechen bewohnen, in jedem Ort, in jeder Stadt und in jedem Dorf. Auf der ganzen Welt findet man keine Männer wie diese, von lebhaftester Sorge um Fremde bemüht und darum wetteifernd, ihn mit Speisen zu bewirten, jedes seiner Bedürfnisse zu erfüllen, Unheil von ihm abzuwehren und ihn vor dem Zugriff von Schergen und den Nachstellungen von Schurken zu schützen. Ein ›aḫī‹ ist jemand, den die Mitglieder eines Gewerbes und andere unverheiratete und selbstlose junge Männer zu ihrem Oberhaupt wählen. Eine solche Gemeinschaft nennt sich auch ›futūwa‹.[931] Sie errichten ein Hospiz und statten es mit Teppichen, Leuchten und den nötigen Möbelstücken aus. Tagsüber arbeiten sie für ihren Lebensunterhalt, kommen nach dem Nachmittagsgebet mit ihrem Verdienst zusammen, kaufen Obst und andere Gerichte, die sie dann in ihrer Zāwiya verspeisen. Kommt ein Reisender an diesem Tag in den Ort, so bieten sie ihm eine Unterkunft an und bewirten ihn bei sich, und er bleibt ihr Gast, bis er wieder abreist. Wenn sie keinen Gast haben, versammeln sie sich zum Essen und speisen, singen und tanzen in Gemeinschaft. Am Morgen kehren sie an ihre Arbeit zurück und suchen nach dem Nachmittagsgebet mit ihrem Verdienst ihr Oberhaupt auf. Man nennt sie die ›Jungen Männer‹, ihn nennen sie ihr Oberhaupt oder, wie schon gesagt, ihren ›aḫī‹. In der ganzen Welt habe ich nichts gesehen, was sich mit ihren wohltätigen Handlungen messen könnte. Sie gleichen insoweit den Einwohnern von Šīrāz und Iṣfahān, wären da nicht ihre größere Zuneigung und Liebenswürdigkeit, die sie den Reisenden angedeihen lassen.

Am zweiten Tage nach unserer Ankunft in der Stadt kam einer der Jungen Männer zu Scheich Šihāb ad-Dīn al-Hamawī und sprach mit ihm in türkischer Sprache, die ich damals noch nicht verstand. Er trug abgenutzte Kleider und eine Filzkappe. Der Scheich fragte mich: »Weißt du, was dieser Mann sagen will?« – Ich antwortete: »Nein, ich weiß nicht, was er sagte.« – »Er lädt euch,

[929] Suren 48, 67 und 78 des Korans.

[930] Diese Bruderschaften hatten sich während der frühtürkischen Eroberung Anatoliens allenthalben gebildet und nahmen eine Stellung zwischen religiösen und berufsständischen Männerbünden ein. Niemand, so scheint es, hat sie so präzise und detailverliebt beschrieben wie Ibn Baṭṭūṭa.

[931] Bezeichnung des arabischen Rittertums des Mittelalters, heute von Jugendverbänden einiger arabischer Länder. Sowohl die arabischen ›futūwa‹ wie die türkischen ›aḫī‹ standen den Ṣūfī-Bruderschaften nahe.

dich und deine Freunde, zu einem Gastmahl ein.« Ich war erstaunt und sagte: »Das ist gut.« Aber als er gegangen war, sagte ich zum Scheich: »Er ist ein armer Mann, er hat doch nicht die Mittel, uns zu bewirten, und wir möchten ihm nicht zur Last fallen.« Aber da lachte der Scheich und erwiderte: »Er ist ein Oberhaupt der Jungen Männer, er ist Schuster und hat ein weites Herz, seine Bruderschaft zählt an die zweihundert Gewerbe treibende Männer und hat ihn zum Vorsteher gewählt. Sie haben ein Hospiz gebaut, um Gäste zu empfangen, und was sie am Tage verdienen, geben sie nachts aus.« Nachdem ich das Abendgebet verrichtet hatte, kam der Mann wieder, um uns abzuholen, und wir folgten ihm in seine Zāwiya.

Wir fanden ein schönes Haus vor, das mit prächtigen griechischen Teppichen und vielen Leuchtern aus iraqischem Glas ausgestattet war. In der Eingangshalle sah man fünf ›baysūs‹[932]: So heißen ihre dreibeinigen kupfernen Kandelaber, die auf ihrer Spitze eine kupferne Lampe tragen, in deren Mitte ein Röhrchen für den Docht angebracht ist. Die Lampe ist mit flüssigem Fett gefüllt; daneben stehen Kupferkannen mit diesem Öl, und eine Schere liegt bereit, um die Dochte zu schneiden. Diese Arbeit obliegt einem der Jungen Männer, dem sogenannten ›ğirāğī‹[933]. Eine Gruppe Junger Brüder hatte sich im Saal bereits aufgestellt. Sie trugen ihre weit wallenden Umhänge und Pantoffeln. Jeder trug einen Gürtel, in dem ein zwei Ellen langes Messer steckte. Ihre Kopfbedeckung bestand aus einer weißen wollenen Kappe, auf deren Oberseite ein zwei Ellen langes und zwei Finger breites Stoffband aufgenäht war. Wenn sie sich setzen, nehmen sie ihre Kappen ab und legen sie vor sich hin, ein weiteres hübsch anzusehendes Käppchen aus ›zardaḫānī‹[934] oder einem anderen Stoff behalten sie auf dem Kopf. Inmitten ihres Versammlungsraums steht ein erhöhtes Podest für die Gäste. Als wir neben ihnen Platz genommen hatten, wurden zahlreiche Gerichte, Früchte und Zuckerwerk hereingetragen. Danach begannen sie zu singen und zu tanzen. Wir waren voller Bewunderung für ihr gutes Werk und voller Staunen über ihre Gastfreundschaft und ihre Großherzigkeit. Wir verabschiedeten uns spät in der Nacht von ihnen und ließen sie in ihrer Zāwiya zurück.

Der Sultan von Anṭāliya ist Ḫiḍr Beg bin Yūnis Beg.[935] Wir trafen ihn krank

[932] Persisch ›pih suz‹.

[933] Ebenfalls persisch aus ›tšīrāğğī‹ (›Lampenträger‹).

[934] Abgeleitet aus persisch ›zard‹ (gelb).

[935] Diese Dynastie beherrschte im 14. Jahrhundert Küste und Hinterland Antalyas während langer Jahrzehnte. Sie bestand aus zwei Zweigen: der von Dundar begründeten Familie der Hamidoğlu mit Sitz in Eğridir und der von Yūnus Beg gegründeten Sippe der Tekeoğlu in Antalya selbst. Im Jahre 1324 unterwarf Damūrtāš (Timurtāš), Sohn des bereits erwähnten Ğūbān (Tschoban) die beiden Sippen, gab aber einem Nachfahren von Yūnus Beg, Maḥmūd, Antalya zurück. Seit 1327 beherrschte ein anderer Sohn, genannt Ḫiḍr (türk. Hizir) die Provinz Antalya: Ihm begegnete Ibn Baṭṭūṭa.

an, als wir in die Stadt kamen, und besuchten ihn in seinem Palast, aber er lag auf dem Krankenbett. Er unterhielt sich sehr freundlich und liebenswürdig mit uns. Wir verabschiedeten uns von ihm, und er schickte uns Gastgeschenke.

Wir brachen nach Burdūr auf[936], einem kleineren Städtchen, reich an Gärten und Bächen und mit einer Zitadelle auf dem höchsten Berggipfel. Wir fanden Unterkunft im Hause des Predigers der Stadt. Eine Bruderschaft versammelte sich und wollte uns beherbergen, aber er lehnte es ab. Sie bereiteten uns aber ein Gastmahl in einem Garten, der einem der Jungen Männer gehörte und zu dem sie uns führten. Es war wunderbar zu sehen, welche Freude sie zeigten und mit welcher Fröhlichkeit sie unsere Anwesenheit feierten. Freilich kannten sie unsere Sprache ebensowenig wie wir die ihrige, und es gab niemanden, der zwischen uns dolmetschen konnte. Wir verbrachten einen Tag bei ihnen, bevor wir zurückkehrten.

Von diesem Ort aus reisten wir weiter nach Sabartā[937], einer Stadt mit schönen Gebäuden und Märkten sowie zahlreichen Gärten und Bächen; auch sie besitzt auf einem hohen Berg eine Festung. Wir erreichten sie gegen Abend und stiegen im Hause des Qāḍīs ab. Wir reisten weiter nach Akrīdūr[938], einer großen, gut bevölkerten Stadt mit schönen Märkten und vielen Flüssen, Bäumen und Gärten. Sie besitzt auch einen See mit süßem Wasser, über den Schiffe in zwei Tagen Akšahar, Baqšahar und noch andere Städte und Dörfer erreichen können. Dort fanden wir gleich gegenüber der Hauptmoschee Unterkunft in einer Koranschule, in welcher der gelehrte und fromme Pilger und Gottesdiener Muṣliḥ ad-Dīn lehrte. Er hatte schon in Ägypten und Syrien gelehrt, lebte auch einige Zeit im Iraq und war ein beredter Mann von großer Ausdruckskraft, ein Wunder seiner Zeit. Er behandelte uns sehr zuvorkommend und nahm uns in freundlichster Weise auf.

Sultan der Stadt war Abū ʾIsḥāq Beg bin ad-Dundār Beg, einer der bedeutendsten Herrscher des Landes.[939] Zu Lebzeiten seines Vaters lebte er in Ägypten und machte auch die Pilgerfahrt. Er ist von vortrefflichem Charakter und pflegt täglich zum Nachmittagsgebet in die Hauptmoschee zu gehen. Nach

936 Burdur, 160 Kilometer nördlich von Antalya; von der Festung ist heute nichts mehr zu sehen.

937 Isparta, 22 Kilometer östlich von Burdur, war 1203 von den Seldschuken erobert worden.

938 Eğridir, 30 Kilometer nordöstlich von Isparta, am Südufer des gleichnamigen Sees gelegen, war zur Zeit von Ibn Baṭṭūṭas Durchreise die Hauptstadt von Dundar Beg, wie er auch im folgenden Abschnitt richtig angibt. Die beiden nachfolgend genannten Städte, Akşehir und Beyşehir, sind freilich nicht auf dem Wasserwege untereinander erreichbar, sondern liegen an zwei verschiedenen Seen, die ihren Namen tragen. Zwischen diesen Seen erhebt sich das Gebirge des Sultan Dağ.

939 Dritter Sultan der Dynastie der Hamidoğlu, der seinem Bruder Hizir 1328 folgte und bis 1344 regierte.

Ende des Gebets lehnt er sich an die Wand, die die Gebetsrichtung anzeigt. Die Koranleser setzen sich vor ihn auf eine erhöhte hölzerne Plattform und lesen die Sure des Sieges, des Reichs und die Sure ʿAmma mit so schönen Stimmen, daß es die Seele ergreift und das Herz erweicht, die Haut erschauern läßt und die Augen in Tränen zerfließen. Danach kehrt er in seinen Palast zurück.

Mit ihm begingen wir den ersten Tag des Monats Ramaḍān.[940] Jede Nacht dieses Monats setzte er sich, ohne ein Ruhebett zu benutzen, auf einen Teppich, der auf dem Boden lag, und lehnte sich an ein großes Kissen. Der Faqīh Muṣliḥ ad-Dīn setzte sich an seine Seite, ich nahm an der Seite des Rechtsgelehrten Platz, die Großen seines Landes und die Fürsten seines Hofes setzten sich hinter uns. Man brachte Speisen herein. Das erste Gericht, mit dem das Fasten gebrochen wurde, war eine Brotbrühe, die mit gebutterten und gezuckerten Linsen bestreut war und in einer kleinen Schale gereicht wurde. Diese Suppe reichen die Türken immer, weil sie in ihr ein gutes Vorzeichen erblicken: »Der Prophet«, so sagen sie, »liebte dieses Gericht über alles, und deshalb geben auch wir ihm den Vorzug.« Dann erst werden die anderen Gerichte hereingetragen. Diesen Brauch behalten die Türken allabendlich während des ganzen Monats Ramaḍān bei.

Im gleichen Monat starb der Sohn des Sultans.[941] Diese Menschen erweitern die übliche Totenklage, mit der sie das göttliche Erbarmen erflehen, nicht so, wie es die Ägypter und die Syrer tun und verhalten sich auch ganz anders als die Menschen von Lūr, als der Sohn ihres Sultans starb und wie ich es geschildert habe. Als der Sohn bestattet war, besuchten der Sultan und die Koranschüler drei Tage lang jeweils nach dem Frühgebet das Grab. Als ich am Tage nach der Beisetzung mit anderen Leuten ebenfalls hinausging, sah der Sultan mich zu Fuß gehen, schickte mir ein Pferd und ließ mich grüßen. Nachdem ich wieder zur Koranschule gekommen war, schickte ich das Pferd zurück. Aber der Sultan gab es mir wieder und sagte: »Ich habe es verschenkt und nicht verliehen.« Er schickte mir auch ein Gewand und eine Summe Geld.

Wir reisten weiter nach Qul Ḥiṣār[942], einer kleinen Stadt, die auf allen Seiten von Wasser umgeben ist, in dem Schilf wächst. Nur ein einziger Weg führt hinein, der wie ein Dammweg zwischen dem Schilf und dem Wasser angelegt wurde und so schmal ist, daß nur ein einzelner Reiter ihn betreten kann. Die Stadt, die auf einem Hügel inmitten des Sees liegt, ist stark befestigt und un-

940 Der erste Tag des Ramaḍān fiel im Jahre 1333 auf den 16. Mai. Da er etwa im Dezember 1332 in Alanya gelandet sein muß, bleiben die fünf Monate bis zu dieser Datumsangabe im großen und ganzen unerklärt.

941 Nicht sein Sohn, sondern sein Neffe, denn es handelte sich um den Sohn seines Bruders Muḥammad (oder Mehmed), der Sultan von Gölhisar war und Nachfolger von Abū ʾIsḥāq werden sollte.

942 Gölhisar (›Seefestung‹), 90 Kilometer südwestlich von Burdur. Die Festung steht auf einer Insel in einem kleinen See und ist durch einen schmalen Weg mit dem Land verbunden.

einnehmbar. Wir stiegen dort in der Zāwiya einer Bruderschaft ab. Der Sultan der Stadt ist Muḥammad Galabī. Dieses Wort bezeichnet in der Landessprache einen ›Herrn‹.[943] Er ist der Bruder von Sultan Abū ʿIsḥāq, des Königs von Akrīdūr. Er war abwesend, als wir in die Stadt kamen. Wir blieben einige Tage, bis der Sultan zurückkehrte. Er behandelte uns gastfreundlich und gab uns Reitpferde und Reiseverpflegung. Wir schlugen nun den Weg nach Qarā ʾAġāǧ[944] ein; ›qarā‹ heißt ›schwarz‹ und ›ʾaġāǧ‹ ist ›Holz‹. Es ist eine grüne, von Turkmenen bewohnte Steppe. Der Sultan gab uns mehrere Reiter mit, die uns bis in die Stadt Lāḏiq führten, weil ein Stamm, der sich Ǧarmiyān nennt, die Wege in dieser Steppe unsicher macht.[945] Man sagt, daß sie von Yazid, dem Sohn Muʿāwīyas, abstammen und ihr Hauptort die Stadt Kutāhiyā sei. Aber Gott schützte uns vor ihnen!

Wir erreichten Lāḏiq, das auch den Namen Dūn Ġuzluh trägt, was soviel wie ›Stadt der Schweine‹ bedeutet.[946] Es ist eine sehr große und einzigartige Stadt mit sieben Moscheen, in denen das Freitagsgebet gesprochen wird. Sie besitzt gefällige Gärten, Flüsse, die stets Wasser führen, sprudelnde Quellen und prächtige Märkte. Hier werden Tuche aus goldbestickter Baumwolle hergestellt, die ihresgleichen nicht finden und die sehr lange getragen werden können, weil Baumwolle und Garn von hervorragender Qualität sind, so daß die Kleidung unter dem Namen dieser Stadt bekannt geworden ist. Dieses Handwerk wird zumeist von griechischen Frauen ausgeübt, denn es gibt sehr viele Griechen, die unter dem Schutz der Muslime stehen und dem Sultan die Kopf- und andere Steuern schulden. Man kann die Männer an ihren langen roten oder weißen Hüten erkennen, während die griechischen Frauen große Turbane tragen.

Die Menschen dieser Stadt, ja der ganzen Provinz, haben eine schlechte Sitte und legen sie nicht ab: Sie kaufen schöne griechische Sklavinnen und schicken sie zur Unzucht. Jede muß ihrem Besitzer eine Gebühr zahlen. Ich habe sogar gehört, daß die Sklavinnen mit den Männern die Bäder aufsuchen, und wer

943 Der Titel ›Çelebi‹ wurde in Kleinasien zunächst den Vorstehern von Ṣūfī-Gemeinschaften, unter den Osmanen den Gelehrten verliehen.

944 Kara Ağaç (türk. ›Schwarzer Baum‹), Ebene südöstlich von Denizli mit dem Hauptort Acıpayam.

945 Das Siedlungsgebiet der Germiyanoğlu war die einzige turkmenische Provinz, die Ibn Baṭṭūṭa nicht besuchte. Sie saßen, von anderen türkischen Stämmen umgeben, im mittleren Westen Anatoliens um ihre Hauptstadt Kütahya, konnten sich nur auf Kosten anderer Stämme ausdehnen und galten bei diesen deshalb als aggressive Räuber. Vermutlich hat sich Ibn Baṭṭūṭa vor ihnen warnen lassen und einen Bogen um sie gemacht.

946 Lāḏīq ist das antike Laodicaea, fünf Kilometer nördlich von Denizli. Die Bezeichnung ›Dūn Ġuzluh‹ ist möglicherweise auf die Anwesenheit schweinezüchtender Christen zurückzuführen (vgl. türkisch ›domuz‹: ›Schwein‹, in türkischer Schreibweise also ›Domuzlu‹). Aus diesem Namen entstand der heutige Städtename Denizli.

sich der Ausschweifung hingeben will, kann es in diesen Bädern tun, ohne daß jemand daran Anstand nimmt. Man hat mir erzählt, daß sogar der Qāḍī der Stadt solche Sklavinnen besitzt.

Als wir in die Stadt kamen, ritten wir über einen Markt. Da traten Männer aus ihren Läden und ergriffen die Zügel unserer Pferde. Andere wollten sie ihnen wieder aus den Händen nehmen, und es entstand ein längerer Streit zwischen ihnen, so daß einige schon ihre Messer zogen. Wir verstanden nicht, was sie sagten und bekamen Angst vor ihnen, denn wir dachten, es seien die Ǧarmiyān, die Wegelagerer, es wäre ihre Stadt und sie wollten uns ausrauben. Aber Gott schickte uns einen Mann, einen Pilger, der Arabisch sprach. Ich fragte ihn, was die Leute von uns wollten. Er antwortete: »Es sind Junge Männer einer Bruderschaft. Die als erste zu euch kamen, waren Freunde von Aḫī Sinān, die anderen dagegen Anhänger des Aḫī Ṭūmān. Jede Gruppe wünscht, daß ihr bei ihr absteigt.« Wir waren über diese gastfreundlichen Seelen sehr erstaunt. Sie schlossen Frieden, um das Los sprechen zu lassen, damit wir zunächst bei jenen Unterkunft nähmen, die das Los gewannen. Es fiel auf Aḫī Sinān. Er wurde benachrichtigt, holte uns mit mehreren seiner Jungen Männer ab und begrüßte uns. Wir wohnten in seiner Zāwiya und genossen verschiedene Gerichte. Aḫī Sinān führte uns daraufhin in ein Bad und nahm es sogar auf sich, mich zu bedienen, während sich seine Jungen Männer meiner Gefährten annahmen, so daß drei oder vier je einen bedienten. Nach dem Bad wurde ein üppiges Mahl aufgetragen sowie viel Zuckerwerk und Obst. Nach dem Mahl lasen Koranleser Verse aus dem Hohen Buche. Sodann begannen die Männer zu musizieren und zu tanzen. Sie teilten dem Sultan unsere Ankunft mit, und am Abend des nächsten Tages schickte er nach uns. Wir suchten ihn und seinen Sohn auf, wie ich bald erzählen werde.

Danach kehrten wir zur Zāwiya zurück und trafen dort Aḫī Ṭūmān und seine Jungen Männer, die auf uns warteten. Sie führten uns zu ihrer Zāwiya und luden uns zu Bad und Mahl ebenso ein wie ihre Vorgänger. Sie übertrafen sie sogar, denn sie beträufelten uns noch mit Rosenwasser, als wir aus dem Bade kamen. Dann gingen sie mit uns in die Zāwiya und boten uns ein ebenso prächtiges, vielleicht sogar ein noch besseres Gastmahl aus Gerichten, Süßigkeiten und Früchten, als es uns die anderen Jungen Männer bereitet hatten. So verhielt es sich mit der Lesung des Korans nach dem Essen, mit der Musik und dem Tanz. Wir verbrachten mehrere Tage bei ihnen.

Der Sultan von Lāḏiq heißt Yinanǧ Beg und zählt zu den größten Herrschern im Lande der Griechen.[947] Als wir bei den Aḫī Sinān abgestiegen waren, wie

[947] Die Seldschuken hatten gegen Ende des 13. Jahrhunderts Lāḏiq den Söhnen eines ihrer Wesire namens Ṣāḥib Atā zu Lehen gegeben. Als es zum Konflikt mit den expansionswilligen Germiyanoğlu kam, wechselte die Stadt mehrmals den Besitzer, bis sie 1289 endlich an ʿAlī Beg aus dem Stamme der Germiyanoğlu fiel. Dessen Sohn war Inanç Beg, der 1335 starb.

ich erzählt habe, schickte er uns den Prediger, Mahner und Gelehrten ʿAlaʾ ad-Dīn aus Qaṣṭamūniya und gab ihm so viele Pferde mit, wie unsere Gruppe Köpfe zählte. Es war im Monat Ramaḍān. Wir suchten ihn auf und grüßten ihn. Die Herrscher des Landes empfangen Reisende mit Bescheidenheit und freundlichen Worten, aber nur mit wenigen Gastgeschenken. Mit dem Fürsten beteten wir gemeinsam zu Sonnenuntergang, nahmen an seinem Mahl teil, mit dem er das Fasten brach, und kehrten wieder um. Er schickte uns Dirham, aber sein Sohn Murād Beg bat uns anschließend zu sich. Er lebte an einem Garten außerhalb der Stadt, und es war die Zeit der Obsternte. Auch er schickte uns wie sein Vater so viele Pferde, wie wir Männer waren. Wir ritten zu seinem Garten hinaus und verbrachten die ganze Nacht bei ihm. Er hatte einen Rechtsgelehrten bei sich, der zwischen uns dolmetschte.

Am Morgen kamen wir zurück, und da wir das Fest des Fastenbrechens in Lāḏiq begingen, begaben wir uns zum Betplatz.[948] Der Sultan ritt mit seinen Truppen und den Vorstehern der Bruderschaften, alle in voller Bewaffnung, hinaus. Angehörige aller Gewerbe trugen Fahnen, Fanfaren, Trommeln und Trompeten. Alle wetteiferten miteinander und versuchten, einander an Pracht ihres Aufzuges und an Vollkommenheit ihrer Waffenführung zu übertreffen. Sie führten Ochsen, Hammel und Körbe voll Brot mit sich. An den Gräbern wurden die Tiere geschlachtet und ihr Fleisch mit dem Brot als Almosen verteilt. Zunächst gingen sie zu den Gräbern, dann auf den Betplatz. Nachdem wir das Festgebet gesprochen hatten, betraten wir mit dem Sultan seinen Palast, wo nun ein Mahl aufgetragen wurde. Die Rechtsgelehrten, Scheichs und Aḫīs wurden an eine gesondert aufgestellte Tafel gesetzt, an einem weiteren Tisch nahmen die Faqīre und die übrigen Bewohner Platz, denn an diesem Tag wird weder ein Reicher noch ein Armer am Tore des Sultans abgewiesen.

Wegen der Unsicherheit der Straßen hielten wir uns einige Zeit in dieser Stadt auf. Als aber eine Karawane zum Aufbruch rüstete, schlossen wir uns ihr einen Tag und einen Teil der folgenden Nacht an und kamen nach Ḥiṣn Ṭawās, einer großen Festung, von der erzählt wird, daß Ṣuhīb, ein Gefährte Muḥammads, aus diesem Ort stammte.[949] Die Nacht verbrachten wir außerhalb ihrer Mauern und gingen erst am Morgen zum Tor, wo uns die Einwohner von der Mauer herab befragten. Wir gaben Antwort und Ilyās Beg, der Kommandant der Festung, kam an der Spitze seiner Soldaten heraus, um die Wege in der Umgebung der Zitadelle zu erkunden, damit seine Herden nicht von Viehdieben überfallen würden. Erst als seine Leute um den Ort gegangen waren, wurden die Herden hinausgetrieben. So machen sie es immer. Wir fanden Unterkunft in einer Vor-

[948] Dieses Fest fiel auf den 15. Juni 1333.

[949] Ḥiṣn Ṭawās ist das heutige Tavas, 40 Kilometer südlich von Denizli. Ṣuhīb bin Sinān war der Legende nach ein aus Mossul stammender Grieche, der zum Islam übergetreten war und 658 starb.

stadt der Festung, und zwar in der Zāwiya eines armen Mannes. Der Emir des Ortes schickte uns ein Gastmahl und Reiseproviant.

Wir reisten weiter nach Muġla[950] und wohnten im Hospiz eines Scheichs des Ortes, eines gütigen und wohltätigen Mannes. Er suchte uns in seiner Zāwiya häufig auf, aber niemals, ohne uns Speisen, Obst und Süßwaren zu bringen. In dieser Stadt trafen wir Ibrāhīm Beg, den Sohn des Sultans von Milās, von dem ich noch sprechen werde. Er nahm uns ehrenvoll auf und schenkte uns Kleidung, bevor wir nach Milās weiterreisten, in eine der schönsten und größten Städte des Landes der Griechen.[951] Früchte gibt es im Überfluß, ebenso Gärten und Wasser, und wir wohnten in der Zāwiya des Mitglieds einer Bruderschaft der Jungen Männer. Hinter seiner Gastfreundschaft, der Üppigkeit seiner Gastmähler, seinen Einladungen ins Bad und anderen lobenswerten Taten verblaßten alle seine Vorgänger. Wir begegneten in Milās einem frommen und greisen Manne, der Bāba-š-Šuštārī hieß, und man erzählte uns, daß er älter als hundertfünfzig Jahre wäre, aber er hatte noch Kraft, und sein Verstand und sein Geist waren noch klar. Er betete für uns und gab uns seinen Segen.

Der Sultan von Milās war der verehrte Sultan Šuǧāʿ ad-Dīn Urḫān Beg bin al-Mantašā.[952] Er zählte zu den großmütigsten Herrschern, ist von stattlichem Aussehen und angenehmem Auftreten. In seine Gesellschaft zieht er Rechtsgelehrte, denen er Hochachtung zollt und von denen mehrere an seinem Hof leben, darunter auch der Faqīh Al-Ḫwārizmī, ein vortrefflicher und in den Wissenschaften bewanderter Mann. Aber der Sultan grollte ihm, als ich ihn sah, weil er nach Ayā Sulūq gereist war, dessen Sultan besucht und Geschenke von ihm angenommen hatte. Dieser Gelehrte bat mich, in der Angelegenheit mit dem Sultan zu sprechen, um dessen schlechte Meinung über ihn auszuräumen. Ich fand vor dem König lobende Worte für ihn und erzählte, was ich über seine Kenntnisse des Rechts und seine Verdienste wußte. Ich sprach so lange, bis der Königs seine Bedenken gegen ihn fallen ließ. Der Sultan behandelte uns sehr gut und gab uns Reitpferde und Proviant für die Reise. Seinen Sitz hatte er in der benachbarten Stadt Barǧīn[953], die nur zwei Meilen entfernt ist. Barǧīn ist eine junge Stadt auf einem Hügel und besitzt schöne Gebäude und

950 Muğla, 75 Kilometer südwestlich von Tavas im Emirat vom Menteşe.

951 Milas, 80 Kilometer nordwestlich von Muğla, das antike Mylasa, Hauptstadt der Provinz Karien, ging im Jahre 1261 in turkmenischen Besitz über.

952 Die antiken Regionen von Karien und Lykien waren von turkmenischen Stämmen, die entlang der Küste oder über See vom Golf von Antalya her vorgerückt waren, den Byzantinern entrissen worden. Der Gründer der Dynastie, der auch der Provinz seinen Namen gab, war Menteşe I., der um 1282 starb. Seine beiden Söhne, Masʿūd und Kirman, übernahmen Milas bzw. Finike. Masʿūds Sohn Urḫān (Orhan), der im Jahre 1320 Rhodos überfiel, begegnete Ibn Baṭṭūṭa; dessen zweiten Sohn Ibrāhīm erwähnt er in Muġla.

953 Becin, fünf Kilometer südlich von Milas.

Moscheen. Der Sultan hatte damit begonnen, eine Hauptmoschee zu errichten, deren Bau aber noch nicht abgeschlossen war. In dieser Stadt begegneten wir ihm und fanden Unterkunft in der Zāwiya des Aḫī ʿAlī.

Wir reisten ab, als der Sultan uns beschenkt hatte, wie ich soeben geschildert habe, und kamen nach Qūnya[954], einer großen Stadt mit vielen Gebäuden, mit Quellen, Flüssen, Gärten und Früchten. Hier werden jene schon erwähnten Aprikosen gezogen, die ›Mond des Glaubens‹ heißen und auch nach Ägypten und Syrien ausgeführt werden. Qūnya hat sehr breite Straßen, wunderschön angelegte Märkte, auf denen jedes Gewerbe seinen eigenen Platz hat. Es wird erzählt, die Stadt sei von Alexander erbaut worden und nun im Besitz von Sultan Badr ad-Dīn bin Qaramān, von dem ich noch sprechen werde. Aber der König des Iraq hat sich einige Male der Stadt bemächtigt, denn er besitzt einige Städte in der Nachbarschaft dieser Provinz.

Wir wohnten in Qūnya im Hospiz des Qāḍīs der Stadt, Ibn Qalam Šāh.[955] Er gehört einer Bruderschaft an, und sein Hospiz ist eines der größten. Er hat viele Schüler, die in der ritterlichen Tradition des Fürsten der Gläubigen ʿAlī bin Abī Tālib stehen.[956] Zu ihrer Kleidung gehört die Hose, wie zu den Ṣūfī-Mönchen ihr Rock gehört. Der Qāḍī nahm uns noch besser und freundlicher auf als alle anderen zuvor, behandelte uns mit Achtung und erwies uns beste Gastfreundschaft. Ins Bad begleitete uns an seiner Stelle sein Sohn.

In dieser Stadt steht das Grabmal des Scheichs und gottesfürchtigen Imāms und Glaubenspols Ǧalāl ad-Dīn, bekannt unter dem Namen Maulānā, der große Verehrung genießt.[957] Es gibt im Lande der Griechen eine Anhänger-

954 Konya liegt etwa 600 Kilometer östlich von Milas, so daß die unvermittelte Änderung der Reisestrecke, die ihn plötzlich bis nach Erzerum im Nordosten der Türkei führt, auf einen Gedächtnisirrtum zurückgeführt werden könnte, zumal Ibn Baṭṭūṭa nach Ende dieses Ausflugs wieder in die soeben im Text verlassene Gegend der südwestlichen Türkei, und zwar nach Birgi, zurückkehrt. Leichter verständlich wäre dieser Abstecher von dem nur 90 Kilometer entfernten Beyşehir gewesen, das er schon besucht hatte. Konya war bis 1308, als ihre Herrschaft dort endete, Hauptstadt der anatolischen Seldschuken. Die Stadt geriet danach in die Interessensphäre der iraqischen Mongolen, bis der schon mehrfach erwähnte Damūrtaš 1327 floh und der Stamm der Karamanoğlu sich der Stadt bemächtigte.

955 Tāǧ ad-Dīn bin Qalam Šāh ist nach At-Tāzī auch aus anderen Quellen bezeugt.

956 Es handelte sich hierbei um andere Bruderschaften als die Aḫīyas. Sie waren mit der wachsenden Macht der Städte als populäre Volksbewegung entstanden, die der abbasidische Kalif An-Nāṣir (1181–1223) in eine Art Ritterorden umwandelte, um sich in die Tradition und unter die Schutzherrschaft ʿAlīs zu stellen. Der seldschukische Herrscher von Konya, ʿAlāʾu-d-Dīn Kaiqubād (1219–1237), übernahm diese Idee durch Vermittlung des bereits erwähnten Abū Ḥafṣ ʿUmar as-Suhrawardī, des Gründers eines Ṣūfī-Ordens.

957 Ǧalāl ad-Dīn Muḥammad bin Muḥammad ar-Rūmī, genannt Maulānā (›Unser Meister‹), Gründer des Ṣūfī-Ordens der Mevlevi-Derwische, die auch als die ›tanzenden

schaft, die sich auf ihn zurückführt und seinen Namen trägt, denn sie nennen sich die Ǧalālīya, wie es im Irāq die Aḥmadīya und im Ḫurāsān die Ḥaidarīya gibt. Über dem Grab steht eine große Zāwiya, die auch Reisende verpflegt.

Es wird erzählt, daß Ǧalāl ad-Dīn zu Beginn seiner Laufbahn Faqīh und Lehrer war, der in seiner Schule in Qūnya seine Schüler um sich versammelte. Eines Tages trat ein Mann herein, der Zuckerwaren verkaufte und auf seinem Kopf eine Schüssel mit süßen Speisen trug, die in kleine Stücke zerschnitten waren, die er für je eine kleine Münze anbot. Als er in den Lehrsaal gekommen war, sagte der Scheich zu ihm: »Komm mit deiner Schüssel her!« Der Händler nahm ein Stück herunter und gab es dem Scheich. Der nahm es in die Hand und aß es. Der Zuckerbäcker ging davon, ohne sonst jemanden ein Stück seines Zuckerwerks kosten zu lassen. Der Scheich aber folgte ihm, vernachlässigte seinen Unterricht und vergaß seine Schüler. Sie warteten lange auf ihn und gingen ihn endlich suchen, konnten ihn aber nicht finden. Erst nach einigen Jahren kam er zurück, aber sein Verstand hatte sich verwirrt und er sprach nur noch in dunklen persischen Gedichten, die niemand verstand. Seine Schüler aber folgten ihm, schrieben auf, was er an Versen von sich gab, und sammelten sie in einem Buch, das sie ›Al-Maṯnawī‹[958] nannten. Die Menschen des Landes verehren das Werk, sinnen über die Worte nach, lehren und lesen es jede Nacht auf Freitag in ihren Zāwiyas. Man findet in Konya auch das Grab von Faqīh Aḥmad, der Ǧalāl ad-Dīns Lehrer gewesen sein soll. Von Qūnya aus reisten wir nach Lāranda, einer schönen Stadt, reich an Bächen und Gärten.

Ihr Sultan nennt sich König Badr ad-Dīn bin Qaramān.[959] Sie gehörte einst seinem Halbbruder Mūsā, der sie aber an Malik An-Nāṣir abtrat, der ihm dafür einen Ersatz gab und einen Emir mit Truppen entsandte. Aber Sultan Badr ad-Din eroberte sie zurück, baute dort seine Residenz und festigte seine Macht. Ich begegnete dem Sultan vor der Stadt, als er von der Jagd kam. Ich stieg vor ihm aus dem Sattel, und er stieg ebenfalls vom Pferde. Ich entbot ihm meinen Gruß, und er kam mir entgegen. Es ist Brauch der Könige dieser Län-

Derwische‹ bekannt wurden (1207–1284). In der islamischen Welt gilt er auch wegen der im Text erzählten Überlieferung als großer islamischer Dichter. Sein Grab und seine Zāwiya bestehen noch heute.

958 Wörtlich: ›verdoppelt‹. Gedichte gleichen Versmaßes, deren Halbverse sich jeweils reimen.

959 Lāranda ist das heutige Karaman, etwa 100 Kilometer südöstlich von Konya auf dem Weg nach Niğde, das nach 1291 vom Ilḫān Kaiḫātū zerstört wurde. Der im Text erwähnte Mūsā aus dem Stamm der Karamanoğlu baute die Stadt nach 1311 wieder auf und machte sie bis 1318 zu seiner Residenz. Badr-ad-Dīn Ibrāhīm bin Badr ad-Dīn Maḥmūd war Enkel des namensgebenden Stammesgründers Karaman und nahm Lāranda im Jahre 1317/18 ein. Im Jahre der Durchreise Ibn Baṭṭūṭas, 1333, hatte er zugunsten seines Bruders Ḫalīl abgedankt, aber wohl für seinen Lebensunterhalt ein Lehen behalten.

der, abzusitzen, wenn ein Reisender vor ihnen vom Pferde steigt. Das gefällt ihnen und sie erweisen ihm Ehre. Wenn der Ankömmling sie aber aus dem Sattel heraus begrüßt, mißfällt es ihnen so sehr, daß sie ihn verachten und der Reisende sogar zurückgewiesen wird. Dies ist mir nämlich von einem dieser Könige widerfahren, wie ich noch erzählen werde. Nachdem ich ihn aber begrüßt hatte und wieder aufgesessen war, fragte er mich, wie es mir ginge und wann ich angekommen sei. Ich betrat mit ihm die Stadt, wo er Anweisungen gab, wie ich unterzubringen sei, und mir reichhaltige Mahlzeiten, Obst und Süßigkeiten in Silberschalen sowie Kerzen bringen ließ. Er schenkte mir Kleider, ein Reitpferd und machte mir noch andere Geschenke.

Wir hielten uns aber nicht lange bei ihm auf, sondern zogen weiter nach Aqsarā[960], in eine der schönsten und bestgebauten Städte im Lande Rūm, die auf allen Seiten von sprudelnden Quellen und und Gärten umgeben ist. Drei Flüsse, die unmittelbar an den Häusern vorüberfließen, durchqueren sie. Sie besitzt Bäume, Weinstöcke und viele Obstgärten in ihren Mauern. Teppiche aus Schafswolle, die dort gewebt werden und wie man sie in keiner anderen Stadt findet, tragen ihren Namen und werden bis nach Syrien, Ägypten, in den Iraq, nach Indien, China und ins Land der Türken ausgeführt. Die Stadt steht unter der Herrschaft des Königs des Iraq. Wir stiegen ab in der Zāwiya von Šarīf Ḥusain, des Stellvertreters von Emir Artanā, der Statthalter des Königs des Iraq für den Teil des Landes Rūm ist, der unter dessen Herrschaft steht. Šarīf Ḥusain ist Mitglied einer zahlreichen Bruderschaft. Er nahm uns mit außerordentlicher Freundlichkeit auf und stand seinen Vorgängern in nichts nach.

Schließlich reisten wir zur Stadt Nakda[961], die ebenfalls dem König des Iraq gehört. Es ist ein größerer und gut bevölkerter Ort, der zum Teil in Trümmern liegt und von einem Fluß durchquert wird, den sie den ›Schwarzen Fluß‹ nennen. Es ist ein großer Strom mit drei Brücken, einer in und zweien außerhalb der Stadt, an dem in und vor der Stadt Wasserräder aufgestellt sind, die die Gärten bewässern. Obst gibt es im Überfluß. Wir wohnten in der Zāwiya der Jungen Männer des Aḫī Ǧārūq, einem Emir der Stadt. Er nahm uns gastfrei auf, wie es Brauch der Jungen Männer ist.

Wir verbrachten dort drei Tage und brachen nach Qaisāriya auf, das ebenfalls vom König des Iraq beherrscht wird.[962] Es ist eine der größten Städte dieser Provinz, in der eine Garnison iraqischer Soldaten steht und die Wohnsitz

960 Aksaray, 150 Kilometer nordöstlich von Konya auf dem Wege nach Kayseri, der allerdings nicht über Lāranda führt, so daß nicht ausgeschlossen werden kann, daß Ibn Baṭṭūṭa den Ort erst auf seiner Rückreise von Erzerum berührte. Aksaray wurde 1171 vom Seldschukenfürsten ʿIzz ad-Dīn Kılıç Arslan II. erbaut.

961 Niğde am Kara Su (›Schwarzes Wasser‹), einem kleinen Flüßchen.

962 Kayseri, 110 Kilometer nordöstlich von Niğde, wurde 1244 von den Mongolen eingenommen, die 1277 durch den ägyptischen Sultan Baibars wieder vertrieben wurden.

einer der edelsten und gütigsten Gemahlinnen des Emirs ʿAlāʾ ad-Dīn Artanā ist, von dem ich schon gesprochen habe. Sie ist mit dem König des Iraq verwandt und wird mit ›Aġā‹[963] angesprochen, was ›der Große‹ bedeutet. Jede Person, die mit dem Sultan verwandtschaftlich verbunden ist, wird mit diesem Titel angeredet. Ihr Name ist Ṭuġā Ḫātūn; wir haben sie besucht. Sie erhob sich, ehrte uns mit einem Gruß und einigen freundlichen Worten und befahl, uns Speisen aufzutragen. Wir aßen, und als wir zurückgekehrt waren, schickte sie uns durch einen ihrer Sklaven ein gesatteltes und gezäumtes Pferd, ein Ehrenkleid sowie Dirhams und ließ uns grüßen.

In Qaisāriya wohnten wir in der Zāwiya des Emir ʿAlī, einem Aḫī der Jungen Männer. Er war ein bedeutender Emir und einer der größten Aḫīs des Landes. Er steht einer Bruderschaft vor, der mehrere Würdenträger und Große der Stadt angehören. Mit ihren Teppichen, Leuchtern, der Üppigkeit seiner Tafel und der Eleganz des Gebäudes zählt auch seine Zāwiya zu den besten. Die Würdenträger unter den Mitgliedern seiner Bruderschaft, aber auch andere Männer finden sich jeden Abend bei ihm ein und bewirten Reisende in unübertroffener Weise. Es ist in diesem Lande üblich, daß überall dort, wo kein Sultan seinen Sitz hat, dieser Aḫī das Amt des Statthalters versieht. Dem Reisenden gibt er ein Pferd und Kleidung und läßt ihm je nach dessen Rang seine Hilfe angedeihen. In der Ausübung seiner Herrschaft und anläßlich seiner Ausritte beobachtet er die gleiche Form, der auch die Könige folgen.[964]

Wir ritten weiter nach Sīwās. Diese Stadt steht unter der Herrschaft des Königs des Iraq und ist die größte Stadt, die ihm in dieser Provinz gehört.[965] Seine Emire und ersten Beamten haben hier ihren Sitz. Es ist eine Stadt mit schönen Gebäuden und breiten Straßen, und ihre Märkte wimmeln von Menschen. Man sieht auch ein Haus, das einer Koranschule ähnlich ist und ›Haus der Herren‹ genannt wird.[966] Dort finden nur Šarīfe Wohnung, und ihr Oberhaupt lebte dort. Für die Zeit ihres Aufenthaltes erhalten sie ein Bett, Verpflegung und Kerzen und andere Dinge; wenn sie abreisen, bekommen sie Reiseproviant.

Als wir zur Stadt gekommen waren, zogen uns die Jungen Männer des Aḫī

963 ›Aga‹ ist mongolischen Usprungs und bedeutet ›älterer Bruder‹; der Ausdruck wurde später zum Ehrentitel und unter den Osmanen zur Bezeichnung eines hohen Militärbefehlshabers.

964 Nach dem Ende der Seldschukenherrschaft in Anatolien übernahmen in der Tat Aḫīs die Herrschaft in Konya; im Jahre 1314 finden wir einen Karamanoğlu namens Yaḫšī, der die Stadt einem Aḫī Muṣṭafā abrang. Zur gleichen Zeit hatte auch in Ankara ein Aḫī die Herrschaft inne.

965 Sivas, das antike Sebasteia, 175 Kilometer nordöstlich von Kayseri, war im 14. Jahrhundert eine der bedeutendsten anatolischen Metropolen und seit dem Jahre 1304 Sitz mongolischer Provinzstatthalter.

966 Das ›Haus der Sayyids‹, der Nachfolger des Propheten, in Sivas war vom mongolischen Ilchan Ġāzān gegründet worden.

Aḥmad Biğaqğī entgegen. ›Biğaq‹[967] heißt auf türkisch ›Messer‹, so daß der Name von diesem Wort abgeleitet ist. Es war eine ganze Gruppe, einige zu Pferde, andere zu Fuß. Danach trafen wir die Jungen Männer des Aḫī Ǧalabī, der einer der bedeutendsten Vorsteher einer Bruderschaft und von höherem Rang als Aḫī Biğaqğī war. Sie luden uns ein, bei ihnen abzusteigen. Aber das war nicht möglich, weil ihnen die anderen schon zuvorgekommen waren. Mit allen zusammen betraten wir die Stadt. Sie rühmten sich um die Wette, aber jene, die als erste zu uns gekommen waren, zeigten die allergrößte Freude darüber, daß wir bei ihnen wohnen würden. Mit dem Gastmahl, dem Bad und der Übernachtung hielten sie es genauso wie ihre Vorgänger.

Wir blieben, umsorgt von vollkommenster Gastfreundschaft, drei Tage bei ihnen. Dann suchte uns der Qāḍī in Begleitung mehrerer Koranschüler und mit Pferden des Emir ʿAlāʾ ad-Dīn Artanā auf, des Statthalters des iraqischen Königs im Lande Rūm. Wir ritten zu ihm. Bis in die Vorhalle seines Palastes kam er uns entgegen, grüßte und hieß uns willkommen. Er konnte sich gewandt auf Arabisch ausdrücken und fragte mich nach den beiden Iraq, nach Iṣbahān, Šīrāz und Karmān[968], nach Sultan Atābak, nach Syrien, Ägypten und den Sultanen der Turkmenen. Er wollte, daß ich ihm diejenigen lobe, die sich freigebig gezeigt hatten, und jene tadle, die geizig gewesen waren. Dies tat ich aber nicht, vielmehr lobte ich sie alle. Er freute sich darüber und sprach mir seine Anerkennung aus. Sodann wurden Speisen aufgetragen und wir aßen. Er sagte: »Ihr seid meine Gäste.« Da antwortete Aḫī Ǧalabī ihm: »Sie sind noch nicht in meiner Zāwiya gewesen; sie mögen also bei mir wohnen. Deine Gastmähler werden ihnen dort gegeben.« Darauf sagte der Emir: »Dann sei es so!« Wir begaben uns also in die Zāwiya des Aḫī Ǧalabī und verbrachten dort sechs Tage in seiner und des Emirs Gastfreundschaft. Danach schickte er ein Pferd, ein Gewand sowie Geld und schrieb an seine Statthalter in den anderen Städten, uns gastfrei aufzunehmen, ehrenvoll zu behandeln und mit Reiseproviant zu versehen.

Wir brachen nach Amāṣya auf, einem großen und schönen Ort mit Flüssen, Gärten, Bäumen und sehr viel Obst.[969] An den Flüssen stehen Wasserräder, damit die Ernten bewässert und die Häuser mit Wasser versorgt werden können. Die Stadt hat breite Straßen und geräumige Märkte. Sie steht unter der Herrschaft des Königs des Iraq ebenso wie die benachbarte Stadt Sūnusā[970], in

967 Türkisch ›biçak‹ist ›Messer‹.

968 Gemeint ist nicht das bereits mehrfach erwähnte anatolische Karaman, sondern möglicherweise Kerman in Persien, zu dessen Herrschaftsgebiet seinerzeit auch Hormuz gehörte.

969 Das heutige Amasya am Yeşil Irmak (›Grüner Strom‹), 140 Kilometer nordwestlich von Sivas, wurde seit Beginn des 14. Jahrhunderts von Ġāzī Çelebi von Sinop aus beherrscht und geriet erst 1341 unter die Herrschaft Artanās.

970 Sonusa, 50 Kilometer östlich von Amāṣya am Unterlauf des Yeşil Irmak. Der gesamte Bezirk stand im 14. Jahrhundert unter der Herrschaft einer Familie, die sich ›Söhne

der die Nachfahren des Gottesfreundes Abu-l-ʿAbbās Aḥmad ar-Rifāʿī leben, darunter Scheich ʿIzz ad-Dīn, der heute Oberhaupt der Ar-Riwāq und Besitzer eines Gebetsteppichs von Ar-Rifāʿī ist, ferner ʿIzz ad-Dīns Brüder, die Scheichs ʿAlī, Ibrāhīm und Yaḥyā, sämtlich Söhne des Scheichs Aḥmad Kūguk, was ›klein‹ bedeutet. Dieser wiederum ist der Sohn von Tağ ad-Dīn ar-Rifāʿī. Wir kamen in ihrer Zāwiya unter und fanden, daß sie in der Aufmerksamkeit, die sie uns erwiesen, allen anderen überlegen waren.

Wir ritten weiter nach Kumiš, das ebenfalls zur Herrschaft des Königs des Iraq zählt. Es ist eine große und blühende Stadt, die Silberminen besitzt und von Kaufleuten aus dem Iraq und Syrien besucht wird.[971] Zwei Tagesreisen entfernt trifft man auf hohe und unwegsame Berge, die ich aber nicht bestieg. In Kumiš wohnten wir in der Zāwiya des Aḫī Mağd ad-Dīn und verbrachten dort drei Tage in seiner Gastfreundschaft. Er behandelte uns noch besser als seine Vorgänger. Der Statthalter des Emirs Artanā suchte uns auf und ließ uns ein Gastmahl und Reisevorräte bringen.

Wir verließen den Ort und kamen nach Arzanğān, das ebenfalls unter die Herrschaft des iraqischen Königs fällt.[972] Es ist eine große und bevölkerte Stadt, in der die meisten Einwohner Armenier sind und die Muslime türkisch sprechen. Die Stadt besitzt gut angelegte Märkte und stellt schöne Stoffe her, die ihren Namen tragen. Sie besitzt Bergwerke, in denen Kupfer abgebaut wird, aus denen Gefäße und jene ›baisūs‹ hergestellt werden, wie ich sie beschrieben habe und die unseren Leuchtern gleichen. Wir fanden Unterkunft im wunderschönen Hospiz von Aḫī Niẓām ad-Dīn. Dieser Mann ist auch einer der besten und bedeutendsten Vorsteher einer Bruderschaft. Er behandelte uns auf die zuvorkommendste Weise.

Wir reisten weiter nach Arz ar-Rūm[973], ebenfalls eine Stadt des Königs des Iraq. Sie ist sehr ausgedehnt, liegt aber nach einem Bürgerkrieg, der zwischen

von Tāğu-d-Dīn‹ nannte. Zu Zeit der Durchreise Ibn Baṭṭūṭas nannte sich der Herrscher Tāğu-d-Dīn Doğan Šāh (1308–1348). Eine Verbindung der Familie Ar-Rifāʿī mit dieser Provinz, wie sie Ibn Baṭṭūṭa nachfolgend angibt, ist allerdings nicht bekannt.

971 Hier wird der Abstecher Ibn Baṭṭūṭas in den Nordosten Anatoliens vollends fragwürdig. Kumiš ist Gümüşhane, das griechische Argyroupolis (beide Namen bedeuten ›Silberstadt‹), und liegt mehr als 300 Kilometer östlich von Amasya, war aber noch Bestandteil des byzantinischen Sonderreiches von Trapezunt (Trabzon) und nur über die Giresun-Berge, einen Teil der Pontischen Gebirge, zu erreichen. Diese Berge aber waren unter winterlichen Verhältnissen – wir dürften uns im März 1333 befinden – fast nicht zu überqueren; Gümüşhane selbst liegt auf 1.900 Meter Höhe.

972 Erzincan, 80 Kilometer südlich von Gümüşhane.

973 Der Name Erzurum (›Arzan der Griechen‹) ist vermutlich armenischen Ursprungs, nachdem die Armenier 1049 von den Seldschuken aus ihrer Heimat Arzan vertrieben worden waren und sich hier ansiedelten. Die Stadt liegt 150 Kilometer östlich von Erzincan. Allerdings gibt es dort weder drei Flüsse noch Weingärten.

zwei dort ansässigen turkmenischen Stämmen ausgebrochen war, zum größten Teil in Ruinen. Drei Flüsse durchqueren sie, und zu den meisten Häusern gehören Gärten mit Bäumen und Weinstöcken. Wir wohnten dort im Hospiz eines Aḫī namens Ṭūmān. Er war schon sehr alt und soll älter als hundertdreißig Jahre gewesen sein. Ich habe ihn gesehen, wie er, allerdings auf einen Stock gestützt, umherging. Sein Verstand war noch klar und beharrlich; zur vorgeschriebenen Stunde verrichtete er seine Gebete und hatte sich nichts vorzuwerfen, es sei denn, daß er das Fasten nicht einhalten konnte. Das Mahl trug er uns selbst auf, während seine Söhne uns im Bade bedienten. Am zweiten Tage nach unserer Ankunft wollten wir ihn verlassen, aber das mißfiel ihm. Er lehnte es ab und sagte: »Wenn ihr das tut, werdet ihr in meiner Achtung sinken, denn die kürzeste Frist für einen Gast beträgt drei Tage.« Also blieben wir drei Tage bei ihm.

Dann brachen wir nach Birkī auf[974], das wir nach dem Nachmittagsgebet erreichten. Wir trafen einen Einwohner, den wir fragten, wo sich in der Stadt die Zāwiya einer Bruderschaft befände. Er erwiderte: »Ich führe euch zu ihr.« Wir folgten ihm, aber er führte uns zu seinem eigenen Haus, das auch einen Garten hatte, und brachte uns ganz oben auf einer Terrasse seines Hauses unter. Die Bäume beschatteten den Ort, und es war eine Zeit großer Hitze. Der Mann brachte uns alle Arten von Obst, bewirtete uns aufs beste und sorgte sogar für unsere Pferde. Wir verbrachten die Nacht bei ihm.

Wir hatten erfahren, daß in dieser Stadt ein gebildeter Lehrer namens Muḥīy-ad-Dīn lebte. Der Mann, der uns Obdach gegeben hatte und Koranschüler war, führte uns in seine Schule. Der Lehrer war soeben, umringt von seinen Sklaven und Dienern und hinter seinen Schülern reitend, auf einem lebhaften Maultier angekommen. Er trug prächtige weite goldbestickte Gewänder. Wir begrüßten ihn, und er hieß uns mit einem freundlichen Gruß und angenehmen Worten willkommen. Dann nahm er mich bei der Hand und ließ mich an seiner Seite Platz nehmen. Wenig später erschien der Qāḍī ʿIzz ad-Dīn Firištā. Dieses Wort ›firištā‹ ist persisch und bedeutet ›Engel‹, ein Beiname, den der Richter sich wegen seiner Glaubensfestigkeit und seiner Redlichkeit und Güte erworben hatte. Er setzte sich zur Rechten des Lehrers, der nun eine Lehrstunde über die grundlegenden und die Nebenwissenschaften begann. Als er endete, zog er sich in eine Kammer der Schule zurück, ließ dort einen Teppich ausbreiten und gebot mir, mich darauf zu setzen. Dann schickte er mir ein reichhaltiges Mahl.

Nach dem Gebet zu Sonnenuntergang rief er mich zu sich. Ich ging zu ihm und fand ihn auf einem Sitz in seinem Garten. Dort stand ein Wasserbecken, in das aus einem weißen Marmorbecken, das rundum mit Qašānī-Kacheln ge-

974 Hier nimmt Ibn Baṭṭūṭa seine in Milās unterbrochene Reise wieder auf. Zwischen Erzurum und Birgi bei Ödemiş südöstlich von Izmir liegen (Luftlinie!) etwa 1.000 Kilometer. Birgi ist das byzantinische Pyrgion, das seinerzeit dem türkischen Stamm der Aydinoğlu gehörte.

fliest war, Wasser herabfiel. Er hatte eine Gruppe von Schülern um sich, während seine Diener und Sklaven neben ihm standen. Er saß auf einem Podest, das mit schönen bunten Lederteppichen belegt war, und als ich ihn sah, hielt ich ihn für einen König. Er erhob sich vor mir, kam mir entgegen, nahm meine Hand und ließ mich an seiner Seite auf dem Podest Platz nehmen. Man brachte Speisen herbei. Wir aßen und kehrten in die Zāwiya zurück. Einer der Schüler sagte mir, es sei Brauch, daß alle Schüler, die sich abends bei ihrem Meister einfinden, auch an seinem Mahl teilnehmen. Der Lehrer schrieb an den Sultan, um ihm unsere Ankunft mitzuteilen, und fand in diesem Brief lobende Worte für mich. Der Sultan befand sich gerade in einem nahen Gebirge, wo er wegen der großen Hitze den Sommer verbrachte. Im Gebirge war es kühl, so daß er die heiße Jahreszeit dort zu verbringen pflegte.[975]

Dieser Sultan hieß Muḥammad bin Aidīn[976], einer der besten, großzügigsten und vornehmsten Herrscher. Als der Lehrer ihm eine Botschaft über mich geschickt hatte, sandte er seinen Stellvertreter, um mich zu sich einzuladen. Der Lehrer riet mir, noch zu bleiben, bis eine zweite Einladung käme. Eine Wunde an seinem Fuß hinderte ihn daran, aufs Pferd zu steigen, und er hatte deshalb sogar seine Lehrstunden abbrechen müssen. Sie schmerzte ihn, und als der Sultan ein zweites Mal nach mir geschickt hatte, sagte er: »Ich kann nicht reiten, aber ich hatte die Absicht, dich zu begleiten, um mit dem Sultan zu vereinbaren, welcher Empfang dir zusteht.« Doch dann raffte er sich mühsam auf, wickelte Tücher um seinen Fuß und stieg aufs Pferd, ohne den Fuß in den Steigbügel zu setzen. Meine Gefährten und ich saßen ebenfalls auf, und wir kletterten einen Pfad bergauf, der aus dem Fels gehauen und geebnet worden war.

Gegen Mittag erreichten wir das Lager des Sultans und kamen an einen Fluß, der im Schatten von Nußbäumen lag. Wir fanden den Sultan in großer Erregung und Sorge, weil sein jüngster Sohn Sulaimān geflohen war und sich an den Hof seines Schwiegervaters, des Sultans Urḫān Begs begeben hatte.[977] Als er erfuhr, daß wir angekommen waren, sandte er uns seine beiden Söhne Ḫiḍr Beg und ʿUmar Beg[978], die den Faqīh begrüßten. Er forderte sie auf, auch mich zu begrüßen. Sie taten es, fragten mich, wer ich war und wann ich angekommen sei, und kehrten um. Der Sultan schickte mir ein Zelt, das sie ›ḫarqa‹

[975] Bei diesem Gebirge sollte es sich um die Boz Dağları im Norden von Birgi handeln, die eine Höhe von 2.130 Meter erreichen.

[976] Mehmed bin Aydın aus dem Stamm der Aydinoğlu, der sich seit 1317 um die heutige Stadt Aydın herum unabhängig gemacht hatte. Mehmed starb 1334, also wenige Monate nach Ibn Baṭṭūṭas Besuch.

[977] Sulaimān war Mehmeds vierter Sohn (gest. 1349), der nach dem Tod seines Vaters wieder sein Lehen in Tire übernahm; Urḫān Beg war der Herr von Menteşe in Milās.

[978] ʿUmar Beg hatte von seinem Vater Izmir zu Lehen erhalten; er folgte seinem Vater in der Herrschaft nach und regierte von 1334–1348. Ḫiḍr schließlich wurde mit Efes (Ephesos) belehnt und folgte 1348 seinem Bruder bis 1360.

nennen: Es besteht aus Holzstäben, aus denen ein Spitzdach aufgerichtet wird, über das man Filzdecken breitet. Oben wird eine Öffnung angebracht, um Licht und Luft einzulassen, die wieder geschlossen wird, wenn es nötig ist. Auf den Boden wurde ein Teppich ausgelegt, der Faqīh setzte sich, und ich tat es ihm gleich. Seine und meine Begleiter blieben vor dem Zelt im Schatten der Nußbäume. Der Ort ist sehr kühl, und in der Nacht verendete mir in der heftigen Kälte ein Pferd.

Am nächsten Morgen ritt der Lehrer zum Sultan und sprach mit ihm über mich, wie seine Redlichkeit es ihm vorschrieb. Er kam zurück und berichtete mir. Nach einer gewissen Zeit ließ der Fürst uns zu sich rufen. Wir gingen zu seinem Zelt, vor dem er uns stehend erwartete, und grüßten ihn. Der Lehrer setzte sich an seine rechte Seite, und ich folgte ihm. Er fragte mich nach meinem Befinden, nach meiner Ankunft und erkundigte sich bei mir nach der Ḥigāz, nach Ägypten, Syrien, dem Jemen, den beiden Iraq und Persien. Dann wurden Speisen aufgetragen. Wir aßen und kehrten zurück. Der Sultan schickte uns Reis, Mehl und Butteröl, das in einem Schafsmagen aufbewahrt wird, wie es bei den Türken üblich ist.

Wir blieben mehrere Tage. Der Sultan ließ uns täglich holen und an seiner Tafel speisen. Einmal nach der Mittagstunde suchte er uns auf. Der Lehrer nahm den Ehrenplatz ein, ich setzte mich zu seiner Linken, der Sultan aber ließ sich als Ausdruck der Hochachtung, welche die Männer des Gesetzes bei den Türken genießen, an seiner rechten Seite nieder. Er bat mich, einige überlieferte Aussprüche des Propheten aufzuschreiben. Ich schrieb mehrere für ihn auf und der Lehrer erläuterte sie ihm sofort. Da verlangte der Sultan von ihm, diese Deutungen für ihn in türkischer Sprache niederzuschreiben. Danach erhob er sich und ging hinaus. Da sah er unsere Diener, wie sie im Schatten der Nußbäume Speisen zubereiteten, ohne Gewürze oder Kräuter zu verwenden. Er befahl, seinen Schatzmeister zu bestrafen, und schickte uns Gewürze und Butteröl.

Unser Aufenthalt im Gebirge zog sich dahin, mich ergriff Langeweile und ich wollte zurückkehren. Auch der Lehrer war des Ortes überdrüssig geworden und schickte dem Sultan eine Botschaft, um ihm zu sagen, daß ich weiterreisen wollte. Am nächsten Morgen schickte uns der Sultan seinen Vertreter, der mit dem Lehrer türkisch sprach, eine Sprache, die ich damals nicht verstand. Der Lehrer antwortete in der gleichen Sprache und fragte mich, nachdem der Vertreter gegangen war: »Weißt du, was er wollte?« Ich antwortete: »Nein, ich weiß nicht, was er sagte.« – »Der Sultan«, sagte er, »hat mich fragen lassen, was er dir schenken kann. Ich habe ihm geantwortet: ›Der Sultan besitzt Gold, Silber, Pferde und Sklaven. Er möge ihm geben, was er für richtig hält.‹« Der Bote suchte den Sultan auf, kam zurück und sagte zu uns: »Der Herrscher hat befohlen, daß ihr beide heute noch hier bleibt und morgen mit ihm in seinen Stadtpalast geht.«

Am nächsten Tage schickte er eines seiner prächtigsten Pferde und ritt mit uns in die Stadt hinab. Die Einwohner kamen ihm entgegen, darunter auch der bereits erwähnte Qāḍī. Gemeinsam mit dem Sultan ritten wir in die Stadt, und als er vor dem Tor seines Hauses absaß, entfernte ich mich mit dem Lehrer, um zur Madrasa zu gehen. Aber er rief uns zurück und forderte uns auf, mit ihm in seinen Palast zu gehen. In der Vorhalle angekommen, fanden wir dort ungefähr zwanzig Diener des Sultans, alle von schönem Aussehen, in Seide gekleidet und mit lang herabfallenden gescheitelten Haaren. Ihre Gesichter waren von klarem, mit etwas Rot vermischtem Weiß. Ich fragte den Faqīh: »Wer sind diese schönen Menschen?« Er antwortete: »Es sind griechische Knaben.«

Wir stiegen mit dem Sultan viele Stufen empor, bis wir in einen schönen Saal kamen, in dessen Mitte ein gefülltes Wasserbecken stand. An jeder Ecke stand ein kupferner Löwe, der aus seinem Maul Wasser spie. Entlang der Wände und um den ganzen Saal herum liefen teppichbelegte Bänke, und auf einer dieser Bänke lag das Kissen des Sultans. Als wir dort standen, nahm der Sultan eigenhändig das Kissen auf und setzte sich mit uns auf die Teppiche, der Faqīh zu seiner Rechten, neben ihm der Qāḍī, neben dem ich Platz nahm. Die Koranleser setzten sich neben die Bänke auf den Boden; sie verlassen den Sultan nie, wo auch immer er Audienz hält. Nun wurden goldene und silberne Schalen mit verdünntem Sirup hereingetragen, in den man Zitronensaft und zerstoßenes Gebäck gemischt hatte. Goldene und silberne Löffel lagen in den Schalen. Zugleich trug man Schalen aus Porzellan mit dem gleichen Inhalt, aber mit hölzernen Löffeln herein, denn sehr gewissenhafte Menschen benutzen lieber Schalen aus Porzellan und Löffel aus Holz. Ich ergriff das Wort, um dem Sultan meinen Dank auszusprechen und dem Lehrer mein Lob zu zollen. Ich wählte meine Worte so sorgfältig, daß es dem Sultan gefiel und er sich freute.

Während wir noch beim Sultan saßen, erschien ein alter Mann, der einen Turban mit einer Haarlocke trug. Als er den Sultan grüßte, erhoben sich der Richter und der Faqīh vor ihm. Er setzte sich dem Sultan gegenüber auf die Bank, während die Koranleser unter ihm auf dem Boden saßen. Ich fragte den Lehrer: »Wer ist dieser Scheich?« Er lächelte und schwieg. Ich wiederholte meine Frage und er erwiderte: »Er ist ein jüdischer Arzt, wir brauchen ihn und deshalb haben wir uns auch erhoben, als er eintrat, wie du gesehen hast.« Ich wurde ärgerlich und erzürnte über das, was geschehen war, und sagte zum Juden: »O Verfluchter und Sohn eines Verfluchten, wie kannst du es wagen, dich höher zu setzen als die Koranleser, wo du doch ein Jude bist?« Ich hob die Stimme und beschimpfte ihn. Der Sultan war erstaunt und fragte nach dem Sinn meiner Worte. Der Lehrer übersetzte es ihm, der Jude war verärgert und verließ erbost den Saal. Auf dem Rückweg sagte mir der Faqīh: »Du hast ganz recht getan, und Gott segne dich dafür! Kein anderer als du hätte so zu sprechen gewagt. Du hast ihn belehrt.«

Während dieses Empfangs fragte mich der Sultan: »Hast du schon einmal einen Stein gesehen, der vom Himmel gefallen ist?« Ich antwortete: »Nein, so etwas habe ich noch nicht gesehen und auch noch nie von einem solchen Stein gehört.« – »Ein Stein«, fuhr er fort, »ist ganz in der Nähe unserer Stadt vom Himmel gefallen.« Er rief einige Männer herein und gab ihnen den Auftrag, den Stein herbeizuholen. Daraufhin trugen sie einen schwarzen, außerordentlich harten und glänzenden Stein herein, dessen Gewicht ich auf einen Zentner schätzte. Der Sultan befahl, Steinmetze kommen zu lassen, und als vier erschienen waren, forderte er sie auf, den Stein zu zerschlagen. Sie schlugen viermal alle zusammen und gleichzeitig mit eisernen Hämmern zu, hinterließen aber zu meinem größten Erstaunen keine einzige Spur auf dem Stein. Der Sultan befahl, den Stein wieder zurückzutragen.

Drei Tage, nachdem wir mit dem Sultan in die Stadt gekommen waren, gab der Fürst ein großes Festmahl, zu dem er die Rechtsgelehrten, die Scheichs, seine Truppenkommandanten und die wichtigsten Männer der Stadt einlud. Nach dem Essen trugen die Koranleser mit wunderschönen Stimmen aus dem Koran vor. Dann kehrten wir in unsere Bleibe in der Koranschule zurück. Jeden Abend schickte uns der Sultan Gerichte, Obst, Süßspeisen und Kerzen; dann schenkte er mir hundert ›Miṯqāl‹ oder tausend Dirham in Gold, ein vollständiges Gewand, ein Pferd und einen griechischen Sklaven, der Michael hieß. Auch jedem meiner Gefährten schenkte er Kleidung und Geld. All dies verdankten wir dem Lehrer Muḥīy-ad-Dīn – Gott möge es ihm vergelten! Wir verabschiedeten uns und brachen auf. Wir hatten uns bei ihm, in der Stadt und auf dem Berge, vierzehn Tage lang aufgehalten.

Wir setzten uns die Stadt Tīra[979] zum Ziel, die noch zu den Ländern dieses Sultans gehörte und eine schöne Stadt mit Bächen, Gärten und Obstbäumen war. Wir fanden Unterkunft im Hospiz der Bruderschaft des Aḫī Muḥammad. Er ist einer der gottesfürchtigsten Männer, der in der Gemeinschaft von Gefährten, die seinen Lebenswandel teilen, lange Fasten hält. Er erwies uns Gastfreundschaft und betete für uns.

Wir reisten weiter nach Ayā Sulūq[980], einer großen, sehr alten und von den Griechen verehrten Stadt. Hier steht eine hohe aus massiven Steinblöcken erbaute Kirche. Jeder Stein ist zehn Ellen lang oder sogar länger und sehr fein bearbeitet. Die Hauptmoschee der Stadt zählt zu den wunderbarsten Moscheen der Welt, der an Schönheit keine andere gleichkommt. Es war einst eine Kirche der Griechen, die sie sehr verehrten und zu der sie aus allen Ländern wallfahrten. Als sie erobert wurde, verwandelten die Muslime sie in eine Große Moschee. Ihre Wän-

979 Tire, etwa 30 Kilometer südwestlich von Birgi.

980 Entstanden aus Agios Theologos (›Der Evangelist Johannes‹), dem Namen, den die Byzantiner nach der von Justinian erbauten Johannes-Basilika dem antiken Ephesos gaben. Der Ort heißt heute Selçuk. Die Basilika selbst steht nicht mehr, sie wurde, wahrscheinlich durch Timur, um 1400 zerstört.

de sind aus farbigem, der Boden aus weißem Marmor. Sie hat ein Bleidach und elf Kuppeln unterschiedlichster Form, und unter jedem Kuppeldach steht ein Wasserbecken. Ein Fluß fließt hindurch, an dessen Ufern verschiedene Bäume, Weintrauben und Jasminsträucher wachsen.[981] Die Stadt hat fünfzehn Tore.

Der Stadtfürst heißt Ḫiḍr Beg und war der Sohn der Sultans Muḥammad bin Aidīn. Ich hatte ihn bei seinem Vater in Birkī gesehen. Nun begegnete ich ihm vor der Stadt und grüßte ihn, ohne vom Pferd zu steigen. Dies nahm er mir sehr übel und wurde Anlaß für die Enttäuschung, die ich erleben mußte. Es ist ja Brauch dieser Fürsten, vor einem Reisenden abzusteigen, wenn dieser vor ihnen abgesessen ist, denn so schätzen sie es. Ḫiḍr Beg schickte mir nur ein einziges Gewand aus goldener Seide, das sie ›naḫ‹[982] nennen. Ich kaufte in dieser Stadt für vierzig Golddinar eine griechische Jungfrau.

Sodann wandten wir uns nach Yazmīr, einer großen Stadt an der Küste, deren größter Teil allerdings in Ruinen liegt und die in der Oberstadt eine Zitadelle besitzt.[983] Wir fanden Aufnahme im Hospiz von Scheich Yaʿqūb, der ein gläubiger und ehrwürdiger Mann und Anhänger der Aḥmadīya war. Vor der Stadt trafen wir Scheich ʿIzz ad-Dīn bin Aḥmad ar-Rifāʿī und in seiner Begleitung auch den bedeutenden Scheich Zādah al-Aḫlāṭī sowie hundert Faqīre, die ihren Verstand verloren hatten. Der Emir hatte Zelte für sie aufschlagen lassen und Scheich Yaʿqūb gab ihnen ein Mahl, an dem ich teilnahm, so daß ich mit ihnen zusammentraf.

Der Stadtfürst war ʿUmur Beg, Sohn des Sultans Muḥammad bin Aidīn, über den ich weiter oben schon gesprochen habe; er lebt in der Zitadelle. Als wir eintrafen, befand er sich gerade bei seinem Vater, kam aber fünf Tage später zurück. Er gab mir die Ehre, mich in der Zāwiya aufzusuchen, mich zu begrüßen und demütige Worte zu finden. Er schickte mir ein üppiges Mahl und schenkte mir einen griechischen Mamluken, der Nikola hieß und nur fünf Ellen groß war, sowie ein damastenes Gewand aus ›kamḫā‹[984], einem Seidenstoff, der in Bagdad, Tabrīz, Nīsabūr und in China gewebt wird. Der Rechtsgelehrte, der das Amt des Imāms versah, teilte mir mit, daß der Fürst wegen seiner Freigebigkeit keinen anderen Sklaven mehr gehabt hatte als den einen, den er mir schenkte. Gott habe Erbarmen mit ihm! Auch dem Scheich ʿIzz ad-Dīn machte er Geschenke, die aus drei gezäumten Pferden, großen dirhamgefüllten Silbergefäßen, welche die Türken als Trinkbecher benutzen, aus Kleidungs-

[981] Dieser Fluß ist der ›Kleine Menderes‹ (›Mäander‹).

[982] Persische Bezeichnung für ein Gewebe aus goldenem Brokat.

[983] Izmir, das antike Smyrna, besaß zwei Festungen: eine auf dem Pagus-Berg, deren Spuren noch zu besichtigen sind und die Mehmed Beg 1317 den Genuesen abnahm; eine zweite in der Nähe des Hafens, die bis 1329 ebenfalls in genuesischen Händen war, bevor Umur Beg sie eroberte.

[984] Mit Gold- oder Silberfäden durchwirkter Brokatstoff.

stücken, Ziegenhaardecken, Jerusalemer Stoff, den erwähnten ›kamḫā‹-Stoffen und schließlich aus jungen Sklavinnen und Sklaven bestanden.

Der Emir war freigebig und fromm und kämpfte viele Glaubenskriege.[985] Er besaß Kriegsschiffe, mit denen er die Umgebung des mächtigen Konstantinopel überfiel. Er nahm Gefangene und Beute und verschenkte sie aufgrund seiner Freigebigkeit und Großzügigkeit. Dann nahm er den heiligen Krieg wieder auf, der den Griechen schließlich so unerträglich wurde, daß sie Zuflucht beim Papst suchten. Dieser forderte die Christen aus Genua und Frankreich zum Krieg auf. Er ließ von Rom ein großes Heer abgehen, das die Stadt nachts mit zahlreichen Schiffen angriff und sie und den Hafen eroberte. Emir ʿUmur trat ihnen aus der Festung heraus entgegen, kämpfte gegen sie und erlitt mit einer großen Zahl seiner Männer den Tod des Glaubenskriegers. Die Christen setzten sich in der Stadt fest, konnten aber die stark befestigte Zitadelle nicht einnehmen.

Wir verließen die Stadt, um nach Maġnīsīya zu reisen, und stiegen am Abend des ʿArafa-Tages in einem Hospiz eines Mannes ab, der einer Bruderschaft angehörte.[986] Es ist eine große und schöne, auf dem Abhang eines Berges gelegene Stadt. Die Ebene, auf die sie hinabschaut, ist reich an Flüssen, Quellen, Gärten und Früchten. Ihr Sultan heißt Sarū Ḫān. Als wir die Stadt betraten, fanden wir ihn an der Grabkuppel seines Sohnes, der vor einigen Monaten verstorben war. Er blieb mit der Mutter des Verstorbenen vom Abend des Opferfestes bis zum nächsten Morgen am Grab. Der Sohn war einbalsamiert und in einen hölzernen Schrein mit einem Deckel aus verzinntem Eisen gelegt worden. Den Schrein hatte man im Kuppelbau, auf den noch kein Dach gesetzt war, aufgehängt, damit der Leichengeruch sich verströmen konnte. Danach erst wird das Dach aufgesetzt, der Sarg auf den Boden gestellt und die Kleider des Verstorbenen über ihm ausgebreitet. Ich habe diese Sitte auch bei anderen Königen beobachtet. Wir grüßten ihn an diesem Ort, verrichteten mit ihm das Festgebet und kehrten in die Zāwiya zurück.

985 Im Bündnis mit Ibn Sarū Ḫān unternahm Umur seinen ersten Feldzug gegen die Dardanellen im Jahre 1332. Im Bündnis mit Kaiser Andronikos III. Palaeologos griff er kurz darauf auch die lateinischen Kleinfürstentümer auf den ägäischen Inseln und in Griechenland an, unterstützte aber auch Andronikos' Gegner und Thronrivalen Johannes VI. Kantakuzenos erfolgreich im Kampf um den Thron von Konstantinopel. Sobald dieser Kaiser geworden war, suchte er sich des türkischen Sultans mit Hilfe der lateinischen Kleinfürsten zu entledigen. Im Jahre 1348 fiel Umur vor den Mauern von Izmir. Von diesen Vorgängen kann Ibn Baṭṭūṭa erst während seiner Rückreise, als er sich 1348 in Kairo aufhielt, erfahren haben.

986 Manisa, das antike Magnesia, etwa 40 Kilometer nordöstlich von Izmir. Sarū Ḫān (türk.: Saruhan; gest. 1345) eroberte es 1313 von den Byzantinern und gründete eine nach ihm benannte turkmenische Dynastie im Tal von Gediz. Der Tag der Station ʿArafa fiel im Jahre 1333 auf den 21. August, das nachfolgend genannte Opferfest auf den 22. August.

Mein junger Sklave nahm unsere Pferde, um sie zu tränken, und nahm einen anderen Sklaven mit, der einem meiner Gefährten gehörte. Aber sie kehrten lange nicht zurück, und als der Abend gekommen war, fand man keine Spur mehr von ihnen. In der Stadt lebte der ausgezeichnete Rechtsgelehrte und Lehrer Musliḥ ad-Dīn. Er ging mit mir zum Sultan, und wir trugen ihm unsere Sache vor. Der Sultan schickte Leute auf die Suche nach den beiden Flüchtigen, aber man fand sie nicht, denn die Einwohner der Stadt feierten das Fest. Sie waren an die Küste in eine Stadt der Ungläubigen gegangen, die eine Tagesreise von Maġnīsīya entfernt war, Fūġa hieß und stark befestigt war.[987] Jedes Jahr schicken sie von dort dem Sultan von Maġnīsīya einen Tribut, mit dem er sich begnügt, weil die Stadt eben zu stark befestigt ist. Aber als die Mittagsstunde verstrichen war, brachten einige Türken die beiden mit den Pferden zurück. Sie erzählten, daß die beiden Sklaven am Abend zuvor an ihnen vorübergekommen waren. Sie hatten Verdacht geschöpft und sie so bedrängt, bis sie gestanden, daß sie hatten fliehen wollen.

Wir brachen von Maġnīsīya auf und verbrachten die Nacht bei einem Stamm Turkmenen, die auf einer ihrer Weiden lagerten. Wir fanden in dieser Nacht bei ihnen aber kein Futter für unsere Tiere. Meine Gefährten hielten abwechselnd aus Sorge, bestohlen zu werden, Wache. Als die Reihe an den gelehrten ʿAfīf ad-Din at-Tūzarī kam, hörte ich ihn die Sure von der Kuh[988] lesen und sagte zu ihm: »Wenn du schlafen willst, wecke mich, damit ich sehe, wer die Wache übernimmt.« Dann schlief ich ein, aber er weckte mich erst am Morgen, und schon hatten Diebe uns ein Pferd samt Sattel und Zaumzeug gestohlen, das ʿAfīf ad-Dīn zu reiten pflegte. Es war ein ausgezeichnetes Tier, das ich in Ayā Sulūq gekauft hatte.

Wir brachen am Morgen auf und kamen nach Barġama, einer verfallenen Stadt, die von der Höhe eines Berges herab von einer mächtigen und wehrhaften Zitadelle beherrscht wird.[989] Es wird erzählt, daß Platon, der Weise, aus dieser Stadt stammte, und daß sein Haus noch heute unter seinem Namen bekannt ist.[990] In Barġama wohnten wir in der Zāwiya eines Faqīrs der Aḥmadīya-Bruderschaft. Aber auch ein Großer der Stadt kam, führte uns in sein Haus und bewirtete uns sehr gastfreundlich.

Der Sultan der Stadt nannte sich Yaḫšī Ḫān, denn ›Ḫān‹ bedeutet bei diesen

987 Heute: Foça, das alte Phokaea, 60 Kilometer westlich von Manisa an der Küste der Ägäis und bekannt durch seine Alaunläger. Die Stadt stand unter der Kontrolle der genuesischen Familie der Zaccaria, der Michael VIII. Palaeologos eine Alaunkonzession erteilt hatte und die dort einen neuen Hafen (Yeni Foça) gebaut hatte.

988 Zweite – und längste – Sure des Korans.

989 Heute: Bergama, das antike Pergamon, 60 Kilometer nördlich von Manisa.

990 Nicht Platon, sondern der Arzt Galen stammte aus Pergamon (geb. ca. 130 v. Chr.).

Völkern soviel wie Sultan, und ›yaḫšī‹ heißt ›vortrefflich‹.[991] Wir trafen ihn an seinem Sommersitz. Unsere Ankunft war ihm gemeldet worden, und er schickte uns ein Gastmahl und ein Gewand aus Jerusalemer Tuch.

Wir mieteten jemanden, der uns den Weg zeigen sollte, und reisten über hohe und unwegsame Berge weiter bis nach Balī Kasrī.[992] Es ist eine schöne Stadt mit sehr vielen Gebäuden und gefälligen Märkten. Sie besitzt aber keine Hauptmoschee, in der man das Freitagsgebet verrichten könnte. Die Einwohner wollten zwar eine Moschee ganz nahe vor der Stadt bauen und zogen auch die Mauern hoch, setzten ihr aber kein Dach auf. Trotzdem beteten sie dort und feierten den Freitagsgottesdienst im Schatten der Bäume. Wir wohnten im Hospiz des hochgeschätzten Aḫī Sinān. Der Richter und Prediger der Stadt, der Faqīh Mūsā, stattete uns dort einen Besuch ab.

Der Sultan heißt Dumūr Ḫān, von dem nichts Gutes zu berichten ist.[993] Sein Vater hat diese Stadt gebaut, deren Volk sich unter der Herrschaft seines Sohnes um viele Taugenichtse vermehrt hat; denn wie der Herrscher, so das Volk. Ich besuchte ihn, und er schickte mir ein Stück Seidenstoff. In dieser Stadt kaufte ich eine griechische Sklavin namens Marġalīṭa.

Von dort reisten wir nach Burṣā, einer großen Stadt mit hübschen Märkten und breiten Straßen. Gärten und Quellen mit sprudelndem Wasser umgeben sie auf allen Seiten.[994] An der Stadtmauer fließt ein Kanal mit sehr warmem Wasser vorüber, das in einen großen Teich fällt. Daneben hat man zwei Gebäude errichtet, eines für Männer, das andere für Frauen. Aus den fernsten Ländern kommen die Kranken zu dieser Quelle warmen Wassers, um Heilung zu finden. Dort steht ein Hospiz für Reisende; sie können dort wohnen und werden verpflegt, solange sie sich dort aufhalten, das heißt drei Tage. Es wurde von einem turkmenischen König erbaut.

Wir wohnten in Burṣā in der Zāwiya des Aḫī Šams ad-Dīn, des Oberhauptes einer Bruderschaft, und verbachten bei ihm den Tag des ʿĀšūrāʾ-Festes.[995]

991 Bergama war 1306 von Karasi erobert worden, der eine türkischen Dynastie gleichen Namens begründete. Sein Sohn Yaḫšī Ḫān (türk. ›yahşi‹: hübsch, angenehm, nett) folgte ihm nach und machte sich einen Namen als Pirat gegen die griechischen und lateinischen Besitzungen in der Ägäis.

992 Balikesir, 130 Kilometer nordöstlich von Manisa, bekannt geworden durch seine Seidenraupenzucht. Der Name geht auf die byzantinische Festung Palaeocastron zurück.

993 Enkel des vorgenannten Dynastiegründers Karasi und Sohn – oder Neffe – von Yaḫšī Ḫān; verlor sein Land 1345 an die benachbarten Osmanen, die seit wenigen Jahren ihren Hauptsitz in Bursa hatten.

994 Bursa war 1326 von Orhan, dem Sohne Osmans, des Begründers der osmanischen Dynastie, den Byzantinern weggenommen worden. Osman selbst war wenige Tage vor dieser Eroberung gestorben. Bursa ist noch heute für seine Thermalquellen berühmt.

995 Aḫī Šams ad-Dīn war Vater von Aḫī Ḥasan, der geistiger Berater von Orhan werden sollte. Das ʿĀšūrāʾ-Fest (10. Muḥarram 734 der Hiǧra) fiel auf den 21. September 1333.

Er bereitete ein großes Festmahl vor und lud am Abend die Offiziere und einige andere Stadtbewohner zu sich ein, um gemeinsam mit ihnen das Fasten zu brechen, während Koranleser mit schönen Stimmen vortrugen. Der Faqīh und Prediger Mağd ad-Dīn al-Qūnawī war ebenfalls zugegen. Er hielt eine sehr schöne und mahnende Predigt. Dann begannen Musik und Tanz, so daß es eine eindrucksvolle Nacht wurde. Dieser Prediger war ein gottesfürchtiger Mann, der lange Fasten hielt und es nur jeden dritten Tag brach. Er aß nur, was er sich mit seiner eigenen Hände Arbeit verdient hatte, und man erzählte sich, daß er nie Speisen von anderen annahm, daß er kein eigenes Haus hatte und außer den Kleidern, die er am Leibe trug, nichts besaß. Er schlief nur auf dem Friedhof, aber predigte und mahnte in den Freitagsversammlungen, in denen nicht wenige Menschen vor ihm Buße taten. Ich wollte ihn nach dieser Nacht aufsuchen, fand ihn aber nicht. Ich ging zum Friedhof, traf ihn aber auch dort nicht an, sondern erfuhr, daß er dorthin nur ginge, wenn alle Welt schlief.

Als wir uns am Abend des ʿĀšūrāʾ-Festes in der Zāwiya von Šams ad-Dīn aufhielten, hielt dieser Mağd ad-Dīn gegen Ende der Nacht eine Predigt. Da stieß einer der Faqīre einen lauten Schrei aus und fiel in Ohnmacht. Man beträufelte ihn mit Rosenwasser, aber er kam nicht zu sich. Man wiederholte es, aber ohne mehr Erfolg. Die Anwesenden waren uneins und ratlos: Die einen sagten, er sei tot, die anderen, er sei nur bewußtlos. Der Prediger beendete seine Ansprache, die Koranleser nahmen ihren Vortrag wieder auf, und wir verrichteten unser Gebet zum Sonnenaufgang. Dann ging die Sonne auf und als man sich wieder um den Mann kümmerte, fand man, daß er diese Welt verlassen hatte. Gott habe Erbarmen mit ihm! Er wurde gewaschen und in ein Leichentuch gehüllt. Ich nahm an dem Gebet teil, das zu seiner Bestattung verrichtet wurde.

Diesen Faqīr nannte man den ›Schreier‹. Man erzählte sich, daß er sich in einer Gebirgshöhle dem Gottesdienst hingab. Als er erfuhr, daß Mağd ad-Dīn predigen würde, ging er zu ihm und lauschte seiner Ansprache. Von niemandem nahm er Nahrung an, aber wenn Mağd ad-Dīn predigte, schrie er laut auf und verlor die Besinnung. Dann kam er wieder zu sich, machte seine Waschungen und verrichtete zwei Rakʿa-Gebete. Immer wenn er Mağd ad-Dīn zuhörte, begann er zu schreien, und zwar mehrmals in einer Nacht. Dies brachte ihm den Beinamen des Schreiers ein. Eine Hand und ein Fuß waren verkrüppelt und er konnte nicht arbeiten, so daß seine Mutter ihn mit ihrem Webstuhl ernährte. Als sie starb, ernährte er sich von Pflanzen.

In dieser Stadt traf ich den frommen Scheich ʿAbdallah al-Miṣrī, den Reisenden, einen redlichen Mann. Er war durch die ganze Welt gereist, außer nach China, auf die Insel Sarandīb, in den Maġrib, nach Spanien und in den Sūdān. Ich habe ihn übertroffen, denn ich habe alle diese Länder betreten.

Der Sultan von Burṣā war Iḫtiyār ad-Dīn Urḫān Beg, Sohn des Sultans

ʿUṯmān Ǧūq, und ›ǧūq‹ bedeutet im Türkischen ›klein‹.[996] Dieser Sultan war der größte turkmenische König, reicher an Schätzen, Städten und Soldaten als jeder andere. Er besitzt annähernd hundert Festungen, die er unaufhörlich bereist. In jeder bringt er mehrere Tage zu, um sie instandzusetzen oder ihren Zustand zu untersuchen. Er soll sich nie einen ganzen Monat in einer Stadt aufhalten. Er belagert und bekämpft die Ungläubigen. Das Grab seines Vaters, der Burṣā von den Griechen eroberte, steht in einer Moschee der Stadt, die früher eine christliche Kirche gewesen war.[997] Es wird auch erzählt, daß er ungefähr zwölf Jahre lang die Stadt Yaznīk belagerte[998], aber starb, bevor er sie einnehmen konnte. Sein Sohn, den ich soeben erwähnt habe, belagerte sie zwölf Jahre lang und eroberte sie schließlich. Dort bin ich ihm begegnet und er schickte mir viele Dirhams.

Wir brachen sodann nach Yaznīk auf. Bevor wir dort ankamen, verbrachten wir eine Nacht in dem Dorf Kurlah[999] im Hospiz einer Bruderschaft. Als wir dieses wieder verließen, ritten wir eine ganzen Tag lang an Flüssen entlang, deren Ufer mit Granatäpfelbäumen bewachsen waren, von denen die einen süße, die anderen saure Früchte trugen. Acht Meilen vor Yaznīk kamen wir an einen schilfbestandenen See. In die Stadt führt nur ein einziger dammähnlicher Weg, auf dem nur ein einzelner Reiter Platz hat. Auf diese Weise wird die Stadt verteidigt, denn der See umgibt sie von allen Seiten. Aber sie ist verfallen und wird nur noch von wenigen Menschen bewohnt, die im Dienste des Sultans stehen. Sie gehorchen seiner Gemahlin Bailūn Ḫātūn, einer frommen und gütigen Frau, die hier wohnt.[1000]

Die Stadt ist von vier Mauern umfaßt, zwischen denen Wassergräben gezogen worden sind. Man betritt sie über Holzbrücken, die nach Gutdünken

[996] Osman (reg. 1299–1326), erster osmanischer Sultan mit dem Beinamen ›der Kleine‹ (türk. küçük: ›klein‹); sein Sohn Orhan regierte von 1326–1356. Zur Zeit der Durchreise Ibn Baṭṭūṭas herrschte die Dynastie noch über ein kleines Territorium, aber die Nähe zum geschwächten byzantinischen Restreich um Konstantinopel prädestinierte sie vor allen anderen türkischen Sultanaten zu ihrem großen Aufstieg.

[997] Das St.-Elias-Kloster auf dem Festungsberg. Osmans Grab steht noch heute dort, wurde allerdings im 19. Jahrhundert restauriert.

[998] Iznik, das alte Nikaea, am Ostende des gleichnamigen Sees, aber nicht von Wasser umgeben, wurde im März 1331 erobert. Die Stadt war nach ihrer Eroberung von der Bevölkerung fast vollständig verlassen worden und wurde erst in der Folgezeit allmählich wieder besiedelt.

[999] Der heutige Ort Gürle auf halbem Wege zwischen Bursa und Iznik.

[1000] Orhans Gattin hieß Nilüfer und war griechischer Abstammung. Möglicherweise verwendet Ibn Baṭṭūṭa die Bezeichnung ›Bailūn‹ (oder ›Bayalūn‹) als Titel, denn später wird er den gleichen Namen für eine Gattin Muḥammad Uzbek Chans, des mongolischen Herrschers der Goldenen Horde in Südrußland, verwenden, mit der er die Reise nach Konstantinopel antritt (vgl. Kapitel ›Südrußland‹).

entfernt werden können.[1001] Im Inneren der Stadt gibt es Gärten, Häuser und bestellte Felder. Jeder Bewohner der Stadt hat sein eigenes Haus sowie seine eigenen Felder und Gärten geschlossen beieinander; sein Trinkwasser bezieht er aus nahegelegenen Brunnen. Die Stadt bietet jede Art von Obst und Nüssen, im Überfluß und zu niedrigen Preisen Kastanien, die sie selbst ›qasṭana‹ nennen, während die Nuß bei ihnen ›qūz‹ heißt. Weintrauben wie die ihrigen habe ich noch nirgendwo gesehen; sie heißen dort ›ʿaḏārī‹, sind sehr süß, sehr dick, von heller Farbe, dünner Schale und haben nur einen Kern.

Der Rechtsgelehrte, Imām und fromme Pilger ʿAlāʾ ad-Dīn as-Sulṭāniyūkī, ein rechtschaffener und freundlicher Mann, nahm uns in dieser Stadt gastfreundlich auf. Niemals ging ich zu ihm, ohne daß er mir zu essen anbot. Er war ein Mann von angenehmem Aussehen und bester Lebensführung. Zusammen mit mir besuchte er die Ḫātūn, die ich erwähnt habe. Sie empfing mich sehr freundlich, gab mir ein Ehrenmahl und behandelte mich mit großer Höflichkeit. Einige Tage nach meiner Ankunft kehrte Sultan Urḫān Beg in die Stadt zurück. Ich mußte etwa vierzig Tage bleiben, weil eines meiner Pferde erkrankt war. Als ich des Wartens überdrüssig geworden war, ließ ich das Tier zurück und brach mit dreien meiner Freunde, einer jungen Dienerin und zwei Sklaven auf. Niemand von uns konnte gut türkisch sprechen und für uns dolmetschen. Wir hatten zwar einen Dolmetscher gehabt, aber er hatte uns in Yaznīk verlassen. Als wir die Stadt hinter uns gelassen hatten, brachten wir die Nacht in einer Ortschaft namens Makağā[1002] bei einem Rechtsgelehrten zu, der uns aufnahm und bewirtete.

Wir verließen ihn wieder und trafen auf eine Türkin, die einen Diener bei sich hatte und vor uns her nach Yaniğā ritt. Die Frau hatte einen großen Fluß erreicht, der Saqarīy hieß, als hätte er seinen Namen von der Hölle bekommen – Gott beschütze uns vor ihr![1003] Sie ritt in den Fluß, und als sie in die Flußmitte kam, drohte ihr Pferd, mit ihr zu ertrinken, und warf sie ab. Der Diener, der sie begleitete, wollte sie retten, aber die Strömung riß beide fort. Leute, die am Ufer gestanden hatten, schwammen zu ihnen und retteten die Frau, die noch atmete. Der Mann wurde auch gefunden, aber er war tot – Gott erbarme sich seiner!

Diese Leute sagten uns, daß es weiter stromab eine Fähre gäbe, zu der wir nun ritten. Sie bestand aus vier mit Tauen verbundenen Bohlen, auf die Reitsättel und Gepäck gelegt werden. Männer am anderen Flußufer ziehen sie hinüber. Die Reisenden besteigen die Fähre, während die Tiere hinüber-

[1001] Die Stadt verfügte nur über zwei Mauern, zwischen denen ein Wassergraben lief.

[1002] Mekece etwa 30 Kilometer östlich von Iznik, auf halbem Wege nach Geyve am Sakarya-Fluß.

[1003] Ibn Baṭṭūṭa verwechselt hier den im Koran verwendeten Namen der Hölle (›saqar‹) mit der griechischen Herkunft des Namens Sakarya, nämlich Sangarios.

schwimmen. So taten wir es auch und erreichten am Abend Kāwiya[1004]. Das Wort wird wie ein feminines Wort gebildet, als wäre es von ›kīy‹ abgeleitet.[1005] Wir kamen im Hospiz eines jungen Mannes einer Bruderschaft unter. Als wir ihn arabisch ansprachen, verstand er uns nicht. Daraufhin sprach er türkisch, aber nun verstanden wir ihn nicht. Da sagte er: »Ruft den Faqīh, er kennt das Arabische.« Dieser kam und sprach uns auf Persisch an, wir antworteten ihm auf Arabisch. Er verstand uns nicht und sagte dem Jungen Bruder auf Persisch: »Īšān ʿarabī kuhnā mīqwān wa man ʿarabī nau mīdā nam.« ›Īšān‹ heißt ›diese Leute‹; ›kuhnā‹ heißt alt, ›mīqwān‹ heißt ›sie sprechen‹, ›man‹ heißt ›ich‹, ›nau‹ heißt ›neu‹ und ›mīdā nam‹ heißt ›ich kenne‹. Auf diese Weise wollte der Faqīh nur seine Beschämung verschleiern, denn die Leute glaubten ja, er könne das Arabische sprechen, aber er konnte es nicht. Er hatte ihnen nämlich gesagt: »Diese Fremden sprechen das alte Arabisch, ich kenne aber nur das neue Arabisch.« Der Junge Bruder glaubte auch, was der Faqīh behauptete, und das kam uns sehr zugute, weil er nun alle Mühe daran wandte, uns ehrenvoll zu bedienen; denn der Faqīh sagte: »Man muß diesen Leuten alle Ehre zuteil werden lassen, denn sie sprechen das alte Arabisch, die Sprache des Propheten und seiner Gefährten.« Damals verstanden wir zwar seine Worte nicht, aber ich habe sie mir eingeprägt, und als ich Persisch erlernt hatte, begriff ich ihren Sinn.

Nachdem wir die Nacht in der Zāwiya zugebracht hatten, gab man uns einen Führer mit, der uns nach Yaniǧā[1006] brachte, einer großen und schönen Stadt. Wir suchten die Zāwiya eines Aḫī und begegneten einem jener Faqīre, die den Verstand verloren hatten, und ich fragte ihn: »Ist dieses Haus die Zāwiya eines Aḫī?« – »Ja«, antwortete er. Ich war erfreut, jemanden gefunden zu haben, der arabisch sprach. Doch als ich ihn auf die Probe stellte, lüftete sich das Geheimnis, denn er kannte von unserer Sprache nur das eine Wort ›ja‹. Wir wohnten in der Zāwiya, und ein Koranschüler brachte uns Lebensmittel. Der Aḫī war nicht anwesend, aber zwischen uns und dem Schüler entstand Freundschaft. Auch er sprach kein Arabisch, aber er war sehr zuvorkommend und sprach den Stadtgouverneur an, der mir einen seiner Reiter mitgab.

Dieser wandte sich mit uns nach Kainūk[1007], einer kleinen Stadt, in der ungläubige Griechen unter der Schutzpflicht von Muslimen leben. Nur in einem einzigen Haus wohnten Muslime, unter deren Herrschaft die Christen stehen. Die Stadt gehört zum Gebiet des Sultans Urḫān Beg. Wir wohnten dort im Hause einer ungläubigen Greisin, es war die Zeit von Schnee und Eis. Wir behandelten die Frau gut und verbrachten die Nacht bei ihr. Die Stadt hat weder

1004 Heute: Geyve an der Eisenbahnlinie zwischen Istanbul und Ankara.

1005 In diesem Falle würde die Stadt ›die ätzende, die kaustische‹ heißen.

1006 Yenice, heute Taraklı südöstlich von Geyve.

1007 Göynük, im Osten von Taraklı.

Weinreben noch Bäume und außer Safran wird dort nichts angebaut. Unsere alte Gastgeberin brachte uns viel davon, denn sie hielt uns für Kaufleute und glaubte, daß wir ihr ihren Safran abkauften.

Am Morgen ritten wir weiter. Der Reiter, den uns der Aḫī seit Kāwiya mitgegeben hatte, verließ uns hier, schickte aber einen anderen Führer, der uns nach Muṭurnī bringen sollte. In der Nacht war viel Schnee gefallen und hatte alle Wege bedeckt. Der Führer ritt vor uns her und wir folgten seinen Spuren, bis wir gegen Mittag eine Siedlung von Turkmenen erreichten, die uns Lebensmittel brachten, von denen wir aßen. Unser Reiter sprach mit diesen Leuten, und einer von ihnen ritt nun mit uns. Es ging über Geröll, Berge und einen Wasserlauf, den wir mehr als dreißig Mal durchqueren mußten. Als wir diese Strecke überwunden hatten, sagte der Reiter: »Gebt mir ein wenig Geld!« Wir antworteten ihm: »Wenn wir in der Stadt angekommen sind, geben wir dir Geld, daß du zufrieden sein wirst.« Dies gefiel ihm nicht, vielleicht verstand er uns aber auch nicht. Er nahm einem meiner Gefährten den Bogen ab und entfernte sich ein wenig von uns. Dann kam er aber wieder und gab den Bogen zurück. Ich gab ihm einige Münzen, er nahm sie, lief davon und ließ uns stehen. Wir wußten nicht, wohin wir uns zu wenden hatten, denn wir konnten keinen Weg mehr erkennen.

Wir versuchten, unter dem Schnee die Wegspuren auszumachen, und folgten ihnen, bis wir gegen Sonnenuntergang auf einen Berg stießen, auf dem wir den Weg wegen der vielen Steine, die dort lagen, klar erkennen konnten. Ich sah für mich und meine Begleiter schon den Untergang voraus, weil ich fürchtete, daß in der Nacht erneut Schnee fallen würde und wir keinerlei Behausung entdeckten. Wenn wir von unseren Pferden stiegen, würden wir zugrundegehen; würden wir in der Nacht weiterreiten, wüßten wir nicht, in welche Richtung es ging. Ich hatte ein vorzügliches Pferd, überlegte, wie wir der Gefahr entgehen könnten und sagte mir: »Wenn ich gerettet wäre, könnte ich vielleicht auch einen Weg finden, meine Gefährten zu retten.« So geschah es denn auch. Ich empfahl sie Gott und machte mich auf den Weg.

Die Bewohner des Landes bauen über ihre Gräber Holzhäuschen, die man, wenn man sie sieht, zunächst für Wohnhäuser hält, bis man erkennt, daß es Gräber sind. Ich sah sehr viele davon. Es war schon nach dem Abendgebet, als ich an eines dieser Häuser kam und zu mir sagte: »O Gott! Gib, daß es bewohnt ist!« Tatsächlich fand ich es bewohnt, denn Gott hatte mich an die Tür eines Hauses geschickt, in dem ich einen alten Mann sah. Ich sprach ihn auf Arabisch an. Er antwortete mir türkisch und gab mir ein Zeichen, einzutreten. Ich erzählte ihm von der Lage meiner Gefährten, aber er verstand mich nicht. Nun war aber gottlob dieses Haus ein Kloster von Faqīren und der Mann an der Tür war ihr Vorsteher. Als die Faqīre im Inneren ihres Klosters hörten, wie ich mit dem Scheich sprach, kam einer, der mir bekannt war, heraus und grüßte mich. Ich sagte ihm, was meinen Gefährten zugestoßen war, und bat ihn, mit den anderen Faqīren aufzubrechen, um sie zu befreien. Sie stimmten zu und gingen mit mir zu ihnen zurück. Gemeinsam kamen wir wieder in das Kloster und dankten Gott für unsere Erlösung. Es war die Nacht auf Freitag. Die Bewohner des Dorfes versammelten sich und verbrachten die Nacht mit Gebeten. Jeder trug an Speisen herbei, was er konnte, und unsere Not hatte ein Ende.

Am Morgen brachen wir auf und kamen zur Zeit des Freitagsgebets in Muṭurnī an.[1008] Wir fanden Unterkunft im Hospiz des Aḫīs einer Bruderschaft, in das schon mehrere Reisende aufgenommen worden waren, so daß wir keinen Platz für unsere Pferde fanden. Nachdem wir das Freitagsgebet verrichtet hatten, befiel uns Sorge wegen des heftigen Schneefalls, der Kälte und des Fehlens eines Pferdestalls. Da trafen wir einen Bewohner der Stadt, einen Pilger, der uns begrüßte. Er sprach Arabisch. Ich war glücklich, ihn zu sehen und bat ihn, uns zu einem Stall zu führen, den wir für unsere Pferde mieten konnten. Er antwortete: »Sie in einem Gebäude unterzustellen, ist nicht möglich, weil die Türen der Häuser in dieser Stadt zu niedrig sind und die Tiere nicht hineingehen können. Aber ich zeige euch einen überdachten Gang auf dem Markt, wo die Reisenden und die Besucher des Marktes ihre Tiere anbinden.« Er führte uns hin und wir banden unsere Tiere an. Einer meiner Gefährten setzte sich gegenüber in einen leeren Laden, um sie zu bewachen.

Wir erlebten danach ein sonderbares Abenteuer, als ich einen Diener ausschickte, um Häcksel für die Pferde zu kaufen, und einen anderen, um Butter zu beschaffen. Einer kam mit Häcksel zurück. Der andere kam lachend zurück, aber mit leeren Händen. Wir fragten, warum er lachte. Er antwortete: »Ich blieb an einem Laden auf dem Markt stehen und fragte den Besitzer nach Butter. Er gab uns ein Zeichen, zu warten, und sprach mit seinem Jungen, dem ich Geld gab. Er blieb eine Weile aus und kam mit Stroh zurück. Ich nahm es und sagte: ›Ich wollte Butter.‹ –. ›Das‹, gab er zur Antwort, ›ist Butter.‹ Da wurde mir klar, daß man auf Türkisch für Stroh ›samn‹ sagt. Butter ist in ihrer Sprache ›rūġān‹.«[1009]

Als wir dem arabisch sprechenden Pilger begegnet waren, baten wir ihn, uns nach Qaṣṭamūniya zu begleiten, das zehn Tagesreisen entfernt ist. Ich schenkte ihm eines meiner Gewänder aus ägyptischem Tuch und gab ihm auch Geld, das er bei seiner Familie ließ, sowie ein Pferd und versprach, ihn gut zu behandeln. Er reiste mit uns ab. Wir fanden heraus, daß er wohlhabend war und an verschiedene Leute Forderungen hatte. Aber er war von niedriger Gesinnung, elendem Charakter und ein Betrüger. Wir gaben ihm Dirhams, mit denen wir

[1008] Das heutige Mudurnu, 35 Kilometer östlich von Göynük in bergiger Landschaft.

[1009] Stroh ist türkisch: ›saman; arabisch ›samn‹ ist Kochbutter; ›rugan‹ oder ›revgan‹ stammte aus persischer Wurzel und bedeutete im Osmanischen allgemein ›Fett‹ oder ›Öl‹, auch Lampenöl.

unsere Ausgaben bestreiten wollten. Er aber nahm das Brot, das übriggeblieben war, und tauschte es gegen Gewürze, Küchenkräuter und Salz ein, verschwieg aber, was er dafür bezahlt hatte. Wir erfuhren auch, daß er etwas von dem Geld, das für die täglichen Ausgaben bestimmt war, stahl. Wir ließen es ihm aber wegen der Unannehmlichkeiten, die unsere Unkenntnis der türkischen Sprache uns bereitet hätte, durchgehen. Schließlich aber machten wir ihm Vorwürfe und mußten ihm jeden Abend sagen: »O Pilger! Wieviel hast du uns heute von unserem Geld gestohlen?« Er erwiderte: »So und soviel.« Wir lachten über ihn und gaben uns zufrieden. Hier einige seiner schändlichen Taten:

Eines unserer Pferde war an einer Stelle, an der wir Halt gemacht hatten, verendet. Er übernahm es, ihm das Fell abzuziehen, und verkaufte es. Eines Nachts wohnten wir in einem Dorf bei einer seiner Schwestern. Sie brachte uns Essen und getrocknete Früchte, und zwar Birnen, Äpfel, Aprikosen und Pflaumen, die man in Wasser einlegt, bis sie weich werden. Danach ißt man sie und trinkt das Wasser dazu. Wir wollten die Frau belohnen, aber ihr Bruder erfuhr davon und sagte: »Gebt ihr nichts, sondern gebt, was ihr für sie bestimmt hattet, mir!« Wir gaben ihm etwas, damit er zufrieden war; heimlich aber gaben wir auch der Frau ein Geschenk, von dem er nichts wußte.

Dann kamen wir in die Stadt Būlī.[1010] Schon ganz in ihrer Nähe gerieten wir an einen Fluß, der auf den ersten Blick nur ein kleiner Bachlauf schien. Als aber einige von uns hineingeritten waren, stießen sie auf eine sehr starke und beunruhigende Strömung. Aber alle konnten übersetzen bis auf eine kleine Sklavin, die zurückgeblieben war, weil man sie aus Furcht nicht übersetzen lassen wollte. Mein Pferd aber war besser als alle anderen, so daß ich sie hinter mir aufsitzen ließ und mich anschickte, den Fluß zu durchqueren. Als ich in der Flußmitte angekommen war, stürzte das Pferd, und das Mädchen fiel herunter. Meine Gefährten zogen es mit ihrem letzten Atemzuge aus dem Wasser. An mir war die Gefahr vorübergegangen.

Wir betraten die Stadt und gingen zur Zāwiya einer Bruderschaft der Jungen Männer. Sie pflegen während des ganzen Winters in ihren Hospizen ein Feuer zu unterhalten. In jeder Ecke des Hauses stellen sie einen Ofen auf und versehen ihn mit Abzügen, durch die der Rauch zieht, ohne die Bewohner zu belästigen. Diese Rauchabzüge nennen sie ›baḫārī‹, der Singular lautet ›baḫīrīy‹.

Als wir das Hospiz betraten, fanden wir das Feuer angezündet vor. Ich legte meine Kleider ab, zog andere an und wärmte mich am Feuer. Der Aḫī brachte Speisen, Obst und noch viele andere Dinge. Gott segne diese edlen Männer! Wie weitherzig sind sie doch, wie hochherzig in ihrer Wohltätigkeit und ihrer Fürsorge für die Fremden! Welche Zuneigung zeigen sie doch dem Reisenden,

[1010] Bolu, etwa 50 Kilometer nordöstlich von Mudurnu an der Strecke zwischen Istanbul und Ankara gelegen, war bereits damals in osmanischem Besitz.

den sie lieben und den sie so weichherzig umsorgen! Die Ankunft eines Reisenden ist doch für sie nichts anderes als die Rückkehr eines lieben Verwandten!

Wir verbrachten eine sehr angenehme Nacht, brachen aber am Morgen wieder auf und kamen nach Karaday Būlī[1011], einer großen Stadt, die in einer Ebene liegt und breite Straßen und ausgedehnte Märkte besitzt. Sie zählt zu den kältesten Städten und hat getrennte Viertel, die von verschiedenen Volksgruppen bewohnt werden, die keinerlei Berührung miteinander haben. Der Sultan der Stadt, Šāh Beg, ist ein Fürst von mittlerer Macht, stattlichem Äußeren, rechtschaffener Lebensführung und von gutem Charakter, macht aber nur geringe Geschenke. Wir verrichteten in dieser Stadt das Freitagsgebet und wohnten in einer Zāwiya. Ich begegnete dem ḥanbalitischen Rechtsgelehrten und Prediger Šams ad-Dīn, dem Damaszener. Er hatte sich vor Jahren in dieser Stadt niedergelassen, war Vater mehrerer Kinder, beriet den Sultan in Fragen des Rechts und war auch sein Prediger, so daß sein Wort Gewicht bei ihm hatte. Dieser Faqīh besuchte uns auch in der Zāwiya und teilte uns mit, daß der Sultan in die Zāwiya gekommen sei. Ich dankte ihm dafür, trat vor den Sultan und grüßte ihn. Er setzte sich, fragte mich nach meinen Verhältnissen, nach meiner Ankunft und nach den Herrschern, denen ich begegnet war. Ich berichtete ihm alles. Er blieb eine Stunde, danach kehrte er zurück und schickte mir ein gesatteltes Pferd und ein Gewand.

Wir brachen nach Burlū auf[1012], einer kleinen Stadt auf einem Hügel, an dessen Fuß sich ein Graben befindet, und mit einer Zitadelle auf dem Gipfel eines hochragenden Berges. Wir fanden Wohnung in einer schönen Koranschule. Der Pilger, der mit uns reiste, kannte den Lehrer und die Schüler und nahm an ihren Lehrstunden teil, weil er einer ihrer Schüler war und sich zur ḥanafitischen Lehre bekannte. Der Fürst der Stadt, ʿAlī Beg, der Sohn des berühmten Sultans Sulaimān Bādišāh, des Königs von Qaṣṭamūniya, von dem später noch die Rede sein wird, lud uns zu sich ein. Wir stiegen zu ihm in die Zitadelle hoch und begrüßten ihn. Er hieß uns willkommen, ehrte uns und befragte mich nach meinen Reisen und meinem Befinden. Ich antwortete ihm, und er forderte mich auf, mich an seine Seite zu setzen. Sein Qāḍī und Schreiber, der Pilger ʿAlāʾ ad-Dīn Muḥammad, einer seiner wichtigsten Sekretäre, war ebenfalls anwesend. Man brachte Speisen, und wir aßen. Danach trugen die Koranleser mit bewegenden Stimmen und herrlichem Klang vor. Dann zogen wir uns zurück.

Am nächsten Morgen reisten wir nach Qaṣṭamūniya ab[1013], die zu den größten, schönsten und wohlhabendsten Städten zählt; ihre Waren sind sehr billig.

1011 Gerede Bolu, heute einfach Gerede, 37 Kilometer östlich von Bolu, erst nach Ibn Baṭṭūṭas Reise im Jahre 1354 von den Osmanen eingenommen.

1012 Das heutige Safranbolu, weitere 70 Kilometer nordöstlich von Gerede, einst ein Zentrum des Safrananbaus.

1013 Das heutige Kastamonu, etwa 100 Kilometer östlich von Safranbolu.

Wir nahmen Wohnung in der Zāwiya eines Scheichs, den man den Tauben nannte, weil er schwerhörig war. Bei ihm wurde ich Zeuge eines wunderbaren Ereignisses. Einer der Schüler schrieb in Anwesenheit des Scheichs mit seinem Finger in die Luft und bisweilen auf den Boden, was dieser verstand und auch beantwortete. Auf diese Weise erzählte man ihm ganze Geschichten, die er vollkommen erfaßte. In Qaṣṭamūniya blieben wir ungefähr vierzig Tage. Wir kauften für zwei Dirham das Fleisch eines fetten halben Hammels und für ebenfalls zwei Dirham eine solche Menge Brot, daß es für den ganzen Tag ausreichte, und wir waren zu zehnt. Süßigkeiten aus Honig kauften wir für die gleiche Summe, und es reichte für uns alle. Für einen Dirham erstanden wir Nüsse und für den gleichen Betrag Kastanien. Wir aßen alle davon und es blieb noch ein Rest übrig. Für eine Last Holz zahlten wir einen einzigen Dirham, und dies während großer Kälte. Ich habe keine Stadt gesehen, in der die Preise niedriger waren.

In Qaṣṭamūniya begegnete ich dem Scheich und weisen Imām, Muftī und Lehrer Tağ ad-Dīn As-Sulṭāniyūkī, einem bedeutenden Gelehrten. Er hatte in den beiden Iraq und in Tabrīz gelehrt und wohnte nun seit einiger Zeit in dieser Stadt. Er hatte auch in Damaskus gelehrt und sich schon in den beiden heiligen Städten aufgehalten. Ebenfalls in Qaṣṭamūniya traf ich den Gelehrten Ṣadr ad-Dīn Sulaimān al-Finīkī, der aus Finīka[1014] im Lande der Griechen stammte. Er bewirtete mich in seiner Schule neben dem Pferdemarkt. Auch den bejahrten und gottesfürchtigen Scheich Dādā ʾAmīr ʿAlī besuchte ich in seiner Zāwiya, die ebenfalls in der Nachbarschaft des Pferdemarktes stand. Ich fand ihn auf dem Rücken ausgestreckt, bis ein Diener ihm auf seinen Stuhl half, bis ein anderer ihm die Lider hob und er die Augen öffnete. Er sprach mich in bestem Arabisch an und sagte: »Sei willkommen!« Ich fragte ihn nach seinem Alter und er antwortete: »Ich gehörte zu den Gefährten des Kalifen Al-Mustanṣir Billāh; als er starb, war ich dreißig Jahre alt, und jetzt bin ich hundertdreiundsechzig.«[1015] Ich bat ihn, für mich zu beten, und kehrte um.

Der Sultan von Qaṣṭamūniya ist der erhabene Sultan Sulaimān Bādišāh.[1016] Er ist alt und hat schon mehr als siebzig Jahre. Er hatte ein angenehmes Gesicht, Haare, die über die Ohren fielen, und war voller Würde und Majestät. Die Rechtsgelehrten und die Rechtschaffenen haben Zugang zu ihm. Ich besuchte ihn in seinem Empfangssaal. Er ließ mich an seiner Seite Platz nehmen,

1014 Finike an der türkischen Südküste östlich von Antalya.

1015 Al-Mustanṣir Billāh, der vorletzte Kalif von Bagdad, starb 1242 (640 d. H.); der Scheich kann deshalb höchstens 123 Mondjahre alt gewesen sein.

1016 Mit vollem Namen Šuğāʿ ad-Dīn Sulaimān (1301–1340), Sohn von Timur Ğandār, der seit 1291 das Lehen Aflānī im Nordosten von Safranbolu besaß. Šuğāʿ hatte Kastamonu 1310 oder 1320 der seldschukischen Familie der Çobaniden entrissen und der Familie der Ğandaroğlu (oder Isfandiaroğlu) einverleibt.

fragte mich nach meinem Befinden, nach der Zeit meiner Ankunft, nach den beiden heiligen Städten sowie nach Ägypten und Syrien, Fragen, die ich sämtlich beantwortete. Er ordnete an, daß ich in seiner Nähe untergebracht werden sollte, und schenkte mir noch am gleichen Tage einen edlen Schimmel sowie ein Gewand und wies mir eine Summe für meine Ausgaben und Futter für die Tiere an. Er sagte mir ferner zu, daß mir von einer Ortschaft, die zu seiner Stadt gehörte und eine halbe Tagesreise entfernt war, eine bestimmte Menge Weizen und Gerste gehören sollte, die mir aber nichts einbrachte, weil ich niemanden fand, der sie mir wegen der niedrigen Preise abkaufen wollte, und die ich deshalb dem Pilger, der uns begleitete, schenkte.

Der Sultan pflegt alle Tage nach dem Nachmittagsgebet einen Empfang zu geben. Speisen werden herbeigebracht, die Tore werden geöffnet und niemand, sei es ein Bewohner der Stadt oder des Landes, ein Fremder oder ein Reisender, wird zurückgewiesen, wenn er mitspeisen will. Zu Tagesbeginn hält der Sultan eine besondere Audienz. Sein Sohn besucht ihn, küßt ihm die Hände und kehrt in seine Gemächer zurück. Dann erscheinen die Großen des Landes, speisen beim Herrscher und ziehen sich wieder zurück. Freitags reitet er zur Moschee, die weitab von seinem Palast liegt, aus Holz errichtet ist und aus drei Stockwerken besteht. Der Sultan, die Würdenträger des Hofes, der Qāḍī, die Rechtsgelehrten und die Offiziere beten im unteren Stockwerk. Der Bruder des Sultans, Efendi genannt[1017], dessen Freunde und Diener sowie einige Männer aus der Stadt halten ihr Gebet im oberen Stockwerk; sein zur Nachfolge auserwählter jüngster Sohn, der Al-Ǧawād[1018] heißt, dessen Freunde, Mamluken und Diener und das übrige Stadtvolk beten im oberen Stockwerk. Die Koranleser versammeln sich und setzen sich im Kreise vor die Gebetsnische, in ihrer Nähe nehmen der Qāḍī und der Prediger Platz. Der Sultan schaut mit dem Gesicht zur Gebetsnische. Nun tragen die Koranleser mit ihren schönen Stimmen die Sure von der Höhle vor und wiederholen die Verse in wohlgeordneter Folge. Sobald sie ihre Lesung beendet haben, besteigt der Prediger die Kanzel, predigt und spricht das Gebet vor. Ist dieses beendet, werden zusätzliche Gebete gesprochen. Der Vorleser vor dem Sultan liest ein Zehntel des Korans, wonach der Sultan sich samt seiner Begleitung entfernt.

Nun liest der Koranleser vor dem Bruder des Sultans. Wenn er fertig ist, zieht sich dieser mit seinen Begleitern zurück und daraufhin liest der Leser vor dem Sohn des Sultans. Hat er die Lesung beendet, erhebt sich der Muʿarrif, der den Dienst eines Kammerherrn versieht, und rühmt den Sultan und seinen Sohn in türkischen Versen und betet für sie. Dann zieht sich der Sohn zurück

[1017] Aus dem griechischen Wort ›afthentes‹ entstandene Anrede, etwa: ›Herr‹. Die Übernahme dieses Titels ins Türkische kann nicht sehr lange vor dieser ersten literarischen Erwähnung stattgefunden haben.

[1018] Dieser Gawād ist unbekannt.

und begibt sich zum Palast seines Vaters, nachdem er auf dem Wege seinem Onkel die Hand geküßt hat, der ihn stehend erwartet. Beide treten gemeinsam bei dem Sultan ein. Sein Bruder geht zu ihm, küßt ihm die Hand und setzt sich vor ihn. Nun folgt der Sohn, küßt die Hand des Vaters und entfernt sich in seine Räume, wo er sich mit seinen Begleitern niederläßt. Sobald die Stunde des Nachmittagsgebets gekommen ist, begehen sie es alle gemeinsam. Der Bruder des Sultans küßt ihm die Hand, zieht sich zurück und kommt erst am nächsten Freitag wieder. Sein Sohn dagegen kommt, wie wir schon gesagt haben, jeden Morgen.

Wir verließen die Stadt schließlich und stiegen in einer großen Zāwiya ab, die in einem Dorfe lag und zu den schönsten Hospizen zählte, die ich in diesem Lande gesehen habe.[1019] Sie ist von einem großen Fürsten namens Faḫr ad-Dīn erbaut worden, der sich voller Reue wieder Gott zuwandte. Er übertrug seinem Sohne die Sorge für die Einrichtung und die Aufsicht über die Faqīre. Dank einer Stiftung fließen ihr die Einkünfte des Ortes zu. Gegenüber der Zāwiya hat der gleiche Emir auch ein öffentliches Bad gebaut, das jedermann unentgeltlich betreten kann. Auch einen Markt hat er, ebenfalls als Stiftung für die Hauptmoschee, im Dorf eingerichtet. In einem weiteren Vermächtnis zugunsten der Zāwiya hat er jedem Faqīr, der aus den beiden heiligen Städten, aus Syrien, Ägypten, den beiden Iraq, aus dem Ḫurāsān oder sonstwoher kommt, vollständige Kleidung und hundert Dirham für den Tag der Ankunft und dreihundert für den Tag der Abreise angewiesen. Darüber hinaus wird er während seines Aufenthaltes verpflegt, und zwar mit Brot, Fleisch, in Butteröl gekochtem Reis und mit Süßspeisen. Jedem Faqīr des Landes der Griechen sagte er zehn Dirham und das Recht auf Unterkunft für drei Tage zu.

Wir reisten weiter und verbrachten eine Nacht in einem Hospiz, das auf einem hohen Berge lag, der völlig unbesiedelt war. Es war von einem Mitglied einer Bruderschaft der Jungen Männer errichtet worden, das aus Qaṣṭamūniya stammte und Niẓām ad-Dīn hieß. Er hatte ihr eine Ortschaft vermacht, deren Einkünfte für die Bewirtung von Reisenden aufgewendet werden.

Von dort reisten wir nach Ṣanūb[1020], einer wohlbevölkerten Stadt, die Schönheit mit wehrhafter Anlage verbindet. Das Meer umschließt sie von allen Seiten außer der östlichen, an der ein Tor steht, durch das nur gehen darf, wer

1019 Es könnte sich um die Koranschule in Taşköprü, 40 Kilometer nordöstlich von Kastamonu, handeln, die Muẓaffar ad-Dīn Yülük Arslan aus dem Stamm der Çobanoğlu dort errichten ließ und die der im Text bereits erwähnte Sulaimān Bādišāh mit neuen Stiftungen ausstattete. Seiner wird heute unter dem Namen Faḫru-d-Dīn gedacht.

1020 Sinop an der Schwarzmeerküste und etwa 95 Kilometer nördlich von Taşköprü, liegt auf einer Halbinsel, die auf ihrer Westseite und nicht, wie im Text gesagt wird, auf der Ostseite mit dem Festland verbunden ist. Der Hafen war die wichtigste Verbindung Kleinasiens mit der Krim.

eine Erlaubnis des Stadtfürsten Ibrāhīm Beg besitzt[1021], des Sohnes von Sultan Sulaimān Bādišāh, den ich schon genannt habe. Nachdem er wegen uns um Erlaubnis gefragt worden war, betraten wir die Stadt und fanden Unterkunft in der außerhalb des Meerestores gelegenen Zāwiya von ʿIzz ad-Dīn Aḫī Ǧalabī. Von dort steigt man auf einen Berg, der sich ins Meer schiebt wie der Hafen von Ceutá, und wo sich Obstgärten, Felder und Bewässerungskanäle befinden. Die meisten Früchte, die hier angebaut werden, sind Feigen und Weintrauben. Es ist ein unzugänglicher Berg, den man nicht besteigen kann. Es liegen dort elf von ungläubigen Griechen bewohnte Dörfer, die unter der Schutzpflicht der Muslime stehen. Auf dem Gipfel steht ein Kloster, das die Namen von Ḫiḍr und Ilyās trägt und in dem es nie an Gläubigen fehlt. In der Nähe befindet sich eine Quelle, und alle Gebete, die dort gesprochen werden, finden Erhörung. Am Fuß des Berges hat der fromme und heilige Gefährte Balāl, der Abessinier, sein Grab gefunden, über dem eine Zāwiya erbaut wurde, die jeden Ankömmling mit Speisen versorgt.[1022]

Die Hauptmoschee der Stadt Ṣanūb ist ein sehr schönes Gotteshaus, in dessen Mitte unter einer auf vier Säulen ruhenden Kuppel ein Wasserbecken steht.[1023] Neben jeder Säule stehen zwei kleine Marmorpfeiler, die ein kleines Podest tragen, das über eine Holztreppe bestiegen werden kann. Gebaut wurde sie von Sultan Birwānah, dem Sohn des Sultans ʿAlāʾ ad-Dīn ar-Rūmī.[1024] Er predigte freitags von dieser Kuppel herab. Seinen Platz nahm nach ihm sein Sohn Ǧāzī Ǧalabī ein, und als dieser starb, bemächtigte sich der erwähnte Sultan Sulaimān der Stadt. Ǧāzī Ǧalabī war ein kühner und unerschrockener Mann, dem Gott die besondere Gabe geschenkt hatte, sehr lange unter Wasser bleiben und kräftig schwimmen zu können. Oft bestieg er ein Kriegsschiff, um gegen die Griechen zu kämpfen. Wenn die beiden Flotten einander begegneten und der Kampf tobte, tauchte er mit einem eisernen Werkzeug unter Wasser und bohrte die feindlichen Schiffe an. Die Feinde erfuhren nie, was ihnen geschah, bis sie unversehens sanken. Einmal überfielen feindliche Schiffe den Hafen seines Landes, aber er versenkte sie und nahm die Besatzungen gefangen.[1025] Er war ein

[1021] Ibrāhīm war, wahrscheinlich seit 1322, Herr von Sinop und Umgebung und gehörte der Familie der Ǧandaroğlu an.

[1022] Auch Damaskus rühmt sich dieses Grabes.

[1023] Diese Moschee, im Jahre 1267 von Sulaimān Pervan, einem Wesir des Seldschukenfürsten Kiliç Arslan II. erbaut, steht noch heute und trägt den Namen der Alaüddin-Moschee.

[1024] Diese von Ibn Baṭṭūṭa dargestellte Geschichte ist sehr verworren: ›Birwānah‹ ist kein anderer als der vorgenannte Sulaiman Pervan, dessen Sohn das Land um Sinop um 1300 an einen Gāzī Ǧalabī (Çelebi), einen Seldschuken und Nachfolger von Masʿūd II., verlor. Dessen weitere Geschichte sowie die seiner angeblichen Nachfolger Sulaimān und Ibrāhīm sind nicht genau bekannt.

[1025] Nach genuesischen Quellen haben diese Ereignisse im Jahre 1324 stattgefunden: Ġāzī

unvergleichlicher Held. Es wird allerdings erzählt, daß er sehr viel Haschisch rauchte und auch daran starb: Er ritt eines Tages auf die Jagd, auf die er leidenschaftlich versessen war, und verfolgte eine Gazelle, die sich unter die Bäume geflüchtet hatte. Er trieb sein Pferd an, stieß aber mit seinem Kopf gegen einen Baum, der im Wege stand und ihm den Schädel zertrümmerte, so daß er starb. Sultan Sulaimān nahm die Stadt Ṣanūb ein und ernannte seinen Sohn Ibrāhīm zum Statthalter. Auch dieser Fürst soll, so wird erzählt, wie sein Vorgänger Haschisch rauchen, denn das Volk des Landes Rūm findet den Genuß dieses Giftes nicht verwerflich. Ich kam eines Tages am Tor der Hauptmoschee von Ṣanūb vorüber, vor der Bänke stehen, auf die Leute sich setzen können. Da sah ich mehrere Truppenoffiziere und vor ihnen einen ihrer Diener, der in seiner Hand einen Beutel mit einem Stoff trug, der dem Ḥinnā᾿[1026] ähnlich sah. Einer nahm einen Löffelvoll davon und nahm es zu sich. Ich schaute ihm zu, und da ich nicht wußte, was der Beutel enthielt, fragte ich einen meiner Begleiter, und er sagte mir, es sei Haschisch. Der Qāḍī der Stadt nahm uns auf. Er war auch Lehrer und Vertreter des Stadtfürsten und nannte sich Ibn ʿAbd ar-Razzāq.

Als wir eingetroffen waren, sahen die Bewohner, daß wir während des Gebets die Hände herabhängen lassen. Sie sind Ḥanafiten und kennen weder die Lehre der Malikiten noch ihre Art zu beten, denn nach dieser Lehre ist die bevorzugte Gebetshaltung die mit herabhängenden Händen. Einige von ihnen hatten in der Ḥiǧāz und im Iraq Rāfiḍiten gesehen, die im Gebet ebenso die Arme herabhängen lassen. Sie schöpften Verdacht, daß auch wir Anhänger dieser Lehre seien, und stellten uns Fragen. Wir belehrten sie, daß wir Anhänger Māliks waren. Aber sie waren mit dieser Behauptung nicht zufrieden, und ihr Argwohn wurde so stark, daß der Vertreter des Sultans uns einen Hasen schickte und einem seiner Diener befahl, in unserer Nähe zu bleiben, um zu beobachten, was wir mit ihm machten. Wir schlachteten den Hasen und verspeisten ihn. Der Diener kehrte daraufhin um und berichtete seinem Herrn, was wir getan hatten. Da schwand jeglicher Verdacht gegen uns und man schickte uns ein Gastmahl. Die Rāfiḍiten essen nämlich keine Hasen.

Vier Tage nach unserer Ankunft in Ṣanūb starb Emir Ibrāhīms Mutter, und ich folgte dem Totenzug. Ihr Sohn ging zu Fuß und mit entblößtem Haupt, ebenso die Emire und Mamluken, die ihre Kleidung mit der Innenseite nach außen gewendet hatten. Auch der Qāḍī, der Prediger und die Faqīhs hatten ihre Kleidung gewendet, ihre Köpfe jedoch bedeckt und nur den Turban durch schwarze wollene Tücher ersetzt. Vierzig Tage lang speiste man die Armen, denn so lange dauert bei diesem Volke die Trauerzeit.

Ǧalabī, der dort unter dem Namen ›Zarabi‹ erscheint, soll in Sinop zehn genuesische Handelsschiffe angegriffen haben.

[1026] Henna (Lawsonia inermis), für kosmetische Zwecke verwendeter roter Farbstoff.

Südrußland

Wir harrten in Ṣanūb ungefähr vierzig Tage aus und warteten auf eine Gelegenheit, über See nach Qiram[1027] zu fahren. Wir mieteten ein Schiff, das Griechen gehörte, und warteten noch elf Tage in der Hoffnung auf einen günstigen Wind, bevor wir schließlich in See stachen. Nach drei Tagen, als wir uns schon auf hoher See befanden, wurde das Meer sehr unruhig und unsere Lage so bedrohlich, daß wir schon den Tod vor Augen sahen. Ich befand mich zusammen mit einem Maġribiner namens Abū Bakr in einer Kajüte und forderte ihn auf, an Deck zu gehen, um das Meer zu beobachten. Er gehorchte, kam zurück in die Kajüte und sagte: »Ich empfehle dich Gott.« Ein gewaltiger Sturm brach los, wie es noch keinen gegeben hatte. Dann aber drehte der Wind und warf uns in die Nähe von Ṣanūb zurück, das wir soeben verlassen hatten. Ein Kaufmann wollte im Hafen der Stadt wieder an Land gehen, aber ich hinderte den Schiffseigner daran, ihn aussteigen zu lassen. Bald bekamen wir einen günstigen Wind und nahmen unsere Reise wieder auf. Doch auf dem Meer gerieten wir erneut in schwere See und sahen uns in der gleichen Lage wie zuvor. Endlich aber legte sich der Sturm, und wir erkannten die Berge des nahen Festlandes.

Wir steuerten einen Hafen namens Kirš[1028] an und wollten einlaufen, als wir auf dem Berge Männer sahen, die uns Zeichen gaben, nicht anzulegen. Wir fürchteten schon um unser Leben, denn wir nahmen an, dort lägen feindliche Schiffe, und entfernten uns längs des Festlandes wieder. Als wir uns ihm näherten, sagte ich zum Schiffsführer: »Ich will hier aussteigen.« Er ließ mich am Ufer an Land gehen. Ich sah eine Kirche, ging zu ihr und traf dort auf einen Mönch. An einer Kirchenmauer bemerkte ich die Abbildung eines Arabers mit einem Turban auf dem Kopf, einem Säbel am Gürtel, einer Lanze in der Hand und einer brennenden Lampe vor sich. Ich fragte den Mönch: »Wen stellt die-

[1027] Wichtigster Hafen der Krim für die Verbindung mit Kleinasien, etwa 42 Kilometer von Kaffa (Feodosia) entfernt; von ihm erhielt die Halbinsel ihren heutigen Namen. Im Mittelalter trug der Hafen den Namen ›Solgat‹, heute ›Stary Krim‹. Ibn Baṭṭūṭa dürfte Kleinasien etwa im März 1334 verlassen haben.

[1028] Kertsch am Westufer der Meerenge gleichen Namens, die das Schwarze Meer mit dem Asowschen Meer verbindet. Die Krim gehörte zur Zeit der Durchreise Ibn Baṭṭūṭas zum Mongolenreich der Goldenen Horde. An der Südküste hatten sich die Genuesen in ihrer Hauptniederlassung Kaffa, dem heutigen Feodosia, eingerichtet. Kertsch war seit 1332 auch Sitz eines Bischofs.

ses Bild dar?« Er antwortete: »Es ist das Bild des Propheten ʿAlī[1029]«, und ich war über seine Worte erstaunt. Wir verbrachten die Nacht in der Kirche und ließen uns Hühner kochen. Wir konnten sie aber nicht essen, denn sie stammten aus den Schiffsvorräten, und alles, was an Bord gewesen war, hatte den Geruch des Meeres angenommen.

Der Ort, an dem wir ausgestiegen waren, gehörte zu der Steppe, die unter dem Namen ›Dašt Qifǧaq‹[1030] bekannt ist. In der Sprache der Türken bedeutet ›dašt‹ das gleiche wie ›ṣaḥrāʾ‹ im Arabischen. Die Steppe ist grün und blühend, aber es gibt weder Bäume noch Berge, weder Steilpfade noch Brennholz, an dessen Stelle sie Viehmist verbrennen, den sie ›tazak‹ nennen. Selbst die bedeutendsten unter den Einwohnern sieht man diesen Mist einsammeln und im Zipfel ihrer Kleider nach Hause tragen. In dieser Ebene reist man nur in Wagen. Sie dehnt sich sechs Monatsreisen weit aus, drei allein in den Ländern des Sultans Muḥammad Ūzbak und drei in den Ländern anderer Fürsten.

Am Morgen nach unserer Ankunft in diesem Hafen machte sich einer unserer Mitreisenden, ein Kaufmann, auf, um in dieser Steppe Angehörige des Volkes der Qifǧaq zu finden, das sich zur Religion der Christen bekennt. Er mietete von ihnen einen von Pferden gezogenen Wagen, in den wir einstiegen und nach Kafā fuhren, einer großen Stadt, die sich an der Küste entlangstreckt und die von Christen, in der Mehrzahl Genuesen, bewohnt wird. Ihr Oberhaupt heißt Damdīr. Wir fanden Unterkunft in der Moschee der Muslime.

Eine Stunde, nachdem wir in dieser Moschee abgestiegen waren und geruht hatten, hörten wir von überallher den Klang der Glocken. Ich hatte dieses Geräusch noch nie vernommen. Ich war erschrocken und befahl meinen Gefährten, auf das Minarett zu steigen, den Koran zu lesen, Gott zu lobpreisen und den Gebetsruf zu sprechen. So taten sie es auch. Da bemerkten wir, daß sich ein Mann zu uns gesellt hatte, der eine Rüstung trug und bewaffnet war. Er grüßte uns, und wir baten ihn, uns zu sagen, wer er war. Er teilte uns mit, er sei der Qāḍī der Muslime der Stadt, und setzte hinzu: »Als ich den Koran und den Gebetsruf hörte, habe ich Angst um euch bekommen und bin herbeigeeilt, wie ihr seht.« Dann entfernte er sich, aber wir fanden nur gute Aufnahme.

Am nächsten Morgen besuchte uns der Aḫī und ließ uns ein Gastmahl auftragen. Wir speisten bei ihm und machten einen Rundgang durch die Stadt, in der wir schöne Märkte vorfanden. Alle Einwohner sind Ungläubige. Dann stiegen wir zum Hafen hinab und fanden ihn prächtig. Ungefähr zweihundert

1029 Da ein Prophet ʿAlī nicht bekannt ist, dürfte es sich um den Propheten Elias gehandelt haben, der im Arabischen als ›Ilyās‹ geführt wird.

1030 ›Qifǧaq‹ ist Südrußland, so benannt nach dem Volk der Kiptschak, die von den Byzantinern ›Kumanen‹, von den Ungarn ›Hunnen‹ und von den Russen ›Polowzi‹ (›Polovetzer‹) genannt wurden. Den Begriff der ›dašt-i qifǧaq‹ verwendeten auch die arabischen Geographen für die südrussischen Steppen. ›Ṣaḥrāʾ‹ ist ›Wüste‹, ›Steppe‹.

Schiffe, sowohl Kriegs- als auch Lastschiffe, kleine und große, lagen in ihm. Der Hafen zählt zu den berühmtesten der Welt.

Wir mieteten einen Wagen und fuhren nach Qiram, einer großen und schönen Stadt, die zum Reiche des mächtigen Sultans Muḥammad Ūzbak Ḫān gehört; sie hat einen von diesem ernannten Statthalter namens Tuluktumūr.[1031] Auf der Fahrt begleitete uns ein Diener dieses Fürsten. Er hatte seinem Herrn unsere Ankunft gemeldet, so daß mir dieser durch seinen Imām Saʿd ad-Dīn ein Pferd schickte. Wir wohnten in einem Hospiz, dem Scheich Zādah al-Ḫurāsānī vorstand. Dieser Scheich, der sehr verehrt wird, nahm uns freundlich auf, hieß uns willkommen und bewirtete uns großzügig. Ich sah Einwohner der Stadt, Qāḍīs, Prediger, Rechtsgelehrte und andere, die kamen, um ihn zu grüßen. Scheich Zādah erzählte mir, daß in einem Kloster außerhalb der Stadt ein christlicher Mönch lebte, der sich andächtigen Übungen und häufigen Fasten hingab, ja daß er so weit ginge, vierzig Tage hintereinander Fasten zu halten, die er dann mit einer einzigen Bohne bräche, und daß er die geheimen Dinge erkannt habe. Der Scheich wünschte, daß ich ihn zu diesem Manne begleitete, aber ich lehnte ab. Später aber bereute ich, ihn nicht gesehen und die Wahrheit dessen, was man über ihn erzählte, kennengelernt zu haben.

In Qiram begegnete ich dem Großqāḍī der Stadt Šams ad-Dīn as-Sāyilī, Richter der Ḥanafiten, dem Richter der Šāfiʿiten mit Namen Ḫiḍr, dem Faqīh und Lehrer ʿAlāʾ ad-Dīn al-Aṣī, sowie dem Prediger der Šāfiʿiten Abū Bakr, der das Amt des Predigers in der Hauptmoschee versah, die König An-Nāṣir – Gott schenke ihm sein Erbarmen – in dieser Stadt hatte erbauen lassen.[1032] Ebenso sah ich den Scheich, den weisen und gottesfürchtigen Muẓaffar ad-Dīn; er ist Grieche von Geburt, hat aber aufrichtig den Islam angenommen. Schließlich sah ich den frommen und demütigen Scheich Muẓahhir ad-Dīn, der zu den geachtetsten Rechtsgelehrten zählte. Fürst Tuluktumūr war erkrankt, und wir suchten ihn auf. Er erwies uns Ehre und nahm uns freundlich auf. Er war im Begriff, nach Sarā, dem Sitz des Sultans Muḥammad Ūzbak, aufzubrechen. Ich bereitete mich darauf vor, in seiner Gesellschaft weiterzureisen und kaufte mir zu diesem Zwecke Reisewagen.

Die Landesbewohner nennen diese Wagen ›ʿaraba‹. Es sind Wagen mit vier großen Rädern, die von zwei oder mehr Pferden gezogen werden; je nach der Schwere oder dem leichten Gewicht der Wagen werden aber auch Ochsen oder Kamele vorgespannt. Der Wagenführer setzt sich auf ein gesatteltes Zugpferd,

[1031] Auch Tolaktemur genannt. Die Krim war im 13. Jahrhundert Toka Timur, einem Enkel Dschingis Chans, überlassen worden, so daß es sich bei Tuluktumūr um einen späteren Nachfahren dieses Toka Timur gehandelt haben dürfte.

[1032] Nach At-Tāzī erwähnen die Chroniken, daß Sultan Baibars für den Bau einer Moschee in Qiram im Jahre 1268 einen Architekten und 1.000 Dinar schickte. Die Hauptmoschee von Qiram aber ließ 1314 Uzbek Chan errichten.

in der Hand eine Peitsche, um die Tiere zum Laufen anzutreiben, und ein großes Stück Holz, mit dem er sie berührt, wenn sie vom Wege abweichen. Auf den Wagen setzt man einen Aufbau aus Holzstäben, die mit dünnen Lederriemen zusammengebunden sind. Ein solches Zelt ist sehr leicht, mit Filz oder Tuch bedeckt und besitzt vergitterte Bogenfenster, durch die der Insasse die Menschen betrachten kann, ohne selbst gesehen zu werden. Seinen Sitz kann er nach Belieben verändern. Er schläft, ißt, liest und schreibt während der Fahrt. Das Gepäck, die Reisevorräte und der Proviant sind in einem ähnlichen Zelt untergebracht, das durch einen Riegel verschlossen ist. Als ich mich auf die Fahrt machen wollte, bereitete ich mir einen filzgedeckten Wagen vor, in dem ich mit einer jungen Sklavin Platz nahm, einen anderen, kleineren für meinen Reisegefährten ʿAfīf ad-Dīn at-Tūzarī, und für meine anderen Gefährten ließ ich einen großen Wagen bereitstellen, der von drei Kamelen gezogen wurde, von denen eines als Reittier für den Wagenführer diente.

In der Gesellschaft von Emir Tuluktumūr, seinem Bruder ʿĪsā und seinen beiden Söhnen Kuṭlūdumūr und Ṣārū Bak brachen wir auf. Unter den Reisenden befanden sich ferner sein Imām Saʿd ad-Dīn, der Prediger Abū Bakr, Qāḍī Šams ad-Dīn, der Faqīh Šarf ad-Dīn Mūsā und der Höfling ʿAlāʾ ad-Dīn, der die Aufgabe hat, während der Audienzen vor dem Fürsten zu stehen, sich bei der Ankunft des Qāḍīs vor diesen zu stellen und mit lauter Stimme zu rufen: »Im Namen Gottes, hier ist euer Herr und unser Meister, der Qāḍī der Qāḍīs und oberster Schiedsrichter, der das Recht auslegt und klare und wahre Urteile spricht; im Namen Gottes.« Kommt ein angesehener Rechtsgelehrter oder ein anderer hochgeachteter Mann, so ruft er: »Im Namen Gottes. Hier ist euer Herr Soundso ad-Dīn, im Namen Gottes.« Die Teilnehmer stehen für den Neuankömmling bereit, erheben sich vor ihm und machen ihm im Saale Platz.

Die Türken reisen in dieser Steppe wie die Pilger auf dem Wege in die Ḥiǧāz. Sie brechen nach dem Frühgebet auf, lagern am Vormittag, setzen ihre Reise nach der Mittagsstunde fort und machen am Abend Halt. Wenn sie Lager machen, spannen sie die Pferde, Kamele und Ochsen von den Wagen aus, an die sie angezäumt sind, und lassen sie Tag und Nacht frei laufen, damit sie weiden können. Niemand, weder der Sultan noch sonst jemand, füttert sein Vieh, denn es ist dieser Steppe eigentümlich, daß ihr Pflanzenwuchs den Tieren die Gerste ersetzen kann, eine Besonderheit, die man in keinem anderen Lande antrifft; deshalb findet man dort auch Reittiere in so großer Zahl. Wegen der strengen Gesetze gegen den Diebstahl haben sie für ihr Vieh auch weder Hirten noch Wächter. Ihr Gesetz besagt: Findet man jemanden im Besitz eines gestohlenen Pferdes, so ist er verpflichtet, es seinem Besitzer zurückzugeben und ihm obendrein neun gleichwertige auszuliefern. Kann er es nicht, werden ihm seine Kinder weggenommen. Hat er keine Kinder, wird er geschlachtet wie ein Schaf.

Diese Türken essen weder Brot noch andere feste Speisen. Sie bereiten ein Gericht zu aus einem Korn, das der Hirse ähnelt und das sie ›dūqī‹ nennen. Sie setzen Wasser aufs Feuer und geben, sobald es kocht, dieses ›dūqī‹ hinein. Wenn sie Fleisch haben, schneiden sie es in kleine Stücke und kochen es zusammen mit diesem Getreide. Jede Person bekommt ihren Anteil in einer Schale, gießt geronnene Milch darüber und ißt. Dazu trinken sie Stutenmilch, die sie ›qimizz‹ nennen. Es sind starke, kräftige und lebhafte Menschen. Bisweilen nehmen sie ein Gericht zu sich, das sie ›burḫānī‹ nennen. Sie schneiden einen Teig in kleine Stücke, drücken in die Mitte ein Loch hindurch und geben es in einen Kochkessel. Sobald sie gekocht sind, gießen sie geronnene Milch darüber und essen sie. Sie kennen auch einen Wein, der aus dem erwähnten ›dūqī‹-Korn gewonnen wird. Den Verzehr von Süßigkeiten betrachten sie als Laster. Eines Tages befand ich mich im Monat Ramaḍān bei Sultan Ūzbak Ḫān. Es wurden Pferdefleisch, das sie meistens essen, Hammelfleisch und ›rištā‹ aufgetragen, eine Art Nudel, die sie kochen und in Milch essen. Ich brachte ihm an diesem Abend eine Schale mit Zuckerwerk, das einer meiner Gefährten zubereitet hatte, und schenkte sie ihm. Er berührte sie mit seinem Finger und führte ihn zum Munde, nahm aber danach nichts mehr. Emir Tuluktumūr erzählte mir, daß einer der ersten Mamluken des Sultans ungefähr vierzig Kinder und Enkel besaß und daß der Sultan eines Tages zu ihm gesagt hatte: »Iß Süßes, und ich gebe euch allen die Freiheit.« Der Mann aber lehnte ab und erwiderte: »Selbst wenn du mich tötest, würde ich es nicht essen.«

Als wir Qiram verlassen hatten, stiegen wir in der Zāwiya des Emirs Tuluktumūr an einem Ort namens Siğiğān ab: Er lud mich zu sich ein und ich ritt zu ihm. Für mich stand ein Pferd bereit, das dem Wagenführer gefolgt war, so daß ich es reiten konnte, wann ich wollte. Ich begab mich zur Zāwiya und bemerkte, daß der Emir ein reichhaltiges Mahl hatte auftragen lassen, zu dem auch Brot gehörte. Dann wurde eine weißliche Flüssigkeit in kleinen Schalen hereingetragen, aus denen die Tischgäste tranken. Neben dem Emir saß Scheich Muẓaffar ad-Dīn, neben dem mein Platz war. Ich fragte ihn: »Was ist das?« – »Das«, antwortete er, »ist Wasser aus ›duhn‹.« Doch ich verstand nicht, was er sagte und kostete von dem Getränk, fand aber, daß es einen säuerlichen Geschmack hatte, und stellte es beiseite. Als ich hinausgegangen war, fragte ich erneut, und man sagte mir: »Es ist Wein aus ›dūqī‹-Korn.« Dieses Volk hängt der ḥanafitischen Lehre an und hält den Wein für erlaubt. Sie nennen diesen aus ›dūqī‹ hergestellten Wein ›būza‹.[1033] Scheich Muẓaffar ad-Din hatte mir ganz ohne Zweifel gesagt: »Es ist Wasser aus ›duḫn‹ «, aber er hatte eine barbarische Aussprache, denn ich hatte gehört: »Es ist Wasser aus Fett.«[1034]

[1033] ›Būza (auch ›būẓa‹) ist ein dickflüssiges, leicht gegorenes Getränk aus Hirse, das heute unter dem Namen ›bīra‹ hergestellt wird.

[1034] ›Duḫn‹ ist Hirse, während ›duhn‹ ›Fett‹ oder ›Öl‹ bedeutet.

Nachdem wir ab Qiram an achtzehn Stationen Lager gemacht hatten, kamen wir an ein großes Wasser, über das wir einen ganzen Tag lang übersetzten.[1035] Als bereits die Tiere mit den Wagen in großer Zahl ins Wasser getrieben waren, wurde der Boden immer schlammiger und der Übergang immer beschwerlicher. Da kam der Emir zu meinem Reittier und ließ mich mit einem seiner Diener vor sich übersetzen. Er schrieb für mich einen Empfehlungsbrief an den Emir von Azāq, um ihm mitzuteilen, daß ich zum König reisen wollte, und um ihn anzuhalten, mich mit Ehren aufzunehmen. Wir reisten weiter, bis wir erneut einen Strom erreichten, dessen Überquerung einen halben Tag dauerte. Nach drei weiteren Tagen kamen wir in Azāq an, das an der Küste eines Sees liegt und eine gut gebaute Stadt ist.[1036]

Genuesen und andere treiben dort Handel. Hier lebt Aḫī Biçakçi, der zu den Jungen Männern gehört, ein Mann von Bedeutung ist und Reisende verpflegt. Als das Schreiben des Emir Tuluktumūr an den Statthalter von Azāq, Muḥammad Ḫūǧāh al-Ḫwārizmī[1037], gelangte, kam er mir, um mich zu empfangen, mit dem Qāḍī und dessen Schülern entgegen und ließ mir Speisen bringen. Nachdem wir ihn begrüßt hatten, machten wir Halt, um zu essen. Sodann kamen wir in die Stadt, wohnten aber außerhalb unweit eines Konvents, das die Namen Ḫiḍr und Ilyās trug. Ein Scheich aus Azāq, der nach einem Ort im Iraq den Namen Raǧab an-Nahr Malikī[1038] trug, kam aus der Stadt und gab uns in seiner Zāwiya ein schönes Gastmahl. Zwei Tage nach uns kam auch Emir Tuluktumūr an, und Emir Muḥammad ging ihm mit dem Qāḍī und dessen Schülern entgegen. Es wurden Festmähler für ihn vorbereitet, wozu drei Zelte nebeneinander aufgestellt wurden, eines davon prächtig und aus bunter Seide, zwei andere aus Leinen. Sie waren von einem Leinenvorhang umzäunt, den man bei uns ›afrāǧ‹[1039] nennt. In jedes Zelt führte ein Vorraum, der die Form eines Turmes hatte, wie man ihn hierzulande sieht. Als der Emir abgestiegen war, wurden Seidentücher vor ihm ausgebreitet, auf denen er schritt.

1035 Möglicherweise der Mius westlich von Taganrog, in welchem Falle Ibn Baṭṭūṭa noch einmal auf die Krim und dann entlang der Nordküste des Asowschen Meeres reisen mußte.

1036 Asow, etwa 30 Kilometer westlich von Rostow am Don und am Südufer des Don, der sich dort ins Asowsche Meer ergießt. Asow ist das mittelalterliche Tana, wo zunächst die Genuesen und später die Venezianer ihre Handelskolonien gründeten. Der türkische Name ›Azāq‹ erscheint erstmals 1317 auf Münzen.

1037 Der Name ›Ḫūǧah-al-Ḫwārizmī‹ erscheint auch in einem venezianischen Text aus dem Jahre 1334, in dem er als Herrscher von Tana erwähnt wird.

1038 Nach dem 30 Kilometer südlich von Bagdad von Fallūǧa zum Tigris fließenden alten Kanal Al-Malikīya.

1039 Ein Berberwort, mit dem in Marokko das königliche Lager bezeichnet wurde und das korrekt ›afrāk‹ lauten müßte, in den Handschriften freilich als ›afrāǧ‹ oder auch als ›afrāq‹ erscheint. Die Stammbedeutung ist ›Zaun, Einfriedung‹.

Seiner Großherzigkeit und Güte war es zu danken, daß er mich vor sich hatte ankommen lassen, damit der andere Emir sähe, in welcher Wertschätzung er mich hielt.

Wir kamen an das erste Zelt, das für Tuluktumūrs Ruhesitz bestimmt war. Gegenüber der Tür stand für ihn ein großer verzierter Stuhl aus Holz, der mit einem schönen Kissen bedeckt war. Der Emir ließ mich und ebenso Muẓaffar ad-Dīn vor sich eintreten. Dann stieg er hinauf und setzte sich zwischen uns, so daß wir drei alle gemeinsam auf dem Kissen saßen. Tuluktumūrs Qāḍī und Prediger sowie der Stadtqāḍī und seine Schüler setzten sich links des Stuhls auf prachtvolle Teppiche. Die zwei Söhne des Emirs Tuluktumūr, sein Bruder, Emir Muḥammad und seine Söhne blieben dienstbereit stehen. Nun brachte man Speisen herbei, die aus Pferde- und anderem Fleisch sowie aus Stutenmilch bestanden, und danach das Getränk, das sie ›būza‹ nennen. Als das Essen beendet war, trugen die Koranleser mit schönen Stimmen vor. Dann richtete man eine Kanzel auf, und der Prediger stieg hinauf, während die Koranleser sich vor ihn stellten. Er hielt eine wortgewaltige Ansprache, betete für den Sultan, den Emir und alle Teilnehmer. Er sprach zunächst arabisch und erklärte seine Worte danach in türkischer Sprache. Dazwischen wiederholten die Koranleser Verse des Buches mit wunderschönen, vibrierenden Stimmen und begannen schließlich zu singen. Zunächst sangen sie arabisch, was sie ›qawāl‹[1040] nennen, dann in persisch und in türkisch, was bei ihnen ›mulammaʿ‹[1041] heißt. Später wurden weitere Gerichte hereingebracht, und so ging es bis zum Abend. Immer, wenn ich mich entfernen wollte, hielt mich der Emir zurück. Schließlich brachte man dem Emir ein Gewand und andere Kleider für seine beiden Söhne, für seinen Bruder, für Scheich Muẓaffar ad-Dīn und für mich. Für den Emir und seinen Bruder wurden zehn Pferde herbeigeführt, sechs für seine beiden Söhne, ein Pferd für jeden Großen seines Gefolges und eines auch für mich.

Pferde sind in diesem Land sehr zahlreich und kosten nicht viel. Der Preis eines vorzüglichen Pferdes beträgt fünfzig oder sechzig Dirham, die etwa den Wert eines unserer Dinare haben. Die Pferde sind die gleichen, die man in Ägypten ›akādīš‹[1042] nennt. Mit ihnen bestreiten die Menschen des Landes ihren Unterhalt, Pferde gibt es dort so viele wie bei uns Schafe, ja sogar noch mehr. Ein einziger Türke besitzt bisweilen Tausende von ihnen. Ein Brauch der Türken, die sich in diesem Lande niedergelassen haben und Pferde besitzen, ist es, an die Wagen, in denen ihre Frauen reisen, ein Stück Filz von der Länge

[1040] In der Form ›qawwāl‹ wörtlich heute: ›redselig, gesprächig‹, aber auch ›Volkssänger‹; im Persischen bedeutet die Textform ›qawāl‹ eine Liedform.

[1041] Wörtlich: ›bunt‹; in der Poesie bezeichnet der Ausdruck Strophen mit abwechselnd persischen und türkischen Versen.

[1042] Pferd nichtreiner Rasse, auch Wallach.

einer Handspanne zu hängen, das an ein dünnes, eine Elle langes Stöckchen gebunden und an einer Wagenecke befestigt wird. Ein Stück Filz zählt für tausend Pferde, und ich habe Männer gesehen, die zehn Stück Stoff mitführten und mehr. Die Pferde werden in Herden von bis zu 6.000 Tieren, manchmal mehr, manchmal weniger, nach Indien gebracht. Jeder Kaufmann hat hundert oder zweihundert Pferde, mal mehr, mal weniger. Diese Kaufleute mieten für je fünfzig Pferde einen Hirten, der sich um sie kümmert und sie wie Schafe auf die Weiden führt. Bei ihnen heißt dieser Mann ›qašī‹.[1043] Er steigt auf ein Pferd und hält einen langen Stock in der Hand, an dem ein Seil befestigt ist. Will er ein Tier fangen, kommt er ihm mit seinem Pferd nahe, wirft ihm das Tau um den Hals, zieht es an sich, besteigt es und läßt das andere weiden. Sobald sie mit ihnen im Sind angekommen sind, füttern sie sie mit Korn, aber die Pflanzen des Sind können die Gerste nicht ersetzen. Viele Tiere verenden und werden ihnen gestohlen. An einem Ort namens Šašnaqār im Sind[1044] müssen für den Besitz eines Pferdes sogar sieben Silberdinare entrichtet werden. Auch in Multān, der Hauptstadt des Sind, wird auf sie eine Gebühr erhoben. Früher hatten sie ein Viertel des Wertes ihrer mitgebrachten Waren zu verzollen. Aber der König von Indien, Sultan Muḥammad, hat diesen Zoll aufgehoben und vielmehr angeordnet, den muslimischen Händlern die Zakāh-Steuer[1045] und den ungläubigen Kaufleuten den Zehnten aufzuerlegen. Dennoch bleibt den Pferdehändlern noch ein großer Gewinn, denn sie verkaufen in Indien ein Pferd minderen Wertes noch für hundert Silberdinare, die in maġribinischem Golde 25 Dinare wert sind. Häufig erlösen sie das Doppelte oder gar das Vielfache dieser Summe. Ein sehr gutes Pferd ist 500 Dinare oder mehr wert. Die Inder kaufen es nicht für den Galopp oder für Rennen, sondern sie legen im Kampf Panzerhemden an und rüsten so auch ihre Pferde aus. Sie schätzen an einem Pferd die Kraft und die Länge seiner Schritte. Für Rennen ziehen sie die Pferde aus dem Jemen, aus ʿUmān und Persien vor. Ein solches Tier kostet zwischen 1.000 und 4.000 Dinar.

Als Emir Tuluktumūr die Stadt wieder verlassen hatte, blieb ich noch drei Tage, bis Emir Muḥammad Ḫūǧā mir alles Nötige für die Reise vorbereitet hatte. Dann machte ich mich auf den Weg nach Māǧar, einer größeren Stadt und einer der schönsten der Türken.[1046] Sie liegt an einem großen Fluß und besitzt sehr viele Gärten und Früchte. Wir wohnten in der Zāwiya des frommen, ehrwürdigen und betagten Scheichs Muḥammad al-Baṭāʾiḥī aus Baṭāʾiḥ im Iraq. Er war Nachfolger von Scheich Aḥmad ar-Rifāʿī. In seinem Kon-

[1043] Türkisch: ›Pferdehirt‹.

[1044] Vermutlich ›Hashtnagar‹, etwa 25 Kilometer nordwestlich von Peshawar.

[1045] Almosensteuer.

[1046] Burgomadschari am Kuma im Vorkaukasus, auf 44° 50' n. Br. und 44° 27' ö. L. auf der Strecke von Asow nach Astrachan.

vent hatte er ungefähr siebzig arabische, persische, türkische und griechische Faqīre, verheiratete und ledige, die von Almosen lebten. Die Landesbewohner schätzen die Faqīre hoch und bringen jeden Abend Pferde, Ochsen und Hammel. Auch der Sultan und die Prinzessinnen besuchen den Scheich, um seinen Segen zu empfangen. Sie geben reichlich und machen ihm, besonders die Frauen, viele Geschenke, denn sie verteilen viele Almosen und suchen stets, gute Werke zu tun.

In Māǧar verrichteten wir unser Freitagsgebet. Als es beendet war, bestieg der Prediger ʿIzz ad-Dīn die Kanzel. Er war ein Faqīh und ein vornehmer Mann aus Buḫārā, der viele Schüler und Koranleser bei sich hatte, die aus dem Koran vortrugen. In Anwesenheit des Emirs und der Großen der Stadt hielt er den Teilnehmern eine mahnende Predigt. Dann erhob sich Scheich Muḥammad al-Baṭāʾiḥī und sprach: »Der Faqīh und Prediger möchte auf Reisen gehen, und wir wünschen Reiseverpflegung für ihn.« Er legte einen wollenen Umhang, den er trug, ab und fuhr fort: »Dieses Geschenk mache ich ihm.« Nun legten die einen Teilnehmer ein Kleidungsstück ab, die anderen gaben ein Pferd, wieder andere Geld. Viele solcher Dinge konnte er entgegennehmen.

Im überdachten Basar der Stadt sah ich einen Juden, der mich grüßte und auf Arabisch ansprach. Ich fragte ihn, woher er käme, und er sagte mir, er stamme aus Spanien, wäre aber nicht über See gereist, sondern hätte den Landweg eingeschlagen und sei über das große Konstantinopel, Kleinasien und durch das Land der Tscherkessen gekommen.[1047] Er fügte hinzu, daß er vor vier Monaten aus Spanien aufgebrochen war. Reisende Kaufleute, die von diesen Dingen etwas verstehen, versicherten mir, daß er die Wahrheit gesagt hatte.

Ich wurde in diesem Land Zeuge der bemerkenswerten Verehrung, welche die Frauen bei den Türken genießen. Tatsächlich gelten sie mehr als die Männer. Das erste Mal, daß ich die Frau eines Fürsten sah, fiel zusammen mit meiner Abreise aus Qiram, als ich die Prinzessin und Gattin des Emirs Saltīya in ihrem Wagen erblickte. Er war ganz mit blauen und feinen Decken geschmückt. Fenster und Türen des Wagenzeltes waren geöffnet. Vor der Prinzessin standen vier junge Mädchen von verführerischer Schönheit und sehr hübsch gekleidet. Weitere Wagen mit jungen Dienerinnen folgten. In der Nähe des Emirs angekommen, stieg sie aus dem Wagen, gefolgt von etwa dreißig jungen Mädchen, welche die Schleppe ihres Kleides anhoben. Zu ihrer Kleidung gehörten geknöpfte Westen, von denen jedes Mädchen eine nahm. Auf allen Seiten wurde der Saum ihres Kleides angehoben, und stolz schritt die ›Ḫātūn‹ vor ihnen her. Als sie zum Emir trat, erhob er sich vor ihr, grüßte sie und ließ sie neben sich Platz nehmen, während die jungen Sklavinnen sich um sie herum aufstellten. Nun wurden Schläuche mit Stutenmilch herbeigetragen. Sie goß etwas in eine Schale, kniete sich

[1047] Die Tscherkessen siedelten ursprünglich im nordwestlichen Kaukasus; die meisten wanderten in mehrfachen Wellen nach Syrien und Kleinasien aus.

vor den Emir und reichte sie ihm. Nachdem er getrunken hatte, gab sie seinem Bruder zu trinken, während der Emir ihr zu trinken gab. Man trug Speisen auf, und die Prinzessin aß mit dem Emir, dann gab er ihr ein Kleid und sie entfernte sich. So behandeln die Fürsten ihre Gattinnen, und ich werde später noch von den königlichen Gemahlinnen sprechen. Auch die Frauen der Verkäufer und Markthändler habe ich gesehen. Eine sitzt zum Beispiel in einem Pferdewagen und hat drei oder vier junge Mädchen bei sich, die die Schleppe ihres Kleides tragen. Auf dem Kopf trägt sie ein ›buġṭāq‹, eine hohe Haube, in die Juwelen eingelegt sind und die am oberen Ende mit Pfauenfedern geschmückt ist. Die Fenster des Wagenzeltes sind geöffnet, so daß das Gesicht der Frau erkennbar ist, denn die türkischen Frauen verschleiern sich nicht. Eine andere, die ebenso ausfährt und von ihren Dienerinnen begleitet ist, bringt Schafe und Milch auf den Markt, die sie gegen wohlriechende Duftstoffe verkauft. Manchmal wird die Frau von ihrem Mann begleitet, den man, wenn man ihn sieht, für einen ihrer Diener halten könnte. Er trägt nur einen Hammelpelz und auf dem Kopf eine Haube, die zu dieser Kleidung gehört und ›kulā‹[1048] heißt.

Wir bereiteten uns auf die Abreise aus Māǧar vor, um ins Heerlager des Sultans an einen Ort Bišdaġ zu reisen, der vier Tagesreisen entfernt war. In türkischer Sprache heißt ›biš‹ fünf und ›daġ‹ bedeutet Berg.[1049] Auf diesen fünf Bergen liegt eine warme Quelle, in der die Türken baden. Sie behaupten, daß, wer dort badet, gegen Krankheiten gefeit ist. Wir brachen zum Lager auf und erreichten es am ersten Tag des Monats Ramaḍān.[1050] Dort mußten wir feststellen, daß das gesamte Lager bereits abgereist war, und kehrten an den Ort zurück, von dem wir aufgebrochen waren, denn das Lager mußte sich dort in der Nähe befinden. Auf einem Hügel schlug ich mein Zelt auf, pflanzte eine Fahne davor und stellte die Pferde und die Wagen dahinter. Da erschien das königliche Gefolge, das die Türken ›urdū‹[1051] nennen. Wir sahen eine riesige Stadt, die sich mit all ihren Bewohnern, ihren Moscheen und Märkten, bewegte und aus der sich der Rauch der Küchen in die Luft erhob, denn die Türken kochen auch während der Reise. Das ganze Volk fährt in pferdebespannnten Wagen, und wenn es am Lagerplatz angekommen ist, werden die Zelte von den Wagen heruntergenommen und auf der Erde aufgestellt, denn sie sind sehr leicht. Das Gleiche geschieht mit den Läden der Handwerker, den Moscheen und den Ständen der Händler. Die Gemahlinnen des Sultans zogen, jede einzeln mit ihren Zofen, an uns vorbei. Als die ihrem Rang nach vierte Gattin – es

1048 Persisch: ›Haube, Kappe, Baumwollmütze‹.

1049 Pjatigorsk; die russische wie auch die türkische Bezeichnung ›Beş Dağ‹ bedeutet ›Fünf Berge‹. Die von Ibn Baṭṭūṭa erwähnten Thermalquellen gibt es noch heute.

1050 6. Mai 1334.

1051 Im heutigen Türkisch: ›Heer, Armee‹. Das Wort ist auch Ursprung der Bezeichnung: ›Goldene Horde‹ (›Altın Ordu‹).

ist die Tochter des ʿĪsā Bak, von der ich noch sprechen werde – vorüberkam, sah sie auf dem Hügel das Zelt mit der Fahne, die von einem Neuankömmling kündete. Sie schickte Pagen und junge Mädchen, die mich grüßten und mir auch den Gruß von ihr überbrachten. Sie hatte unterdessen angehalten, um auf die Rückkehr ihrer Boten zu warten. Durch einen meiner Gefährten und durch den Sekretär des Emir Tuluktumūr schickte ich ihr ein Geschenk. Sie nahm das Geschenk als gutes Vorzeichen an, gab Anweisung, daß ich mein Zelt in ihrer Nachbarschaft aufschlagen solle, und zog weiter.

Schließlich erschien auch der Sultan und bezog sein eigenes Lager. Es ist Muḥammad Ūzbak, und Ḫān bedeutet bei den Türken ›Sultan‹.[1052] Er besitzt ein großes Reich, ist sehr mächtig und berühmt, genießt höchstes Ansehen, bezwang die Gottesfeinde aus dem großen Konstantinopel und ist voller Eifer, gegen sie in den heiligen Krieg zu ziehen. Seine Ländereien sind riesig, seine Städte zahlreich. Zu ihnen gehören Kafā, Qiram, Māǧar, Azāq, Surdāq[1053], das Ḫwārizm und seine Hauptstadt Sarā.[1054] Er ist einer der sieben größten und mächtigsten Könige der Welt, als da sind: unser Herr, der Fürst der Gläubigen und Gottes Schatten auf Erden, Führer siegreicher Völker, die nicht aufhören werden, bis zum Jüngsten Tage die Wahrheit zu verteidigen – Gott bestätige seine Macht und adle seinen Sieg!–, ferner der Sultan von Ägypten und Syrien, der Sultan der beiden Iraq, eben dieser Sultan Ūzbak, der Sultan von Turkistān und ›Māwarāʾ an-Nahr‹[1055], der Sultan von Indien und der Sultan von China. Wenn Sultan Ūzbak auf Reisen geht, nimmt er nur seine Mamluken und die Fürsten seines Reiches in sein Lager mit. Jede seiner Gattinnen bezieht ein eigenes Quartier. Will er zu einer von ihnen gehen, läßt er sie benachrichtigen, und sie bereitet sich auf seinen Empfang vor. In seinen Empfängen, auf seinen Reisen und seiner Regierung befolgt er ein staunenswertes und wunderbares Zeremoniell.

Freitags nach dem Gebet setzt er sich in einen Pavillon, der ›goldener Pavillon‹ heißt und mit prachtvollen Verzierungen geschmückt ist. Er ist aus Holzstäben errichtet, die mit Blattgold beschlagen sind. In der Mitte steht ein Thron aus Holz, der mit vergoldeten Silberplättchen bekleidet ist und dessen Füße aus

1052 Uzbek Chan (reg. 1312–1341), mongolischer Sultan der Goldenen Horde. Er war der erste mongolische Herrscher, der den Islam annahm.

1053 Surdāq ist das alte Soldaya, das heutige Sudak auf der Krim, südöstlich von Feodosia, Haupthafen und Handelsniederlassung der Venezianer, bevor Kaffa diese Rolle übernahm.

1054 Das alte Saray, 100 Kilometer wolgaaufwärts von Astrachan an der Stelle des heutigen Ortes Selitronnoje, wurde von Batu (reg. 1227–1256), dem ersten Herrscher der Goldenen Horde, als Winterresidenz gegründet. Das neue Saray gründete wahrscheinlich Berke (reg. 1257–1266) weiter nördlich bei Karow, das etwa 70 Kilometer östlich von Wolgograd, dem früheren Stalingrad, liegt.

1055 Wörtlich: ›Jenseits des Flusses‹: das ›hinter dem Oxus‹ (Transoxanien) gelegene mongolische Reich der Nachkommen des Dschagatay.

massivem Silber bestehen, während der obere Teil der Lehne mit Edelsteinen verziert ist. Der Sultan setzt sich auf den Thron, zu seiner Rechten die Ḫātūn Ṭaiṭuġlī, neben ihr die Ḫātūn Kibak, zu seiner Linken die Ḫātūn Bailūn, der die Ḫātūn Urduǧī folgt. Rechts unterhalb des Throns steht Tīna Bak, der Sohn des Sultans, auf der anderen Seite sein zweiter Sohn Ǧāni Bak. Ūzbaks Tochter Īt Kuǧuǧuk sitzt vor ihm. Wenn eine Prinzessin erscheint, erhebt er sich vor ihr, nimmt sie an der Hand und führt sie bis zum Thron. Ṭaiṭuġlī aber ist die Königin und seine Lieblingsgattin. Er geht ihr bis zum Eingang des Pavillons entgegen, grüßt sie, nimmt sie an der Hand und setzt sich erst, wenn sie selbst auf den Thron gestiegen ist und Platz genommen hat. All dies spielt sich ohne jeden Schleier vor den Augen der Anwesenden ab. Sodann erscheinen die größten Fürsten, für die rechts und links Sitze aufgestellt werden, denn wenn sie zum Empfang des Sultans kommen, bringt jeder einen Sklaven mit, der seinen Sitz trägt. Die Söhne des Sultans, seine Vettern, Neffen und anderen nahen Verwandten stehen vor ihm. Die Kinder der großen Fürsten nehmen vor diesen in der Nähe des Eingangs Aufstellung, rechts und links hinter den Fürstensöhnen die Offiziere. Nun treten die Untertanen ein und grüßen, immer auf gleiche Art und Weise und immer je zu dritt: Sie grüßen, wenden sich um und nehmen in einigem Abstand ihren Platz ein.

Wenn das Nachmittagsgebet gesprochen ist, zieht sich die Königin zurück. Die anderen Prinzessinnen entfernen sich ebenfalls und folgen ihr bis zu ihrem Zelt. Sobald sie eingetreten ist, kehren sie in ihre eigenen, auf den Wagen aufgeschlagenen Zeltquartiere zurück, begleitet von je etwa fünfzig berittenen jungen Dienerinnen. Vor dem Wagen und hinter den Pagen sitzen etwa zwanzig ältere Frauen zu Pferde, und dem ganzen Zuge folgen ungefähr hundert junge Sklaven. Vor den Pagen sitzen ungefähr hundert ältere Mamluken zu Pferde und ebenso viele gehen zu Fuß. Sie tragen Stöckchen in der Hand und Säbel am Gürtel. Sie marschieren zwischen den Reitern und den Pagen. Mit diesem Gefolge tritt jede Prinzessin auf, wenn sie kommt und sich wieder zurückzieht.

Ich hatte im Lager meinen Platz nicht weit vom Sultanssohn Ǧāni Bak, von dem ich noch erzählen werde. Am Tage nach meiner Ankunft suchte ich nach dem Nachmittagsgebet den Sultan auf. Die Scheichs und Richter, die Rechtsgelehrten, die Šarīfe und Faqīre hatten sich schon versammelt, und ein großes Festmahl war vorbereitet. In seiner Gegenwart brachen wir das Fasten. Der vornehme Sayyid und Erste Šarīf Ibn ʿAbd al-Ḥamīd und Qāḍī Ḥamza sprachen zu meinem Vorteil und rieten dem Sultan, mich ehrenvoll aufzunehmen. Diesen Türken ist die Sitte, Reisende bei sich aufzunehmen und ihnen einen Geldbetrag für ihre Unterhalt anzuweisen, unbekannt. Sie schicken ihnen vielmehr Schafe und Pferde zum Schlachten und Schläuche mit Stutenmilch zu und zeigen ihnen so ihre Freigebigkeit. Einige Tage später verrichtete ich gemeinsam mit dem Sultan das Nachmittagsgebet. Als ich gehen wollte, hieß er mich, Platz zu nehmen. Es wurden Speisen hereingetragen, die man nur trinken konnte und die sie aus gestoßener

Hirse zubereiten. Danach trug man gekochtes Hammel- und Pferdefleisch auf. Am gleichen Abend übergab ich dem Sultan eine Schale mit Süßigkeiten. Er nahm etwas mit seinem Finger, den er zum Munde führte, aber dabei beließ er es.

Jede Ḫātūn fährt im Wagen aus, und das Zelt, in dem die Prinzessin auf dem Wagen lebt, hat ein gewölbtes Dach aus goldüberzogenem Silber oder aus Holz, in das Gold eingelegt ist. Die Zugpferde tragen Decken aus goldbestickter Seide. Der Kutscher ist ein junger Mann, der auf einem der Zugpferde reitet und ›qašī‹[1056] heißt. Die Ḫātūn sitzt in ihrem Wagen, an ihrer rechten Seite eine ältere Frau, die ›ūlū ḫātūn‹ gerufen wird, was soviel wie ›Ratgeberin‹ bedeutet. Zu ihrer Linken sitzt eine andere ältere Frau, die auch ›kuğuk ḫātūn‹[1057], das heißt ›Kammerzofe‹, genannt wird. Sie hat ferner sechs junge Sklavinnen bei sich, die sie ›Töchter‹ nennt und die von ausgesuchter und vollkommener Schönheit sind; hinter ihr sitzen zwei andere, ebenso hübsche Mädchen, an die sie sich lehnt. Auf ihrem Kopf trägt die Hātūn eine Haube, die wie eine kleine Krone aussieht, mit Juwelen besetzt ist und oben Pfauenfedern trägt. Die Prinzessin ist in Seidenstoffe gekleidet, die mit edlen Steinen besetzt sind und den ›minūt‹ gleichen, wie die Griechen sie tragen. Die Ratgeberin und die Zofe tragen einen seidenen Schleier mit goldenen oder perlenbesetzten Rändern auf dem Kopf. Alle Mädchen tragen eine Haube, die aussieht wie unsere ›aqrūf‹[1058], aber oben einen runden Rand hat, der mit Edelsteinen verziert ist und über dem Pfauenfedern schwingen. Alle sind in vergoldete Seide gekleidet, die ›naḫa‹ genannt wird. Vor der Königin fahren zehn oder fünfzehn griechische oder indische Pagen. Sie haben ebenfalls vergoldete und edelsteinbesetzte Seidenkleider angelegt und tragen eine Keule aus Gold oder Silber oder auch aus Holz, das mit diesen Metallen beschlagen ist. Dem Wagen der Ḫātūn folgen ungefähr hundert weitere Wagen, in denen je drei oder vier alte und junge, seidenbekleidete und behaubte Sklavinnen sitzen. Hinter diesem Troß wiederum fahren etwa dreihundert andere von Kamelen und Ochsen gezogene Wagen, in denen die Schätze der Ḫātūn, ihre Reichtümer, ihre Kleider, ihr Mobiliar und ihr Reiseproviant transportiert werden. Jeder Wagen ist einem Sklaven anvertraut, der mit einer der erwähnten jungen Frauen verheiratet ist, denn es ist bei ihnen Sitte, daß nur solche jungen Sklaven dem Gefolge angehören dürfen, die mit einer der Frauen verheiratet sind. Diese Ordnung, die ich soeben beschrieben habe, wird von jeder Prinzessin beachtet; ich werde sie nun einzeln vorstellen.

Die Große Ḫātūn ist die Königin und Mutter der beiden Söhne des Sultans, Ğāni Bak und Tīna Bak, von denen ich noch sprechen werde. Sie ist aber nicht

1056 Vgl. Anm. 1043.

1057 Türkisch ›ulu‹ ist ›groß‹ und ›küçük‹ ist ›klein‹.

1058 Marokkanischer oder berberischer Ausdruck für eine hohe, spitz zulaufende Mütze oder Haube.

die Mutter seiner Tochter Īt Kuğuğuk; denn Īt hatte vielmehr die Vorgängerin der jetzigen Königin zur Mutter. Der Name der Ḫātūn ist Ṭaiṭuġlī, und sie ist die Lieblingsgattin des Sultans, mit der er die meisten seiner Nächte verbringt. Das Volk verehrt sie wegen der Achtung, die der Sultan ihr erweist, obwohl sie die geizigste aller Prinzessinnen ist. Ein glaubwürdiger Mann, der viel über diese Königin weiß, hat mir erzählt, daß der Sultan sie besonders wegen einer Eigenschaft liebt, die sie besitzt, weil der Sultan sie nämlich jede Nacht wie eine Jungfrau antrifft. Ein anderer aber sagte mir, daß diese Prinzessin von jener Frau abstammte, die, wie erzählt wird, der Grund dafür war, daß Salomon sein Königreich verlor. Als er es wiedergewonnen hatte, befahl er, daß sie in die Steppe von Qifğaq gebracht werde. Derselbe Mann versicherte mir auch, daß die Gebärmutter der Ḫātūn einem Ring gliche, denn so verhielte es sich bei allen Frauen, die von jener Frau abstammen. Ich bin aber weder in der Steppe von Qifğaq noch andernorts jemanden begegnet, der mir bestätigt hätte, jemals eine so geschaffene Frau angetroffen zu haben oder, außer von dieser Ḫātūn, von einer solchen gehört zu haben, abgesehen von einem Chinesen, der mir sagte, daß es in seinem Land Frauen mit der gleichen Leibesbildung gäbe. Ich aber bin einer solchen Frau niemals begegnet und kenne die Wahrheit nicht.

Am Morgen, nachdem ich mit dem Sultan zusammengetroffen war, besuchte ich diese Ḫātūn. Sie saß zwischen zehn älteren Frauen, die ihre Dienerinnen zu sein schienen. In ihrer Gesellschaft befanden sich ferner etwa fünfzig jener jungen Sklavinnen, die ›Töchter‹ genannt werden. Vor ihnen standen goldene und silberne Schalen, die mit Kirschen gefüllt waren, die sie reinigten. Vor der Ḫātūn lag ebenfalls ein goldenes Tablett mit diesen Früchten, und sie reinigte sie auch. Wir grüßten sie. Unter meinen Gefährten gab es einen Koranleser, der dieses Buch nach Art der Ägypter las, in angemessener Form und mit angenehmer Stimme. Als er gelesen hatte, befahl die Königin, Stutenmilch zu bringen, die in leichten und zierlichen Holzbechern aufgetragen wurde. Sie nahm einen Becher und reichte ihn mir. Das ist die größte Ehre, die dortzulande erwiesen werden kann. Ich hatte von dieser Milch noch nie zuvor getrunken, konnte sie aber nicht zurückweisen. Ich kostete sie, fand keinen Geschmack daran und reichte sie einem meiner Gefährten. Die Ḫātūn fragte mich nach vielen Einzelheiten unserer Reise, und wir gaben ihr Antwort. Danach kehrten wir zurück. Mit dieser Prinzessin begannen wir unsere Besuche, weil sie die größte Achtung des Sultans genießt.

Die zweite Ḫātūn, die ihr im Range folgt, heißt Kabak; das Wort ›kabak‹ bedeutet im Türkischen ›Kleie‹. Sie ist die Tochter des Emirs Naġaṭay, der noch lebt, aber an der Gicht leidet; ich habe ihn gesehen. Am Morgen nach unserem Besuch bei der Königin suchten wir diese Ḫātūn auf und fanden sie auf einem Kissen sitzend und in eine Abschrift des Hohen Buches vertieft. Sie hatte etwa zehn ältere Frauen und ungefähr zwanzig ›Töchter‹ bei sich, die mit

Stickereien beschäftigt waren. Wir grüßten sie, und sie gab uns den Gruß auf angenehmste Weise und mit freundlichen Worten zurück. Unser Leser begann eine Lesung des Korans. Sie fand Gefallen daran und befahl, Stutenmilch zu bringen. Als sie aufgetragen wurde, reichte sie mir wie die Königin mit eigenen Händen einen Becher. Danach entfernten wir uns.

Die dritte Ḫātūn heißt Bailūn und ist die Tochter des Sultans Takfūr, des Königs des prächtigen Konstantinopel.[1059] Wir besuchten sie und fanden sie auf einem juwelengeschmückten Ruhebett mit silbernen Füßen in der Gesellschaft von ungefähr hundert griechischen, türkischen und nubischen jungen Mädchen, die vor ihr saßen oder standen. Neben ihr standen Pagen und vor ihr griechische Kammerdiener. Sie erkundigte sich nach unserem Befinden, unserer Ankunft und nach unserer fernen Heimat. Sie weinte aus Zartgefühl und Mitleid und trocknete sich das Gesicht mit einem Tuch, das sie in Händen hielt. Sie befahl, Speisen zu bringen, und wir speisten in ihrer Anwesenheit, während sie uns anschaute. Als wir uns entfernen wollten, sagte sie: »Bleibt nicht lange fort, sondern kommt wieder und sagt uns, was ihr braucht!« Sie zeigte sich sehr freigebig und schickte uns alsbald Nahrungsmittel, viel Brot, Butter, Hammel, aber auch Geld, ein schönes Gewand und drei vorzügliche und zehn andere Pferde. In der Gesellschaft dieser Ḫātūn unternahm ich meine Reise zur prächtigen Stadt Konstantinopel, von der ich bald erzählen werde.

Die vierte Ḫātūn heißt Urduǧā; in türkischer Sprache bezeichnet ›urdu‹ das Heerlager, und sie wurde so genannt, weil sie in einem solchen Lager geboren wurde. Sie ist die Tochter der großen Emirs ʿĪsā Bak, eines ›Ulūs‹-Fürsten, was soviel bedeutet wie Fürst der Fürsten.[1060] Ich bin diesem Mann, der noch lebte und mit Īt Kuǧuǧuk, der Tochter des Sultans, verheiratet war, begegnet. Diese vierte Ḫātūn war die liebenswürdigste, gütigste und fürsorglichste Prinzessin. Sie war es gewesen, die mir eine Botschaft geschickt hatte, als sie im Lager mein Zelt auf dem Hügel gesehen hatte, wie oben berichtet. Wir besuchten sie und wurden dank ihres guten Wesens und der Großmut ihrer Seele in unübertrefflicher Weise aufgenommen. Sie befahl, Speisen herbeizubringen, und wir speisten mit ihr. Dann verlangte sie Stutenmilch, und meine Gefährten

[1059] ›Takfūr‹ bezeichnet in der arabischen Literatur den byzantinischen Kaiser und soll armenischen Ursprungs sein (›tagavor‹). Eine byzantinische Prinzessin als Gattin Uzbek Chans ist aus der byzantinischen Genealogie nicht bekannt. Eine mittelbare Erwähnung findet sich nach At-Tāzī lediglich in einem Briefwechsel zwischen dem byzantinischen Mönch Gregorios Akindynos und seinem Freund David Dischipathos aus dem Jahre 1341. In ihm wird erzählt, in Konstantinopel sei ein Brief von einer kaiserlichen Tochter, der Gemahlin eines Skythenherrschers, eingegangen, in dem ein Zug von 60.000 Mann nach Thrazien angekündigt sei. Demnach könnte es sich um eine natürliche Tochter des Kaisers Andronikos III. Palaeologos gehandelt haben.

[1060] ›Ulus‹ ist mongolischen Ursprungs und bezeichnet einen Verband aus mehreren Stämmen unter einem Führer. Im heutigen Türkisch bedeutet ›ulus‹: ›Volk, Nation‹.

tranken davon. Die Ḫātūn stellte einige Fragen, die wir beantworteten. Wir besuchten auch ihre Schwester, die Gattin des Emirs ʿAlī bin Arzak.

Die Tochter des mächtigen Sultans Ūzbak heißt Īt Kuǧuǧuk, das heißt ›kleines Hündchen‹, denn ›Īt‹ bedeutet ›Hund‹ und ›kuǧuǧuk‹ ist ›klein‹.[1061] Ich habe schon gesagt, daß den Türken Namen gegeben werden, die ein Vorzeichen ihnen bestimmt, wie es auch die Araber tun. Wir gingen zu dieser Prinzessin, der Königstochter, die in einem eigenen, ungefähr sechs Meilen von ihrem Vater entfernten Lager wohnte. Sie gab Befehl, die Rechtsgelehrten und Qāḍīs, den obersten Šarīf Ibn ʿAbd al-Ḥamīd, die Koranschüler sowie die Scheichs und Faqīre herbeizurufen. Ihr Gatte Emir ʿĪsā, dessen Tochter mit dem Sultan verheiratet ist, nahm an der Sitzung teil und saß mit der Prinzessin auf dem gleichen Teppich. Er litt an der Gicht und konnte sich weder auf den Beinen halten noch aufs Pferd steigen und fuhr deshalb stets im Wagen. Wenn er den Sultan aufsuchen wollte, hoben ihn seine Diener aus dem Wagen und trugen ihn in den Empfangssaal. Im gleichen Zustand sah ich auch Emir Naǧatay, den Vater der zweiten Ḫātūn, denn die Gicht ist unter den Türken weit verbreitet. Von dieser Prinzessin, der Sultanstochter, erfuhren wir eine Weitherzigkeit und Güte wie von keiner anderen. Sie machte uns großartige Geschenke und überhäufte uns mit Wohltaten – Gott möge es ihr vergelten!

Die zwei Sultanssöhne sind leibliche Brüder, denn beider Mutter ist Ṭaiṭuǧlī, von der ich schon gesprochen habe. Der ältere heißt Tīna Bak; ›bak‹ bedeutet ›Emir‹ und ›tīna‹ heißt ›Leib‹, so heißt er also ›Fürst des Leibes‹.[1062] Der Name seines Bruders ist Ǧāni Bak; ›Ǧāni‹ bedeutet ›Seele‹, so daß er ›Fürst der Seele‹ heißt. Jeder Sohn hat ein eigenes Lager. Tīna Bak war ein sehr schönes Geschöpf Gottes, und sein Vater hatte ihn zum Nachfolger erklärt, denn er erfreute sich bei seinem Vater größter Wertschätzung und Gunst. Doch Gott entschied anders, denn als sein Vater starb, herrschte er nur kurze Zeit, dann wurde er getötet, weil er sich schimpflicher Dinge schuldig gemacht hatte. Sein Bruder Ǧāni Bak folgte ihm nach. Er war besser und tugendhafter als sein älterer Bruder. Der Šarīf Ibn ʿAbd al-Ḥamīd hatte die Erziehung Ǧāni Baks übernommen. Er und Qāḍī Ḥamza, Imām Badr ad-Dīn al-Qiwāmī, der Imām und Koranlehrer Ḥusām ad-Dīn al-Buḫārī und andere hatten mir, als ich im Lager angekommen war, geraten, wegen seiner Verdienste mein Zelt im Lager Ǧāni Baks aufzuschlagen, und so tat ich es auch.

Ich hatte von der Stadt Bulġār gehört und wollte zu ihr fahren, um mit eigenen Augen zu beobachten, wovon man mir erzählt hatte, nämlich von der äußersten Kürze der Nächte und der Kürze des hellen Tages in der entgegenge-

[1061] Verkleinerungsform des türkischen ›küçük‹: ›ganz oder sehr klein‹.

[1062] Tīna Bak wurde 1342 für einige Monate Nachfolger seines Vaters. Der Name ›Tin‹ allerdings scheint eher einer türkischen Wurzel (›Seele‹) zu entstammen als dem Persischen ›tan‹ (Leib). Er wurde von seinem Bruder und Nachfolger Ǧāni Bak beseitigt.

setzten Jahreszeit[1063]. Zwischen Bulġār und dem Lager des Sultans lagen zehn Tagesreisen. Eines Tages bat ich darum, mir jemanden zu nennen, der mich führen könne, und man schickte mir einen Mann, der mich führte und wieder zurückbrachte. Ich kam im Monat Ramaḍān an. Als wir das Gebet zum Sonnenuntergang gesprochen hatten, brachen wir das Fasten. Noch während wir unser Mahl verzehrten, erscholl der Ruf zum Nachtgebet. Wir verrichteten diese Gebete ebenso wie die Gebete ›tarāwīḥ‹, ›šafʿ‹ und ›witr‹[1064], und bald zog schon die Morgendämmerung herauf. So kurz ist dort auch der helle Tag in der Jahreszeit der kurzen Tage. Ich verbrachte drei Tage in der Stadt.

Ich wollte das Land der Finsternis betreten und von Bulġār aus die Reise dorthin antreten, aber die Entfernung beträgt vierzig Tage. So nahm ich wegen der großen Mühen, die diese Reise bereitet hätte, und wegen ihres geringen Nutzens von diesem Plane Abstand. Man reist dorthin nur in kleinen Fahrzeugen, die von großen Hunden gezogen werden. Die Steppe ist vereist, der Fuß des Menschen und die Hufe der Pferde finden keinen festen Stand. Aber Hunde haben Krallen und ihre Pfoten gleiten auf dem Eis nicht aus. Nur kräftige Händler fahren in diese Steppe, jeder mit ungefähr hundert Schlitten und ausgerüstet mit Reiseproviant, Getränken und Brennholz. Er findet nämlich dort weder Bäume noch Steine noch Behausungen. Der Führer ist in diesem Lande der Hund, der es schon zahllose Male durchquert hat. Der Preis eines solchen Tiers erreicht ungefähr tausend Dinar. An seinem Hals befestigt man den Wagen, an den noch drei weitere Hunde angezäumt werden. Er aber ist das Leittier, und alle anderen Hunde mit den Schlitten folgen ihm. Macht er halt, bleiben auch sie stehen. Nie wird er von seinem Herrn geschlagen oder gescholten. Wenn Nahrung ausgegeben wird, werden zuerst die Hunde gefüttert, noch bevor die Menschen essen. Sollte es anders sein, wird das Leittier böse, läuft davon und überläßt seinen Herrn dem Verderben. Wenn die Reisenden ihre vierzigtägige Fahrt durch die Wüste beendet haben, schlagen sie im Land der Finsternis ihr Lager auf. Sie lassen die Waren, die sie mitgebracht haben, an diesem Ort und ziehen sich dann in ihre Unterkunft zurück. Am nächsten Morgen kommen sie wieder, um ihre Waren zu untersuchen. Sie finden neben ihren eigenen Waren Pelze des Zobels, des Eichhörnchens und des Hermelins.

1063 Die Überreste der Stadt Bulgar befinden sich etwa 120 Kilometer südlich von Kazan und wenige Kilometer östlich der Wolga. Es war die Hauptstadt der Wolgabulgaren, die 1237 von den Mongolen erobert wurde, aber im 14. Jahrhundert immer noch ein Handelszentrum war. Sie liegt aber mehr als 1.000 Kilometer nördlich von Biš Daġ, und es ist nahezu ausgeschlossen, daß Ibn Baṭṭūṭa Hin- und Rückreise binnen eines einzigen Monats, des Ramaḍāns des Jahres 1334, bewältigt haben konnte. Außerdem liegen Kazan und Bulgar bei weitem nicht so weit nördlich, daß dort helle Nächte und dunkle Tage erlebt werden können: Kazan liegt etwa auf der geographischen Breite der deutsch-dänischen Grenze.

1064 Drei besondere Ramaḍān-Gebete.

Wenn der Kaufmann mit dem, was er an seinem Platze vorfindet, zufrieden ist, nimmt er es an sich; wenn nicht, läßt er es liegen, und dann legen die Einheimischen des Landes der Finsternis noch etwas dazu; manchmal aber nehmen sie ihre eigenen Waren wieder an sich und lassen die der Kaufleute liegen. So wird bei ihnen gekauft und verkauft. Wer an diese Stelle kommt, weiß nicht, ob diejenigen, die kaufen und verkaufen, Geister oder Menschen sind, denn sie sehen nie jemanden.

Der schönste Pelz ist der Hermelin. In Indien ist ein solcher Pelz tausend Dinar wert, die in magribinischem Gold 250 Dinar entsprechen. Er ist von reinem Weiß und stammt von einem kleinen Tier, das nur eine Spanne groß ist. Das Tier hat einen sehr langen Schwanz, den sie in seinem natürlichen Zustand am Pelze belassen. Der Zobelpelz erzielt dagegen einen niedrigeren Preis als der Hermelin. Ein Pelz aus diesem Fell ist 400 Dinar oder weniger wert. Ein Vorteil dieses Pelzes besteht darin, daß er nicht von Läusen befallen wird. Die Fürsten und Großen Chinas legen sich deshalb ebenso wie die Kaufleute aus Persien und den beiden Iraq einen Kragen aus diesem Pelz um den Hals.

Mit dem Emir, den mir der Sultan zur Gesellschaft gegeben hatte, kehrte ich aus Bulġār zurück und traf am 28. Tage des Monats Ramaḍān im Lager des Herrschers bei Biš Daġ ein. Mit dem Fürsten nahm ich am Gebet zum Fest des Fastenbrechens teil, das auf einen Freitag fiel.[1065]

Als der Morgen des Festes gekommen war, setzte sich der Sultan an der Spitze seiner zahlreichen Truppen zu Pferde. Jede Ḫātūn bestieg, gefolgt von ihren eigenen Truppen, ihren Wagen. Auch die Tochter des Sultans bestieg, die Krone auf dem Kopf, ihren Wagen, denn sie war die wahre Königin, da sie die Königswürde von ihrer Mutter geerbt hatte[1066]. Die beiden Söhne des Sultans saßen, jeder vor seinen Truppen, auf. Der Oberqāḍī Šihāb ad-Dīn as-Sāyilī war erschienen, um am Feste teilzunehmen, begleitet von Rechtsgelehrten und Scheichs. Sie stiegen in den Sattel, und Qāḍī Ḥamza, der Imām Badr ad-Dīn al-Qiwāmī und Šarīf Ibn ʿAbd al-Ḥamīd, die Rechtsgelehrten in Begleitung von Tīna Bak, dem ausersehenen Erben des Sultans, taten es ihm gleich und führten Trommeln und Fahnen mit sich. Qāḍī Šihāb ad-Dīn sprach das Gebet mit ihnen und hielt eine große Predigt. Unterdessen war der Sultan zu Pferde gestiegen und hielt an einem hölzernen Turm an, den sie ›kušk‹[1067] nennen, in dem er mit seinen Gemahlinnen Platz nahm. Daneben war ein zweiter, kleinerer Turm aufgestellt worden, in dem sich der ausersehene Erbe des Sultans sowie seine Tochter, die Herrin der Krone, niederließen. Rechts und links

1065 Dieses Fest fiel auf den 4. Juni 1334, der allerdings ein Sonntag war.

1066 Nach At-Tāzī war Uzbeks erste Gattin lt. den russischen Chroniken eine gewisse 1323 gestorbene Baʿalīn, deren Name – in arabischer Schreibweise – eine verdächtige Nähe zu der geheimnisvollen Bailūn aufweist.

1067 In heutigem Türkisch ›köşk‹: ›Pavillon‹; vgl. ›Kiosk‹.

des ersten Pavillons standen zwei weitere solcher Bauten, in dem die Söhne und Verwandten des Sultans Platz nahmen. Für die Emire und Königskinder waren beidseits des herrscherlichen Pavillons Sitze errichtet worden, die sie ›ṣandāliya‹[1068] nennen und auf denen jeder seinen Platz fand.

Nun wurden Zielscheiben für die Bogenschützen aufgestellt, von denen jeder ›Emir Ṭūmān‹[1069] seine eigene Scheibe hatte. Dieser ›Emir der Zehntausend‹ ist derjenige, der zehntausend Reiter befehligt. Siebzehn dieser Offiziere waren anwesend, die somit zusammen 170.000 Soldaten anführen, aber das Heer ist noch größer. Man hatte für alle Emire eine Art Tribüne aufgebaut, auf denen sie saßen, vor sich ihre Schützen, die sich eine Stunde lang im Bogenschießen übten. Danach brachte man Ehrenkleider, mit denen jeder Emir beschenkt wurde. Sie legten sie an, schritten auf den Turm des Sultans zu und huldigten ihm, indem sie mit dem rechten Knie den Boden berührten und ihren Fuß unter dieses Knie legten, während der andere Unterschenkel aufrecht steht. Nun führt man ein gesatteltes und gezäumtes Pferd herbei. Man hebt dessen Huf an, der Emir küßt ihn, führt das Pferd zu seinem Platz, besteigt es und nimmt dort mit seinen Truppen Aufstellung. Dieses Ritual befolgt jeder Emir.

Nun verläßt der Sultan seinen Pavillon und sitzt auf, zu seiner Rechten seinen Sohn und Nachfolger, an dessen Seite seine Tochter, die Königin Īt Kuğuğuk. Zu seiner Linken reitet sein zweiter Sohn und vor ihm seine vier Gemahlinnen in mit vergoldeter Seide verhüllten Kutschen. Die Zugpferde tragen Decken, die ebenfalls aus vergoldeter Seide bestehen. Alle Emire, große und kleine, die Königssöhne, Wesire, Kammerherren und die Großen des Staates sitzen ab und schreiten vor dem Sultan her, bis er im ›wiṭāq‹[1070], einem großen Zelt, ankommt. Hier hat man eine gewaltige ›bārka‹[1071] eingerichtet. So nennen sie dort ein großes Zelt, das auf vier Holzpfosten ruht, die mit vergoldeten Silberplättchen verkleidet sind. Auf jedem Pfosten befindet sich ein Aufsatz aus vergoldetem Silber, der funkelt und strahlt, so daß diese ›bārka‹ aus der Ferne wie ein Hügel anmutet. Das Zelt ist auf beiden Seiten mit Borten aus Baumwolle und Leinen verziert, und alles ist mit Seidenteppichen ausgelegt. In der Mitte steht der große Thron, den die Türken ›taḫt‹[1072] nennen. Er ist aus Holz, in das Edelsteine eingelegt und auf das Goldplättchen aufgeschlagen sind, die Füße bestehen aus massivem vergoldetem Silber, und ein breiter Teppich bedeckt ihn. In der Mitte dieses großen Throns liegt ein Kissen, auf das sich der Sultan und die große Ḫātūn setzen. Rechts liegt ein weiteres Kissen für seine Tochter Īt Kuğuğuk und für Ḫātūn Urduğā. Auf einem weiteren Kissen an sei-

[1068] Aus dem Persischen ›sandali‹: ›Sessel, Thron‹.

[1069] Aus dem Türkischen ›tümen‹: ›zehntausend‹.

[1070] Türkisch ›otak‹: ein (reichgeschmücktes) Zelt.

[1071] Aus dem Persischen ›barġa‹: ›Empfangssaal, Gerichtshof, Tribunal‹.

[1072] Persisch ›taḫt‹: ›Thron‹.

ner linken Seite nehmen Ḫātūn Bailūn und Ḫātūn Kabak Platz. Rechts neben dem Thron war ein Sitz für den Sultanssohn Tīna Bak, links ein weiterer Sitz für seinen zweiten Sohn Gāni Bak aufgestellt worden. Weitere Sitze standen an beiden Seiten für die Kinder des Königs, die großen Emire, die kleinen Emire und für die ›hazāra‹-Emire[1073], die tausend Mann befehligen.

Nun wurden auf goldenen und silbernen Tischen Speisen aufgetragen, die von je vier oder mehr Männern hereingetragen wurden. Die Gerichte bestehen aus gekochtem Pferde- und Hammelfleisch. Vor jeden Emir wird ein Tisch. gestellt. Der ›bāwarǧī‹[1074], das ist der Vorschneider, tritt in einem Seidengewand, über dem er eine seidene Schürze trägt, heran. An seinem Gürtel hat er eine Sammlung von Messern in ihren Scheiden. Jeder Emir hat seinen eigenen Vorschneider, der sich, sobald der Tisch aufgestellt ist, vor den Emir hinsetzt. Nun wird eine kleine, goldene oder silberne Schale mit gesalzenem Wasser hereingebracht, und der Vorschneider schneidet das Fleisch in kleine Stücke. Sie sind im Zerteilen des Fleisches sehr geschickt, da sich am Fleisch noch Knochen befinden, denn sie essen es nicht anders.

Danach werden goldene und silberne Trinkgefäße hereingebracht. Ihr Hauptgetränk ist ein Honigwein, denn sie sind Anhänger der ḥanafitischen Lehre, die den Genuß von Wein erlaubt. Will der Sultan trinken, nimmt seine Tochter den Becher in die Hand, grüßt ihren Vater mit einer Verbeugung und reicht ihm den Becher. Sobald der Sultan getrunken hat, nimmt sie einen neuen Becher und gibt ihn der großen Ḫātūn, die nun trinkt. Dann reicht sie den Becher in der Reihenfolge des Ranges den anderen Prinzessinnen. Danach ergreift der auserkorene Nachfolger den Becher, grüßt seinen Vater und reicht ihm den Becher zum Trunk, sodann mit Grußworten den anderen Prinzessinnen und seiner Schwester. Nun erhebt sich der zweite Sohn, ergreift den Becher und gibt seinem Bruder den Trank. Nun erheben sich die bedeutendsten Emire und reichen dem Thronerben einen Trank und huldigem ihm. Die Königskinder erheben sich ebenfalls, geben dem zweiten Sohn zu trinken und sprechen einen Gruß. Schließlich erheben sich die Emire geringeren Ranges und bedienen die Kinder des Königs. Während sie dies tun, singen sie kurze Lieder.

Für den Qāḍī, den Prediger, den Šarīf und die anderen Rechtsgelehrten und Scheichs war gegenüber der Moschee ebenfalls ein Zelt errichtet worden, in dem ich mich aufhielt. Man trug für uns goldene und silberne Tische herein, die von je vier bedeutenden Türken getragen wurden, denn nur die Großen gehen an diesem Tage beim Sultan ein und aus, und er befiehlt, wem ein Tisch gebracht werden soll. Unter den Faqīhs gab es einige, die speisten, andere, die sich enthielten, weil sie nicht von silbernen und goldenen Tafeln speisen mochten. Rechts und links, so weit ich sehen konnte, sah ich Karren mit Schläu-

1073 Persisch ›hezar‹: ›tausend‹.

1074 Aus dem Mongolischen ›bao urtschin‹, ein wichtiges Amt an mongolischen Höfen.

chen, die Stutenmilch enthielten. Der Sultan ordnete an, sie an alle Teilnehmer auszugeben, und ein ganzer Wagen wurde zu mir herangefahren, aber ich gab alles an die neben mir sitzenden Türken weiter.

Anschließend begaben wir uns zur Moschee, um auf das Freitagsgebet zu warten. Der Sultan hatte sich verspätet, und manch einer sagte, er würde nicht kommen, weil sich die Trunkenheit seiner bemächtigt hätte. Andere wiederum behaupteten, daß er das Freitagsgebet nicht versäumen würde. Als schon viel Zeit verstrichen war, erschien er, taumelte aber. Er begrüßte den obersten Šarīf, lächelte ihn an und nannte ihn ›aṭā‹, was in türkischer Sprache ›Vater‹ bedeutet. Wir verrichteten unser Freitagsgebet, und alle Teilnehmer gingen in ihre Wohnzelte zurück. Der Sultan kehrte in sein großes Zelt zurück und blieb dort bis zum Nachmittagsgebet. Danach entfernten sich alle Leute, nur die Gattinnen und die Tochter des Königs blieben an diesem Abend bei ihm.

Nach dem Fest brachen wir mit dem Sultan und seinem Heerlager auf und kamen nach Ḥāǧǧ Tarḫān.[1075] Mit dem Wort ›tarḫān‹ bezeichnen die Türken einen Ort, der von allen Steuerschulden befreit ist. Der Mann, dem diese Stadt ihren Namen verdankt, war ein frommer türkischer Mekkapilger[1076], der sich an diesem Ort niedergelassen hatte und dessentwegen der Sultan den Ort von allen Steuern befreite. Aus dem Ort wurde ein Dorf, das schließlich zur Stadt anwuchs. Sie gehört zu den schönsten Städten, besitzt große Märkte und ist am Ufer des Itil angelegt, einem der größten Ströme der Welt.[1077] Hier verweilt der Sultan bis zur Zeit des größten Frostes, wenn der Strom mit allen seinen Nebenflüssen zufriert. Dann erteilt der Sultan dem Volk des Landes seine Befehle, und es schafft Tausende von Strohlasten heran, die auf das Eis gelegt werden, das sich über dem Fluß ausgebreitet hat. Die Tiere dieses Landes fressen nämlich kein Stroh, weil sie daran erkranken. So ist es auch in Indien. Sie fressen vielmehr wegen der Fruchtbarkeit des Landes nur grünes Gras. Auf diesem Strom und seinen Nebenflüssen fährt man aber drei Tagesreisen weit mit Schlitten. Bisweilen überqueren ihn Karawanen auch dann noch, wenn der Winter schon zu Ende geht. Aber manchmal versinken sie und gehen zugrunde.

Als wir in Ḥāǧǧ Tarḫān angekommen waren, bat Ḫātūn Bailūn, die Tochter des griechischen Königs, den Sultan um die Erlaubnis, ihren Vater zu besuchen, um in seinem Hause niederzukommen und anschließend zurückzukehren. Als er sie ihr gab, bat ich ihn, mir zu gestatten, in ihrer Gesellschaft zu reisen, um

1075 Astrachan an der Mündung der Wolga am Kaspischen Meer. Die Etymologie des Namens ist unklar, möglicherweise verbirgt sich hinter ihm der Name des Volksstammes der Osseten (oder ›Ass‹) im Nordkaukasus. ›Tarkan‹ war ein türkischer königlicher Titel, das mongolische Wort ›derkan‹ bezeichnete eine von Steuern befreite Person.

1076 Ḥāǧǧ: Mekkapilger.

1077 ›Itil‹ ist die Wolga.

die prächtige Stadt Konstantinopel mit eigenen Augen zu sehen. Zunächst verwehrte er es mir aus Sorge um meine Sicherheit. Aber ich ersuchte ihn mit höflichsten Worten und sagte: »Ich betrete Konstantinopel nur unter deinem Schutz und deiner Fürsorge, so daß ich niemanden fürchten muß.« So gab er mir die Erlaubnis zur Abreise, und ich nahm Abschied von ihm. Er gab mir 1.500 Dirham, ein Ehrengewand und eine große Anzahl Pferde. Jede Ḫātūn schenkte mir kleine Silberbarren, die sie ›ṣaum‹ nannten; es ist der Plural von ›ṣauma‹. Das größte Geschenk machte mir die Tochter des Sultans, denn sie gab mir Kleider und ein Reitpferd. Ich fand mich nun im Besitz einer großen Anzahl von Pferden und Kleidern sowie von Pelzen des Zobels und des Eichhörnchens.

Die Reise nach Konstantinopel

Am zehnten Tage des Monats Šawwāl[1078] machten wir uns in der Gesellschaft und unter dem Schutz der Ḫātūn Bailūn auf den Weg. Der Sultan gab ihr einen Tag lang das Abschiedsgeleit und kehrte dann mit der Königin und seinem ausersehenen Nachfolger um. Die anderen Königinnen reisten noch einen weiteren Tag gemeinsam mit der Prinzessin, bevor auch sie zurückkehrten. Zu ihrer Begleitung gehörte auch Emir Baidara mit 5.000 seiner Soldaten. Die eigene Truppe der Ḫātūn zählte ungefähr 500 Reiter, von denen etwa 200 mamlukische und griechische, die übrigen türkische Diener waren. Mit ihr reisten ungefähr 200 junge, meist griechische Sklavinnen. Sie führte etwa vierhundert Wagen und 2.000 Pferde als Zug- und Reittiere mit sich, dazu als weitere Zugtiere ungefähr 300 Ochsen und zweihundert Kamele. Ferner hatte die Prinzessin zehn griechische und ebensoviele indische Pagen, deren Oberhaupt Sumbul der Inder war, während der Vorsteher der griechischen Diener sich Miḫāʾīl nannte, von den Türken aber Luʾluʾ[1079] gerufen wurde. Er war ein kühner Held. Die Mehrzahl ihrer Sklavinnen und den größten Teil ihres Besitzes hatte sie im Lager des Sultans gelassen, denn sie war ja nur zu einem Besuch und zu ihrer Niederkunft aufgebrochen.

Wir zogen zur Stadt Ukak[1080], einem Ort mittlerer Bedeutung, schön, gut gebaut und wohlhabend, aber ein Ort mit kaltem Klima, zehn Tagesreisen von Sarā, der Residenz des Sultans, entfernt. In der Entfernung eines Tagesmarsches liegen die Gebirge der Russen, die Christen sind. Sie haben blonde Haare, blaue Augen, häßliche Gesichter und einen verschlagenen Charakter. Sie besitzen Silberminen, und aus ihrem Lande stammen die Barren, zu denen dieses Silber gegossen und mit denen in diesem Lande gehandelt wird; ein solcher Barren wiegt fünf Unzen.

Zehn Tage nach dem Verlassen der Stadt erreichten wir die Stadt Surdāq, die zur Steppe von Qifǧaq gehört, an der Meeresküste liegt und einen der größten und schönsten Häfen besitzt.[1081] Außerhalb der Stadt gibt es Gärten und Flüs-

1078 14. Juni 1334.

1079 ›Perle‹.

1080 Gemeint ist wohl Lokak, ein kleiner Ort am Asowschen Meer, der auch auf den mittelalterlichen Portolanen (See- und Küstenkarten) erscheint.

1081 Sudak oder Soldaja, Handelshafen der Genuesen und Venezianer an der Schwarzmeerküste der Krim. Der Ort liegt freilich nicht an der von Ibn Baṭṭūṭa eingeschlagenen Strecke, er muß ihn vielmehr früher, und zwar auf seiner Fahrt nach Kaffa und Stary

se. Türken bewohnen sie, und unter ihrer Herrschaft lebt auch ein Stamm von Griechen, die als Handwerker arbeiten. Die meisten Häuser sind aus Holz. Die Stadt war einst sehr groß gewesen, ist aber zum größten Teil in einem Kriege zwischen den Griechen und Türken zerstört worden. Zunächst behielten die Griechen die Oberhand, aber die Türken erhielten Zulauf von ihren Stammesangehörigen, die den Griechen die schlimmste Niederlage beibrachten und die meisten vertrieben. Einige sind indessen bis heute unter der Herrschaft der Türken in der Stadt geblieben.

Überall, wo wir in diesem Lande Halt machten, wurden der Ḫātūn Lebensmittel gebracht, die aus Pferden, Hammeln, Ochsen und Hirsebrei sowie aus Stuten-, Kuh- und Schafsmilch bestanden. Vormittags und abends wird in diesem Lande gereist. Jedes Ortsoberhaupt begleitete die Prinzessin mit seinen Truppen bis an die Grenze seines Gebiets, und er tat dies aus Ehrerbietung für sie, nicht aber, weil er für ihre Sicherheit fürchtete, denn das Land ist ruhig.

Wir kamen zur Stadt Bābā Salṭūq[1082]; ›bābā‹ hat bei den Türken die gleiche Bedeutung wie bei den Berbern, aber sie sprechen das ›b‹ viel kräftiger aus. Man erzählt, Salṭūq sei ein Wahrsager gewesen, aber es werden von ihm auch Dinge berichtet, die das religiöse Gesetz verwirft. Es ist ein Grenzort der Türken, zwischen dem und dem ersten griechischen Bezirk achtzehn Tagesreisen liegen, die durch eine völlig menschenleere Wüste führen und während derer man acht Tage lang kein Wasser findet. Man muß sich deshalb für diese Zeit mit Wasser versorgen, das in kleinen und großen Schläuchen auf den Wagen mitgeführt wird. Wir betraten die Wüste in der kalten Jahreszeit und brauchten deshalb nicht viel Wasser. Die Türken transportierten in großen Schläuchen Milch, mischten sie unter die gekochte Hirse und tranken sie. Sie litten deshalb nie Durst.[1083]

In diesem Ort bereiteten wir uns auf die Durchquerung der Wüste vor. Da ich mehr Pferde benötigte, ging ich zur Ḫātūn und teilte es ihr mit, denn ich pflegte sie unterdessen morgens und abends zum Gruße aufzusuchen. Immer, wenn ihr Vorräte gebracht wurden, schickte sie mir zwei oder drei Pferde und Hammel, die ich aber nicht schlachten ließ, denn meine Sklaven und Diener

Krim gesehen haben. Die folgende Erwähnung der Eroberung Sudaks bezieht sich vermutlich auf die Einnahme der Stadt durch Uzbek im Jahre 1322.

1082 Nach türkischer Tradition war Sari Saltuk ein Heiliger gewesen, der sich um oder nach 1260 mit einer Gruppe von Turkmenen in der Dobrudscha an der rumänischen Schwarzmeerküste niedergelassen hatte. Sein Grab soll sich dort, und zwar in Babadağ, befinden. Dieser Ort kann aber nicht mit Bābā Saltūq identisch sein, denn das mongolisch beherrschte Gebiet liegt weiter nördlich.

1083 Hier scheint Ibn Baṭṭūṭa Hin- und Rückreise verwechselt zu haben, denn die von ihm angesprochene Wüste muß die nördlich der Krim gelegene Nogaj-Steppe sein; außerdem fand erst seine Rückreise zu Beginn der kalten Jahreszeit, und zwar im Oktober/November 1334, statt.

aßen zusammen mit unseren mitreisenden Türken. So hatte ich schon ungefähr fünfzig Pferde beisammen. Die Ḫātūn wies mir weitere fünfzehn an und befahl ihrem Sekretär, Sārūǧa[1084] dem Griechen, für sie unter den Pferden, die verzehrt werden sollten, fette auszusuchen. Sie sagte: »Habe keine Furcht! Wenn du mehr brauchst, werden wir dir mehr geben.« Zur Monatsmitte des Monats Ḏu-l-Qaʿda traten wir in die Wüste ein.[1085] Seit wir vom Sultan Abschied genommen hatten, waren wir bis an die Wüstengrenze neunzehn Tage lang gereist und hatten fünf Tage geruht. Nun durchquerten wir achtzehn Tage lang, vormittags und abends, die Wüste. Aber es war gottlob eine angenehme Reise, und wir erreichten schließlich die Festung Mahtūlī, die erste griechische Siedlung.[1086]

Die Griechen hatten von der Ankunft der Prinzessin in ihrem Lande erfahren. Kafālī Niqūlah, der Grieche,[1087] war ihr an der Spitze einer großen Truppe und mit reichen Gastgeschenken bis zu dieser Festung entgegengekommen. Prinzessinnen und Ammen waren aus dem Palast ihres Vaters, des Königs von Konstantinopel, eingetroffen. Zwischen Mahtūlī und Konstantinopel liegen 22 Tagesreisen, sechzehn sind es bis zum Golf und sechs weitere bis Konstantinopel. Ab Mahtūlī wird nur noch mit Pferden und Maultieren gereist, denn die Wagen werden wegen der Geröllwege und der Berge zurückgelassen. Kafālī hatte eine große Anzahl von Maultieren mitgebracht, von denen die Prinzessin mir sechs schickte. Diejenigen meiner Gefährten und Diener, die ich mit Wagen und Gepäck zurückließ, empfahl sie der Obhut des Kommandanten der Festung, der ihnen ein Haus anwies. Emir Baidara kehrte mit seinen Truppen um, so daß die Prinzessin nur noch von ihren eigenen Leuten begleitet wurde. Sie vernachlässigte in dieser Festung die Andacht, und das Gebot des Gebetsrufes wurde aufgegeben. Zu den Mahlzeiten bot man der Prinzessin Wein, von dem sie trank, und Schweinefleisch an, und einer ihrer Vertrauten erzählte mir, daß sie es auch gegessen hätte. Mit Ausnahme eines Türken, der mit uns zusammen betete, war niemand mehr bei ihr, der noch Gebete gesprochen hätte. Es änderten sich auch, als wir das Land der Ungläubigen betraten, unsere innersten Empfindungen. Aber die Prinzessin riet dem Emir Kafālī, mich ehrenvoll zu behandeln, ja, einmal verprügelte er einen seiner Sklaven, der sich über unser Gebet lustig gemacht hatte.

1084 Türkisch: sarıca (›blond‹).

1085 Die Monatsmitte des Ḏu-l-Qaʿda fiel auf den 14./15. Juli 1334, so daß seit dem Aufbruch 29 Tage vergangen sein mußten, nicht aber, wie Ibn Baṭṭūṭa im Folgenden schreibt, neunzehn oder (mit den Ruhetagen) 24 Tage.

1086 Die byzantinische Grenzstadt war in dieser Epoche Diampolis, das heutige Janbol in Bulgarien. Die angegebenen achtzehn Reisetage ab Baba Saltuk könnten genügen, um diesen Punkt zu erreichen, aber dann müßte statt der genannten Wüste das Donaudelta überquert worden sein.

1087 Griechisch: Kephale (›Kopf, Kommandant‹), ›Niqūlah‹ ist ›Nikolaos‹.

Wir kamen zur Festung Maslamat bin ʿAbd al-Malik[1088], die in in einer weiten Ebene vor einem Berg und an einem wasserreichen Fluß namens Iṣṭafīlī liegt. Von der Festung sind nur noch Spuren vorhanden, aber in ihrer Nähe steht ein großes Dorf. Zwei Tage ritten wir weiter und kamen an einen Golf[1089], an dessen Ufer eine größere Ansiedlung steht. Es war Flut, und wir warteten, bis Ebbe eingetreten war. Dann überquerten wir die Furt, die ungefähr zwei Meilen breit war. Danach führte uns der Weg durch ein vier Meilen weites Sandgebiet, hinter dem wir einen zweiten Golf erreichten, den wir ebenfalls an seiner etwa drei Meilen breiten Furt durchquerten. Weiter ging es durch steiniges und sandiges Gelände, bis wir einen dritten Golf erreichten, als die Flut soeben wieder eingesetzt hatte. Wir plagten uns über eine Stelle, die eine Meile breit war, so daß der gesamte Golf, Wasserläufe und trockenes Gelände zusammengenommen, zwölf Meilen breit ist. In der Regenzeit aber steht er vollständig unter Wasser und kann nur in Kähnen überquert werden.

Am Ufer des dritten Golfs steht die kleine, aber hübsche und gut befestigte Stadt Fanīka[1090], die sehr schöne Kirchen und Häuser besitzt, von Flüssen durchquert wird und von Gärten umgeben ist. Von einem Jahr aufs andere werden dort Trauben, Birnen, Äpfel und Quitten aufbewahrt. Wir verbrachten drei Tage in dem Ort, und die Prinzessin bewohnte den Palast, den ihr Vater dort besitzt. Dann erschien ihr leiblicher Bruder Kafālī Qarās[1091] an der Spitze von fünftausend bis an die Zähne bewaffneten Reitern. Als sie sich für den Empfang der Prinzessin aufstellten, ritt ihr Bruder ein graues Pferd. Er war ganz in Weiß gekleidet und ließ über seinem Kopf einen perlenbesetzten Sonnenschirm halten. Zu seiner Rechten wie zu seiner Linken stellten sich je fünf Fürstensöhne auf, die ebenfalls weiß gekleidet waren und von golddurchwirkten Sonnenschirmen beschattet wurden. Vor ihm standen hundert Fußsoldaten und ebenso viele Berittene, die ebenso wie ihre Pferde gepanzert

1088 Maslama, der Sohn des Kalifen ʿAbd al-Malik, leitete 716 die Belagerung von Byzanz. Die ihm hier von Ibn Baṭṭūṭa zugeschriebene Festung ist allerdings ebenso unbekannt wie der nachfolgend genannte Fluß.

1089 Es kann sich nur um das Donaudelta handeln, so daß der Eindruck entsteht, daß sich unser Reisender wieder auf der Rückfahrt befindet; vermutlich handelt es sich um eine Vertauschung verschiedener Reiseeindrücke.

1090 Die Reisestrecke ist verworren: Es kann sich um den Ort Vicina südlich der Donaumündung handeln, der gegen Ende des 13. Jahrhunderts noch eine byzantinische Enklave war und noch vor 1338 von den Mongolen eingenommen wurde. Der nachfolgend geschilderte Empfang ist aber wahrscheinlich eher auf byzantinischem Gebiet weiter südlich anzusetzen, und zwar in Agathonike, dem heutigen Kızıl Ağaç (›Roter Baum‹).

1091 Es ist zweifelhaft, ob es sich um einen wirklichen Kaisersohn gehandelt hat. ›Qaras‹ ist kein griechischer, sondern eher ein türkischer Name. Der Sohn von Kaiser Andronikos III. war der zukünftige Kaiser Johannes V., der aber 1334 erst zwei Jahre alt war.

waren. Von diesen führte jeder ein gesatteltes und gepanzertes Pferd, das die Waffen eines Reiters trug, und zwar einen juwelenbesetzten Helm, eine Rüstung, einen Köcher, einen Bogen und einen Säbel. In der Hand hielten sie eine Lanze, von denen die meisten mit Gold- und Silberplättchen beschlagen waren und die an ihrer Spitze eine Standarte trugen. Diese Handpferde waren die Reittiere des Prinzen. Er hatte seine Reiter in mehreren Abteilungen zu je 200 Mann aufgestellt. Sie hatten je einen Offizier, der zehn vollbewaffnete Reiter mit ihren Pferden vor sich antreten ließ. Hinter dem Offizier trugen zehn Reiter zehn Standarten in verschiedenen Farben, es folgten zehn Reiter, die sich ebensoviele Trommeln um den Hals gehängt hatten, und sechs Reiter, die Trompeten und Fanfaren bliesen oder auf Pfeifen spielten, die auch ›Ġaiṭa‹ [1092] genannt werden.

Die Prinzessin stieg mit ihren Mamluken, Dienerinnen, mit Pagen und Sklaven zu Pferde. Ihr Gefolge zählte etwa 500 Menschen, die in gold- und juwelenbesetzte Seidengewänder gekleidet waren. Sie selbst trug ein Gewand aus Brokatseide, das man auch ›nasīǧ‹ nennt und das ebenfalls mit Edelsteinen besetzt war. Auf dem Kopf trug sie eine mit edlen Steinen besetzte Krone. Ihrem Pferd war eine Decke aus goldbestickter Seide aufgelegt, um seine Hufe waren goldene Ringe geschlossen und um seinen Hals juwelenbesetzte Bänder gehängt worden; seine Sattelstützen waren goldbeschlagen und mit edlen Steinen verziert. Die Begegnung der Prinzessin mit ihrem Bruder fand in der Ebene ungefähr eine Meile vor dem Ort statt. Der Bruder saß, weil er jünger war als sie, vor seiner Schwester ab, küßte ihren Steigbügel, und sie gab ihm einen Kuß auf den Kopf. Die Offiziere und Prinzen stiegen daraufhin ebenfalls von ihren Pferden und küßten den Steigbügel der Prinzessin, die sich daraufhin mit ihrem Bruder entfernte.

Am folgenden Morgen erreichten wir eine große Stadt an der Küste, an deren genauen Namen ich mich nicht mehr erinnere.[1093] Sie besitzt Bäche und Bäume, und wir schlugen vor der Stadt unser Lager auf. Ein Bruder der Prinzessin, der auch der ausersehene Thronfolger war, erschien mit großem Gefolge und einem gewaltigen Truppenaufgebot von 10.000 Gepanzerten. Er trug auf dem Kopf eine Krone und hatte zu seiner Rechten wie zu seiner Linken je etwa zwanzig Fürstensöhne bei sich. Er hatte seine Reiterei in der gleichen Ordnung aufgestellt wie sein Bruder, freilich war die Menschenmenge viel größer und das Aufgebot viel zahlreicher. Seine Schwester kam ihm in derselben Aufmachung entgegen, die sie zuvor getragen hatte. Gemeinsam saßen sie ab und gingen in ein seidenes Zelt, das herbeigetragen worden war, aber ich weiß nicht, welchen Verlauf ihre Begrüßung nahm.

[1092] Eine Art Dudelsack.

[1093] Möglicherweise Selymbria, das heutige Silivri am Marmara-Meer, ca. 70 Kilometer vor Istanbul.

Zehn Meilen vor Konstantinopel machten wir Halt, und am nächsten Tag kam das Volk, Männer, Frauen und Kinder, zu Fuß oder zu Pferde, in ihren schönsten Gewändern prächtig herausgeputzt aus der Stadt. Schon im Morgengrauen erschallten Trommeln, Trompeten und Fanfaren, die Soldaten saßen auf, der Sultan und seine Gemahlin, die Mutter der Prinzessin, die Großen des Reiches und die Höflinge verließen die Stadt. Über dem Kopf des Kaisers wurde ein Baldachin gehalten, den einige Reiter und Fußsoldaten auf langen Stangen trugen, die oben in Lederkugeln ausliefen, auf denen der Baldachin ruhte. In dessen Mitte befand sich eine Art Dach, das von den Stangen, welche die Berittenen trugen, gehalten wurde. Als der Kaiser heranschritt, drängten sich die Soldaten unter großem Lärm heran. Ich konnte mich nicht entschließen, mich unter diese Menschenmenge zu mischen, sondern blieb in der Nähe des Gepäcks der Prinzessin und ihres Gefolges zurück, weil ich um meine Sicherheit fürchtete. Man hat mir aber erzählt, daß die Prinzessin, als sie sich ihren Eltern näherte, abstieg und den Boden vor ihren Füßen küßte. Dann küßte sie die Hufe ihrer zwei Pferde und ihre Offiziere taten es ihr gleich.

Unser Einzug in das prächtige Konstantinopel fand gegen Mittag oder wenig später statt. Die Einwohner läuteten die Glocken, daß der Himmel von ihrem Klang erschüttert wurde. Als wir die erste Pforte des Kaiserpalastes erreicht hatten, trafen wir dort auf ungefähr hundert Männer mit ihrem Anführer, der auf einem Podest stand. Ich hörte sie rufen: »Die Sarazenen, die Sarazenen!«, denn so bezeichnen sie die Muslime.[1094] Sie wollten uns nicht einlassen. Da sagten die Begleiter der Prinzessin, daß wir zu ihnen gehörten. Doch sie erhielten zur Antwort: »Sie können nur eintreten, wenn sie eine Erlaubnis haben.« Wir blieben also am Tor stehen, einer der Offiziere der Ḫātūn ging davon und schickte jemanden zu ihr, der sie benachrichtigen sollte. Sie befand sich bei ihrem Vater, dem sie von uns erzählte. Der Kaiser befahl, uns eintreten zu lassen, und wies uns ein Haus in der Nähe der Wohnung der Prinzessin an. Er schrieb sogar einen Befehl, der besagte, daß uns in keinem Teil der Stadt, den wir aufsuchen möchten, ein Hindernis in den Weg gelegt werden sollte, und der auf den Märkten ausgerufen wurde. Wir blieben drei Tage in dem Haus, und man schickte uns Speisen, und zwar Mehl, Brot, Hammel, Hühner, Butter, Obst und Fisch, ebenso Geld und Teppiche. Am vierten Tage besuchten wir den Sultan.

[1094] Im arabischen Text ›sarākinū‹. Nach At-Tāzī geht die Bezeichnung der Araber und Muslime als Sarazenen auf Al-Masʿūdī (gest. 956) zurück, der schrieb, daß ›die Griechen die Araber bis heute als ›Saraqinos‹ bezeichnen, weil sie von Hagars Sohn Ismail abstammten und wie die Muslime Söhne der Stammutter Sara seien‹. Von Ibn al-Aṯīr stammt die Ansicht, daß die griechische Bezeichnung ›Sarakinos‹ nichts anderes bedeute als ›Sklaven Saras‹. Ibn Baṭṭūṭa ist der dritte arabische Schriftsteller, der diese Bezeichnung verwendet.

Er nennt sich Takfūr und ist der Sohn des Sultans Ǧirǧīs.[1095] Sein Vater, eben dieser Sultan Ǧirǧīs, lebt noch, hat aber der Welt entsagt, ist Mönch geworden, gibt sich der Kirchenandacht hin und hat das Reich seinem Sohne übergeben. Ich werde später noch von ihm sprechen. Am vierten Tage nach unserer Ankunft in Konstantinopel schickte mir die Ḫātūn ihren Diener Sumbul, den Inder, der mich in den Palast führte.[1096] Wir durchschritten vier Pforten, in denen überdachte Räume untergebracht waren, wo sich bewaffnete Männer aufhielten, deren Offizier auf einem teppichbelegten Podest saß. An der fünften Pforte ließ mich Sumbul zurück und trat ein. Er kam in Begleitung von vier griechischen Sklaven wieder, die mich nach einem Messer durchsuchten. Ihr Vorsteher sagte mir: »Das ist ihre Pflicht, die nicht vernachlässigt werden darf. Jeder, der zum Kaiser geht, muß genau untersucht werden, sei er ein Vertrauter oder ein Mann aus dem Volke, ein Fremder oder ein Untertan.« So ist es auch in Indien.

Nachdem sie mich durchsucht hatten, erhob sich der Pfortendiener, nahm mich an der Hand und öffnete das Tor. Vier Männer umringten mich, zwei ergriffen meine Ärmel, die zwei anderen blieben hinter mir. Sie betraten mit mir einen großen Saal, dessen Wände mit Mosaiken geschmückt waren, auf denen Bilder aus der Natur, belebte und unbelebte Dinge, dargestellt waren. Inmitten des Saals floß ein kleiner Bach, auf dessen beiden Ufern Bäume standen. Rechts und links standen Leute, aber sie bewahrten Schweigen, und niemand sprach. Drei Männer standen in der Saalmitte, denen meine vier Führer mich anvertrauten. Sie ergriffen mein Gewand, wie es auch die anderen getan hatten. Ein anderer gab ihnen ein Zeichen, und sie traten mit mir näher. Einer, ein Jude, sagte auf Arabisch zu mir: »Fürchte dich nicht! Es ist ihr Brauch, daß sie Neuankömmlinge so behandeln. Ich bin der Dolmetscher und stamme aus Syrien.« Ich fragte ihn, wie ich zu grüßen hätte, und er erwiderte: »Sage: Friede mit euch!«

Ich kam an einen prachtvollen Baldachin, auf dem der Kaiser auf seinem Thron

[1095] ›Takfūr‹ ist die von arabischen Schriftstellern benutzte, aber aus armenischer Wurzel stammende Bezeichnung des byzantinischen Kaisers. Der im Jahre 1334 herrschende Kaiser in Konstantinopel war Andronikos III. Palaeologos (reg. 1328–1341). Er war Nachfolger seines Großvaters Andronikos II. (reg.1282–1328), der nach längerem Bürgerkrieg 1328 abdanken und sich 1330 in ein Kloster zurückziehen mußte, wo er am 13. Februar 1332, also lange vor Ibn Baṭṭūṭas Besuch, starb. Andronikos' III. Vater war als Michael IX. Mitkaiser gewesen und bereits am 12. Oktober 1320 verstorben. Kein Kaiser der Palaeologendynastie hieß Georgios (›Ǧirǧīs‹), auch hatte Michael IX. als Mönch den Namen Antonios angenommen.

[1096] Es sollte sich um den Blachernenpalast der Komnenen-Kaiser in der Nähe der nordwestlichen Stadtmauer handeln, der noch heute den türkischen Namen ›Tekfur Sarayı‹ trägt und von dem noch Substrukturen zu sehen sind.

saß, vor ihm seine Gemahlin, die Mutter der Ḫātūn.[1097] Die Ḫātūn selbst und ihre Brüder saßen unterhalb des Throns. Rechts neben dem Kaiser standen sechs, zu seiner Linken vier und wieder vier Männer hinter ihm. Sie alle trugen Waffen. Noch bevor ich ihn grüßte und vor ihn treten konnte, gab er mir ein Zeichen, mich eine kleine Weile zu setzen, damit ich mich beruhige. Dies tat ich, dann aber ging ich zum Kaiser und grüßte ihn. Er lud mich mit einer Geste ein, mich zu setzen, aber ich tat es nicht. Er fragte mich nach Jerusalem und dem heiligen Stein, nach Al-Qumāma[1098], nach dem Ort, an dem Jesus' Wiege stand, nach Bethlehem und der Stadt Abrahams. Darauf erkundigte er sich nach Damaskus und Kairo sowie nach dem Iraq und Kleinasien. Ich beantwortete all seine Fragen, während der Jude zwischen uns übersetzte. Was ich sagte, fand sein Gefallen, und er sagte zu seinen Kindern: »Behandelt diesen Mann mit Ehren und sorgt für seine Sicherheit!« Dann ließ er mich ein Ehrenkleid anlegen und wies mir ein gesatteltes und gezäumtes Pferd und einen Sonnenschirm an, wie auch er sich einen über dem Kopfe tragen läßt, denn dies gilt als Zeichen dafür, daß man unter Schutz steht. Ich bat ihn, jemanden zu bestimmen, der mich täglich zu Pferde durch die Stadt führen könne, damit ich sehe, was es an Denkwürdigem und Wundern zu sehen gäbe, damit ich in meiner Heimat davon erzählen könne, und er gab meinem Wunsche statt. Zu den Sitten dieses Volkes gehört es, daß jedermann, der ein Ehrenkleid des Kaisers erhalten und ein Pferd aus seinen Stallungen reitet, unter dem Klang von Trompeten, Fanfaren und Trommeln über die Märkte der Stadt geführt werden muß, damit das Volk ihn sieht. Meist widerfährt den Türken aus dem Reich des Sultans Ūzbak Ḫāns diese Ehre, damit sie nicht belästigt werden. So wurde auch ich über die Märkte geführt.

Konstantinopel ist außerordentlich groß und wird von einem mächtigen Strom in zwei Teile getrennt, in dem die Gezeiten auftreten wie im Wādī Salā in Marokko.[1099] Über diesen Fluß, der den Namen Absumi[1100] trägt, führte in alter Zeit eine Steinbrücke, aber sie ist zerstört und heute fährt man in Booten hinüber. Ein Teil der Stadt heißt Iṣtanbūl.[1101] Er liegt am Ostufer des Stromes, und dort leben der Kaiser, die Großen seines Reiches und der Rest der Bevölkerung. Märkte und Straßen sind breit und mit Steinplatten gepflastert. Jedes Gewerbe hat seinen eigenen Standort, den sie mit keinem anderen Handwerk teilen. Die

[1097] Andronikos' III. Gemahlin war Jeanne, die Tochter Amédées V. von Savoyen.

[1098] Die Grabeskirche in Jerusalem.

[1099] Dieses Wādī Salā trägt heute in Marokko den Namen ›Wādi-r-rummān‹ (›Flußtal der Granatäpfel‹).

[1100] Eine Bezeichnung mit unklarer Etymologie für das hier offensichtlich angesprochene Goldene Horn. ›Al-psomi‹ könnte die arabisierte Form des griechischen Wortes für ›Brot‹ sein, möglicherweise verbirgt sich hinter dem Wort aber nur eine verderbte Form des Wortes ›potamos‹ (›Fluß‹).

[1101] Im arabischen Text ›'Aṣṭanbūl‹. Diese Form findet sich in der arabischen Literatur erstmals bei Yāqūt und ist eine Deformation des griechischen ›eis tin polin‹: ›in die Stadt hinein‹.

Märkte haben Tore, die nachts geschlossen werden, und die meisten Handwerker und Händler sind Frauen. Dieser Stadtteil liegt am Fuße eines Hügels, der sich ins Meer hineinschiebt und ungefähr neun Meilen lang und ebenso breit, vielleicht sogar etwas breiter ist. Auf diesem Hügel stehen eine kleine Zitadelle und der Palast des Sultans. Eine unüberwindliche Stadtmauer, die niemand von der Seeseite aus erklimmen kann, umfaßt diesen Hügel. Sie beherbergt ungefähr dreizehn besiedelte Dörfer. In der Mitte dieses Stadtteils steht die Hauptkirche.

Der andere Teil der Stadt heißt Ġalaṭa. Er liegt auf dem Westufer des Flusses und gleicht wegen seiner Nähe zum Meer Ribāṭ al-Fatḥ.[1102] Er ist besonders den fränkischen Christen aus verschiedenen Völkern vorbehalten, die dort wohnen, und zwar den Genuesen, Venezianern, Römern und Franzosen. Die Oberherrschaft über sie hat aber der Kaiser von Konstantinopel, der einen der Ihrigen zu ihrem Oberhaupt ernennt, dessen Wahl sie zustimmen und den sie ›qumiṣ‹[1103] nennen. Sie schulden dem Kaiser einen jährlichen Tribut, lehnen sich aber häufig gegen ihn auf, so daß er gegen sie Krieg führt, bis der Papst wieder Frieden zwischen ihnen stiftet. Sie sind Kaufleute, und ihr Hafen ist einer der größten, den es gibt und in dem ich ungefähr hundert Fahrzeuge, Galeeren und andere große Schiffe gesehen habe. Die kleinen kann man wegen ihrer Menge nicht zählen. Auch in diesem Stadtteil gibt es schöne Märkte, aber dort herrscht sehr viel Schmutz und ein kleiner, sehr schmutziger Fluß fließt durch das Viertel. Auch ihre Kirchen haben nichts Vorteilhaftes an sich.

Von der großen Kirche werde ich nur den äußeren Anblick beschreiben, weil ich sie nicht von innen gesehen habe. Sie selbst nennen sie ›Ayā Ṣūfīyā‹ und sie soll von Aṣaf bin Baraḫīyā', dem Sohn von Salomons Tante mütterlicherseits, gegründet worden sein.[1104] Sie ist eine der größten griechischen Kirchen, hat dreizehn Tore und ist von einer Mauer umgeben, als sei sie selbst eine ganze Stadt. Zu ihr gehört ein geweihter, etwa eine Meile langer Bezirk mit einem großen Tor. Niemand wird daran gehindert, ihn zu betreten, und ich bin mit dem Vater des Kaisers, von dem ich noch sprechen werde, eingetreten. Dieser Bezirk gleicht einem Ratssaal, ist mit Marmor gepflastert und von einem Bach durchflossen, der aus der Kirche kommt und zwischen zwei gemauerten Molen entlangläuft, die etwa eine Elle hoch sind und aus geflecktem und in feinster Handwerkskunst bearbeitetem Marmor bestehen. Beidseits des Bachlaufs sind in schönem Gleichmaß Bäume gepflanzt. Vom Kirchentor läuft bis zum Tor

[1102] Galata, die genuesische Siedlung auf dem Nordufer des Goldenen Horns, wird hier mit Rabaṭ, der heutigen Hauptstadt Marokkos, verglichen.

[1103] Vermutlich aus der Bezeichnung ›comes‹ (›comte, count, Graf‹) zu erklären; das Oberhaupt der Genuesen in Galata freilich bezeichnete sich selbst als ›Podestat‹.

[1104] Aṣaf bin Baraḫīya, in den jüdischen und muslimischen Legenden ein Wesir Salomons und Gründer der Hagia Sophia (Aya Sofya), die im 6. Jahrhundert von Justinian errichtet wurde.

dieses Bezirks ein hoher hölzerner Laubengang, den Weinstöcke umranken und unter dem Jasmin und andere duftende Sträucher wachsen. Vor dem Tor dieses Bezirks steht ein hoher hölzerner Turm, an dem Holzbänke für die Torwächter stehen. Rechts daneben stehen Läden und Handwerksstände, zumeist auch aus Holz, wo die Richter und Amtsschreiber sitzen.[1105] Inmitten dieser Läden steht ein hölzernes Podest, das man über eine Holzleiter besteigen kann und auf dem sich ein stoffbezogener Sitz befindet, auf dem ihr Richter Platz nimmt; von ihm werde ich noch sprechen. Links neben dem Podest am Tor liegt der Markt der Gewürzkrämer. Der erwähnte Bach teilt sich in zwei Arme, von denen einer über diesen, der andere über den Platz der Richter und Schreiber fließt.

Vor der Kirchenpforte laufen Arkaden, unter denen sich die Kirchendiener aufhalten, die die Wege zu kehren, die Lampen anzuzünden und die Pforten zu schließen haben. Sie lassen niemanden eintreten, der sich nicht vor dem Kreuz niederwirft, das bei ihnen große Verehrung genießt. Sie glauben, es sei ein Überbleibsel des Holzkreuzes, an dem jener Mann gekreuzigt wurde, der Jesus ähnlich gewesen sein soll. Es liegt oberhalb der Kirchenpforte in einem ungefähr zehn Ellen langen goldenen Schrein. Quer zu diesem ist ein ähnlicher goldener Schrein angebracht, so daß ein Kreuz dargestellt ist. Die Pforte ist mit silbernen und goldenen Plättchen beschlagen, und die beiden Ringe sind aus reinem Gold. Man hat mir erzählt, daß die Mönche und Priester, die zu dieser Kirche gehören, nach Tausenden zählen und einige von ihnen von den Jüngern Jesu abstammen, auch daß sich in dieser Kirche eine weitere Kirche befände, die den Frauen vorbehalten ist und in der mehr als tausend Jungfrauen sich ausschließlich der Andacht hingeben, und daß die Zahl der älteren Frauen noch weitaus höher sein soll.

Der Kaiser, die Großen seines Reiches und das andere Volk besuchen die Kirche allmorgendlich. Einmal im Jahr besucht sie auch der Papst.[1106] Dann hält er vier Tagesreisen vor der Stadt an, der Kaiser reitet ihm entgegen, steigt vor ihm ab und geht, wenn sie die Stadt betreten, zu Fuß vor dem Papst her. Jeden Morgen und jeden Abend sucht er ihn zum Gruße auf, wenn er sich in Konstantinopel aufhält, und so hält er es bis zu seiner Abreise.

Das Wort ›mānistār‹ schreibt sich wie das Wort ›māristān‹, aber im ersteren ist das ›n‹ mit dem ›r‹ vertauscht. Solche Klöster, die in Konstantinopel sehr zahlreich sind, entsprechen den muslimischen Zāwiyas. Zu ihnen gehört auch das von Kaiser Ǧirǧīs, dem Vater des Kaisers von Konstantinopel, gegründete Kloster, von dem ich bald sprechen werde. Es liegt außerhalb von Iṣṭanbūl gegenüber von Ġalaṭa. Zwei Klöster liegen in der Nähe der großen Kirche und rechts neben ihrer Eingangspforte. Sie stehen, von einem Bach durchquert, inmitten eines Gartens. Eines ist Männern, das andere Frauen gewidmet, und in jedem steht eine Kirche.

1105 Eine Basilika und ein Markt sollen sich lt. byzantinischen Schriftstellern zu jener Zeit noch neben der Hagia Sophia befunden haben.

1106 Von Besuchen der in jener Zeit ja in Avignon residierenden Päpste ist nichts bekannt.

Sie sind voller Zellen für die Männer und Frauen, die nur ihrer Andacht leben. Jedem der beiden Klöster sind fromme Stiftungen gewidmet, die ein König ausgelobt hat und aus denen Kleidung und Unterhalt der Mönche bestritten werden.

Zwei weitere Klöster links des Eingangs zur großen Kirche gleichen den beiden vorgenannten.[1107] Auch sie bestehen aus Zellen; in einem leben Blinde, in dem anderen Greise, die keinerlei Dienst mehr verrichten können, darunter auch Menschen, die ein Alter von ungefähr sechzig Jahren erreicht haben. Jeder erhält Kleidung und Nahrung aufgrund von Vermächtnissen. Innerhalb jedes Klosters gibt es einen Raum, welcher der Verehrung des Kaisers dient, der dieses Kloster eingerichtet hat; denn die meisten Kaiser bauten, wenn sie sechzig oder siebzig Jahre alt geworden waren, ein Kloster, zogen härene Büßerhemden an, übertrugen das Kaisertum auf ihren Sohn und gaben sich bis zu ihrem Tode frommer Andacht hin. Für den Bau dieser Klöster entfalten sie größte Pracht und statten sie mit Marmor und Mosaiken aus; von diesen Gebäuden gibt es viele in der Stadt.

Mit dem Griechen, den der Kaiser mir für meine Ausritte zugewiesen hatte, betrat ich ein von einem Bach durchquertes Kloster. In ihm stand eine Kirche mit ungefähr 500 in grobe Wolle gekleideten Jungfrauen, die auf ihren geschorenen Köpfen Kapuzen aus Filz trugen. Sie waren von erlesener Schönheit, auf der allerdings der Gottesdienst tiefe Spuren hinterlassen hatte. Ein Knabe saß auf einem Stuhl und las ihnen mit einer Stimme, wie ich keine schönere je gehört hatte, das Evangelium vor. Acht andere Knaben mit ihrem Priester saßen um ihn herum. Als der Junge aufhörte zu lesen, begann ein anderer. Der Grieche sagte zu mir: »Es sind die Töchter des Kaisers, die sich dem Dienst dieser Kirche geweiht haben. Das Gleiche trifft auf die jungen Knaben zu, die gelesen haben, aber sie gehören zu einer anderen Kirche.« Mit ihm betrat ich noch eine weitere Kirche in einem Garten, wo wir ungefähr fünfhundert Jungfrauen oder gar mehr antrafen. Ein Knabe las ihnen, auf einem Stuhl sitzend, vor, auch er begleitet von einer Schar junger Knaben, die wie die vorherigen auf Stühlen saßen. Der Grieche sagte: »Es sind die Töchter der Minister und Fürsten, die in dieser Kirche ihre Andacht verrichten.« Ich betrat mit diesem Mann auch Kirchen, in denen sich weitere Jungfrauen befanden, die Töchter der bedeutendsten Bürger der Stadt waren, andere, in denen ältere Frauen und Witwen ihren Gottesdienst versahen, und schließlich in die Kirchen, in denen Mönche leben. In jeder dieser Kirchen leben ungefähr hundert Mönche, manchmal mehr, manchmal weniger. Der größte Teil der Bevölkerung dieser Stadt besteht aus Mönchen, frommen Männern und Priestern, und ihre Kirchen sind nicht zu zählen. Die Einwohner, seien es Soldaten oder andere, große oder kleine Leute, tragen im Sommer wie im Winter große Sonnenschirme, die Frauen umfangreiche Turbane auf ihrem Kopf.

Kaiser Ǧirǧīs, der Mönch wurde, übertrug sein Kaisertum auf seinen Sohn, zog sich zurück und widmete sich frommen Übungen. Er baute vor der Stadt

[1107] Diese Klöster sind nicht mehr genau zu identifizieren.

am Ufer ein Kloster, wie ich schon berichtet habe. Dort befand ich mich eines Tages in Begleitung des Griechen, der mir für meine Ausritte bestimmt worden war, als wir plötzlich diesem Kaiser begegneten. Er ging zu Fuß, trug ein grobes Büßerhemd und eine Kapuze aus Filz. Er hat einen langen weißen Bart, und sein schönes Gesicht wies Spuren des Gottesdienstes auf. Vor und hinter ihm schritt eine Gruppe von Mönchen. Er hielt eine Krücke in der Hand und trug um den Hals einen Rosenkranz. Als der Grieche ihn sah, stieg er ab und sagte zu mir: »Steig ab, dies ist der Vater des Kaisers.« Nachdem der Grieche ihn gegrüßt hatte, fragte er ihn nach mir, blieb stehen und ließ mich nähertreten. Er nahm mich an der Hand und sagte zum Griechen, der das Arabische kannte: »Sage diesem Sarazenen ...« – das heißt Muslim – »... daß ich ihm, der Jerusalem betreten hat, die Hand drücke und auch seinen Fuß berühre, der den großen Felsendom und die große Kirche, die Qumāma genannt wird, und Bethlehem betrat.« Und er legte mir seine Hand auf meine Füße und führte sie anschließend auf sein Gesicht. Ich war erstaunt über die gute Meinung, welche sie über Angehörige einer anderen Religion haben, die diese Orte betreten haben. Dann nahm er mich an die Hand, und ich ging mit ihm. Er fragte mich nach Jerusalem und nach den Christen, die dort leben, und sprach sehr lange mit mir. Mit ihm betrat ich den heiligen Bezirk, der zur Kirche gehörte und den ich schon beschrieben habe. Als er sich der Hauptpforte näherte, trat eine Gruppe von Mönchen und Priestern heraus, um ihn zu grüßen, denn er war einer ihrer Vorsteher im Kloster. Als er sie sah, gab er meine Hand frei und ich sagte zu ihm: »Ich möchte mit dir die Kirche betreten.« Daraufhin sagte er zum Dolmetscher: »Sage ihm, daß jeder, der eintritt, vor dem großen Kreuz niederknien muß. Dies ist eine Vorschrift seit alter Zeit, von der man nicht abweichen darf.« Da habe ich ihn verlassen. Er ging allein hinein, und ich sah ihn nicht wieder.

Nachdem ich mich vom Kaiser, der Mönch geworden war, verabschiedet hatte, ging ich zum Markt der Schreiber. Der Richter bemerkte mich und schickte mir einen seiner Gehilfen, der meinen griechischen Begleiter befragte. Dieser sagte, ich sei ein gelehrter Muslim. Als der Bote umkehrte und es berichtete, wurde mir einer der Amtsbrüder des Richters geschickt. Die Griechen nennen den Richter ›naḫšī kafālī‹.[1108] Der Beamte sagte zu mir: »Der Naḫšī Kafālī verlangt nach dir.« Ich stieg zu ihm auf das Podest, das ich früher erwähnt habe, und fand einen alten Mann mit ehrwürdigem Gesicht und großer Haarpracht. Er trug Mönchskleider aus grobem schwarzem Wollstoff und hatte etwa zehn Sekretäre um sich, die mit Schreiben beschäftigt waren. Er erhob sich vor mir mit seinen Schreibern und sagte: »Du bist Gast des Kaisers, es ziemt sich, daß wir dich ehrenvoll empfangen.« Er fragte mich nach Jerusalem, Syrien und Ägypten und hatte eine lange Unterhaltung mit mir. Eine beträchtliche Men-

1108 Das Wort ›naḫšī‹ ist nicht zu deuten. At-Tāzī vermutet, es sei mongolischen oder türkischen Ursprungs und bedeute ›Schreiber‹ oder ›Wahrsager‹.

schenmenge hatte sich um ihn versammelt. Schließlich sagte er: »Du mußt zu mir nach Hause kommen, damit ich dich bewirte.« Aber ich verließ ihn und sah ihn nicht mehr wieder.

Als es den Türken aus dem Gefolge der Ḫātūn schien, daß sie die Religion ihres Vaters ausübte und bei ihm bleiben wollte, baten sie die Prinzessin um die Erlaubnis, in ihre Länder zurückzukehren. Sie gewährte sie ihnen, machte ihnen reiche Geschenke und beauftragte einen Fürsten namens Sārūǧa den Kleinen und 500 Reiter, ihnen in ihre Heimat das Geleit zu geben. Die Prinzessin ließ mich holen und gab mir 300 Golddinare ihres Geldes, die man ›barbara‹ nennt, aber das Gold ist nicht gut.[1109] Sie legte 2.000 venezianische Drachmen, ein Stück Tuch vom besten Stoff, wie es die Dienerinnen tragen, sowie zehn Kleider aus Seide, Leinen und Wolle dazu und gab mir schließlich noch zwei Pferde von ihrem Vater. Nachdem sie mich Sārūǧa empfohlen hatte, nahm ich Abschied von ihr und kehrte um. Ich hatte mich einen Monat und sechs Tage bei den Griechen aufgehalten.[1110]

Wir reisten in der Gesellschaft Sārūǧas, der mir viel Aufmerksamkeit schenkte, bis wir an die Landesgrenze kamen, wo wir unsere Gefährten und unsere Wagen zurückgelassen hatten. Dort traten wir in die Wüste ein. Sārūǧa begleitete uns noch bis zur Stadt Baba Salṭūq, blieb dort noch drei Tage als unser Gastgeber und kehrte dann in sein Land zurück.

Wir befanden uns im strengsten Winter. Ich zog drei Pelze und zwei Unterkleider an, davon eines gefüttert. An meinen Füßen trug ich wollene Stiefel, darüber ein weiteres Paar aus gefüttertem Leinen und schließlich über all dem noch ein drittes Paar aus ›burġālī‹, bulgarischem, mit Wolfsfell gefüttertem Pferdeleder. Meine Waschungen vollzog ich mit heißem Wasser ganz nahe am Feuer, aber es lief nicht ein Tropfen, ohne daß er nicht sofort wieder gefroren wäre. Wenn ich mir das Gesicht wusch, rann das Wasser in meinen Bart und gefror, und wenn ich meinen Bart schüttelte, fiel es wie Schnee herunter. Das Wasser, das von meiner Nase tropfte, gefror auf meinem Schnurrbart. Wegen der großen Menge Kleider, die ich trug, konnte ich nicht einmal aufsitzen, so daß meine Gefährten mich aufs Pferd heben mußten.

Ich kam schließlich in Ḥāǧǧ Tarḫān an, wo wir von Sultan Ūzbak Abschied genommen hatten. Wir erfuhren, daß er abgereist war und sich in der Hauptstadt seines Reiches aufhielt. Drei Tage lang reisten wir auf der zugefrorenen Itil und ihren Nebenflüssen. Wenn wir Wasser brauchten, zerbrachen wir Eis und schmolzen es in einem Kessel. Dieses Wasser tranken wir und verwendeten es zum Kochen.

1109 Die byzantinische Goldmünze ›Hyperpyra‹.

1110 Ibn Baṭṭūṭa muß Konstantinopel um den 22./23. September 1334 verlassen haben.

Von der Wolga an den Indus

Wir erreichten endlich die Stadt Sarā, die auch unter dem Namen Sarā Barka bekannt ist, die Hauptstadt des Sultans Ūzbak[1111], und suchten den Herrscher auf. Er fragte uns nach Einzelheiten unserer Reise, nach dem Kaiser der Griechen und seiner Hauptstadt, und wir unterrichteten ihn. Er befahl, uns unterzubringen und uns alles zukommen zu lassen, was wir benötigten.

Sarā ist eine sehr schöne Stadt von endloser Ausdehnung. Sie liegt in einer Ebene, wimmelt von Menschen und besitzt schöne Märkte und breite Straßen. Wir ritten eines Tages in Begleitung eines bedeutenden Bürgers in der Absicht aus, einen Umritt durch die Stadt zu machen und ihre Ausdehnung kennenzulernen. Unsere Unterkunft befand sich an einem Ende der Stadt. Am frühen Morgen brachen wir auf und erreichten das andere Ende erst nach der Mittagstunde. Dort sprachen wir das Mittagsgebet und nahmen unser Mahl ein. Erst gegen Sonnenuntergang kamen wir wieder an unserem Hause an. Eines Tages durchquerten wir die Stadt zu Fuß auch in ihrer ganzen Breite und kamen erst nach einem halben Tage zurück. Die Häuser stehen eng aneinander, aber es gibt weder Ruinen noch Gärten. In fünfzehn Hauptmoscheen, von denen eine den Šafiʿiten gehört, kann man das Freitagsgebet sprechen. Andere Moscheen gibt es in sehr großer Zahl. In Sarā leben Angehörige verschiedener Völker, von denen die Mongolen der Hauptstamm und die Herren des Landes sind und sich zu einem Teil zur muslimischen Religion bekennen; ferner die Āṣ[1112], die ebenfalls Muslime sind, dann die Qafğaq, Tscherkessen, Russen und Griechen, die alle Christen sind. Jedes Volk lebt in einem eigenen Viertel mit eigenen Märkten. Die Kaufleute und Fremden aus den beiden Iraq, aus Ägypten, Syrien und anderen Ländern bewohnen ein Viertel, das von einer Mauer umgeben ist, damit ihre Waren geschützt sind. Der Palast des Sultans heißt Alṭūn Ṭāš; worin ›alṭūn‹ Gold und ›ṭāš‹ Kopf bedeutet.[1113]

[1111] Sarai, die Hauptstadt der Goldenen Horde zur Zeit Uzbek Chans. Eine erste Niederlassung gleichen Namens entstand unter Batu, dem ersten Herrscher der Goldenen Horde (reg. 1227–1256), etwa 120 Kilometer nördlich von Astrachan wolgaaufwärts an der Stelle des heutigen Ortes Selitrennoje. Die von Ibn Baṭṭūṭa besuchte neue Hauptstadt, nach ihrem Gründer Berke (reg. 1255–1267) auch Sarā Berke genannt, entstand weiter nördlich bei Karow, 70 Kilometer östlich von Wolgograd.

[1112] Osseten, heute im Vorkaukasus anzutreffendes indo-europäisches, sprachlich dem Iranischen nahestehendes Volk.

[1113] Türkisch ›Altın Taş‹ ist ›Goldener Stein‹; ›Kopf‹ ist türkisch ›baş‹.

Der Richter der Hauptstadt, Badr ad-Dīn al-Aʿraǧ, ist einer der besten Qāḍīs. Zu den Lehrern der Šafiʿiten zählte der unvergleichliche und verdienstvolle Faqīh und Imām Ṣadr ad-Dīn Sulaimān, der Lakzī.[1114] Unter den Malikiten findet man Šams ad-Dīn, den Ägypter, der allerdings wegen mangelnder Glaubensreinheit verleumdet wird. In Sarā steht das Kloster des frommen Pilgers Niẓām ad-Dīn, in dem er uns bewirtete und ehrte. Auch das Kloster des gelehrten Faqīh und Imām Nuʿmān ad-Dīn al-Ḫwārizmī habe ich besucht. Ich sah ihn dort und fand in ihm einen der vortrefflichsten Scheichs, einen Mann von edlem Wesen und weiter Seele, voller Demut, aber auch voller Stolz im Umgang mit den Großen der Welt. Sultan Ūzbak besucht ihn jeden Freitag. Aber der Scheich geht ihm weder entgegen noch erhebt er sich vor ihm. Der Sultan setzt sich vor ihn und spricht in freundlichsten und demütigsten Worten mit ihm, aber genau umgekehrt verhält sich der Scheich. Sein Umgang mit den Faqīren, den Armen und neu angekommenen Fremden ist das genaue Gegenteil seiner Art, mit dem Sultan zu sprechen; denn ihnen bezeigt er Anteilnahme, spricht in sanftem Tone mit ihnen und ehrt sie. Mich behandelte er mit Achtung – möge Gott es ihm vergelten! –, schickte mir einen jungen türkischen Sklaven, und ich wurde Zeuge eines seiner Wunder.

Ich hatte den Wunsch gehabt, von Sarā ins Ḫwārizm zu reisen. Aber der Scheich verwehrte es mir und sagte: »Warte noch einige Tage, bevor du aufbrichst!« In meinem Herzen kämpfte ich mit mir, fand aber schließlich eine große Karawane, die sich auf die Abreise vorbereitete und an der Kaufleute, die mir bekannt waren, teilnahmen. Ich kam mit ihnen überein, in ihrer Gesellschaft aufzubrechen, und teilte dem Scheich meinen Entschluß mit. Aber er sagte zu mir: »Du mußt unbedingt noch bleiben.« Dennoch war ich zur Abreise entschlossen. Da entfloh einer meiner Sklaven, und ich blieb seinetwegen zurück. Diese Verzögerung wurde zu einem offenbaren Wunder, denn nach drei Tagen fand einer meiner Gefährten meinen flüchtigen Sklaven in Ḥāǧǧ Tarḫān und brachte ihn mir. Nun erst reiste ich ins Ḫwārizm ab, das von der Residenzstadt Sarā durch eine Wüste von 40 Reisetagen getrennt ist, die man mangels Futter nicht mit Pferden durchqueren kann. Nur Kamele werden dort vor die Wagen gespannt.

Zehn Tage hinter Sarā erreichten wir die Stadt Sarāǧūq[1115]; das Wort ›ǧūq‹ heißt ›klein‹, so daß sie den Ort als das ›Kleine Sarā‹ bezeichnen. Die Stadt liegt an einem großen Fluß, Ulūṣū genannt, was ›Großes Wasser‹ bedeutet, über den eine Schiffsbrücke ähnlich der in Bagdad führt. Hier endete unsere Reise mit Pferdewagen. Wir verkauften die Tiere und erlösten für ein Tier nur

1114 Zugehörig zum Stamm der Lezgi, beheimatet im Dagestan im Kaukasus.

1115 Das heutige Saraitschik, am Oral-Fluß und 60 Kilometer nördlich des Kaspischen Meeres; diesen Fluß nannten die Türken Ulu Su (›Großes Wasser‹) und die arabischen Geographen Yāyīk.

vier Silberdinar und weniger, weil sie erschöpft waren und in dieser Stadt Pferde sehr billig sind. Nun mieteten wir für unsere Wagen Kamele. In Sarā steht die Zāwiya eines frommen betagten Türken, den man Aṭā, das heißt Vater, nannte. Er nahm uns gastfrei auf und sprach ein Gebet für uns. Auch der Qāḍī gab uns ein Gastmahl, aber seinen Namen weiß ich nicht mehr.

Nach der Abreise aus Sarāǧūq reisten wir dreißig Tage sehr schnell und hielten nur zwei Stunden am Tage an, einmal vormittags, das zweite Mal zu Sonnenuntergang.[1116] Ein solcher Aufenthalt dauerte gerade so lange, um Hirsebrei zu kochen und ihn zu verzehren. Er wird nur einmal gegart, dann wird gesalzenes und in Streifen geschnittenes Trockenfleisch in die Hirsebrühe gelegt und Milch darüber gegossen. Man ißt und schläft während der gesamten Reise im Wagen. Ich hatte drei junge Sklavinnen in meinem Wagen. Reisende pflegen diese Wüste sehr schnell zu durchqueren, weil sie sehr wenige Weiden hat. Die meisten Kamele, die sie durchziehen, gehen zugrunde, die überlebenden Tiere können erst wieder im nächsten Jahre verwendet werden, wenn sie dickgefüttert sind. Wasser findet sich in dieser Wüste in Abständen von zwei oder drei Tagen. Es ist Regenwasser oder stammt aus gegrabenen Brunnen.

Als wir, wie ich erzählt habe, diese Wüste durchquert hatten, kamen wir nach Ḫwārizm.[1117] Es ist die größte, prächtigste und schönste Stadt der Türken, besitzt hübsche Märkte, breite Straßen, zahlreiche Gebäude und viele bemerkenswerte Vorzüge. Unter der Zahl ihrer Menschen scheint ihr Boden zu erbeben, und ihre wogende Menge gleicht einem wellenbewegten Meer. Ich ritt eines Tages auf den Markt, und als ich in seiner Mitte angekommen war und die Stelle erreicht hatte, die man ›šuwwar‹[1118] nennt und wo das größte Gedränge herrschte, kam ich nicht weiter, weil es von Menschen wimmelte. Ich wollte umkehren, aber auch das war mir wegen der vielen Menschen nicht möglich. Ich war ratlos und konnte erst nach größten Mühen zurückreiten. Jemand sagte mir, daß der Markt freitags wenig besucht sei, weil an diesem Tage der bedeckte Basar und andere Märkte geschlossen seien. Am Freitag bestieg ich mein Pferd und wandte mich zur Hauptmoschee und zur Koranschule.

1116 Die Durchreise Ibn Baṭṭūṭas durch Kasachstan und das nordwestliche Usbekistan muß im Dezember 1334/Januar 1335 stattgefunden und ihn über das Ustjurt-Plateau im Grenzgebiet beider Staaten geführt haben.

1117 Ibn Baṭṭūṭa behandelt den Namen ›Ḫwārizm‹ (oder ›Ḫuwārizm‹: das Khwarezm) als Stadt mit zugehörigem Umland. Es war dagegen eine Großlandschaft, die südlich des Aralsees am Unterlauf des Amu Darya begann, bis nach Nordwestafghanistan reichte und an das ›Ḫurāsān (Khorasan; Ostiran und Westafghanistan) grenzte. Als Stadt findet sich Ḫwārizm in Urgentsch in Uzbekistan wieder, knapp östlich der turkmenischen Grenze, am Knotenpunkt großer Handelstraßen. Sie war 1221 von den Mongolen erobert und nach der ersten Zerstörung zehn Jahre später in der Nähe wiederaufgebaut worden.

1118 Persisch für ›Aufregung, Unruhe, Tumult‹.

Die Stadt steht unter der Herrschaft des Sultans Ūzbak, der einen großen Fürsten namens Quṭlūdumūr zu seinem Statthalter ernannt hat.[1119] Dieser Emir hat die Schule gegründet und weitere zugehörige Gebäude errichtet; die Moschee baute seine Frau, die fromme Ḫātūn Turābak.[1120] Es steht auch ein Krankenhaus in Ḫwārizm, an dem ein syrischer Arzt arbeitet, der Ṣahyūnī heißt, ein Name, der auf die Stadt Ṣahyūn in Syrien zurückgeht.

Ich habe auf der ganzen Welt keine freundlicheren Menschen gesehen als in Ḫwārizm mit ihrer Großherzigkeit und ihrer Liebe zu den Fremden. Sie pflegen einen lobenswerten Brauch, wie ich ihn bei anderen Völkern nie beobachtet habe: Er besteht darin, daß jeder Muezzin die Häuser in der Nachbarschaft seiner Moschee besucht, um die Menschen aufzufordern, am Gebet teilzunehmen. In Anwesenheit der gesamten Gemeinschaft verprügelt der Imām jedermann, der das gemeinschaftliche Gebet mit dem Imām versäumt hat. Für diesen Zweck hängt in jeder Moschee eine Peitsche. Außer dieser Strafe muß der Delinquent eine Buße von fünf Dinar entrichten, die zum Nutzen der Moschee oder für die Speisung von Armen und Unglücklichen verwendet wird. Sie behaupten, daß diese Sitte bei ihnen seit alter Zeit in Gebrauch ist.[1121]

An Ḫwārizm fließt der Ǧaiḥūn vorbei[1122], einer der vier Flüsse, die aus dem Paradiese kommen. Er friert in der kalten Jahreszeit zu wie die Itil. Fünf Monate lang bleibt der Fluß zugefroren, und die Menschen können das Eis betreten. Mitunter haben es einige dann betreten, wenn das Eis zu tauen begann, und sind zugrundegegangen. Im Sommer fährt man in Booten bis nach Tirmiḏ[1123] und holt von dort Weizen und Gerste. Die Fahrt stromab dauert zehn Tage.

Außerhalb von Ḫwārizm steht über dem Grabmal des Scheichs Naǧm ad-Dīn al-Kubrā'[1124], der zu den Frömmsten zählte, ein Hospiz, in dem Reisende verpflegt werden. Sein Vorsteher ist der Lehrer Saif ad-Dīn Ibn ʿAṣaba, ein bedeutender Bürger von Ḫwārizm. Eine weitere Zāwiya steht in der Stadt unter der Leitung des gottesfürchtigen und demütigen Ǧalāl ad-Dīn as-Samarqandī, eines der frömmsten Männer überhaupt. Er gab uns ein Gastmahl. Ebenfalls

1119 Kutlu Timur, in fünfter Generation ein Nachkomme von Dschingis Chan, hatte Uzbek 1313 zur Macht verholfen und wurde Gouverneur des Khwarezm.

1120 Turābaks Mausoleum steht noch heute in den Ruinen des alten Urgentsch.

1121 Nach At-Tāzī war diese Sitte in Buchara noch bis ins 19. Jahrhundert in Gebrauch.

1122 Der Amu Darya; der ›Itil‹ ist die Wolga.

1123 Termez; Grenzstation am Amu Darya zwischen Uzbekistan und Afghanistan.

1124 Naǧm ad-Dīn al-Kubrā' war ein frommer Ṣūfī der Suhrawardī-Sekte und Gründer eines eigenen Ordens, der seinen Namen annahm und sich Kubrāwīya nannte; er kam bei der mongolischen Einnahme von Urgentsch ums Leben; sein Grab ist dort noch zu sehen.

außerhalb von Ḫwārizm steht das kuppelüberwölbte Grab des gelehrten Imām Abu-l-Qāsim Maḥmūd bin ʿUmar az-Zamaḫšarī.[1125] Zamaḫšar ist ein Dorf, vier Meilen von Ḫwārizm entfernt.

Als ich nach Ḫwārizm gekommen war, hatte ich meine Unterkunft außerhalb der Stadt genommen. Einer meiner Gefährten suchte den Qāḍī Ṣadr ad-Dīn Abū Ḥafṣ ʿUmar al-Bakrī auf[1126], der seinen Vertreter Nūr al-Islām schickte, der mich begrüßte und wieder umkehrte. Daraufhin kam der Qāḍī in eigener Person und in Begleitung mehrerer seiner Anhänger und grüßte mich. Er war noch jung an Jahren, aber ein durch seine Werke schon erfahrener Mann. Er hatte zwei Vertreter, von denen der eine der besagte Nūr al-Islām und der andere Nūr ad-Dīn al-Karmānī war, einer der besten Faqīhs, streng in seinen Urteilssprüchen und fest in seiner Frömmigkeit. Als ich mich mit dem Qāḍī unterhielt, sagte er zu mir: »Die Stadt ist außerordentlich dicht bevölkert, so daß ihr sie bei Tage nicht leicht betreten könnt. Nūr al-Islām wird euch abholen, damit ihr gegen Einbruch der Nacht hineingehen könnt.« So taten wir es denn auch und fanden schließlich Unterkunft in einer ganz neuen Koranschule, in der noch niemand wohnte.

Nach dem Frühgebet suchte der Qāḍī uns wieder auf, und zwar in der Gesellschaft der wichtigsten Bürger der Stadt, darunter Maulānā Humām ad-Dīn, Maulānā Zain ad-Dīn al-Muqaddisī, Maulānā Riḍa-d-Dīn Yaḥyā, Maulānā Faḍl Allāh ar-Raḍawī, Maulānā Ǧalāl ad-Dīn al-ʿImādī und Maulānā Šams ad-Dīn as-Sanǧarī, der Vorbeter des Fürsten von Ḫwārizm war, allesamt ehrwürdige und rechtschaffene Männer. Ihre wichtigste Lehre ist der ›Iʿtizāl‹[1127], sie lassen es aber nicht erkennen, denn Sultan Ūzbak und sein Statthalter in dieser Stadt, Quṭlūdumūr, bekennen sich zur Sunna.

Während meines Aufenthaltes in Ḫwārizm verrichtete ich das Freitagsgebet gemeinsam mit dem Qāḍī Abū Ḥafṣ ʿUmar in seiner Moschee. Nach dem Gebet begab ich mich mit ihm in sein Haus, das neben der Moschee steht. Ich trat mit ihm in seinen prächtig ausgestatteten Saal, der mit den prachtvollsten Teppichen geschmückt war und stoffverhangene Wände besaß. Zahllose Bögen waren in die Wände eingelassen, in denen silberne und goldverzierte Vasen sowie Vasen aus iraqischem Glas standen. So schmücken die Bewohner des Landes ihre Häuser. Es wurden Gerichte in großen Mengen hereingetragen, denn der Qāḍī gehört zu den reichen Leuten, die in behaglichem Wohlstand le-

[1125] Muḥammad az-Zamaḫšarī aus dem Dorf Zamaḫšar in Uzbekistan, Mekkapilger und Verfasser einer berühmten Schrift über die Stilkunst des Koran, gest. 1144.

[1126] ›Ṣadr‹ ist nach At-Tāzī hier eher als Titel zu verstehen und entsprach dem ›Oberqāḍī‹ oder ›Qāḍī der Gemeinschaft‹ in den westislamischen Ländern.

[1127] ›Iʿtizāl‹ (wörtlich: ›Rückzug, Isoliertheit‹) ist die Bezeichnung für eine theologische Schule des Islam, die die spekulative Dogmatik des Islam begründete. Angesichts Ibn Baṭṭūṭas strenger Anhänglichkeit an die sunnitische Lehre mutet seine hier erkennbare emotionale Würdigung der Spekulativen sonderbar an.

ben. Er ist verschwägert mit Emir Quṭlūdumūr, weil er Ǧīǧā ʾAġā, die Schwester der Gattin des Emirs, geheiratet hat.

Man trifft in Ḫwārizm viele Prediger und weitere hochangesehene Männer an, deren größter Maulānā Zain ad-Dīn al-Muqaddisī ist. Auch Maulānā Ḥusām ad-Dīn al-Maššāṭī ist ein wortgewandter Prediger und einer der vier besten Vorbeter, die ich in der ganzen Welt je hörte.

Der Fürst von Ḫwārizm ist Emir Quṭlūdumūr, dessen Name ›gesegnetes Eisen‹ bedeutet, denn ›quṭlū‹ ist ›gesegnet‹ und ›dumūr‹ heißt ›Eisen‹. Dieser Emir ist der Sohn der Tante mütterlicherseits des mächtigen Sultans Muḥammad Ūzbak und dessen erster Emir und Statthalter im Ḫurāsān. Sein Sohn Hārūn Bak heiratete die Tochter des Sultans und der Königin Ṭaiṭuġlī, von der schon die Rede ging. Seine Gattin Ḫātūn Turābak hat sich durch viele Taten der Wohltätigkeit hervorgetan. Als der Qāḍī kam, mich zu begrüßen, wie ich oben erzählt habe, sagte er zu mir: »Der Emir hat von deiner Ankunft erfahren, aber ist noch krank und verhindert, dich zu besuchen.« Ich ritt mit dem Qāḍī gemeinsam zum Emir, um ihn aufzusuchen. Wir kamen im Palast an und betraten eine große Vorhalle, deren Kammern meist aus Holz waren. Danach traten wir in einen kleineren Vorbau mit einer holzgetäfelten und verzierten Kuppel und mit Wänden, die mit bunten Stoffen verhängt waren. Das Dach war mit golddurchwirkter Seide ausgeschlagen. Der Emir saß auf einem seidenen Teppich und hielt seine Füße bedeckt wegen der Gicht, unter der er litt und die eine unter den Türken weit verbreitete Krankheit ist. Ich begrüßte ihn, und er forderte mich auf, mich neben ihn zu setzen.

Auch der Qāḍī und die Faqīhs setzten sich. Der Emir befragte mich nach seinem Herrscher, König Muḥammad Ūzbak sowie nach der Ḫātūn Bailūn, deren Vater und der Stadt Konstantinopel. Ich gab ihm auf alles Antwort. Nun wurden Tische mit Speisen hereingetragen, darunter gebratene Hähnchen, Kraniche, Jungtauben, in Butteröl eingeweichtes Brot, das sie ›kulīǧā‹[1128] nennen, sowie Backwerk und Süßigkeiten. Danach brachte man andere Tische mit Obst herein. In Gold- und Silberschalen lagen neben goldenen Löffeln entkernte Granatäpfel, einige dieser Früchte lagen auf Gefäßen aus iraqischem Glas neben hölzernen Löffeln; ferner gab es Weintrauben und köstliche Melonen.

Der Emir pflegt den Qāḍī täglich in seinen Ratssaal kommen zu lassen. Dort setzt sich der Richter mit den Rechtsgelehrten und seinen Schreibern an einen bestimmten Platz. Ihm setzen sich einer der obersten Emire und acht große türkische Scheichs oder Emire, die ›arġuǧīya‹[1129] heißen, gegenüber. An dieses Gericht wenden sich die Menschen mit ihren Streitfällen. Sofern diese das religiöse

1128 Vom Persischen ›kulitsche‹: rundes Brot.

1129 Vgl. im heutigen Türkisch ›yargıç‹: Richter.

Recht betreffen, entscheidet sie der Qāḍī[1130], über die anderen Fälle urteilen die Emire. Ihre Urteilssprüche sind mit Sorgfalt getroffen und gerecht, denn sie stehen nicht im Verdacht der Parteinahme und lassen sich nicht bestechen.

Als wir nach der Unterhaltung mit dem Fürsten in die Madrasa zurückgekehrt waren, schickte er uns Reis, Mehl, Hammel, Butteröl, Gewürze und mehrere Lasten Brennholz. Holzkohle ist im ganzen Land ebenso unbekannt wie in Indien, im Ḫurāsān und in Persien. In China verbrennt man Steine, mit denen sich Feuer entfachen läßt, so daß sie wie Holzkohle brennen. Danach wird die Asche mit Wasser gemischt und an der Sonne getrocknet, so daß man sie ein weiteres Mal in der Küche verwenden kann, bis sie vollkommen verbraucht ist.

Eines Freitags verrichtete ich wie üblich mein Gebet in der Moschee des Qāḍī Abū Ḥafṣ, als er zu mir sagte: »Der Emir hat Befehl gegeben, dir die Summe von fünfhundert Dirham auszuzahlen und dir zu Ehren ein Festmahl zu geben, das weitere fünfhundert Dirham kosten würde und an dem die Scheichs, Faqīhs und angesehensten Männer teilnehmen sollten. Als er diesen Befehl gab, sagte ich zu ihm: ›O Emir, du läßt ein Mahl zubereiten, von dem die Teilnehmer nur ein oder zwei Bissen zu sich nehmen. Wenn du ihm die ganze Summe gäbest, wäre ihm das viel nützlicher.‹ Er hat geantwortet: ›So werde ich es machen‹, und befohlen, dir die gesamten tausend auszuzahlen.« Der Emir schickte sie auch durch seinen Vorbeter Šams ad-Dīn as-Sinǧarī in einer Börse, die ein Diener trug. Diese Summe entspricht dem Wert von 300 maġribinischen Dinaren.[1131]

Ich kaufte mir an diesem Tage für 35 Silberdinar einen Rappen, mit dem ich zur Moschee ritt und den ich aus jenen tausend Dirham bezahlte. Ich besaß schließlich so zahllos viele Pferde, das ich es hier aus Furcht, der Lüge geziehen zu werden, nicht sagen möchte. Meine Lage verbesserte sich, bis ich Indien betrat, von Tag zu Tag. Ich besaß schon sehr viele Pferde, aber dieser Rappe war mein bestes Pferd, das ich vor allen anderen sattelte und festmachte. Es lebte drei Jahre bei mir, und erst als es starb, änderte sich auch meine Lage.

Die Frau des Qāḍī, Ḫātūn Ǧīǧā ʾAġā, schickte mir hundert Silberdinare. Ihre Schwester Turābak, die Gattin des Emirs, richtete mir in dem von ihr gegründeten Konvent ein Festmahl aus und lud dazu alle Rechtsgelehrten und angesehenen Männer der Stadt ein. In diesem Gebäude wird auch den Reisenden Verpflegung gereicht. Die Prinzessin schickte mir einen Zobelpelz und ein vorzügliches Pferd. Sie ist eine der edelsten, frömmsten und wohltätigsten Frauen – Gott möge es ihr vergelten!

Als ich von dem Gastmahl, das die Prinzessin mir gegeben hatte, aufbrach und das Konvent verließ, trat am Tor eine Frau mit verschleiertem Gesicht und

[1130] In erster Linie urteilte der Qāḍī in Fällen des Ehe- und Erbrechts.

[1131] Ein maġribinischer Dinar wog 4,722 Gramm, ein Dinar des Ostens dagegen nur 4,233 Gramm.

schmutziger Kleidung auf mich zu. Andere Frauen, ich weiß nicht mehr wie viele, waren in ihrer Gesellschaft. Sie grüßte mich. Ich erwiderte ihren Gruß, ohne aber stehen zu bleiben und sie zu beachten. Als ich hinausgetreten war, holte mich ein Mann ein und sagte zu mir: »Die Frau, die dich begrüßt hat, war die Ḫātūn.« Da schämte ich mich über mein Verhalten und wollte schon umkehren, sah aber, daß sie sich bereits entfernt hatte. Ich ließ ihr daraufhin meine Grüße durch einen ihrer Diener überbringen und entschuldigte mich bei ihr, weil ich sie ja nicht erkannt hatte.

Die Melonen von Ḫwārizm finden in der ganzen Welt, ob im Osten oder im Westen, nicht ihresgleichen, wenn man von den Melonen aus Buḫārā absieht, und erst nach ihr kommt sofort die Melone aus Iṣfahān. Ihre Schale ist grün, ihr Fleisch rot. Sie ist sehr süß und von festem Fleisch. Eigentümlich ist es, daß man sie in Scheiben schneidet, die man an der Sonne trocknen läßt und in Körbe legt, wie man es bei uns mit den trockenen und den Malagafeigen macht. So werden sie aus Ḫwārizm bis in die entferntesten Gegenden Indiens und Chinas gebracht. Unter allen getrockneten Früchten gibt es keine, die einen angenehmeren Geschmack hätte. Während meines Aufenthaltes in Delhi in Indien schickte ich immer, wenn Reisende eintrafen, jemanden, der von ihnen Melonenscheiben kaufen sollte. Der König von Indien ließ mich holen, wenn sie ihm gebracht wurden, weil er meine Vorliebe für sie kannte. Dieser Fürst hatte es sich nämlich zur Gewohnheit gemacht, den Fremden die Früchte ihres Landes zum Geschenk zu machen und sie auf diese Weise zu ehren.

Von Sarā nach Ḫwārizm hatte mich ein Šarīf aus Karbalā᾽ begleitet, der Kaufmann war und ʿAlī bin Manṣūr hieß. Ich hatte ihm den Auftrag gegeben, mir Kleidung und andere Dinge zu kaufen. Er erwarb mir das Gewand für zehn Dinar und sagte, es habe nur acht gekostet. Er berechnete mir acht Dinar und zahlte zwei aus seiner eigenen Börse. Ich wußte es aber nicht, bis es mir andere erzählten. Darüber hinaus hatte mir der Šarīf schon mehrere Dinar geliehen. Als ich vom Emir von Ḫwārizm das Geschenk erhielt, gab ich ihm zurück, was er mir geliehen hatte und wollte ihm für seine guten Dienste noch eine Belohnung geben. Doch er lehnte sie ab und schwor, sie nicht anzunehmen. Da wollte ich das Geschenk einem seiner jungen Diener namens Kāfūr geben, aber er beschwor mich, davon abzusehen. Er war der großzügigste Mann aus den beiden Iraq, dem ich je begegnet bin. Er hatte beschlossen, mit mir nach Indien zu gehen. Später jedoch kamen mehrere Leute aus seiner Heimatstadt mit der Absicht nach Ḫwārizm, nach China zu reisen, und er schloß sich ihnen an. Ich sprach mit ihm darüber und er gab zur Antwort: »Diese Leute stammen aus meiner Heimatstadt und werden zu meiner Familie und meinen Verwandten zurückkehren und erzählen, ich sei nach Indien gereist, um dort zu betteln. Das wäre eine Schande für mich, und deshalb werde ich es nicht tun.« Er brach also mit ihnen nach China auf. Später, während meines Aufenthaltes in Indien, sollte ich erfahren, daß er in der Stadt Al-Māliq am äußersten

Ende des Landes Mā wa rāʾ an-nahr[1132], wo China beginnt, angekommen war, dort Halt gemacht und einen jungen Gehilfen mit seinem gesamten Hab und Gut nach China geschickt hatte. Doch der Sklave kam lange nicht zurück. Unterdessen erschien ein Kaufmann aus der Heimat des Šarīfs und zog in dieselbe Herberge. Der Šarīf bat ihn, ihm etwas Geld zu leihen, bis sein Gehilfe zurückkäme. Doch der Kaufmann weigerte sich und übertraf seine Schande, dem Šarīf seine Großmut versagt zu haben, sogar noch damit, daß er von ihm verlangte, er solle ihm die Miete des Platzes in der Herberge, in der er selbst wohnte, bezahlen. Als der Šarīf dies erfuhr, war er so verzweifelt, daß er in seine Kammer ging und sich die Kehle durchschnitt. Die Leute kamen herbei, als ihm noch ein letzter Atemzug geblieben war, und verdächtigten einen seiner Sklaven, ihn getötet zu haben. Aber er sagte: »Tut ihm kein Unrecht! Ich habe es selbst getan.« Er starb noch am gleichen Tage. Gott vergebe ihm!

Dieser Šarīf hatte mir von sich auch erzählt, daß er einmal von einem Kaufmann aus Damaskus ein Darlehen über 6.000 Dirham erhalten hatte. In Ḥamāh in Syrien traf er diesen Kaufmann, der nun sein Geld verlangte, wieder, hatte aber die Waren, die er mit dem Darlehen gekauft hatte, auf Ziel weiterverkauft. Da schämte er sich vor seinem Gläubiger, ging in sein Haus, knüpfte seinen Turban ans Dach und wollte sich erhängen. Als aber der Tod nicht eintrat, erinnerte er sich an einen befreundeten Wechsler, suchte ihn auf und erklärte ihm seine Verlegenheit. Der Wechsler lieh ihm die Summe, mit der er den Kaufmann auszahlen konnte.

Als ich Ḫwārizm verlassen wollte, mietete ich Kamele und kaufte eine doppelte Kamelsänfte, in deren zweiter Hälfte mein Gefährte ʿAfīf ad-Dīn at-Tūzarī Platz nahm. Auf einigen Pferden ritten die Diener, den anderen Tieren legten wir gegen die Kälte Decken auf. So traten wir in die Wüste zwischen Ḫwārizm und Buḫārā ein, die sich achtzehn Tagesreisen weit ausdehnt und, nimmt man eine einzige Stadt aus, eine völlig unbesiedelte Sandwüste ist. Ich hatte mich von Emir Quṭlūdumūr, der mir wie auch der Qāḍī ein Ehrenkleid geschenkt hatte, verabschiedet. Dieser war sogar in Begleitung der Rechtsgelehrten aus der Stadt gekommen, um sich von mir zu verabschieden. Vier Tage reisten wir nun bis zu der kleinen, aber schönen Stadt Al-Kāt, ohne unterwegs auf einen anderen bewohnten Ort zu stoßen.[1133] Wir lagerten außerhalb an einem Teich,

[1132] Almalyk am Ili-Fluß südlich von Taschkent unweit der chinesischen Grenze war die Hauptstadt des Mongolenreiches des Tschagatay, das auch das Land ›Mā wa rāʾ an-nahr‹ einschloß. Diese von den arabischen Geographen verwendete Bezeichnung übersetzte Transoxanien aus dem Griechischen und kennzeichnete das Land zwischen dem Oxus (Amu Darya, Ǧaiḥūn) und dem Iaxartes (Sir Darya, Saiḥūn).

[1133] Kat liegt am Ostufer des Amu Darya und war die alte Hauptstadt des Khwarezm. Nach ihrer Zerstörung durch eine Überschwemmung im zehnten Jahrhundert war sie an gleicher Stelle wiederaufgebaut worden und scheint in der Folgezeit durch den Mongolensturm wenig gelitten zu haben.

der zugefroren war und auf dem die Kinder spielten und schlitterten. Der Qāḍī von Al-Kāt, den man den ›Herrn des Gesetzes‹ nannte und dem ich schon im Hause des Richters von Ḫwārizm begegnet war, erfuhr von meiner Ankunft. Mit den Koranschülern und und dem Scheich der Stadt, dem frommen und gottesfürchtigen Maḥmūd al-Ḫīwaqī[1134], kam er, mich zu begrüßen. Der Qāḍī schlug mir vor, den Emir der Stadt aufzusuchen, aber Scheich Maḥmūd sagte zu ihm: »Es ziemt sich, daß der Ankömmling besucht wird, und da wir ein weites Herz haben, werden wir zum Gouverneur der Stadt gehen und mit ihm hierher kommen.« So geschah es auch. Nach einer Stunde erschien der Emir mit seinen Offizieren und Dienern, und wir grüßten ihn. Wir hatten die Absicht gehabt, unsere Fahrt schnell fortzusetzen. Aber der Emir bat uns zu bleiben und gab uns ein Gastmahl, zu dem er auch die Rechtsgelehrten, seine Truppenoffiziere und andere einlud. Dichter trugen Lobgedichte auf ihn vor. Er schenkte mir ein Gewand und ein vorzügliches Pferd. Dann brachen wir auf und folgten dem Weg, der als Sībāyah-Straße[1135] bekannt ist und sechs Tagesreisen lang durch eine wasserlose Wüste führt.

Danach erreichten wir Wabkana[1136], das einen Reisetag vor Buḫārā liegt. Es ist ein schöner Ort mit Flüssen und Gärten. Ihre Bewohner bewahren Weintrauben von einem aufs andere Jahr auf und bauen eine Frucht an, die sie ›ʿallū‹[1137] nennen. Sie trocknen sie und verkaufen sie bis nach Indien und China. Man gießt Wasser darüber und trinkt den Saft. Die Frucht ist, wenn sie noch grün ist, süß. Getrocknet nimmt sie einen leicht säuerlichen Geschmack an. Sie hat sehr viel Fruchtfleisch, und ich bin ihr weder in Spanien oder im Maġrib noch in Syrien begegnet.

Wir ritten nun einen ganzen Tag lang unablässig an Gärten, Bächen, Bäumen und Behausungen vorüber und kamen nach Buḫārā[1138], dessen Namen mit dem Imām der Traditionalisten Abū ʿAbdallāh Muḥammad bin Ismāʿīl al-Buḫārī[1139] verbunden ist. Diese Stadt war Hauptstadt der Länder jenseits des

1134 Abgeleitet aus Ḫīwa, einer am Nordufer des Amu Darya gelegenen Stadt und an einem Nebenkanal des Flusses, mit dem Wasser in die Stadt geleitet wird.

1135 Nicht weiter zu identifizieren.

1136 Vabkent, 40 Kilometer nordöstlich von Buchara.

1137 Aus dem Persischen ›alu‹ (›Pflaume‹); Buchara war berühmt für seine gelben Pflaumen.

1138 Buchara wurde 1220 von Dschingis Chan erobert und danach nur langsam wieder besiedelt. Die mongolischen Ilchane von Persien zerstörten die Stadt zwei Mal in den Jahren 1273 und 1316.

1139 Berühmtester Sammler der Traditionen (›Ḥadīṯ‹) des Propheten, von denen er 7397 zusammenstellte und unter dem Titel ›Ṣaḥīḥ‹ (etwa: ›die wahre Sammlung …‹) herausgab. Er wurde in Buchara geboren und brach auf der Suche nach den wahren Traditionen zu einer langen Reise auf. Er starb 870.

Flusses Ǧaiḥūn.[1140] Der verfluchte Tankīz, der Tatar und Ahnherr der Könige des Iraq, hat sie verwüstet. Bis auf wenige liegen ihre Moscheen, Schulen und Märkte heute in Trümmern. Die Einwohner werden verachtet; ihr Zeugnis gilt nichts in Ḫwārizm und andernorts, weil sie im Ruf des Fanatismus, der Verleumdung und der Verlogenheit stehen. Es gibt heute in Buḫārā keinen Mann mehr, der noch Kenntnisse in der Wissenschaft hätte oder sich um sie bemühen würde.

Tankīz Ḫān war Schmied in Ḫiṭā.[1141] Er war großzügig sowie von kräftiger Gestalt und gewaltigem Leibesumfang. Er sammelte Freunde um sich und versorgte sie mit Speisen, so daß sich um ihn eine Schar von Männern bildete, die ihn zu ihrem Anführer wählten. Er warf sich zum Herrn seines Landes auf, wurde immer mächtiger, seine Verwegenheit nahm zu, und schließlich wuchs seine Macht ins Ungeheure. Er eroberte Ḫiṭā, dann China, und sein Heer wurde immer mächtiger. Er überwältigte die Länder Ḫutan, Kāšḫar und Al-Māliq.[1142]. Ǧalāl ad-Dīn Sinǧar, der Sohn von Ḫwārizm Šāh, war König von Ḫwārizm, des Ḫurāsān und von Mā wa rāʾ an-nahr und besaß große Macht und Kühnheit.[1143] Tankīz fürchtete ihn und griff ihn nicht an, weil er vor ihm zurückschreckte.

Nun trug es sich zu, daß Tankīz Kaufleute mit Waren, Seidenstoffen und anderen Dingen aus China und Ḫiṭā nach Uṭrār[1144], einem Grenzgebiet von Ǧalāl ad-Dīn, schickte. Dessen Statthalter meldete ihm die Ankunft der Kaufleute und ließ anfragen, was er unternehmen solle. Der Herrscher schrieb ihm zurück und befahl, er solle ihnen ihre Waren abnehmen, sie verstümmeln, indem er ihnen einen Körperteil abschnitt, und sie dann in ihr Land zurückschicken; denn Gott der Allerhöchste habe gewünscht, die Völker des Ostens ins Un-

1140 ›Mā wa rāʾ an-nahr‹ (vgl. Anm. 1132).

1141 Ursprünglich Temudschin genannt, nahm er im Jahre 1206, als er sich zum Herrn der Mongolen aufwarf, den Namen Dschingis, die mongolische Form des türkischen ›Tenkiz‹, an. Die Tataren waren ein Turkstamm, der die Mongolen zunächst beherrschte, dann aber als erster von Dschingis unterworfen wurde. Die vorstehend erwähnten ›Könige des Iraq‹ sind die persischen Ilchane, die von Hulagu abstammten, der ein Enkel von Dschingis gewesen war. Daß Dschingis Schmied war, geht möglicherweise auf eine Legende zurück, die mit seinem Namen Temudschin (türkisch: ›demir‹ ist ›Eisen‹) zusammenhängt. Ḫiṭā ist Nordchina und erhielt seinen Namen nach einem Stamm Ḫitan, der zwischen 907 und 1122 dort ein Reich gründete.

1142 Die Eroberung Chinas begann 1209 und war unter Kubilay 1279 abgeschlossen. Ḫutan und Kāšḫar in der Provinz Sinkiang sowie Almalyk fielen 1215.

1143 Die Dynastie der Ḫwārizm Šāh beherschte das gesamte Gebiet seit dem Ende des 12. Jahrhunderts bis zur Ankunft der Mongolen. Ibn Baṭṭūṭa verwechselt hier Muḥammad Ḫwārizm Šāh, beigenannt Sinǧar (1200–1220), mit dessen Sohn Ǧalāl ad-Dīn, der die Mongolen von Kleinasien bis Indien zehn Jahre lang, von 1221–1231, bekämpfte. Die bald erzählte Geschichte aus Uṭrār bezieht sich auf die Herrschaftszeit des Muḥammad.

1144 Uṭrār liegt etwa 100 Kilometer nördlich von Taschkent am Sir Darya.

glück zu stürzen, sie herauszufordern und zu falschen Entschlüssen, bösen Absichten und unseligen Plänen zu verleiten.

Als dies geschehen war, rüstete Tankīz selbst ein gewaltiges Heer aus, um in die Länder des Islam einzufallen. Als der Statthalter von Uṭrār von seinem Vormarsch erfuhr, sandte er ihm Späher entgegen, damit sie ihm Nachrichten brächten. Einer von ihnen, so wird erzählt, sei als Bettler verkleidet in das Lager eines Offiziers von Tankīz eingedrungen und habe niemanden gefunden, der ihm etwas zu essen geben wollte. Er stieß auf einen Mann, sah aber bei ihm keinerlei Proviant und erhielt von ihm auch nichts zu essen. Als der Abend gekommen war, nahm der Mann getrocknete Innereien, die er aufbewahrt hatte, wässerte sie, ließ sein Pferd zur Ader, mischte das Ganze mit dem Pferdeblut und röstete es im Feuer. Das war seine ganze Nahrung. Als der Spion nach Uṭrār zurückgekehrt war, unterrichtete er den Statthalter der Stadt über diese Angelegenheit und erklärte, daß niemand genug Kraft hätte, es im Kampfe mit ihnen aufzunehmen. Daraufhin bat der Statthalter seinen König Ǧalāl ad-Dīn um Hilfe. Dieser schickte ihm ein Heer von 60.000 Mann, ohne die Truppen zu zählen, die er schon besaß. Aber als es zur Schlacht kam, schlug Tankīz sie in die Flucht. Er drang mit blankem Säbel nach Uṭrār ein, tötete die Männer und nahm die Kinder gefangen. Nun marschierte Ǧalāl ad-Dīn selbst gegen ihn. Sie lieferten sich Schlachten, wie sie der Islam noch nicht gesehen hatte. Schließlich nahm Tankīz Mā wa rāʾ an-nahr ein, verheerte Buḫārā, Samarqand und Tirmiḏ, überschritt den Fluß Ǧaiḥūn, wandte sich nach Balḫ und nahm die Stadt ein. Dann zog er gegen Bāmīyān, das er ebenfalls eroberte, und drang tief ins Ḫurāsān und ins persische Iraq ein.[1145] Nun erhoben sich die Muslime von Balḫ und von Mā wa rāʾ an-nahr gegen ihn. Er machte gegen sie kehrt, betrat Balḫ mit gezücktem Säbel und verließ es erst wieder, nachdem er es dem Erdboden gleichgemacht hatte. Das gleiche Schicksal bereitete er sodann Tirmiḏ: Die Stadt wurde geschleift und hat sich nie mehr zur einstigen Blüte erhoben. Es wurde aber in der Entfernung von zwei Meilen eine neue Stadt erbaut, die man heute Tirmiḏ nennt. Tankīz metzelte alle Einwohner von Bāmīyān dahin und legte die Stadt mit Ausnahme eines Minaretts ihrer Hauptmoschee vollständig in Trümmer. Er verzieh dem Volk von Buḫārā und Samarqand und kehrte in den Iraq zurück.[1146] Die Macht der Tataren wuchs an, bis sie mit gezogenem Schwert in die Hauptstadt des Islam und den Sitz des Kalifen nach Bagdad eindrangen und den Kalifen Mustaʿṣim Billāh, den ʿAbbāsiden, umbrachten.

[1145] Transoxanien und Ḫwārizm wurden 1220, Balḫ, Tirmiḏ und Bāmiyān im nördlichen Afghanistan 1221 erobert. Der Ḫurāsān wurde 1221 von mongolischen Streifscharen unter dem Befehl von Dschingis' jüngstem Sohn Tuluy heimgesucht; diesem Raubzug fielen Merw und Naisābūr zum Opfer.

[1146] Hier irrt Ibn Baṭṭūṭa: Dschingis kehrte nicht in den Iraq, sondern in die Mongolei zurück. Erst sein Enkel Hulagu eroberte Bagdad im Jahre 1258.

Wir fanden Unterkunft in Fatḥabād[1147], einer Vorstadt Buḫārās, wo sich das Grab des gelehrten, frommen und asketischen Scheichs Saif ad-Dīn al-Bāḫarzī[1148] befindet, der zu den großen Heiligen gehört. Die Zāwiya, die seinen Namen trägt und in der wir abstiegen, ist sehr groß und lebt von beträchtlichen Stiftungen, mit deren Hilfe alle Ankömmlinge verpflegt werden. Der Vorsteher dieser Einrichtung ist der Pilger und Reisende Yaḥya-l-Bāḫarzī, ein Nachkomme von Al-Bāḫarzī, der mir in seinem Hause ein Gastmahl gab und die bedeutendsten Männer der Stadt dazu einlud. Die Koranleser trugen mit wohlklingenden Stimmen vor. Der Prediger hielt eine Ansprache, und dann wurden in vortrefflicher Weise türkische und persische Lieder gesungen. Ich verbrachte dort eine wundervolle Nacht, die ich zu meinen schönsten zähle. Ich begegnete dort dem gelehrten und angesehenen ›Herrn des göttlichen Gesetzes‹, einem frommen und ausgezeichneten Faqīh, der aus Harāh gekommen war.[1149] In Buḫārā besuchte ich das Grab des weisen Imām Abū ʿAbdallāh al-Buḫārī, der Scheich der Muslime und Autor einer umfassenden Sammlung wahrhaftiger Traditionen war. Auf dem Grab findet sich die Inschrift ›Dies ist das Grab des Muḥammad bin Ismāʿīl al-Buḫārī, der diese und jene Werke verfaßte‹.[1150] So werden auf die Gräber der Weisen von Buḫārā ihre Namen und ihre Werke geschrieben. Ich habe eine Vielzahl dieser Inschriften abgeschrieben, verlor sie aber mit anderen Dingen, als ungläubige Inder mich auf See beraubten.

Wir verließen Buḫārā, um uns ins Heerlager des frommen und mächtigen Sultans ʿAlāʾ-ad-Din Ṭarmašīrīn zu begeben, von dem ich noch sprechen werde. Wir berührten die Stadt Naḫšab, der Scheich Abū Turāb an-Naḫšabī seinen Beinamen verdankt.[1151] Es ist ein kleines von Gärten und Bächen umgebenes Städtchen. Wir stiegen außerhalb der Stadt im Hause des Stadtoberhauptes ab.

[1147] Die ›Stadt der Eroberung‹, Vorstadt von Buchara in der Nähe des östlichen Tores der Stadt, trägt noch immer denselben Namen.

[1148] Abu-l-Maʿālī Saʿīd Ibn al-Muṭahhar, prominenter Schüler von Naǧm ad-Dīn al-Kubrā, gest. 1261, soll Berke, den Herrscher der Goldenen Horde, zum Islam bekehrt haben. Sein Grab besteht noch heute in der genannten Zāwiya und wurde von Mongke, der Mutter des Großchans errichtet, obwohl sie selbst Christin gewesen sein soll.

[1149] Möglicherweise handelt es sich um Faḫru-d-Dīn Ḫiṣār, der den Titel ›Sadr‹ (›Herrn des göttlichen Gesetzes‹) trug und 1314/15 zum Qāḍī von Harāh (Herat) ernannt worden war.

[1150] Das Grab des berühmten Al-Buḫārī soll sich allerdings in dem Dorf Ḫartank in der Nähe von Samarqand befinden.

[1151] Naḫšab liegt etwa 100 Kilometer südöstlich von Buchara an der Straße von Buchara nach Tirmiḏ und Balḫ. Schon seit 1220 war der Platz von Dschingis zum Sommerlager seiner Truppen gewählt worden. Der heutige Name Qarschi geht auf die dort von dem Mongolenfürsten Kibek erbauten Paläste zurück, denn mongolisch ›Qarschi‹ bedeutet ›Palast‹.

Ich hatte eine junge schwangere Sklavin bei mir, deren Zeit gekommen war. Ich beabsichtigte, sie nach Samarqand zu bringen, damit sie dort niederkäme, und wir beschlossen, sie in einer Sänfte unterzubringen, die auf ein Kamel geladen wurde. Am Abend reisten meine Gefährten mit ihr ab und nahmen auch Proviant und andere Dinge aus meinen Vorräten mit. Ich blieb zurück, um erst am hellen Tage mit einigen anderen meiner Gefährten aufzubrechen. Sie hatten aber einen anderen Weg eingeschlagen. Als wir am Abend des gleichen Tages im Lager des Sultans eintrafen, waren wir hungrig und stiegen an einem Platz ab, der weitab vom Markt lag. Einer meiner Begleiter kaufte alles, was wir brauchten, um unseren Hunger zu stillen. Ein Kaufmann lieh uns ein Zelt, in dem wir die Nacht verbrachten. Am anderen Morgen machten sich meine Begleiter auf die Suche nach den Kamelen und den anderen Gefährten. Sie fanden sie erst am Abend und brachten sie mit. Der Sultan war nicht im Lager, sondern befand sich auf der Jagd. Ich suchte seinen Stellvertreter, Emir Taqbuġā', auf. Er brachte mich in der Nähe seiner Moschee unter und gab mir eine ›ḫarqa‹, eine Art Zelt, wie ich es schon beschrieben habe. In diesem Zelt brachte ich meine junge Sklavin unter, und sie kam noch in dieser Nacht nieder. Man sagte mir, es wäre ein Knabe, aber dem war nicht so. Erst am 'Aqīqa-Fest[1152] teilte mir einer meiner Gefährten mit, daß es eine Tochter war. Ich ließ die Sklavinnen kommen und fragte sie; sie bestätigten es mir. Das Mädchen war unter einem glücklichen Stern geboren, von ihrer Geburt an empfand ich nur Glück und Zufriedenheit. Sie starb zwei Monate nach meiner Ankunft in Indien; davon werde ich noch erzählen.

Im Lager traf ich sowohl mit dem Scheich und gottesfürchtigen Faqīh Maulānā Ḥusām ad-Dīn al-Yāġī, ein Wort, das im Türkischen ›Rebell‹ bedeutet, der aus Uṭrār stammte, als auch mit Scheich Ḥasan, dem Schwager des Sultans, zusammen. Der Sultan von Mā wa rā' an-nahr war 'Alā' ad-Dīn Ṭarmašīrīn, ein sehr mächtiger Fürst.[1153] Er besitzt ein riesiges Reich, zahlreiche Armeen, ausgedehnte Ländereien und weitreichende Macht, die er mit Gerechtigkeit ausübt. Seine Länder liegen zwischen denen der vier größten Könige der Welt, und dies sind der König von China, der König von Indien, der König des Iraq und König Ūzbak. Diese vier Fürsten lassen ihm Geschenke bringen und bezeugen ihm Ehre und Achtung. Er bestieg den Thron nach seinem Bruder Al-Ǧakaṭay.[1154] Dieser war ungläubig gewesen und hatte den

[1152] Siebter Tag nach der Geburt, an dem nach malikitischer Tradition ein Schaf oder eine Ziege geschlachtet wird. Der Säugling wird geschoren, die Haare gewogen und eine Geldsumme gleichen Gewichts gespendet.

[1153] Ṭarmašīrīn (reg. 1326–1334), siebter Sohn und sechster Nachfolger von Duwa (reg. 1282–1306), dem es im großen und ganzen gelungen war, das Mongolenreich Tschagatays zwischen der Yüan-Dynastie in China und den Ilchanen von Persien zu stabilisieren. Ṭarmašīrīn war der erste seiner Linie, der den Islam angenommen hatte.

[1154] Iltschigitay (reg. 1326), vierter Sohn Duwas; ihm folgte aber zunächst die kurzlebige

Thron nach seinem älteren Bruder Kabak bestiegen.[1155] Auch dieser war ein Ungläubiger, aber in der Ausübung seiner Macht gerecht gewesen, denn er ließ auch den Unterdrückten Gerechtigkeit widerfahren und begegnete den Muslimen mit Achtung.

Es wird erzählt, daß König Kabak sich eines Tages mit dem Faqīh, Prediger und Mahner Badr ad-Dīn al-Maidānī unterhielt und zu ihm sagte: »Du behauptest also, daß Gott in seinem erhabenen Buch alle Dinge erwähnt?« – Der Gelehrte erwiderte: »Gewiß.« – »Und wo findet sich in dem Buch mein Name?« – Der Faqīh antwortete: »In diesem Ausspruch des Allerhöchsten: ›... der dich geformt hat nach seinem Willen.‹«[1156] Das gefiel Kabak und er rief aus: »Yaḫšī!« Dies ist türkisch und heißt ›vortrefflich‹. Er hielt diesen Mann nun in hohen Ehren und seine Wertschätzung für die Muslime wuchs.

Von den Urteilssprüchen Kabaks wird gern erzählt, daß eine Frau zu ihm kam, um sich über einen Emir zu beklagen. Sie sagte ihm, daß sie arm sei und Kinder habe, die sie mit dem Verkauf von Milch ernähren müßte. Aber dieser Emir habe sie ihr weggenommen und selbst getrunken. Da sagte ihr Kabak: »Ich werde ihn in zwei Teile hacken lassen. Wenn die Milch aus seinem Bauch quillt, hat er seinen Tod verdient; wenn nicht, so werde ich dich nach ihm zerhacken lassen.« Da sagte die Frau: »Ich verzichte auf die Milch und verlange nichts.« Kabak aber ließ den Emir in zwei Teile zerhacken, und die Milch floß aus seinem Bauch.[1157]

Zurück zu Sultan Ṭarmašīrīn! Nachdem ich einige Tage im Lager verbracht hatte, das sie selbst ›urdū‹ nennen, machte ich mich einmal nach meiner Gewohnheit zur Moschee auf, um das Frühgebet zu sprechen. Nach beendetem Gebet wurde mir gesagt, daß der Sultan sich in der Moschee aufhalte. Als sich dieser von seinem Gebetsteppich erhoben hatte, trat ich zum Gruße vor ihn hin. Scheich Ḥasan und Faqīh Ḥusām ad-Dīn al-Yāġī standen auf und teilten dem Sultan mit, wer ich sei und daß ich vor wenigen Tagen eingetroffen wäre. Er sagte auf Türkisch zu mir: »Ḫuš mīsan, yaḫšī mīsan, quṭlū ʾiyūsan.« – Darin heißt ›ḫuš mīsan‹: ›Geht es dir gut?‹; ›yaḫšī mīsan‹ ist: ›Du bist ein vortrefflicher Mann‹ und ›quṭlū ʾiyūsan‹ bedeutet: ›Deine Ankunft sei gesegnet!‹

Der Sultan trug zu dieser Gelegenheit ein Obergewand aus grünem Jerusalemer Tuch und auf dem Kopf eine Kappe aus dem gleichen Stoff. Zu Fuß kehrte er in seine Residenz zurück. Seine Untertanen stellen sich ihm auf der

Herrschaft von Duwātīmūr. Während Iltschigitays Herrschaft missionierten Dominikaner in Mittelasien.

1155 Kabak herrschte von 1309 bis 1326, freilich unterbrochen 1310–1318 durch einen weiteren Bruder, Isan Buġa. Kabak wählte Naḫšab zur Hauptstadt.

1156 Ein Wortspiel mit dem Namen Kabaks: ›rakkabaka‹ = Er hat dich geformt, eingesetzt oder erstellt (vgl. Koran, Sure 82, Abschnitt 8).

1157 Vgl. Abschnitt ›Syrien‹, wo die gleiche Geschichte erzählt wird.

Straße entgegen, um ihm ihre Klagen vorzutragen. Für jeden Bittsteller, sei er groß oder klein, Mann oder Frau, bleibt er stehen. Danach schickte er nach mir. Ich erschien bei ihm und fand ihn in einem Zelt, vor dem sich links und rechts Männer aufgestellt hatten. Alle Emire hatten Platz genommen; vor und hinter ihnen standen ihre Diener. Die Soldaten saßen, ihre Waffen vor sich, in mehreren Reihen. Sie bildeten die Wache und müssen diesen Dienst bis zum Nachmittagsgebet versehen; danach kommen andere und lösen sie bis zum Einbruch der Nacht ab. Zelte aus Baumwolle boten diesen Männern Unterkunft.

Ich trat im Zelt vor den König und fand ihn auf einem kanzelähnlichen Sitz, der mit goldbestickter Seide behangen war. Die Innenwände des Zeltes waren mit vergoldeter Seide bekleidet, und eine Elle hoch über dem Kopf des Sultans war eine perlen- und edelsteinverzierte Krone aufgehängt. Die größten Emire hatten auf beiden Seiten des Fürsten ihre Sitze eingenommen. Die Fürsten aus der Verwandtschaft des Königs standen mit Fliegenwedeln in der Hand vor ihm. Am Zelteingang hatten der Stellvertreter, der Wesir, der Kammerherr und der Siegelbewahrer Aufstellung genommen, den die Türken ›Āl Ṭamġī‹ nennen; denn ›āl‹ bedeutet ›rot‹ und ›ṭamġī‹ heißt ›Siegel‹.[1158] Alle vier erhoben sich vor mir, als ich eintrat, und begleiteten mich ins Innere. Ich grüßte den Sultan, und der Siegelbewahrer übersetzte zwischen uns. Er befragte mich nach Mekka, Al-Madīna, Jerusalem, Hebron, Damaskus, Ägypten, nach Malik an-Nāṣir, den beiden Iraq und ihrem Herrscher sowie nach Persien. Danach rief der Muezzin zum Mittagsgebet und wir zogen uns zurück.

Wir pflegten an den Gebeten des Herrschers teilzunehmen, als strengste und tödliche Kälte herrschte. Nie versäumte er es, das Früh- und das Abendgebet in der Gemeinschaft zu sprechen. Vom Frühgebet an bis zum Sonnenaufgang sprach er Lobgebete in türkischer Sprache. Jeder, der in der Moschee war, ging zu ihm, er nahm jede Hand und schüttelte sie. So geschah es auch während des Nachmittagsgebets. Wenn man dem Sultan ein Geschenk von Rosinen oder Datteln brachte, so verteilte er sie mit eigener Hand an alle, die in der Moschee waren. Datteln sind dortzulande nämlich sehr selten, aber auch sehr begehrt.

Von den guten Taten dieses Königs erzähle ich die folgende: Ich nahm eines Tages am Nachmittagsgebet teil, aber der Sultan war nicht erschienen. Einer seiner Diener kam mit dem Teppich, den er vor der Nische, in welcher der Sultan zu beten pflegte, ausbreitete. Zum Imām Ḥusām ad-Dīn al-Yāġī sagte er: »Unser Herr möchte, daß du mit dem Gebet ein wenig wartest, bis er seine Waschungen beendet hat.« Der Imām stand auf und sagte: »Namāz« – das heißt ›das Gebet‹ – »birāy ḫudā ʾau birāy Ṭarmašīrīn? –Ist das Gebet für Gott oder für Ṭarmašīrīn?« Dann befahl er dem Muezzin, den zweiten Gebetsruf zu

[1158] Vgl. im heutigen Türkisch: ›damga‹: ›Stempel, Siegel‹, und ›damgaci‹: ›Siegelbewahrer oder -träger‹.

sprechen. Der Sultan kam, als schon zwei Rakʿa gesprochen waren. Er sprach die beiden letzten Doppelgebete nach allen anderen an der Stelle, an welcher am Tor der Moschee die Sandalen abgelegt werden. Dann holte er nach, was er versäumt hatte, stand auf, ging lachend auf den Imām zu, um ihm die Hand zu schütteln, und setzte sich vor seine Gebetsnische. Neben ihn setzten sich der Scheich und der Imām, neben dem ich Platz nahm. Der Fürst sagte zu mir: »Wenn du in deine Heimat zurückgekehrt bist, erzähle dort, daß ein persischer Faqīr so mit einem Sultan der Türken umgeht.«

Der genannte Scheich predigte jeden Freitag den Gläubigen, ermahnte den Sultan zur Wohltätigkeit und verbot ihm Ungerechtigkeit und Tyrannei. Er sprach mit groben Worten auf den Sultan ein, so daß dieser zuhören mußte und sich grämte. Kein Geschenk nahm der Scheich je vom Sultan an, niemals speiste er an seiner Tafel und legte auch niemals ein Kleid an, das ihm vom Sultan gegeben worden war. Er war der unbestechlichste Diener Gottes. Ich sah ihn häufig in einem Obergewand aus Baumwolle, gefüttert und geflickt mit Baumwolle, aber abgetragen und ganz verschlissen. Auf dem Kopf trug er eine hohe Filzmütze, die nicht mehr als ein ›qīrāṭ‹[1159] wert war und der das Wickeltuch fehlte. Ich sagte eines Tages zu ihm: »O mein Herr! Was ist das für ein Obergewand, das du da trägst? Es ist nicht schön.« Aber er antwortetete mir: »O mein Sohn! Dieses Kleid gehört mir gar nicht, es gehört meiner Tochter.« Ich flehte ihn an, ein Gewand von mir anzunehmen, doch er sagte: »Ich habe vor fünfzig Jahren vor Gott ein Gelübde abgelegt, von niemandem je etwas anzunehmen; wenn ich aber überhaupt von jemandem etwas annehme, dann von dir.«

Als ich mich nach 54 Tagen, die ich mich bei dem Sultan aufgehalten hatte, entschloß abzureisen, gab er mir 700 Silberdinar und einen Zobelpelz im Werte von 100 Dinar, um den ich ihn wegen der großen Kälte bat. Als ich meinen Wunsch nach diesem Pelz aussprach, hielt er selbst die Ärmel und schickte sich an, ihn mir als Zeichen seiner Güte und Hochherzigkeit mit eigener Hand anzulegen. Er gab mir auch zwei Pferde und zwei Kamele. Als ich mich von ihm verabschieden wollte, traf ich ihn, als er gerade zur Jagd aufbrach. Es war außerordentlich kalt, und ich brachte wegen der strengen Kälte kein einziges Wort hervor. Aber er verstand, lachte und gab mir die Hand. Dann ritt ich davon.

Zwei Jahre nach meiner Ankunft in Indien hörte ich, daß sich seine Fürsten und die führenden Männer seines Volkes in seinen entferntesten Provinzen an der Grenze zu China versammelt hatten. Dort standen auch seine Soldaten und leisteten seinem Vetter namens Būzun mit dem Beinamen Uġlī[1160], den alle Königssöhne tragen, den Treueschwur. Būzun war Muslim, aber ein gottloser

[1159] Ein Qīrāṭ (›Karat‹) ist ein 1/24 Miṯqāl, mithin 0,195 Gramm Gold oder 1/16 Silberdirham.

[1160] Türkisch genau: ›oğlu‹ (›sein Sohn‹) oder ›oğlan‹ (›Bursche, Knabe‹).

und bösartiger Mensch. Die Tataren huldigten ihm und kündigten Ṭarmašīrīn den Gehorsam auf, weil dieser gegen die Gesetze verstoßen hatte, die ihr gemeinsamer Ahnherr, der verfluchte Tankīz, erlassen hatte, den ich schon als Verwüster der islamischen Länder erwähnt habe.[1161] Tankīz nämlich hatte ein Gesetzbuch verfaßt, das ›Yasāq‹[1162] hieß. Das Volk ist verpflichtet, jeden, der gegen die Gesetze dieses Buches verstößt, abzusetzen. Eines dieser Gesetze besagte, daß sie sich alle Jahre einmal an einem Tage, den sie ›ṭuwī‹[1163] nennen, was ›Tag der Gastfreundschaft‹ bedeutet, versammeln müssen. Tankīz' Nachkommen, die Fürsten ebenso wie alle königlichen Gemahlinnen und Offiziere, kommen an diesem Festtag aus allen Richtungen des Reiches zusammen. Hat ihr Sultan an den Gesetzen von Tankīz etwas geändert, gehen die großen Fürsten zu ihm und sagen: »Du hast dies und das geändert und dich so oder so verhalten. Deshalb müssen wir dich absetzen.« Sie nehmen seine Hand, lassen ihn vom Thron steigen und setzen einen anderen Nachkommen von Tankīz ein. Wenn einer der ersten Fürsten in seinem Lande sich ein Vergehen zuschulden kommen läßt, so verurteilen sie ihn zur verdienten Strafe.

Sultan Ṭarmašīrīn hatte die Vorschrift, daß an diesem Tage Gericht gehalten werde, abgeschafft und damit das Zeremoniell der Rechtsprechung beseitigt. Dieses Verhalten des Sultans mißbilligten sie scharf. Außerdem warfen sie ihm vor, er habe sich vier Jahre lang nur in den Ländern um den Ḫurāsān aufgehalten, jedoch nie seine Provinzen im Grenzland zu China besucht. Es war nämlich königliche Gepflogenheit, sich jährlich einmal in diese Provinzen zu begeben und deren Verhältnisse und den Zustand der dortigen Truppen zu untersuchen; denn dort haben ihre Könige ihr Stammland, und ihr Haus des Königs steht in Al-Māliq.

Als die Tataren nun Būzun gehuldigt hatten, setzte er sich an die Spitze eines gewaltigen Heeres in Marsch. Ṭarmašīrīn begann sich vor seinen Emiren zu fürchten und vertraute ihnen nicht mehr. Mit nur fünfzehn Berittenen versuchte er, seine Provinz Ġazna zu erreichen, deren erster Emir sein Stellvertreter und Vertrauter Burunṭaih war, der den Islam und die Muslime liebte. Er hatte

[1161] Mit der Islamisierung und der Verlagerung des Machtzentrums nach Transoxanien hatten die alten Stammesoberhäupter im Ostkern des Reiches Macht und Einfluß eingebüßt. So ließe sich die durch Būzun angezettelte Reaktion erklären, die Ṭarmašīrīn 1334 vom Thron stürzte. Būzun war ein Neffe Ṭarmašīrīns. Seine Münzen datieren ab 1334, aber nach Ṭarmašīrīns Absetzung beginnt eine Periode der Anarchie, in welcher die genaue Herrschaftsfolge unklar bleibt und die nachfolgend geschilderten Ereignisse nicht präzise datierbar sind. Sie können sich deshalb auch 1335 abgespielt haben und damit die Probleme der Chronologie Ibn Baṭṭūṭas ein wenig erhellen.

[1162] Vgl. im heutigen Türkisch: ›yasak‹ (›verboten‹).

[1163] Mongolisch ›toy‹ (›Fest, Festmahl‹), hier als Zusammenkunft der mongolischen Fürsten verstanden, für die in der Regel das Wort ›kurultay‹ verwendet wurde, das noch heute im Türkischen üblich ist und mit ›Kongreß‹ wiedergegeben werden kann.

in seiner Provinz schon ungefähr vierzig Zāwiyas errichtet, in denen auch Reisende versorgt wurden. Er hatte aber auch ein großes Heer unter seinem Befehl. Ich habe unter allen Sterblichen, denen ich auf der ganzen Welt begegnet bin, niemals einen Menschen von edlerem Charakter gesehen als ihn.

Als Ṭarmašīrīn den Ǧaiḥūn überquert und den Weg nach Balḫ eingeschlagen hatte, erkannte ihn ein Türke, der in Diensten von Yanqī, einem Sohne seines Bruders Kabak, stand.[1164] Sultan Ṭarmašīrīn aber hatte seinen Bruder Kabak, von dem ich schon erzählt habe, getötet. Dessen Sohn Yanqī lebte in Balḫ. Als der Türke ihm berichtete, sagte er: »Er wird nicht geflohen sein, wenn ihm nicht etwas zugestoßen ist.« Er stieg mit seinen Offizieren zu Pferd, ergriff Ṭarmašīrīn und warf ihn in den Kerker.

Unterdessen war Būzun in Samarqand und Buḫārā eingetroffen, wo die Einwohner ihm huldigten. Yanqī kam mit Ṭarmašīrīn zu ihm. Es wird nun erzählt, daß der Fürst, als er bis nach Nasaf[1165] nahe Samarqand gekommen war, dort umgebracht und bestattet worden sei und daß Scheich Šams ad-Dīn Kardan Burīdā Aufseher seines Grabmals sei.[1166] Man erzählt aber auch, daß Ṭarmašīrīn nicht getötet wurde, wie ich noch berichten werde. ›Kardan‹ bedeutet in der persischen Sprache ›Hals‹ und ›burīdā‹ heißt ›geschnitten‹, denn der Mann trug diesen Namen wegen einer Wunde am Hals. Ich bin ihm in Indien begegnet und werde später noch von ihm sprechen.

Als Būzun König geworden war, flohen Bišāy Ūġlu, der Sohn von Sultan Ṭarmašīrīn, sowie seine Schwester und deren Mann Fīrūz an den Hof des indischen Königs. Er nahm sie in Ehren auf und wies ihnen wegen der Freundschaft und des Austauschs von Briefen und Geschenken zwischen ihm und Tarmašīrīn, den er mit ›Bruder‹ ansprach, ein prächtiges Haus zu. Später erschien ein Mann aus dem Sind und behauptete, Ṭarmašīrīn zu sein, aber die Menschen schwankten in ihrer Ansicht. Davon erfuhr Imād al-Mulk Sartīz, ein Sklave des indischen Königs und nun sein Stellvertreter, den man auch den Paradekönig nannte, denn vor ihm mußten die indischen Truppen, die unter seinem Befehl standen, aufmarschieren. Er hatte seinen Sitz in Multān, der Hauptstadt des Sind. Er entsandte einige Türken, die Ṭarmašīrīn gekannt hatten, zu ihm. Sie kamen zurück und sagten, daß der Mann in der Tat Ṭarmašīrīn sei. Daraufhin befahl Sartīz, ihm eine ›sarāġa‹, das heißt ein Zelt zu errichten, das außerhalb der Stadt aufgestellt wurde, und traf weitere Maßnahmen, die

[1164] In dieser an historischen Aufzeichnungen und Chroniken so armen Zeit und Region ist die einzige Quelle ein anonymer Autor, der am Hofe von Iskandar gelebt haben soll. Nach ihm starb Kabak eines natürlichen Todes, während Yanqī, dessen Sohn, gänzlich unbekannt geblieben ist. Es könnte sich vielleicht um Tschingschi handeln, der Būzun von 1334 bis 1338 nachfolgte und als Sohn Ebugens, eines weiteren Sohnes Duwas, galt.

[1165] Identisch mit dem von Ibn Baṭṭūṭa besuchten Naḫšab.

[1166] Nach At-Tāzī soll Ṭarmašīrīns Tod in dieser Stadt auch in anderen Quellen bestätigt sein.

für Menschen solchen Ranges vorgesehen waren. Er verließ zum Empfang die Stadt, saß vor ihm ab, grüßte ihn und führte ihn, als stünde er in seinem Dienste, zu seinem Zelt, in das der Mann nach Sitte der Könige einritt. Niemand zweifelte mehr daran, daß er es war. Seine Ankunft wurde dem König von Indien gemeldet, der ihm Emire entgegensandte, die ihn mit einem Gastmahl empfangen sollten.

Im Dienst des indischen Königs stand ein Arzt, der früher einmal Ṭarmašīrīn behandelt hatte und unterdessen der bedeutendste Arzt Indiens geworden war. Er sagte zum König, er werde den Mann aufsuchen und die Wahrheit herausfinden: »Ich habe ihm ein Geschwür geheilt, das er unter dem Knie hatte und dessen Narbe noch zu sehen ist. Daran werde ich ihn erkennen.« Der Arzt machte sich nun auf den Weg und schloß sich den Emiren an. Er trat bei ihm ein und blieb wegen ihrer alten Bekanntschaft ständig in seiner Nähe. Endlich begann er, seine Beine zu betasten, und entdeckte die Narbe. Der Mann aber beschimpfte ihn, sagte: »Du willst das Geschwür sehen, das du geheilt hast. Hier ist die Stelle«, und zeigte ihm die Narbe. Nun war die Wahrheit, wer er war, offenbar. Der Arzt kehrte zum König von Indien zurück und brachte ihm die Nachricht.

Wenige Tage später gingen der Wesir Ḫūǧah Ǧihān Aḥmad bin Iyās und der Erste Emir Quṭlū Ḫān[1167], der Lehrer des Sultans, zum König und sagten: »O Herr der Welt, Sultan Ṭarmašīrīn ist angekommen, er ist es wahrhaftig. Es leben hier ungefähr 40.000 seiner Untertanen und sein Bruder und Schwager. Hast du überlegt, was geschehen kann, wenn sie sich mit ihm verbünden?« Diese Worte machten einen tiefen Eindruck auf den Sultan, so daß er befahl, Ṭarmašīrīn in aller Eile herbeizuschaffen. Als dieser schließlich vor dem König erschien, wurde er aufgefordert, ihm zu huldigen, wie jeder Neuankömmling es zu tun hat, aber nicht in Ehren aufgenommen. Der Sultan sagte zu ihm: »Ya mādar kānī« – dies ist eine gemeine Beleidigung. – »Du Lügner! Du sagst, du seist Ṭarmašīrīn. Aber Tarmašīrīn ist getötet worden und der Aufseher seines Grabes ist hier bei uns. Bei Gott, wenn es keine Schande wäre, ich würde dich töten. Aber man gebe ihm fünftausend Dinar, führe ihn zum Hause von Bišāy Uġlu und seiner Schwester, den beiden Kindern Ṭarmašīrīns, und sage ihnen, daß dieser Lügner behauptet, ihr Vater zu sein.« Da ging er zu ihnen. Sie erkannten ihn, und er blieb unter Bewachung in dieser Nacht bei ihnen. Am nächsten Morgen wurde er aus dem Hause abgeholt. Seine Kinder aber fürchteten seinetwegen um ihr Leben und verleugneten ihn. Er wurde aus Indien und aus dem Sind verbannt und ging nach Kīǧ und Makrān.[1168] Das Volk dieser Länder nahm ihn gastlich auf, ehrte und beschenkte ihn. Schließlich kam er nach Šīrāz, dessen Statthalter Abū ʾIsḥāq war, der ihn ehrenvoll auf-

[1167] Zu diesen Personen vgl. die indischen Kapitel.

[1168] Der Sind westlich des Indus bis zur iranischen Grenze.

nahm und ihm ein Auskommen bot. Als ich auf meiner Rückkehr aus Indien nach Šīrāz kam, hörte ich, daß er noch immer dort lebte. Ich wollte ihn sehen, unterließ es aber doch, weil er in einem Hause wohnte, zu dem niemand ohne Erlaubnis des Sultans Abū ʾIsḥāq Zutritt hatte, so daß ich mich vor den Folgen eines solchen Besuches fürchtete. Später aber habe ich bereut, ihn nicht gesehen zu haben.

Als Būzun sich zum König aufgeworfen hatte, drangsalierte er die Muslime und tyrannisierte seine Untertanen, gestattete aber den Christen und Juden, ihre Gotteshäuser wieder instandzusetzen. Darüber beklagten sich die Muslime laut und lauerten darauf, daß ihn sein Schicksal ereile. Davon hörte Ḫalīl, der Sohn des Sultans Al-Yasawūr, der selbst im Ḫurāsān besiegt worden war.[1169] Er ging zu Ḥusain, dem Sultan von Harāh und Sohn des Sultans Ġiyāṯ ad-Dīn al-Ġūrī, entdeckte ihm seine Pläne, bat ihn, ihm mit Truppen und Geld zu beizustehen, und bot ihm an, das Königreich mit ihm zu teilen, sobald er es erobert habe. König Ḥusain gab ihm daraufhin ein mächtiges Heer mit. Zwischen Harāh und Tirmiḏ liegen neun Tagesmärsche. Als die muslimischen Emire von Ḫalīls Ankunft erfuhren, gingen sie ihm entgegen, gelobten ihm Gehorsam und wünschten nun selbst, gegen die Glaubensfeinde zu kämpfen.[1170] Der erste, der ihn aufsuchte und 4.000 Muslime mitbrachte, war ʿAlāʾ al-Mulk Ḫuḏāwand Zādah, Herr von Tirmiḏ, ein großer Emir und Šarīf aus der Nachkommenschaft Ḥusains.[1171] Ḫalīl freute sich über ihn, machte ihn zu seinem Stellvertreter und Wesir und vertraute ihm den Oberbefehl an, denn ʿAlāʾ al-Mulk war ein heldenmütiger Kämpfer. Nun kamen auch andere Fürsten von überall her, verbündeten sich mit Ḫalīl und marschierten gemeinsam gegen Būzun. Dessen Truppen liefen zu Ḫalīl über und lieferten ihm Būzun in Fesseln aus. Ḫalīl ließ ihn mit einer Bogensehne erdrosseln; denn es ist bei diesem Volk Sitte, Söhne von Königen nicht anders als durch Erdrosselung zu töten.

Das ganze Königreich unterwarf sich Ḫalīl. Vor Samarqand ließ er seine

1169 Yasawūr, ein Nachkomme Tschagatays, hatte sich in die Händel zwischen der Sippe Tschagatays und den persischen Ilchanen eingemischt. Zweimal, 1314 und 1319, fiel er in den Ḫurāsān ein, starb aber 1320. Er war nie Sultan, aber sein einziger Sohn Qazgan herrschte von 1343 bis 1346. Dagegen ist ein Ḫalīl bekannt, der türkischer Derwisch war und vorgab, ein Nachkomme von Dschingis und der geistige Führer von Bahāʾ ad-Dīn an-Naqšabandī (1318–1389) zu sein, dem namensgebenden Gründer eines Ṣūfī-Ordens. Ḫalīls Name erscheint auch auf Münzen der Jahre 1342–1344.

1170 Offensichtlich ein Bündnis zwischen den islamisierten mongolischen Emiren Transoxaniens gegen die heidnischen Ostmongolen.

1171 Die Familie der Ḫuḏāwand Zādah erfreute sich als Šarīfe und demnach Nachkommen des Propheten seit Beginn des 13. Jahrundert in Transoxanien höchsten Ansehens. Muḥammad Ḫwārizm Šāh hatte einen Ḫuḏāwand Zādah im Streit mit den abbasidischen Kalifen zum Gegenkalifen ausgerufen. Der im Text genannte ›Herr von Tirmiḏ‹ scheint demnach ein Nachfahre dieser Familie zu sein.

Truppen, 80.000 Mann in Rüstungen auf gepanzerten Pferden, aufmarschieren. Dann entließ er das Heer, mit dem er aus Harāh gekommen war, und zog nach Al-Māliq. Die Tataren wählten einen aus ihren Reihen zum Anführer und stießen in der Gegend von Uṭarāz[1172], drei Tagesmärsche von Al-Māliq entfernt, auf Ḫalīl. Es entbrannte ein heißer Kampf, aber beide Seiten hielten stand. Da unternahm Emir Ḫuḏāwand Zādah, Ḫalīls Wesir, an der Spitze von 20.000 Muslimen einen Angriff, dem die Tataren nicht widerstehen konnten. Sie wurden in die Flucht geschlagen, und der Tod wütete in ihren Reihen. Ḫalīl blieb drei Tage in Al-Māliq, und als er es wieder verließ, beabsichtigte er, alle überlebenden Tataren auszurotten. Schließlich unterwarfen sie sich ihm. Dann stieß er bis an die Grenze von Ḫiṭā und China vor und eroberte die Städte Qarāqurum und Biš Bāliġ.[1173] Der Sultan von China sandte ihm Soldaten entgegen, aber schließlich wurde zwischen ihnen Frieden geschlossen. Ḫalīls Macht war so gewaltig angewachsen, daß die Könige ihn fürchteten. Aber er ließ Gerechtigkeit walten, legte Truppen nach Al-Māliq, ließ seinen Wesir Ḫuḏāwand Zādah dort zurück und wandte sich wieder nach Samarqand und Buḫārā.

Nach einiger Zeit aber wollten die Türken das Reich in einen Bürgerkrieg stürzen. Sie verleumdeten den Wesir bei Ḫalīl und behaupteten, daß er die Absicht hätte, sich gegen ihn zu empören, und daß er verbreiten ließe, er sei wegen seiner Abstammung vom Propheten, aber auch wegen seiner Großherzigkeit und Tapferkeit des Königsthrones würdiger als Ḫalīl. Dieser entsandte daraufhin einen seiner Stellvertreter nach Al-Māliq, der den Wesir ersetzen sollte, und ließ diesem befehlen, mit einer kleinen Anzahl von Männern bei ihm zu erscheinen. Kaum war er eingetroffen, ließ er ihn umbringen, ohne ihn einer Schuld zu überführen. Dieser Mord war der Grund für den Untergang seines Reiches. Als Ḫalīls Macht gewaltig geworden war, lehnte er sich gegen den Fürsten von Harāh auf, der ihn zum Thronerben gemacht und mit Truppen und Geld ausgestattet hatte. Er forderte ihn in einem Briefe auf, im Königreich seinen Namen in die Predigten aufnehmen und ihn auf die Dinare und Dirhams schlagen zu lassen. Darüber war König Ḥusain erbost; er wies das Ansinnen von sich und gab Ḫalīl eine sehr grobe Antwort. Nun bereitete sich Ḫalīl auf den Kampf vor. Aber die muslimischen Truppen folgten ihm nicht, weil sie ihn als Verräter an seinem Wohltäter ansahen. Davon hörte auch König Ḥusain. Er setzte sein Heer unter dem Befehl seines Vetters Malik Warnā in Marsch, und es kam zum Gefecht. Ḫalīl wurde besiegt und gefangen vor

[1172] Möglicherweise handelt es sich um den Ort Tazar am Talas-Fluß, 500 Kilometer westlich von Almalyk.

[1173] Karakorum im Norden der heutigen Mongolei war von 1230 bis 1260 die erste Hauptstadt der Mongolen gewesen. Biš Bāliġ lag in der chinesischen Provinz Sinkiang in der Nähe von Turpan.

Malik Ḥusain geführt, der Gnade walten ließ und ihm das Leben schenkte. Er brachte ihn in einem Haus unter, schenkte ihm eine junge Sklavin und setzte ihm eine Pension aus. In dieser Lage befand er sich noch, als ich gegen Ende des Jahres 747 aus Indien zurückkehrte.

Aber kommen wir zur Reise zurück! Nachdem ich mich von Sultan Ṭarmašīrīn verabschiedet hatte, schlug ich den Weg nach Samarqand ein, in eine der größten, schönsten, ja großartigsten Städte.[1174] Sie ist an den Ufern eines Flusses errichtet worden, den man den Fluß der Walkmühlen nennt und an dem Wasserräder stehen, mit denen die Gärten bewässert werden. Nach dem Nachmittagsgebet kommen die Stadtbewohner an den Fluß, um sich dem Müßiggang und der Zerstreuung hinzugeben. Auf großen und kleinen Bänken kann man Platz nehmen und in den Läden können Obst und andere Lebensmittel gekauft werden. Am Flußufer standen einst auch große Paläste und andere Gebäude, die vom Hochsinn der Einwohner kündeten. Die meisten aber sind verfallen und auch ein großer Teil der Stadt liegt in Trümmern. Es gibt weder Stadtmauern noch Tore, aber Gärten gibt es in der Stadt. Die Menschen aus Samarqand sind zuvorkommend und nehmen Fremde in Freundschaft auf; sie sind besser als die aus Buḫārā.

Außerhalb von Samarqand findet sich das Grabmal von Quṯam Ibn al-ʿAbbās bin ʿAbd al-Muṭṭalib, der den Glaubenstod fand, als die Stadt vom Islam erobert wurde.[1175] Jeden Sonntag- und Donnerstagabend gehen die Bewohner Samarqands hinaus, um dieses Grab zu besuchen. Auch die Tataren kommen ans Grab, geloben beträchtliche Weihegaben, treiben Ochsen und Hammel herbei und spenden Geld. All dies dient der Verpflegung von Reisenden und dem Unterhalt der Diener der Zāwiya und des verehrten Grabes. Über dem Grabmal steht ein Kuppelbau auf vier Säulen, um die je zwei Säulen aus grünem, schwarzem, weißem und rotem Marmor errichtet sind. Die Wände des Kuppelbaus sind aus mehrfarbigem und goldbemaltem Marmor; darüber liegt ein Dach aus Blei. Das Grab ist mit Ebenholz abgedeckt, das mit Edel-

1174 Am Westufer des Zarafšon-Flusses im heutigen Uzbekistan. Diesen Fluß indessen muß Ibn Baṭṭūṭa mit dem ›Fluß der Walkmühlen‹ verwechselt haben, der bei Naḫšab fließt. Samarqand war 1219 von den Mongolen zerstört worden und gelangte erst gegen Ende des 14. Jahrhunderts unter Timur Lenk, dem Lahmen, zu neuer Bedeutung, als er die Stadt zu seiner Residenz erhob. Man muß sich freilich wundern, daß unser Reisender die Stadt trotz des Trümmerfeldes, das er vorgefunden haben muß und von dem er auch in den folgenden Zeilen spricht, zu den großartigsten und schönsten zählt.

1175 Quṯam Ibn al-ʿAbbās soll während der Belagerung der Stadt im Jahre 676 gefallen sein, als Mittelasien dem islamischen Ansturm unter Saʿīd bin Ḥusain ausgesetzt war. Das Grab ist eines von vielen des Baumeisters Šāh Zindah und gehört zu den architektonischen Sehenswürdigkeiten der Stadt. Es weicht aber erheblich von Ibn Baṭṭūṭas Beschreibung ab. At-Tāzī weist ferner darauf hin, daß der Grabkult sich auf die Epoche des abbasidischen Kalifats beschränkte, den die Abbasiden zur Glorifizierung ihrer eigenen Dynastie pflegten.

steinen besetzt und an den Ecken mit Silberplättchen beschlagen ist. Oberhalb des Grabes hängen drei silberne Lampen, und die Teppiche sind aus Wolle und Baumwolle.[1176] Außerhalb des Grabes und durch die benachbarte Zāwiya fließt ein großer Bach, an dessen beiden Ufern Bäume, Weinstöcke und Jasminsträucher stehen. Für die Unterbringung von Reisenden besitzt die Zāwiya Kammern. Die Tataren haben, selbst als sie noch Ungläubige waren, an diesem gesegneten Ort nichts verändert. Vielmehr sahen sie ihn als Wunderzeichen Gottes an und pflegten seinen Segen zu erbitten.

Der oberste Würdenträger dieses heiligen Kuppelgrabs und seiner zugehörigen Einrichtungen war, als wir dort wohnten, Emir Ġiyāṯ ad-Dīn Muḥammad bin ʿAbd al-Qādir bin ʿAbd al-ʿAzīz bin Yūsuf, welcher der Sohn des ʿabbāsidischen Kalifen Al-Mustanṣir Billāh gewesen war.[1177] Sultan Ṭarmašīrīn erhob ihn zu dieser Würde, als er aus dem Iraq an seinen Hof kam. Zur Zeit befindet er sich am Hofe des Königs von Indien, und ich werde noch von ihm berichten.

In Samarqand lernte ich den Qāḍī der Stadt kennen, der in diesen Ländern ›Führer der Welt‹ genannt wird. Er war ein gütiger und charakterstarker Mann. Er kam später als ich nach Indien, wo er aber in Multān, der Hauptstadt des Sind, vom Tode ereilt wurde. Als dieser Qāḍī in Multān gestorben war, schrieb der Nachrichtenoffizier dem Sultan und König von Indien und teilte ihm mit, daß dieser Mann gekommen wäre, um seinen Hof zu besuchen, aber vom Tode daran gehindert worden sei. Auf diese Nachricht hin befahl der König, den Kindern des Verstorbenen ich weiß nicht mehr wie viele tausend Dinare zu schicken und seinen Begleitern soviel auszuzahlen, wie er selbst ihnen gegeben hätte, wenn sie den Hof noch zu seinen Lebzeiten und mit ihm erreicht hätten. Der König von Indien hat in jeder Provinz seines Landes einen Offizier, der ihm alles schreibt, was sich in dieser Stadt zuträgt, und ihm jeden Reisenden ankündigt, der zu ihm will. Sobald einer erscheint, wird aufgeschrieben, aus welchem Lande er kommt, wie er heißt, wie er aussieht, welche Kleider er trägt, mit wem er reist, wie viele Pferde und Diener er hat, sowie wie er zu sitzen und zu speisen pflegt, kurz, die ganze Bewandtnis, die es mit ihm hat, seine Geschäfte, Eigenschaften und Fehler, die an ihm zu bemerken sind. Der Reisende kommt nicht zum König, bevor der Herrscher nicht alles über ihn weiß, und die Gunst, die er ihm erweist, steht im Verhältnis zu seinem Rang.

Wir verließen Samarqand und durchquerten die Stadt Nasaf, dem Abū Ḥafṣ ʿUmar an-Nasafī seinen Beinamen verdankt, der Verfasser des Buches ›Al-Manẓūma‹, in dem er Streitfragen der vier Rechtsgelehrten behandelte.[1178] Dann

[1176] Hier können, wie At-Tāzī angibt, nicht Bodenteppiche, sondern nur Wandteppiche gemeint sein.

[1177] Der im Text für diesen Oberaufseher verwendete Titel ›nāẓir‹ bezieht sich auf den obersten Verwalter der Finanzen frommer Stiftungen.

[1178] Ibn Baṭṭūṭa scheint nicht bemerkt zu haben, daß Nasaf und Naḫšab Namen ein und

gelangten wir nach Tirmiḏ, der Stadt, aus der Imām Abū ʿĪsā Muḥammad bin ʿĪsā bin Ṣūrat at-Tirmiḏī stammte, der Verfasser der ›Großen Sammlung‹ sunnitischer Regeln.[1179] Es ist eine große von Flüssen durchquerte Stadt mit schönen Gebäuden, Märkten und zahlreichen Gärten. Trauben und Quitten von erlesenem Geschmack gibt es im Überfluß, ebenso Fleisch und Milch. In den Bädern waschen die Einwohner ihren Kopf mit Milch statt mit Tonerde. Jeder Badbesitzer hält große Gefäße mit Milch bereit. Kommt ein Besucher ins Bad, so nimmt er sich eine kleine Tasse Milch und wäscht sich damit den Kopf. Sie erfrischt und glättet das Haar. Die Inder befeuchten ihre Haare mit Sesamöl, das sie ›sīrāǧ‹ nennen, und waschen sich danach ihren Kopf mit Tonerde. Das tut dem Körper gut, macht die Haare glatt und läßt sie sprießen. Auf diese Weise werden die Bärte der Inder und der Menschen, die bei ihnen leben, so lang.

Die alte Stadt Tirmiḏ war an den Ufern des Ǧaiḥūn erbaut worden. Nachdem Tankīz sie verheert hatte, wurde die neue Stadt zwei Meilen vom Fluß entfernt wieder aufgebaut. Wir stiegen in der Zāwiya des ehrwürdigen Scheichs ʿAzīzān ab, eines der frömmsten und wohltätigsten Scheichs, der sehr wohlhabend ist, Häuser und Gärten besitzt und für die Aufnahme von Reisenden sein Vermögen einsetzt. Schon vor meiner Ankunft in der Stadt war ich mit deren Gouverneur ʿAlāʾ al-Mulk Ḫuḏāwand Zādah zusammengetroffen. Er schickte einen Befehl voraus, damit wir gastfreundlich aufgenommen würden. Täglich während unseres Aufenthaltes schickte man uns ein Gastmahl. Auch den Qāḍī der Stadt Qiwām ad-Dīn, der zu Sultan Ṭarmašīrīn gereist war, um ihn um die Erlaubnis zu bitten, nach Indien reisen zu dürfen, habe ich kennengelernt. Die Begegnung mit ihm und seinen beiden Brüdern Ḍiyāʾ ad-Dīn und Burhān ad-Dīn in Multān und unsere gemeinsame Reise nach Indien werde ich noch schildern. Auch von seinen beiden anderen Brüdern Imād ad-Dīn und Saif ad-Dīn, die ich am Hofe des indischen Königs antraf, wird, wenn es Gott gefällt, noch zu erzählen sein; ebenso werde ich noch von seinen beiden Söhnen, ihrer Ankunft bei diesem König, nachdem ihr Vater ermordet worden war, ihrer Heirat mit den beiden Töchtern des Wesirs Ḫūǧah Ǧihān und von allem, was sich aus diesem Anlaß zutrug, berichten.

Wir überquerten den Ǧaiḥūn, um ins Ḫurāsān zu reisen, und ritten ab Tir-

derselben Stadt waren, die er bereits besucht hatte. Es könnte sich um die auf der Strecke von Samarqand nach Tirmiḏ gelegene heutige Stadt Šahrisābz handeln. Der im Text genannte Abū Ḥafṣ ʿUmar an Nasafī hieß mit vollem Namen Naǧm ad-Dīn ʿUmar bin Muḥammad bin Aḥmad bin Ismāʿīl an-Nasafī und war ein Rechtsgelehrter und Historiker der ḥanafitischen Rechtsschule, der theologische Themen in Lehrgedichten (›Manẓūma‹) behandelte, um sie leichter memorierbar zu machen, und schuf auf diese Weise 2669 Lehrverse. Er starb 1142.

1179 Das heutige Termez am Nordufer des Amu Darya an der usbekisch-afghanischen Grenze, das 1220 von den Mongolen dem Erdboden gleichgemacht worden war. Der im Text erwähnte At-Tirmiḏī (gest. 892) war Verfasser zahlreicher Traditionen.

mid̲ und nach der Überschreitung des Stroms einen und einen halben Tag durch Wüste und Sand, ohne eine einzige Behausung zu finden, bis nach Balḫ, das in Trümmern liegt und völlig verödet ist.[1180] Wer die Stadt sieht, könnte sie für einen blühenden Ort halten, weil sie so fest gebaut erscheint. Sie war einst auch ansehnlich und groß. Reste ihrer Moscheen und Koranschulen sind heute noch ebenso zu erkennen wie die Malereien an ihren Gebäuden, die mit azurblauer Farbe aufgetragen sind. Die Menschen glauben, daß der Lapislazuli aus dem Ḫurāsān stammt, in Wahrheit aber wird er in den Bergen von Badaḫšān gefunden, die ihren Namen dem Badaḫšī-Rubin geliehen haben. Das Volk nennt ihn einfach ›balaḫšī‹.[1181] Ich werde von ihm, wenn es Gott gefällig ist, später noch sprechen.

Der verfluchte Tankīz hat Balḫ und ungefähr ein Drittel der Moschee wegen eines Schatzes zerstört, der, wie man ihm erzählt hatte, unter einer Säule dieser Moschee verborgen war. Sie war eine der schönsten und größten Moscheen der Welt. Die Eroberer-Moschee von Ribāṭ im Maġrib gleicht ihr in der Höhe ihrer Säulen; aber die von Balḫ war in anderer Hinsicht noch schöner.

Ein Gelehrter der Geschichte hat mir erzählt, daß die Moschee von Balḫ von einer Frau erbaut worden ist, deren Mann Dāwūd bin ʿAlī von den ʿAbbāsiden als Statthalter von Balḫ eingesetzt worden war. Eines Tages geriet der Kalif über das Volk von Balḫ wegen eines Vorfalls, den es sich hatte zuschulden kommen lassen, in Zorn. Er schickte jemanden zu ihnen, der ihnen eine drükkende Geldstrafe auferlegen sollte. Als dieser Mann in Balḫ ankam, liefen die Frauen der Stadt mit ihren Kindern zu der Frau, welche die Moschee erbaut hatte und die Gemahlin des Statthalters war. Sie beklagten sich bei ihr über ihre Lage und über die lästige Strafe. Sie schickte daraufhin dem Emir, der gekommen war, die Strafe zu erheben, ein perlenverziertes Gewand, das ihr gehörte und dessen Wert den Betrag, den der Emir einziehen sollte, übertraf. Sie sagte zu ihm: »Gehe mit diesem Kleid zum Kalifen, ich gebe es als Almosen zugunsten des Volkes von Balḫ, dessen Lage so elend ist.« Der Emir kehrte zum Kalifen zurück, legte ihm das Gewand vor und erzählte ihm, was geschehen war. Der Kalif war beschämt und sagte: »Sollte diese Frau etwa noch freigebiger sein als ich?« Er befahl dem Emir, auf die dem Volk von Balḫ auferlegte Strafe zu verzichten, in die Stadt zurückzukehren und der Frau das Gewand zurückzugeben. Darüber hinaus erließ er den Bürgern der Stadt den Tribut eines Jahres. Der Emir kam nach Balḫ, begab sich ins Haus der Frau, wieder-

1180 Balḫ, das antike Baktres (Baktrien), im äußersten Osten des damaligen Ḫurāsān und im Nordwesten des heutigen Afghanistan bei Mazar-e-Sharif gelegen, wurde während der mongolischen Invasion im frühen 13. Jahrhundert zweimal zerstört und konnte sich danach nie mehr zur alten Blüte erheben. Die frühen Araber nannten die Stadt ›Mutter der Städte‹ und ›Dom des Islam‹.

1181 Der Lapislazuli (›Lāzuward‹) findet sich im äußersten Nordosten Afghanistans am Oberlauf des Flusses Konktsche in der Provinz Badaḫšān nahe der heutigen Stadt Faizabad.

holte ihr die Worte des Kalifen und gab ihr das Kleid zurück. Da sagte sie zu ihm: »Ist der Blick des Kalifen auf das Kleid gefallen?«– Er antwortete: »Ja.« – »Dann«, gab sie zurück, »werde ich niemals mehr ein Kleid tragen, auf welches das Auge eines Mannes gefallen ist, dem eine Ehe mit mir nicht verboten wäre.« Sie befahl, es zu verkaufen, und erbaute aus dem Erlös die Moschee, die Zāwiya und, genau gegenüber, ein Kloster aus Bruchstein. Dieses Kloster ist bis heute in gutem Zustand. Da noch ein Drittel des Erlöses übrigblieb, habe die Frau, so erzählt man, die Summe unter einer Säule der Moschee vergraben lassen, damit man sie zur Hand hätte, wenn man sie benötigte. Tankīz hörte von dieser Geschichte und befahl, die Säulen der Moschee zu schleifen. Etwa jede dritte wurde umgestürzt, aber nichts wurde gefunden. Da ließ man die übrigen stehen.

Außerhalb von Balḫ befindet sich ein Grab, das ʿUkkāša bin Miḥṣan al-Asadī zugeschrieben wird, einem Gefährten des Propheten, der ins Paradies eingehen wird, ohne Rechenschaft ablegen zu müssen.[1182] Über diesem Grab steht eine ehrwürdige Zāwiya, in der wir Aufnahme fanden. Nahebei befindet sich ein wunderschöner Teich neben einem mächtigen Nußbaum, in dessen Schatten im Sommer Reisende lagern. Der Scheich der Zāwiya heißt Al-Ḥāǧǧ Ḫurd, das heißt der ›Kleine Pilger‹; er ist ein gütiger Mann. Er ritt mit uns aus und zeigte uns die Heiligtümer der Stadt, darunter das mit einer schönen Kuppel überbaute Grab des Propheten Ḥazqīl.[1183] Außerdem besichtigten wir in Balḫ eine Vielzahl von Gräbern frommer Männer, an deren Namen ich mich aber nicht mehr erinnere. Wir machten am Hause von Ibrāhīm bin Adham Halt.[1184] Es ist ein großes Haus, aus weißem Stein erbaut, der dem Bruchstein ähnlich ist. Wir haben es nicht betreten, denn es war verschlossen, weil dort das Saatgut der Zāwiya aufbewahrt wird. Es steht in der Nähe der Hauptmoschee.

Wir verließen Balḫ und ritten sieben Tage durch die Berge von Qūhistān.[1185] Am Wege lagen zahlreiche besiedelte Dörfer mit fließenden Bächen und blattreichen Bäumen, meist Feigenbäumen. Auch viele Zāwiyas findet man, in denen fromme Männer leben, die sich dem Dienst an Gott gewidmet haben. Danach erreichten wir Harāh, die volkreichste Stadt im Ḫurāsān. Dieses Land besitzt vier große Städte: zwei blühende in Harāh und Naisābūr und zwei

1182 ʿUkkāša fiel 632/33 im Kampf gegen die nach dem Tode Muḥammads abgefallenen arabischen Stämme im Naǧd in Saudi-Arabien.

1183 Die verbreitetste Annahme setzt das Grab des Propheten Ḥizqīl (Hesekiel) nach Ḥilla im Iraq, aber Ibn Baṭṭūṭa erwähnt es dort nicht.

1184 Zu Ibrāhīm bin Adham vgl. das Kapitel ›Syrien‹.

1185 Qūhistān (›Land der Berge‹) ist die gebirgige Provinz zwischen Balḫ und Herat; der Hauptverbindungsweg zwischen diesen beiden Städten umgeht allerdings das Gebirge im Norden. Auch sind sieben Tage für die etwa 600 Kilometer lange Reise nach Herat ein viel zu geringer Ansatz.

verfallene in Balḫ und Marw.[1186] Harāh ist groß, weiträumig angelegt und sehr gut bevölkert. Seine Bewohner sind rechtschaffene, sittsame und fromme Menschen, die sich zur Lehre des Imāms Abū Ḥanīfa bekennen. Ihr Land wird gerecht regiert.

Sultan von Harāh ist der erhabene Ḥusain, der Sohn des Sultans Ġiyāṯ ad-Dīn al-Ġūrī, ein Mann von weitgerühmter Tapferkeit, der Glück und Gottes Hilfe erfuhr.[1187] Zu zwei Anlässen wurden ihm der Beistand und die Gunst Gottes zuteil, daß es erstaunen muß. Zum ersten Male geschah dies in dem Treffen seines Heeres mit Sultan Ḫalīl, der sich gegen ihn empört hatte und ihm schließlich als Gefangener in die Hände fiel. Beim zweiten Male lieferte er Masʿūd, dem Sultan der rāfiḍitischen Ketzer, in eigener Person eine Schlacht. Sie führte zur Absetzung Masʿūds, zu dessen Flucht und zum Verlust seines Königreiches. Sultan Ḥusain bestieg den Thron nach seinem Bruder Al-Ḥāfiẓ, der ihrem Vater Ġiyāṯ ad-Dīn gefolgt war.[1188]

Im Ḫurāsān lebten zwei Männer, Masʿūd und Muḥammad, die fünf Freunde hatten. Sie waren Mörder, die man im Iraq als ›Šuṭṭār‹, im Ḫurāsān als ›Sarbadār‹ und im Maġrib als ›ṣuqūra‹ bezeichnet.[1189] Die sieben kamen überein, sich dem Räuberhandwerk hinzugeben, die Wege unsicher zu machen und den Menschen ihr Hab und Gut zu rauben. Die Kunde von ihrem Unwesen verbreitete sich. Sie richteten sich in einem unzugänglichen Gebirge in der Nähe der Stadt Baihaq, die auch Sabzār genannt wurde, ein.[1190] Tagsüber versteckten sie sich, kamen erst abends und nachts hervor, fielen über die Dörfer her, besetzten die Wege

1186 Herat im westlichen Afghanistan nahe der iranischen Grenze soll einst vor der mongolischen Eroberung eine prächtige und sehr große Stadt gewesen sein, die sich bald nach ihrer Zerstörung 1221 wieder erholte, zu Naisābūr s.u. Zwei Städte trugen den Namen Marw: Marw ar-Rūḏāʾī und Marw aš-Šāhiǧān, zwischen denen fünf Reisetage lagen. Das erstere Marw galt als das Große Marw, war eine der berühmtesten Städte des Ḫurāsān und einst auch ihre Hauptstadt. Auch Marw Šāhiǧān wurde 1221 von den Mongolen zerstört.

1187 Muʿizz ad-Dīn Ḥusain (gest. 1370), dritter Sohn und Nachfolger des Sultans Ġiyāṯ ad-Dīn al-Ġūrī, entlehnte wie seine ganze Dynastie seinen Beinamen der Landschaft Ġūr in Afghanistan, der sie wohl entstammte. Die Familie aus dem Clan der Kurt kam 1345 in Herat an die Macht und wurde 1389 von Timur beseitigt.

1188 Ġiyāṯ ad-Dīn starb 1328; ihm folgten seine beiden Söhne Šams ad-Dīn aṯ-Ṯānī (›der Zweite‹) von 1328–1329, und Ḥāfiẓ von 1329–1331; diesem folgte Muʿizz ad-Dīn Ḥusain 1331 nach.

1189 ›Šuṭṭār‹ (Mörder), ›sarbadār‹ (Galgenvogel, Schurke), ›ṣuqūra‹ (Falke). Die Serbedars übernahmen nach dem Fall der persischen Ilchane den westlichen Ḫurāsān. Ihr erster Anführer ʿAbd ar-Razzāq war noch ein Beauftragter von Abū Saʿīd, dem mongolischen Herrscher von Bagdad, gewesen. Er rief nach dessen Tod 1335 einen Aufstand aus, wurde aber 1338 von seinem Bruder Masʿūd ermordet. Dieser regierte bis 1344. Der im Text genannte Muḥammad ist nicht zu identifizieren.

1190 Sabzawar in der Provinz Baihaq, die ʿAbd ar-Razzāq 1337/38 eroberte.

und stahlen den Menschen ihre Habe. Zahlreiche Spießgesellen und Verbrecher ihresgleichen schlossen sich ihnen an, so daß sie immer zahlreicher wurden, ihre Frechheit überhandnahm und die Menschen sie immer mehr fürchteten. Sie überfielen die Stadt Baihaq und nahmen sie ein. Dann bemächtigten sie sich anderer Städte, raubten alles, stellten Truppen auf und verschafften sich Pferde. Masʿūd nannte sich Sultan. Die Sklaven flohen zu ihm und ihren Herren davon, denn jeder flüchtige Sklave erhielt von ihm Geld und ein Pferd. Zeigte er Tapferkeit, so unterstellte Masʿūd ihm eine Abteilung Soldaten. Seine Armee wurde zahlreich und seine Macht immer unerträglicher. Alle seine Anhänger waren Rāfiḍiten, und sie trachteten danach, alle Sunniten im Ḫurāsān auszurotten und das gesamte Land in eine einzige rāfiḍitische Provinz zu verwandeln. In Mašhad Ṭūs lebte ein rāfiḍitischer Scheich namens Ḥasan, den sie für einen Heiligen hielten.[1191] Er hieß ihre Absichten gut, und sie riefen ihn zum Kalifen aus. Er befahl ihnen, Gerechtigkeit zu üben, die sie auch darin zeigten, daß, wenn in ihrem Lager ein Dinar oder ein Dirham zu Boden fiel, niemand ihn an sich nahm, bis der Besitzer erschien und ihn aufhob.

Sie eroberten Naisābūr. Sultan Ṭuġatīmūr ließ Truppen gegen sie abgehen, aber sie wurden geschlagen. Nun entsandte der Sultan seinen Stellvertreter Arġūn Šāh[1192], aber auch er wurde besiegt und fiel ihnen als Gefangener in die Hände, wurde aber von ihnen gut behandelt. Nun zog Ṭuġatīmūr selbst mit 50.000 Tataren gegen sie. Aber auch er wurde besiegt. Mehrere Städte, darunter Saraḫs, Zāwah und Ṭūs, einer der bedeutendsten Orte des Ḫurāsān, wurden von ihnen eingenommen. In Mašhad ʿAlī, der Grabstätte von ʿAlī bin Mūsa-r-Riḍā, errichteten sie ihr Kalifat.[1193] Auch die Stadt Ǧām nahmen sie und schlugen ganz in der Nähe ihr Lager in der Absicht auf, auch gegen Harāh zu ziehen, von dem sie nur noch sechs Tagesmärsche entfernt waren.

Als diese Nachricht König Ḥusain erreichte, versammelte er seine Emire, seine Truppen und das Volk der Stadt um sich und beriet sich mit ihnen, ob man warten solle, bis die Rebellen erschienen oder ob man ihnen entgegenmarschieren und den Kampf suchen solle. Sie kamen überein, ihnen entgegenzuziehen. Das Volk gehörte nur einem einzigen Stamme, nämlich dem der Ġūrīya, an. Sie sollen angeblich aus Ġaur in Syrien stammen, was ihren Namen erklärt.[1194] Sie trafen ihre Vorbereitungen, strömten von überall herbei, denn sie wohnten in

1191 Mašhad Ṭūs liegt ganz in der Nähe der heutigen ostiranischen Stadt Mašhad. Ḥasan Ǧūrī war ein Schiitenführer, den Masʿūd aus dem Gefängnis von Naisābūr befreite und zu seiner rechten Hand machte.

1192 Arġūn Ibn Naurūz Arġūn war mongolischer Emir im Ḫurāsān, der nach 1335 ein Imarat (›Fürstentum‹) um Ṭūs, Naisābūr und Marw gründete. Nach seiner Niederlage gegen die Serbedars 1335 floh er zu Ṭuġaṭīmūr.

1193 ʿAlī bin Mūsa-r-Riḍā, achter Imām der Schiiten, gestorben 817.

1194 Diese Ansicht ist falsch, beide Landschaftsnamen gehen auf unterschiedliche Wurzeln zurück, lediglich das unvokalisierte arabische Schriftbild ist homonym.

den Dörfern und der Ebene von Marġīs[1195], die eine Ausdehnung von vier Tagesreisen hat. Ihr Gras ist immer grün, so daß ihr Vieh und ihre Pferde ständig weiden können. Die meisten Bäume sind Pistazienbäume, deren Früchte bis in den Iraq ausgeführt werden.

Das Volk von Simnān stand dem Volk von Harāh bei.[1196] Sie alle, 120.000 an der Zahl, Reiter und Fußsoldaten, eilten unter dem Oberbefehl von König Ḥusain den Rāfiḍiten entgegen. Diese hatten 150.000 Reiter aufgeboten. In der Ebene von Būšanǧ nahm der Kampf seinen Lauf.[1197] Zunächst hielten beide Heere einander stand, aber dann wandte sich das Schicksal gegen die Rāfiḍiten, und ihr Sultan Masʿūd ergriff die Flucht. Kalif Ḥasan hielt mit 20.000 Mann aus, bis er mit der Mehrzahl seiner Soldaten getötet wurde und etwa 4.000 Mann gefangengenommen wurden. Ein Teilnehmer dieser Schlacht erzählte mir, daß der Kampf vormittags begann und der Sieg gegen Mittag feststand. Nach der Mittagsstunde saß Sultan Ḥusain ab und betete. Man brachte zu essen. Er und seine wichtigsten Männer aßen, während die andern die Gefangenen köpften. Nach diesem großen Sieg kehrte Ḥusain in seine Hauptstadt zurück. Gott hatte sich zum Siege der Sunna dieses Fürsten bedient und ihn das Feuer der Rebellion löschen lassen. Die Schlacht fand statt im Jahre 748, nachdem ich Indien verlassen hatte.[1198]

Aus Harāh stammte ein frommer, asketischer und verdienstvoller Mann namens Niẓām ad-Dīn Maulānā, den das Volk von Harāh liebte und gern um Rat bat.[1199] Er richtete Predigten und Mahnungen an sie. Sie kamen mit ihm überein, verwerfliche Handlungen zu ahnden. Der Prediger der Stadt, Malik Warnā, Vetter von König Ḥusain und Ehemann der Witwe von dessen Vater, verbündete sich zu diesem Zwecke mit ihnen. Er gehörte sowohl, was sein Äußeres als auch seinen Charakter betraf, zu den vortrefflichsten Menschen. Der König fürchtete ihn und ich werde noch von ihm berichten. Sobald diese Leute von einem Verstoß gegen das Gesetz hörten, ahndeten sie ihn, selbst wenn er vom König begangen worden war.

Man hat mir erzählt, daß sie eines Tages erfuhren, daß sich im Palast des

1195 Richtig: Bādġīs, Landschaft nördlich von Herat.

1196 Simnān, etwa 160 Kilometer östlich von Teheran. Nach dem Fall des Ilchanidenreiches in der Mitte der dreißiger Jahre des 14. Jahrhunderts eroberte ein Ǧalāl ad-Daula ʾIskandar bin Zayar (reg. 1334–1360), Sultan von Mazindarān, die Stadt. In einer Schlacht gegen ihn verlor der Serbedar Masʿūd 1344 sein Leben.

1197 Diese Schlacht fand statt im Juli 1342 ca. 100 Kilometer südlich von Mašhad bei dem heutigen Ort Turbat-e Heidariye.

1198 Nach persischen Chroniken fand die Schlacht vielmehr am 18. Juli 1342 statt.

1199 Nach At-Tāzī nannte ihn der persische Historiker Ḫalīlī auch ʿAbd ar-Raḥīm, der später unter dem persischen Titel ›Pir Taslīm‹ berühmt geworden sein soll. Die von Ibn Baṭṭūṭa geschilderten Ereignisse sollen auch aus den persischen Chroniken hervorgehen und ins Jahr 1337 gefallen sein.

Königs Ḥusain ein Vergehen zugetragen hatte. Sie kamen zusammen, um es zu ahnden. Der König verschanzte sich im Inneren seines Palastes gegen sie. 6.000 Mann versammelten sich vor dem Tor. Der König fürchtete sie und befahl seine Rechtsgelehrten und die Großen der Stadt zu sich. Er hatte Wein getrunken, sie verurteilten ihn in seinem Palast zu der vom Gesetz vorgeschriebenen Strafe und entfernten sich wieder.

In der Ebene in der Nähe von Harāh lebten unter ihrem König Ṭuġatīmūr, von dem schon die Rede war, 50.000 Türken, die König Ḥusain fürchtete. Jedes Jahr machte er ihnen üppige Geschenke und schmeichelte ihnen. So jedenfalls handelte er vor seinem Sieg über die Rāfiḍiten. Aber als er die Ketzer besiegt hatte, wollte er auch sie überwältigen. Die Türken pflegten nach Harāh zu kommen und manchmal dort Wein zu trinken; bisweilen kam auch einer von ihnen schon betrunken an. Niẓām ad-Dīn aber bestrafte jeden, den er betrunken antraf. Die Türken waren tapfere und verwegene Männer. Unaufhörlich griffen sie die indischen Provinzen an, machten Gefangene oder massakrierten die Bevölkerung. Oft nahmen sie auch Musliminnen gefangen, die unter den Ungläubigen Indiens lebten. Wenn sie mit ihren Gefangenen ins Ḫurāsān zurückkehrten, befreite Niẓām ad-Dīn sie aus den Händen der Türken. In Indien sind die muslimischen Frauen daran zu erkennen, daß sie sich nicht die Ohrläppchen durchstechen, während die ungläubigen Frauen ihre Ohren durchbohren. Eines Tages nahm ein türkischer Emir namens Tumūrāltī eine Frau gefangen und bedrängte sie heftig. Sie aber erinnerte ihn daran, daß sie Muslimin sei. Da entführte sie der Faqīh aus den Händen des Emirs, der darüber in große Wut geriet. Mit mehreren Tausend seiner Männer stieg er aufs Pferd und begann einen Raubzug unter den Pferdeherden um Harāh, die in der Ebene von Marġīs weideten. Er führte sie fort und ließ dem Volk von Harāh kein einziges Reit- oder Lastpferd mehr. Die Türken stiegen mit den Pferden auf einen nahen Berg, wo sie unangreifbar waren. Der Sultan und seine Soldaten fanden keine Pferde mehr, mit denen sie die Verfolgung hätten aufnehmen können.

Ḥusain schickte den Türken einen Unterhändler, um sie aufzufordern, Vieh und Pferde, die sie weggenommen hatten, zurückzugeben, und sie an den Vertrag zu erinnern, den sie miteinander geschlossen hatten. Sie antworteten, sie würden ihre Beute erst zurückgeben, wenn ihnen der Faqīh Niẓām ad-Dīn ausgeliefert würde. Der Sultan aber gab zurück: »Das ist nicht möglich.« Scheich Abū ᵓAḥmad al-Ǧaštī, der Enkel von Scheich Maudūd al-Ǧaštī[1200], bekleidete im

[1200] Maudūd al-Gaštī (1142–1236) aus Ǧašt im ostiranischen Siǧistān, namensgebender Gründer eines besonders in Indien wirkenden Ṣūfī-Ordens. Sein Sohn Aḥmad ist 1319 besonders als Vermittler zwischen König Ġiyāṯ ad-Dīn von Herat und Yāsawūr hervorgetreten. Vermutlich handelt es sich aber um Ǧašt-e Šarīf östlich von Herat, also im heutigen Afghanistan, in Richtung auf die Provinz Ġur.

Ḫurāsān einen hohen Rang, und sein Wort galt im Volke viel. Er setzte sich an der Spitze eines berittenen Gefolges von Anhängern und Mamluken aufs Pferd und sagte: »Ich werde Faqīh Niẓām ad-Dīn zu den Türken bringen, damit sie zufrieden sind. Und ich werde ihn zurückbringen.« Das Volk schien bereit, seinen Worten zu vertrauen, und auch Faqīh Niẓām ad-Dīn sah, daß sie alle einverstanden waren. Er bestieg sein Pferd und ritt mit Scheich Abū ʾAḥmad davon. Als sie bei den Türken angekommen waren, ging Emir Tumūrālṭī zu ihnen hin und sagte: »Du hast mir meine Frau genommen«, schlug mit einer Keule auf ihn ein und zerbrach ihm den Schädel, so daß Niẓām ad-Dīn tot zu Boden fiel. Scheich Aḥmad war fassungslos und kehrte in die Stadt zurück. Die Türken aber gaben nun das Vieh und die Pferde, die sie fortgeführt hatten, zurück.

Einige Zeit später kam der Türke, der den Faqīh getötet hatte, nach Harāh. Mehrere Anhänger des Faqīh begegneten ihm und kamen näher, als ob sie ihn grüßen wollten. Aber sie trugen Dolche unter ihren Kleidern und brachten ihn um. Seine Begleiter aber ergriffen die Flucht. Wieder einige Zeit später schickte König Ḥusain seinen Vetter Malik Warnā, der sich mit seinem Freunde Niẓām ad-Dīn der Ahndung von Gesetzesverstößen verschrieben hatte, als Botschafter zum König von Siǧistān.[1201] Kaum dort angekommen, erhielt er vom König den Befehl, dort zu bleiben und nicht zu ihm zurückzukehren. Daraufhin ging er nach Indien, wo ich ihn in der Stadt Sīwasitān im Sind traf, als ich Indien verließ.[1202] Er war ein vornehmer Mann, doch war sein Charakter beherrscht von der Liebe zur Macht, zur Jagd, zur Falknerei, zu Pferden, Dienern und Sklaven sowie zu prächtiger königlicher Kleidung. Aber Männern mit diesen Vorlieben bringt Indien kein Glück. Der indische König ernannte ihn zum Statthalter einer kleinen Stadt, wo ihn ein aus Harāh stammender, aber in Indien lebender Mann wegen einer jungen Sklavin umbrachte. Es ging das Gerücht, daß der indische König, angestiftet von König Ḥusain, seine Ermordung betrieben hatte, ja, daß aus diesem Grunde König Ḥusain wegen des Todes von Malik Warnā dem König von Indien gehuldigt hätte. Dieser ließ ihm Geschenke überbringen und gab ihm die Stadt Bakkār im Sind, die eine jährliche Einnahme von 50.000 Golddinaren abwarf.[1203]

Aber kehren wir zu unserem Reiseweg zurück! Wir verließen Harāh mit dem Ziel Ǧām, einem Ort von mittlerer Größe, der aber hübsch ist und Gärten

[1201] In Siǧistān herrschte zu jener Zeit eine von den Mongolen geduldete und beherrschte lokale Dynastie, an deren Spitze von 1331–1345 Quṭb ad-Dīn Muḥammad stand, der wahrscheinlich mit dem im Text angesprochenen König identisch war.

[1202] Bei dieser Stadt scheint es sich um das heutige Sehwān am Indus, nördlich von Hyderabad, im heutigen Pakistan zu handeln, wo wir Ibn Baṭṭūṭa im Jahre 1341 wiedersehen werden, als er dort den Sultan aufsucht, um ihn um die Erlaubnis zur Reise in die Ḥiǧāz zu bitten.

[1203] Bhakkar am nördlichen Indus, etwa 200 Kilometer nördlich von Multān, im heutigen Pakistan.

und Bäume sowie zahlreiche Quellen und Bäche besitzt.[1204] Die Mehrzahl der Bäume sind Maulbeeren, und deshalb gibt es dort viel Seide. Die Stadt wird dem gottesfürchtigen und asketischen Heiligen Šihāb ad-Dīn Aḥmad al-Ǧām zugeschrieben, dessen Geschichte ich noch erzählen werde.[1205] Sein Nachkomme war Scheich Aḥmad, der unter dem Namen Zādah berühmt wurde, den der König von Indien umbringen ließ und dessen Söhnen Ǧām jetzt gehört. Die Stadt ist heute vom Sultan unabhängig und erfreut sich großen Wohlstands. Ein vertrauenswürdiger Mann hat mir berichtet, daß Sultan Abū Saʿīd, der König des Iraq, einmal eine Reise in den Ḫurāsān unternahm und in der Stadt, und zwar dort, wo die Zāwiya des Scheichs stand, lagerte. Dieser gab ihm ein prächtiges Gastmahl. Jedem Zelt des königlichen Lagers teilte er einen Hammel zu, gab ferner für je vier Mann einen Hammel und verschaffte jedem Tier im Lager, sei es Pferd, Maultier oder Esel, das Futter für eine Nacht. Im gesamten Lager gab es kein Tier, das nicht sein Gastmahl erhalten hätte.

Man erzählt sich, daß Šihāb ad-Dīn, nach dessen Beinamen die Stadt benannt ist, ein Mann gewesen sei, der das Wohlleben liebte und stark dem Trunk ergeben war. Er hatte ungefähr sechzig Trinkfreunde, die täglich im Hause eines von ihnen zusammenzukommen pflegten. Jeder kam somit alle zwei Monate an die Reihe, und diese Gewohnheit behielten sie eine Zeitlang bei. Eines Tages kam die Reihe an den Scheich Šihāb ad-Dīn. Aber am Abend zuvor packte ihn die Reue. Er beschloß, sich mit Gott zu versöhnen, und sagte bei sich: »Wenn ich meinen Freunden sage, ich hätte bereut, bevor sie sich bei mir eingefunden haben, werden sie glauben, ich wäre nicht imstande, sie zu bewirten.« Also ließ er Gerichte und Getränke auftragen, wie es zuvor auch geschehen war, und füllte Schläuche mit Wein. Seine Freunde erschienen und öffneten, als sie trinken wollten, einen Schlauch. Einer kostete und fand, daß der Wein süß schmeckte. Ein zweiter Schlauch wurde geöffnet und wieder fand man ihn süß, dann ein dritter, und abermals fanden sie den gleichen Geschmack.[1206] Da stellten sie den Scheich zur Rede, und er gestand ihnen die ganze Wahrheit, enthüllte ihnen seine geheimsten Gedanken und erklärte ihnen seinen Wandel und seine Bußfertigkeit. Er sagte zu ihnen: ›Bei Gott, es ist nichts anderes als der Wein, den ihr früher getrunken habt.« Sie alle bereuten nun und wandten sich wieder Gott zu, bauten die Zāwiya und zogen sich zur Verehrung Gottes dahin zurück. Dem Scheich wurden noch viele Wunder und Visionen zuteil.

Wir verließen Ǧām in Richtung auf Ṭūs, eine der größten und prächtigsten

1204 Ǧām, heute Torbat-e Djam, auf halbem, nach Nordwesten führendem Wege zwischen Herat und Naisābūr (Nešāpūr) im Ostiran.

1205 Berühmter Heiliger (1049–1142), mehr zu ihm und seiner Nachkommenschaft in den indischen Abschnitten.

1206 ›Süß‹ soll vermutlich bedeuten: ›unvergoren‹.

Städte im Ḫurāsān.[1207] Sie war die Heimat des gefeierten Imāms Abu Ḥāmid al-Ġazālī, dessen Grab man noch sieht.[1208] Von Ṭūs aus reisten wir weiter nach Mašhad ar-Riḍā, dem Grabmal von ʿAlī bin Mūsa-l-Kāẓim bin Ǧaʿfar aṣ-Ṣādiq bin Muḥammad al-Bāqir bin ʿAlī Zain al-ʿĀbidīn bin al-Ḥusain, dem Märtyrer und Sohn des Fürsten der Gläubigen ʿAlī bin Abī Ṭālib.[1209] Auch sie ist eine große und weite Stadt mit vielen Früchten, Wasserläufen und Kornmühlen. Dort lebte Aṭ-Ṭāhir Muḥammad Šāh, und ›ṭāhir‹ bedeutet in der Sprache dieses Volks so viel wie ›naqīb‹ in Ägypten, Syrien und im Iraq.[1210] Die Menschen aus Indien, dem Sind und Turkistan sagen dagegen ›erlauchter Sayyid‹. In Mašhad lebten noch der Qāḍī und Šarīf Ǧalāl ad-Dīn, dem ich später in Indien begegnete[1211], sowie Šarīf ʿAlī und seine beiden Söhne Emir Hindū und Daulat Šāh, die von Tirmiḏ bis Indien zu meiner Gesellschaft gehörten und ehrbare Männer waren.

Das verehrte Grabmal steht unter einer hohen Kuppel innerhalb einer Zāwiya und in der Nähe einer Koranschule und einer Moschee. Alle Gebäude sind von herrlicher Art, die Wände mit Qāšānī-Kacheln ausgekleidet. Über dem Grab ist ein hölzernes und mit Silberplättchen beschlagenes Gerüst angebracht, und über dem Grab hängen silberne Lampen. Die Türschwelle ist aus Silber, und den Eingang verhüllt ein goldbestickter Seidenvorhang. Der Boden ist mit mehreren Arten von Teppichen belegt. Diesem Grabmal gegenüber steht das des Fürsten der Gläubigen Hārūn ar-Rašīd, das ebenfalls von einem Gerüst überbaut ist, auf dem Kerzenhalter stehen, die das Volk des Maġrib ›ḥisak‹ und ›manāʾir‹ nennt.[1212] Wenn ein Rāfiḍit das Grab besucht, gibt er dem Grab Rašīds einen Fußtritt und grüßt Riḍā.

1207 Ṭūs, etwa 20 Kilometer nördlich von Mašhad, war einst ein bedeutendes Zentrum im Ostiran. Im Jahre 1220 wurde es von Dschingis völlig zerstört, aber von Qīrāṭ Arġūn wiederaufgebaut, dessen Nachfolger ein eigenes Emirat errichteten. Timur Lenk (›der Lahme‹) schließlich zerstörte sie ein zweites Mal, und zwar so gründlich, daß Ṭūs seine alte Bedeutung nie mehr zurückgewann.

1208 Imām al-Ġazālī, geboren und gestorben in Ṭūs (1058–1111) war der bedeutendste islamische Theologe des Mittelalters und Lehrer an der An-Niẓāmīya-Koranschule in Bagdad. Sein Grab besteht nicht mehr.

1209 ʿAli-r-Riḍā bin Mūsa-l-Kāẓim (›der Schweiger‹), achter Imām der Schiiten, von schwarzer Hautfarbe, die er von seiner abessinischen Mutter geerbt hatte, war Schwiegersohn des abbasidischen Kalifen Al-Māmūn und von diesem zum Erben des Kalifats ausersehen worden, fiel aber 818 einem Giftmord zum Opfer. Sein Grab ist das einzige eines schiitischen Imāms auf iranischem Boden.

1210 ›Ṭāhir‹ (›der Reine‹) bezeichnete in Persien die Vorsteher der Šarīfe, der Nachkommen des Propheten, und infolgedessen auch ʿAlīs.

1211 Er wird dort zwar einem Šarīf ʿAlī begegnen, aber keinem mit dem Beinamen Ǧalāl ad-Dīn.

1212 Hārūn ar-Rašīd war der mächtigste und berühmteste abbasidische Kalif aus Bagdad. Er starb 809 während einer Reise in den Ḫurāsān in Ṭūs, wo er auf Befehl seines Sohnes Al-Māmūn beigesetzt wurde.

Wir reisten weiter zur Stadt Saraḫs, aus welcher der fromme Scheich Luqmān as-Saraḫsī stammte.[1213] Von Saraḫs gingen wir nach Zāwa[1214], der Stadt des gottesfürchtigen Scheichs Quṭb ad-Dīn Ḥaidar, dem die Bruderschaft der Ḥaidarīya-Faqīre ihren Namen verdankt, die eiserne Ringe an Händen, Hals, Ohren und sogar an ihrem Geschlecht tragen, damit sie nicht heiraten können.[1215]

Wir reisen ab und erreichten Naisābūr, eine der vier Hauptstädte des Ḫurāsān.[1216] Man nennt die Stadt auch das ›Kleine Damaskus‹ wegen ihrer vielen Früchte, ihrer Gärten und Gewässer, aber auch wegen ihrer Schönheit. Vier Bäche durchfließen die Stadt, ihre Märkte sind schön und groß. Einzigartig ist ihre Moschee: Sie steht inmitten des Marktes, umgeben von vier Koranschulen, die von reichlich fließenden Bächen umspült und von sehr vielen Schülern besucht werden, die dort das göttliche Recht und die rechte Koranrezitation erlernen. Diese vier Schulen gehören zu den schönsten der ganzen Provinz. Aber selbst die Schulen des Ḫurāsān, beider Iraq, von Damaskus, Bagdad und Ägypten werden, obwohl sie doch schon von einzigartiger Vollkommenheit und Schönheit sind, von der Madrasa übertroffen, die unser Herr, der Fürst der Gläubigen, der sein Vertrauen auf Gott setzt, der Glaubenskämpfer auf dem Wege Gottes, der weiseste der Könige und Mittelpunkt der gerechten Kalifen, Abū ʿInān, an der Zitadelle seiner königlichen Residenz in Fes gebaut hat. Gott fördere sein Glück und lasse sein Heer siegen! Diese Madrasa hat ihresgleichen nicht an Ausdehnung und Höhe und kein Volk des Ostens wüßte ihre Stuckverzierungen zu schaffen.

In Naisābūr werden Seidenstoffe wie ›naḫ‹ und ›kamḫa‹ und andere hergestellt und bis nach Indien ausgeführt. In dieser Stadt steht auch die Zāwiya des Scheichs und weisen Imāms, des Pols der Gläubigen Quṭb ad-Dīn an-Naisābūrī, eines frommen und weisen Predigers. Ich wohnte bei ihm. Er nahm mich gastlich auf und war sehr zuvorkommend. Ich wurde Zeuge von Beweisen der Kraft der Wunder, die er wirkte.

[1213] Östlich von Ṭūs an der iranisch-turkmenischen Grenze auf der Strecke von Mašhad/Iran nach Marw/Mary in Turkmenistan.

[1214] Zāwa ist das heutige Torbat-e Heidarīye im Südwesten von Mašhad und liegt daher nicht auf der zuvor von Ṭūs aus eingeschlagenen Reisestrecke, vielmehr scheint Ibn Baṭṭūṭa in Schlangenlinien zu reisen.

[1215] Quṭb ad-Dīn Ḥaidar (gest. 1221) war Schüler von Ǧamāl ad-Dīn aṣ-Ṣāwī, dem Gründer des Ṣūfī-Ordens der Malāmatīya (oder Qalandarīya). Er selbst gründete den Ḥaidarīya-Orden, der sich insbesondere in Kleinasien und Indien ausbreitete. Er soll auch den Gebrauch von Haschisch eingeführt haben, nach dessen Genuß die Ekstase früher eintrat.

[1216] Naisābūr ist das schon mehrfach erwähnte Nešāpūr im Ostiran, das im 11. Jahrhundert eines der größten Zentren islamischen Rechts war. Es wurde mehrfach zerstört, und zwar 1221 von den Mongolen und 1280 durch ein Erdbeben, wurde 1338 vom Serbedar Masʿūd erobert, blieb aber die Hauptstadt von Ǧānī Qurbānī, einem Nachkommen des oben erwähnten Qīrāṭ Arġūn (vgl. Anm. 1207).

Ich hatte mir in Naisābūr einen jungen türkischen Sklaven gekauft. Er sah ihn bei mir und sagte: »Dieser Knabe bringt dir kein Glück. Verkaufe ihn wieder!« Ich erwiderte: »Ja«, schickte den Jungen am nächsten Morgen davon, verkaufte ihn an einen Händler, verabschiedete mich vom Scheich und brach auf. Als ich in der Stadt Bisṭām Halt machte, schrieb mir einer meiner Gefährten aus Naisābūr, daß der Sklave ein türkisches Kind getötet hatte und deshalb selbst getötet worden war – ein offenbares Wunder dieses Scheichs, mit dem Gott zufrieden sein möge!

Von Naisābūr begab ich mich nach Bisṭām[1217], an den Ort, der dem berühmten meditierenden Scheich Abū Yazīd al-Bisṭāmī[1218] den Beinamen gab, dessen Grab unter demselben Kuppeldach steht wie das eines Kindes von Ǧaʿfar aṣ-Ṣādiq. Ferner befindet sich in Bisṭām das Grab des ehrwürdigen und heiligen Scheichs Abu-l-Ḥasan al-Ḫarraqānī.[1219] Ich wohnte in dieser Stadt in der Zāwiya des Scheichs Abū Yazīd al-Bisṭāmī.

Von Bisṭām aus reiste ich über Ḫanduḫīr nach Qundūs und Baġlān, Ortschaften mit Gärten und Bächen, bewohnt von Scheichs und frommen Männern.[1220] In Qundūs wohnten wir an einem Fluß, an dessen Ufer die Zāwiya eines Vorstehers von Faqīren steht, der aus Ägypten stammte und Šīr Siyāh hieß, was ›schwarzer Löwe‹ bedeutet. Der Statthalter des Gebiets, der aus Mauṣil stammte und einen großen Garten bewohnte, gab uns ein Gastmahl. Ungefähr vierzig Tage blieben wir außerhalb dieses Ortes, um unsere Kamele und Pferde aufzufüttern, denn es gibt dort saftige Weiden und üppige Wiesen. Man lebt dort dank der strengen Herrschaft des Emirs Buruntaih in völliger Sicherheit. Ich habe schon einmal gesagt, daß die Strafe, die das türkische Gesetz jedem androht, der ein Pferd stiehlt, darin besteht, daß er das geraubte Pferd zurück- und neun weitere dazugeben muß. Wenn er sie nicht besitzt, nimmt man ihm an ihrer Stelle seine Kinder. Hat er keine Kinder, wird er geschlachtet wie ein Schaf. Die Menschen überlassen ihre Tiere ohne jeden Hirten sich selbst, sobald jedermann sein Brandzeichen auf der Keule seiner Tiere angebracht hat. So taten wir es in diesem Land auch. Einmal, zehn Tage nach unserer Ankunft, machten wir uns auf die Suche nach unseren Pferden; und es

1217 Bestām auf halbem Wege zwischen Teheran und Nešāpūr im Nordiran.

1218 Bekannter unter dem Namen Bāyazid, einer der berühmtesten Ṣūfīs, gestorben 874. Sein Grab wird noch heute besucht.

1219 Geistiger Nachfolger des vorgenannten Bāyazid, gestorben 1034.

1220 In einem gewaltigen Satz begibt sich Ibn Baṭṭūṭa aus dem nördlichen Iran wieder in die Nähe des Ausgangspunktes seines Ausflugs nach Herat, ohne – bis auf Ḫanduḫīr – einen einzigen der zahlreichen auf dem Wege liegenden Orte zu erwähnen. Ḫanduḫīr ist das heutige Andhoy auf dem Wege von Herat nach Balḫ nahe der turkmenischen Grenze. Qundūs (Kundus) liegt in Nordafghanistan an einem Nebenfluß des Amu Darya, der ebenso wie die ganze Provinz den Namen der Stadt trägt. Baġlān (Baghlan) dagegen liegt wiederum auf der Strecke von Balḫ nach Süden und Kabul.

fehlten uns drei. Aber nach einem halben Monat brachten die Tataren sie uns aus Furcht vor dem Gesetz zurück. Jeden Abend banden wir zwei Pferde vor unseren Zelten an, um sie notfalls nachts zur Hand zu haben. Eines Nachts verloren wir sie und verließen bald darauf das Gebiet. Zweiundzwanzig Tage später brachte man sie uns nach.

Ein weiterer Grund für unseren Aufenthalt war die Furcht vor dem Schnee; denn der Weg führte über ein Gebirge, das Hindūkūš genannt wird, das heißt ›der die Inder tötet‹, weil dort sehr viele Sklaven und Sklavinnen, die aus den indischen Ländern hierhergebracht werden, in der strengen Kälte und in den Schneemassen zugrundegehen.[1221] Es erstreckt sich über einen ganzen Reisetag. Wir warteten[1222] bis zur warmen Jahreszeit, begannen die Überquerung des Gebirges gegen Ende der Nacht und ritten den ganzen Tag bis zum Sonnenuntergang. Vor den Hufen der Kamele breiteten wir Filzmatten aus, auf die sie traten, damit sie nicht im Schnee versanken.

Wir brachen nach Andar auf, wo einst eine Stadt stand, deren Spuren aber verschwunden sind.[1223] Unterkunft fanden wir in einem großen Dorf, in der das Hospiz eines verdienstvollen Mannes namens Muḥammad al-Mahrawī stand. Er nahm uns gastfreundlich auf, und als wir uns nach dem Essen die Hände wuschen, trank er das Wasser, das wir benutzt hatten, weil er eine hohe Meinung von uns hatte und um uns zu ehren. Er begleitete uns, bis wir das Hindūkūš-Gebirge erklommen hatten. Auf diesem Berge fanden wir eine warme Quelle, in der wir unsere Gesichter wuschen. Unsere Haut war aufgerissen, worunter wir sehr litten. Unser nächster Halt war in einem Ort Banǧ Hīr, worin ›banǧ‹ ›fünf‹ und ›hīr‹ ›Berg‹ bedeuten, so daß Banǧ Hīr also ›Fünf Berge‹ heißt.[1224] Dort stand einst eine schöne und große Stadt an einem blauen Fluß, der so mächtig ist wie ein Meer. Er strömt von den Badaḫšān-Bergen herab, in denen Rubine gefunden werden, die das Volk ›balaḫš‹ nennt. Tankīz, der König der Tataren, hat die ganze Stadt verwüstet, die seither nicht wieder aufgebaut wurde. Dort steht das Grabdenkmal von Scheich Saʿīd dem Mekkaner, der vom Volk verehrt wird.

Danach erreichten wir das Bašāʾīy-Gebirge[1225], wo die Zāwiya des frommen Scheichs Aṭā ʾAuliyāʾ steht; ›Aṭā‹ heißt in der türkischen Sprache ›Vater‹, wäh-

[1221] Die Gebirgskette des Hindukusch läuft im äußersten Westen zwischen Baghlan und Kabul aus. Ibn Baṭṭūṭa gehört zu den ersten, die diesen Namen aufgezeichnet haben.

[1222] Dieser Hinweis Ibn Baṭṭūṭas führt uns zum Frühling des Jahres 1335 (oder 1333), womit sein Abstecher nach Herat und in den Ḫurāsān schwierig bis unmöglich wird.

[1223] Andarāb, ein kleines Städtchen im nördlichen Hindukusch, in dessen Nähe es Silberminen geben soll. Schon Alexander der Große soll bis nach Andarāb gekommen sein.

[1224] Ebenfalls ein Ort mit Lapislazuli- und Silbervorkommen.

[1225] Diese Provinz im Pandschir-Tal, die heute den Namen Nūristān trägt, wurde einst wegen anhaltenden Heidentums auch Kāfiristān (›Land der Ungläubigen‹) genannt.

rend ›'auliyā'‹ aus dem Arabischen stammt, so daß der Name ›Aṭā 'Auliyā'‹ ›Vater der Gottesfreunde‹ bedeutet. Er wird auch ›Sīṣad Ṣālah‹ genannt, und ›sīṣad‹ heißt im Persischen ›dreihundert‹ und ›ṣālah‹ ›Jahr‹. Denn tatsächlich behaupten die Bewohner des Landes, daß der Scheich 350 Jahre alt ist. Sie bringen ihm große Verehrung entgegen und kommen aus den Städten und Dörfern, um ihn zu besuchen, wie auch die Sultane und Prinzessinnen zu ihm kommen. Er nahm uns gastfreundlich auf und gab uns ein Mahl. Unser Lager hatten wir an einem Fluß neben seinem Hospiz aufgeschlagen, und wir gingen zu ihm. Er grüßte und umarmte mich. Sein Leib war zart, und nie habe ich einen zarteren Körper gesehen als den seinen. Wer ihn sieht, glaubt, er sei erst fünfzig Jahre alt. Er hat mir gesagt, daß ihm alle hundert Jahre neue Haare und neue Zähne wachsen und daß er noch Abū Ruhm gesehen habe, dessen Grab sich in Multān im Sind befindet. Ich bat ihn, mir aus den Traditionen zu erzählen, und er erzählte mir Geschichten. Mich beschlichen Zweifel, was ihn betraf, aber Gott allein weiß, wie ehrlich er war.

Wir reisten weiter nach Barwan[1226], wo ich Emir Buruntāih traf. Er brachte mir Höflichkeit und Gastfreundschaft entgegen und schrieb an seine Stellvertreter in Ġazna, mich ehrenvoll aufzunehmen. Ich habe schon von ihm und den Fähigkeiten dieses Herrschers gesprochen. Er hatte eine Gruppe von Scheichs und Faqīren aus den Zāwiyas um sich. Wir reisten nun zu dem Dorf Ǧārḫ[1227], einer großen Ortschaft mit zahlreichen Gärten und köstlichem Obst. Wir kamen dort im Sommer an und trafen eine Gruppe von Faqīren und Koranschülern. Dort verrichteten wir unser Freitagsgebet, und der Emir des Ortes, Muḥammad al-Ǧarḫī, gab uns ein Gastmahl. Ihn sah ich später in Indien wieder.

Wir reisten nach Ġazna weiter, der Stadt des Sultans und Gotteskriegers Maḥmūd bin Sabuktikīn, dessen Name berühmt ist, denn er war einer der größten Herrscher und trug den Beinamen Yamin ad-Daula.[1228] Er unternahm häufige Einfälle nach Indien und eroberte Städte und Festungen. Unter einer Zāwiya in dieser Stadt liegt er bestattet. Der größte Teil der Stadt aber ist heute zerstört und nur wenig blieb erhalten, aber einst war die Stadt bedeutend. Es ist dort so bitterkalt, daß die Bewohner sich im Winter nach Qandahār zurückziehen, einer großen Stadt in einem fruchtbaren Gebiet, drei Tagesreisen von Ġazna entfernt, wohin ich aber nicht ging. Unsere Unterkunft befand

[1226] Am Zusammenfluß von Pandschir und Gorband, 70 Kilometer nördlich von Kabul.

[1227] Šārikār, 30 Kilometer südlich von Barwan.

[1228] Ghazna, 120 Kilometer südwestlich von Kabul und auf dem Weg nach Kandahar, war Hauptstadt der Ghaznaviden, einer türkischen Dynastie, die von 962 bis 1186 die Herrschaft innehatte und die Eroberung Indiens begann. Ihr bedeutendster Sultan war Maḥmūd Ibn Sibuktikīn (reg. 999–1030), den seine Feldzüge nach Indien berühmt machten. Ihre Herrschaft wich der Dynastie der Ġuriden aus der Landschaft des Ġūr.

sich außerhalb von Ġazna in einem Dorf an einem Fluß, der unterhalb der Zitadelle entlangfließt. Ihr Befehlshaber, Emir Marḏak Aġā, bewirtete uns sehr zuvorkommend; ›marḏak‹ bedeutet ›klein‹ und ›aġā‹ heißt ›von hoher Abstammung‹.

Dann brachen wir nach Kābul auf.[1229] Es war einst eine bedeutende Stadt, heute aber ist sie nicht mehr als ein Dorf, in dem ein Stamm von Barbaren lebt, die sich ›Afġān‹ nennen. Sie besetzen die Berge und Pässe und sind sehr verwegene Menschen. Die meisten aber sind Wegelagerer. Ihr größtes Gebirge heißt Kūh Sulaimān.[1230] Man erzählt sich nämlich, daß Gottes Prophet Sulaimān dieses Gebirge bestieg und vom Gipfel aus auf Indien schaute, das aber im Dunkel lag. Er kehrte um, ohne das Land zu betreten, aber das Gebirge wurde nach ihm benannt. Dort lebt der König der Afġānen. In Kābul steht die Zāwiya des Scheichs Ismāʿīl al-Afġānī, der ein Schüler des Scheich ʿAbbās, eines der größten Heiligen, war.

Von dort aus reisten wir nach Karmāš[1231], einer zwischen zwei Bergen gelegenen Zitadelle, von der aus die Afġānen ihrem Räuberhandwerk nachgehen. Wir haben sie, als wir an ihrer Festung vorüberzogen, bekämpft. Sie standen am Fuß des Berges, aber wir beschossen sie mit Pfeilen und schlugen sie in die Flucht. Unsere Karawane war zwar nur leicht beladen, aber zu ihr gehörten etwa 4.000 Pferde. Ich hatte Kamele und wurde deshalb von der Karawane getrennt. Ich hatte mehrere Männer bei mir, darunter auch Afġānen. Wir warfen einen Teil unserer Vorräte ab und ließen auch die Lasten der erschöpften Kamele am Wege zurück. Am nächsten Morgen kehrten unsere Pferde zurück, um die Lasten aufzunehmen. Nach dem letzten Abendgebet holten wir die Karawane wieder ein und verbrachten die Nacht in Šāšinġār[1232], dem letzten besiedelten Ort an der Grenze der Länder der Türken.

Von dort aus betraten wir nun die große Wüste, die fünfzehn Tagesreisen lang ist. Es wird dort nur in einer Jahreszeit gereist, und zwar wenn im Sind und in Indien die Regenfälle aufgehört haben, das heißt zu Beginn des Monats Juli. In dieser Wüste weht ein giftiger und tödlicher Wind, der die Körper verfaulen läßt, so daß sich nach dem Tode die Glieder vom Körper lösen. Ich habe schon erzählt, daß dieser Wind auch in der Wüste zwischen Hurmuz und Šīrāz weht. Eine große Karawane, in der sich Ḫuḏāwand Zādah, der Qāḍī von

---

[1229] Da Kabul auf der von Ibn Baṭṭūṭa eingeschlagenen Reisestrecke früher erreicht werden mußte als Ġazna, handelt es sich offensichtlich um eine Verwechslung

[1230] Diese Sulaimān-Gebirgskette liegt weiter im Süden bei Quetta und bereits im heutigen Pakistan.

[1231] Südöstlich von Gardiz, das selbst etwa 55 Kilometer östlich von Ġazna liegt.

[1232] Sollte es sich hier um den Bezirk Hashtnagar handeln, der etwa 20 Kilometer nördlich von Peshawar liegt, müßte Ibn Baṭṭūṭa über den Khyber-Paß östlich von Kabul nach Pakistan gereist sein. Er schlägt aber von Ġazna aus den südlichen Weg durch die Wüste in Richtung auf Sehwan bei Hyderabad am Indus ein.

Tirmiḏ befand, war uns vorausgegangen. Ihr starben viele Pferde und Kamele weg, doch unsere Karawane – Gott dem Allerhöchsten sei Dank! – gelangte sicher an den Banǧ Āb[1233], den Strom des Sind, denn ›banǧ‹ heißt ›fünf‹ und ›āb‹ ist Wasser. Die zwei Worte bezeichnen also fünf Flüsse. Sie ergießen sich in einen großen Strom und bewässern diese Landschaft. So Gott will, werden wir noch von ihm sprechen. Wir erreichten den Fluß am Ende des Monats Ḏu l-Ḥiǧǧa, und noch in der gleichen Nacht erschien der Neumond des Monats Muḥarram des Jahres 734.[1234] Von diesem Ort aus meldeten die Nachrichtenboten unsere Ankunft nach Indien und benachrichtigten den König, um ihm alles über uns mitzuteilen.

Hier endet der erste Bericht über die Reise – Gott sei gedankt, dem Herrn der beiden Welten!

1233 Der Indus.

1234 12. September 1333.

www.ingramcontent.com/pod-product-compliance
Lightning Source LLC
Chambersburg PA
CBHW030300010526
44108CB00038B/784
* 9 7 8 3 8 6 5 2 0 2 2 9 1 *